Divergenz und Konvergenz von Umsatzsteuer und Einkommensteuer

FINANZ- UND STEUERRECHT IN DEUTSCHLAND UND EUROPA

Herausgegeben von Klaus-Dieter Drüen, Hanno Kube und Rainer Wernsmann

Band 27

Zur Qualitätssicherung und Peer Review der vorliegenden Publikation

Die Qualität der in dieser Reihe erscheinenden Arbeiten wird vor der Publikation durch Herausgeber der Reihe geprüft.

Notes on the quality assurance and peer review of this publication

Prior to publication, the quality of the work published in this series is reviewed by editors of the series.

Jochen Lutz Tillmanns

Divergenz und Konvergenz von Umsatzsteuer und Einkommensteuer

Zur problematischen Verwendung ertragsteuerlicher Konzepte und Begriffe im Umsatzsteuerrecht

PL ACADEMIC RESEARCH

Bibliografische Information der Deutschen Nationalbibliothek
Die Deutsche Nationalbibliothek verzeichnet diese Publikation in der Deutschen Nationalbibliografie; detaillierte bibliografische Daten sind im Internet über http://dnb.d-nb.de abrufbar.

Zugl.: Düsseldorf, Uni., Diss., 2014

Gedruckt auf alterungsbeständigem,
säurefreiem Papier.

D 61
ISSN 1863-141X
ISBN 978-3-631-66253-3 (Print)
E-ISBN 978-3-653-05350-0 (E-Book)
DOI 10.3726/978-3-653-05350-0

PL Academic Research ist ein Imprint der Peter Lang GmbH.

Peter Lang – Frankfurt am Main · Bern · Bruxelles · New York · Oxford · Warszawa · Wien

Diese Publikation wurde begutachtet.

www.peterlang.com

Vorwort

Diese Arbeit beschäftigt sich mit dem Verhältnis des Umsatzsteuerrechts zum Einkommen- und Körperschaftsteuerrecht. Es gibt einerseits zahlreiche Lebenssachverhalte, die zugleich eine ertrag- sowie eine umsatzsteuerrechtliche Würdigung erfordern. Neben dieser tatsächlichen Ebene der Überschneidungen sind andererseits auch auf rechtlicher Ebene eine Vielzahl von Schnittstellen und Berührungspunkten auszumachen.

Im Umsatzsteuerrecht lassen sich sowohl *de facto* als auch *de iure* zahlreiche Anlehnungen an das Einkommensteuerrecht erkennen. Diese tatsächlichen und rechtlichen Verknüpfungen des Umsatzsteuerrechts mit dem Einkommensteuerrecht werfen viele Rechtsfragen auf. Zwar ist eine Gleichbehandlung des Umsatz- und des Einkommensteuerrechts beziehungsweise eine Anlehnung im Umsatzsteuerrecht an das Einkommensteuerrecht nicht generell ausgeschlossen. Fraglich ist aber, inwiefern die rechtsgebietsspezifischen Aspekte – insbesondere wegen des unterschiedlichen europarechtlichen Einflusses auf die Rechtsgebiete – einer einheitlichen oder angeglichenen Beurteilung entgegenstehen. Mit dieser Fragestellung setzt sich die Arbeit im Zusammenhang mit ausgewählten Anlehnungen und Verweisen im Umsatzsteuerrecht auf das Einkommensteuerrecht auseinander. Unter dem Gesichtspunkt, dass eine umgekehrte Orientierung am Umsatzsteuerrecht für die einkommensteuerrechtliche Beurteilung kaum stattfindet, geht die Arbeit zudem der Frage nach, ob eine umgekehrte Anlehnung denkbar wäre, wenn sich die derzeitige Anlehnungsrichtung im Einzelfall als wenig hilfreich oder gar unmöglich darstellt.

Die Arbeit wurde im Sommersemester 2014 von der Juristischen Fakultät der Heinrich-Heine-Universität Düsseldorf als Dissertation angenommen.

Mein besonderer Dank gilt meinem Doktorvater Herrn Professor Dr. Klaus-Dieter Drüen, der mich während meiner Studienzeit und wissenschaftlichen Tätigkeit am Lehrstuhl für Unternehmenssteuerrecht, Bilanzrecht und Öffentliches Recht an der Heinrich-Heine-Universität gezielt gefördert und immer wieder motiviert hat, mich neuen Herausforderungen zu stellen. Nicht zuletzt hat er mich bei der Erstellung dieser Arbeit begleitet. Herrn Professor Dr. Ulrich Prinz danke ich für die rasche Erstellung des Zweitgutachtens.

Ich danke den Herausgebern Herrn Professor Dr. Klaus-Dieter Drüen, Herrn Professor Dr. Hanno Kube und Herrn Professor Dr. Rainer Wernsmann für die Aufnahme meiner Arbeit in der Schriftenreihe „Finanz- und Steuerrecht in Deutschland und Europa".

Bei der Stiftung WRT bedanke ich mich für die Verleihung des WRT-Promotionspreises für diese Dissertation und der damit verbundenen finanziellen Unterstützung der Publikation.

Ferner nutze ich die Gelegenheit, Herrn Dr. Jannik Otto für die vielfältigen, kontroversen und konstruktiven Diskussionen zu danken. Gunther Sennlaub, Dominik Schnieder, Jochen Mundfortz, Sören Lehmann, Nina Krähmer und dem übrigen Lehrstuhlteam danke ich für die Unterstützung sowie die gute Arbeitsatmosphäre.

Schließlich danke ich meiner Familie und meiner Lebensgefährtin Nadine Reinders, die mich jederzeit unterstützt und angespornt hat.

Grevenbroich, im Oktober 2014 *Jochen L. Tillmanns*

Inhaltsübersicht

Inhaltsverzeichnis

Abkürzungsverzeichnis

a. A.	anderer Ansicht
ABl.	Amtsblatt der Europäischen Gemeinschaft / Europäischen Union
Abs.	Absatz
Abschn.	Abschnitt
a. E.	am Ende
AEAO	Anwendungserlass zur Abgabenordnung
AEUV	Vertrag über die Arbeitsweise der Europäischen Union
a. F.	alte Fassung
AfA	Absetzung für Abnutzung
Amtshilfe-RLUmsG	Amtshilferichtlinie-Umsetzungsgesetz
ÄndG	Änderungsgesetz
ÄndRL	Änderungsrichtlinie
Anl.	Anlage
Anm.	Anmerkung
AO	Abgabenordnung
AöR	Archiv des öffentlichen Rechts (Zeitschrift)
Art.	Artikel
Aug.	August
Az.	Aktenzeichen
BB	Betriebs-Berater (Zeitschrift)
BC	Bilanzbuchhalter und Controller – Zeitschrift für Bilanzierung, Rechnungswesen und Controlling (Zeitschrift)
Bd.	Band
Begr.	Begründer, Begründung
betr.	betrifft, betreffend
Beschl.	Beschluss
BewG	Bewertungsgesetz
BFH	Bundesfinanzhof
BFHE	Sammlung der Entscheidungen des BFH (Zeitschrift)

BFH/NV	Sammlung amtlich nicht veröffentlichter Entscheidungen des BFH
BGB	Bürgerliches Gesetzbuch
BGBl.	Bundesgesetzblatt
BGH	Bundesgerichtshof
BiRiLiG	Entwurf eines Gesetzes zur Durchführung der Vierten Richtlinie des Rates der Europäischen Gemeinschaften zur Koordinierung des Gesellschaftsrechts (Bilanzrichtlinien-Gesetz)
BMF	Bundesministerium der Finanzen
BMJ	Bundesministerium der Justiz
BR-Drs.	Bundesrats-Drucksache
BReg	Bundesregierung
BRH	Bundesrechnungshof
BStBl.	Bundessteuerblatt
BT-Drs.	Bundestags-Drucksache
BVerfG	Bundesverfassungsgericht
BVerfGE	Amtliche Sammlung von Entscheidungen des BVerfG
bzgl.	bezüglich
bzw.	beziehungsweise
DB	Der Betrieb (Zeitschrift)
DBA	Doppelbesteuerungsabkommen
ders.	derselbe
Dez.	Dezember
d. h.	das heißt
dies.	dieselbe, dieselben
DNotZ	Deutsche Notar-Zeitschrift (Zeitschrift)
DÖV	Die öffentliche Verwaltung (Zeitschrift)
Drs.	Drucksache
DStJG	Deutsche Steuerjuristische Gesellschaft e. V.
DStR	Deutsches Steuerrecht (Zeitschrift)
DStZ	Deutsche Steuerzeitung (Zeitschrift)
DVBl.	Deutsches Verwaltungsblatt (Zeitschrift)
DVO	Durchführungsverordnung
DVStR	Deutsche Verkehrsteuer-Rundschau (Zeitschrift [bis 1988, im Anschluss UVR])
EDV	Elektronische Datenverarbeitung
E-Fahrzeuge	Elektro- und extern aufladbare Hybridelektrofahrzeuge
EFG	Entscheidungen der Finanzgerichte (Zeitschrift)

EG	Europäische Gemeinschaft
EG-RL	Richtlinie der Europäischen Gemeinschaft
EGV	Vertrag über die europäische Gemeinschaft
Einf.	Einführung
Einl.	Einleitung
ELR	European Law Reporter (Zeitschrift)
endg.	endgültig
EStB	Der Ertrag-Steuer-Berater (Zeitschrift)
EStDV	Einkommensteuer-Durchführungsverordnung
EStG	Einkommensteuergesetz
EStH	Einkommensteuer-Hinweise
EStR	Einkommensteuer-Richtlinien
EU	Europäische Union
EuGH	Gerichtshof der Europäischen Union
EURLUmsG	Richtlinien-Umsetzungsgesetz
e. V.	eingetragener Verein
EWG-Vertrag	Vertrag zur Gründung der Europäischen Wirtschaftsgemeinschaft
EWR	Schriftenreihe zum europäischen Weinrecht (Zeitschrift)
EWS	Europäisches Wirtschafts- und Steuerrecht (Zeitschrift)
f., ff.	folgend, folgende
Feb.	Februar
FG	Finanzgericht
FGO	Finanzgerichtsordnung
FinVerw.	Finanzverwaltung
Fn.	Fußnote
FR	Finanzrundschau (Zeitschrift)
GbR	Gesellschaft bürgerlichen Rechts
gem.	gemäß
GewStG	Gewerbesteuergesetz
GG	Grundgesetz
ggf.	gegebenenfalls
GKKB	Körperschaftsteuer-Bemessungsgrundlage
GmbH	Gesellschaft mit beschränkter Haftung
GmbHR	GmbH-Rundschau (Zeitschrift)
GmbH-StB	Der GmbH-Steuer-Berater (Zeitschrift)
grds.	grundsätzlich

GrEStG	Grunderwerbsteuergesetz
GStB	Gestaltende Steuerberatung (Zeitschrift)
HdF	Handbuch der Finanzwissenschaft
HFR	Höchstrichterliche Finanzrechtsprechung (Zeitschrift)
HGB	Handelsgesetzbuch
h. M.	herrschende Meinung
Hrsg.	Herausgeber
Hs.	Halbsatz
i. d. F.	in der Fassung
IFSt	Institut „Finanzen und Steuern" e. V.
i. H. v.	in Höhe von
INF	Information über Steuer und Wirtschaft (Zeitschrift)
i. R. d.	im Rahmen der/des
IStR	Internationales Steuerrecht (Zeitschrift)
i. S. d.	im Sinne der/des
i. S. v.	im Sinne von
i. V. m.	in Verbindung mit
Jan.	Januar
JbFSt	Jahrbuch der Fachanwälte für Steuerrecht
jPdöR	juristische Person(en) des öffentlichen Rechts
JR	Juristische Rundschau (Zeitschrift)
JStG	Jahressteuergesetz
jurisPR	juris Praxis Report Steuerrecht
JuS	Juristische Schulung (Zeitschrift)
JZ	Juristen Zeitung (Zeitschrift)
Kammer-bschl.	Kammerbeschluss
Kfz	Kraftfahrzeug
KG	Kommanditgesellschaft
KOM	Mitteilungen der Europäischen Kommission
KommJur	Kommunaljurist (Zeitschrift)
KÖSDI	Kölner Steuerdialog (Zeitschrift)
KStG	Körperschaftsteuergesetz
KStR	Körperschaftsteuer-Richtlinien
kWh	Kilowattstunde

Lfg.	Lieferung
LStR	Lohnsteuer-Richtlinien
MBP	Mandatsbearbeitung professionell (Zeitschrift)
m. E.	meines Erachtens
Missbrauch-EindämmG	Gesetz zur Eindämmung missbräuchlicher Steuergestaltungen
m. w. N.	mit weiteren Nachweisen
MwSt.	Mehrwertsteuer
MwStR	Mehrwertsteuerrecht (Zeitschrift)
MwStSystRL	Mehrwertsteuer-Systemrichtlinie
n. F.	neue(r) Fassung, neue(r) Folge
Nichtannahmebeschl.	Nichtannahmebeschluss
Nieders.	Niedersachsen
NJW	Neue Juristische Wochenschrift (Zeitschrift)
Nov.	November
Nr.	Nummer
NRW	Nordrhein-Westfalen
Nürnb.	Nürnberg
n. v.	nicht veröffentlicht
NVwZ	Neue Zeitschrift für Verwaltungsrecht
NWB	Neue Wirtschafts-Briefe (Zeitschrift)
NZG	Neue Zeitschrift für Gesellschaftsrecht (Zeitschrift)
N&R	Netzwirtschaften und Recht (Zeitschrift)
OECD	Organisation for Economic Co-operatotion and Development
OECD-MA	OECD-Musterabkommen
OFD	Oberfinanzdirektion
Okt.	Oktober
ÖStZ	Österreichische Steuer-Zeitung (Zeitschrift)
Pkw	Personenkraftwagen
RFH	Reichsfinanzhof
RGBl.	Reichsgesetzblatt
RIW	Recht der internationalen Wirtschaft (Zeitschrift)
RL	Richtlinie(n)
Rn.	Randnummer(n)
Rspr.	Rechtsprechung

RStBl.	Reichssteuerblatt
RT-Drs.	Reichstags-Drucksachen
Rundvfg.	Rundverfügung
s.	siehe
S.	Satz, Seite
Sep.	September
Slg.	Sammlung der Rechtsprechung des Gerichtshofes und des Gerichts Erster Instanz (Zeitschrift)
sog.	sogenannt(e)
st. Rspr.	ständige Rechtsprechung
StÄndG	Steueränderungsgesetz
StB	Der Steuerberater (Zeitschrift)
Stbg	Die Steuerberatung (Zeitschrift)
StbJb.	Steuerberater-Jahrbuch
StBp	Die steuerliche Betriebsprüfung (Zeitschrift)
StBW	Steuerberater Woche (Zeitschrift)
StC	Steuer Consultant (Zeitschrift)
StEK	Steuererlasse in Karteiform
StEntlG	Steuerentlastungsgesetz
SteuerStud	Steuer und Studium (Zeitschrift)
SteuK	Steuerrecht kurzgefaßt (Zeitschrift)
StRK	Steuerrechtsprechung in Karteiform
StRO	Die Steuerrechtsordnung
StSenkG	Steuersenkungsgesetz
StuB	Steuern und Bilanzen (Zeitschrift)
StuW	Steuer und Wirtschaft (Zeitschrift)
SWI	Steuer und Wirtschaft International (Zeitschrift)
Tz.	Textziffer
Unterabs.	Unterabsatz
UR	Umsatzsteuer-Rundschau (Zeitschrift)
Urt.	Urteil
USt	Umsatzsteuer
UStAE	Umsatzsteueranwendungserlass
UStB	Der Umsatzsteuerberater (Zeitschrift)
UStDV	Umsatzsteuer-Durchführungsverordnung
UStG	Umsatzsteuergesetz

USt-IDNr.	Umsatzsteuer-Identifikationsnummer
UStR	Umsatzsteuer-Richtlinien
UVR	Umsatzsteuer- und Verkehrsteuer-Recht (Zeitschrift, ab 1989, vorher DVStR)
v.	von, vom
VersorgW	Versorgungswirtschaft (Zeitschrift)
VerwA	Verwaltungsarchiv (Zeitschrift)
Vfg.	Verfügung
vGA	verdeckte Gewinnausschüttung
vgl.	vergleiche
VO	Verordnung
Vorb.	Vorbemerkung
Vorlage-beschl.	Vorlagebeschluss
WoBauFG	Wohnungsbauförderungsgesetz
ZfBR	Zeitschrift für deutsches und internationales Bau- und Vergaberecht (Zeitschrift)
ZfW	Zeitschrift für Wasserrecht (Zeitschrift)
ZG	Zeitschrift für Gesetzgebung (Zeitschrift)
ZStV	Zeitschrift für Stiftungs- und Vereinswesen (Zeitschrift)

Teil 1: Einleitung

I. Einführung in die Thematik

Die Umsatzsteuer[1] steht in mannigfachen Beziehungen zu anderen Steuern[2]. Diese Arbeit beschäftigt sich mit dem Verhältnis der Umsatzsteuer zum Einkommen- und Körperschaftsteuerrecht[3]. Die tatsächlichen und rechtlichen Verknüpfungen des Umsatzsteuerrechts mit dem Einkommensteuerrecht werfen viele Rechtsfragen auf. Es gibt einerseits zahlreiche Lebenssachverhalte, die zugleich eine einkommen- sowie eine umsatzsteuerrechtliche Würdigung erfordern. Unternehmer als Subjekte des Umsatzsteuerrechts sind gleichzeitig Subjekte des Einkommensteuerrechts (§ 1 EStG, §§ 1, 4 KStG)[4]. Die Bewältigung der

---

1 Der nationale Gesetzgeber hat sich im Umsatzsteuergesetz für die Verwendung des Begriffs „Umsatzsteuer" entschieden. Das Unionsrecht bezeichnet den Begriff synonym als „Mehrwertsteuer". Aufgrund der Entscheidung des nationalen Gesetzgebers verwendet diese Arbeit auch den Begriff „Umsatzsteuer", soweit nicht der unionsrechtliche Bezug im Vordergrund steht und damit die unionsrechtliche Terminologie geboten ist; zur Forderung eines einheitlichen Begriffs für die Bezeichnungen „Mehrwertsteuer" im Unionsrecht und „Umsatzsteuer" im nationalen Recht *Lohse*, Die Zuordnung im Mehrwertsteuerrecht, 1999, S. 203 ff.; *ders.*, EuGH-Rechtsprechung und Umsatzsteuerpraxis, 2001, S. 47 ff.; *ders.*, UR 2002, 393 (398); *ders.*, UR 2005, 655 (656); *ders.*, UR 2012, 8 (11 f.).

2 *Achatz*, Das Verhältnis der Umsatzsteuer zu anderen Steuern, 2011, S. 23 (32).

3 Die Körperschaftsteuer ist eine besondere Art der Einkommensteuer für bestimmte juristische Personen; so auch *Frotscher*, in Frotscher/Maas, KStG/GewStG/UmwStG, vor § 1 KStG Rn. 1 (Okt. 2001); *Hey*, in Herrmann/Heuer/Raupach, EStG/KStG, Einf. KSt Rn. 1, 4 (Sep. 1999); *dies.*, Kernfragen des Unternehmenssteuerrecht, 2010, S. 1 (16); *Wellisch/Kroschel*, Besteuerung von Erträgen², 2011, S. 513; zum Verhältnis der Umsatzsteuer zu den besonderen Verbrauchsteuern und den sog. Verkehrsteuern anstelle vieler *Bieber*, Das Verhältnis der Umsatzsteuer zu anderen Steuern, 2011, S. 173 ff.; *Stadie*, in Rau/Dürrwächter, UStG, Einf. Rn. 770 ff. (April 2013) m. w. N.

4 *Helsper*, Umsatzsteuerkongreß-Bericht 1982/83, 1983, S. 167; *Ruppe*, in Herrmann/Heuer/Raupach, EStG/KStG, Einf. ESt Rn. 421 (Feb. 1990). Bei Personengesellschaften divergieren zwar die Steuersubjekte im Umsatz- und Einkommensteuerrecht, die unternehmerischen Handlungen der Personengesellschaft haben aber vergleichbare Berührungspunkte und Schnittstellen mit dem Umsatzsteuerrecht, wie die eines Einzelunternehmers. Vielmehr treten Besonderheiten hinsichtlich der steuerrechtlichen

parallel einkommen- und umsatzsteuerrechtlich zu würdigenden Sachverhalte beschäftigt die Besteuerungspraxis darum beständig. Neben dieser tatsächlichen Ebene der Überschneidungen sind andererseits auch auf rechtlicher Ebene eine Vielzahl von Schnittstellen und Berührungspunkten auszumachen. Der Umgang mit diesen Phänomenen bereitet Schwierigkeiten und ruft zum Teil erhebliche Rechtsunsicherheiten hervor.

Es liegt im Interesse der Rechtsanwender einkommen- und umsatzsteuerliche Rechtsfragen zu verknüpfen und einheitlich zu behandeln[5]. Eine einheitliche Beurteilung von Sachverhalten, das rechtsgebietsübergreifend identische Verständnis von Rechtsbegriffen sowie die Übernahme von Grundsätzen können einen Rationalisierungseffekt bedeuten, der für alle Beteiligten eine Erleichterung darstellt[6]. Der Gesetzgeber knüpft in einigen Vorschriften des Umsatzsteuergesetzes an das Ertragsteuerrecht an. Das Umsatzsteuergesetz beinhaltet Verweise, die sich explizit auf das Einkommen- oder Körperschaftsteuerrecht beziehen[7]. Darüber hinaus hat sich der Gesetzgeber im Umsatzsteuerrecht in einigen Vorschriften ertragsteuerlich vorgeprägter Begriffe bedient[8]. Die Verwaltungspraxis

---

Beurteilung von Leistungen zwischen Mitunternehmer und der Personengesellschaft hinzu. Auch bei diesen stellen sich zahlreiche Rechtsfragen, die den Untersuchungsgegenstand betreffen, weil die Leistungen oftmals sowohl ertrag- als auch umsatzsteuerrechtlich beurteilt werden müssen. Auf diese Fragen geht die Arbeit nicht näher ein; dazu exemplarisch *Jakob*, Umsatzsteuer[4], 2009, § 10 Rn. 908 ff.; *T. Küffner/Zugmaier*, DStR 2007, 1241; *Lippross*, Umsatzsteuer[23], 2012, S. 142 ff.; *Neufang*, StBp 2009, 100 ff.; zu ähnlich gelagerten Fragen die Leistungsbeziehungen zwischen Gesellschafter und Kapitalgesellschaft betreffend *Weiß*, DB 1990, 1936; *Wisiak*, Umsatzsteuer im Konzern (für Österreich), 2003, S. 61 ff.

5 *Helsper*, Umsatzsteuerkongreß-Bericht 1982/83, 1983, S. 167 (187) nennt für die bei demselben Steuerfall parallel auftretenden Rechtsfragen exemplarisch den Vorsteuerabzug und die Betriebsausgaben, Leistung gegen Entgelt und die Betriebseinnahmen sowie Eigenverbrauch und Entnahme.

6 *Helsper*, Umsatzsteuerkongreß-Bericht 1982/83, 1983, S. 167 (168 f.).

7 So zum Beispiel in § 15 Abs. 1a UStG, der auf Vorschriften des Einkommensteuergesetzes oder § 2 Abs. 3 UStG der auf den Begriff „Betrieb gewerblicher Art“ i. S. d. § 1 Abs. 1 Nr. 6, § 4 KStG verweist. Das Einkommensteuergesetz hingegen regelt ausschließlich Folgewirkungen der Umsatzbesteuerung, exemplarisch § 9b und § 12 Nr. 3 EStG (siehe auch die Parallelregelung im Körperschaftsteuergesetz nach § 10 Nr. 3 KStG); so auch *Helsper*, Umsatzsteuerkongreß-Bericht 1982/83, 1983, S. 167 (174).

8 Exemplarisch § 15a Abs. 1 und 6 UStG die den Begriff des Wirtschaftsguts verwenden (siehe dazu S. 148 ff.) oder § 15a Abs. 1, 2, 3, 5, 8, 9, 11 UStG (siehe dazu S. 188 ff.) und § 10 Abs. 4 Nr. 2 S. 3 UStG, die die Begriffe Anschaffungs- und Herstellungs-

verwendet aus Vereinfachungs- und Praktikabilitätsgründen bestimmte für ertragsteuerrechtliche Zwecke ermittelte Werte als Bemessungsgrundlage für die Umsatzsteuer oder ermöglicht dem Unternehmer zumindest deren Anwendung[9]. Dieselben Gründe erklären zudem die weitere facettenreich ausgestaltete Orientierung an der einkommensteuerrechtlichen Beurteilung in den Verwaltungsanweisungen. So lehnt sich die Finanzverwaltung im Umsatzsteueranwendungserlass[10] (UStAE)[11], in BMF-Schreiben[12] und in Erlassen und Verfügungen der Oberfinanzdirektionen[13] an das Rechtsverständnis im Einkommensteuerrecht an[14]. Aber nicht nur die Finanzverwaltung ist bemüht, aus Vereinfachungsgründen eine Anpassung der Steuerrechtsgebiete herbeizuführen. Die

---

kosten beinhalten; diese sind im Umsatzsteuergesetz nicht definiert und sind dem Einkommensteuerrecht entlehnt; ebenso *Lippross*, Umsatzsteuer[23], 2012, S. 1032 f.

9 *Stadie*, in Rau/Dürrwächter, UStG, Einf. Rn. 898 (April 2013).

10 Mit Wirkung vom 1.11.2010 wurden die Umsatzsteuer-Richtlinien 2008 (UStR 2008) aufgehoben. An ihre Stelle tritt der – zeitlich unbefristete – UStAE, BStBl. I 2010, 846 ff. Dieser wirft verfassungsrechtliche Fragen auf und ist nicht unumstritten. Sowohl die Aufhebung der UStR 2008, als auch die Einführung des UStAE sind ohne Beteiligung des Bundesrates durchgeführt worden, was im Hinblick auf Art. 108 Abs. 7 GG äußerst bedenklich erscheint; dazu *Luhs*, SteuK 2011, 144 f.; *Widmann*, UR 2011, 7 ff.

11 Die Verwaltung hat im UStAE eine Vielzahl „ertragsteuerrechtlicher Orientierungshilfen" integriert; zu den Anlehnungen im Rahmen des § 15a UStG siehe noch umfassend S. 143 ff.; zur Anlehnung des A 1.5 Abs. 6 S. 4 UStAE siehe noch S. 324; ohne im Einzelnen darauf einzugehen und eine abschließende Auflistung zu geben exemplarisch A 1.8 Abs. 4 S. 3 Nr. 6 S. 4 UStAE; A 1.8 Abs. 11 S. 5 UStAE; A 1.8 Abs. 14 S. 4 UStAE; A 2.2 Abs. 2 S. 1 UStAE; A 3.5 Abs. 5 S. 2 UStAE; A 15.2 Abs. 6; A 15.6 UStAE. Nicht unerwähnt bleiben soll bereits an dieser Stelle, dass die Finanzverwaltung zum Teil auch explizit hervorhebt, dass die umsatzsteuerrechtliche Beurteilung losgelöst von der ertragsteuerrechtlichen stattzufinden hat; siehe zum Beispiel A 1.6 Abs. 4 Bsp. 5 UStAE; A 2.1 Abs. 2 S. 1 UStAE; A 2.2 Abs. 2 S. 2 UStAE; A 2.3 Abs. 1 UStAE; A 3.3 Abs. 1 S. 2 UStAE; A 3.5 Abs. 6 S. 2 UStAE; A 3a.3 Abs. 2 S. 2 UStAE.

12 Anstelle vieler BMF-Schreiben v. 27.8.2004, BStBl. I 2004, 864 (865 ff.); v. 6.12.2005, BStBl. I 2005, 1068 (1070).

13 Anstelle vieler OFD Nieders., Vfg. v. 27.7.2012, Unternehmereigenschaft von juristischen Personen des öffentlichen Rechts – S 7106–283-St 171, DStR 2012, 192; OFD Nieders., Vfg. v. 8.10.2012, betr. Umsatzbesteuerung bei unternehmerisch und nichtunternehmerisch genutzten Fahrzeugen durch einen Unternehmer, der steuerpflichtige und steuerfreie Umsätze ausführt – S 7109 - 22 - St 171, DB 2013, 207.

14 Ebenso *Helsper*, Umsatzsteuerkongreß-Bericht 1982/83, 1983, S. 167; *Hidien*, StuW 2005, 265 (266); *Horn*, UR 1990, 342.

Rechtsprechung tendiert teilweise ebenfalls zu einer Orientierung am Ertragsteuerrecht bei der umsatzsteuerrechtlichen Beurteilung[15].

Im Umsatzsteuerrecht lassen sich somit sowohl *de facto* als auch *de iure* zahlreiche Anlehnungen an das Einkommensteuerrecht erkennen. Zwar ist eine Gleichbehandlung des Umsatz- und des Einkommensteuerrechts beziehungsweise eine Anlehnung im Umsatzsteuerrecht an das Einkommensteuerrecht nicht generell ausgeschlossen. Fraglich ist aber, inwiefern die rechtsgebietsspezifischen Aspekte einer einheitlichen oder angeglichenen Beurteilung entgegenstehen[16]. Es ist sicherlich erstrebenswert, das ohnehin komplizierte Steuerrecht ein Stück weit einfacher zu gestalten, indem gleichzeitig einkommen- und umsatzsteuerrechtlich zu beurteilende Lebenssachverhalte einer konvergenten Behandlung unterliegen oder (gesetzliche) Verweise oder terminologische Anlehnungen zu einer partiellen Übereinstimmung führen. Doch sollten die von dem Vereinfachungsgedanken getragenen Maßnahmen – sei es seitens des Gesetzgebers oder seitens der Rechtsanwender – nicht unter Missachtung der bestehenden rechtsgebietsspezifischen Unterschiede ergriffen werden[17]. Zwar sind nach zu präferierender Ansicht[18] sowohl die Umsatzsteuer als auch die Einkommensteuer am Leistungsfähigkeitsprinzip[19] ausgerichtet. Doch sind schon *prima vista* erhebliche Divergenzen bei Besteuerungsziel, -methode, -systematik und -prinzipien auszumachen[20]. Die Einkommensteuern knüpfen an das Erwerbseinkommen an. Sie beziehen sich als Ertragsteuern auf die Leistungsfähigkeit des Steuerpflichtigen zum Zeitpunkt der Einkommensentstehung. Sie sind gerade nicht auf Überwälzbarkeit angelegt und zählen damit zu den direkten Steuern[21]. Die Umsatzsteuer

---

15 So aktuell beispielsweise bei der Nutzungswertermittlung eines gemischt genutzten Fahrzeugs im Rahmen des § 10 Abs. 4 Nr. 2 UStG; vgl. BFH, Urt. v. 11.3.1999 – V R 78/98, BFHE 188, 160 (163); Beschl. v. 26.6.2007 – V B 197/05, BFH/NV 2007, 1897 (1898); Urt. v. 19.5.2010 – XI R 32/08, BStBl. II 2010, 1079 (1081 f.); siehe dazu noch im Einzelnen S. 261 ff.

16 In diesem Sinne bereits *Helsper*, Umsatzsteuerkongreß-Bericht 1982/83, 1983, S. 167 (180).

17 *Helsper*, Umsatzsteuerkongreß-Bericht 1982/83, 1983, S. 167 (179).

18 Siehe noch näher zur Geltung des Leistungsfähigkeitsprinzips im Umsatzsteuerrecht S. 14 und zur Geltung des Leistungsfähigkeitsprinzips im Einkommensteuerrecht S. 19.

19 Das Leistungsfähigkeitsprinzip ist in der Verfassung nicht explizit genannt. Es ist aber in unterschiedlichen Stellen der Verfassung verankert; *Schaumburg*, Festschrift Reiß, 2008, S. 25 (26); *Tipke*, StRO I², 2000, S. 490 ff.

20 *Helsper*, Umsatzsteuerkongreß-Bericht 1982/83, 1983, S. 167 (179).

21 S. 18 ff.

hingegen ist eine allgemeine Einkommensverwendungssteuer auf das für den Konsum verwendete Einkommen und damit Verbrauchsteuer[22]. Als solche ist sie auf Überwälzbarkeit angelegt und folglich eine indirekte Steuer[23].

Neben diesen Divergenzen muss bei der Untersuchung einer rechtsgebietsübergreifenden Anlehnung im Umsatzsteuerrecht am Einkommensteuerrecht zwingend das spezifische Verhältnis des nationalen Einkommen- und Umsatzsteuerrechts zum Unionsrecht berücksichtigt werden[24]. Für die Umsatzsteuer als indirekte Steuer existiert ein ausdrücklicher Harmonisierungsauftrag. Nach Art. 113 AEUV sind die Umsatzsteuersysteme der Mitgliedstaaten soweit zu harmonisieren, wie es für die Errichtung und das Funktionieren des Binnenmarktes und die Vermeidung von Wettbewerbsverzerrungen notwendig[25] ist. Der Gesetzgeber ist angehalten, mit dem nationalen Umsatzsteuergesetz die Vorgaben der Mehrwertsteuer-Systemrichtlinie[26] (MwStSystRL) umzusetzen. Diese vereinigt die geltenden Vorgaben der Europäischen Union (EU) für das Umsatzsteuerrecht[27]. Die Rechtsanwender müssen das nationale Umsatzsteuergesetz entsprechend der Vorgaben der MwStSystRL im Rahmen der Auslegungsgrenzen richtlinienkonform auslegen[28]. Für die Einkommensteuern als direkte Steuern besteht hingegen keine spezielle Ermächtigung zur Harmonisierung auf Unionsebene. Für sie kommt nach Art. 115, 116 AEUV ausschließlich eine Rechtsangleichung nach allgemeinen Vorschriften in Betracht[29]. Das zeigt, dass eine Gleichbehandlung bestimmter Sachverhalte auch europarecht-

---

22 Siehe noch näher zur Qualifikation der Umsatzsteuer als Verbrauchsteuer S. 13 ff.

23 Zur Konzeption der Umsatzsteuer siehe S. 11 ff.

24 Dazu näher S. 35 ff.

25 Das Tatbestandsmerkmal der Notwendigkeit ist von dem Subsidiaritätsprinzip i. S. d. Art. 5 Abs. 3 EUV zu unterscheiden. Es stellt eine spezielle Ausprägung des Verhältnismäßigkeitsgrundsatzes dar; ebenso *Herlinghaus*, Bedeutung und Reichweite der richtlinienkonformen Auslegung nationalen Rechts (IFSt Nr. 357), 1997, S. 8 Fn. 11; *E. Klein*, DStJG 19 (1996), 7 (23).

26 Richtlinie 2006/112/EG des Rates v. 28.11.2006 über das gemeinsame Mehrwertsteuersystem, ABl. Nr. L 347, S. 1 (Mehrwertsteuer-Systemrichtlinie); zuletzt geändert durch Art. 1 ÄndRL 2013/61/EU v. 17.12.2013, ABl. Nr. L 353, S. 5.

27 *Robisch*, in Bunjes, UStG[13], 2014, Vor § 1 Rn. 4 f.; siehe dazu noch S. 36 ff.; zu den neben der MwStSystRL erlassenen Verordnungen und deren in Bezug auf die MwStSystRL bloßer deklaratorischen Wirkungen *Stadie*, UStG[2], 2012, Vorb. Rn. 65.

28 *Robisch*, in Bunjes, UStG[13], 2014, Vor § 1 Rn. 10; zur unionsrechts- und richtlinienkonformen Auslegung siehe S. 39 ff.

29 Art. 114 Abs. 1 AEUV – mit dem Erfordernis qualifizierter Mehrheit – gilt nach Abs. 2 nicht „für die Bestimmungen über die Steuern".

lich fragwürdig sein kann, wenn die umsatzsteuerrechtliche Beurteilung an dem nicht harmonisierten Ertragsteuerrecht angelehnt ist.

Hidien[30] äußert sich zu der irgendwie gearteten Verknüpfung von Einkommen- und Umsatzsteuerrecht in Anbetracht der genannten Aspekte zu Recht skeptisch: „Wenn Gesetzgebung, Dogmatik oder Verwaltungspraxis gleichwohl gelegentlich einseitige oder zweiseitige Verbindungslinien und Verweisungsketten zwischen beiden Rechtsgebieten herstellen und aktivieren, mag dies aus pragmatischen Gründen der Gesetzgebungs- und Verwaltungstechnik zweckmäßig sein und noch angehen; dies stößt aber mitunter an harte Rechtsgrenzen des Verbrauchsteuersystems und erkauft die vermeintlichen Vereinfachungseffekte mit anderen und neuen Auslegungsproblemen. Pragmatik und Systematik müssen nicht deckungsgleich sein."

Untersuchungsgegenstand der Arbeit sind diese Verknüpfungen zwischen Umsatzsteuer und Einkommensteuer. Dabei steht nicht die Berücksichtigung der Umsatzsteuer und der Vorsteuer mit ihren rechtlichen Folgewirkungen im Einkommensteuer- und Körperschaftsteuerrecht im Vordergrund[31]. Untersucht werden vielmehr ausgewählte Anlehnungen und Verweise der Teilrechtsgebiete, die der Gesetzgeber anordnet oder vom Rechtsanwender hergestellt werden. Fraglich ist, inwiefern diese trotz der divergierenden steuerrechtsgebietsspezifischen Aspekte zulässig und sinnvoll sind. Unter dem Gesichtspunkt, dass eine umgekehrte Orientierung am Umsatzsteuerrecht für die einkommensteuerrechtliche Beurteilung kaum stattfindet[32], obwohl „das Ertragsteuerrecht (...)

30 *Hidien*, StuW 2005, 265 (266); kritisch bezüglich der Verwaltungspraxis, sich an das Einkommensteuerrecht anzunähern *Helsper*, Umsatzsteuerkongreß-Bericht 1982/83, 1983, S. 167: „Die Verwaltung erlaubt den Finanzämtern in zahlreichen Anweisungen die ertragsteuerrechtliche Behandlung auch außerhalb gesetzlicher Verknüpfungen als Orientierungshilfe für das Umsatzsteuerrecht anzusehen. Diese Anweisungen sind methodisch falsch, sie nutzen eine häufig gegebene, aber nicht rechtliche, sondern zufällige Übereinstimmung zur Vereinfachung. Die Verwaltung muß sicherstellen, daß die falsche Methode nicht im Einzelfall zu falschen rechtlichen Ergebnissen führt."; ebenso skeptisch *Horn*, UR 1990, 342; *Stadie*, in Rau/Dürrwächter, UStG, Einf. Rn. 887 ff. (April 2013).

31 Zur Berücksichtigung der Umsatzsteuer und der Vorsteuer im Einkommensteuerrecht *Birkenfeld*, in Birkenfeld/Wäger, USt-Handbuch, Einf. § 16 Rn. 21 ff. (April 2004); *Jakob*, Umsatzsteuer[4], 2009, § 11 Rn. 973 ff.; *Stadie*, in Rau/Dürrwächter, UStG, Einf. Rn. 810 ff. (April 2013).

32 Eine Orientierung im Einkommen- am Umsatzsteuerrecht ist beispielsweise in § 9a EStDV zu finden, wonach das Jahr der Anschaffung legal definiert wird, als das Jahr der Lieferung. Der Lieferungsbegriff soll nach st. Rspr. des BFH dem des

unter keinem Gesichtspunkt eine rechtliche Priorität vor dem Umsatzsteuerrecht [hat][33]," geht die Arbeit zudem der Frage nach, ob eine umgekehrte Maßgeblichkeit denkbar wäre, wenn sich die derzeitige Anlehnungsrichtung im Einzelfall als wenig hilfreich oder gar unmöglich darstellt.

II. Gang der Untersuchung

Die Arbeit stellt zu Beginn die für die Untersuchung als „Handwerkzeug" dienenden Grundlagen dar[34]. Es erfolgt zunächst eine Gegenüberstellung der Konzeption von Einkommensteuern und Umsatzsteuer[35]. Anschließend folgt der unterschiedliche Einfluss des Unionsrechts auf das Steuerrecht[36], der sich auch im Rahmen der daraufhin erörterten Auslegung der nationalen Steuergesetze rechtsgebietsspezifisch auswirkt[37]. Für die Untersuchung der im Umsatzsteuerrecht vorzufindenden Anknüpfungsformen an das Recht der Einkommensteuern folgt sodann eine abstrakte Auseinandersetzung mit der Typologie der Verweisungen auf und der Anlehnungen an das Einkommensteuerrecht, die vom Gesetzgeber wie auch von den Rechtsanwendern ausgehen können[38].

Danach widmet sich die Untersuchung ausgewählten Anpassungen der umsatzsteuerrechtlichen Beurteilung an das Einkommensteuerrecht[39]. Eine umfassende Untersuchung aller Verknüpfungen würde den Rahmen der Arbeit allerdings sprengen. Daher sollen die nach Art und Intensität unterschiedlichen, von dem Gesetzgeber, der Finanzverwaltung und den Gerichten ausgehenden Anlehnungen im Umsatzsteuerrecht an das Einkommensteuerrecht exemplarisch dargestellt werden. Die Arbeit beschäftigt sich anfangs mit den weniger intensiven, auf die Rechtsanwender – ohne jeglichen Anhaltspunkt im Gesetz – zurückgehenden Anpassungsmaßnahmen. Zunächst steht die Entwicklung der

---

Umsatzsteuerrechts nach § 3 Abs. 1 UStG entsprechen; vgl. BFH, Urt. v. 7.11.1991 – IV R 43/90, BStBl. II 1992, 398 (399 f.); siehe auch BFH, Urt. v. 27.9.2001 – X R 67/00, BFH/NV 2002, 327 (328); v. 4.6.2003 – X R 49/01, BStBl. II 2003, 751 (752).

33 *Helsper*, Umsatzsteuerkongreß-Bericht 1982/83, 1983, S. 167 (170), der dies darauf zurückführt, dass die in diese Richtung vorgegebene Orientierungshilfe daraus resultiere, dass sowohl Finanzbeamte als auch Berater eher dem Ertragsteuerrecht firm seien.

34 Siehe Teil 2.

35 S. 11 ff.

36 S. 27 ff.

37 S. 37 ff.

38 S. 46 ff.

39 Siehe Teil 3.

Beurteilung der Leistungen zwischen nahen Angehörigen im Einkommensteuerrecht und zwischen nahestehenden Personen im Umsatzsteuerrecht im Fokus der Untersuchung[40]. Diese darf zwar inzwischen als abgeschlossen bezeichnet werden. Sie veranschaulicht aber eindrucksvoll, inwiefern einer Anpassung aufgrund der rechtsgebietsspezifischen Ziele, Methoden und Systematiken Grenzen gesetzt sind. Anschließend wird die aktuelle Problematik des verwaltungspraktischen Gleichlaufs bei der körperschaft- und umsatzsteuerrechtlichen Beurteilung von Mitgliedsbeiträgen untersucht[41].

Im Folgenden geht die Arbeit auf terminologische, punktuelle und strukturelle Anlehnungen des Gesetzgebers im Umsatzsteuergesetz an das Einkommensteuerrecht ein. Zunächst steht die Vorschrift des § 15a UStG aufgrund zahlreicher Anleihen des Gesetzgebers an das Einkommensteuerrecht im Mittelpunkt[42]. Zum einen hat der Gesetzgeber terminologische Anlehnungen an einkommensteuerrechtlich vorgeprägte Begriffe sowie das steuerbilanzrechtliche Aktivierungsgebot als Tatbestandsmerkmal in die Vorschrift aufgenommen. Des Weiteren zieht auch die Finanzverwaltung hier in ihren Verwaltungsanweisungen ertragsteuerrechtliche Grundsätze heran.

Sodann sind der von dem Gesetzgeber in § 2 Abs. 3 UStG eingeführte direkte Verweis auf den körperschaftsteuerrechtlichen Begriff „Betrieb gewerblicher Art" i. S. d. § 1 Abs. 1 Nr. 6 und § 4 KStG sowie die darauf zurückzuführenden verwaltungspraktischen Anlehnungen an das Körperschaftsteuerrecht Gegenstand der Untersuchung[43].

Schließlich untersucht die Arbeit die einkommen- und umsatzsteuerrechtliche Beurteilung der Privatnutzung von dem Unternehmen zugeordneten Fahrzeugen[44]. Es wird die derzeitige Rechtslage beleuchtet und der Frage nachgegangen, ob eine gesetzliche Vereinheitlichung der steuerrechtlichen Beurteilung eines solchen Massensachverhalts im Massenverfahren sinnvoll wäre.

In den einzelnen Untersuchungsschritten stehen die einseitigen Verbindungen der beiden Rechtsgebiete auf dem Prüfstand. Nach der Prüfung der Anlehnungen des Umsatzsteuerrechts an das Einkommensteuerrecht geht die Arbeit jeweils der Frage nach, ob eine umgekehrte Orientierung sinnvoll wäre.

---

40 S. 77 ff.

41 S. 103 ff.

42 S. 143 ff.; *Hidien*, StuW 2005, 265 (272) bezeichnet diese Vorschrift wegen der vielen unterschiedlichen Anlehnungen an das Ertragsteuerrecht als „Fundgrube der Norm- und Begriffskritik."

43 S. 200 ff.

44 S. 261 ff.

Aufgrund dieser bewussten Auswahl aus der Fülle zahlreicher Schnittstellen und Berührungspunkte von Einkommen- und Umsatzsteuer lassen sich in der anschließenden Gesamtschau auf Grundlage der einzelnen Untersuchungsschritte allgemeine Schlussfolgerungen für den Umgang mit dem Phänomen der Verknüpfung von Umsatzsteuer- und Einkommensteuerrecht ziehen[45].

45 Siehe Teil 4 der Arbeit.

Teil 2: Steuersystematische Grundlagen

I. Zur Konzeption von Umsatzsteuer und Einkommensteuern

Für die Einteilung der Steuerarten besteht kein geschlossenes System. Die einzelnen Steuerarten lassen sich vielmehr nach unterschiedlichen Gesichtspunkten systematisieren[46]. Für die Untersuchung konvergenter und divergenter Behandlung einzelner Sachverhalte im Einkommensteuer-, Körperschaftsteuer- und Umsatzsteuerrecht sowie der Würdigung der rechtlichen Berührungspunkte dieser Rechtsgebiete sind die verschiedenartigen systematischen Ausgangspunkte der Steuerarten, deren systembildenden Prinzipien und speziellen Wertungen heranzuziehen[47]. Diese werden im Folgenden aufgezeigt.

1. Konzeption der Umsatzsteuer

a) Wirkungsweise der Umsatzsteuer

Die Umsatzsteuer ist seit Einführung des Umsatzsteuergesetzes 1918[48] eine Allphasensteuer[49]. War sie zunächst als Allphasenbruttoumsatzsteuer ausgestaltet, hat der Gesetzgeber auf die fehlende Wettbewerbsneutralität[50] reagiert, indem

---

46 *J. Lang*, in Tipke/Lang, Steuerrecht[20], 2012, § 8 Rn. 20 ff.; *Lippross*, Umsatzsteuer[23], 2012, S. 57; vgl. auch *Wernsmann*, in Hübschmann/Hepp/Spitaler, AO/FGO, § 3 AO Rn. 427 (Juni 2011).

47 In demselben Zusammenhang die Einkommen- und Umsatzsteuer gegenüberstellend *Helsper*, Umsatzsteuerkongreß-Bericht 1982/83, 1983, S. 174; *Hohenwarter-Mayr*, Das Verhältnis der Umsatzsteuer zu anderen Steuern, 2011, S. 33 ff.

48 Umsatzsteuergesetz v. 26.7.1918, RGBl. 1918, 779. Das UStG 1918 basiert auf dem sog. Warenumsatzstempel, der vom Deutschen Reich zur Finanzierung des 1. Weltkrieges mit dem Gesetz über einen Warenumsatzstempel v. 26.6.1916, RGBl. 1916, 63 eingeführt wurde.

49 *Klenk*, in Sölch/Ringleb, UStG, vor § 1 Rn. 1 (März 2012); *Stadie*, in Rau/Dürrwächter, UStG, Einf. Rn. 250 (April 2013).

50 Durch dieses System nahm die endgültige Steuerbelastung zu, je mehr Wirtschaftsstufen vom Hersteller bis zum Endverbraucher durchlaufen wurden. Dies hatte eine Kumulierung der Steuerlast zur Folge und wurde daher vom BVerfG mit Urteil v. 20.12.1966 – 1 BvR 320/57, 70/63, BVerfGE 21, 12 für verfassungswidrig erklärt; näher zu den Nachteilen der Allphasenbruttoumsatzsteuer *Jakob*, Umsatzsteuer[4], 2009, § 1 Rn. 22; *Reiß*, in Reiß/Kraeusel/Langer, UStG, Einf. Rn. 16 ff. (Dez. 2007).

er eine Allphasenbesteuerung mit Vorsteuerentlastung (sog. Netto-Allphasen-System) eingeführt hat[51]. Die Einführung des Vorsteuerabzugs hatte zur Folge, dass die auf den erworbenen Gegenständen oder Dienstleistungen lastende Umsatzsteuer nicht den Unternehmer belastet. Das Umsatzsteuerrecht ist damit grundsätzlich wettbewerbsneutral, weil der Unternehmer nicht Steuerträger ist. Vielmehr ist der Endverbraucher letztlich Steuerdestinatar. Irrelevant ist, wie viele Unternehmer die einzelne Ware umgesetzt haben. Für jeden Unternehmer ist die Vorsteuer in der Warenkette im Falle der Abzugsberechtigung kein Kostenfaktor[52]. Das Umsatzsteuergesetz besteuert nicht jede Einkommensverwendung, sondern beschränkt sich auf den Bezug einer unternehmerischen Leistung (sog. Unternehmerprinzip)[53]. Damit fällt Umsatzsteuer grundsätzlich[54] nur an, wenn ein Unternehmer eine Leistung erbringt. Der Unternehmer muss die vereinnahmte Umsatzsteuer an das Finanzamt abführen[55]. Die dem Finanzamt geschuldete Umsatzsteuer stellt er dem Leistungsempfänger in Rechnung. Einem Unternehmer, der eine Leistung für sein Unternehmen empfangen hat, steht jedoch für die ihm in Rechnung gestellte Umsatzsteuer der Vorsteuerabzug zu. Die Umsatzsteuer bestimmt sich nach dem Wert der Gegenleistung, die der Abnehmer für die Leistung aufwendet (Entgeltprinzip). Bemessungsgrundlage ist nicht der objektive Wert der Leistung[56]. Nach dem

51 Umfassend zur geschichtlichen Entwicklung der deutschen Umsatzsteuer *Birkenfeld*, in Birkenfeld/Wäger, USt-Handbuch, Einf. 1. Kapitel §§ 1–4 (Oktober 2009).

52 Ebenso *Ruppe*, in Herrmann/Heuer/Raupach, EStG/KStG, Einf. ESt Rn. 423 (Feb. 1990); *Stadie*, in Rau/Dürrwächter, UStG, Einf. Rn. 254 (April 2013).

53 *Hohenwarter-Mayr*, Das Verhältnis der Umsatzsteuer zu den anderen Steuern, 2011, S. 33 (34); *Reiß*, DStJG 32 (2009), 9 (14); *Ruppe/Achatz*, UStG[4], 2011, Einf. Rn. 40.

54 Ausnahmsweise können beispielsweise auch Nichtunternehmer Steuersubjekte der Einfuhrumsatzsteuer nach § 1 Abs. 1 Nr. 4 sein oder beim innergemeinschaftlichen Erwerb können juristische Personen, die nicht Unternehmer sind, nach § 1 a Abs. 1 Nr. 2b UStG Steuersubjekte sein; *Reiß*, in Tipke/Lang, Steuerrecht[20], 2012, § 14 Rn. 135.

55 Zu der Frage, ob es sich dabei um eine „Indienstnahme Privater“ handelt, *Drüen*, Die Indienstnahme Privater für den Vollzug von Steuergesetzen, 2012, S. 121 ff.

56 EuGH, Urt. v. 24.10.1996 – C-288/94, Slg. I 1996, 5327 (5334); BFH, Urt. v. 22.6.1989 – V R 37/84, BStBl. II 1989, 913 (917); so bereits BFH, Urt. v. 26.2.1976 – V R 167/70, BStBl. II 1976, 443 (444); v. 11.11.1987 – X R 12/81, BStBl. II 1988, 210 f.; siehe auch *Hohenwarter-Mayr*, Das Verhältnis der Umsatzsteuer zu den anderen Steuern, 2011, S. 33 (34); *Nieskens*, in Rau/Dürrwächter, UStG, § 1 Rn. 531 (April 2012); *Ruppe/Achatz*, UStG[4], 2011, Einf. Rn. 43.

Territorialitätsprinzip werden nur unternehmerische Absatzleistungen im Inland sowie der Import erfasst[57].

b) Belastungskonzeption der Umsatzsteuer

Es war lange Zeit höchst umstritten und ist noch immer nicht endgültig geklärt, ob es sich bei der Umsatzsteuer um eine Verkehr- oder Verbrauchsteuer handelt[58]. Die Entscheidung, ob die Umsatzsteuer eine Verkehrsteuer, Verbrauchsteuer oder beides ist, ist nach *Tipke* als „teleologischer Orientierungsmaßstab

57 So auch *Hohenwarter-Mayr*, Das Verhältnis der Umsatzsteuer zu den anderen Steuern, 2011, S. 33 (34 f.); *Ruppe/Achatz*, UStG[4], 2011, Einf. Rn. 51; *Schaumburg*, Festschrift Reiß, 2008, S. 25 (34). Da für das Umsatzsteuerrecht bis heute aber bei internationalen Leistungsbeziehungen vornehmlich nicht das Ursprungs- sondern das Bestimmungslandprinzip maßgeblich ist, sind Ausnahmen des Territorialitätsprinzips erforderlich; *Hohenwarter-Mayr*, Das Verhältnis der Umsatzsteuer zu anderen Steuern, 2011, S. 33 (34 f.); *Ruppe/Achatz*, UStG[4], 2011, Einf. Rn. 52 ff. Nach Art. 4 der Ersten Richtlinie 67/227/EWG des Rates zur Harmonisierung der Rechtsvorschriften der Mitgliedstaaten über die Umsatzsteuer v. 11.4.1967, Abl. 1971, 1301 sieht das Basiskonzept der EU-Kommission für grenzüberschreitende Leistungen vor, dass das Umsatzsteuerrecht dem Ursprungslandprinzip folgt. Die bis heute geltende Ausnahmeregelung sollte bis Ende 1996 durch das endgültig Ursprungslandprinzip ersetzt werden, Richtlinie 91/680/EWG des Rates v. 16.12.1991 zur Ergänzung des gemeinsamen Mehrwertsteuersystems und zur Änderung der Richtlinie 77/388/EWG im Hinblick auf die Beseitigung der Steuergrenzen, Abl. 1991, L 376/1, 1. Dies ist bis heute nicht geschehen und ein Systemwechsel ist zurzeit nicht absehbar. Bemerkenswert ist, dass diese Richtlinie schon vorsah, dass sich die Geltungsdauer der Binnenmarktrichtlinie automatisch verlängert, wenn die angestrebte Neuregelung nicht gelingen sollte, Abl. 1991, L 376/1, 1; siehe auch *Nettesheim*, in Oppermann/Classen/Nettesheim, Europarecht[6], 2014, § 35 Rn. 19. Die Europäische Kommission hat sich im „Grünbuch über die Zukunft der Mehrwertsteuer", KOM 2010, 695 v. 1.12.2010, Kapitel 4.2 nochmals zu dieser Thematik geäußert. Demnach geht die Kommission zwar offiziell weiterhin davon aus, dass die bisherige sog. Übergangsregelung durch eine Besteuerung im Ursprungsland ersetzt wird. Allerdings strebt sie nunmehr zunächst Verbesserungen auf der Basis der bisherigen Übergangsregelung an (vgl. dazu auch *Reiß*, in Reiß/Kraeusel/Langer, UStG, Einf. Rn. 91 [Dez. 2007], der denselben Entwicklungsstand schon in 2007 aufgrund einer vorherigen Mitteilung der Kommission [KOM 2007, 380 endg., 1 {7}] festgestellt hat; dazu *ders.*, DStJG 32 [2009], 9 [87 ff.]). Heute gilt somit für Unternehmer grundsätzlich das Ursprungslandprinzip und für private Verbraucher das Bestimmungslandprinzip.

58 *Jakob*, Umsatzsteuer[4], 2009, § 1 Rn. 1.

für die Ermittlung des Gesetzessinns" unentbehrlich[59]. Was einer folgerichtigen Verbrauchsbesteuerung gerecht wird, erfüllt nicht *eo ipso* die Ziele einer Verkehrsteuer und umgekehrt[60]. Damit gibt diese Einordnung der Umsatzsteuer als Verkehr- oder Verbrauchsteuer den Auslegungsmaßstab des Umsatzsteuergesetzes vor[61]. *Prima facie* erweckt die Umsatzsteuer den Anschein einer sog. Verkehrsteuer, weil sie in ihrem Grundtatbestand technisch Verkehrsvorgänge der Unternehmer erfasst[62]. Diese Ausgestaltung des Grundtatbestandes ist aber nur die gesetzgeberische Reaktion auf die mangelnde Vollziehbarkeit einer Endverbrauchersteuer im Massenverfahren. Ohne eine Anknüpfung an die Verkehrsvorgänge der Unternehmer stünden der Finanzverwaltung Millionen von Steuerschuldnern gegenüber. Der Endverbraucher verbleibt nach der Formulierung des Bundesverfassungsgerichts „in der Anonymität des Marktes"[63]. Damit ist der Umsatzakt des leistenden Unternehmers der steuerrechtliche Anknüpfungspunkt, mit dem Ziel, den Besteuerungszugriff auf die Ebene des Unternehmers zu antizipieren und zu konzentrieren[64]. Die Verkehrsvorgänge des leistenden Unternehmers sind also „technische Vehikel", um die Erhebung der Umsatzsteuer bei allen Endverbrauchern überhaupt zu ermöglichen[65]. Allerdings ist nicht der Umsatz an sich Besteuerungsgut, vielmehr der Aufwand des Empfängers – respektive des Verbrauchers – als Steuerträger für die von den Unternehmern geleisteten Gegenstände oder Dienstleistungen[66]. Es soll die Zahlungsfähigkeit (und damit die Leistungsfähigkeit) des Nachfragers nach typisierter Vermutung erfasst werden[67]. Die Umsatzsteuer erfasst die wirtschaftliche

59 *Tipke*, UStR 1972, 2; dem folgend *Söhn*, StuW 1975, 2.

60 *Söhn*, StuW 1975, 1 (2).

61 Im Ergebnis auch *Birkenfeld*, in Birkenfeld/Wäger, USt-Handbuch, Einf. 1. Kapitel § 5 Rn. 133.1 (April 1996); *Stadie*, Das Recht des Vorsteuerabzugs, 1989, S. 3; *ders.*, in Rau/Dürrwächter, UStG, Einf. Rn. 141 (April 2013).

62 *Stadie*, in Rau/Dürrwächter, UStG, Einf. Rn. 141 (April 2013).

63 So BVerfG, Beschl. v. 23.8.1999 – 1 BvR 2164/98, UR 1999, 501 (502); siehe auch *Kirchhof*, UR 2002, 541 (544).

64 *Drüen*, Die Indienstnahme Privater für den Vollzug von Steuergesetzen, 2012, S. 122.

65 *Drüen*, Die Indienstnahme Privater für den Vollzug von Steuergesetzen, 2012, S. 122; *Jakob*, Umsatzsteuer[4], 2009, § 1 Rn. 11; *Kirchhof*, DStR 2008, 1 (2); *Söhn*, StuW 1975, 1 (17); in diesem Sinne auch *Walden*, Die Umsatzsteuer als indirekte Verbrauchsteuer, 1988, S. 125; zur Vollzugsuntauglichkeit der Umsatzsteuer als direkte Verbrauchsteuer schon *Popitz*, HdF II, 1927, S. 185 f.

66 *Stadie*, in Rau/Dürrwächter, UStG, Einf. Rn. 141 (April 2013).

67 BVerfG, Urt. v. 7.5.1963 – 2 BvL 8/61, 2 BvL 10/61, BVerfGE 16, 64 (74); v. 27.7.1971 – 2 BvF 1/68, 2 BvR 702/68, BVerfGE 31, 314 (331); v. 7.5.1998 – 2 BvR 1991/95, 2

Leistungsfähigkeit indizierende Einkommensverwendung in Form des Verbrauchs[68]. Der Synergieeffekt von Überwälzbarkeit der Steuer und dem Vorsteuerabzug schließt eine Steuerträgerschaft des Unternehmers grundsätzlich aus[69]. In den Vorschriften des Umsatzsteuergesetzes spiegelt sich der gesetzgeberische Wille mannigfach wieder, dass die Besteuerung des Letztverbrauchs nicht lediglich der Regelfall sein soll, sondern im Einzelfall sicherzustellen ist[70]. Infolgedessen richtet sich die Auslegung der Umsatzsteuertatbestände nach dem Grundsatz, dass sich keine Belastung des Unternehmers im unternehmerischen Bereich realisiert und eine ausschließliche Belastung des Endverbrauchers sichergestellt ist[71]. Das ist Inhalt des sog. Verbrauchsteuerprinzips[72]. Inzwischen

---

BvR 2004/95, BVerfGE 98, 106 (124); v. 20.4.2004 – 1 BvR 1748/99 – 1 BvR 905/00, BVerfGE 110, 274 (297); siehe auch *Englisch*, UR 2010, 400 (404); *ders.*, in Tipke/Lang, Steuerrecht[21], 2013, § 17 Rn. 11; *Hey*, in Tipke/Lang, Steuerrecht[21], 2013, § 3 Rn. 43; *Jakob*, Umsatzsteuer[4], 2009, § 1 Rn. 1 ff.; *P. Kirchhof*, UR 2002, 541 (544); *Schaumburg*, Festschrift Reiß, 2008, S. 25 (31); *Tipke*, StuW 1992, 106 (110); *ders.*, StRO II[2], 2003, S. 979 ff.; zur Kumulationswirkung der Ertrag- und Verbrauchsteuern *Jachmann*, Festschrift Schiedermair, 2001, S. 391 (401); *dies.*, Festschrift Reiß, 2008, S. 339 ff.; *Tipke*, StuW 1992, 103 (110 f.); kritisch *Drüen*, in Tipke/Kruse, AO/FGO, § 3 AO Tz. 50a (Jan. 2012).

68 *Englisch*, in Tipke/Lang, Steuerrecht[21], 2013, § 17 Rn. 11; *Ruppe/Achatz*, UStG[4], 2011, Einf. Rn. 71; *Söhn*, StuW 1975, 1 (11, 17); *Walden*, Die Umsatzsteuer als indirekte Verbrauchsteuer, 1988, S. 33 ff.; *Stadie*, in Rau/Dürrwächter, UStG, Einf. Rn. 144 (April 2013) sieht den von der Einkommensteuer her geläufigen Begriff der „Leistungsfähigkeit" für die Erklärung der Umsatzsteuer hingegen als ungeeignet an; siehe zum Leistungsfähigkeitsprinzip im Bereich der Umsatzsteuer bereits die Nachweise in Fn. 67.

69 *Stadie*, in Rau/Dürrwächter, UStG, Einf. Rn. 146 (April 2013). Die Umsatzsteuer ist zwar auf Überwälzbarkeit angelegt, trotzdem wirkt sie sich faktisch aus ökonomischer Sicht teilweise nicht unerheblich auf die Unternehmen aus; dazu *Tipke*, StRO II[2], 2003, S. 1006 f.

70 *Söhn*, StuW 1975, 1 (10); *Tipke*, StRO II[2], 2003, S. 976; die Konkretisierung des Verbrauchsteuergedankens durch das Umsatzsteuergesetz und die MwStSystRL aufzeigend *Stadie*, in Rau/Dürrwächter, UStG, Einf. Rn. 125 ff. (April 2013).

71 *Söhn*, DStZ 1987, 367 (372); *Stadie*, in Rau/Dürrwächter, UStG, Einf. Rn. 141 (April 2013).

72 *Tipke*, StuW 1992, 103 (108).

dominiert aus diesen Gründen in Literatur[73] und nationaler Rechtsprechung[74] eindeutig die Verbrauchsteuereinordnung[75]. Auch der EuGH begreift die harmonisierte Umsatzsteuer zweifelsfrei als allgemeine, den Letztverbraucher belastende Verbrauchsteuer[76]. Das geht im Übrigen schon aus der MwStSystRL hervor, die in Art. 1 Abs. 2 MwStSystRL explizit von einer „Verbrauchsteuer“ spricht.

c) Systematische Einordnung der Umsatzsteuer

aa) Indirekte Steuer

Sind bei den direkten Steuern Steuerschuldner und Steuerträger identisch, kennzeichnet die indirekten Steuern, dass Steuerschuldner und Steuerträger unterschiedliche Personen oder Subjekte sind[77]. Nach dem Willen des Gesetzgebers soll die Umsatzsteuer als Bestandteil des Preises von den Unternehmern auf die

---

73 Anstelle vieler *Söhn*, StuW 1975, 1 ff.; *ders.*, StuW 1996, 165 ff.; *Tehler*, Die Umsatzsteuer als angewandte Verkehr- und/oder Verbrauchssteuer, 1986, S. 37 ff.; *Tipke*, StuW 1992, 103 (106 ff.); *ders.*, StRO II[2], 2003, S. 976; *Walden*, Die Umsatzsteuer als indirekte Verbrauchsteuer, 1988, S. 33 ff.

74 EuGH, Urt. v. 5.5.1982 – C-15/81 [Schul], Slg. I 1982, 1409 (1426); v. 3.10.2006 – C-475/03 [Banca popolare di Cremona], Slg. I 2006, 9373 (9457); v. 26.2.1991 – C-119/89 [Kommission/Spanien], Slg. I 1991, 641 (655); BVerfG, Urt. v. 29.10.1999 – 2 BvR 1264/90, BVerfGE 101, 132 (139); v. 10.11.1999 – 2 BvR 2861/93, BVerfGE 101, 151 (155); siehe auch BVerfG, Urt. v. 7.5.1998 – 2 BvR 1991, 2004/95, BVerfGE 98, 106 (125): „Die Umsatzsteuer zielt auf die Kaufkraft des Verbrauchers.“; BFH, Urt. v. 11.4.2002 – V R 65/00, UR 2002, 367 (369); v. 12.1.2006 – V R 3/04, BStBl. II 2006, 479 (480); v. 10.11.2010 – XI R 79/07, BStBl. II 2011, 311 (314); dies entgegen der anfänglichen Charakterisierung der Umsatzsteuer als Verkehrsteuer durch das BVerfG und den BFH; vgl. exemplarisch BVerfG, Urt. v. 22.5.1963 – 1 BvR 78/56, BVerfGE 16, 147 (162) sowie BFH, Urt. v. 30.4.1953 – V 84/51 S, BStBl. III 1953, 183 (188); v. 8.11.1972 – II B 24/72, BStBl. II 1973, 94 (96).

75 Vgl. *Englisch*, in Tipke/Lang, Steuerrecht[21], 2013, § 17 Rn. 10 m. w. N.; *Reiß*, in Tipke/Lang, Steuerrecht[20], 2012, § 14 Rn. 1.

76 Vgl. EuGH, Urt. v. 26.2.1991 – C-159/89, C-119/89 [Kommission/Griechenland u. a.], Slg. I 1991, 702 (706); v. 29.2.1996 – C-215/94 [Mohr], DStR 1996, 421 (422); v. 11.10.2007 – C-283/06 und C-312/06 [KÖGAZ u. a.], Slg. I 2007, 8467 (8480 ff., 8486); v. 28.10.2010 – C-49/09 [Kommission/Polen], UR 2011, 183 (187); *Schaumburg*, Festschrift Reiß, 2008, S. 25 (31); *Söhn*, StuW 1996, 165 (168); *Stadie*, in Rau/Dürrwächter, UStG, Einf. Rn. 122 (April 2013).

77 *Drüen*, in Tipke/Kruse, AO/FGO, § 3 AO Tz. 90 (Jan. 2012); *J. Lang*, in Tipke/Lang, Steuerrecht[20], 2012, § 8 Rn. 20.

Abnehmer der Leistung als Steuerträger abgewälzt werden, so dass es sich um eine indirekte Steuer handelt[78].

bb) Objektsteuer

Die Umsatzsteuer ist umsatzbezogen und nimmt auf die persönlichen Verhältnisse des Steuerpflichtigen grundsätzlich[79] keine Rücksicht[80]. Die Rechtsprechung und ein Großteil der Literatur bezeichnen die Umsatzsteuer daher als Objektsteuer[81]. Diese Bezeichnung leitet sich aus dem Verständnis des Objektsteuerbegriffs als komplementären Gegenbegriff zum Begriff der Personensteuer ab. Allerdings existieren nicht nur Steuern, die einem der beiden Begriffe zuzuordnen sind, sondern vielmehr ein Konglomerat dieser beiden Kategorisierungen darstellen. Die Begriffe Personen- und Objektsteuer[82] sind demnach nicht abschließend[83]. Außerdem zählen nach § 3 Abs. 2 AO ausschließlich die Grundsteuer und die Gewerbesteuer zu den Objektsteuern[84]. Die Umsatzsteuer zählt somit jedenfalls nicht zu den Objektsteuern in diesem Sinne. Da die Umsatzsteuer die persönlichen Verhältnisse jedoch grundsätzlich außer Acht lässt, ist ihr ein Objektsteuercharakter zumindest nicht vollends abzusprechen.

---

78 Anstelle vieler *Stadie*, UStG², 2012, Vorb. Rn. 19.

79 BFH, Beschl. v. 15.9.1998 – V B 39/98, BFH/NV 1998, 226 (227): „Das Umsatzsteuergesetz berücksichtigt persönliche, den Unternehmer betreffende Umstände nur, wenn dies (wie z. B. für blinde Unternehmer in § 4 Nr. 19 UStG) besonders erwähnt wird."; so auch *Drüen*, in Tipke/Kruse, AO/FGO, § 3 AO Tz. 61 (Jan. 2012); kritisch zu der Berücksichtigung persönlicher Verhältnisse des Steuerpflichtigen *Ruppe/Achatz*, UStG⁴, 2011, Einf. Rn. 45.

80 BFH, Beschl. v. 28.9.1993 – V B 90/93, UR 1994, 279; *Reiß*, in Tipke/Lang, Steuerrecht²⁰, 2012, § 14 Rn. 1.

81 BFH, Urt. v. 13.12.1962 – V 87/60 S, BStBl. II 1963, 72 (73): „Die Umsatzsteuer ist – im Gegensatz etwa zur Einkommensteuer – nicht als Personensteuer, sondern als Objektsteuer ausgestaltet; denn im Mittelpunkt der Umsatzsteuer steht der Steuergegenstand (Lieferung, sonstige Leistung, Eigenverbrauch, Einfuhr), nicht die Person des Steuerpflichtigen."; vgl. auch BFH, Urt. v. 21.1.1965 – V 236/61 U, BStBl. III 1965, 210 (211); *Lippross*, Umsatzsteuer²³, 2012, S. 57; *Reiß*, in Tipke/Lang, Steuerrecht²⁰, 2012, § 14 Rn. 1.

82 Objektsteuer ist als Synonym für den Begriff Realsteuer anerkannt; vgl. anstelle vieler *Neumann*, in Beermann/Gosch, AO/FGO, § 3 AO Tz. 58.1 (Juli 2010).

83 *Drüen*, in Tipke/Kruse, AO/FGO, § 3 AO Tz. 61 (Jan. 2012).

84 *Drüen*, in Tipke/Kruse, AO/FGO, § 3 AO Tz. 62 (Jan. 2012); *Neumann*, in Beermann/Gosch, AO/FGO, § 3 AO Rn. 54, 58.1 (Juli 2010).

cc) „Rechtstechnische" Verkehrsteuer

Die Umsatzsteuer knüpft an Akte des Rechtsverkehrs an und zählt daher wegen dieser rechtlichen Anknüpfung rechtstechnisch zu den Verkehrsteuern[85]. Auch verfahrensrechtlich – im Sinne der Abgabenordnung – ist die Umsatzsteuer eine Verkehrsteuer[86].

2. Konzeption der Einkommensteuern

Die Einkommensteuer erfasst das Einkommen natürlicher Personen, die Körperschaftsteuer das Einkommen juristischer Personen. Beide Steuerarten zählen zu den subjektbezogenen Ertragsteuern[87].

a) Einkommensteuer

aa) Wirkungsweise der Einkommensteuer

Die Einkommensteuer besteuert das Einkommen natürlicher Personen und knüpft dabei an die privatwirtschaftliche Ertragserzielung an. Sie ist ihrem Wesen nach auf Einzelpersonen zugeschnitten und folgt dem „Grundsatz der Individualbesteuerung", indem das zu versteuernde Einkommen für die einzelne natürliche Person ermittelt und ausschließlich bei ihr besteuert wird[88]. Das Ergebnis des besteuerten wirtschaftlichen Handelns bestimmt die Bemessungsgrundlage der Einkommensteuer. Es sind Vermögenszuwächse, die der Einkommensteuer unterliegen, und nicht das bestehende Vermögen.

---

85 In seinem Urteil vom 5.6.1964 – V 206/63, DB 1964, 1577 formuliert der BFH: „Die Umsatzsteuer ist rechtstechnisch eine Verkehrssteuer. Sie ist lediglich volkswirtschaftlich eine Verbrauchsteuer."; ebenso bereits *Popitz*, UStG², 1921, 37 f.; siehe auch *Drüen*, in Tipke/Kruse, AO/FGO, § 3 Rn. 67 f. (Jan. 2012); *Helsper*, in Umsatzsteuerkongreß-Bericht 1982/83, 1983, S. 167 (168 f.); siehe zur Qualifikation der Umsatzsteuer als Verbrauchsteuer bereits S. 13 ff.

86 Vgl. nur *Stadie*, in Rau/Dürrwächter, UStG, Einf. Rn. 113 f. (April 2013).

87 *Drüen*, in Tipke/Kruse, AO/FGO, § 3 AO Tz. 64 (Jan. 2012); *Frotscher*, in Frotscher/Maas, KStG/GewStG/UmwStG, vor § 1 KStG Rn. 1 (Okt. 2001); *Hey*, in Tipke/Lang, Steuerrecht²¹, 2013, § 7 Rn. 36; *Jakob*, Einkommensteuer⁴, 2008, § 1 Rn. 1; *Wellisch/Kroschel*, Besteuerung von Erträgen², 2011, S. 513. Zu dieser Gruppe zählen zudem die Annexsteuern (Zuschlagsteuern i. S. d. § 51a Abs. 1 S. 1 EStG) in Form der Kirchensteuer und des Solidaritätszuschlags; *Jakob*, Einkommensteuer⁴, 2008, § 1 Rn. 1; *J. Lang*, DStJG 24 (2001), 49 (123); *Neumann*, in Beermann/Gosch, AO/FGO, § 3 AO Rn. 50 (Juli 2010).

88 BFH, Urt. v. 28.2.1958 – III 125/57, BStBl. II 1958, 191 (192); *Naujok*, in Bordewin/Brandt, EStG, § 2 Rn. 12 ff. (Dez. 2010).

Dabei folgt das Einkommensteuergesetz dem Abschnittsprinzip, indem es auf das innerhalb einer Steuerperiode bezogene Einkommen abstellt. Bemessungszeitraum ist das Kalenderjahr[89]. Das letztlich zu versteuernde Einkommen als Bemessungsgrundlage ermittelt sich nach dem sog. Veranlagungsschema i. S. d. § 2 EStG[90]. Das zu versteuernde Einkommen wird aus der Summe der Einkünfte der sieben Einkunftsarten gebildet. Eine Vielzahl von Abzugsbeträgen, speziell den Sonderausgaben sowie „einer Schar" von existenzsichernden Einzelpositionen, mindern die Summe der Einkünfte weiter[91]. Die festzusetzende Einkommensteuer ergibt sich durch die Anwendung eines progressiven Einkommensteuertarifs auf das zu versteuernde Einkommen (§ 32a EStG).

bb) Belastungskonzeption der Einkommensteuer

Ziel der Einkommensteuer ist die Besteuerung der wirtschaftlichen Kraft, dem das erworbene Einkommen Ausdruck verleiht. Das Einkommen ist der Indikator wirtschaftlicher Leistungsfähigkeit[92]. Die Ausrichtung des zu versteuernden Einkommens an der finanziellen Leistungsfähigkeit für das Einkommensteuerrecht resultiert aus dem verfassungsrechtlichen Gebot der gleichen Zuteilung steuerlicher Lasten sowie rechtlich und tatsächlich gleichmäßiger Belastung der Steuerpflichtigen, dem sog. Leistungsfähigkeitsprinzip[93]. Dieser verfassungsrechtliche Maßstab leitet sich wiederum aus dem allgemeinen Gleichheitssatz nach Art. 3 Abs. 1 GG ab[94]. Dem Leistungsfähigkeitsprinzip

---

89 Vgl. § 2 Abs. 7 S. 1 EStG.

90 *Jachmann/Liebl*, in Lademann/Söffing, EStG, Einf. Rn. 125 (Jan. 2012). Das BMF hat in der Einkommensteuerrichtlinie 2005 (EStR 2005) v. 16.12.2005, BStBl. I Sondernummer 1/2005, 3 (9) in R 2 die Reihenfolge zur Ermittlung der festzusetzenden Einkommensteuer schematisch dargestellt. Die EStR sind in der Fassung der Einkommensteuer-Änderungsrichtlinien 2008 v. 18.12.2008, BStBl. I 2008, 1017 (EStR 2008) mit den Einkommensteuer-Hinweisen 2010 weiterhin in Kraft. Eine Besonderheit gilt bezüglich der Einkünfte aus Kapitalvermögen, soweit sie von der Abgeltungssteuer erfasst werden. Nach § 2 Abs. 5 S. 1 EStG finden diese bei der Einkünfte- und Einkommensermittlung keine Berücksichtigung mehr; ebenso *Naujok*, in Bordewin/Brandt, EStG, § 2 Rn. 9, 21 ff. (Dez. 2010).

91 *Kirchhof*, in Kirchhof, EStG[13], 2014, Einl. Rn. 13.

92 *Kirchhof*, DStR 2008, 1 (3); *Ruppe*, in Herrmann/Heuer/Raupach, EStG/KStG, Einf. ESt Rn. 1 (Feb. 1990).

93 *Kirchhof*, UR 2002, 514 (542); *Tipke*, StRO I[2], 2000, S. 479 ff.

94 Exemplarisch BVerfG, Urt. v. 3.11.1982 – 1 BvR 620/78, 1 BvR 1335/78, 1 BvR 1104/79, 1 BvR 363/80, BVerfGE 61, 319 (343 f.); Beschl. v. 21.6.2006 – 2 BvL 2/99,

folgend stützt sich die Einkommensteuer auf das das Universalitätsprinzip, das Totalitätsprinzip, sowie das objektive und subjektive Nettoprinzip[95]. Das Universalitätsprinzip als subjektbezogenes Postulat besagt, dass die Einkommensteuer in ihrem territorialen Geltungsbereich ausnahmslos alle Einkommen erzielende natürliche Personen erfasst. Das Totalitätsprinzip fordert als objektbezogenes Postulat die Besteuerung des gesamten Einkommens einer Person durch die Einkommensteuer[96]. Das Einkommen setzt sich wiederum aus den unterschiedlichen Einkünften einer Person zusammen. Dem Leistungsfähigkeitsprinzip folgend darf die Einkommensteuer nur das disponible Einkommen erfassen[97]. Das disponible Einkommen berechnet sich nach dem Nettoprinzip. Es ist der Saldo aus den Erwerbseinnahmen auf der einen Seite und den Erwerbsaufwendungen (objektives Nettoprinzip[98]) und den existenzsichernden Aufwendungen (subjektives Nettoprinzip) auf der anderen Seite zu bilden[99].

BVerfGE 116, 164 (180); v. 12.10.2010 – 1 BvL 12/07, BVerfGE 127, 224 (245 f.); so auch *S. Schneider*, Beihefter zu DStR 2009/34, 87 f.

95 *Jachmann/Liebl*, in Lademann/Söffing, EStG, Einf. Rn. 105 (Jan. 2014); *Hohenwarter-Mayr*, Das Verhältnis der Umsatzsteuer zu den anderen Steuern, 2011, S. 33 (35 f.).

96 *J. Lang*, DStJG 24 (2001), 49 (61); vgl. auch *Ruppe*, in Herrmann/Heuer/Raupach, EStG/KStG, Einf. ESt Rn. 2 (Feb. 1990).

97 BVerfG, Beschl. v. 18.1.2006 – 2 BvR 2194/99, BVerfGE 115, 97 (115 f.); v. 21.6.2006 – 2 BvL 2/99, BVerfGE 116, 164 (175); *Jachmann/Liebl*, in Lademann/Söffing, EStG, Einf. Rn. 105 (Jan. 2012); *Kirchhof*, in Kirchhof, EStG[13], 2014, Einl. Rn. 8; *S. Schneider*, Beihefter zu DStR 2009/34, 87.

98 In seinen Entscheidungen zur Entfernungspauschale, Urt. v. 9.12.2008, 2 BvL 1/07, 2 BvL 2/07, 2 BvL 1/08, 2 BvL 2/08, BVerfGE 122, 210 (230) und zur Frage der Berücksichtigung der Aufwendungen für ein häusliches Arbeitszimmer im Einkommensteuerrecht, Beschl. v. 6.7.2010 – 1 BvL 9/06, 1 BvL 2/08, BVerfGE 126, 268 (279 f.) hat das Bundesverfassungsgericht (BVerfG) offen gelassen, ob das objektive Nettoprinzip Verfassungsrang hat. Dessen verfassungsrechtlicher Wert erstarkt aber im Zusammenhang mit den Anforderungen an eine hinreichende Folgerichtigkeit bei der Ausgestaltung der gesetzgeberischen Grundentscheidung; vgl. nur *Lehner*, DStR 2009, 185 ff.

99 *Ruppe*, in Herrmann/Heuer/Raupach, EStG/KStG, Einf. ESt Rn. 2 (Feb. 1990); *S. Schneider*, Beihefter zu DStR 2009/34, 87.

cc) Systematische Einordnung der Einkommensteuer

(1) Direkte Steuer

Sind Steuerschuldner und Steuerträger einer Steuer identisch, handelt es sich um eine direkte Steuer[100]. Die Einkommensteuer ist damit eine direkte Steuer[101].

(2) Subjektsteuer

Subjekt- beziehungsweise Personensteuern[102] sind all diejenigen Steuern, die einzelne Personen nach bestimmten sachlichen Merkmalen besteuern[103]. Nach dem „Grundsatz der Individualbesteuerung" im Einkommensteuerrecht ist die Person, deren persönlichen Verhältnisse bei der Einkommensermittlung Berücksichtigung finden, der Bezugspunkt für die Ermittlung des Steuergegenstandes[104]. Die Einkommensteuer ist eine Subjektsteuer[105].

b) Körperschaftsteuer

aa) Wirkungsweise der Körperschaftsteuer

Die Körperschaftsteuer ist eine besondere Art der Einkommensteuer für Körperschaften[106]. Die Besteuerungsgrundlage der Körperschaftsteuer ist das innerhalb eines Kalenderjahres bezogene Einkommen der Körperschaft. Die Bestimmung und Ermittlung des Einkommens folgt nach § 8 Abs. 1 KStG den Vorschriften des

---

100 Anstelle vieler *Drüen*, in Tipke/Kruse, AO/FGO, § 3 AO Tz. 90 (Jan. 2012); *Wellisch/Kroschel*, Besteuerung von Erträgen², 2011, S. 8, 19.

101 Anstelle vieler *Hohenwarter-Mayr*, Das Verhältnis der Umsatzsteuer zu den anderen Steuern, 2011, S. 33 (34).

102 Die Begriffe Personensteuer und Subjektsteuer werden synonym verwendet.

103 *Drüen*, in Tipke/Kruse, AO/FGO, § 3 AO Tz. 61 (Jan. 2012); *Wernsmann*, in Hübschmann/Hepp/Spitaler, AO/FGO, § 3 AO Rn. 428 (Juni 2011).

104 Anstelle vieler *Naujok*, in Bordewin/Brandt, EStG, § 2 Rn. 12 ff. (Dez. 2010).

105 Anstelle vieler BFH, Beschl. v. 17.12.2007 – GrS 2/04, BStBl. II 2008, 608 (612); Urt. v. 22.2.2005 – VIII R 89/00, BStBl. II 2005, 624 (627 f.); *Hohenwarter-May*, Das Verhältnis der Umsatzsteuer zu den anderen Steuern, 2011, S. 33 (35); *Kirchhof*, in Kirchhof, EStG¹³, 2014, Einl. Rn. 6; zur Bedeutung des Individualsteuerprinzips im Einkommensteuerrecht *Könemann*, Der Grundsatz des Individualbesteuerung im Einkommensteuerrecht, 2001, S. 33 ff. m. w. N. Der Gewinn von Erwerbsgemeinschaften wird für die Zwecke der Individualbesteuerung einheitlich und gesondert festgestellt und jeweils dem einzelnen Beteiligten zugerechnet; *Kirchhof*, in Kirchhof, EStG¹³, 2014, Einl. Rn. 8.

106 *Frotscher*, in Frotscher/Maas, KStG/GewStG/UmwStG, vor § 1 KStG Rn. 1 (Okt. 2001); *Hey*, in Herrmann/Heuer/Raupach, EStG/KStG, Einf. KSt Rn. 1, 4 (Sep. 1999); *dies.*, Kernfragen des Unternehmenssteuerrecht, 2010, S. 1 (16).

Einkommensteuergesetzes, sofern das Körperschaftsteuergesetz keine spezielleren Vorschriften enthält oder die einkommensteuerrechtlichen Vorschriften ihrem Wesen nach auf natürliche Personen beschränkt sind[107]. Die festzusetzende Körperschaftsteuer ergibt sich nach § 23 Abs. 1 KStG durch die Anwendung des Körperschaftsteuertarifes in Höhe von 15 % auf das zu versteuernde Einkommen[108]. Im Verhältnis zwischen Körperschaft und Anteilseigner gilt das Trennungsprinzip. Demnach stehen sich zwei eigenständige Steuersubjekte gegenüber, deren Vermögenssphären getrennt sind[109]. Im Falle einer Thesaurierung der Gewinne einer Körperschaft, tritt keine Steigerung der Leistungsfähigkeit auf Seiten der Anteilseigner ein, so dass zu diesem Zeitpunkt keine Einkommensbesteuerung für diese stattfindet. Erst im Zeitpunkt der Ausschüttung der Gewinne, unterliegen die Dividenden auf Seiten der Anteilseigner der Ertragsbesteuerung[110].

bb) Belastungskonzeption der Körperschaftsteuer

Die Körperschaftsteuer zählt wie die Einkommensteuer zu den Ertragsteuern und zielt auf die Erfassung der Leistungsfähigkeit der steuerpflichtigen Körperschaften in der Phase der Einkommensentstehung ab[111]. Sie gewährleistet auf der Ebene der Körperschaften, die unternehmerisch tätig sind, die Besteuerung von Markteinkommen, die auf der Ebene von natürlichen Personen nicht erfasst werden. Ihr kommt damit eine unentbehrliche Komplementärfunktion für die Verwirklichung des Leistungsfähigkeitsprinzips zu[112]. Der allgemeine Gleichheitssatz und das daraus hergeleitete Leistungsfähigkeitsprinzip gelten auch für juristische Personen[113]. Das aus der sachlichen Komponente des

---

107 *Hey*, in Tipke/Lang, Steuerrecht[21], 2013, § 11 Rn. 36; *Wellisch/Kroschel*, Besteuerung von Erträgen[2], 2011, S. 513 f.

108 *Hey*, in Tipke/Lang, Steuerrecht[21], 2013, § 11 Rn. 110.

109 *Frotscher*, in Frotscher/Maas, KStG/GewStG/UmwStG, vor § 1 KStG Rn. 1 (Okt. 2001); *Hey*, in Tipke/Lang, Steuerecht[21], 2013, § 11 Rn. 1.

110 Im Falle einer Bilanzierungspflicht sind die Dividendenansprüche aus Anteilen an einer Kapitalgesellschaft in der Regel bereits zu aktivieren, wenn sie durch Gewinnverwendungsbeschluss zivilrechtlich entstanden sind; ebenso *Crezelius*, in Kirchhof, EStG[13], 2014, § 5 Rn. 82.

111 *Frotscher*, in Frotscher/Maas, KStG/GewStG/UmwStG, vor § 1 KStG Rn. 5 ff. (Okt. 2001); instruktiv zu der Frage, ob juristische Personen überhaupt über eine eigene Leistungsfähigkeit verfügen können *Hey*, Harmonisierung der Unternehmensbesteuerung in Europa, 1997, S. 246 ff.

112 *J. Lang*, DStJG 24 (2001), 49 (61).

113 Eingehend zur Frage, ob das Leistungsfähigkeitsprinzip Anwendung findet *Hey*, in Herrmann/Heuer/Raupach, EStG/KStG, Einf. KSt Rn. 4 (Sep. 1999).

Leistungsfähigkeitsprinzips resultierende objektive Nettoprinzip ist auch im Körperschaftsteuerrecht anzuwenden. Das subjektive Nettoprinzip hat hingegen keine Bedeutung für das Körperschaftsteuerrecht[114]. Die juristische Person als Unternehmensträger ist kein Individuum, sondern eine Sachgesamtheit[115]. Als solche hat sie keine steuerlich relevanten persönlichen Merkmale, die die Beachtung individueller Leistungsfähigkeit erforderlich macht. Damit berücksichtigt das Körperschaftsteuerrecht ausschließlich die objektive Erwerbssphäre[116]. Der Einfluss des Leistungsfähigkeitsprinzips auf die Körperschaftsteuer ist daher weitgehend in Anwendung des proportionalen Körperschaftsteuertarifs erschöpft[117].

cc) Systematische Einordnung der Körperschaftsteuer – Die Körperschaftsteuer als direkte Subjektsteuer

Die Besteuerungstatbestände des Körperschaftsteuerrechts sind den steuerpflichtigen juristischen Personen individuell zuzuordnen. Zurechnungssubjekt der Körperschaftsteuer ist die einzelne Körperschaft, bei der ein Leistungsfähigkeitszuwachs eingetreten ist[118]. Nach einhelliger Meinung wird die Körperschaftsteuer daher als Subjektsteuer bezeichnet[119]. Da Steuerschuldner und

---

114 So sind beispielsweise zwar die Vorschriften zum Spendenabzug im Körperschaftsteuerrecht nach § 9 Abs. 1 Nr. 2 KStG und im Einkommensteuerrecht nach § 10b EStG inhaltlich identisch, der Abzug unterscheidet sich jedoch systematisch, weil er sich im Körperschaftsteuerrecht nach dem objektiven Nettoprinzip rechtfertigt und nicht wie im Einkommensteuerrecht nach dem subjektiven Nettoprinzip; ebenso *Drüen*, in Herrmann/Heuer/Raupach, EStG/KStG, § 9 KStG Rn. 47 (Dez. 2011); *Mai*, in Frotscher/Maas, KStG/GewStG/UmwStG, § 9 KStG Rn. 24 (Jan. 2011).

115 *Hey*, Kernfragen des Unternehmenssteuerrecht, 2010, S. 1 (2).

116 *Frotscher*, in Frotscher/Maas, KStG/GewStG/UmwStG, vor § 1 KStG Rn. 3 (Okt. 2001); *Hey*, in Herrmann/Heuer/Raupach, EStG/KStG, Einf. KSt Rn. 4 (Sep. 1999).

117 *Hey*, Kernfragen des Unternehmenssteuerrecht, 2010, S. 1 (4); *Wellisch/Kroschel*, Besteuerung von Erträgen[2], 2011, S. 514.

118 *Hey*, Kernfragen des Unternehmenssteuerrecht, 2010, S. 1 (16 f.).

119 Anstelle vieler *Frotscher*, in Frotscher/Maas, KStG/GewStG/UmwStG, vor § 1 KStG Rn. 2 f. (Okt. 2001); *Hey*, Kernfragen des Unternehmenssteuerrecht, 2010, S. 1 (16); *Wellisch/Kroschel*, Besteuerung von Erträgen[2], 2011, S. 514; kritisch zu dieser Begriffszuordnung *Drüen*, in Tipke/Kruse, AO/FGO, § 3 AO Tz. 61 f. (Jan. 2012), weil die Körperschaftsteuer weder die Eigenschaften der finanzwissenschaftlichen Definition der Personensteuern noch der der Objektsteuern vollends erfülle und es demnach noch weitere Kategorisierungen geben müsse.

Steuerträger der Körperschaftsteuer identisch sind, ist die Körperschaftsteuer wie die Einkommensteuer eine direkte Steuer[120].

3. Systematische Konvergenzen und Divergenzen zwischen Umsatzsteuerrecht und Einkommensteuerrecht

Das zum Zwecke der Steuergerechtigkeit Steuern nach Maßgabe wirtschaftlicher Leistungsfähigkeit erhoben werden dürfen, ist heute weitgehend anerkannt und im Grundsatz durch die Rechtsprechung des BVerfG abgesichert[121]. Das Leistungsfähigkeitsprinzip konkretisiert sich bei den Einkommensteuern im Einkommen bzw. gespeicherten Einkommen, bei der Umsatzsteuer hingegen im Konsum, der Verwendung des Einkommens und des Vermögens[122]. Damit haben die Einkommensteuern und die Umsatzsteuer unterschiedliche Zugriffsziele[123]. Diese führen letztendlich auch zu den unterschiedlichen Besteuerungsmethoden im Umsatzsteuerrecht und im Recht der Einkommensteuern. Die Umsatzsteuer soll den Endverbraucher belasten. Sie ist als indirekte Steuer ausgestaltet, weil der Endverbraucher in der „Anonymität des Marktes" untergeht. Eine Ausgestaltung der Umsatzsteuer als direkte Steuer ist praktisch nicht möglich[124]. Die Einkommensteuern sind hingegen direkte Steuern. Dies erscheint *prima vista* als ein gravierender Unterschied. Allerdings könnte dieser Eindruck bei näherer Betrachtung zu relativieren sein. Zwar ist die Umsatzsteuer auf Überwälzbarkeit angelegt und die direkten Steuern sollen nicht oder jedenfalls nur schwer überwälzbar sein. Eine Überwälzbarkeit ist aber auch

---

120 *Frotscher*, in Frotscher/Maas, KStG/GewStG/UmwStG, vor § 1 KStG Rn. 4 (Okt. 2001); *Wellisch/Kroschel*, Besteuerung von Erträgen², 2011, S. 513.

121 Vgl. BVerfG, Urt. v. 3.11.1982 – 1 BvR 620/78, 1 BvR 1335/78, 1 BvR 1104/79, 1 BvR 363/80, BVerfGE 61, 319 (343 f.); v. 28.11.1984 – 1 BvR 1157/82, BVerfGE 68, 287 (310); v. 30.9.1998 – 2 BvR 1818/91, BVerfGE 99, 88 (95); v. 7.11.2006 – 1 BvL 10/02, BVerfGE 117, 1 (30); v. 12.5.2009, 2 BvL 1/00, BVerfGE 123, 111 (120); siehe auch *Schaumburg*, Festschrift Reiß, 2008, S. 25 (31); *Tipke*, StRO I², 2000, S. 479 ff.

122 *Helsper*, Umsatzsteuerkongreß-Bericht 1982/83, 1983, S. 167 (168 f.); *Hidien*, StuW 2005, 265 (266); *Hohenwarter-Mayr*, Das Verhältnis der Umsatzsteuer zu anderen Steuern, 2011, S. 33 (36); *Ruppe*, in Herrmann/Heuer/Raupach, EStG/KStG, Einf. ESt Rn. 420 (Feb. 1990); *Schaumburg*, Festschrift Reiß, 2008, S. 25 (32); zur Anerkennung des Leistungsfähigkeitsprinzip im Einkommen- und Umsatzsteuerrecht siehe bereits Fn. 18.

123 Anstelle vieler *Birkenfeld*, in Birkenfeld/Wäger, USt-Handbuch, Einf. 1. Kapitel § 16 Rn. 1 (April 2004).

124 Siehe dazu schon S. 14.

bei den direkten Steuern denkbar[125] und kann daher nicht als trennscharfes Abgrenzungskriterium herangezogen werden[126]. Allerdings darf die tatsächlich gegebene Möglichkeit der Überwälzbarkeit der Einkommensteuern nicht darüber hinwegtäuschen, dass die Gesetzestechnik *in puncto* Überwälzbarkeit unterscheidet. Dass die Umsatzsteuer im Gegensatz zu den Einkommensteuern im Umsatzsteuergesetz selbst auf Überwälzbarkeit angelegt ist, macht für den Umgang mit dem Gesetz – insbesondere im Rahmen der Auslegung – einen gravierenden Unterschied[127]. Darüber hinaus fördert der Systemvergleich weitere Divergenzen. Die Einkommensteuern als Personensteuern stellen das Einkommen beziehende Steuersubjekt in den Vordergrund. Die Umsatzsteuer bezieht sich mit ihrem Objektsteuercharakter dagegen in der Hauptsache auf die von dem Unternehmer erbrachte Leistung[128]. Im Gegensatz zu den Einkommensteuern ist die Verbindung von Steuergegenstand und Steuerschuldner eine rein erhebungstechnische[129]. Gegenüber den Einkommensteuern, die bei unbeschränkter Steuerpflicht das Welteinkommen und somit die weltweite Einkommensleistungsfähigkeit (Gesamtleistungsfähigkeit) erfasst, ist im Umsatzsteuerrecht das Territorialitätsprinzip maßgebend[130].

4. Verwandte systemprägende Begriffe des Umsatzsteuerrechts und des Rechts der Einkommensteuern

Zwar existieren einzelne Anlehnungen in Umsatzsteuerrecht und -praxis an das Einkommensteuerrecht, allerdings sind solche bei den zentralen Begriffen des Umsatzsteuerrechts und des Rechts der Einkommensteuern in der Regel nicht

125 *Homburg*, Allgemeine Steuerlehre[6], 2010, S. 11 f., 93 ff. veranschaulicht dies anhand einzelner Beispiele. So kann ein Unternehmer beispielsweise seine Preise auch in Abhängigkeit von seiner persönlichen Steuerbelastung festlegen und eine höhere Belastung damit an seine Kunden „überwälzen".

126 *Drüen*, in Tipke/Kruse, AO/FGO, § 3 AO Tz. 91 (Jan. 2012) m. w. N.; unkritisch nach der Besteuerungsmethode differenzierend *Helsper*, Umsatzsteuerkongreß-Bericht 1982/83, 1983, S. 167 (174).

127 Siehe dazu bereits S. 11 ff.; zu den aus daraus resultierenden Unterschieden des Grundsatzes der Rechtformneutralität in Umsatzsteuerrecht und Ertragsteuerrecht *Drüen*, GmbHR 2008, 393 (397) m. w. N.

128 *Hohenwarter-Mayr*, Das Verhältnis der Umsatzsteuer zu anderen Steuern, 2011, S. 33 (36); *Ruppe/Achatz*, UStG[4], 2011, Einf. Rn. 60.

129 *Ruppe/Achatz*, UStG[4], 2011, Einf. Rn. 44; siehe dazu bereits S. 11 ff.

130 Vgl. *Hohenwarter-Mayr*, Das Verhältnis der Umsatzsteuer zu anderen Steuern, 2011, S. 33 (36); *Ruppe*, in Herrmann/Heuer/Raupach, EStG/KStG, Einf. ESt Rn. 420 (Feb. 1990); *Schaumburg*, Festschrift Reiß, 2008, S. 25 (34).

aufzufinden[131]. Vielmehr haben sich diverse „Parallelbegriffe“ für das jeweilige Steuersubjekt, das jeweilige steuerrechtlich relevante Tätigkeitsfeld sowie den jeweiligen Handlungs- und Erfolgstatbestand etabliert[132]. Mit der Definition des Einkommens unter Rückgriff auf die einkommensteuerlichen Vorschriften in § 8 Abs. 1 S. 1 KStG sind die Parallelbegriffe des Einkommensteuergesetzes sowie des Körperschaftsteuergesetzes im Hinblick auf das Umsatzsteuergesetz zumeist identisch. Steuersubjekte der Einkommensteuern sind die natürliche Person im Einkommensteuerrecht und die Körperschaft im Körperschaftsteuerrecht. Steuersubjekt im Umsatzsteuerrecht ist der Unternehmer, wobei dies sowohl eine natürliche Person, eine Personengesellschaft oder eine Körperschaft sein kann[133]. Das steuerrechtlich bedeutsame Tätigkeitsfeld ist im Umsatzsteuerrecht das Unternehmen. Es umfasst nach § 2 Abs. 1 S. 2 UStG die gesamte unternehmerische Tätigkeit des Unternehmers und besteht aus dessen gewerblicher oder beruflicher Tätigkeit[134]. Der einkommensteuerrechtliche Parallelbegriff des Unternehmens ist der Betrieb i. S. d. § 4 Abs. 1 S. 1 EStG. Dieser umfasst jedoch den einzelnen wirtschaftlichen Organismus, durch den Einkünfte nach § 2 Abs. 1 S. 1 Nr. 1 bis 3 EStG erzielt werden[135]. Begriffsverwandt sind ebenso das Unternehmensvermögen im Umsatzsteuerrecht und das Betriebsvermögen im Recht der Einkommensteuern. Dort ist Betriebsvermögen die Summe aller im Eigentum des Unternehmers stehenden Wirtschaftsgüter, die in einem tatsächlichen oder wirtschaftlichen Förderungszusammenhang zum Betrieb i. S. d. Einkommensteuerrechts stehen[136]. Im Umsatzsteuerrecht richtet sich die Zugehörigkeit von Gegenständen zum Unternehmensvermögen hingegen nicht nach Vermögensarten, sondern nach Tätigkeitsarten[137]. Auch Handlungs- und Erfolgstatbestand im Umsatzsteuerrecht weisen zum Recht der Einkommensteuern Unterschiede

131 So bereits *Helsper*, Umsatzsteuerkongreß-Bericht 1982/83, S. 167 (175); vgl. auch *Hidien*, StuW 2005, 265 (266).

132 Ebenso *Helsper*, Umsatzsteuerkongreß-Bericht 1982/83, 1983, S. 167 (176); ähnlich *Hidien*, StuW 2005, 265 (266).

133 *Helsper*, Umsatzsteuerkongreß-Bericht 1982/83, 1983, S. 167 (175); *Ruppe*, in Herrmann/Heuer/Raupach, EStG/KStG, Einf. ESt Rn. 427 (Feb. 1990); *Ruppe/Achatz*, UStG[4], 2011, Einf. Rn. 60; zur erforderlichen Unterscheidung zwischen Steuersubjekt und Steuerschuldner anstelle vieler *Englisch*, in Tipke/Lang, Steuerrecht[21], 2013, § 17 Rn. 31.

134 *Korn*, in Bunjes, UStG[13], 2014, § 2 Rn. 153.

135 *Stöcker*, in Korn, EStG, § 4 Rn. 168 (Sep. 2011); vgl. zu diesen Parallelbegriffen auch *Jakob*, USt[4], 2009, § 4 Rn. 127 ff.

136 Ebenso *Heinicke*, in Schmidt, EStG[33], 2014, § 4 Rn. 101.

137 BFH, Urt. v. 19.4.1979 – V R 11/72, BStBl. II 1979, 420 (421).

auf. Die Einnahmeerzielungsabsicht im Umsatzsteuerrecht steht den nicht gleichbedeutenden Begriffen der Gewinnerzielungsabsicht bzw. Einkünfteerzielung gegenüber[138]. Unbeschadet bestehender „formaler, materieller, funktionaler Ähnlichkeit oder praktischer Teilidentität“ einiger zentraler Begriffe im Umsatzsteuerrecht und im Recht der Einkommensteuern, unterscheiden sich diese „Schwesterbegriffe“ also voneinander[139].

II. Das nationale Steuerrecht unter Einwirkung des Europarechts

1. Nationales Recht und Europäisches Unionsrecht

Die Europäische Union als supranationale Rechtsgemeinschaft hat eine autonome Rechtsordnung[140]. Den höchsten Rang des Unionsrechts hat das Primärrecht. Es setzt sich aus den Gründungsverträgen samt deren Protokollen und Anhängen, der Charta der Grundrechte sowie den ungeschriebenen Regeln als allgemeine Rechtsgrundsätze des Unionsrechts zusammen[141]. Das Sekundärrecht ist aus dem Primärrecht abgeleitetes Recht[142]. Für das sekundäre Unionsrecht ist das Primärrecht „Grundlage, Rahmen und Grenze“ der Rechtsetzungsgewalt der Union[143]. Es schließt insbesondere Verordnungen, Richtlinien, Beschlüssen sowie Empfehlungen und Stellungnahmen ein (Art. 288 AEUV)[144]. Neben

---

138 *Hidien*, StuW 2005, 265 (266).

139 *Hidien*, StuW 2005, 265 (266); *Ruppe/Achatz*, UStG[4], 2011, Einf. Rn. 60 differenziert hinsichtlich der den Umsatzsteuertatbestand und den Einkommensteuertatbestand prägenden Begriffe.

140 BVerfG, Urt. v. 18.10.1967 – 1 BvR 247/63, 1 BvR 216/67, BVerfGE 22, 293 (296); v. 9.6.1971 – 2 BvR 225/69, BVerfGE 31, 145 (173); v. 29.5.1974 – 2 BvL 52/71, BVerfGE 37, 271 (277); siehe auch *Herdegen*, Europarecht[16], 2014, § 5 Rn. 11; *Nettesheim*, in Oppermann/Classen/Nettesheim, Europarecht[6], 2014, § 9 Rn. 5 ff.

141 *Frotscher*, Internationales Steuerrecht[3], 2009, § 3 Rn. 55; *Herdegen*, Europarecht[16], 2014, § 8 Rn. 4.

142 *Bievert*, in Schwarze, EU[3], 2012, Art. 288 AEUV Rn. 11; *Frotscher*, Internationales Steuerrecht[3], 2009, § 3 Rn. 59.

143 Vgl. EuGH, Urt. v. 10.12.1969 – Rs. 34/69 [Duffy], Slg. I 1969, 597 (603); v. 3.2.1977 – Rs. 62/76 [Strehl], Slg. I 1977, 211 (217); v. 5.10.1978 – C-26/78 [Viola], Slg. I 1978, 1771 (1780); so auch *Birkenfeld*, StuW 1998, 55 (56); *Herdegen*, Europarecht[16], 2014, § 8 Rn. 1; *Nettesheim*, in Oppermann/Classen/Nettesheim, Europarecht[6], 2014, § 9 Rn. 64.

144 Die Aufzählung der Rechtsakte ist nicht abschließend. Neben den in Art. 288 AEUV genannten treten noch weitere ungekennzeichnete Rechtsakte oder

dem Unionsrecht bestehen die Rechtsordnungen der Mitgliedstaaten fort. Das Unionsrecht begründet jedoch sowohl für die Mitgliedstaaten der Europäischen Union als auch für den Einzelnen unmittelbar Rechte und Pflichten[145]. Es beeinflusst das nationale Recht zunehmend. Es wirkt durch unterschiedliche Mechanismen auf die nationalen Rechtsordnungen der Mitgliedstaaten ein. Zwar fehlt es an einer einseitigen Berechtigung der Europäischen Union das Recht eines Mitgliedstaates aufzuheben, die Mitgliedstaaten sind aber durch die Verträge verpflichtet, das Unionsrecht zu achten[146]. Die nationale Gesetzgebung, Rechtsprechung und Verwaltung sind dem Grundsatz der loyalen Zusammenarbeit des Art. 4 Abs. 3 EUV folgend gleichermaßen aufgerufen das Unionsrecht zu berücksichtigen und umzusetzen[147].

Der EuGH fördert einerseits das Verständnis und die Konkretisierung des Unionsrechts[148]. Andererseits leistet er einen erheblichen Beitrag für die Bedeutung des Unionsrechts in den Mitgliedstaaten und wird daher auch als „Motor der Integration“ bezeichnet[149]. Er hat entschieden, dass das Unionsrecht unmittelbare Anwendung in den Mitgliedstaaten findet[150] und dass Kollisionsfälle zwischen Unionsrecht und nationalem Recht nur durch einen

---

Rechtsakte *sui generis; Biervert,* in Schwarze, EU[3], 2012, Art. 288 AEUV Rn. 4; *Birkenfeld,* StuW 1998, 55 (56); *Ruffert,* in Calliess/Ruffert, EUV/AEUV[4], 2011, Art. 288 AEUV Rn. 98.

145 *Birkenfeld,* StuW 1998, 55 (56); *Herdegen,* Europarecht[16], 2014, § 1 Rn. 2 f.; *Nettesheim,* in Oppermann/Classen/Nettesheim, Europarecht[6], 2014, § 9 Rn. 14.

146 *Birkenfeld,* StuW 1998, 55 (56).

147 EuGH, Urt. v. 22.6.1989 – C-103/88 [Fratelli Costanzo], Slg. I 1989, 1839 (1870); *Birkenfeld,* UR 1993, 271 (273); *Hatje,* in Schwarze, EU[3], 2012, Art. 4 EUV Rn. 24; *Kruis,* Der Anwendungsvorrang des EU-Rechts in Theorie und Praxis, 2013, S. 431; *Widmann,* UR 1994, 317.

148 *E. Klein,* DStJG 19 (1996), 7 (15).

149 In diesem Sinne bezeichnet *Haase,* Internationales und Europäisches Steuerrecht[4], 2014, S. 8, 352 den EuGH als „Motor der Harmonisierung“; *Gosch,* DStR 2007, 1553 spricht von dem „Motor der Einigung“; eingehend zur Einflussnahme des EuGH als treibende Kraft der Europäisierung auf das nationale Steuerrecht *Drüen/Kahler,* StuW 2005, 171 ff.

150 Grundlegend EuGH, Urt. v. 5.2.1963 – Rs. 26/62 [van Gend & Loos], Slg. I 1963, 1 (27); siehe auch EuGH, Urt. v. 3.12.1974 – Rs. 33/74 [van Binsbergen/Bedrijfsvereniging Metaalnijverheid], Slg. I 1974, 1299 (1310); v. 9.3.1978 – Rs. 106/77 [Staatliche Finanzverwaltung/Simmenthal], Slg. I 1978, 629 (644); *Nettesheim,* in Oppermann/Classen/Nettesheim, Europarecht[6], 2014, § 9 Rn. 14 ff.; *Vedder,* in Vedder/Heintschel von Heinegg, EU-Recht, 2012, Art. 288 AEUV Rn. 63.

umfassenden Vorrang des Unionsrechts gelöst werden können[151]. Dieser Vorrang gelte sowohl für das Primärrecht als auch für das Sekundärrecht[152]. Das BVerfG hat diesen Vorrang dem Grunde nach akzeptiert[153]. Auch die EuGH-Entscheidungen zur Wirksamkeit des Sekundärrechts bestätigen seine Harmonisierungsbemühungen. Das Sekundärrecht, insbesondere in Form von Verordnungen und Richtlinien als Regelungstypus mit ihren Rechtswirkungen, beeinflusst das nationale Recht signifikant[154]. Die Verordnungen ähneln dem innerstaatlichen Gesetz am ehesten. Sie entfalten in den Mitgliedstaaten unmittelbare Geltung (Art. 288 Abs. 2 AEUV)[155]. Richtlinien wenden sich hingegen direkt an die Mitgliedstaaten. Sie verpflichten diese, ihren Inhalt innerhalb einer bestimmten Frist in nationales Recht umzusetzen. Sie dienen als Harmonisierungsinstrument, um die nationalen Rechtsvorschriften der Mitgliedstaaten einander anzupassen[156]. Den Mitgliedstaaten bleibt zwar ein

---

151 St. Rspr. seit EuGH, Urt. v. 15.7.1964 – Rs. 6/64 [Costa/E.N.E.L.], Slg. I 1964, 1251 (1269 ff.); vgl. auch EuGH, Urt. v. 17.12.1970 – Rs. 11/70 [Internationale Handelsgesellschaft/Einfuhr- und Vorratsstelle für Getreide und Futtermittel], Slg. I 1970, 1125 (1135); v. 9.3.1978 – Rs. 106/77 [Staatliche Finanzverwaltung/Simmenthal], Slg. I 1978, 629 (644 f.).

152 EuGH, Urt. v. 15.7.1964 – Rs. 6/64 [Costa/E.N.E.L.], Slg. I 1964, 1251 (1269 ff.); vgl. auch EuGH, Urt. v. 17.12.1970 – Rs. 11/70 [Internationale Handelsgesellschaft/Einfuhr- und Vorratsstelle für Getreide und Futtermittel], Slg. I 1970, 1125 (1135); v. 9.3.1978 – Rs. 106/77 [Staatliche Finanzverwaltung/Simmenthal], Slg. I 1978, 629 (644 f.).

153 BVerfG, Urt. v. 12.10.1993 – 2 BvR 2134/92, 2 BvR 2159/92, BVerfGE 89, 155 (172 ff.); v. 22.10.1993 – 2 BvR 197/83, BVerfGE 73, 339 (357 ff.); v. 7.6.2000 – BvL 1/97, BVerfGE 102, 147 (162 ff.); v. 30.6.2009 – 2 BvE 2/08, 2 BvE 5/08, 2 BvR 1010/08, 2 BvR 1022/08, 2 BvR 1259/08, 2 BvR 182/09, BVerfGE 123, 267 (353 ff.); siehe zum Anwendungsvorrang auch *Bievert*, in Schwarze, EU[3], 2012, Art. 288 AEUV Rn. 6 f.; *Vedder*, in Vedder/Heintschel von Heinegg, EU-Recht, 2012, Art. 288 AEUV Rn. 59 ff., 68 ff.; *Weber-Grellet*, Europäisches Steuerrecht, 2005, § 4 Rn. 7.

154 *E. Klein*, DStJG 19 (1996), 7 (12).

155 Eines Umsetzungsaktes oder einer Ratifizierung bedarf es nicht, weil letztere schon in den Zustimmungsgesetzen zu den Gründungsverträgen zu sehen ist; vgl. BVerfG, Urt. v. 18.10.1967 – 1 BvR 248/63 und 1 BvR 216/67, BVerfGE 22, 293 (295); Beschl. v. 22.10.1986 – 2 BvR 197/83, BVerfGE 73, 339 (375); ebenso *Herdegen*, Europarecht[16], 2014, § 8 Rn. 35.

156 *Herdegen*, Europarecht[16], 2014, § 8 Rn. 37; *Herlinghaus*, Bedeutung und Reichweite der richtlinienkonformen Auslegung nationalen Rechts (IFSt Nr. 357), 1997, S. 17; *Voß*, StuW 1993, 155; umfassend zum Begriff und Charakter der Richtlinie *Brechmann*, Die richtlinienkonforme Auslegung, 1994, S. 7 ff.

gewisser Spielraum bei der Umsetzung der Richtlinien. Dieser ist aber durch zum Teil inhaltlich äußerst detailliert ausgestaltete Richtlinien begrenzt[157]. Setzt der Mitgliedstaat die Richtlinie nicht, nicht fristgemäß, unvollständig oder nicht sinngemäß um, entfalten sie zu Gunsten der Bürger eine unmittelbare Wirkung, wenn sie unbedingt und hinreichend bestimmt sind[158]. Der EuGH hat auch mit den dazu ergangenen Urteilen die Gewährleistung der praktischen Wirksamkeit des Unionsrechts zum Ziel und belegt damit seine Harmonisierungsbestrebungen[159].

157 *Bievert*, in Schwarze, EU[3], 2012, Art. 288 AEUV Rn. 26; *Herdegen*, Europarecht[16], 2014, § 8 Rn. 37; *Hidien*, StuW 2005, 265 (270); *Laule*, IStR 2001, 297 (300). Ob solch detaillierte Richtlinien mit dem Prinzip der Einzelermächtigung und dem Subsidiaritätsprinzip nach Art. 3 EUV vereinbar sind, kann zweifelhaft sein, soweit sie rein innerstaatliche Sachverhalte erfassen; vgl. *Reiß*, in Reiß/Kraeusel/Langer, UStG, Einf. Rn. 103 (Dez. 2007).

158 EuGH, Urt. v. 4.12.1974 – Rs. 41/74 [Van Duyn/Home Office], Slg. I 1974, 1337 (1348 ff.); v. 22.6.1989 – C-103/88 [Fratelli Constanzo/Stadt Mailand], Slg. I 1989, 1839 (1870 ff.); instruktiv zu den Voraussetzungen und Fallgruppen der unmittelbaren Wirkung von Richtlinien *Bievert*, in Schwarze, EU[3], 2012, Art. 288 AEUV Rn. 29 ff., *Herdegen*, Europarecht[16], 2014, § 8 Rn. 45 ff.; dazu im Bereich des Umsatzsteuerrechts *Reiß*, in Reiß/Kraeusel/Langer, UStG, Einf. UStG Rn. 107 ff. (Dez. 2007); *Schön*, DStJG 19 (1996), 167 (179); *Stadie*, in Rau/Dürrwächter, UStG, Einf. Rn. 618 ff. (April 2013). Eine Übersicht zu exemplarischen Entscheidungen zur unmittelbaren Wirkung von Richtlinien der Rechtsprechung von EuGH und BFH im Bereich der Umsatzsteuer gibt *Klenk*, in Sölch/Ringleb, UStG, vor § 1 Rn. 23 (März 2012).

159 Zum EuGH als „Motor der Integration" siehe bereits die Nachweise in Fn. 149; weitere Entscheidungen des EuGH bescheinigen dessen Bemühungen den *effet utile* bestmöglich durchzusetzen; zur Forderung eines effektiven Vollzugs des Unionsrechts durch die Mitgliedstaaten EuGH, Urt. v. 8.4.1976 – Rs. 48/75 [Royer], Slg. I 1976, 497 (517); v. 21.9.1983 – Rs. 205 bis 215/82 [Deutsche Milchkontor/Deutschland], Slg. I 1983, 2633 (2666); v. 20.9.2001 – C-453/99 [Courage und Crehan], Slg. I 2001, 6297 (6324). Für Verstöße der Mitgliedstaaten gegen das Unionsrecht hat der EuGH einen unionsrechtlichen Staatshaftungsanspruch herausgebildet; siehe dazu EuGH, Urt. v. 19.11.1991 – C-6/90 und C-9/90 [Francovich u. a./Italien], Slg. I 1991, 5357 (5414 ff.); v. 16.12.1993 – C-334/92 [Wagner Miret], Slg. I 1993, 6911 (6931 ff.); Urt. v. 5.3.1996 – C-46/93 und C-48/93 [Brasserie de pêcheur und Factortame], Slg. I 1996, 1029 (1141 ff.).

2. Nationales Steuerrecht und Europäisches Unionsrecht

Innerhalb der Europäischen Union existiert kein einheitlich kodifiziertes Steuerrecht und damit keine Steuerrechtsunion[160]. Die Steuerrechtshoheit ist grundsätzlich[161] bei den Mitgliedstaaten verblieben[162]. Sie zählt zu den Kernelementen mitgliedstaatlicher Souveränität[163]. Der Einfluss des Unionsrechts im Bereich der inhaltlichen Gestaltung des nationalen Steuerrechts der Mitgliedstaaten nimmt aber mehr und mehr zu[164]. Einerseits sind es unmittelbar anwendbare Verbotsnormen, insbesondere die Diskriminierungsverbote, und

---

160 *Haase,* Internationales und Europäisches Steuerrecht[4], 2014, S. 341; *Schön,* GmbH-StB 2006, 9. Wegen der europarechtlichen Vorgaben und der daraus resultierenden engen Verzahnung mit dem europäischen (Sekundär-)Recht hinsichtlich der indirekten Steuern und insbesondere der Umsatzsteuer von einem originären europäischen Steuerrecht sprechend *Haase*, Internationales und Europäisches Steuerrecht[4], 2014, S. 8.

161 Ausnahmen existieren für die Einkommensteuer der Unionsbediensteten nach Art. 12 des Protokolls über die Vorrechte und Befreiungen der EU.

162 *Stumpf*, in Schwarze, EU[3], 2012, Art. 110 AEUV Rn. 1.

163 Grundlegend EuGH, Urt. v. 28.1.1986 - C-270/83 [avoir fiscal], Slg. I 1986, 273 (306); vgl. EuGH, Urt. v. 11.3.2004 - C-9/02 [de Lasteyrie du Saillant], Slg. I 2004, 2409 (2452); siehe auch *Birk*, FR 2005, 121; *Dürrschmidt*, StuW 2010, 137 (150 f.); *Ebling*, in Blümich, EStG/KStG/GewStG, § 1 EStG Rn. 125 (Feb. 2012); *E. Klein*, DStJG 19 (1996), 7. Aus dem Prinzip der begrenzten Ermächtigung und des Subsidiaritätsprinzips nach Art. 5 Abs. 1 bis 3 EUV und der fortbestehende nationalen Steuerrechtsouveränität resultieren die bisher nicht zu beseitigenden wesentlichen systematischen und strukturellen Unterschiede zwischen den Steuersystemen bei den direkten Steuern der Mitgliedstaaten; *Laule*, IStR 2001, 297 (298); *Weber-Grellet*, Europäisches Steuerrecht, 2005, § 22 Rn. 1. Die Steuersouveränität der Mitgliedstaaten gibt Raum für den „Wettbewerb der Steuersysteme“ und für eine „stille Harmonisierung“. Demnach soll sich durch den Wettbewerb der Steuersysteme zwischen den Staaten, das für die Wirtschaft günstigste durchsetzen; dazu näher *Herzig*, DStJG 19 (1996), 121 ff.; *Hey*, in Herrmann/Heuer/Raupach, EStG/KStG, Einf. KSt Rn. 69 (Sep. 1999); *Laule*, IStR 2001, 297 (298) m. w. N.; vgl. zu den Kernbereichen mitgliedstaatlicher Verfassungsautonomie auch die Aufzählung in der Lissabon-Entscheidung des BVerfG, Urt. v. 30.6.2009 - 2 BvE 2/08, 2 BvE 5/08, 2 BvR 1010/08, 2 BvR 1022/08, 2 BvR 1259/08, 2 BvR 182/09, BVerfGE 123, 267 (353 ff.).

164 *E. Klein*, DStJG 19 (1996), 7 f.; *J. Lang*, in Tipke/Lang, Steuerrecht[20], 2012, § 2 Rn. 49; *Weber-Grellet*, Europäisches Steuerrecht, 2005, § 1 Rn. 3 f.; näher zu konkreten Auswirkungen des Unionsrechts auf das deutsche Steuerrecht *Birkenfeld*, StuW 1998, 55 ff.; *Dürrschmidt,* NJW 2010, 2086 (2087 ff.); *E. Klein*, DStJG 19 (1996), 7 (9 ff.).

zum anderen die auf dem jeweiligen Steuerrechtsgebiet geltenden Befugnisse für die zuständigen Unionsorgane zum Erlass von Rechtsakten, vor allem Harmonisierungsaufträge, die Einfluss auf das nationale Steuerrecht nehmen[165]. Die zentralen primärrechtlichen steuerlichen Vorschriften enthalten Art. 110 ff. AEUV[166]. Der EuGH sieht diese Vorschriften als „unerläßliche Grundlage des Gemeinsamen Marktes“[167]. Sie unterscheiden zwischen direkten und indirekten Steuern. Während für die direkten Steuern keine spezielle Ermächtigung zur Harmonisierung auf Unionsebene existiert, besteht ein ausdrücklicher Harmonisierungsauftrag für die indirekten Steuern (Art. 113 AEUV). Das Verhältnis des nationalen Steuerrechts zum Unionsrecht beurteilt sich demnach unterschiedlich, je nachdem, ob eine direkte Steuer oder eine indirekte Steuer betroffen ist.

a) Einfluss des Europäischen Unionsrechts auf die direkten Steuern

Die Steuerhoheit bei den direkten Steuern ist bei den Mitgliedstaaten verblieben. Für sie kommt ausschließlich eine Rechtsangleichung nach allgemeinen Vorschriften in Betracht (Art. 114, 115, 116 AEUV)[168]. Nur für ein kleines Teilsegment des Rechts der direkten Steuern sind Richtlinien ergangen. Dies betrifft den Bereich der Gewinnbesteuerung verbundener Kapitalgesellschaften, die Richtlinien auf dem Gebiet des Umwandlungs- und des Konzernsteuerrechts und der Besteuerung von Zinserträgen (Fusionsrichtlinie[169],

---

165 *Klein*, DStJG 19 (1996), 7 (9); vgl. dazu auch *Stumpf*, in Schwarze, EU^3, 2012, Art. 110 AEUV Rn. 1 f.

166 Daneben finden sich in Art. 65 Abs. 1 lit. a, 114 Abs. 2, 192 Abs. 2 lit. a AEUV weitere steuerliche Vorschriften; siehe auch *Waldhoff*, in Callies/Ruffert, EUV/AEUV^4, 2011, Art. 110 AEUV Rn. 1.

167 So zu den Vorgängervorschriften des EWG-Vertrags bereits EuGH, Urt. v. 16.6.1966 – Rs. 57/65 [Fa. Lütticke], Slg. I 1966, 257 (265); siehe auch *E. Klein*, DStJG 19 (1996), 7 (10).

168 *Laule*, IStR 2001, 297 (298); *Seiler*, in Grabitz/Hilf/Nettesheim, EU-Kommentar, Art. 113 AEUV Rn. 50 ff. (März 2011). Art. 114 Abs. 1 AEUV, mit dem Erfordernis qualifizierter Mehrheit, gilt nach Abs. 2 nicht „für die Bestimmungen über die Steuern“. Durch diese Ausgestaltung ist im Bereich der direkten Steuern die Einstimmigkeit gefordert; *Kahl*, in Callies/Ruffert, EUV/AEUV^4, 2011, Art. 115 AEUV Rn. 10; *Weber-Grellet*, Europäisches Steuerrecht, 2005, § 22 Rn. 5.

169 Richtlinie 90/434/EWG des Rates v. 23.7.1990 über das gemeinsame Steuersystem für Fusionen, Spaltungen etc. (Titel vom Verfasser gekürzt), ABl. 1990, Nr. L 225, S. 1; zuletzt geändert durch Art. 17 ÄndRL 2009/133/EG v. 19.10.2009, ABl. 2009, Nr. L 310, S. 34.

Mutter-Tochter-Richtlinie[170], Zinsbesteuerungsrichtlinie[171] sowie die Zins- und Lizenzrichtlinie[172])[173]. Dem Unionsrecht kommt trotzdem ein noch weitergehender, erheblicher Einfluss auf die direkten Steuern zu[174]. Aufgrund der unionsrechtlich geringen Dimension der Harmonisierung im Bereich der direkten Steuern, wirken insbesondere Diskriminierungsgebote auf die nationalen Vorschriften der direkten Steuern ein[175]. Die betroffenen Unionsbürger dürfen durch die direkten Steuern bzw. deren konkrete Ausgestaltung nicht diskriminiert oder in ihren Grundfreiheiten beschränkt werden[176]. So hat der EuGH in einer Entscheidung *Schumacker* vom 12.2.1995 formuliert, dass „zwar der Bereich der direkten Steuern als solcher beim gegenwärtigen Stand

---

170 Richtlinie 90/435/EWG des Rates v. 23.7.1990 über das gemeinsame Steuersystem der Mutter- und Tochtergesellschaften verschiedener Mitgliedstaaten, ABl. 1990, Nr. L 225, S. 6; zuletzt geändert durch Art. 9 Abs. 1 ÄndRL 2011/96/EU v. 30.11.2011, ABl. 2011, Nr. L 345, S. 8.

171 Richtlinie 2003/48/EG des Rates v. 3.6.2003 im Bereich der Besteuerung von Zinserträgen, ABl. 2003, Nr. L 157, S. 38, ber. ABl. 2005, Nr. L 103, S. 41; zuletzt geändert durch Art. 1 ÄndRL 2006/98/EG v. 20.11.2006, ABl. 2006, Nr. L 363, S. 129.

172 Richtlinie 2003/49/EG des Rates v. 3.6.2003 über eine gemeinsame Steuerregelung für Zahlungen von Zinsen und Lizenzgebühren zwischen verbundenen Unternehmen verschiedener Mitgliedstaaten, ABl. 2003, L 157, S. 49; zuletzt geändert durch RL 2013/13/EU des Rates v. 13.5.2013, ABl. 2013, Nr. L 141, S. 30.

173 Statt vieler *Weber-Grellet*, Europäisches Steuerrecht, 2005, § 22 Rn. 3; zum von der Kommission am 16.3.2011 zur Diskussion gestellten Richtlinienentwurf (KOM [2011], 121/4, S. 1 (33) für die Erarbeitung einer Gemeinsamen konsolidierten Körperschaftsteuer-Bemessungsgrundlage (GKKB) *Aujean*, Festschrift Rödler, 2010, S. 43 ff.; *Kahle/Schulz*, FR 2013, 49 ff.

174 Anstelle vieler *Birkenfeld*, StuW 1998, 55 (59).

175 *Birkenfeld*, StuW 1998, 55 (59); *Ebling*, in Blümich, EStG/KStG/GewStG, § 1 EStG Rn. 125 (Feb. 2012); *Dürrschmidt*, NJW 2010, 2086 (2088); *Frotscher*, Internationales Steuerrecht[3], 2009, § 3 Rn. 61; *E. Klein*, DStJG 19 (1996), 7 (16 ff.); *Weber-Grellet*, Europäisches Steuerrecht, 2005, § 22 Rn. 6. Dazu nimmt *Cordewener*, Europäische Grundfreiheiten und nationales Steuerrecht, 2002, S. 25 ff. treffend an, dass der EuGH eine „stille Harmonisierung" des nationalen Steuerrechts „über den Umweg des primären Gemeinschaftsrechts" betreibt; ebenso *Drüen/Kahler*, StuW 2005, 17.

176 Vgl. *Englisch*, in Tipke/Lang, Steuerrecht[21], 2013, § 4 Rn. 25; *Nettesheim*, in Oppermann/Classen/Nettesheim, Europarecht[6], 2014, § 35 Rn. 9. Erfasst eine Norm bloß interne Sachverhalte ohne grenzüberschreitenden Bezug (sog. Inländerdiskriminierung), fällt diese in den ausschließlichen Zuständigkeitsbereich der Mitgliedstaaten EuGH, Urt. v. 7.12.1995 – C-17/94 [Gervais], Slg. I 1995, 4368, (4377); *Kotzur*, in Geiger/Khan/Kotzur, EUV/AEUV[5], 2010, Art. 49 AEUV Rn. 7; *Kokott*, Diskriminierungsverbote und Grundfreiheiten, 2000, S. 1 (14 f.).

des Gemeinschaftsrechts nicht in die Zuständigkeit der Gemeinschaft fällt, die Mitgliedstaaten die ihnen verbleibenden Befugnisse jedoch unter Wahrung des Gemeinschaftsrechts ausüben müssen"[177]. Folglich darf der nationale Gesetzgeber von seinem Besteuerungsrecht nur insoweit Gebrauch machen, als er nicht gegen Unionsrecht verstößt[178]. Die Rechtsprechung des EuGH widerspricht damit in gewisser Weise dem Harmonisierungsstand der Europäischen Union bei den direkten Steuern, indem sie auf die direkten Steuern mehr Einfluss nimmt, als die sekundären Rechtsakte der Europäischen Union selbst[179].

b) Einfluss des Europäischen Unionsrechts auf die indirekten Steuern

Art. 3 Abs. 3 Unterabs. 1 S. 1 EUV gibt als ein Ziel der Europäischen Union vor, einen gemeinsamen Binnenmarkt zu errichten. Im Hinblick auf dieses Ziel und zur Vermeidung von Wettbewerbsverzerrungen im Bereich der indirekten Steuern schreibt Art. 113 AEUV eine Harmonisierung der mitgliedschaftlichen Vorschriften vor. Es soll eine faire und gleiche Belastung der im Binnenmarkt konkurrierenden Unternehmen gewährleistet sein[180]. Auf dieser Rechtsgrundlage sind mehrere Richtlinien und Verordnungen im Bereich der Umsatzsteuer und der speziellen Verbrauchsteuern ergangen[181] (z. B. die Richtlinie zum

177 EuGH, Urt. v. 14.2.1995 – C-279/93 [Schumacker], Slg. I 1995, 225 (257); zuvor bereits grundlegend EuGH, Urt. v. 28.1.1986 – C-270/83 [avoir fiscal], Slg. I 1986, 273 (306 f.); nachfolgend EuGH, Urt. v. 11.8.1995 – C-80/94 [Wielockx], Slg. I 1995, 2493 (2497); v. 27.6.1996 – 107/94 [Asscher], Slg. I 1996, 3089 (3100); v. 8.3.2001 – C-397/98 und C-410/98 [Metallgesellschaft u. a.], Slg. I 2001, 1727 (1740); ebenso *Herfort*, in Korn, EStG, § 1 Rn. 27 (März 2011); nach *Drüen/Kahler*, StuW 2005, 171 (173) „kommt dem EUGH inzwischen eine noch nie dagewesene Relevanz für das Steuerrecht der Mitgliedstaaten zu."

178 Dazu auch *Ebling*, in Blümich, EStG/KStG/GewStG, § 1 EStG Rn. 125 (Feb. 2012); allgemein zum Verhältnis des Unionsrechts zum nationales Recht bereits S. 27 ff.

179 *J. Lang*, in Tipke/Lang, Steuerrecht[20], 2012, § 2 Rn. 57; *Drüen/Kahler*, StuW 2005, 171 stellen fest, dass der EuGH nachhaltig die These von der der mitgliedstaatlichen Steuersouveränität relativiert, indem er den Mitgliedstaaten schrittweise die Europarechtswidrigkeit ihrer Steuersysteme aufzeigt.

180 *Dürrschmidt*, NJW 2010, 2086 (2087).

181 Diese basieren größtenteils noch auf den Vorgängervorschriften des Art. 113 AEUV; zur Rechtsentwicklung des Art. 113 AEUV anstelle vieler *Seiler*, in Grabitz/Hilf/Nettesheim, EU-Kommentar, Art. 113 AEUV Rn. 1 ff. (März 2011), *Stumpf*, in Schwarze, EU[3], 2012, Art. 113 Rn. 4.

allgemeinen System der Verbrauchsteuern[182], die Struktur- und Satzrichtlinien zu den speziellen Verbrauchsteuern[183], die MwStSystRL[184] oder die Verordnungen über die Zusammenarbeit der Verwaltungsbehörden auf dem Gebiet der Mehrwertsteuer[185]). Aber trotz des Harmonisierungsauftrags im Bereich der indirekten Steuern existieren zahlreiche Differenzen zwischen den einzelnen harmonisierten Rechtsgebieten der Mitgliedstaaten[186].

3. Umsatzsteuerrecht und Europäisches Unionsrecht

Die frühere Allphasenbruttoumsatzsteuer hatte sowohl im Inland als auch im Außenhandel Wettbewerbsverzerrungen zur Folge. Im Interesse des gemeinsamen Binnenmarktes normierte bereits Art. 99 des Vertrags zur Gründung der Europäischen Gemeinschaft (EWG-Vertrag)[187] die Harmonisierung der indirekten Steuern. Seither besteht für die Umsatzsteuer als indirekte Steuer ein Harmonisierungsauftrag. Die damalige Europäische Gemeinschaft ist diesem 1967 mit der Einführung der ersten Richtlinie zur Umsatzsteuer[188] nachgekommen.

---

182 Richtlinie 2008/118/EG des Rates v. 16.12.2008 über das allgemeine Verbrauchsteuersystem und zur Aufhebung der Richtlinie 92/12/EWG, ABl. 2009, Nr. L 9, S. 12; zuletzt geändert durch Art. 2 ÄndRL 2013/61/EU v. 17.12.2013, ABl. 2013, Nr. L 353, S. 5.

183 Die speziellen Richtlinien und Verordnungen zu den einzelnen Verbrauchsteuern sind abrufbar unter: http://www.zoll.de/DE/Fachthemen/Steuern/Verbrauchsteuern/Grundsaetzliche-Regelungen/Rechtsgrundlagen/rechtsgrundlagen_node.html (Stand 3.2.2014).

184 Siehe bereits Fn. 26.

185 Verordnung zum Mehrwertsteuerrecht (EWG) Nr. 218/92 v. 27.1.1992 über die Zusammenarbeit der Verwaltungsbehörden auf dem Gebiet der indirekten Besteuerung (MwSt.), BStBl. I 1993, 726. Deren Regelungen wurden – der verstärkten Zusammenarbeit geschuldet – immer wieder erweitert und in der ab dem 1.1.2012 anzuwenden Verordnung (EU) Nr. 904/2010 des Rates v. 7.10.2010 über die Zusammenarbeit der Verwaltungsbehörden und die Betrugsbekämpfung auf dem Gebiet der Mehrwertsteuer, ABl. EU Nr. L 268 v. 12.10.2010, 1 neu gefasst; zuletzt geändert durch die Verordnung (EU) Nr. 517/2013 des Rates v. 13.5.2013, Abl. Nr. L 158, S. 1 (33).

186 Dazu näher *Birk,* DStJG 19 (1996), 63 (74).

187 Vertrag zur Gründung der Europäischen Gemeinschaft v. 25.3.1957, BGBl. II 1957, 766, in Kraft getreten am 1.1.1958.

188 Erste Richtlinie des Rates v. 11.4.1967 zur Harmonisierung der Rechtsvorschriften der Mitgliedstaaten über die Umsatzsteuer, 67/227/EWG, ABl. 1967, Nr. L 71, S. 1301.

Nachfolgende Richtlinien zum Umsatzsteuerrecht haben diese ersetzt[189]. Die Freizügigkeit, der freie Warenverkehr und die Vermeidung der Doppelbesteuerung sollen durch sie gefördert werden[190]. Die heute geltende MwStSystRL ist mit dem Ziel der Gewährleistung von Klarheit und Wirtschaftlichkeit an die Stelle der vorangegangen Richtlinien getreten[191]. Sie gibt den Mitgliedstaaten einen rechtlichen Rahmen zur Ausgestaltung des Umsatzsteuerrechts vor, lässt aber Auslegungsspielraum offen. Allerdings ist sie teilweise so detailliert ausgestaltet, dass dem nationalen Gesetzgeber nur wenig Freiraum bei der Umsetzung verbleibt[192]. Dies belegt, wie weit die Unionsorgane die Harmonisierung im Bereich der Umsatzsteuer bereits vorangetrieben haben. EU-Mehrwertsteuer-Verordnungen[193] existieren vor allem im verfahrensrechtlich geprägten Amtshilferecht der Mitgliedstaaten. Ihr Einfluss auf das nationale materielle Umsatzsteuerrecht ist aber nicht zu unterschätzen. Ihre unmittelbare Wirkung führt dazu, dass die in ihnen verwandte Terminologie bei Auslegung der MwStSystRL und des nationalen Rechts Einfluss findet[194].

---

189 *Klenk*, in Sölch/Ringleb, UStG, vor § 1 Rn. 3 (März 2012); *Laule*, IStR 2001, 297 (304); im Einzelnen zur Entwicklung der Harmonisierung im Umsatzsteuergesetz *Seiler*, in Grabitz/Hilf/Nettesheim, EU-Kommentar, Art. 113 AEUV Rn. 38 ff. (März 2011); *Stadie*, in Rau/Dürrwächter, UStG, Einf. Rn. 550 ff. (April 2013); *Tumpel*, DStJG 32 (2009), 53 (55 ff.).

190 EuGH, Urt. v. 3.10.1985 – C-249/84 [Profant], Slg. I 1985, 3237 (3238); v. 29.5.1997 – C-389/95 [Klattner], Slg. I 1997, 2719 (2727); ebenso *Birkenfeld*, StuW 1998, 55 (59).

191 Siehe die in der Präambel der MwStSystRL vorangestellten Erwägungen des Rates der Europäischen Union zur MwStSystRL in Punkt 1; ebenso *Tumpel*, DStJG 32 (2009), 53 (62).

192 *Reiß*, in Reiß/Kraeusel/Langer, UStG, Einf. UStG Rn. 103 (Dez. 2007).

193 Die Einführung des Binnenmarktes hat den Erlass der ersten Verordnung zum Mehrwertsteuerrecht (EWG) Nr. 218/92 des Rates v. 27.1.1992 über die Zusammenarbeit der Verwaltungsbehörden auf dem Gebiet der indirekten Besteuerung (MwSt.), BStBl. I 1993, 726 veranlasst. Deren Regelungen wurden mit der Zeit immer wieder angepasst und erweitert; siehe dazu bereits Fn. 185. Eine Materiellrechtliche Durchführungsverordnung ist mit der Verordnung (EG) Nr. 1777/2005 des Rates v. 17.10.2005 zur Festlegung von Durchführungsvorschriften zur Richtlinie 2006/112EG über das gemeinsame Mehrwertsteuersystem, Abl. EU Nr. L 268 v. 29.10.2005, 1 (MwSt-DVO) in 2005 erlassen worden. Diese MwSt-DVO ist inzwischen durch die Durchführungsverordnung (EU) Nr. 282/2011 zur Festlegung von Durchführungsbestimmungen zur Richtlinie 2006//112/EG über das gemeinsame Mehrwertsteuersystem, ABl. EU Nr. 77 v. 23.3.2011, 1 (MwStSystRL-DV) ersetzt worden.

194 *Lohse*, UR 2012, 8 (9); vgl. auch *Stadie*, UStG^2, 2012, Vorb. Rn. 65.

III. Zur Auslegung der Steuergesetze

1. Allgemeine Auslegung von Steuergesetzen

Rechtsanwendung bedeutet, einen konkreten Lebenssachverhalt dem maßgebenden Rechtssatz zuzuordnen, also unter den Tatbestand zu subsumieren[195]. Dabei können sich Auslegungsprobleme ergeben. Für die Steuergesetze hat der deutsche Gesetzgeber in der Abgabenordnung keine eigenständigen Auslegungsgrundsätze kodifiziert[196]. Die von der allgemeinen Rechtslehre entwickelten methodischen Regeln finden auch für die Auslegung von Steuergesetzen Anwendung[197]. Die Gesetzesauslegung dient der Ermittlung des normativen Sinns einer Rechtsnorm. Sie soll vor allem die Klarstellung ihres Sinngehaltes evozieren, wenn der Wortlaut der Rechtsnorm Zweifel über ihren Inhalt aufkommen lässt[198]. Gegenstand und Ausgangpunkt der Auslegung ist der Gesetzestext, dessen Gesetzessinn der Auslegende ermittelt[199]. Die Auslegung kann sich dabei auf größere Sinneinheiten, einzelne Worte, Satzkonstruktionen oder das Schweigen des Gesetzes beziehen[200]. Auch scheinbar eindeutige Gesetzestexte sind auslegungsfähig[201].

---

195 Ebenso und zum Folgenden *Drüen*, in Tipke/Kruse, AO/FGO, § 4 AO Tz. 203; 214 ff. (Okt. 2011); siehe auch *Lippross*, Umsatzsteuer[23], 2012, S. 63.

196 *Drüen*, in Tipke/Kruse, AO/FGO, § 4 AO Tz. 200 (Okt. 2011); *Gersch*, in F. Klein, AO[12], 2014, § 4 Rn. 23; *Neumann*, in Beermann/Gosch, AO/FGO, § 4 AO Rn. 30 (Feb. 1997); *Pahlke*, in Pahlke/König, AO[2], 2009, § 4 Rn. 85.

197 *Crezelius*, FR 2008, 889 (894); *Gersch*, in F. Klein, AO[12], 2014, § 4 Rn. 26; *Pahlke*, in Pahlke/König, AO[2], 2009, § 4 Rn. 86; instruktiv zur Anwendung und Rechtsfortbildung von Rechtsnormen *Drüen*, in Tipke/Kruse, AO/FGO, § 4 AO Tz. 200 ff. (Okt. 2011); *J. Lang*, in Tipke/Lang, Steuerrecht[20], 2012, § 5 Rn. 40 ff.

198 Vgl. BFH, Urt. v. 9.11.1971 – VI R 96/70, BStBl. II 1972, 134 (135); vgl. auch *Drüen*, in Tipke/Kruse, AO/FGO, § 4 AO Tz. 214 (Okt. 2011); *Gersch*, in F. Klein, AO[12], 2014, § 4 Rn. 26; *Neumann*, in Beermann/Gosch, AO/FGO, § 4 AO Rn. 30 (Feb. 1997); *Pahlke*, in Pahlke/König, AO[2], 2009, § 4 Rn. 88.

199 *Drüen*, in Tipke/Kruse, AO/FGO, § 4 AO Tz. 221 (Okt. 2011).

200 *Drüen*, in Tipke/Kruse, AO/FGO, § 4 AO Tz. 221 (Okt. 2011); zu Folgerungen aus dem Schweigen des Gesetzgebers siehe zum Beispiel BFH, Urt. v. 29.5.1996 – I R 15/94, BStBl. II 1997, 57 (59 f.).

201 *Drüen*, in Tipke/Kruse, AO/FGO, § 4 AO Tz. 222 (Okt. 2011); zur Auslegung im Wortlaut übereinstimmender Begriffe siehe im Einzelnen S. 60 f.

a) *Auslegungsmethoden und Auslegungskriterien*

Es haben sich mehrere Auslegungsmethoden[202] entwickelt, die unterschiedliche Ziele verfolgen. Die heute maßgebliche Auslegungsmethode bezweckt, den historischen Willen des Gesetzgebers, soweit er im Gesetz zum Ausdruck gekommen ist, fortzuschreiben und ihn, übertragen auf den Zeitpunkt der Rechtsanwendung und unter Einbeziehung der maßgeblichen Vorstellungen des Anwenders, zur Geltung kommen zu lassen (sog. objektivierter Wille des Gesetzgebers)[203]. Von den Auslegungsmethoden sind die Auslegungskriterien zu unterscheiden, die als Interpretationsansätze dazu dienen, den Wortsinn eines Gesetzes zu erforschen. Als solche stehen zur Feststellung des objektivierten Willens des Gesetzgebers in erster Linie die Wortlautauslegung, die systematische, die teleologische sowie die historische Auslegung des Gesetzestextes zur Verfügung[204]. Diese Auslegungskriterien ergänzen sich und haben keine Rangfolge[205]. Ausgangspunkt jeder Auslegung ist die grammatikalische Auslegung. Sie ermittelt den Regelungsgehalt der Vorschrift, indem sie vom Wortlaut des Gesetzes ausgeht[206]. Der Gesetzeswortlaut stellt aber im Gegensatz zum Wortsinn keine Grenze für die Auslegung dar. Die Bindung an Gesetz

---

202 *Tipke*, StRO III², 2012, S. 1597; im Einzelnen zu der (inzwischen überholten) subjektiven Auslegungsmethode, der objektiven Auslegungsmethode sowie der Andeutungstheorie *Drüen*, in Tipke/Kruse, AO/FGO, § 4 AO Tz. 231 ff. (Okt. 2011) m. w. N.

203 Grundlegend BVerfG, Urt. v. 21.5.1952 – 2 BvH 2/52, BVerfGE 1, 229 (312); seither st. Rspr. BVerfG, Urt. v. 17.5.1960 – 2 BvL 11/59, 2 BvL 11/60, BVerfGE 11, 126 (129 f.); v. 9.5.1978 – 2 BvR 952/75, BVerfGE 48, 246 (256); v. 9.11.1988 – 1 BvR 243/86, BVerfGE 79, 106 (121); dieser Rspr. folgend beispielsweise BFH, Urt. v. 9.10.1975 – V R 88/74, BStBl. II 1976, 105 (107); v. 20.6.1990 – I R 155/87, BStBl. II 1992, 622 (623); v. 22.5.2003 – IX R 23/01, BFH/NV 2003, 1551 (1552); Beschl. v. 18.1.2011 – X R 13/10, BFH/NV 2011, 974 (975); ebenso *Neumann*, in Beermann/Gosch, AO/FGO, § 4 AO Rn. 30 (Feb. 1997).

204 BFH, Urt. v. 5.5.1982 – VII R 96/78, BFHE 136, 319 (325); v. 1.12.1998 – VII R 21/97, BFHE 187, 177 (181); v. 21.10.2010 – IV R 23/08, BStBl. II 2011, 277 (280); *Gersch*, in F. Klein, AO¹², 2014, § 4 Rn. 31; *Heidner*, UR 2006, 74 (76); *Pahlke*, in Pahlke/König, AO², 2009, § 4 Rn. 94; dazu und zu weiteren Auslegungskriterien ausführlich *Drüen*, in Tipke/Kruse, AO/FGO, § 4 AO Tz. 250 ff. (Okt. 2011).

205 BVerfG, Urt. v. 17.5.1960 – 2 BvL 11/59, 2 BvL 11/60, BVerfGE 11, 126 (129 f.); BFH, Urt. v. 15.6.1973 – III R 118/70, BStBl. II 1973, 810 (811); *Heidner*, UR 2006, 74 (76); *Kanzler*, FR 2007, 525 (528 ff.); *Pahlke*, in Pahlke/König, AO², 2009, § 4 Rn. 94.

206 *Drüen*, in Tipke/Kruse, AO/FGO, § 4 AO Tz. 260 (Okt. 2011); *Pahlke*, in Pahlke/König, AO², 2009, § 4 Rn. 95.

und Recht i. S. d. Art. 20 Abs. 3, 97 Abs. 1 GG bedeutet nämlich die Bindung an den Gesetzessinn, wie er sich aus dem Gesetzeswortlaut und anderen Auslegungskriterien ergibt[207]. Die systematisch-logische Interpretation entnimmt den Sinn der Vorschrift aus deren Stellung im jeweiligen gesetzlichen Kontext. Das beruht auf der Annahme, dass die Rechtsordnung ein sinnvolles und stimmiges Ganzes darstellt und auf innere Widerspruchsfreiheit angelegt ist[208]. Mit Hilfe der teleologischen Auslegung ist bei mehreren möglichen Auslegungen des Gesetzeswortlauts derjenigen der Vorzug zu geben, die dem im Wortlaut des Gesetzes in seinem Sinnzusammenhang ausgedrückten Gesetzeszweck entspricht[209]. Dabei ist die teleologische Auslegung am konkreten Normzweck auszurichten und nicht am allgemeinen Gesetzeszweck[210]. Die historische Interpretation ergänzt die übrigen Auslegungskriterien, indem sie mit der Entstehungsgeschichte die Motive, die zum Beispiel aus den Ausschussberatungen der Gesetzgebungsorgane, der Gesetzesbegründung oder Stellungnahmen im Gesetzgebungsverfahren erkennbar sind, heranzieht[211].

b) Verfassungskonforme und unionsrechtskonforme Auslegung

Die sog. verfassungskonforme Auslegung schränkt die vorstehenden Auslegungsmethoden ein. Lässt eine Norm unter Berücksichtigung von Wortlaut, Entstehungsgeschichte, Zweck und Gesetzeszusammenhang mehrere Deutungen zu, ist aber nur eine verfassungskonform, muss die mit der Verfassung

---

207 *Drüen*, in Tipke/Kruse, AO/FGO, § 4 AO Tz. 262 (Okt. 2011); *Gersch*, in F. Klein, AO[12], 2014, § 4 Rn. 27; *Tipke*, StRO III[2], 2012, S. 1597 f. Über den Wortsinn hinaus kommt ausschließlich die Gesetzeslückenausfüllung anhand der Rechtsfortbildung in Betracht; ebenso und zur Rechtsfortbildung *Englisch*, in Tipke/Lang, Steuerrecht[21], 2013, § 5 Rn. 58, 74 ff.; *R. Schenke*, Beihefter zu DStR 2011/31, 54 ff.

208 BVerfG, Beschl. v. 14.2.1973 - 1 BvR 112/65, BVerfGE 34, 269 (287); BFH, Urt. v. 15.4.2010 - IV R 5/08, BStBl. II 2010, 912 (916); v. 4.7.1989 - 1 BvR 1460/85, 1 BvR 1239/87, BVerfGE 80, 269 (279); *Drüen*, in Tipke/Kruse, AO/FGO, § 4 AO Tz. 269 (Okt. 2011); *Pahlke*, in Pahlke/König, AO[2], 2009, § 4 Rn. 96.

209 BFH, Urt. v. 28.4.1970 - II 56/65, BStBl. II 1970, 597 (598); v. 21.11.1989 - IX R 56/88, BStBl. II 1990, 216 (217); Beschl. v. 28.10.1997 - VII R 4-7/97, BStBl. II 1998, 35; *Drüen*, in Tipke/Kruse, AO/FGO, § 4 AO Tz. 274, 279 (Okt. 2011); *Pahlke*, in Pahlke/König, AO[2], 2009, § 4 Rn. 98.

210 Anstelle vieler *Drüen*, in Tipke/Kruse, AO/FGO, § 4 AO Tz. 279 (Okt. 2011); *R. Schenke*, StuW 2008, 206 (209); *Schön*, DStjG 33 (2010), 29 (48).

211 *Lippross*, Umsatzsteuer[23], 2012, S. 64; *Neumann*, in Beermann/Gosch, AO/FGO, § 4 AO Rn. 31 (Feb. 1997).

im Einklang stehende herangezogen werden[212]. Daher ist die Grenze der verfassungskonformen Auslegung erreicht, „wo sie im Widerspruch zu dem Gesetzeswortlaut und dem eindeutig erkennbaren Willen des Gesetzgebers treten würde“[213].

Darüber hinaus ist das nationale Recht unionsrechtskonform auszulegen[214]. Die einheitliche Auslegung und Anwendung des Unionsrechts sichert die integrierende Kraft des Unionsrechts[215]. Dabei prägt die autonome europäische Interpretation des Unionsrechts durch den EuGH[216], die sich beinahe vollständig von dem nationalen Verständnis rechtlicher Begriffe und Institute in den Mitgliedstaaten löst, die Auslegung unionsrechtlicher Vorschriften[217]. Die unionsrechtskonforme Auslegung umfasst auch die richtlinienkonforme

---

212 BVerfG, Beschl. v. 9.8.1978 – 2 BvR 831/76, BVerfGE 49, 148 (157); v. 15.10.1996 – 1 BvL 44/92, 1 BvL 48/92, BVerfGE 95, 64 (93); BFH, Beschl. v. 6.11.2002 – XI R 42/01, BStBl. II 2003, 257 (259); Urt. v. 3.8.2005 – XI R 76/03, BStBl. II 2006, 121 (124); *Neumann*, in Beermann/Gosch, AO/FGO, § 4 AO Rn. 34 (Feb. 1997); *Sachs*, in Sachs, GG[6], 2011, Einf. Rn. 56.

213 BVerfG, Beschl. v. 26.4.1994 – 1 BvR 12/89 und 1 BvL 6/90, BVerfGE 90, 263 (275); siehe auch *Stadie*, in Rau/Dürrwächter, UStG, Einf. Rn. 717 (April 2013).

214 *Drüen*, in Tipke/Kruse, AO/FGO, § 4 AO Tz. 240 (Okt. 2011); *Roth*, in Riesenhuber, Europäische Methodenlehre[2], 2010, § 14 Rn. 3 ff.; *Schön*, Die Auslegung europäischen Steuerrechts, 1993, S. 35.

215 *Herlinghaus*, Bedeutung und Reichweite der richtlinienkonformen Auslegung nationalen Rechts, 1997, S. 6, 81; *Schön*, DStJG 19 (1996), 167 (168).

216 Vgl. auch Art. 267 AEUV.

217 Exemplarisch zur autonomen Auslegung EuGH, Urt. v. 19.3.1964 – Rs. 75/63 [Unger/Bedrijfsvereniging voor Detailhandel en Ambachten], Slg. I 1964, 379 (395 ff.); v. 22.11.1977 – Rs. 43/77 [Industrial Diamond Supplies/Riva], Slg. I 1977, 2175 (2187); v. 14.1.1982 – C-64/81 [Corman/Hauptzollamt Gronau], Slg. I 1982, 13 (24); v. 23.3.1982 – C-53/81 [Levin/Staatssecretaris van Justitie], Slg. I 1982, 1035 (1049); v. 6.10.1982 – C-283/81 [C.I.L.F.I.T.], Slg. I 1982, 3415 (3430); v. 18.1.1984 – C-327/82 [Ekro/Produktschap voor Vee en Vlees], Slg. I 1984, 107 (119); v. 15.6.2006 – C-466/04 [Acereda Herrera], Slg. I 2006, 5341 (5373); v. 16.7.2009 – C-208/07 [von Chamier-Glisczinski], Slg. I 2009, 6095 (6141); siehe auch *Hidien*, StuW 2005, 265 (267 f.); *Riesenhuber*, in Riesenhuber, Europäische Methodenlehre[2], 2010, § 11 Rn. 4 ff.; *Schön*, DStJG 19 (1996), 167 (171). Eine umfassende Darstellung der europäischen Auslegungsmethoden – autonome Auslegung, Wortlautauslegung unter Einschluss rechtsvergleichender Überlegungen, teleologische Auslegung, systematische Auslegung, historische Auslegung, völkerrechtliche Auslegung – geben *Schön*, Die Auslegung europäischen Steuerrechts, 1993, S. 44 ff.; *ders.*, DStJG 19 (1996), 167 (171 ff.); speziell zur Auslegung von Richtlinien *Herlinghaus*, Bedeutung und Reichweite der richtlini-

Auslegung[218]. Aus einer dezentralen Interpretation des harmonisierten Steuerrechts in den Mitgliedstaaten würde eine inhaltliche Divergenz resultieren, die der europäischen Integration zuwiderlaufen würde[219]. Der EuGH hat daher in konsequenter Verfolgung der unionsrechtlichen Ziele entschieden, dass es den nationalen Gerichten obliegt, bei der Auslegung der nationalen Durchführungsgesetze den Wortlaut und die Ziele der zugrundeliegenden Richtlinie zu berücksichtigen[220]. Es ist allerdings umstritten, welcher Geltungsgrund der richtlinienkonformen Auslegung zukommt und welchen Rang die richtlinienkonforme Auslegung im Verhältnis zu der klassischen Auslegung innehat[221]. Zu der Frage des Geltungsgrundes der richtlinienkonformen Auslegung stehen sich die subjektiv-teleologische Theorie und die objektive Theorie gegenüber. Erstere rekurriert auf den Willen des nationalen Gesetzgebers. Dieser sei regelmäßig darauf gerichtet die Richtlinie ordnungsgemäß umzusetzen[222]. Allerdings kann diese Theorie insbesondere dann nicht überzeugen, wenn der Gesetzgeber eine vor dem Erlass der Richtlinie ergangene Norm unverändert lässt, weil er der Auffassung ist, die ursprüngliche Fassung entspreche bereits den Vorgaben der Richtlinie oder er die Richtlinie bei der Umsetzung falsch interpretiert. Denn in diesen Fällen existiert kein Wille des Gesetzgebers für ein richtlinienkonformes Gesetz im Zeitpunkt des Erlasses des Gesetzes. Noch deutlicher macht es der Fall, in dem der Gesetzgeber sogar explizit keine Änderung vornimmt, um

---

enkonformen Auslegung nationalen Rechts (IFSt Nr. 357), 1997, S. 41 ff.; *Roth*, in Riesenhuber, Europäische Methodenlehre², 2010, § 14.

218 *Drüen*, in Tipke/Kruse, AO/FGO, § 4 AO Tz. 241 (Okt. 2011); *Roth*, in Riesenhuber, Europäische Methodenlehre², 2010, § 14 Rn. 9 f.

219 *Schön*, DStJG 19 (1996), 167 (168).

220 Anstelle vieler EuGH, Urt. v. 10.4.1984 – C-14/83 [von Colson und Kamann], Slg. I 1984, 1891 (1909); v. 10.4.1984 – C-79/83 [Harz], Slg. I 1984, 1921 (1942); v. 26.2.1986 – Rs. 152/84 [Marshall], Slg. I 1986, 723 (749); v. 15.5.1986 – C-222/84 [Johnston], Slg. I 1986, 1651 (1653); *Canaris*, Festschrift Bydlinski, 2002, S. 47 (49); *Herlinghaus*, Bedeutung und Reichweite der richtlinienkonformen Auslegung nationalen Rechts (IFSt Nr. 357), 1997, S. 7, 18.

221 *Herlinghaus*, Bedeutung und Reichweite der richtlinienkonformen Auslegung nationalen Rechts, 1997, S. 29; *Schön*, Die Auslegung europäischen Steuerrechts, 1993, S. 35; *ders.*, DStJG 19 (1996), 167 (181); umfassend zur Bedeutung und Reichweite der richtlinienkonformen Auslegung *Canaris*, Festschrift Bydlinski, 2002, S. 47 (49 ff.); *Schön*, Die Auslegung europäischen Steuerrechts, 1993, S. 36 ff.; *ders.*, DStJG 19 (1996), 167 (181 ff.); *Weber*, Grenzen EU-rechtskonformer Auslegung und Rechtsfortbildung, 2010, S. 88 ff.

222 *Voß*, StuW 1993, 155 (157).

die Richtlinienumsetzung zu verweigern[223]. Die Vertreter der aus den genannten Gründen zu befürwortenden objektiven Theorie hingegen berufen sich auf die Umsetzungspflicht nach Art. 288 AEUV und die in Art. 4 Abs. 3 EUV verankerte objektive Pflicht zur Unionstreue, welche die nationalen Behörden und Gerichte anweist, den Willen des europäischen Gesetzgebers durchzusetzen[224]. Daraus wiederum ergeben sich allerdings Fragen zu dem Rang der richtlinienkonformen Auslegung[225]. Teile der Literatur nehmen an, dass die richtlinienkonforme Auslegung die klassische Auslegungsmethode vollständig verdrängt[226]. Die Gegenauffassungen stellen sich differenziert dar[227]. Der von ihnen aber einheitlich vertretenen Ablehnung des absoluten Vorrangs der richtlinienkonformen Auslegung ist zuzustimmen. Die Ausgestaltung des Art. 288 AEUV, der ein nationales Transformationsgesetz verlangt, würde ansonsten unterlaufen. Ist der Gesetzgeber als zuständiges nationales Organ der Verpflichtung zur Richtlinienumsetzung nach Art. 288 AEUV nur unzureichend nachgekommen, darf die

---

223 *Canaris*, Festschrift Bydlinski, 2002, S. 47 (50 f.); *Herlinghaus*, Bedeutung und Reichweite der richtlinienkonformen Auslegung nationalen Rechts, 1997, S. 33 ff.; *Roth*, in Riesenhuber, Europäische Methodenlehre², 2010, § 14 Rn. 38; *Schön*, Die Auslegung europäischen Steuerrechts, 1993, S. 37 f.; *ders.*, DStJG 19 (1996), 167 (181 f.). Aus diesem Grund wird die „subjektive" Begründung heute von der überwiegenden Literatur nur noch als Hilfsbegründung herangezogen; so bereits *Schön*, Die Auslegung europäischen Steuerrechts, 1993, S. 36 f.

224 BVerfG, Urt. v. 8.4.1987 – 2 BvR 687/85, BVerfGE 75, 223 (237); EuGH, Urt. v. 10.4.1984 – C-14/83 [von Colson und Kamann], Slg. I 1984, 1891 (1909); v. 8.10.1987 – C-80/86 [Kolpinghuis Nijmegen], Slg. I 1987, 3969 (3986); BFH, Urt. v. 20.1.1988 – X R 48/81, BStBl. II 1988, 557 (559); *di Fabio*, NJW 1990, 947 (949); *Herlinghaus*, Bedeutung und Reichweite der richtlinienkonformen Auslegung nationalen Rechts, 1997, S. 31; *Mellinghoff*, UR 2013, 5 (6); *Ruffert*, in Calliess/Ruffert, EUV/AEUV⁴, 2011, Art. 288 AEUV Rn. 77; *Schön*, DStJG 19 (1996), 167 (183); überzeugend gegen die Argumente der Vertreter der Subjektiven Theorie, *Schön*, Die Auslegung europäischen Steuerrechts, S. 40 ff., 43; *Roth*, in Riesenhuber, Europäische Methodenlehre², 2010, § 14 Rn. 4 sieht den Geltungsgrund der richtlinienkonformen Auslegung neben der unionsrechtlichen Herleitung auch verfassungsrechtlich in Art. 23 Abs. 1 GG und Art. 20 Abs. 3 GG verankert.

225 Eine eingehende Untersuchung der unterschiedlichen Positionen zum Rang der richtlinienkonformen Auslegung geben *Brechmann*, Die richtlinienkonforme Auslegung, 1994, S. 127 ff.; *Herlinghaus*, Bedeutung und Reichweite der richtlinienkonformen Auslegung nationalen Rechts, 1997, S. 36 ff.

226 *Spetzler*, RIW 1991, 579 (580); *ders.*, DB 1993, 553 (554); *Voß*, StuW 1993, 155 (157).

227 *Schön*, Die Auslegung europäischen Steuerrechts, 1993, S. 42 f. zeigt die unterschiedlichen Positionen verständlich auf.

richtlinienkonforme Auslegung nicht dazu führen, dass der Richtlinie faktisch eine generelle unmittelbare Wirkung zukommt. Die Richtlinie soll nämlich nur unter bestimmten Voraussetzungen eine unmittelbare Wirkung entfalten können[228]. Die Annahme eines absoluten Vorrangs der richtlinienkonformen Auslegung hätte damit eine Durchbrechung der nationalen Kompetenzordnung zur Folge. Ein klar im Wortlaut zum Ausdruck kommender Wille des Gesetzgebers darf nicht durch eine richtlinienkonforme Auslegung übergangen werden[229]. Die richtlinienkonforme Auslegung ergänzt damit die „klassischen" Auslegungskriterien[230]. Ist der Wortsinn des Gesetzes nicht mit einer Richtlinie zu vereinbaren, findet die richtlinienkonforme Auslegung – wie jede Auslegung – ihre Grenze[231]. Letztlich steht das nach den nationalen Auslegungskriterien gefundene Ergebnis unter dem Vorbehalt der richtlinienkonformen Auslegung und ist anhand dieser zu überprüfen[232]. Somit ist zunächst ein Auslegungsergebnis anhand dieser zu ermitteln, um das gefundene Ergebnis in einem zweiten Schritt mit den Vorgaben der Richtlinie abzugleichen[233]. Auch der EuGH geht nicht von einem absoluten Vorrang der richtlinienkonformen Auslegung aus. Er verlangt, dass nationale Gerichte ihre Auslegungsmethoden so anwenden, dass das innerstaatliche Recht im Einklang mit der Richtlinie steht[234]. Lässt das nationale Recht

---

228 *Drüen*, in Tipke/Kruse, AO/FGO, § 4 AO Tz. 245 (Okt. 2011); zu den Voraussetzungen der unmittelbaren Wirkung einer Richtlinie siehe bereits Fn. 158.

229 Vgl. BFH, Vorlagebeschl. v. 18.4.1991 – V R 122/89, BFHE 165, 104 (106); Urt. v. 9.8.2007 – V R 27/04, DStR 2007, 1719 (1720 f.); v. 3.2.2010 – I R 21/06, BStBl. II 2010, 692 (696); Urt. v. 8.3.2012 – V R 14/11, BStBl. II 2012, 630 (632); ebenso *Heidner*, UR 2006, 74 (76); *Herdegen*, Europarecht[16], 2014, § 8 Rn. 43; *Reiß*, in Reiß/Kraeusel/Langer, UStG, Einf. Rn. 106 (Dez. 2007); *Schön*, DStJG 19 (1996), 167 (187).

230 Dazu eingehend *Weber*, Grenzen EU-rechtskonformer Auslegung und Rechtsfortbildung, 2010, S. 140 ff.

231 *Klenk*, in Sölch/Ringleb, UStG, vor § 1 Rn. 16 (März 2012) m. w. N.; *Lippross*, Umsatzsteuerrecht[23], 2012, S. 66; *Mellinghoff*, UR 2013, 5(8); *Nettesheim*, in Grabitz/Hilf/Nettesheim, EU-Kommentar, Art. 288 AEUV Rn. 134 ff. (Aug. 2012); *Schürnbrand*, JZ 2007, 910 (911) m. w. N.

232 Ähnlich *Drüen*, in Tipke/Kruse, AO/FGO, § 4 AO Tz. 246 (Okt. 2011); *Voß*, StuW 1993, 155 (157). *Canaris*, Festschrift Bydlinski, 2002, S. 47 (67 ff.) versteht die richtlinienkonformen Auslegung als eine „interpretatorische Vorrangregel", die aber nicht dazu führen darf, „dass die Schwelle zu einem unzulässigem Contra-legem-Judizieren (...) überschritten wird".

233 *Canaris*, Festschrift Bydlinski, 2002, S. 47 (80).

234 EuGH, Urt. v. 24.6.2010 – C-98/09 [Sorge], Slg. I 2010, 5837 (5883); v. 4.7.2006 – C-212/04 [Adeneler], Slg. I 2006, 6057 (6061): „Der Grundsatz der gemeinschafts-

nach Anwendung der Auslegungskriterien mehrere Auslegungsmöglichkeiten zu, ist die Variante zu wählen, die mit dem höherrangigen Recht im Einklang steht und damit unionsrechtskonform ist[235]. Insofern ist die Methodik mit der verfassungskonformen Auslegung vergleichbar[236].

2. Auslegung des Umsatzsteuergesetzes

a) Auslegungsmaßstab

Für die Auslegung des Umsatzsteuergesetzes ist das Prinzip der Verbrauchsbesteuerung[237] primärer Maßstab[238]. Die Umsatzsteuer ist von ihrer rechtstechnischen Ausgestaltung her zwar eine Verkehrsteuer. Dies spielt im Rahmen der Auslegung des Umsatzsteuergesetzes aber eine untergeordnete Rolle. Der Verkehrsteuercharakter ist insbesondere kein Orientierungsmaßstab für eine am Gesetzeszweck orientierte Auslegung[239]. Mit den Worten von *Tipke*: „Die Steuertypologie, der Steuerartenvergleich und die Gesetzesanwendung sind teleologisch am Verbrauchsteuerprinzip zu orientieren, nicht am technischen Tatbestand“[240]. Nur so ist das ausdrückliche mit dem verfassungsrechtlichen und unionsrechtlichen Gebot der Wettbewerbsneutralität korrespondierende

---

rechtskonformen Auslegung verlangt jedoch, dass die nationalen Gerichte unter Berücksichtigung des gesamten nationalen Rechts und unter Anwendung ihrer Auslegungsmethoden alles tun, was in ihrer Zuständigkeit liegt, um die volle Wirksamkeit der fraglichen Richtlinie zu gewährleisten und zu einem Ergebnis zu gelangen, das mit dem von der Richtlinie verfolgten Ziel übereinstimmt.“; vgl. auch EuGH, Urt. v. 15.4.2010 - C-215/08 [E. Friz GmbH/Carsten von der Heyden], NJW 2010, 1511 (1513); v. 5.10.2004 - C-397/01 bis C-403/01 [Pfeiffer u. a.], Slg. I 2004, 8835 (8856).

235 *Vedder*, in Vedder/Heintschel von Heinegg, EU-Recht, 2012, Art. 288 AEUV Rn. 31; dazu *Nettesheim*, in Grabitz/Hilf/Nettesheim, EU-Kommentar, Art. 288 AEUV Rn. 135 (Aug. 2012): „Insofern hat das Gebot der richtlinienkonformen Interpretation entscheidungsausschließenden, nicht aber positiv-dirigierenden Charakter.“

236 *Drüen*, in Tipke/Kruse, AO/FGO, § 4 AO Tz. 246 (Okt. 2011); *Herlinghaus*, Bedeutung und Reichweite der richtlinienkonformen Auslegung nationalen Rechts, 1997, S. 39; *Jakob*, Umsatzsteuer[4], 2009, § 1 Rn. 13; *J. Lang*, in Tipke/Lang, Steuerrecht[20], 2012, § 5 Rn. 76; *Ruffert*, in Calliess/Ruffert, EUV/AEUV[4], 2011, Art. 288 AEUV Rn. 77; zum Verhältnis von richtlinien- und verfassungskonformer Auslegung *Canaris*, Festschrift Bydlinski, 2002, S. 47 (79 f.).

237 Siehe bereits S. 13 ff.

238 *Stadie*, in Rau/Dürrwächter, UStG, Einf. Rn. 146, 681 (April 2013); siehe bereits S. 15.

239 *Schaumburg*, Festschrift Reiß, 2008, S. 25 (32).

240 So *Tipke*, StuW 1992, 103 (108).

Gesetzesziel zu erreichen, den Unternehmer nicht zu belasten[241]. Aus verfassungsrechtlicher Perspektive leitet sich das Gebot wettbewerbsneutraler Wirkung der Umsatzsteuer aus dem allgemeinen Gleichheitssatz des Art. 3 Abs. 1 GG ab[242]. Unionsrechtlich ist das Gebot der Wettbewerbsneutralität eine wesentliche Ausprägung des vom EuGH[243] entwickelten sog. Neutralitätsgrundsatzes[244]. Der Neutralitätsgrundsatz hat sich im Umsatzsteuerrecht als wichtigstes Auslegungskriterium in der Rechtsprechung des EuGH entwickelt. Es fasst die Grundprinzipien des Umsatzsteuerrechts, die sich aus Art. 1 Abs. 2 MwStSystRL ableiten lassen, das Gebot der Gleichbehandlung gleichartiger Umsätze sowie die Beseitigung von Wettbewerbsverzerrungen zusammen[245]. Der EuGH hat als weitere Grundprinzipien aus dieser Vorschrift entwickelt, dass die Umsatzsteuer allgemein für die Lieferung eines Unternehmers von Gegenständen und für Dienstleistungen gilt und sie proportional zum Preis dieser Leistungen sein muss, so dass sie auf jeder Stufe der Erzeugung und des Vertriebs erhoben wird und sich auf den Mehrwert der Gegenstände bezieht, das heisst, die bei einem Geschäft fällige Steuer wird unter Abzug der Steuer berechnet, die bei dem vorherigen Geschäft schon entrichtet worden ist. Schließlich leitet der EuGH auch daraus ab, dass die Ausgestaltung die endgültige Umsatzsteuerbelastung des Verbrauchers gewährleisten muss[246].

---

241 Vgl. EuGH, Urt. v. 24.10.1996 – C-317/94 [Elida Gibbs Ltd.], Slg. I 1996, 5339 (5365); v. 15.10.2002 – C-427/98 [Kommission/Deutschland], Slg. I 2002, 8315 (8356); BFH, Urt. v. 12.1.2006 – V R 3/04, BStBl. II 2006, 479 (480); *Stadie*, in Rau/Dürrwächter, UStG, Einf. Rn. 601, 681 (April 2013).

242 *Stadie*, in Rau/Dürrwächter, UStG, Einf. Rn. 443 (April 2013).

243 Anstelle vieler EuGH, Urt. v. 7.9.1999 – C-216/97 [Gregg], Slg. I 1999, 4947 (4974); v. 8.6.2006 – C-106/05 [L. u. P.], Slg. I 2006, 5139 (5155 ff.); v. 10.4.2008 – C-309/06 [Marks und Spencer], Slg. I 2008, 2311 (2326 ff.); v. 23.4.2009 – C-460/07 [Puffer], Slg. I 2009, 3279 (3296); v. 10.6.2010 – C-262/08 [CopyGene], Slg. I 2010, 5088 (5111).

244 Näher zum Neutralitätsgrundsatz *Reiß*, DStJG 32 (2009), 9 (65 f.); *Stadie*, in Rau/Dürrwächter, UStG, Einf. Rn. 600 ff. (April 2013).

245 *Klenk*, in Sölch/Ringleb, UStG, vor § 1 Rn. 10 (März 2012) m. w. N.

246 EuGH, Urt. v. 3.3.1988 – C-252/86 [Bergandi], Slg. I 1988, 1343 (1371); v. 31.3.1992 – C-200/90 [Dansk Denkavit und Poulsen Trading], Slg. I 1992, 2217 (2247); v. 26.6.1997 – C-370/95, C-371/95, C-372/95 [Careda], Slg. I 1997, 3721 (3742 f.); siehe dazu auch *Birkenfeld*, StuW 1998, 55 (71 f.); *Klenk*, in Sölch/Ringleb, UStG, vor § 1 Rn. 9 f. (März 2012).

b) *Richtlinienkonforme Auslegung des Umsatzsteuergesetzes*

Das Umsatzsteuergesetz setzt die Vorgaben der MwStSystRL um. Die Umsatzsteuer als indirekte, nach Art. 113 AEUV harmonisierte Steuer ist richtlinienkonform auszulegen. Die unionsrechtskonforme Auslegung des Umsatzsteuergesetzes orientiert sich an den Vorgaben der MwStSystRL, die ihrerseits dem europäischen Primärrecht unterliegt[247]. Die richtlinienkonforme Auslegung ist Bestandteil der nationalen Auslegungslehre[248]. Auch sie findet ihre Grenze im möglichen Wortsinn des Gesetzes[249]. Zwar kommt eine weitergehende richtlinienkonforme Rechtsfortbildung in Form der Analogie oder der teleologischen Reduktion in Betracht. Dies setzt jedoch einen entsprechenden (mutmaßlichen) gesetzgeberischen Willen voraus[250].

IV. Typologie der Verweisungen auf und der Anlehnungen an das Einkommensteuerrecht im Umsatzsteuerrecht

Das Umsatzsteuerrecht lehnen Gesetzgeber, Verwaltung, Rechtsprechung, aber auch Steuerpflichtige und ihre Berater immer wieder an das Recht der Einkommensteuern an. Der Gesetzgeber bedient sich zum einen einkommensteuerrechtlich vorgeprägter Begriffe[251]. Neben diesen Anlehnungen zieht er zudem Rechtsvorschriften[252] und steuerrechtliche Gebote[253] aus dem Recht der Einkommensteuern heran. Die Rechtsanwender orientieren sich ihrerseits oftmals an ertragsteuerrechtlichen Grundsätzen, Wertungen und Kriterien im Rahmen der umsatzsteuerrechtlichen Beurteilung. So lehnen sich eine Fülle von Dienstanweisungen der Finanzverwaltung an das Ertragsteuerrecht an[254]. Beraterschaft

247 *Höink*, Nichtsteuerbare Vermögensübertragung im Umsatzsteuerrecht, 2013, S. 36; *Stadie*, in Rau/Dürrwächter, UStG, Einf. Rn. 722 (April 2013).

248 *Stadie*, UStG², 2012, Vorb. Rn. 63; ausführlich dazu *ders.*, in Rau/Dürrwächter, UStG, Einf. Rn. 724 ff. (April 2013).

249 *Stadie*, UStG², 2012, Vorb. Rn. 63; allgemein zum Wortsinn als Grenze der Auslegung *Drüen*, in Tipke/Kruse, AO/FGO, § 4 AO Tz. 340 (Okt. 2011); siehe bereits S. 37 ff.

250 *Stadie*, UStG², 2012, Vorb. Rn. 63.

251 Exemplarisch sind die Begriffe „Wirtschaftsgut", „(nachträgliche) Anschaffungs- und Herstellungskosten" in § 15a UStG zu nennen; siehe dazu näher S. 143 ff.

252 Der Gesetzgeber verweist in § 2 Abs. 3 UStG auf die Vorschriften der § 1 Abs. 1 Nr. 6 i. V. m. § 4 KStG; siehe dazu im Einzelnen S. 200 ff.

253 Der Gesetzgeber zieht z. B. in § 15a Abs. 4 S. 2 UStG als Tatbestandsmerkmal das steuerbilanzrechtliche Aktivierungsgebot heran; siehe dazu näher S. 196 f.

254 Siehe bereits die Nachweise in Fn. 11, 12, 13.

und Steuerpflichtige tendieren oftmals dazu, Sachverhalte, die sowohl dem Ertragsteuerrecht als auch dem Umsatzsteuerrecht unterliegen, deckungsgleich zu behandeln und insbesondere die im Ertragsteuerrecht ermittelten Zahlenwerte heranzuziehen[255]. Die Rechtsprechung orientiert sich ihrerseits im Umsatzsteuerrecht immer wieder an der ertragsteuerrechtlichen Beurteilung[256]. Aus diesen Verweisungen und Anlehnungen der Rechtssetzer und Rechtsanwender resultieren unterschiedliche Rechtsfragen und Rechtsprobleme.

1. Funktion, Folgen und Grenzen der durch den Gesetzgeber im Umsatzsteuergesetz statuierten Verweisungen auf und Anlehnungen an das Einkommensteuerrecht

a) Der Verweis als besondere Rechtsetzungstechnik

Seit jeher nutzt der Gesetzgeber vielfach die Gesetzgebungstechnik der Verweisung[257]. Durch eine solche nimmt eine Vorschrift Bezug auf den Inhalt eines anderen Regelungskomplexes durch bloßes Zitat desselben oder eines Teils[258]. Die Verweisungsnorm nennt das Verweisungsobjekt, dessen Regelungsgehalt die Verweisungsnorm verständlich(er) macht oder sie vervollständigt. Das BVerfG hat in einem Beschluss vom 1.3.1978[259] herausgestellt, „daß der Gesetzgeber die gesetzlichen Tatbestände nicht stets selbst umschreiben muß, sondern im Wege der Verweisung auf andere Vorschriften Bezug nehmen darf". Solche Verweisungen seien als vielfach übliche und notwendige gesetzgebungstechnische Methode anerkannt[260]. Allerdings darf sich der Gesetzgeber dieser Rechtsetzungstechnik nicht beliebig bedienen. Ihm sind verfassungsrechtliche Grenzen gesetzt und im Rahmen des Umsatzsteuerrechts sind zudem europarechtliche Implikationen im besonderen Maße zu berücksichtigen.

---

255 Vgl. *Helsper*, Umsatzsteuerkongreß-Bericht 1982/83, 1983, S. 167 (170).

256 Siehe bereits die Nachweise in Fn. 15.

257 *Brugger*, VerwA 78 (1987), 1; *Guckelberger*, ZG 2004, 62; *Ossenbühl*, DVBl. 1967, 401; *Pabst*, NVwZ 2005, 1034; *W. Schenke*, NJW 1980, 743; *H. Schneider*, Gesetzgebung[3], 2002, S. 240.

258 *Debus*, Verweisungen in deutschen Rechtsnormen, 2008, S. 35; *Guckelberger*, ZG 2004, 62.

259 BVerfG, Beschl. v. 1.3.1978 – 1 BvR 786/70, 1 BvR 793/70, 1 BvR 168/71, 1 BvR 95/73, BVerfGE 47, 285 (311).

260 BVerfG, Beschl. v. 1.3.1978 – 1 BvR 786/70, 1 BvR 793/70, 1 BvR 168/71, 1 BvR 95/73, BVerfGE 47, 285 (311).

aa) Verweisarten der Gesetzgebung

Dem Gesetzgeber bieten sich unterschiedliche Verweisungsmöglichkeiten[261]. Zunächst ist zwischen bloß deklaratorischen einerseits und konstitutiven Verweisen andererseits zu unterscheiden. Während eine deklaratorische Verweisung keine eigenständige Rechtswirkung erzeugt, weil sie nur auf eine Regelung aufmerksam macht, die ohnehin Anwendung findet[262], kommt einer konstitutiven Verweisung eine normative Wirkung zu[263]. Aus dem Zusammenspiel von Verweisungsnorm und Verweisungsobjekt geht bei der konstitutiven Verweisung der Gesamtinhalt der Verweisungsnorm hervor[264]. Eine konstitutive Verweisung ist daher jede Bezugnahme einer unvollständigen Norm auf ein Verweisungsobjekt zur Vervollständigung dieser Norm[265]. Des Weiteren ist zwischen rechtsgebietsinternen (sog. Binnenverweis[266]) und rechtsgebietsübergreifenden Verweisungen (sog. Außenverweis[267]) zu differenzieren. Außerdem ist zwischen Eigen- und Fremdverweisungen zu unterscheiden. Der Begriff der Fremdverweisung umschreibt all diejenigen Verweise, bei denen – im Gegensatz zur Eigenverweisung – das Verweisungsobjekt einem von der Verweisungsnorm unterschiedlichen

---

261 Ausführlich zu den unterschiedlichen Verweistypen *BMJ*, Handbuch der Rechtsförmlichkeit, 2008, S. 75 ff.; *Debus*, Verweisungen in deutschen Rechtsnormen, 2008, S. 49 ff.; *Karpen*, Die Verweisung als Mittel der Gesetzgebungstechnik, 1970, S. 19 ff.; *Müller*, Handbuch der Gesetzgebungstechnik, 1963, S. 167 ff.

262 Ebenso *Debus*, Verweisungen in deutschen Rechtsnormen, 2008, S. 39; *Guckelberger*, ZG 2004, 62 (63); *Karpen*, Die Verweisung als Mittel der Gesetzgebungstechnik, 1970, S. 20 f.; *L. Schmidt*, ZfBR 2009, 113 f. Im Schrifttum finden sich als Synonyme dafür die Begriffe „echte Verweisung“, „Verweisung im engeren Sinne“, „erläuternde Verweisung“ und „Hinweis“; vgl. dazu *Debus*, Verweisungen in deutschen Rechtsnormen, 2008, S. 39 m. w. N.; *Karpen*, Die Verweisung als Mittel der Gesetzgebungstechnik, 1970, S. 20 f. m. w. N.

263 *Debus*, Verweisungen in deutschen Rechtsnormen, 2008, S. 39; *Guckelberger*, ZG 2004, 62 (64); *L. Schmidt*, ZfBR 2009, 113 (114); zu den Synonymbegriffen im Schrifttum *Debus*, Verweisungen in deutschen Rechtsnormen, 2008, S. 40 f. m. w. N.

264 *Debus*, Verweisungen in deutschen Rechtsnormen, 2008, S. 40.

265 Ebenso *Debus*, Verweisungen in deutschen Rechtsnormen, 2008, S. 42; *Karpen*, Die Verweisung als Mittel der Gesetzgebungstechnik, 1970, S. 21.

266 *Guckelberger*, ZG 2004, 62 (65); *Karpen*, Die Verweisung als Mittel der Gesetzgebungstechnik, 1970, S. 11; *L. Schmidt*, ZfBR 2009, 113 (114); *H. Schneider*, Gesetzgebung^3, 2002, S. 236 verwendet den Begriff „Eigenverweisung“ synonym.

267 *Guckelberger*, ZG 2004, 62 (65); *Karpen*, Die Verweisung als Mittel der Gesetzgebungstechnik, 1970, S. 13; *L. Schmidt*, ZfBR 2009, 113 (114); *H. Schneider*, Gesetzgebung^3, 2002, S. 236 verwendet den Begriff „Fremdverweisung“ synonym.

Normgeber zuzuschreiben ist[268]. Voneinander abzugrenzen sind darüber hinaus statische und dynamische Verweise. Der Begriff „statische Verweisung" erfasst Verweise auf eine Regelung, deren Änderungen für die Verweisungsnorm irrelevant sind[269]. Eine dynamische Verweisung bezieht sich hingegen ausdrücklich oder konkludent auf die jeweils geltende Fassung einer Norm oder eines Normbestandes[270]. Welche der beiden Verweisungsarten der Gesetzgeber beabsichtigt hat, ist durch Auslegung der verweisenden Vorschrift zu ermitteln[271]. Dabei sind insbesondere deren Regelungsziele und Entstehungsgeschichte zu berücksichtigen[272].

Eine weitere Unterteilung ist zwischen direkten Verweisen und sog. Analogieverweisungen möglich. Eine Analogieverweisung ist durch einen Zusatz wie „entsprechend", „sinngemäß" oder „analog" gekennzeichnet[273]. Einer solchen Verweisung bedient sich der Gesetzgeber, wenn die wort- oder inhaltsgleiche Verbindung von Verweisungsnorm und -objekt ausgeschlossen ist. Durch den

---

268 *Debus*, Verweisungen in deutschen Rechtsnormen, 2008, S. 58; *Guckelberger*, ZG 2004, 62 (65); *Papier*, DStJG 12 (1989), 61 (71). Ein engeres Verständnis des Begriffs „Außenverweisung" vertreten beispielsweise *Brugger*, VerwA 78 (1987), 1 (16); *Ebsen*, DÖV 1984, 654, indem sie schon bei dieser Unterscheidung ein Verweisungsobjekt eines anderen Normgebers verlangen.

269 *Brugger*, VerwA 78 (1987), 1 (7); *Debus*, Verweisungen in deutschen Rechtsnormen, 2008, S. 59 f.; *Ehricke*, JZ 2003, 722 f.; *Guckelberger*, ZG 2004, 62 (64 f.); *Ossenbühl*, DVBl. 1967, 401; *W. Schenke*, NJW 1980, 743; *L. Schmidt*, ZfBR 2009, 113 (114); *H. Schneider*, Gesetzgebung[3], 2002, S. 237. Im Schrifttum wird die statische Verweisung auch als „starre", „fixe", „feste" „unwandelbare" oder „datierte" Verweisung" bezeichnet; *Debus*, Verweisungen in deutschen Rechtsnormen, 2008, S. 59 f. m. w. N.

270 *Brugger*, VerwA 1987, 1 (7); *Debus*, Verweisungen in deutschen Rechtsnormen, 2008, S. 61 f.; *Ehricke*, JZ 2003, 722 (723); *Guckelberger*, ZG 2004, 62 (65); *Ossenbühl*, DVBl. 1967, 401; *W. Schenke*, NJW 1980, 743; *L. Schmidt*, ZfBR 2009, 113 (114); *H. Schneider*, Gesetzgebung[3], 2002, S. 237. Im Schrifttum wird die statische Verweisung auch als „gleitende", „automatische", „wandelbare" „variable" oder „flexible" Verweisung" bezeichnet; vgl. *Debus*, Verweisungen in deutschen Rechtsnormen, 2008, S. 59 f. m. w. N.

271 So und eingehend zur Abgrenzung *Debus*, Verweisungen in deutschen Rechtsnormen, 2008, S. 63 ff.

272 BVerfG, Beschl. v. 1.3.1978 – 1 BvR 786/70, 1 BvR 793/70, 1 BvR 168/71, 1 BvR 95/73, BVerfGE 47, 285 (311 f.); v. 23.3.1982 – 2 BvL 13/79, BVerfGE 60, 135 (155); *Zippelius*, Juristische Methodenlehre[11], 2012, S. 29.

273 *BMJ*, Handbuch der Rechtsförmlichkeit, 2008, S. 79; *Debus*, Verweisungen in deutschen Rechtsnormen, 2008, S. 55; *Karpen*, Die Verweisung als Mittel der Gesetzgebung, 1970, S. 78; dazu näher *Maties*, JR 2007, 265 ff.

Zusatz bringt er explizit zum Ausdruck, dass das Verweisungsobjekt modifiziert in die Verweisungsnorm zu übertragen ist[274]. Umstritten sind hingegen die Folgen einer direkten Verweisung. Eine Ansicht vertritt, dass ausschließlich Analogieverweisungen eine modifizierte Übernahme des Verweisungsobjekts zulassen[275]. Demnach habe ein direkter Verweis zwingend eine deckungsgleiche Inhaltsübernahme zur Folge. Die Gegenauffassung schließt eine „entsprechende" Anwendung auch ohne eine explizite Erwähnung im Gesetz nicht aus[276]. Schließlich müssten die Unterschiede der Rechtsbereiche der Verweisnorm und des Verweisungsobjekts Berücksichtigung finden können[277]. Aus einer einschränkenden Auslegung der Verweise in Form der kategorisch inhaltsgleichen Übernahme des Verweisobjektes könnte eine unsachgemäße Gleichbehandlung der beiden Vorschriften oder Rechtsbereiche resultieren[278]. Die Bedeutung des Verweises müsste daher *lege artis* anhand der Auslegung der Verweisnorm ermittelt werden[279]. Dem ist zuzustimmen. Die strikte Auffassung, im Falle eines direkten Verweises zwingend eine deckungsgleiche Übernahme anzunehmen, überzeugt nicht. Letztlich ist der objektivierte Wille des Gesetzgebers durch die Auslegung der Gesamtnorm zu ermitteln[280]. Entscheidend ist, ob der Normadressat eine „entsprechende" Anwendung noch aus dem Gesetzestext ersehen kann. Verweist eine Norm direkt auf eine andere Vorschrift, ist eine „entsprechende" Anwendung daher nicht kategorisch ausgeschlossen. Jeder Gesetzestext – auch der scheinbar eindeutige – ist auslegungsfähig[281]. Die Auslegung der Gesamtnorm kann durch Heranziehung der neben den Wortlaut tretenden Auslegungskriterien einen von dem Wortlaut abweichenden Gesetzessinn ergeben.

---

274 *BMJ*, Handbuch der Rechtsförmlichkeit, 2008, S. 79; *Debus*, Verweisungen in deutschen Rechtsnormen, 2008, S. 55; *Karpen*, Die Verweisung als Mittel der Gesetzgebung, 1970, S. 78.

275 In diesem Sinne *BMJ*, Handbuch der Rechtsförmlichkeit, S. 79; *Brugger*, VerwA 78 (1987), 1 (3 in Fn. 6); *Reiß*, in Reiß/Kraeusel/Langer, UStG, § 2 Rn. 189 (März 2013); *Stadie*, in Rau/Dürrwächter, UStG, § 2 Rn. 1152 (Juli 2011); *ders.*, UStG[2], 2012, § 2 Rn. 253, 263.

276 *Debus*, Verweisungen in deutschen Rechtsnormen, 2008, S. 56; *Kanzler*, FR 1986, 1 (4); *Larenz*, Methodenlehre[6], 1991, S. 261; *Reinermann*, Verweisungen in Tarifverträgen und Betriebsvereinbarungen, 1997, S. 18; *Wiesener*, BB 1982, 949 (954).

277 *Kanzler*, FR 1986, 1 (4).

278 *Kanzler*, FR 1986, 1 (4).

279 *Debus*, Verweisungen in deutschen Rechtsnormen, 2008, S. 57; *Kanzler*, FR 1986, 1 (4); *Wiesener*, BB 1982, 949 (954).

280 Siehe dazu bereits S. 37 ff.

281 Ebenso *Drüen*, in Tipke/Kruse, AO/FGO, § 4 AO Tz. 262 (Okt. 2011).

Es darf nicht allein auf den Willen des Gesetzgebers zum Zeitpunkt der Rechtsetzung abgestellt werden. Zwar spricht die bewusste Entscheidung des Gesetzgebers, keine „entsprechende" und „sinngemäße" Anwendung zu formulieren, für ein Verständnis gleich dem des Verweisobjektes. Aber selbst wenn aus den Gesetzesmaterialien klar hervorgeht, dass der Gesetzgeber gerade die Übernahme des deckungsgleichen Inhalts anvisiert hatte bzw. zumindest eine ähnliche Auslegung im Rahmen der Verweisnorm erreichen wollte, kann das zwar zur Bestätigung des Auslegungsergebnisses in diesem Sinne bzw. zur Ausräumung bestehender Zweifel im Rahmen der Auslegung herangezogen werden, ist aber keineswegs ein Ausschlusskriterium für ein Verständnis in diesem Sinne[282]. Das Auslegungsergebnis ist somit auch im Falle eines direkten Verweises offen. Entscheidend ist allein der durch Auslegung zu ermittelnde Gesetzessinn. Dieser kann sowohl die Übernahme des deckungsgleichen Inhalts oder eine zumindest ähnliche Auslegung der verwiesenen Norm im Rahmen der Verweisnorm, als auch ein erheblich abweichendes Auslegungsergebnis beinhalten. Soweit das Auslegungsergebnis sich innerhalb der aus der Norm ableitbaren Wortsinngrenze befindet, ist die Abweichungsintensität unerheblich. Allerdings sind an ein vom – scheinbar eindeutigen – Wortlaut insofern abweichendes Auslegungsergebnis, dass i. R. d. Verweisnorm nicht das Verständnis der verwiesenen Norm zugrunde zu legen ist, hohe Anforderungen zu stellen. Eine extensive Auslegung des Verweises muss insbesondere wegen des verfassungsrechtlich verankerten Grundsatzes von Normenbestimmtheit und -klarheit[283] für den Normadressaten durch Anhaltspunkte im Gesetzestext möglich sein.

Neben der weiteren Einteilungsmöglichkeit in Rechtsfolgen- und Rechtsgrundverweis werden weitere Kategorisierungen der Verweise vorgenommen, die für die anstehende Untersuchung aber nicht bedeutsam sind und auf die daher nicht näher eingegangen werden soll[284].

bb) Funktion der Verweisungstechnik im Rahmen der Rechtsetzung

Die Gesetzgebungstechnik der Verweisung ist für den Gesetzgeber in vielerlei Hinsicht vorteilhaft. Vordergründig dient sie der Gesetzesökonomie[285]. Mit

282 Allgemein *Drüen*, in Tipke/Kruse, AO/FGO, § 4 AO Tz. 232 (Okt. 2011); siehe dazu bereits S. 38 ff.

283 Siehe dazu noch S. 53 ff.

284 Zu kleinteiligeren Kategorisierungen *Debus*, Verweisungen in deutschen Rechtsnormen, 2008, S. 49 ff.; *Müller*, Handbuch der Gesetzgebungstechnik, 1963, S. 167 ff.

285 *Brugger*, VerwA 78 (1987), 1 (7); *Debus*, Verweisungen in deutschen Rechtsnormen, 2008, S. 99; *Guckelberger*, ZG 2004, 62 (66); *Karpen*, Die Verweisung als Mittel der

einem Verweis hat der Gesetzgeber die Möglichkeit, den Normtext abzukürzen. Die ohnehin zum Teil äußerst komplexen Vorschriften können durch die Vermeidung von Wiederholungen übersichtlicher und vereinfacht dargestellt werden[286]. So kann der Gesetzgeber auf sehr spezielle und umfangreiche Regelungen in der Verweisungsnorm verzichten und grundlegende Direktiven in den Vordergrund stellen[287]. Des Weiteren kann die Rechtsetzungstechnik der Verweisung zur Systembildung und Rechtvereinheitlichung beitragen[288]. Die Verweisungen können die Zusammenhänge der betroffenen Regelungskomplexe aufzeigen und im Falle einer Außenverweisung innerhalb der Gesamtrechtsordnung rechtsgebietsübergreifende Vereinheitlichungen fördern[289]. Gleichzeitig entlastet die Gesetzgebungstechnik den Gesetzgeber. Einerseits kann er auf „Bekanntes" zurückgreifen und im Rahmen der Rechtsetzung heranziehen[290]. Ferner bewirkt eine dynamische Verweisung, dass eine Änderung des Verweisungsobjekts in die Verweisnorm Einzug erhält, ohne dass der Gesetzgeber die Verweisungsnorm anpassen muss[291].

Mit der Gesetzgebungstechnik sind aber auch Nachteile verbunden. Die mit dem Verweis verbundene Kürze und Prägnanz der Verweisnorm kann zu einer

---

Gesetzgebung, 1970, S. 11; *Larenz*, Methodenlehre der Rechtswissenschaft[6], 1991, S. 261; *W. Schenke*, NJW 1980, 743; *L. Schmidt*, ZfBR 2009, 113 (114); *H. Schneider*, Gesetzgebung[3], 2002, S. 237 und 246.

286 *Maties*, JR 2007, 265. Teilweise wäre es für den Gesetzgeber äußerst schwierig oder sogar unmöglich den Gesetzesinhalt der in Bezug genommenen Vorschrift im Text der Verweisungsnorm wiederzugeben. Das trifft insbesondere zu, wenn eine Vielzahl detaillierter Einzelfragen geregelt werden müssen; *Karpen*, Die Verweisung als Mittel der Gesetzgebung, 1970, S. 15; *Reinermann*, Verweisungen in Tarifverträgen und Betriebsvereinbarungen, 1997, S. 31.

287 *Guckelberger*, ZG 2004, 62 (66); *Karpen*, Die Verweisung als Mittel der Gesetzgebung, 1970, S. 11, 13; *Reinermann*, Verweisungen in Tarifverträgen und Betriebsvereinbarungen, 1997, S. 33.

288 *Debus*, Verweisungen in deutschen Rechtsnormen, 2008, S. 99; *Guckelberger*, ZG 2004, 62 (66); *Karpen*, Die Verweisung als Mittel der Gesetzgebung, 1970, S. 11, 13; *Reinermann*, Verweisungen in Tarifverträgen und Betriebsvereinbarungen, 1997, S. 33.

289 *Guckelberger*, ZG 2004, 62 (66); *Karpen*, Die Verweisung als Mittel der Gesetzgebung, 1970, S. 11, 13; *Reinermann*, Verweisungen in Tarifverträgen und Betriebsvereinbarungen, 1997, S. 33.

290 In diesem Sinne auch *Brugger*, VerwA 78 (1987), 1 (21); *Karpen*, Die Verweisung als Mittel der Gesetzgebung, 1970, S. 17.

291 *Debus*, Verweisungen in deutschen Rechtsnormen, 2008, S. 100; *Guckelberger*, ZG 2004, 62 (66); *Karpen*, Die Verweisung als Mittel der Gesetzgebung, 1970, S. 14 f.; *L. Schmidt*, ZfBR 2009, 113 (114).

Verminderung der Rechtsklarheit führen[292]. Da der Inhalt der Verweisungsnorm nicht ohne weiteres aus der bloßen Lektüre der Verweisungsnorm zu erschließen ist, kann ein Verweis eine Beeinträchtigung des Normverständnisses mit sich bringen. Der Rechtsanwender ist angehalten, den Inhalt der Norm aus der Gesamtschau mehrerer Vorschriften zu erschließen[293]. Die Notwendigkeit dieser Zusammenschau verlangt mehr juristischen Sachverstand als bei einer einheitlichen, zusammenfassenden und anschaulichen Vorschrift[294]. Ferner birgt der Konnex von Verweisnorm und Verweisobjekt die Gefahr einer abweichenden inhaltlichen Entwicklung. Verweist eine Norm auf Vorschriften anderer Gesetze oder von anderen Gesetzen ausgehenden Rechtsfolgen, ist dieser Verweisungsnorm ein Bestandteil immanent, der sich zu einem Fremdkörper entwickeln kann. Denn einerseits nimmt die Verweisungsnorm wegen der Inkorporierung des Verweisungsobjekts an dessen Entwicklung teil und andererseits kann die Verweisungsnorm selbst eine das Verweisungsobjekt nicht betreffende, abgekoppelte Entwicklung erfahren[295]. So kann der Gesetzeswandel des Verweisungsobjekts insbesondere bei dynamischen Verweisen zu Unstimmigkeiten führen. Ändert der Gesetzgeber das Verweisungsobjekt, ohne die Folgen auf Seiten der Verweisungsnorm zu bedenken, kann die Änderung bei dieser zu einem widersinnigen Inhalt führen. Eine kongruente Beurteilung in diesem Fall ist nicht gewährleistet[296]. Darüber hinaus kann sowohl für statische als auch dynamische Verweise ein bloßer Auslegungswandel bei der Verweisnorm oder des Verweisungsobjekts die Sinnhaftigkeit des Verweises beseitigen[297].

cc) Verfassungsrechtliche Grenzen der Rechtsetzungstechnik des Verweises

Der Verweis ist als besondere Gesetzgebungstechnik allgemein anerkannt[298]. Der Gesetzgeber darf die Rechtsetzungstechnik aber nur innerhalb der

292 *Hömig*, DVBl. 1979, 307 (308); *Karpen*, Die Verweisung als Mittel der Gesetzgebung, 1970, S. 18, 164 f., 222; *Krey*, EWR 1981, 109 (132); *L. Schmidt*, ZfBR 2009, 113 (114).

293 *Brugger*, VerwA 78 (1987), 1 (7).

294 *Brugger*, VerwA 78 (1987), 1 (7). Dieser formuliert an gleicher Stelle treffend: „Für den Gesetzgeber wird es durch die Verweisung einfacher, für den Bürger schwieriger und für den Juristen interessanter."

295 *Guckelberger*, ZG 2004, 62 (66). Diese Problematik greift *Wißmann*, ZG 1986, 167 ff. anhand von Beispielen aus dem Recht der Montan-Bestimmung auf.

296 *Debus*, Verweisungen in deutschen Rechtsnormen, 2008, S. 104; *Guckelberger*, ZG 2004, 62 (66).

297 Ähnlich *Guckelberger*, ZG 2004, 62 (66).

298 BVerfG, Urt. v. 30.5.1956 – 1 BvF 3/53, BVerfGE 5, 25 (31); v. 15.11.1967 – 2 BvL 7/64 u. a., BVerfGE 22, 330 (346); v. 15.7.1969 – 2 BvF 1/64, BVerfGE 26, 338 (366);

verfassungsrechtlichen Grenzen nutzen. Ihm kommt keine unbedingte „Verweisfreiheit" zu. Die verfassungsrechtlichen Grenzen der Verweisung nennt das Grundgesetz jedoch nicht ausdrücklich[299]. Je nach Verweisart können aus verfassungsrechtlicher Perspektive das Demokratieprinzip[300], der Gewaltenteilungsgrundsatz[301], das Prinzip der Bundesstaatlichkeit[302] oder das Publikationserfordernis nach Art. 82 Abs. 1 S. 1 GG[303] beeinträchtigt sein. Diese verfassungsrechtlich problematischen Aspekte sind für die anstehende Untersuchung nicht entscheidend[304]. Über diese Gesichtspunkte hinaus sind Verweisungen zudem in Hinblick auf das aus dem Rechtsstaatsprinzip abgeleitete[305] Bestimmtheits- und Klarheitsgebot zu überprüfen[306]. Aus der mit dem Verweis einhergehenden Beeinträchtigung der Klarheit und Übersichtlichkeit der Verweisnorm resultiert zwar keine generelle

---

v. 1.3.1978 – 1 BvR 786/70 u. a., BVerfGE 47, 285 (311); Beschl. v. 29.4.2010 – 2 BvR 871/04, 2 BvR 414/08, HFR 2010, 860 (861); so auch *Arndt*, JuS 1979, 784.

299 *Brugger*, VerwA 78 (1987), 1 (7); *Debus*, Verweisungen in deutschen Rechtsnormen, 2008, S. 106; *Jehke*, Bestimmtheit und Klarheit im Steuerrecht, 2005, S. 49.

300 *Arndt*, JuS 1979, 784 (785 ff.); *Brugger*, VerwA 78 (1987), 1 (21 ff.); *Dreier*, in Dreier, GG², Bd. 2, 2006, Art. 20 Rn. 121 f.; *Ossenbühl*, DVBl. 1967, 401 (402 f.); *Pabst*, NVwZ 2005, 1034 (1035); *W. Schenke*, NJW 1980, 743 (748 f.); *L. Schmidt*, ZfBR 2009, 113 (116 ff.).

301 *Ehricke*, JZ 2003, 722 (726 f.); *Ossenbühl*, DVBl. 1967, 401 (404 f.); *L. Schmidt*, ZfBR 2009, 113 (117).

302 *Arndt*, JuS 1979, 784 (789); *Ossenbühl*, DVBl. 1967, 401 (405 f.); *Pabst*, NVwZ 2005, 1034 (1035).

303 *Arndt*, JuS 1979, 784 (788); *Brugger*, VerwA 78 (1987), 1 (9 ff.); *Ebsen*, DÖV 1984, 654 ff.; *Hömig*, DVBl. 1979, 307 (308 ff.); *L. Schmidt*, ZfBR 2009, 113 (115 f.).

304 Allgemein zu den verfassungsrechtlichen Grenzen der Rechtsetzungstechnik der Verweisung *Arndt*, JuS 1979, 784 ff.; *Brugger*, VerwA 78 (1987), 1 (7 ff.); *Debus*, Verweisungen in deutschen Rechtsnormen, 2008, S. 106 ff.; *Karpen*, Die Verweisung als Mittel der Gesetzgebung, 1970, S. 101 ff.

305 *Bartone*, Linien der Rechtsprechung des Bundesverfassungsgerichts, 2009, S. 305 (307); *Drüen*, ZG 2009, 60 (62); *Jarass*, in Jarass/Pieroth, GG¹³, 2014, Art. 20 Rn. 57; *Luttermann*, FR 2007, 18 (19); *Schulze-Fielitz*, in Dreier, GG², Bd. 2, 2006, Art. 20 Rn. 129; *Tipke*, StRO I², 2000, S. 137. Die Herleitung des Bestimmtheits- und Klarheitsgebot erfolgt nicht einheitlich. Herkömmlicherweise wird es aus den Unterprinzipien des Rechtsstaatsprinzips hergeleitet. Teile der Literatur und die Rechtsprechung leiten es mit unterschiedlichen Schwerpunkten aus den Grundsätzen der Rechtssicherheit und der Gesetzmäßigkeit der Verwaltung, dem Prinzip der Gewaltenteilung sowie der Rechtsschutzgarantie i. S. d. Art. 19 Abs. 4 GG ab; dazu ausführlich *Jehke*, Bestimmtheit und Klarheit im Steuerrecht, 2005, S. 58 ff.

306 *Arndt*, JuS 1979, 784; *Guckelberger*, ZG 2004, 62 (69); *Pabst*, NVwZ 2005, 1034 (1035).

Unzulässigkeit dieser Gesetzgebungstechnik[307]. Mit der bloßen Auslegungsbedürftigkeit einer Norm geht nicht automatisch das Fehlen der rechtsstaatlich gebotenen Bestimmtheit einher[308]. Die in Bezug auf das Bestimmtheitsgebot und das Gebot der Normenklarheit genannten nachteiligen Folgen eines Verweises erfordern aber eine genaue Betrachtung dieser Gebote.

Rechtsprechung und Literatur verwenden die Begriffe „Bestimmtheit“ und „Klarheit“ uneinheitlich[309]. Nach hier vertretener Ansicht ist zwischen der Normbestimmtheit und -klarheit zu unterschieden. Das Bestimmtheitsgebot verlangt, dass eine Norm einer rechtssicheren Auslegung zugänglich ist. Ihr Inhalt muss zumindest bestimmbar sein[310]. Das Gebot der Normenklarheit hingegen fordert, dass das Verhältnis mehrerer miteinander verknüpfter Normen zueinander verständlich ist und sich durch die Verknüpfungen keine Verschleierung eigentlich bestimmbarer Tatbestandsmerkmale ergibt[311]. Nach der Rechtsprechung des Bundesverfassungsgerichts[312] „(soll) das Gebot der Normenbestimmtheit und der Normenklarheit […] die Betroffenen befähigen, die Rechtslage anhand der gesetzlichen Regelung zu erkennen, damit sie ihr Verhalten danach ausrichten können.“ Die Bestimmtheits- und Klarheitsanforderungen dienen zudem dazu, die Verwaltung zu binden und ihr Verhalten nach Inhalt, Zweck und Ausmaß zu begrenzen[313]. Die ohnehin schon strengen Anforderungen hat

---

307 *Guckelberger*, ZG 2004, 62 (69).

308 *Tipke*, StRO I^2, 2000, S. 138.

309 So auch *Bartone*, Linien der Rechtsprechung des Bundesverfassungsgerichts, 2009, S. 305 (309). Teilweise werden die Begriffe unter dem Oberbegriff „Bestimmtheitsgrundsatz“ bzw. „Bestimmtheitsgebot“ zusammengefasst, andere verwenden die Begriffe synonym. Zum Teil wird zwischen Bestimmtheits- und Klarheitsgebot differenziert. Jedoch ist auch das Verständnis dieser Differenzierung nicht einheitlich; dazu näher *Debus*, Verweisungen in deutschen Rechtsnormen, 2008, S. 135 ff.; *Jehke*, Bestimmtheit und Klarheit im Steuerrecht, 2005, S. 28 ff.; *Papier*, DStJG 12 (1989), 61 ff.

310 *Hey*, in Tipke/Lang, Steuerrecht^{21}, 2013, § 3 Rn. 244.

311 *Bartone*, Linien der Rechtsprechung des Bundesverfassungsgerichts, 2009, S. 305 (310 f.); *Hey*, in Tipke/Lang, Steuerrecht^{21}, 2013, § 3 Rn. 244.

312 Siehe BVerfG, Beschl. v. 27.11.1990 – 1 BvR 402/87, BVerfGE 83, 130 (145); Beschl. v. 9.4.2003 – 1 BvL 1/01, 1 BvR 1749/01, BVerfGE 108, 52 (75); Beschl. v. 3.3.2004 – 1 BvF 3/92, BVerfGE 110, 33 (52 ff.); v. 17.7.2003 – 2 BvL 1/99 u. a., BVerfGE 108, 186 (235); Urt. v. 26.7.2005 – 1 BvR 782/94 u. a., BVerfGE 114, 1 (53); v. 27.7.2005 – 1 BvR 668/04, BVerfGE 113, 348 (375 ff.); so auch *Sachs*, in Sachs, GG^6, 2011, Art. 20 Rn. 129.

313 BVerfG, Beschl. v. 28.2.1973 – 2 BvL 19/70, BVerfGE 34, 348 (366); Urt. v. 26.7.2005 – 1 BvR 782/94 u. a., BVerfGE 114, 1 (53); BFH, Urt. v. 20.3.2013 – XI R 11/12, DB

das Bundesverfassungsgericht für das Steuerrecht noch gesteigert. Eigens zum Steuerrecht hat es entschieden, dass die steuerbegründenden Tatbestände so bestimmt sein müssen, dass der Steuerpflichtige die auf ihn entfallende Steuerlast vorausberechnen kann[314]. Demnach fordere das rechtsstaatliche Gebot der Voraussehbarkeit und Berechenbarkeit der Steuerlasten und die Besteuerungsgleichheit eine Einfachheit und Klarheit der gesetzlichen Regelungen, die dem nicht steuerrechtskundigen Pflichtigen erlauben, seinen Erklärungspflichten sachgerecht nachzukommen[315]. Normadressat ist damit nicht der Steuerexperte sondern der objektiviert steuerrechtsunkundige Steuerpflichtige[316]. Führt man sich die Komplexität des Steuerrechts vor Augen, überrascht es allerdings, dass das Bundesverfassungsgericht trotz dieser hohen Anforderungen bis heute noch keine Vorschrift des materiellen Steuerrechts wegen eines Verstoßes gegen das Bestimmtheitsgebot oder den Grundsatz der Normenklarheit für verfassungswidrig erklärt hat[317].

2013, 1461 (1465); *Crezelius*, FR 2008, 889 (894); *Hey*, in Tipke/Lang, Steuerrecht[21], 2013, § 3 Rn. 243; *Krey*, EWR 1981, 109 (135); *Luttermann*, FR 2007, 18 (19).

314 BVerfG, Urt. v. 14.12.1965 – 1 BvR 571/60, BVerfGE 19, 253 (267); Beschl. v. 12.10.1978 – 2 BvR 154/74, BVerfGE 49, 343 (362); v. 10.11.1998 – 2 BvR 1057/91 u. a., BVerfGE 99, 216 (243); ebenso BFH, Vorlagebeschl. v. 6.9.2006 – XI R 26/04, BStBl. II 2007, 167 (169); Urt. v. 18.3.2009 – I R 37/08, BStBl. II 2011, 894 (897); so auch *Elicker*, FR 2002, 1041 (1042); *Jarass*, in Jarass/Pieroth, GG[13], 2014, Art. 20 Rn. 59; *Tipke*, StRO I[2], 2000, S. 138. *Hey*, in Tipke/Lang, Steuerrecht[21], 2013, § 3 Rn. 246 stellt zur „Vorausberechenbarkeit" zu Recht fest, dass diese nicht eine arithmetische Berechenbarkeit umschreibt, sondern vielmehr ein „Mindestmaß an Orientierungssicherheit". *Schulze-Fielitz*, in Dreier, GG[2], Bd. 2, 2006, Art. 20 Rn. 130 versteht das Bestimmtheitsgebot allgemein als Rechtsprinzip in Form eines Optimierungsgebots.

315 BVerfG, Beschl. v. 10.11.1998 – 2 BvR 1057/91 u. a., BVerfGE 99, 216 (243); siehe auch *Luttermann*, FR 2007, 18 (19, 21).

316 BVerfG, Beschl. v. 3.3.2004 – 1 BvF 3/92, BVerfGE 110, 33 (64); BFH, Vorlagebeschl. v. 6.9.2006 – XI R 26/04, BStBl. II 2007, 167 (172); *Bartone*, Linien der Rechtsprechung des Bundesverfassungsgerichts, 2009, S. 305 (314); *Hey*, in Tipke/Lang, Steuerrecht[21], 2013, § 3 Rn. 245; *Luttermann*, FR 2007, 18 (19, 21).

317 So zuvor bereits *Häck*, Die öffentliche Hand im Körperschaft- und Umsatzsteuerrecht, 2004, S. 274 Fn. 1542; *Jehke*, Bestimmtheit und Klarheit im Steuerrecht, 2005, S. 23 f., 49; *Spindler*, Stbg 2006, 1 (2); *Tiedtke/Striegel*, FR 2003, 433 (434); *Tipke*, StRO I[2], 2000, S. 138 f. Das Bundesverfassungsgericht sieht sich insofern einiger Kritik ausgesetzt; anstelle vieler *Ebsen*, DÖV 1984, 654 (660 f.); *Hey*, in Tipke/Lang, Steuerrecht[21], 2013, § 3 Rn. 247 ff.; *Tipke*, StRO I[2], 2000, 138 f. So formuliert *Papier*, DStJG 12 (1989), 61: „Verfassungsrecht und Wirklichkeit klaffen selten so stark

Für die Rechtsetzungstechnik des Verweises resultiert daraus folgende Maßgabe: Legt ein Gesetz nicht selbst den gesetzlichen Tatbestand oder die Rechtsfolge fest, sondern verweist dafür (auch) auf andere Normen, muss es, um den Anforderungen der Rechtssicherheit zu genügen, für den Rechtsunterworfenen erkennen lassen, was rechtens sein soll[318]. Eine Verweisung muss dem verfassungsrechtlichen Bestimmtheits- und Klarheitsvorgaben daher in mehrerlei Hinsicht genügen. Die Verweisungsnorm muss insgesamt ausreichend bestimmt und klar sein[319]. Zum einen muss die Verweisungsnorm präzise erkennen lassen, welche Vorschriften im Einzelnen als Verweisungsobjekt in Bezug genommen sind. Ferner muss die verwiesene Norm selbst hinreichend bestimmt sein[320]. Die inhaltliche Klarheit der Verweisungsnorm setzt überdies voraus, dass für die Rechtsanwender ihr Zusammenwirken mit dem Verweisobjekt verständlich ist. Normverweisungen sind unter Berücksichtigung des verfassungsrechtlichen Bestimmtheitsgebots und des Gebotes der Normenklarheit nur zulässig, wenn die Regelung der Verweisungsnorm durch eine sichere Auslegung Anwendung finden kann[321].

dd) Verfassungsrechtliche Grenzen und Auslegungsfragen von Verweisungen des unionsrechtlich harmonisierten Umsatzsteuergesetzes auf das Einkommensteuerrecht

Bei einer Verweisung des Umsatzsteuergesetzes auf das Einkommen- oder Körperschaftsteuergesetz handelt es sich um eine Außenverweisung. Da die Gesetzgebungskompetenz sowohl für die Umsatzsteuer als auch die Einkommen- und Körperschaftsteuer nach Art. 105 Abs. 2 GG i. V. m. Art. 106 Abs. 3 GG dem Bund zusteht, treten die mit einer Fremdverweisung einhergehenden verfassungsrechtlichen Kompetenzprobleme nicht auf[322]. Außenverweisungen

---

auseinander wie beim Bestimmtheitsgrundsatz allgemein und bei seiner Anwendung auf das Steuerrecht im Besonderen."

318 BVerfG, Urt. v. 30.5.1956 – 1 BvF 3/53, BVerfGE 5, 25 (31); *Sommermann*, in v. Mangoldt/Klein/Starck, GG II^6, 2010, Art. 20 Rn. 290.

319 BVerfG, Beschl. v. 9.4.2003 – 1 BvL 1/01, 1 BvR 1749/01, BVerfGE 108, 52 (75); v. 3.3.2004 – 1 BvF 3/92, BVerfGE 110, 33 (52 ff.); Urt. v. 27.7.2005 – 1 BvR 668/04, BVerfGE 113, 348 (375 ff.); siehe auch *Guckelberger*, ZG 2004, 62 (70); *Sachs*, in Sachs, GG^6, 2011, Art. 20 Rn. 125.

320 BVerfG, Urt. v. 30.5.1956 – 1 BvF 3/53, BVerfGE 5, 25 (31); Beschl. v. 7.3.1995 – 1 BvR 1564/92, BVerfGE 92, 191 (197); siehe auch *Brugger*, VerwA 78 (1987), 1 (8 Fn. 30); *Guckelberger*, ZG 2004, 62 (69); *Krey*, EWR 1981, 109 (137).

321 So bereits *Karpen*, Die Verweisung als Mittel der Gesetzgebung, 1970, S. 166.

322 Allgemein zur verfassungsrechtlichen Zulässigkeit einer Verweisung, wenn Normgeber der Verweisungsnorm und des Verweisungsobjekts identisch sind; *Arndt*, JuS

des harmonisierten Umsatzsteuerrechts auf das nicht harmonisierte Recht der Einkommen- oder Körperschaftsteuer sind aber in besonderem Maße in Ansehung des Bestimmtheitsgebots und dem Gebot der Normenklarheit zu überprüfen. Bei der Frage, ob die umsatzsteuerrechtliche Verweisungsvorschrift das Verweisungsobjekt ausreichend klar erkennen lässt und die verwiesene Norm selbst hinreichend bestimmt ist, ergeben sich bei den zu untersuchenden Verweisungen des Umsatzsteuergesetzes keine Besonderheiten. Sie sind das Bestimmtheits- und Klarheitsgebot betreffend – neben der möglicherweise fraglichen Qualifikation als statischer oder dynamischer Verweis und den damit verbundenen Schwierigkeiten[323] – aber folgender Sonderproblematik ausgesetzt. Bei einem Außenverweis des harmonisierten Umsatzsteuerrechts auf das nicht harmonisierte Einkommensteuerrecht können die unionsrechtlichen Implikationen in besonderem Maße einer sicheren Auslegung im Wege stehen. Ein Außenverweis hat generell zur Folge, dass der Rechtsanwender den Inhalt einer Norm eines anderen Rechtsgebietes heranziehen muss. Das alleine kann schon zur Beeinträchtigung der Rechtsklarheit führen, weil die Reichweite der Inhaltsübernahme des Verweises nicht immer eindeutig ist[324]. Unsachgemäße Gleichbehandlungen der Verweisungsnorm und des Verweisungsobjekts sind gerade bei rechtgebietsübergreifenden Verweisen zu vermeiden[325]. Das gilt im Besonderen für das Umsatzsteuerrecht, weil das Umsatzsteuergesetz die Vorgaben der MwStSystRL umsetzt und der Verweis unter dem Vorbehalt der richtlinienkonformen Auslegung steht[326]. Das bedeutet für den Rechtsanwender, dass er bei der Auslegung der Gesamtnorm für den verwiesenen Teil zunächst den Inhalt des Verweisobjektes heranzieht. In einem zweiten Schritt muss er jedoch überprüfen, ob dieser (entsprechende) Inhalt im Gefüge der Gesamtnorm mit den unionsrechtlichen Vorgaben vereinbar ist. Die „entsprechende Anwendung" einer Norm zur Vervollständigung einer anderen Vorschrift ist daher nur zweckmäßig, wenn die Tatbestände von Verweisobjekt und Verweisnorm solche Ähnlichkeiten aufweisen, bei denen die Anordnung derselben oder ähnlichen Rechtsfolge vertretbar ist[327]. Bei einem Verweis vom Umsatzsteuergesetz auf das Ertragsteuerrecht muss deswegen ein dem originären Verständnis des

1979, 784; *Ebsen*, DÖV 1984, 654; *Ossenbühl*, DVBl. 1967, 401 (405, 408); *W. Schenke*, NJW 1980, 743 (744); *H. Schneider*, Gesetzgebung[3], 2002, S. 242.

323 Siehe dazu noch S. 63 f.

324 Siehe dazu noch S. 63 ff.

325 *Larenz*, Methodenlehre[6], 1991, S. 261.

326 Siehe dazu bereits S. 43.

327 *Karpen*, Die Verweisung als Mittel der Gesetzgebungstechnik, 1970, S. 166.

Verweisungsobjektes zumindest ähnliches Verständnis – das zu einem richtlinienkonformen Ergebnis führt – garantiert sein. Das ist jedoch nicht mit Sicherheit voraussehbar. Ein potentielles Auseinanderdriften der Verweisungsnorm und des Verweisungsobjekts ist schwer abzusehen. Zwar gilt der Anwendungsvorrang des Unionsrechts auch für das Einkommensteuerrecht und das Europarecht nimmt immer mehr Einfluss auf die direkten Steuern. Vor allem darf das nationale Recht nicht gegen das unionsrechtliche Primärrecht verstoßen[328]. Daraus resultiert aus europarechtlicher Perspektive aber keineswegs eine voraussehbare Parallelentwicklung der Verweisvorschrift des Umsatzsteuerrechts und der verwiesenen Normen des Einkommensteuerrechts. Bedient sich der Gesetzgeber der Rechtsetzungstechnik des Verweises, um den Wortlaut eines Gesetzes nicht wiederholen zu müssen und die Rechtsordnung für den Rechtsanwender einheitlich und damit einhergehend einfacher zu gestalten, ist dieser Effekt für die in Frage stehenden Verweisungen mehr als zweifelhaft. Es stellt sich die berechtigte Frage, ob die Verweisfunktion, eine Vereinfachung für Rechtsetzung und Rechtsanwender herbeizuführen[329], nicht in diesen Fällen ihre Berechtigung verliert[330]. Verweise des Umsatzsteuergesetzes auf Inhalte der nichtharmonisierten Rechtsgebiete tragen Konfliktpotential in sich. Wegen des richtlinienkonformen Auslegungsvorbehaltes darf bezweifelt werden, ob die Verweisungsnorm noch hinreichend klar ist. Das Dreiecksverhältnis von Verweisungsnorm des Umsatzsteuergesetzes, Verweisobjekt des Einkommen- oder Körperschaftsteuergesetzes und der MwStSystRL löst Bedenken hinsichtlich des verfassungsrechtlichen Klarheitsgebots aus. Die nachteiligen Folgen der Verweistechnik werden durch das Dreiecksverhältnis potenziert. Das gilt unter dem Aspekt, dass die Normadressaten eben nicht ausschließlich Steuerexperten sind und das rechtsstaatliche Gebot der Voraussehbarkeit und Berechenbarkeit der Steuer gewährleistet sein muss, umso mehr. Schließlich verlangt das „Dreiecksverhältnis" dem Steuerpflichtigen juristische Fachkenntnisse ab. Die richtlinienkonforme Auslegung erweitert die Grenzen der nationalen Auslegungskriterien nicht. Das Ergebnis der Auslegung nach den nationalen Auslegungskriterien ist lediglich anhand der richtlinienkonformen Auslegung zu überprüfen[331]. Lässt der Wortlaut ein gegebenenfalls von dem

328 Siehe bereits S. 27 ff.

329 Siehe dazu bereits S. 51 f.

330 Dazu veranschaulichend und ausführlich am konkreten Beispiel des Verweises in § 2 Abs. 3 UStG auf § 1 Abs. 1 Nr. 6 i. V. m. 4 KStG (siehe S. 200 ff.).

331 *Drüen*, in Tipke/Kruse, AO/FGO, § 4 AO Tz. 246 (Okt. 2011); *Heidner*, UR 2006, 74 (76); *Ehrke-Rabel*, ÖStZ 2009, 189 (191); siehe dazu bereits S. 39 f.

ertragsteuerrechtlichen Verständnis abweichendes, aber richtlinienkonformes Ergebnis zu, ist dieses für das Umsatzsteuerrecht maßgebend. Hat der Gesetzgeber die MwStSystRL nicht korrekt umgesetzt und die richtlinienkonforme Auslegung würde den Wortsinn der Regelung überschreiten, kann es wiederum zu einer unmittelbaren Anwendbarkeit der MwStSystRL zu Gunsten des Steuerpflichtigen kommen. In diesen Fällen differiert das Verständnis des Verweisobjektes in den beiden Rechtsgebieten. Ein Vereinfachungseffekt ist nicht gegeben. Ist die Rechtslage für den betroffenen Bürger wegen der konkreten Verweisung und des dadurch unklaren Inhalts der in Bezug genommenen Regelung sogar nicht erkennbar, hält sie dem verfassungsrechtlichen Gebot der Normenklarheit nicht stand[332].

b) Terminologische Anlehnungen des Umsatzsteuergesetzes an das Einkommensteuerrecht

Der Gesetzgeber hat im Umsatzsteuergesetz einkommensteuerrechtlich vorgeprägte Begriffe herangezogen. Diese punktuellen, bloß terminologischen Anlehnungen sind aus verfassungsrechtlicher und rechtsmethodischer Sicht weniger problematisch als die rechtstechnischen Verweise. Es muss jeweils durch Auslegung ermittelt werden, ob und inwieweit ein aus einer anderen Teilrechtsordnung vorgeprägter Begriff, den der Gesetzgeber im Umsatzsteuergesetz übernommen hat, den Inhalt der anderen Teilrechtsordnung teilt[333].

aa) Auslegung im Wortlaut übereinstimmender Rechtsbegriffe

Beinhalten verschiedene Vorschriften desselben Gesetzes dieselben Begriffe, sind diese zwar grundsätzlich einheitlich auszulegen. Aber sogar für den Fall, dass eine Legaldefinition vorgegeben ist, kommt eine Abweichung davon in einer anderen Vorschrift desselben Gesetzes in Betracht[334]. Jeder Rechtssatz ist unter Einbeziehung seines jeweiligen Normzwecks und dem jeweiligen Zusammenhang mit anderen Rechtssätzen auszulegen[335]. Daher ist eine unterschiedliche Behandlung gleichlautender Begriffe eines Gesetzes keine Besonderheit[336].

---

332 *L. Schmidt*, ZfBR 2009, 113 (115).

333 Diese Aussage tätigt *Kirchhof*, in Kirchhof, EStG[13], 2014, Einl. Rn. 43 ebenso für vom Einkommensteuergesetz übernommene Rechtsbegriffe anderer Teilrechtsordnungen; vgl. auch *Hidien*, UR 2006, 265 (266).

334 BFH, Beschl. v. 25.11.2002 - GrS 2/01, BStBl. II 2003, 548 (549).

335 *Drüen*, in Tipke/Kruse, AO/FGO, § 4 AO Tz. 264 (Okt. 2011).

336 Ebenso *Drüen*, in Tipke/Kruse, AO/FGO, § 4 AO Tz. 264 (Okt. 2011); *Larenz*, Methodenlehre der Rechtswissenschaft[6], 1991, S. 312.

Das gilt umso mehr, wenn die Auslegung von Tatbestandsmerkmalen in solchen Gesetzen in Betracht kommt, die ganz verschiedenen Teilrechtsordnungen angehören[337]. Deswegen folgt auch aus dem Grundsatz der „Einheit der Rechtsordnung" nicht, dass gleichlautende Begriffe inhaltlich übereinstimmen müssen[338]. Eine solche „Relativität der Rechtsbegriffe" ist vielmehr in einer widerspruchsfreien, aber je nach Sachbereichen differenzierenden Rechtsordnung angelegt[339]. Das BVerfG hat in einer Entscheidung vom 27.12.1991[340] zum Steuerrecht dazu ausgeführt: „Steuerrechtliche Tatbestandsmerkmale sind danach, auch wenn sie einem anderen Rechtsgebiet entnommen sind, nach dem steuerrechtlichen Bedeutungszusammenhang, nach dem Zweck des jeweiligen Steuergesetzes und dem Inhalt der einschlägigen Einzelregelung zu interpretieren. Es besteht weder eine Vermutung für ein übereinstimmendes noch für ein abweichendes Verständnis." Dieser Interpretationsgrundsatz gilt nicht nur im Verhältnis des Steuerrechts zu außersteuerrechtlichen Rechtsordnungen, sondern ebenso im Verhältnis der einzelnen steuerrechtlichen Teilgebiete zueinander.

bb) Auslegung der terminologischen Anlehnungen des Umsatzsteuergesetzes an das Einkommensteuerrecht

Sowohl aus Sicht der Rechtssetzer als auch der Rechtsanwender kommt den terminologischen Anlehnungen an das Einkommensteuerrecht eine Vereinfachungsfunktion zu. Der Gesetzgeber konstatiert rechtsgebietsübergreifende Ähnlichkeiten und macht sich die „Vorprägung" der Begriffe zunutze, indem er auf Bekanntes und Erprobtes zurückgreift. Dem Rechtsanwender dient das inhaltlich vorgeprägte Begriffsverständnis gleichzeitig als Ausgangspunkt für die Auslegung des jeweiligen Begriffes im Umsatzsteuergesetz. Mit diesem Vereinfachungseffekt sind aber auch gewisse Risiken verbunden. So können die

---

337 BFH, Urt. v. 2.3.1994 – II R 59/92, BStBl. II 1994, 366 (368 f.); v. 30.3.1994 – II R 105/93 BFH/NV 1995, 70 (72 f.); v. 2.2.2005 – II R 18/03, BStBl. II 2005, 489; *Drüen*, in Tipke/Kruse, AO/FGO, § 4 AO Tz. 264 (Okt. 2011); *Pahlke*, in Pahlke/König, AO², 2009, § 4 Rn. 96.

338 *Drüen*, in Tipke/Kruse, AO/FGO, § 4 AO Tz. 324 (Okt. 2011); *Kirchhof*, NJW 1987, 3217 (3221); *Stadie*, in Rau/Dürrwächter, UStG, Einf. Rn. 704 (April 2013); dazu BFH, Urt. v. 17.11.1970 – II 160/64, BStBl. II 1971, 224 (226): „Die Einheit der Rechtsordnung (...) fordert nicht, daß mehrere Gesetze unterschiedlicher Zielsetzung den gleichen Inhalt haben müßten."

339 BVerfG, Urt. v. 27.12.1991 – 2 BvR 72/90, BStBl. II 1992, 212 (213 f.); *Engisch*, Einführung in das juristische Denken¹¹, 2010, S. 140 m. w. N.; *Scheibeler*, Begriffsbildung durch den Europäischen Gerichtshof, 2004, S. 23 f.

340 BVerfG, Urt. v. 27.12.1991 – 2 BvR 72/90, BStBl. II 1992, 212 (214).

punktuellen Anlehnungen die Rechtsanwender rein faktisch dazu verleiten, das Begriffsverständnis aus dem Einkommensteuerrecht unreflektiert für die umsatzsteuerrechtliche Behandlung zu übernehmen. Ob und inwieweit ein im Umsatzsteuergesetz übernommener Begriff aus einem anderen Steuergesetz deren Inhalt teilt, muss aber jeweils durch Auslegung ermittelt werden[341]. Da der richtlinienkonforme Auslegungsvorbehalt für die Vorschriften des Umsatzsteuergesetzes allgemein gilt, erfolgt die Auslegung wiederum zweischrittig. Im ersten Schritt als Ausgangpunkt der Auslegung ist das originäre einkommensteuerrechtliche Verständnis des Begriffs heranzuziehen. Der zweite Schritt erfordert unter Anwendung der Auslegungskriterien, erweitert um die richtlinienkonforme Auslegung, das konkrete umsatzsteuerrechtliche Begriffsverständnis im Normzusammenhang herzuleiten.

Der Umgang mit punktuellen Anlehnungen bereitet allerdings weniger Schwierigkeiten als die Rechtsetzungsmethode der Verweisung. Denn es handelt sich zwar bei den terminologischen Anlehnungen jeweils um einen vorgeprägten Begriff, der Gesetzgeber zieht jedoch nicht explizit eine Norm bzw. einen Teil einer Norm des Einkommen- oder Körperschaftsteuergesetzes heran. Die Inkorporierung erfolgt bei dieser Art der Anlehnung damit wesentlich „offener". Die Auslegung erfolgt unabhängig von einer bestimmten Norm eines anderen Rechtsgebiets und orientiert sich allein am jeweiligen Zweck der Norm des Umsatzsteuergesetzes sowie dem Konnex mit den anderen Umsatzsteuerrechtssätzen.

Nach Art. 3 Abs. 2 OECD-MA soll einem Begriff, den Abkommen und nationales Recht identisch[342] verwenden, die Bedeutung zukommen, die er im jeweiligen nationalen Recht hat[343]. Eine dem Art. 3 Abs. 2 OECD-MA vergleichbare Regelung kennt die MwStSystRL nicht und ist für sie auch nicht denkbar[344]. Diese Vorgehensweise würde den Harmonisierungsauftrag konterkarieren. Gerade die Heranziehung des Begriffsverständnisses aus dem nicht harmonisierten nationalen Recht der Mitgliedstaaten ist nicht zielführend. Verweist die MwStSystRL für die Ermittlung von Sinn und Bedeutung

341 Siehe Fn. 333.

342 Damit erfasst die Regelung gleichbedeutende, synonyme Begriffe und nicht im Wortlaut übereinstimmende Begriffe; *Vogel*, in K. Vogel/Lehner, DBA[5], 2008, Art. 3 Rn. 102.

343 *Vogel*, in K. Vogel/Lehner, DBA[5], 2008, Art. 3 Rn. 102; *Wilke*, in Gosch/Kroppen/Grotherr, DBA, Art. 3 OECD-MA Rn. 89 f. (Grundwerk 1997).

344 *Hidien*, StuW 2005, 265 (268) betont, dass sich die Funktionen des EU-Richtlinienrechts diesbezüglich „rechtsgrundsätzlich" von den DBA unterscheiden.

eines Begriffs nicht ausdrücklich auf das Recht der Mitgliedstaaten, handelt es sich bei diesem Begriff um einen autonomen unionsrechtlichen Begriff, der eine einheitliche Auslegung finden muss, um eine unterschiedliche und wettbewerbsbeeinträchtigende Anwendung der Mehrwertsteuerregelung in den Mitgliedstaaten zu verhindern[345]. Überlässt die MwStSystRL den Mitgliedstaaten die Definition eines Begriffs, bleibt den nationalen Gesetzgebern zwar ein erweiterter Spielraum. Bedient sich der nationale Gesetzgeber für die Definition eines einkommensteuerrechtlich vorgeprägten Begriffs, sind dessen Sinn und Bedeutung durch (richtlinienkonforme) Auslegung zu ermitteln. Eine „blinde" Übernahme des Begriffsverständnisses ist auch in diesen Fällen nicht möglich[346].

c) *Rechtstechnische Verweise und punktuelle Anlehnungen des Umsatzsteuergesetzes auf bzw. an das Einkommensteuerrecht als causa für Rechtsunsicherheiten und -unstimmigkeiten?*

Wie zuvor bereits angedeutet, sind sowohl den rechtstechnischen Verweisen als auch den punktuellen Anlehnungen Fallstricke immanent. Der rechtstheoretische Ansatz und die rechtspraktische Umsetzung differieren oftmals. Die Verweisungen und die Wortlautidentität einiger Begriffe verleiten die Rechtsanwender dazu, die Verweise und Begriffe in beiden Steuerrechtsgebieten unreflektiert inhaltsgleich auszulegen. Freilich sind die Anlehnungen nicht allein ursächlich für die Tendenz, die einkommensteuerrechtlichen Wertungen für die umsatzsteuerrechtliche Beurteilung heranzuziehen, aber sie dürften dieser zumindest förderlich sein. Da das Verständnis des Verweisobjekts bzw. des auf einem anderen Rechtsgebiet erprobten Begriffs als Ausgangpunkt der Auslegung dient, ist es wenig verwunderlich, dass die spezifischen umsatzsteuerrechtlichen Wertungen seitens der Rechtsanwender nicht vollumfänglich Berücksichtigung finden. Der Gesetzgeber hat diese Rechtspraxis heraufbeschworen, indem er es teilweise versäumt hat, die Unterschiede der Rechtsgebiete in der Gesetzesbegründung herauszustellen oder die Vereinfachungs-

345 EuGH, Urt. v. 27.11.2003 – C-497/01 [Zita Modes], Slg. I 2003, 14410 (144221 f.); v. 10.11.2011 – C-444/10 [Schriever], Slg. I 2011, 11071 (11081); v. 30.5.2013 – C-651/11 [X], Slg. I 2013, 1166 (1168). Den problematischen Aspekt des möglichen uneinheitlichen Verständnisses erkennt auch *Vogel*, in K. Vogel/Lehner, DBA[5], 2008, Art. 3 Rn. 98 für Art. 3 Abs. 2 DBA.

346 Siehe dazu konkret im Zusammenhang mit dem Begriff „Investitionsgut" und der den Mitgliedstaaten eröffneten Möglichkeit diesen zu definieren S. 156 f.

funktion der Rechtsetzungstechniken in den Gesetzgebungsverfahren betont hat[347]. Rechtstheoretisch ist es dem Gesetzgeber erlaubt, die Rechtstechniken anzuwenden, soweit er die verfassungsrechtlichen Grenzen nicht überschreitet. Allerdings ist fraglich, ob der rechtspraktische Umgang mit den Anlehnungen im Umsatzsteuergesetz nicht eher für eine reduzierte Anwendung dieser Gesetzgebungstechniken im Umsatzsteuergesetz spricht, um für mehr Rechtssicherheit zu sorgen.

2. Anlehnungen der Rechtsanwender im Umsatzsteuerrecht an das Einkommensteuerrecht

a) Rechtslage als Ergebnis eines Wechselspiels zwischen Finanzverwaltung und Finanzgerichten

Der Gesetzgeber setzt mit dem Gesetz einen allgemeinen Rahmen, den Verwaltung und Rechtsprechung ausfüllen[348]. In der Steuerpraxis ist die Konkretisierung des Gesetzes durch Rechtsprechung und Verwaltung von großer Relevanz[349]. Die untergesetzliche Rechtslage bestimmt den Beratungsalltag im Steuerrecht[350]. Sie ist das Ergebnis eines kontinuierlichen Wechselspiels zwischen Finanzverwaltung und -gerichten[351]. Die behördliche und gerichtliche Gesetzesauslegung sind eng miteinander verbunden[352]. *Hey* bezeichnet die Verwaltungsvorschriften treffend als „Mixtum behördlicher und richterlicher Rechtsanwendung". Sie unterscheidet zwischen originären Dienstanordnungen der Verwaltung und solchen, die die verwaltungsbehördliche Reaktion auf die Rechtsprechung darstellen[353]. Rechtsprechung und Verwaltungsvorschriften

---

347 Dazu zuspitzend *Weiß*, UR 1979, 85 (86): „Diese Verweisungstechnik (…) wurde von den Reformern als Vereinfachung und Fortschritt gepriesen. Jedoch erweisen sich Gleichschaltungen dieser Art durchweg als eine Vergewaltigung wesensbestimmter Unterschiede, die die Einzelsteuergesetze charakterisieren."; siehe dazu noch exemplarisch im Rahmen der Auseinandersetzung mit dem Verweis in § 2 Abs. 3 UStG (S. 200 ff.) oder der Anlehnungen an das Ertragsteuerrecht im Rahmen des § 15a UStG (S. 143 ff.).

348 *Hey*, Steuerplanungssicherheit als Rechtsproblem, 2002, S. 61.

349 *Hey*, DStR 2004, 1897.

350 *Hey*, DStR 2004, 1897.

351 *Hey*, Steuerplanungssicherheit als Rechtsproblem, 2002, S. 29 f. und 61 f.; *dies.*, DStR 2004, 1897.

352 *Hey*, Steuerplanungssicherheit als Rechtsproblem, 2002, S. 62 m. w. N.

353 *Hey*, Steuerplanungssicherheit als Rechtsproblem, 2002, S. 29 ff.

können einen Beitrag zu Rechts- und Steuerplanungssicherheit leisten[354]. Divergieren Verwaltungsauffassung und Rechtsprechung kann es aber ebenso zu Rechtsunsicherheit auf Seiten der Steuerpflichtigen kommen. Aus dem Gewaltenteilungsprinzip nach Art. 20 Abs. 2 S. 2 GG folgt, dass die Finanzverwaltung sowie die Finanzgerichte die Rechtsfindung eigenverantwortlich betreiben. Die Entscheidung, ob die Verwaltung sich einer Rechtsprechung anschließt und zu ihrer Verwaltungspraxis macht oder ihr nicht folgt, trifft sie autark[355]. Die Verwaltungsvorschriften binden die nachgeordneten Behörden, nicht aber die Gerichte[356]. Die fehlende rechtliche Bindung der Gerichte an die Verwaltungsvorschriften und umgekehrt der Verwaltung an Judikate kann zu einer uneinheitlichen Auslegung und Anwendung der konkreten Rechtsnorm von Judikative und Exekutive führen. Die bereits angeklungene wechselseitige Beeinflussung von Rechtsprechung und Verwaltung kann zwar idealerweise zu einem übereinstimmenden „Rechtzustand kraft Anwendung"[357] führen. Reagiert die Finanzverwaltung aber nicht auf abweichende oder ändernde allgemeingültige Rechtsprechung, ist die durch die Verwaltungsvorschrift vermittelte Rechts- und Steuerplanungssicherheit nur eingeschränkt gegeben. Wie sich bei der Überprüfung der einzelnen Verweisungen und Anlehnungen zeigen wird, resultieren aus der teilweise sehr zurückhaltenden, bewusst

---

354 *Hey*, Steuerplanungssicherheit als Rechtsproblem, 2002, S. 103; zur Geltung und Reichweite des Grundsatzes des Vertrauensschutzes im Steuerrecht in Ansehung der drei Staatsgewalten *Pezzer*, DStJG 27 (2004), 269 (271 ff.); *Spindler*, DNotZ 2007, 105 ff.; *Tipke*, StRO III[2], 2012, S. 1431, 1447.

355 *Drüen*, in Tipke/Kruse, AO/FGO, § 4 AO Tz. 119 (Okt. 2011); *Englisch*, in Tipke/Lang, Steuerrecht[21], 2013, § 5 Rn. 38; *Hey*, Steuerplanungssicherheit als Rechtsproblem, 2002, S. 46. Die Finanzverwaltung darf aufgrund ihrer Bindung an das Gesetz Fehlurteile nicht anwenden. Bevor sie die BFH-Entscheidungen auf vergleichbare Fälle anwendet, muss sie diese überprüfen; *Hey*, DStR 2004, 1897 (1898). Anstelle vieler weisen *Desens*, Bindung der Finanzverwaltung an die Rechtsprechung, 2011, S. 279; *Spindler*, Stbg 2006, 1 (5) allerdings zurecht daraufhin, dass die Finanzverwaltung wegen der aus Art. 20 Abs. 2 S. 2 GG abgeleiteten Gewaltenloyalität BFH-Entscheidungen grundsätzlich anzuerkennen und zu Grunde zu legen hat, um der Funktionalität der Gerichte nicht entgegenzuwirken.

356 BFH, Urt. v. 22.11.1957 – VI 72/56 U, BStBl. III 1958, 44 f.; v. 29.1.1960 – VI 26/59 U, BStBl. III 1960, 97 (99); v. 7.11.1975 – III R 120/74, BStBl. II 1976, 277 (279); v. 27.10.1978 – VI R 8/76, BStBl. II 1979, 54 (55); Beschl. v. 11.5.2007 – IV B 28/06, n. V.; *Gersch*, in F. Klein, AO[12], 2014, § 4 Rn. 9; *Hey*, DStR 2004, 1897 (1898); *Pahlke*, in Pahlke/König, AO[2], 2009, § 4 Rn. 51.

357 *Hey*, Steuerplanungssicherheit als Rechtsproblem, 2002, S. 61; *Flume*, StbJb. 1985/86, S. 277 (300).

aufgeschobenen oder fehlenden Reaktion seitens der Finanzverwaltung auf Änderungen oder Widerlegung der Verwaltungsauffassung durch die Rechtsprechung, *in praxi* vielfach Rechtsunsicherheiten für die Steuerpflichtigen[358].

b) Von den Gerichten bei der umsatzsteuerrechtlichen Beurteilung vorgenommene Anlehnungen an das Einkommensteuerrecht

aa) Allgemeine Wirkung der Finanzrechtsprechung

Richterliche Entscheidungen entfalten nach § 110 FGO allein für den verhandelten Fall eine *inter partes* geltende Rechtskraftwirkung. Darüber hinaus bindet selbst die höchstrichterliche Rechtsprechung weder die Gerichte, noch die Verwaltung[359]. Gleichwohl kann ihr eine weitreichende präjudizielle Wirkung zukommen[360]. Teilt die Finanzverwaltung die Rechtsauffassung des BFH, weist sie die Finanzämter an, die Entscheidung in verwandten Fällen heranzuziehen. Dazu veröffentlicht die Finanzverwaltung die Entscheidung im Bundessteuerblatt II[361] oder erlässt Anwendungsschreiben, Richtlinien oder Erlasse, die die Entscheidung zitieren[362]. Die Gerichte folgen ihrerseits in der Regel den Entscheidungen des BFH, aber auch denen anderer Finanzgerichte, woraus eine beständige und einheitliche Rechtsprechung hervorgehen soll[363]. Dazu sind sie aber nicht verpflichtet[364]. Auch Vertrauensschutzgründe[365] verbieten es den Gerichten

358 Siehe dazu noch näher S. 132 ff. und S. 239 ff.

359 *Drüen*, in Tipke/Kruse, AO/FGO, § 4 AO Tz. 111 (Okt. 2011); *Hey*, DStR 2004, 1897 (1898).

360 *Hey*, DStR 2004, 1897 (1898); *Seer*, in Tipke/Kruse, AO/FGO, § 110 FGO Tz. 4 (Jan. 2010). Der BFH, Beschl. v. 17.12.2007 – GrS 2/04, BStBl. II 2008, 608 (618) führt dazu aus: „Nahezu sämtliche Entscheidungen des BFH entfalten de facto eine mehr oder minder große Breitenwirkung. Das trifft in besonderem Maße auf solche höchstrichterlichen Entscheidungen (…) zu, die im Bundessteuerblatt und in den Steuerrichtlinien veröffentlicht werden."

361 Zur Anwendung der im Bundessteuerblatt Teil II veröffentlichten Entscheidungen des BFH siehe OFD Hannover, Verfügung v. 9.3.2004 – S 0069-1-StO 321/S 0069-1-StH 461, DStR 2004, 1047.

362 *Hey*, DStR 2004, 1897 (1898).

363 *Wernsmann*, in Hübschmann/Hepp/Spitaler, AO/FGO, § 4 AO Rn. 165 ff. (Sep. 2009); allgemein *Larenz*, Methodenlehre[6], 1991, S. 429.

364 *Flume*, StbJb. 1985/86, S. 277 (300).

365 Zur Geltung und Reichweite des Grundsatzes des Vertrauensschutzes im Steuerrecht für die Rechtsprechung und Staatsgewalten *Desens*, Bindung der Finanzverwaltung an die Rechtsprechung, 2011, S. 331 ff.; *Pezzer*, DStJG 27 (2004), 269 (284 ff.); *Spindler*, DNotZ 2007, 105 (114 f.).

nicht, von einer gefestigten oder ständigen Rechtsprechung abzuweichen[366]. Dies würde eine notwendige Rechtsfortbildung durch die Gerichte unterbinden und ein nicht hinnehmbares Erstarren der Rechtsprechung mit sich bringen[367]. Neben dem Einfluss der Rechtsprechung auf Seiten der Rechtsanwender, findet sie selbstverständlich auch beim Gesetzgeber Beachtung. Dieser kann aufgrund der finanzgerichtlichen Entscheidungen gesetzliche Regelungen treffen, die die Rechtsprechungsergebnisse ändern[368] oder korrigierend oder klarstellend auf das Gesetz einwirken[369].

bb) Orientierung der Finanzgerichte am Einkommensteuerrecht bei der Beurteilung umsatzsteuerrechtlicher Sachverhalte

Die Finanzgerichte ziehen in ihren Entscheidungen ihrerseits im Rahmen der umsatzsteuerrechtlichen Beurteilung teilweise ertragsteuerrechtliche Kriterien oder Grundsätze heran. Das ist einerseits auf die Verweise und terminologischen Anlehnungen im Gesetzestext zurückzuführen[370]. Zudem sind die in der Verwaltungspraxis für das Umsatzsteuerrecht aufgegriffenen einkommensteuerrechtlichen Parallelen Ursache, sofern die Gerichte diese bestätigen[371]. Gleiches gilt für von Beraterschaft bzw. den Steuerpflichtigen ausgehende deckungsgleiche Beurteilungen der Sachverhalte, die zugleich der Einkommen- und der Umsatzsteuer

---

366 BFH, Urt. v. 23.3.1979 – III R 16/78, BStBl. II 1979, 455 (456); *Seer*, in Tipke/Kruse, AO/FGO, § 110 FGO Tz. 5 (Jan. 2010).

367 BVerfG, Kammerbeschl. v. 18.11.1986 – 1 BvR 330/86, HFR 1988, 34; BFH, Beschl. v. 25.6.1984 – GrS 4/82, BStBl. II 1984, 751 (757); *Drüen*, in Tipke/Kruse, AO/FGO, § 4 AO Tz. 310 (Okt. 2011); *Hey*, DStR 2004, 1897 (1898); *Pezzer*, DStJG 27 (2004), 269 (285); *Seer*, in Tipke/Kruse, AO/FGO, § 110 FGO Tz. 5 (Jan. 2010); *Spindler*, DNotZ 2007, 105 (114 f.).

368 *Flume*, StbJb. 1985/86, S. 277 (300 ff.); *Spindler*, DNotZ 2007, 105.

369 Ausführlich zum Verhältnis der Rechtsprechung zum Steuerrecht *Flume*, StbJb. 1985/86, S. 277 ff.

370 Siehe exemplarisch die frühere Rechtsprechung zu § 2 Abs. 3 UStG, die sich wegen der expliziten Anlehnung im Gesetzestext auch an der ertragsteuerrechtlichen Beurteilung orientiert; BFH, Urt. v. 18.8.1966 – V 21/64, BStBl. III 1967, 100 (101); v. 26.5.1977 – V R 15/74, BStBl. II 1977, 813 (814); v. 14.4.1983 – V R 3/79, BStBl. II 1983, 491 (493 f.); dazu noch näher S. 231 ff.

371 So bestätigt der BFH, Urt. v. 12.5.1993 – XI R 64/90, XI R 65/90, XI R 64, 65/90, BStBl. II 1993, 849 (852); v. 14.7.2010 – XI R 9/09, BStBl. II 2010, 1086 (1089) beispielsweise die Verwaltungsauffassung (A 15a.3 Abs. 1 S. 4 UStAE) zu § 15a Abs. 5 UStG ausdrücklich und zieht die betriebsgewöhnliche Nutzungsdauer für die Bestimmung einer kürzeren Verwendungsdauer heran; siehe dazu näher S. 193 ff.

unterliegen[372], sowie für deren Heranziehung des ertragsteuerrechtlichen Rechtsverständnisses im Rahmen der Auslegung von Rechtsbegriffen und -sätzen. Überdies ziehen die Finanzgerichte für die umsatzsteuerrechtliche Beurteilung selbst ohne expliziten externen Impuls Grundsätze oder Wertungen aus dem Einkommensteuerrecht heran oder zeigen die parallele Beurteilung in beiden Rechtsgebieten als Argument auf, um ihr Ergebnis zu unterstreichen[373]. Allerdings betonen die Gerichte zunehmend die unabhängige Beurteilung des Umsatzsteuerrechts von der ertragsteuerrechtlichen Behandlung[374]. Die materiell-rechtliche Beurteilung im Umsatzsteuerrecht sei losgelöst von der einkommensteuerrechtlichen Bewertung vorzunehmen. Eine Bindungswirkung der ertragsteuerrechtlichen Behandlung existiere nicht[375]. Dies stellt aber keinesfalls einen Widerspruch zu den Anlehnungen dar. Sind die Gerichte nämlich der Überzeugung, dass der zu beurteilende Sachverhalt eine parallele Beurteilung erlaubt und die Anlehnung an das Einkommensteuerrecht als Auslegungsergebnis mit dem Umsatzsteuersystem einschließlich der unionsrechtlichen Vorgaben vereinbar ist, scheidet eine unterschiedliche Beurteilung aus.

c) Anlehnungen der Finanzverwaltung an das Einkommensteuerrecht in den umsatzsteuerrechtlichen Verwaltungsvorschriften

aa) Qualifikation, Funktion und Wirkung der Verwaltungsvorschriften

Im Vergleich zu anderen Rechtsgebieten haben Verwaltungsvorschriften im Steuerrecht eine besonders große Bedeutung[376]. Von übergeordneten Behörden

---

372 *Helsper*, Umsatzsteuerkongreß-Bericht 1982/83, 1983, S. 167 (168 f.).

373 Siehe z. B. BFH, Urt. v. 3.11.2011 – V R 32/10, BStBl. II 2012, 525 (528); dazu noch S. 321.

374 BFH, Urt. v. 19.4.1979 – V R 11/72, BStBl. II 1979, 420 (421); v. 28.2.1980 – V R 138/72, BStBl. II 1980, 309 (311); v. 18.12.1980 – V R 142/73, BStBl. II 1981, 408 (409); v. 7.5.1981 – V R 47/76, BStBl. II 1981, 495 (497); v. 25.3.1988 – V R 101/83, BStBl. II 1988, 649 (650); v. 2.7.2008 – XI R 60/06, BStBl. II 2009, 167 (169); v. 7.12.2010 – VIII R 54/07, BStBl. II 2011, 451 (452 ff.); v. 14.7.2010 – XI R 9/09, BStBl. II 2010, 1086 (1088 f.); v. 29.8.2012 – XI R 10/12, BStBl. II 2013, 221 (224); so auch *Jakob*, Umsatzsteuer[4], 2009, § 9 Rn. 855; *Ruppe*, in Herrmann/Heuer/Raupach, EStG/KStG, Einf. ESt Rn. 421 (Feb. 1990).

375 Vgl. beispielsweise BFH, Urt. v. 10.3.2005 – V R 29/03, BStBl. II 2005, 730 (731); v. 25.6.2009 – V R 37/08, BStBl. II 2009, 873 (875); v. 14.4.2010 – XI R 14/09, BStBl. II 2011, 433 (435).

376 *Pahlke*, Beihefter zu DStR 2011/31, 66 (69); *Wernsmann*, in Hübschmann/Hepp/Spitaler, AO/FGO, § 4 AO Rn. 85 (Sep. 2009).

kraft ihrer Organisations- und Geschäftsleitungsgewalt[377] erlassene Verwaltungsvorschriften in Form von Richtlinien, BMF-Schreiben, Erlassen und Verfügungen binden die untergeordneten Behörden intern[378]. Sie sind ausschließlich in dem von der anweisenden Behörde zugeschriebenen Sinn zu verstehen[379]. Die für Gesetze geltenden Auslegungsregeln finden für die Interpretation von Verwaltungsvorschriften keine Anwendung[380]. Zu der Frage, welche Außenwirkung die Verwaltungsvorschriften haben, ist keine allgemeine Aussage möglich. Für die Gerichte sind die Verwaltungsvorschriften grundsätzlich nicht bindend[381]. Den verschiedenen Arten der Verwaltungsvorschriften kommt aber jeweils eine unterschiedliche Qualität der Außenwirkung zu[382]. Zu unterscheiden sind norminterpretierende Verwaltungsvorschriften, Typisierungsvorschriften, sowie die Organisationsvorschriften[383], Ermessensrichtlinien[384] und unionsrechtliche

---

377 Siehe dazu näher *Möllinger*, DStJG 5 (1982), 339 (353).

378 BFH, Urt. v. 22.11.1957 – VI 72/56 U, BStBl. III 1958, 44; v. 17.12.1959 – V 251/58 U, BStBl. II 1960, 97 (99); v. 7.11.1975 – III R 120/74, BStBl. II 1976, 277 (279); ebenso *Drüen*, in Tipke/Kruse, AO/FGO, § 4 AO Tz. 80 (Okt. 2011); *Englisch*, in Tipke/Lang, Steuerrecht[21], 2013, § 5 Rn. 29; *Hey*, DStR 2004, 1897 (1902); *Jaehnike*, StuW 1979, 293 (297); *Wernsmann*, Beihefter zu DStR 2011/31, 72 (74).

379 BFH, Urt. v. 27.10.1978 – VI R 8/76, BStBl. II 1979, 54 (55); v. 24.11.2005 – V R 37/04, BStBl. II 2006, 466 (468); *Englisch*, in Tipke/Lang, Steuerrecht[21], 2013, § 5 Rn. 31; *Pahlke*, in Pahlke/König, AO[2], 2009, § 4 Rn. 52.

380 Anstelle vieler *Pahlke*, in Pahlke/König, AO[2], 2009, § 4 Rn. 52.

381 BFH, Urt. v. 22.11.1957 – VI 72/56 U, BStBl. III 1958, 44 f.; v. 29.1.1960 – VI 26/59 U, BStBl. III 1960, 97 (99); v. 7.11.1975 – III R 120/74, BStBl. II 1976, 277 (279); v. 27.10.1978 – VI R 8/76, BStBl. II 1979, 54 (55); Beschl. v. 11.5.2007 – IV B 28/06, n. V.; *Englisch*, in Tipke/Lang, Steuerrecht[21], 2013, § 5 Rn. 28; *Gersch*, in F. Klein, AO[12], 2014, § 4 Rn. 9; *Hey*, DStR 2004, 1897 (1898); *Pahlke*, in Pahlke/König, AO[2], 2009, § 4 Rn. 51; *Wernsmann*, Beihefter zu DStR 2011/31, 72 (74).

382 *Drüen*, in Tipke/Kruse, AO/FGO, § 4 AO Tz. 82 (Okt. 2011); eingehend zur spezifischen Bindungswirkung der einzelnen Arten von Verwaltungsvorschriften *Drüen*, in Tipke/Kruse, AO/FGO, § 4 AO Tz. 82 ff. (Okt. 2011); *Möllinger*, DStJG 5 (1982), 339 (344); *Rogmann*, Die Bindungswirkung von Verwaltungsvorschriften, 1998, S. 113 ff.

383 Näher zu den für die anstehende Untersuchung nicht beachtlichen Organisationsverwaltungsvorschriften *Drüen*, in Tipke/Kruse, AO/FGO, § 4 AO Tz. 83 (Okt. 2011) m. w. N.; *Jaehnike*, StuW 1979, 293 (297).

384 Zu Ermessensrichtlinien *Drüen*, in Tipke/Kruse, AO/FGO, § 4 AO Tz. 93 f. (Okt. 2011) m. w. N.; *Jaehnike*, StuW 1979, 293 (299 f.); *Gersch*, in F. Klein, AO[12], 2014, § 4 Rn. 12; *Rogmann*, Die Bindungswirkung von Verwaltungsvorschriften, 1998, S. 16 ff.

Richtlinien umsetzende Verwaltungsvorschriften[385]. Steuerrechtlich von Bedeutung sind die vier erstgenannten[386]. Nach Art. 288 Abs. 3 AEUV sind die unionsrechtlichen Richtlinien in das nationale Recht umzusetzen. Europarechtlich ist die Wahl der Form und Mittel zur Umsetzung einer Richtlinie zwar dem Mitgliedstaat überlassen, so dass Richtlinien nicht zwingend einer gesetzlichen Umsetzung bedürfen[387]. Für das Steuerrecht fordert der Grundsatz der Gesetzmäßigkeit der Besteuerung allerdings stets eine Umsetzung der Richtlinie durch förmliches Gesetz oder Satzung[388]. Richtlinienumsetzende Verwaltungsvorschriften sind im Bereich des Steuerrechts aufgrund dessen nicht relevant.

Die norminterpretierenden Verwaltungsanordnungen dienen der gleichmäßigen Auslegung und Anwendung des Gesetzes durch die nachgeordneten Behörden[389]. Diese Anordnungen sind für die Gerichte nicht bindend[390]. Die Auslegung der Gerichte bezieht sich auf Rechtsnormen[391]. „Verwaltungsvorschriften mit materiell-rechtlichem Inhalt sind grundsätzlich Gegenstand, nicht jedoch Maßstab richterlicher Kontrolle“[392]. Die Verwaltungsvorschriften stellen das von der Finanzverwaltung vertretene Auslegungsergebnis dar und haben damit normtheoretisch[393] keine andere Wertigkeit als etwa Literaturäußerungen[394]. Die Gerichte prüfen daher nur, ob die von der Verwaltung angenommene Auslegung

---

385 *Drüen*, in Tipke/Kruse, AO/FGO, § 4 AO Tz. 80 (Okt. 2012); *Jaehnike*, StuW 1979, 293 (297); *Martens*, Verwaltungsvorschriften zur Beschränkung der Sachverhaltsermittlung, 1980, 30 ff.

386 Vgl. *Drüen*, in Tipke/Kruse, AO/FGO, § 4 AO Tz. 80 (Okt. 2012).

387 *Drüen*, in Tipke/Kruse, AO/FGO, § 4 AO Tz. 95 (Okt. 2011); *Pahlke*, in Pahlke/König, AO^2, 2009, § 4 Rn. 51.

388 *Drüen*, in Tipke/Kruse, AO/FGO, § 4 AO Tz. 95 (Okt. 2011); *Jaehnike*, StuW 1979, 293 (298); *Gersch*, in F. Klein, AO^{12}, 2014, § 4 Rn. 10; *Pahlke*, in Pahlke/König, AO^2, 2009, § 4 Rn. 51; *Reiß*, StuW 1994, 323 (327).

389 *Gersch*, in F. Klein, AO^{12}, 2014, § 4 Rn. 10; *Tipke*, StRO III^2, 2012, S. 1431.

390 BVerfG, Beschl. v. 31.5.1988 – 1 BvR 520/83, BVerfGE 78, 214 (227); BFH, Urt. v. 22.11.1957 – VI 72/56 U, BStBl. III 1958, 44 f.; v. 29.1.1960 – VI 26/59 U, BStBl. III 1960, 97 (99); v. 7.11.1975 – III R 120/74, BStBl. II 1976, 277 (279); v. 27.10.1978 – VI R 8/76, BStBl. II 1979, 54 (55); *Drüen*, in Tipke/Kruse, AO/FGO, § 4 AO Tz. 95 (Okt. 2011); *Englisch*, in Tipke/Lang, Steuerrecht^{21}, 2013, § 5 Rn. 34; *Jaehnike*, StuW 1979, 293 (298 f.).

391 *Hey*, DStR 2004, 1897 (1902); *Pahlke*, in Pahlke/König, AO^2, 2009, § 4 Rn. 52.

392 BVerfG, Beschl. v. 31.5.1988 – 1 BvR 520/83, BVerfGE 78, 214 (227); siehe auch *Pahlke*, Beihefter zu DStR 2011/31, 66.

393 Siehe zu der besonderen Bedeutung der Verwaltungsvorschriften *in praxi* bereits S. 68.

394 *Drüen*, in Tipke/Kruse, AO/FGO, § 4 AO Tz. 95 (Okt. 2011); *Englisch*, in Tipke/Lang, Steuerrecht^{21}, 2013, § 5 Rn. 34.

gesetzeskonform ist[395]. Soweit die Verwaltungsvorschriften vertretbare Auslegungen enthalten, sind die Gerichte demnach berechtigt, den norminterpretierenden Verwaltungsvorschriften aus eigener Überzeugung zu folgen[396]. Dies geschieht nicht selten[397]. Die Bestätigung der Verwaltungsauffassung durch die Gerichte stärkt diese und führt zu einer höheren Rechtssicherheit[398]. Widerspricht ein Urteil hingegen die Auffassung der Verwaltung, hat diese die Möglichkeit, die Rechtsprechungsauslegung in den Verwaltungsvorschriften umzusetzen. Andererseits steht der Finanzverwaltung auch das „Instrument des Nichtanwendungserlasses“[399] zur Verfügung[400]. Im Grunde ist es ihr – im Rahmen der für sie geltenden verfassungsrechtlichen Grenzen – überlassen, wie sie mit der Entscheidung umgeht[401].

Typisierungsvorschriften dienen der Vereinfachung sowie der Entlastung[402] der Finanzbehörden. Nach § 85 AO müssen die Finanzbehörden die Gesetzmäßigkeit und Gleichmäßigkeit der Besteuerung gewährleisten und sind nach § 88 AO zur Sachaufklärung verpflichtet. Aufgrund der begrenzten finanzbehördlichen Ressourcen stößt die Ermittlungspflicht im steuerlichen Massenfallrecht jedoch auf tatsächliche Grenzen. Aufklärungspflicht und Aufklärungsmöglichkeit divergieren[403]. Die umfassende Verwirklichung des „Prinzips der materiellen

395 Vgl. BFH, Urt. v. 21.12.1972 – IV R 53/72, BStBl. II 1973, 298 (303); v. 10.6.1975 – VIII R 50/72, BStBl. II 1975, 789 (790); v. 28.10.1980 – VIII R 34/76, BStBl. II 1981, 161 (163); v. 31.10.1999 – I R 3/86, BStBl. II 1991, 610 (612); ebenso *Drüen*, in Tipke/Kruse, AO/FGO, § 4 AO Tz. 84 (Okt. 2011); *Hey*, DStR 2004, 1897 (1898, 1902); *Jachmann* StuW 1994, 347 (352 f.).

396 BVerfG, Beschl. v. 31.5.1988 – 1 BvR 520/83, BVerfGE 78, 214 (227); siehe auch *Hey*, DStR 2004, 1897 (1902).

397 Vgl. *Hey*, Steuerplanungssicherheit als Rechtsproblem, 2002, S. 30; *dies.*, DStR 2004, 1897 (1898, 1902).

398 *Hey*, Steuerplanungssicherheit als Rechtsproblem, 2002, S. 30.

399 Eingehend zur Kategorisierung von Nichtanwendungserlassen *Desens*, Bindung der Finanzverwaltung an die Rechtsprechung, 2011, S. 5 ff.

400 *Hey*, Steuerplanungssicherheit als Rechtsproblem, 2002, S. 30; *Möllinger*, DStJG 5 (1982), 339 (349); siehe näher zur Wechselwirkung zwischen Rechtsprechung und Verwaltung S. 64 ff.

401 Anders aber *Desens*, Bindung der Finanzverwaltung an die Rechtsprechung, 2011, S. 279 und *Spindler*, Stbg 2006, 1 (5) gestützt auf den Grundsatz der Gewaltenloyalität; siehe dazu bereits Fn. 355.

402 Zu den Vorteilen auf Seiten der Steuerpflichtigen *Hey*, Steuerplanungssicherheit als Rechtsproblem, 2002, S. 27 f.

403 *Eckhoff*, Rechtsanwendungsgleichheit im Steuerrecht, 1999, S. 113; *Pahlke*, Beihefter zu DStR 2011/31, 66; *Söhn*, in Hübschmann/Hepp/Spitaler, AO/FGO, § 88 AO Rn. 175 (März 2010).

Wahrheit" würde unter wirtschaftlichen Gesichtspunkten den Einsatz unangemessener sachlicher und persönlicher Mittel verlangen[404]. Daher schränken einerseits die allgemeinen Pflichtgrenzen[405] und andererseits generalisierende, typisierende und pauschalierende Verwaltungsvorschriften die Sachaufklärungspflicht ein[406]. Bei letztgenannten handelt sich nach *Hey* um eine „nicht hinwegzudenkende Verwaltungsvereinfachung" im steuerrechtlichen Massenverfahren[407]. Die Verwaltung zieht Erfahrungswerte heran und bildet Typisierungen[408], die die Anwendung von unbestimmten Rechtsbegriffen vereinfachen[409]. Die Typisierungsvorschriften sollen die Finanzbehörden letztlich von der Sachaufklärungspflicht nach § 88 AO dispensieren[410]. Die begriffliche Unterscheidung von norminterpretierenden und typisierenden Verwaltungsvorschriften ist allerdings irreführend, weil es sich auch bei Letzteren um norminterpretierende handelt[411]. Als vollziehende Gewalt sind die Finanzbehörden nach Art. 20 Abs. 3 GG an „Gesetz und Recht" gebunden. Die Finanzbehörden legen die Steuergesetze aus und wenden sie an[412]. Es existiert keine gesetzliche Ermächtigungsgrundlage, die es der Finanzbehörde erlaubt, den Untersuchungsgrundsatz nach §§ 85, 88 AO zu modifizieren[413]. Die bessere Praktikabilität des Massenverfahrens und

---

404 *Söhn*, in Hübschmann/Hepp/Spitaler, AO/FGO, § 88 AO Rn. 175 (März 2010); ähnlich *Drüen*, in Tipke/Kruse, AO/FGO, § 4 AO Tz. 91 (Okt. 2011); *Isensee*, StuW 1973, 199 (203).

405 Allgemeine Schranken beschränken nicht das Recht, aber die Pflicht der Finanzverwaltung zur Sachverhaltsaufklärung. Die Sachverhaltsaufklärung der Finanzbehörde muss geeignet, notwendig, erfüllbar, verhältnismäßig und zumutbar sein; ebenso und ausführlich zu den einzelnen Grenzen der Ermittlungsmaßnahmen *Söhn*, in Hübschmann/Hepp/Spitaler, AO/FGO, § 88 AO Rn. 149 ff. (März 2010).

406 *Söhn*, in Hübschmann/Hepp/Spitaler, AO/FGO, § 88 AO Rn. 183 (März 2010).

407 *Hey*, Steuerplanungssicherheit als Rechtsproblem, 2002, S. 27; ähnlich auch *Tipke*, StRO III², 2012, S. 1431.

408 Typisierungen sind beispielsweise in Bewertungsrichtlinien, AfA-Tabellen, Richt- und Pauschsätzen für Schätzungen oder in allgemeinen Pauschsätzen enthalten; so auch anstelle vieler *Jaehnike*, StuW 1979, 293 (300); *Gersch*, in F. Klein, AO¹², 2014, § 4 Rn. 11.

409 *Gersch*, in F. Klein, AO¹², 2014, § 4 Rn. 11.

410 *Drüen*, in Tipke/Kruse, AO/FGO, § 4 AO Tz. 87 (Okt. 2011); *Isensee*, StuW 1973, 199 (202); *Jaehnike*, StuW 1979, 293 (302); *Wernsmann*, Beihefter zu DStR 2011/31, 72 (74).

411 *Hey*, Steuerplanungssicherheit als Rechtsproblem, 2002, S. 666.

412 *Jaehnike*, StuW 1979, 293 (301); *Tipke*, StRO III², 2012, S. 1435.

413 *Drüen*, in Tipke/Kruse, AO/FGO, § 4 AO Tz. 91 (Okt. 2011); *Eckhoff*, Rechtsanwendungsgleichheit im Steuerrecht, 1999, S. 115; *Osterloh*, StuW 1993, 342 (348); *Tipke*, StRO III², 2012, S. 1435; *Wernsmann*, DStR-Beihefter 2011, 72 (73).

die tatsächlichen Grenzen der Sachverhaltsaufklärungsmöglichkeiten der Finanzbehörden allein rechtfertigen kein mit einer Typisierung als Ausübung der Sachverhaltsfeststellung dem allgemeinen Gleichheitssatz einhergehendes Zuwiderhandeln[414]. Daher sind die Typisierungsverwaltungsvorschriften nur rechtmäßig, sofern sie ebenfalls als Norminterpretation verstanden werden können[415] und damit durch das betroffene, auszulegende Gesetz selbst legitimiert sind[416]. Somit unterliegen auch sie der gerichtlichen Kontrolle. Der BFH[417] sieht die Typisierungsvorschriften jedoch vor allem im Interesse der Gleichbehandlung der Steuerpflichtigen für die Gerichte als verbindlich an[418], soweit sie nicht im Einzelfall zu einer offenbar unzutreffenden Besteuerung führen[419]. Ihnen kommt somit eine wesentlich stärkere Außenwirkung zu.

---

414 *Drüen*, in Tipke/Kruse, AO/FGO, § 4 AO Tz. 91 (Okt. 2011).

415 BVerfG, Beschl. v. 31.5.1988 – 1 BvR 520/83, BVerfGE 78, 214 (227 ff., 230 ff.); zur Typisierung durch die Gerichte nach demselben Maßstab BVerfG, Nichtannahmebeschl. v. 4.2.2005 – 2 BvR 1572/01, DStRE 2005, 698; BFH, Urt. v. 15.3.2005 – X R 39/03, BStBl. II 2005, 817 (824); v. 27.1.2010 – IX R 31/09, BStBl. II 2011, 28 (30); v. 21.9.2011 – I R 7/11, BFH/NV 2012, 310 f.; v. 12.12.2012 – VI R 79/10, DStR 2013, 397 (399); so auch *Isensee*, StuW 1973, 199 (205); *Wernsmann*, Beihefter zu DStR 2011/31, 72 (73).

416 Vgl. BFH, Urt. v. 27.1.2010 – IX R 31/09, BStBl. II 2011, 28 (30); eingehend *Eckhoff*, Rechtsanwendungsgleichheit im Steuerrecht, 1999, S. 115 ff.; siehe auch *Isensee*, StuW 1973, 199 (205); *Wernsmann*, Beihefter zu DStR 2011/31, 72 (73).

417 Vgl BFH, Urt. v. 27.10.1978 – VI R 8/76, BStBl. II 1979, 54 (55); v. 23.4.1991 – VIII R 61/87, BStBl. II 1991, 752 (753); v. 26.7.1991 – VI R 114/88, BStBl. II 1992, 105 (106).

418 *Wernsmann*, Beihefter zu DStR 2011/31, 72 (74); so stellt *Englisch*, in Tipke/Lang, Steuerrecht[21], 2013, § 5 Rn. 35 heraus, dass Typisierungsvorschriften die Gerichte zwar nicht binden, die richterliche Erfahrung aber oftmals nicht ausreiche, die Typisierungen zu widerlegen und eine Abweichung von ihnen aufwendige Sachverständigengutachten voraussetze; eingehend zu den einzelnen gerichtlichen Begründungen, weshalb die Typisierungsvorschriften für die Gerichte grundsätzlich verbindlich sein sollen *Drüen*, in Tipke/Kruse, AO/FGO, § 4 AO Tz. 87 ff. (Okt. 2011).

419 BFH, Urt. v. 20.3.1980 – IV R 11/76, BStBl. II 1980, 455 (456); v. 8.8.1986 – VI R 195/82, BStBl. II 1986, 824 (826); v. 8.8.1986 –VI R 117/83, BStBl. II 1987, 184 (186); v. 29.4.1988 – VI R 175/83, BStBl. II 1988, 780 (781); v. 5.5.1994 – VI R 6/92, BStBl. II 1994, 534 (536); v. 15.4.2010 – VI R 20/08, BStBl. II 2010, 805 (806); v. 14.4.2011 – IV R 46/09, BStBl. II 2011, 696 (699); *Drüen*, in Tipke/Kruse, AO/FGO, § 4 AO Tz. 87 (Okt. 2011); *Jaehnike*, StuW 1979, 293 (294); *Wernsmann*, Beihefter zu DStR 2011/31, 72 (74); näher zur Bindungswirkung der Typisierungsvorschriften *Eckhoff*, Rechtsanwendungsgleichheit im Steuerrecht, 1999, S. 126 ff.; *Jachmann*, StuW 1994, 347 (348 ff.); *Pahlke*, Beihefter zu DStR 2011/31, 66 (69 f.).

bb) Orientierung der Finanzverwaltung am Einkommensteuerrecht in umsatzsteuerlichen Verwaltungsvorschriften und deren Folgen

Die Verwaltung orientiert sich sowohl im Umsatzsteueranwendungserlass (UStAE), als auch in den das Umsatzsteuerrecht betreffenden BMF-Schreiben und Erlassen sowie Verfügungen an unterschiedlichen Stellen an der ertragsteuerrechtlichen Behandlung bestimmter Sachverhalte[420]. Das ist zum Teil auf die gesetzlichen Anknüpfungen an das Einkommensteuerrecht oder von der Rechtsprechung ausgehende Anlehnungen zurückzuführen[421]. Teilweise rekurriert die Finanzverwaltung aber auch ohne einen solchen Impuls auf einkommensteuerrechtliche Grundsätze und Wertungen.

Schreibt eine umsatzsteuerrechtliche Dienstanweisung vor, die einkommensteuerrechtlichen Grundsätze anzuwenden, sind die Finanzbeamten daran gebunden, soweit die Verwaltungsvorschrift nicht offensichtlich rechtswidrig ist. Eine Auslegung der Dienstanordnung unter Berücksichtigung der umsatzsteuerrechtlichen Spezifika findet dabei nicht statt, weil sie ausschließlich in dem von der anweisenden Behörde zugeschriebenen Sinn zu verstehen ist[422]. Aus diesem Grund muss die erlassende Behörde genau prüfen, ob die getroffenen Vorgaben mit dem Umsatzsteuersystem im Einklang stehen. Sie ist beim Erlass der Verwaltungsvorschriften ihrerseits an das Gesetz gebunden. Im Umsatzsteuerrecht ist in besonderem Maße der europarechtliche Einfluss zu beachten[423]. Zwar haben „Umsetzungsrichtlinien der Finanzverwaltung“ für das Steuerrecht keine Relevanz[424]. Daraus ist aber nicht zu schließen, dass die Bestimmungen der MwStSystRL in den Verwaltungsvorschriften allgemein keine Rolle spielen. Die Finanzverwaltung ist ebenso wie der Gesetzgeber und die Gerichte an das Unionsrecht gebunden[425]. Das Umsatzsteuerrecht betreffend gilt das insbesondere im Hinblick auf die MwStSystRL. Schließlich ist die

---

420 Siehe bereits Fn. 11.

421 Ausführlich zur Assimilierung der Verwaltungsvorschriften an die Rechtsprechung *Hey*, Steuerplanungssicherheit als Rechtsproblem, 2002, S. 29 ff.

422 Allgemein BFH, Urt. v. 27.10.1978 – VI R 8/76, BStBl. II 1979, 54 (55); v. 24.11.2005 – V R 37/04, BStBl. II 2006, 466 (468); *Englisch*, in Tipke/Lang, Steuerrecht[21], 2013, § 5 Rn. 31; *Pahlke*, in Pahlke/König, AO[2], 2009, § 4 Rn. 52.

423 Siehe dazu bereits S. 34 ff.

424 Siehe bereits S. 70.

425 Allgemein zur Bindung der Verwaltung an das Unionsrecht EuGH, Urt. v. 8.10.1987 – C80/86 [Kolpinghuis Nijmegen], Slg. I 1987, 3969 (3986); v. 10.4.1984 – C-14/83 [von Colson und Kamann], Slg. I 1984, 1891 (1909); v. 26.9.1996 – C-168/95 [Arcaro], Slg. I 1996, 4719 (4730); BFH, Urt. v. 2.4.1998 – V R 34/97, BStBl. II 1998, 695 (697); *Heidner*, UR 2006, 74 (75); *Voß*, StuW 1983, 155 (157).

MwStSystRL Leitbild für die Auslegung des umgesetzten nationalen Rechts[426]. Realiter dürften die in Frage stehenden Anlehnungen weder aus nationaler noch europarechtlicher Sicht keine besonderen Schwierigkeiten zur Folge haben. Die Anknüpfungen an und Verweise auf das Einkommensteuerrecht durch die Finanzverwaltung müssen im Rahmen der Umsetzung der nationalen und unionsrechtlichen Vorgaben erfolgen. Nimmt die Finanzverwaltung eine Anknüpfung allerdings ungeachtet dessen vor und resultieren daraus keine unionsrechtskonformen Ergebnisse, sind Anwendungsschwierigkeiten für die Steuerpflichtigen programmiert[427]. Vor allem für den Fall, dass die Rechtsprechung die unionsrechtswidrige Ausgestaltung moniert, die Finanzverwaltung aber darauf nicht reagiert und ihren Standpunkt aufrechterhält, kommt es zu einer uneinheitlichen – für den Steuerpflichtigen unbefriedigenden – untergesetzlichen Rechtslage[428].

3. Ergebnis

Gesetzgeber, Verwaltung und Rechtsprechung sowie Beraterschaft bzw. Steuerpflichtige knüpfen auf unterschiedliche Art und Weise bei der umsatzsteuerrechtlichen Beurteilung an das Einkommensteuerrecht an. Die rechtlichen Bezugnahmen und administrativen Verknüpfungen führen zu der in der Praxis zu beobachtenden Vorgehensweise, beide Steuerrechtsgebiete parallel zu behandeln[429].

Macht der Gesetzgeber von der Gesetzgebungstechnik der Außenverweisung im Umsatzsteuerrecht auf das Einkommensteuerrecht Gebrauch[430], verfolgt er in erster Linie eine Vereinfachung des ohnehin komplizierten Steuerrechts[431]. Allerdings ist dieser Effekt gerade bei den in Frage stehenden Verweisen des harmonisierten Umsatzsteuergesetzes auf das nicht harmonisierte Ertragsteuerrecht nur schwer zu realisieren und die Außenverweisung kann sich als Fehlgriff

426 Vgl. *Voß*, StuW 1983, 155 (157).

427 Die Finanzverwaltung riskiert damit zugleich ein Vertragsverletzungsverfahren, wegen unionsrechtswidrigem Verhalten, Art. 258 AEUV; siehe dazu exemplarisch *Kotzur*, in Geiger/Khan/Kotzur, EUV/AEUV[5], 2010, Art. 258 AEUV Rn. 1 ff; *Widmann*, UR 2008, 77 ff.

428 Siehe dazu anschaulich S. 239 ff.

429 *Helsper*, Umsatzsteuerkongreß-Bericht 1982/83, 1983, S. 167 (171); *Ruppe*, in Herrmann/Heuer/Raupach, EStG/KStG, Einf. ESt Rn. 421 (Feb. 1990).

430 Siehe dazu noch die Ausführungen zur Außenverweisung des § 2 Abs. 3 UStG (S. 200 ff.).

431 Siehe S. 51.

erweisen. Ein solcher Verweis ist insbesondere im Hinblick auf das verfassungsrechtliche Gebot der Normenklarheit und der Normenbestimmtheit genau zu hinterfragen[432]. Darüber hinaus nimmt der Gesetzgeber terminologische Anlehnungen an ertragsteuerrechtlich vorgeprägte Begriffe im Umsatzsteuergesetz vor, die ebenfalls der Vereinfachung dienen sollen[433]. Zwar sind diese rechtstheoretisch weniger problematisch als die Außenverweisungen, weil gleichlautenden Begriffen ohne Bedenken unterschiedliche Inhalte zukommen können[434]. Allgemein gilt jedoch, dass die Anknüpfungen an das Einkommensteuerrecht, gleich welcher Art[435], durch den Gesetzgeber zu Irritationen führen können. Insbesondere wenn die umsatzsteuerrechtliche Beurteilung eine erhebliche Loslösung von dem ertragsteuerrechtlichen Verständnis erfordert, ist die Gefahr einer uneinheitlichen Handhabe der Rechtsanwender in der Praxis gegeben[436].

Die Rechtsanwender knüpfen ihrerseits bei der umsatzsteuerrechtlichen Beurteilung an das Einkommensteuerrecht an[437]. Dies ist oftmals Folge einer vorangegangenen Anlehnung von Seiten anderer Rechtsanwender oder durch den Gesetzgeber, geschieht aber zum Teil auch ohne vorherigen Anstoß aus Vereinfachungszwecken. Die Orientierung der unterschiedlichen Rechtsanwender am Einkommensteuerrecht im Umsatzsteuerrecht erfolgt unabhängig voneinander und keineswegs einheitlich. Wegen der Relevanz der untergesetzlichen Rechtslage ist insbesondere die Wirkung des divergierenden Rechtsverständnisses von Rechtsprechung und Finanzverwaltung nicht zu unterschätzen.

---

432 Dazu und zu den mit einer Außenverweisung verbundenen Nachteilen S. 52 ff.

433 Siehe dazu noch exemplarisch die Untersuchung der zahlreichen einkommensteuerrechtlich vorgeprägten Begriffe des § 15a UStG (S. 148 ff., 188 ff.).

434 Siehe S. 60 ff.

435 Siehe exemplarisch für eine weitere Entlehnung aus dem Ertragsteuerrecht die Ausführungen zu dem in § 15a Abs. 4 S. 2 UStG vorausgesetzten steuerbilanzrechtlichen Aktivierungsgebot.

436 Siehe S. 63 f.

437 Siehe S. 64 ff.

Teil 3: Ausgewählte Verknüpfungen von Umsatzsteuerrecht und subjektbezogenem Ertragsteuerrecht

Die nach Art und Intensität unterschiedlichen Anlehnungen im Umsatzsteuerrecht an das Ertragsteuerrecht in Form der Verbindung durch den Rückgriff auf ertragsteuerrechtliche Grundlagen im Rahmen der Auslegung des Umsatzsteuergesetzes[438] sowie der punktuellen terminologischen und strukturellen Gesetzesverbindungen zwischen Umsatzsteuer und Ertragsteuern stehen im Folgenden jeweils anhand ausgewählter Beispiele[439] auf dem Prüfstand[440].

I. Leistungen zwischen nahestehenden Personen im Einkommensteuerrecht und im Umsatzsteuerrecht

Das moderne Steuerrecht bietet mannigfaltige Gestaltungsmöglichkeiten. Das gilt unter anderem für Gestaltungen von auf Leistungsaustausch gerichteten Verträgen[441]. Auch nahe Angehörige[442] oder sonstige nahestehende Personen

---

438 Siehe dazu an späterer Stelle im Zusammenhang mit dem Teilbetriebsbegriff auch noch S. 324 f.

439 Zu der Auswahl der in den Blick genommenen Anwendungsfälle siehe bereits S. V ff.

440 Auf die Verwendung von Parallelbegriffen (siehe dazu bereits S. 24 f.) bzw. paralleler Rechtsinstitute, die sowohl im Ertrag- als auch im Umsatzsteuerrecht existieren, wie beispielsweise die Organschaft, die im Umsatzsteuerrecht dem Einheitsgedanken folgt (§ 2 Abs. 2 Nr. 2 UStG), körperschaft- und auch gewerbesteuerrechtlich abweichend dazu einen Gewinnabführungsvertrag verlangt und das Zurechnungskonzept zugrunde legt (siehe dazu im Einzelnen und gegenüberstellend *Müller/Stöcker/Lieber*, Die Organschaft[9], 2013), geht die Arbeit nicht ein. Aufgrund der strukturellen Unterschiede verspricht eine vertiefte Auseinandersetzung damit wenig Ertrag am Erkenntnisinteresse dieser Arbeit.

441 *Bilsdorfer*, Der steuerliche Fremdvergleich bei Vereinbarungen unter nahestehenden Personen, 1996, S. 38; *ders.*, StuW 1997, 51; *Seeger*, DStR 1998, 1339 (1340).

442 Der Begriff des Angehörigen ist in § 15 AO für das Steuerrecht geregelt. Diesem Angehörigenbegriff kommt aber vornehmlich verfahrensrechtliche Bedeutung zu. Für das materielle Recht können die Einzelsteuergesetze abweichende Regelungen treffen; siehe auch AEAO zu § 15 Nr. 1 AO. Der Begriff des „nahen Angehörigen" ist enger gefasst. Verlobte zählen beispielsweise nicht dazu; BFH, Urt. v. 17.1.1985 – IV R 149/84, BFH/NV 1986, 148 (149); zum engeren Begriff des „nahen Angehörigen"

erbringen untereinander Leistungen. Dass sich diese Leistungsbeziehungen oftmals nicht wie zwischen Fremden darstellen, sondern atypisch ausgestaltet sind, überrascht nicht. Häufig stellen diese vertraglichen Gestaltungen Steuersparmodelle dar. Das ist durchaus gestattet[443], weil die Vertragsfreiheit[444] auch im Steuerrecht Einzug hält[445]. Gerade im Bereich des vertraglichen Leistungsaustausches zwischen nahen Angehörigen und anderen nahestehenden Personen besteht daher ein Bedürfnis der Untersuchung des wirtschaftlichen Gehalts der Vereinbarungen, um eine steuergerechte Behandlung gewährleisten zu können[446].

1. Die Anerkennung von Leistungsbeziehungen zwischen nahen Angehörigen im Einkommensteuerrecht

Auf dem Gebiet der Einkommensteuer ermöglicht das Zusammenwirken naher Angehöriger viele Gestaltungsmöglichkeiten, die von Steuerspargedanken getragen sind[447]. Die Finanzverwaltung steht diesen Gestaltungsmöglichkeiten

---

Bordewin, DB 1996, 1359 (1360 ff.); *Heinicke*, in Schmidt, EStG[33], 2014, § 4 Rn. 520; *Schoor*, StBp 2008, 340 (341 f.); *Zipfel/Pfeffer*, BB 2010, 343; a. A. *Söhn*, in Kirchhof/Söhn/Mellinghoff, EStG/KStG/GewStG, § 4 EStG Rn. E 858 (Sep. 2012), der den Begriff des „nahen Angehörigen" gegenüber dem des § 15 AO inhaltlich weiter versteht.

443 Vgl. bereits BFH, Urt. v. 14.10.1964 - II 175/61 U, BStBl. III 1964, 667 (669); v. 8.12.1965 - II 148/62 U, BStBl. III 1966, 148 (150); v. 1.4.1969 - II 7/64, II 131/65, BStBl. II 1969, 561 (562); aus jüngerer Zeit BFH, Urt. v. 29.8.2007 - IX R 17/07, BStBl. II 2008, 502 (503); v. 1.4.2009 - IX R 35/08, BStBl. II 2009, 663 (665); siehe auch *Schoor*, StBp 2008, 340 (344); beispielhaft heißt es im Urteil des BFH v. 7.5.1996 - IX R 69/94, BStBl. II 1997, 196: „Zwar steht es Angehörigen frei, ihre Rechtsverhältnisse untereinander so zu gestalten, daß sie steuerlich möglichst günstig sind (…)."

444 Die Vertragsfreiheit leitet sich aus der allgemeinen Handlungsfreiheit des Art. 2 Abs. 1 GG ab. Als Ausprägung der zivilrechtlichen Privatautonomie, erlaubt sie jedermann, Vertragspartner und Vertragsgegenstand frei zu bestimmen, sofern der Vertrag nicht gegen zwingende Vorschriften des geltenden Rechts, gesetzliche Verbote oder die guten Sitten verstößt; vgl. BVerfG, Beschl. v. 12.11.1958 - 2 BvL 4/56, 2 BvL 26/56, 2 BvL 40/56, 2 BvL 1/57, 2 BvL 7/57, BVerfGE 8, 274 (328); dazu auch anstelle vieler *Starck*, in v. Mangoldt/Klein/Starck, GG I[6], 2010, Art. 2 Rn. 145 ff.

445 Vgl. BVerfG, Beschl. v. 14.4.1959 - 1 BvL 23/57, 1 BvL 34/57, BVerfGE 9, 237 (249 f.); *Schulze zur Wiesche*, Vereinbarungen unter Familienangehörigen[9], 2006, S. 54; *Seeger*, DStR 1998, 1339 (1340).

446 *Seeger*, DStR 1998, 1339 (1341); zu Umsatzsteuersachverhalten *Jakob*, Umsatzsteuer[4], 2009, § 3 Rn. 74.

447 *Bilsdorfer*, Der steuerliche Fremdvergleich bei Vereinbarungen unter nahestehenden Personen, 1996, S. 38; *ders.*, StuW 1997, 51; *Zipfel/Pfeffer*, BB 2010, 343; zu

naturgemäß misstrauisch gegenüber[448] und auch die Rechtsprechung trägt den innerhalb eines Familienverbundes regelmäßig fehlenden Interessengegensätzen und der daraus resultierenden Gefahr des steuerlichen Missbrauchs zivilrechtlicher Gestaltungsmöglichkeiten durch nahe Angehörige Rechnung[449]. Zwar dürfen Vertragsbeziehungen zwischen Angehörigen nicht gegenüber Vertragsbeziehungen zwischen fremden Dritten diskriminiert werden, was vor allem aus Art. 3 Abs. 1 und Art. 6 Abs. 1 GG folgt. Das schließt jedoch nicht aus, an die Gestaltung der Vertragsbeziehungen zwischen Familienangehörigen besondere Anforderungen zu stellen, die das Verdecken von Unterhaltszahlungen und anderer privater Einkommensverwendungen durch die Verträge des Leistungsaustausches verhindern sollen[450].

Die Regelung des § 12 EStG dient der für die Einkommensbesteuerung bedeutsamen Differenzierung zwischen der Erwerbssphäre und der Privatsphäre. § 12 Nr. 1 und 2 EStG schränken den Anwendungsbereich der § 4 Abs. 4 und 9 Abs. 1 S. 1 EStG ein[451]. Um zu verhindern, dass Vertragsbeziehungen zwischen Familienangehörigen die private Einkommensverwendung verdecken, hat die Rechtsprechung im Einkommensteuerrecht im Rahmen der Auslegung von § 4 Abs. 4 EStG (bzw. § 9 Abs. 1 EStG) i. V. m. § 12 EStG besondere Voraussetzungen für die Anerkennung der Geschäfte zwischen nahen Angehörigen

---

Darlehensverträgen zwischen nahen Angehörigen *Schoor*, StBp 2008, 340; *Wüster*, NWB 2011, 1240.

448 *Bilsdorfer*, Der steuerliche Fremdvergleich bei Vereinbarungen unter nahestehenden Personen, 1996, S. 38; *Wüster*, NWB 2011, 1240 (1241); siehe exemplarisch zur Behandlung von Rechtsverhältnissen zwischen Angehörigen im Einkommensteuerrecht aus Verwaltungsperspektive BMF-Schreiben v. 23.12.2010, BStBl. I 2011, 37 f.; Rundvfg. der OFD Frankfurt am Main v. 17.9.1997, DStR 1997, 2022 f.; sowie R 4.8 EStR, H 4.8 EStH, H 21.4 EStH.

449 So BVerfG, Beschl. v. 7.11.1995 – 2 BvR 802/90, BStBl. II 1996, 34 (36) zu der einkommensteuerrechtlichen Anerkennung von Leistungsaustauschverhältnissen zwischen Ehegatten („Oder-Konto"); siehe auch BFH, Urt. v. 7.5.1996 – IX R 69/94, BStBl. II 1997, 196 (197); v. 28.1.1997 – IX R 23/94, BStBl. II 1997, 655 (656); v. 31.7.2007 – IX R 8/07, BFH/NV 2008, 350; *Söhn*, in Kirchhof/Söhn/Mellinghoff, EStG/KStG/GewStG, § 4 EStG Rn. E 850c (Sep. 2012).

450 Siehe BVerfG, Beschl. v. 20.11.1984 – BvR 1406/84, HFR 1985, 283 f.; v. 12.3.1985 – 1 BvR 571/81, 494/82, 47/83, BVerfGE 69, 188 (205); BFH, Beschl. v. 27.11.1989 – GrS 1/88, BStBl. II 1990, 160 (166); so auch *Hey*, in Tipke/Lang, Steuerrecht[21], 2013, § 8 Rn. 163.

451 Siehe nur *Loschelder*, in Schmidt, EStG[33], 2014, § 12 Rn. 1.

entwickelt. Es muss eine zivilrechtlich wirksame[452], eindeutige und klare sowie ernsthafte Vereinbarung gegeben sein, die tatsächlich vollzogen wird und nach Inhalt und Durchführung einem Fremdvergleich standhält[453]. Dieser sog. Fremdvergleich dient der Feststellung, ob der zu beurteilende Sachverhalt dem Bereich der Einkünfteerzielung oder dem privaten Bereich zuzuordnen ist[454]. Hält die Ausgestaltung der Leistungsbeziehung zwischen den Angehörigen dieser Prüfung nicht stand, führt das zur einkommensteuerrechtlichen Nichtanerkennung der Leistungsbeziehung[455]. Die Beweiszeichen und -mittel dürfen aber keineswegs wie Tatbestandsmerkmale gehandhabt werden. Sie sind im Wege einer Gesamtschau ausgewogen zu würdigen[456]. Daher führt nicht

---

452 Allerdings schließt § 12 EStG die Anwendung von § 41 Abs. 1 S. 1 AO nicht i. S. d. § 41 Abs. 1 S. 2 AO aus; *Drüen*, in Tipke/Kruse, AO/FGO, § 41 AO Tz. 9 (Jan. 2014). Daher ist die indizielle Wirkung dieses Kriteriums auch im Einkommensteuerrecht nur relativ gering; in diesem Sinne auch *Hey*, in Tipke/Lang, Steuerrecht[21], 2013, § 8 Rn. 164; *Tiedtke/Möllmann*, BB 2009, 1737 (1738).

453 Exemplarisch BFH, Urt. v. 18.1.1990 – IV R 50/88, BFH/NV 1990, 692 (693); v. 6.11.1991 – XI R 2/90, BFH/NV 1992, 297 (298); v. 10.11.1998 – VIII R 28/97, BFH/NV 1999, 616 (617); v. 28.6.2002 – IX R 68/99, BStBl. II 2002, 699 (700); v. 3.3.2004 – X R 14/01, BStBl. II 2004, 826 (827); v. 9.11.2011 – X R 60/09, BStBl. II 2012, 638 (642); siehe auch *Bilsdorfer*, Der steuerliche Fremdvergleich bei Vereinbarungen unter nahestehenden Personen, 1996, S. 41; *Gemeinhardt*, BB 2012, 739 f.; *Lohse*, Umsatzsteuerkongreß-Bericht 1988/89, 1989, S. 167 (186); *Wied*, in Blümich, EStG/KStG/GewStG, § 4 EStG Rn. 940 (Okt. 2010); näher zu den einzelnen Voraussetzungen *Hey*, in Tipke/Lang, Steuerrecht21, 2013, § 8 Rn. 164; *Söhn*, in Kirchhof/Söhn/Mellinghoff, EStG/KStG/GewStG, § 4 EStG Rn. E 850 (Sep. 2012); *Zipfel/Pfeffer*, BB 2010, 343 ff.

454 Dazu BFH, Urt. v. 28.6.2002 – IX R 68/99, BStBl. II 2002, 699 (700 f.): „Rechtsgrundlage des Fremdvergleichs sind die §§ 85, 88 AO und § 76 Abs. 1 FGO. (…) Erst das Ergebnis dieser der Tatsachenfeststellung zuzuordnenden Indizienwürdigung ermöglicht die nachfolgende rechtliche Subsumtion, ob es sich bei den Aufwendungen des Steuerpflichtigen um nicht abziehbare Privatausgaben oder aber um Werbungskosten oder Betriebsausgaben handelt."

455 Vgl. anstelle vieler BFH, Urt. v. 25.7.1991 – XI R 30/89, 31/89, BStBl. II 1991, 842 (843); v. 17.2.1998 – IX R 30/96, BStBl. II 1998, 349 (350); v. 3.3.2004 – X R 14/01, BStBl. II 2004, 826 (827 f.); Beschl. v. 25.10.2004 – III B 131/03, BFH/NV 2005, 339 (340); Urt. v. 21.2.2008 – III R 70/05, BFH/NV 2008, 1139 (1140).

456 Vgl. BVerfG, Beschl. v. 7.11.1995 – 2 BvR 802/90, BStBl. II 1996, 34 (36); BFH, Urt. v. 7.5.1996 – IX R 69/94, BStBl. II 1997, 196 (197); v. 3.3.2004 – X R 14/01, BStBl. II 2004, 826 (828); v. 7.6.2006 – IX R 4/04, BStBl. II 2007, 294 (295 f.); *Heinicke*, in Schmidt, EStG[33], 2014, § 4 Rn. 520; *Hey*, in Tipke/Lang, Steuerrecht[21], 2013, § 8 Rn. 164; *Schoor*, StBp 2008, 340 (344 f.); *Söhn*, in Kirchhof/Söhn/Mellinghoff, EStG/KStG/GewStG, § 4 EStG Rn. E 850b (Sep. 2012).

schon jede Abweichung vom Üblichen zwingend zur steuerlichen Nichtanerkennung[457].

2. Zur Übertragung der einkommensteuerrechtlichen Grundsätze auf das Umsatzsteuerrecht

Fraglich ist, ob diese Grundsätze auf das Umsatzsteuerrecht übertragen werden können. Eine umsatzsteuersystemkonforme Behandlung könnte eine vom Einkommensteuerrecht losgelöste Beurteilung der Leistungsbeziehungen erfordern. Dann wäre eine Leistung „gegen Entgelt" (sog. Leistungsaustausch) i. S. d. § 1 Abs. 1 S. 1 UStG zwischen nahen Angehörigen umsatzsteuerrechtlich nicht *per se* abzulehnen, wenn die Anerkennung einkommensteuerrechtlich zu versagen ist.

a) Rechtsprechungsentwicklung

Die aufgeworfene Frage beschäftigte Rechtsprechung und Steuerrechtswissenschaft in den 1980er Jahren bis in die Anfänge der 1990er Jahre in erhöhtem Maße[458]. In seinem Urteil vom 26.11.1987 hatte sich der Umsatzsteuersenat des BFH erstmalig an die ertragsteuerrechtlichen Grundsätze für die Anerkennung von Leistungsbeziehungen zwischen nahen Angehörigen angelehnt. Er führte aus, dass für deren steuerrechtliche Anerkennung eine klare Vereinbarung und deren erkennbare Durchführung erforderlich seien. Das gelte für das Umsatzsteuerrecht ebenso wie für andere Steuerrechtsgebiete[459]. Da der BFH darüber hinaus aber nicht voraussetzte, dass die Vereinbarungen dem entsprechen müssen, was unter fremden Dritten üblich ist, hatte er indes nicht alle einkommensteuerrechtlichen Kriterien herangezogen[460]. Die Entscheidung befasste sich mit der Frage, wer Leistungsempfänger eines bebauten

---

457 Vgl. BFH, Urt. v. 7.5.1996 – IX R 69/94, BStBl. II 1997, 196 (197); v. 3.3.2004 – X R 12/02, BStBl. II 2004, 722 (724); v. 3.3.2004 – X R 14/01, BStBl. II 2004, 826 (828); v. 7.6.2006 – IX R 4/04, BStBl. II 2007, 294 (295 f.); *Bartone*, in Korn, EStG, § 4 Rn. 774 (Juli 2013); *Heinicke*, in Schmidt, EStG[33], 2014, § 4 Rn. 520. Vereinbarungen, die den von der Rechtsprechung entwickelten Anforderungen an Leistungsbeziehungen zwischen nahen Angehörigen standhalten, können gleichwohl einen Missbrauch von rechtlichen Gestaltungsmöglichkeiten i. S. d. § 42 AO darstellen *Söhn*, in Kirchhof/Söhn/Mellinghoff, EStG/KStG/GewStG, § 4 EStG Rn. E 865 (Sep. 2012).

458 Ähnlich *Weiß*, UR 1990, 50.

459 BFH, Urt. v. 26.11.1987 – V R 85/83, BStBl. II 1988, 158 (160).

460 Siehe auch *Bilsdorfer*, DB 1996, 2304; *ders.*, Der steuerliche Fremdvergleich bei Vereinbarungen unter nahestehenden Personen, 1996, S. 119; *Weiß*, UR 1990, 50 (51).

Grundstücks gewesen sei. Zu klären war, ob dies die Eheleute gemeinsam waren oder nur der Ehegatte, damit über die Vorsteuerberechtigung entschieden werden konnte[461]. Es stand die erforderliche Deckungsgleichheit zwischen dem Unternehmer, der die Leistung „für sein Unternehmen" i. S. d. § 15 Abs. 1 UStG in Anspruch genommen hat und dem in der Rechnung als Leistungsempfänger bezeichneten Unternehmer, in Frage. Aus den Vereinbarungen zwischen den Eheleuten sollte geschlossen werden können, ob diese Voraussetzung für den Vorsteuerabzug hinsichtlich einer von einem Dritten erbrachten Leistung gegeben war[462]. Diese Entscheidung betraf somit letztlich keinen Fall der Leistungsbeziehungen zwischen nahen Angehörigen[463]. Dennoch sind die Ausführungen dieser Entscheidung für die Beurteilung von Leistungsbeziehungen zwischen nahen Angehörigen im Umsatzsteuerrecht aufgegriffen worden[464]. Der BFH orientierte sich zur Beurteilung von Leistungsbeziehungen zwischen nahen Angehörigen in zwei Entscheidungen aus dem Jahre 1988 daran[465]. Auch einige andere Finanzgerichte schlossen sich der Ansicht an, wobei sie die einkommensteuerrechtlichen Grundsätze vollumfänglich (also inklusive eines „Fremdvergleichs") in das Umsatzsteuerrecht übertragen hatten[466].

461 *Lohse*, Umsatzsteuerkongreß-Bericht 1988/89, 1989, S. 167 (186); *W. Wagner*, UR 1990, 40 (41); *Weiß*, UR 1990, 50 (52).

462 Näher *W. Wagner*, UR 1990, 40 (41).

463 *Lohse*, Umsatzsteuerkongreß-Bericht 1988/89, 1989, S. 167 (186); *W. Wagner*, UR 1990, 40 (41); *Weiß*, UR 1990, 50 (52).

464 *Bunjes*, UR 1989, 207 spricht von einem „Musterbeispiel für das Entstehen einer ständigen Rechtsprechung gleichsam aus dem Nichts heraus". Von einem insofern missverständlichen Bezug auf die Rechtsprechung des BFH zu den Ehegattenverträgen im Einkommensteuerrecht spricht *Bilsdorfer*, DB 1996, 2304; *ders.*, Der steuerliche Fremdvergleich bei Vereinbarungen unter nahestehenden Personen, 1996, S. 119. *Weiß*, UR 1990, 50 (51) merkt an, dass dieser zitatenbewehrte Hinweis ein fortwirkendes Missverständnis erzeugt habe.

465 BFH, Urt. v. 19.5.1988 – V R 115/83, BStBl. II 1988, 916 (919); v. 8.12.1988 – V R 28/84, BStBl. II 1989, 250 (251); ebenso *Bunjes*, UR 1989, 207; *W. Wagner*, UR 1990, 40 (41). Im zweitgenannten Urteil (v. 8.12.1988 – V R 28/84) hatte der BFH für die Anerkennung eines Leistungsaustausches neben dessen Vereinbarung auch die „erkennbare Durchführung" vorausgesetzt. In diesem Zusammenhang stellte er darüber hinaus einen Fremdvergleich an; siehe auch *Lohse*, DStR 1989, 747 Fn. 37.

466 FG München, Urt. v. 18.8.1988 – 14 V 1758/88, EFG 1989, 147; v. 6.1.1989 – V 306/88, EFG 1989, 374 f.; FG München, Urt. v. 16.2.1989 – 14 K 14195/87, UR 1989, 320 (321); v. 16.2.1989 – 14 K 14317/85, UR 1989, 323 f.; zuvor schon FG BaWü., Urt. v. 4.7.1986 – IX 433/81, EFG 1987, 481 (482); ausdrücklich gegen einen

Diese Entscheidungen führten zu einiger Kritik und lösten im Schrifttum eine Diskussion aus, die sich mit der Ausgangsfrage beschäftigte[467].

Mit seinem Urteil vom 22.6.1989[468] änderte der BFH seine Rechtsansicht zur umsatzsteuerlichen Beurteilung von Verträgen zwischen nahen Angehörigen[469]. Bemerkenswert ist, dass diese weitgehenden Erläuterungen des BFH für die Entscheidung nicht zwingend erforderlich waren. Die Darstellungen des BFH zu dieser Problematik haben die Entscheidung nämlich nicht getragen[470]. Zu beurteilen war die umsatzsteuerrechtliche Behandlung einer Vermietung im Rahmen einer Betriebsaufspaltung, bei der sich eine vermietende Besitz-GbR und eine mietende Betriebs-GmbH gegenüberstanden. Die an den Gesellschaften beteiligten Personen waren Mitglieder einer Familie. Der BFH sah in einer Entscheidung die Frage als entscheidend an, ob und zu welchem Zeitpunkt eine Vermietung des Hotelgebäudes durch die Besitzgesellschaft an die Betriebsgesellschaft begonnen hatte und für welchen Zeitraum sie durchgeführt worden war[471]. Die darüber hinaus gehenden umfangreichen Ausführungen zu der umsatzsteuerrechtlichen Beurteilung von Leistungsbeziehungen zwischen nahen Angehörigen in einem *obiter dictum* lassen aber darauf schließen, dass der BFH dieser Rechtsfrage eine besondere Bedeutung beigemessen hat und sich ihr annehmen wollte[472]. Er hat ausdrücklich festgestellt, dass die Grundsätze des Ertragsteuerrechts für die Beurteilung von Beziehungen zwischen nahen Angehörigen nicht im gleichen Maße auf die Voraussetzungen des umsatzsteuerrechtlichen Leistungsaustausches zuträfen[473]. Diese Ansicht hat sich mittlerweile als ständige Rechtsprechung etabliert[474]. Die in der Literatur zum Gleichlauf der

Fremdvergleich hat sich hingegen das FG Nieders., Urt. v. 30.8.1988 – V 6/88, EFG 1989, 146 ausgesprochen.

467 Siehe nur *Bilsdorfer*, DB 1996, 2304 ff.; *Bunjes*, UR 1989, 207 ff.; *Horn*, UR 1990, 342 ff.; *Lohse*, Umsatzsteuerkongreß-Bericht 1988/89, 1989, S. 167 ff.; *ders.*, DStR 1989, 747; *W. Wagner*, UR 1990, 40 ff.; *Weiß*, UR 1990, 50 (52).

468 BFH, Urt. v. 22.6.1989 – V R 37/84, BStBl. II 1989, 913.

469 *Lohse*, DStR 1989, 747.

470 *Weiß*, UR 1990, 50 (51), der die weitergehenden Ausführungen an gleicher Stelle als „überflüssig" bezeichnet.

471 Näher zu den entscheidungserheblichen Inhalten *Weiß*, UR 1990, 50 (51).

472 *Horn*, UR 1990, 342.

473 BFH, Urt. v. 22.6.1989 – V R 37/84, BStBl. II 1989, 913 (916).

474 Siehe nur BFH, Urt. v. 15.5.1990 – V R 47/86, BStBl. II 1990, 757 (759 f.); v. 5.3.1992 – V R 36/87, BFH/NV 1993, 61 (63); v. 14.5.1992 – V R 56/89, BStBl. II 1992, 859 (860); v. 9.7.1998 – V R 68/96, BStBl. II 1998, 637 (639); v. 11.12.2003 – V R 48/02, BStBl. II 2006, 384 (386); Beschl. v. 26.11.2003 – V B 124/03, BFH/NV 2004, 383;

Behandlung von Leistungsbeziehungen zwischen Angehörigen im Einkommen- und Umsatzsteuerrecht geäußerten Bedenken hat der BFH damit zu großen Teilen ausräumen können.

b) *Argumentation des BFH zur fehlenden Übertragbarkeit der einkommensteuerrechtlichen Grundsätze auf das Umsatzsteuerrecht*

Der BFH führt in einer Entscheidung aus, dass wegen der Besonderheiten im Umsatzsteuerrecht bei Leistungsbeziehungen zwischen nahen Angehörigen von einer der ertragsteuerrechtlichen Beurteilung entsprechenden Typisierung abzusehen sei[475]. Das Umsatzsteuerrecht besteuere nicht gegenseitige Leistungspflichten sondern tatsächliche Vorgänge zur Erfüllung von Leistungspflichten[476]. Gegen eine Übertragung der einkommensteuerrechtlichen Grundsätze zur Behandlung der Leistungsbeziehungen zwischen nahen Angehörigen in das Umsatzsteuerrecht spreche, dass ein Leistungsaustausch nach § 1 Abs. 1 Nr. 1 S. 1 UStG zwar eine Leistung voraussetze, nicht aber dass der Leistungsempfänger tatsächlich ein Entgelt erbringe. Letzteres sei freilich der Regelfall. § 17 UStG zufolge stehe es der Annahme eines Leistungsaustausches aber nicht entgegen, dass der Leistende die gewollte Gegenleistung – das Entgelt – nicht oder nicht in dem erwarteten Umfang erhält. Es komme nicht darauf an, ob sich die *begründete* Entgeltserwartung nicht erfüllt, das Entgelt uneinbringlich wird oder sich nachträglich mindert[477]. Dies berühre nicht die im Rahmen von § 1 Abs. 1 Nr. 1 S. 1 UStG erforderliche Entgeltlichkeit der Leistungsbewirkung sondern die Bemessungsgrundlage des steuerbaren und steuerpflichtigen Umsatzes nach § 10 Abs. 1 UStG. Gegenstand des umsatzsteuerrechtlichen Leistungsaustausches sei, was der Leistende tatsächlich erbracht hat[478]. Entscheidend sei, dass der Leistende mit Einnahmeerzielungsabsicht gehandelt hat. Seine Leistung müsse auf eine gewollte, erwartete oder erwartbare Gegenleistung gerichtet gewesen sein[479]. Die Minderung

---

Urt. v. 7.7.2005 – V R 78/03, BStBl. II 2005, 849 (851); ebenso *Bilsdorfer*, DB 1996, 2304 (2305); *ders.*, Der steuerliche Fremdvergleich bei Vereinbarungen unter nahestehenden Personen, 1996, S. 120; *Nieskens*, in Rau/Dürrwächter, UStG, § 1 Rn. 531 (April 2012).

475 BFH, Urt. v. 22.6.1989 – V R 37/84, BStBl. II 1989, 913 (917).

476 BFH, Urt. v. 22.6.1989 – V R 37/84, BStBl. II 1989, 913 (917).

477 BFH, Urt. v. 22.6.1989 – V R 37/84, BStBl. II 1989, 913 (915), Hervorhebung durch Verfasser.

478 BFH, Urt. v. 22.6.1989 – V R 37/84, BStBl. II 1989, 913 (917).

479 BFH, Urt. v. 22.6.1989 – V R 37/84, BStBl. II 1989, 913 (915).

oder (teilweise) Uneinbringlichkeit des Entgelts habe auf die Steuerbarkeit der Leistung daher keine Auswirkung[480]. Zudem sei die Angemessenheit des vereinbarten Entgelts in Hinblick auf den objektiven Wert von Leistung und Gegenleistung ohne Belang[481]. Es müsse nur feststehen, dass Leistung und Gegenleistung miteinander innerlich verbunden sind[482]. Eine dem Abzugsverbot des § 12 Nr. 1 und 2 EStG vergleichbare Regelung kenne das Umsatzsteuergesetz nicht[483]. Daher stehe eine Leistung gegen ein unangemessen niedriges Entgelt der Annahme eines Leistungsaustausches nicht entgegen[484]. Denn jede Leistung eines Unternehmers gegen Entgelt werde vom Umsatzsteuerrecht als eine Leistung aus unternehmerischen Gründen angesehen[485]. § 1 Abs. 1 Nr. 1 S. 1 UStG treffe erst dann nicht zu, wenn die Leistung durch den Unternehmer von vornherein unentgeltlich erfolgt. Nur dann sei zu entscheiden, ob in der Person des Leistenden mit der Leistung betriebliche Zwecke verfolgt werden oder Zwecke, die außerhalb der gewerblichen oder beruflichen Tätigkeit des Leistenden liegen. Wird eine Leistung unentgeltlich für unternehmensfremde Zwecke erbracht, so liege gegebenenfalls eine der Lieferung oder Leistung gleichgestellte unentgeltliche Lieferung oder Leistung vor[486]. Ob die Vereinbarung und ihre Durchführung dem entsprechen, was unter Fremden üblich ist, könne aber bei der Beurteilung von Leistungsbeziehungen zwischen

---

480 BFH, Urt. v. 22.6.1989 – V R 37/84, BStBl. II 1989, 913 (915, 917).

481 BFH, Urt. v. 22.6.1989 – V R 37/84, BStBl. II 1989, 913 (917).

482 BFH, Urt. v. 22.6.1989 – V R 37/84, BStBl. II 1989, 913 (917).

483 BFH, Urt. v. 22.6.1989 – V R 37/84, BStBl. II 1989, 913 (917); nachfolgend BFH, Urt. v. 15.3.1993 – V R 109/89, BStBl. II 1993, 728 (729). In der letztgenannten Entscheidung hat der BFH explizit zum Ausdruck gebracht, dass die Annahme des tatsächlichen Vollzugs nicht zwingend parallel zum Einkommensteuerrecht erfolgt. Er verweist exemplarisch auf die frühere „Oder-Konto-Rechtsprechung" (BFH, Urt. v. 15.3.1993 – V R 109/89, BStBl. II 1993, 728 f.), in welcher eine entgeltliche Grundstücksvermietung an einen Ehegatten umsatzsteuerlich anerkannt wurde, obwohl der Mietzins auf ein Konto des vermietenden Ehegatten geleistet wurde, über das der mietende Ehegatte verfügen konnte. Einkommensteuerlich war diese Gestaltung bis dahin noch nicht anerkannt worden; siehe dazu auch *Jakob*, USt[4], § 3 Rn. 79.

484 BFH, Urt. v. 22.6.1989 – V R 37/84, BStBl. II 1989, 913 (917).

485 BFH, Urt. v. 22.6.1989 – V R 37/84, BStBl. II 1989, 913 (917) m. w. N. Zu unterscheiden ist der Fall allerdings von einer vorausgegangenen Entnahme. Dann erfolgt die Leistung privat und die vorausgegangene Entnahme unterliegt der Besteuerung nach § 3 Abs. 1b bzw. Abs. 9a UStG, wenn deren Voraussetzungen erfüllt sind; ähnlich *Weiß*, UR 1990, 50 (51).

486 BFH, Urt. v. 22.6.1989 – V R 37/84, BStBl. II 1989, 913 (917).

nahen Angehörigen gleichwohl Bedeutung erlangen. Denn der Leistende müsse ernsthaft damit gerechnet haben, ein Entgelt für seine Leistung zu erhalten. Eine fremdübliche Vereinbarung sei insofern bei der Frage, ob der Leistende die bürgerlich-rechtlichen Rechtsfolgen ernsthaft vereinbart hat oder ob ein bloßes Scheingeschäfte gegeben ist, einzubeziehen[487]. Mangelt es an der Ernsthaftigkeit der Vereinbarung, wäre kein Leistungsaustausch gegeben.

c) *Befürwortung der Abkopplungslinie des BFH von den ertragsteuerrechtlichen Grundsätzen i. R. d. § 1 Abs. 1 Nr. 1 S. 1 UStG*

Die Aussage des BFH, dass die umsatzsteuerrechtlichen Besonderheiten es geboten erscheinen lassen, von einer der ertragsteuerrechtlichen Beurteilung entsprechenden Typisierung abzusehen, steht im Folgenden auf dem Prüfstand. Fraglich ist, inwiefern die einzelnen Kriterien der für das Einkommensteuerrecht entwickelten Grundsätze für das Umsatzsteuerrecht relevant sein können.

aa) Zur Beurteilung des Leistungsaustausches i. S. d. § 1 Abs. 1 Nr. 1 S. 1 UStG bei Leistungsbeziehungen zwischen nahestehenden Personen im Umsatzsteuerrecht

(1) *Beschränkte Maßgeblichkeit von Fremdüblichkeitserwägungen für die Annahme eines Leistungsaustausches i. S. d. § 1 Abs. 1 Nr. 1 S. 1 UStG*

Einkommensteuerrechtlich bringt der Fremdvergleich das Angemessenheitsprinzip zum Ausdruck[488]. Nach *Lang* „[durchzieht] dieses Prinzip (...) das gesamte Steuerrecht und fungiert überall dort, wo das besteuerungsrelevante Wesen eines wirtschaftlichen Vorgangs durch besteuerungsirrelevante Umstände überlagert oder verdeckt wird“[489]. Die Gefahr der Überlagerung oder Verdeckung besteuerungsrelevanter Umstände besteht bei den in Frage stehenden Fallgestaltungen umsatzsteuerrechtlich nicht in dem Maße, wie es im Einkommensteuerrecht der Fall ist[490]. Der BFH merkt zurecht an, dass das

---

487 BFH, Urt. v. 22.6.1989 – V R 37/84, BStBl. II 1989, 913 (917). Der BFH hatte dem Fremdvergleich im Umsatzsteuerrecht für die Frage, ob eine Vereinbarung ernsthaft gewollt ist, bereits in seinem Urteil v. 10.2.1988 – X R 16/82, BStBl. II 1988, 640 (643) Bedeutung zugesprochen; siehe auch *Bilsdorfer*, Der steuerliche Fremdvergleich bei Vereinbarungen unter nahestehenden Personen, 1996, S. 120.

488 *J. Lang*, in Tipke/Lang, Steuerrecht[20], 2012, § 9 Rn. 248.

489 *J. Lang*, in Tipke/Lang, Steuerrecht[20], 2012, § 9 Rn. 248.

490 *Stadie*, in Rau/Dürrwächter, UStG, § 2 Rn. 209 (Juli 2011).

Umsatzsteuerrecht keine dem § 12 Abs. 1 Nr. 1 EStG vergleichbare Regelung kennt[491]. Der Feststellung, ob die Leistungsbeziehung nach Inhalt und Durchführung dem entspricht, was unter Fremden üblich ist, kann für die umsatzsteuerrechtliche Beurteilung des Leistungsaustausches keine der im Einkommensteuerrecht vergleichbare Relevanz zukommen[492]. Umsatzsteuerrechtlich ist die Frage, ob eine Leistung gegen Entgelt erbracht wurde, nämlich von der nachgelagerten Frage, was die Bemessungsgrundlage der Leistung ist, zu unterscheiden[493]. Das Entgelt ist zwar Tatbestandsmerkmal des Leistungsaustausches i. R. d. § 1 Abs. 1 Nr. 1 S. 1 UStG, § 10 UStG regelt hingegen Inhalt und Umfang des Entgelts als Bemessungsgrundlage steuerbarer Leistungen[494]. Sind die Voraussetzungen des Leistungsaustausches erfüllt, ist die Angemessenheit des vereinbarten Entgelts im Hinblick auf den objektiven Wert von Leistung und Gegenleistung ohne Belang[495]. Die Angemessenheitskontrolle ist insoweit umsatzsteuerrechtsspezifisch bereits legal konkretisiert. Denn das Umsatzsteuergesetz beinhaltet mit § 10 Abs. 4 und 5 UStG Vorschriften, die die Zugrundelegung einer Mindestbemessungsgrundlage für alle Wertabgaben bei der Besteuerung gewährleisten. Dabei beschränkt sich die umsatzsteuerrechtliche Kontrolle auf die Prüfung zu niedrigerer Entgelte. Zwischen Leistungsempfänger und Leistendem vereinbarte unüblich hohe Entgelte rufen umsatzsteuerrechtlich nicht sogleich Bedenken hervor. Schließlich geht damit im Falle eines umsatzsteuerbaren und -pflichtigen Umsatzes, eine höhere Umsatzsteuerlast einher[496]. Unüblich niedrige Entgelte werden hingegen durch die Regelungen der Mindestbemessungsgrundlage

---

491 So bereits BFH, Urt. v. 12.12.1985 – V R 25/78, BStBl. II 1986, 216 (217); siehe auch *Birkenfeld*, in Birkenfeld/Wäger, USt-Handbuch, Einf. 1. Kap. § 16 Rn. 3 (April 2004); *Bunjes*, UR 1989, 207 f.; *Lohse*, DStR 1989, 747; *W. Wagner*, UR 1990, 40 (41).

492 *Stadie*, in Rau/Dürrwächter, UStG, § 2 Rn. 208 (Juli 2011).

493 *Stadie*, UStG[2], 2012, § 1 Rn. 74.

494 BFH, Urt. v. 28.1.1988 – V R 112/86, BStBl. II 1988, 473 (476); ebenso *Husmann*, in Rau/Dürrwächter, UStG, § 1 Rn. 197 (Aug. 2007).

495 Siehe auch EuGH, Urt. v. 24.10.1996 – C-288/94, Slg. I 1996, 5327 (5334); v. 20.1.2005 – C-412/03 [Hotel Scandic Gasabäck], Slg. I 2005, 743 (766); BFH, Urt. v. 26.2.1976 – V R 167/70, BStBl. II 1976, 443 (444 f.); v. 11.11.1987 – X R 12/81, BStBl. II 1988, 210 f.; v. 22.6.1989 – V R 37/84, BStBl. II 1989, 913 (917); siehe auch *Robisch*, in Bunjes, UStG[13], 2014, § 1 Rn. 13; *Nieskens*, in Rau/Dürrwächter, UStG, § 1 Rn. 531 (April 2012); *Schulze zur Wiesche*, Vereinbarungen unter Familienangehörigen[9], 2006, S. 263; *Stöcker*, in Küffner/Stöcker/Zugmaier, UStG, § 1 Rn. 397 (Juli 2010); *W. Wagner*, in Sölch/Ringleb, UStG, § 10 Rn. 11 (Sep. 2012).

496 In diesem Sinne *Bilsdorfer*, Der steuerliche Fremdvergleich bei Vereinbarungen unter nahestehenden Personen, 1996, S. 121.

aufgefangen[497]. Eine Teilentgeltlichkeit sieht das Umsatzsteuerrecht nicht vor[498]. § 10 Abs. 4 und 5 UStG begegnen einem unangemessen niedrigem Entgelt mit der Mindestbemessungsgrundlage[499]. Einem Leistungsaustausch, den die Beteiligten quantitativ nicht unter fremdüblichen Konditionen abwickeln, tritt das Umsatzsteuergesetz somit mit dem rechtspezifischen Mittel der Mindestbemessungsgrundlage entgegen[500]. Die Vereinbarung eines unangemessen niedrigen Entgelts für eine unternehmerische Leistung zwischen Leistendem und Leistungsempfänger kann der Annahme eines vorrangig zu prüfenden Leistungsaustausches damit nicht als ausschlaggebendes Kriterium entgegenstehen[501]. Anderenfalls würde der Anwendungsbereich der Mindestbemessungsgrundlage beschnitten[502].

Auch den Feststellungen des BFH zum Kriterium der tatsächlichen Durchführung der Vereinbarung ist zuzustimmen. Er führt zu Recht aus, dass ein Leistungsaustausch nach § 1 Abs. 1 Nr. 1 UStG zwar eine Leistung voraussetze, nicht aber dass der Leistungsempfänger tatsächlich ein Entgelt erbringe[503].

---

497 So auch *Bilsdorfer*, Der steuerliche Fremdvergleich bei Vereinbarungen unter nahestehenden Personen, 1996, S. 121.

498 *Jakob*, Umsatzsteuer[4], 2009, § 3 Rn. 76; *W. Wagner*, UVR 2005, 155; *ders.*, in Sölch/Ringleb, UStG, § 10 Rn. 461 (Sep. 2012): „Soweit im Schrifttum häufig der ertragsteuerrechtlich belegte Begriff der ‚Teilentgeltlichkeit' verwendet wird, ist das umsatzsteuerrechtlich nach dem dargelegten System Unsinn und sollte unterlassen werden."

499 *Bunjes*, UR 1989, 207 (208); *Jakob*, Umsatzsteuer[4], 2009, § 3 Rn. 76; in diesem Sinne auch *Widmann*, UR 2010, 221 (223).

500 *Bunjes*, UR 1989, 207 (208); *Nieskens*, in Rau/Dürrwächter, UStG, § 1 Rn. 531 (April 2012). Ist der vereinbarte und marktgerechte Preis unterhalb der Mindestbemessungsgrundlage, greift § 10 Abs. 5 UStG nicht, weil in diesem Fall kein unternehmensfremder Zweck ursächlich für die Unterschreitung ist; siehe EuGH, Urt. v. 29.5.1997 – C-63/96 [Skripalle], Slg. I 1997, 2847 (2876 ff.); BFH, Urt. v. 8.10.1997 – XI R 8/86, BStBl. II 1997, 840 (841); v. 24.1.2008 – V R 39/06, BStBl. II 2009, 786 (787); *W. Wagner*, in Sölch/Ringleb, UStG, § 10 Rn. 520 f. (Sep. 2012).

501 *Bilsdorfer*, Der steuerliche Fremdvergleich bei Vereinbarungen unter nahestehenden Personen, 1996, S. 122; *Bunjes*, UR 1989, 207 (208); *Husmann*, UR 1991, 15; *Stadie*, in Rau/Dürrwächter, UStG, § 2 Rn. 209 (Juli 2011); *Tehler*, in Reiß/Kraeusel/Langer, UStG, § 1 Rn. 103 (Dez. 2011).

502 *Bunjes*, UR 1989, 207 (208); *Husmann*, UR 1991, 15; *Stadie*, in Rau/Dürrwächter, UStG, § 2 Rn. 209 (Juli 2011); *Tehler*, in Reiß/Kraeusel/Langer, UStG, § 1 Rn. 103 (Dez. 2011). Überlegungen einen bloß „symbolischen Preis" nicht als Entgelt ausreichen zu lassen, stellt *W. Wagner*, in Sölch/Ringleb, UStG, § 10 Rn. 541 ff. (Sep. 2012) an.

503 BFH, Urt. v. 22.6.1989 – V R 37/84, BStBl. II 1989, 913 (915, 917).

Denn Nicht- oder bloße Teilzahlungen sind durch eine Änderung der Bemessungsgrundlage nach § 17 UStG zu berücksichtigen. Allerdings setzt die Anwendung des § 17 UStG – wie schon die des § 10 Abs. 5 UStG – voraus, dass überhaupt ein Leistungsaustausch gegeben ist. Es ist erforderlich, dass ein Entgelt ernsthaft vereinbart wurde. Das lässt insbesondere die Vorschrift des § 17 Abs. 2 Nr. 1 UStG zu uneinbringlichen Forderungen erkennen. Nur für den Fall, dass ein Leistungsanspruch vorliegt[504], kann das „notwendige Korrektiv zur Steuerentstehung nach dem Soll-Prinzip“[505] i. S. d. § 17 Abs. 2 Nr. 1 UStG sinnvollerweise zur Anwendung kommen. Die Prüfung, ob § 17 UStG greift, erfolgt damit nachrangig von der des Leistungsaustausches. Für die Prüfung eines Leistungsaustausches kann demnach auch die Minderung oder (teilweise) Uneinbringlichkeit des Entgelts auf die Steuerbarkeit der Leistung alleine keine ausschließende Auswirkung haben[506], weil für § 17 UStG anderenfalls kein Anwendungsbereich verbliebe.

Das Umsatzsteuergesetz enthält demzufolge Regelungen, die auf einer nachgelagerten Prüfungsstufe – und damit abgekoppelt von der Prüfung eines steuerbaren Leistungsaustausches – sowohl nicht fremdüblichen, von fehlenden Interessegegensätzen getragenen Vereinbarungsinhalten als auch einer nicht fremdüblichen tatsächlichen Durchführung begegnen. Die Prüfungsreihenfolge ist strikt einzuhalten[507]. Da die Anerkennung der Leistungsbeziehungen zwischen nahen Angehörigen bereits bei der vorrangigen Frage des steuerbaren Leistungsaustausches i. S. d. § 1 Abs. 1 Nr. 1 S. 1 UStG zu beurteilen ist, kann dem Fremdüblichkeitsvergleich den obigen Ausführungen folgend, bei dessen Prüfung keine dem einkommensteuerrechtlichen Verständnis vergleichbare Bedeutung zukommen. Inwieweit dem BFH dahingehend gefolgt werden kann, dass der Fremdvergleich bei der Beurteilung von Leistungsbeziehungen zwischen nahen Angehörigen gleichwohl Bedeutung erlangt, ist im Folgenden zu klären.

---

504 Die Forderung des Leistenden gegenüber dem Leistungsempfänger bleibt in voller Höhe bestehen, so dass es sich bei der erbrachten Leistung nicht um eine unentgeltliche Leistung nach § 3 Abs. 1b oder 9a UStG handelt; *Stadie*, UStG^2, 2012, § 17 Rn. 46; *ders.*, in Rau/Dürrwächter, UStG, § 17 Rn. 358 f. (Okt. 2012).

505 *Stadie*, UStG^2, 2012, § 17 Rn. 47.

506 *Oelmaier*, in Sölch/Ringleb, UStG, § 1 Rn. 39 (April 2013).

507 *Husmann*, in Rau/Dürrwächter, UStG, § 1 Rn. 197 (Aug. 2007).

(2) Zur Berücksichtigungsfähigkeit der einkommensteuerrechtlichen Kriterien bei der Prüfung des Leistungsaustausches

Unter welchen Voraussetzungen ein Leistungsaustausch zwischen Leistendem und Leistungsempfänger i. S. d. § 1 Abs. 1 Nr. 1 S. 1 UStG besteht, ist aus der Norm nicht eindeutig ersichtlich[508]. In seinem Urteil vom 7.5.1981[509] hat der BFH den Begriff des Leistungsaustausches definiert und damit für die Folgezeit entscheidend geprägt[510]. Er bestimmte den Leistungsaustausch aus Sicht des leistenden Unternehmers nach finalen Maßstäben[511]. Die Leistung musste auf den Erhalt einer möglichen Gegenleistung gerichtet sein und die gewollte, erwartete oder erwartbare Gegenleistung auslösen[512]. Aufgrund des Verbrauchsteuercharakters der Umsatzsteuer – und nicht zuletzt wegen des Einflusses des EuGH[513] – legt der BFH nunmehr in ständiger Rechtsprechung ein weitergehendes Verständnis zugrunde[514]. Für die Annahme eines Leistungsaustausches kann demnach nicht alleine auf eine finale Verknüpfung zwischen Leistung und Entgelt aus Sicht des Leistenden abgestellt werden. Weder genügt es, dass der Leistende handelt, um eine Gegenleistung zu erhalten[515], noch ist ein Leistungsaustausch schon deshalb ausgeschlossen, weil der Leistende nicht mit einer erbrachten Gegenleistung gerechnet hat[516]. Eine Leistung gegen Entgelt setzt vielmehr das Bestehen eines unmittelbaren Zusammenhangs zwischen erbrachter Leistung

---

508 *Tehler*, in Reiß/Kraeusel/Langer, UStG, § 1 Rn. 200 (Dez. 2011).

509 BFH, Urt. v. 7.5.1981 – V R 47/76, BStBl. II 1981, 495 f.; nachfolgend exemplarisch BFH, Urt. v. 6.6.1984 – V R 33/83, BStBl. II 1984, 686; v. 28.7.1994 – V R 19/92, BStBl. II 1995, 86 (87); v. 30.1.1997 – V R 133/93, BStBl. II 1997, 335; v. 10.12.1998 – V R 58/97, BFH/NV 1999, 987 (989).

510 *Jakob*, Umsatzsteuer[4], 2009, § 5 Rn. 206 ff.; *Tehler*, in Reiß/Kraeusel/Langer, UStG, § 1 Rn. 201 (Dez. 2011).

511 BFH, Urt. v. 7.5.1981 – V R 47/76, BStBl. II 1981, 495 (496); siehe auch *Jakob*, Umsatzsteuer[4], 2009, § 5 Rn. 206 ff.; *Tehler*, in Reiß/Kraeusel/Langer, UStG, § 1 Rn. 201 (Dez. 2011).

512 BFH, Urt. v. 7.5.1981 – V R 47/76, BStBl. II 1981, 495 (496).

513 *Tehler*, in Reiß/Kraeusel/Langer, UStG, § 1 Rn. 2032 (Dez. 2011).

514 Überblicksartig zur Entwicklung des Begriffsverständnisses des Leistungsaustausches *Jakob*, Umsatzsteuer, 2009, § 5 Rn. 206 ff.

515 EuGH, Urt. v. 3.3.1994 – C-16/93 [Tolsma], Slg. I 1994, 743 (758 f.); *Reiß*, in Tipke/Lang, Steuerrecht[20], 2012, § 14 Rn. 34 f.

516 BFH, Urt. v. 16.1.2003 – V R 92/01, BStBl. II 2003, 732 (733); v. 5.12.2007 – V R 63/05, BFH/NV 2008, 996 (998); siehe auch *Oelmaier*, in Sölch/Ringleb, UStG, § 1 Rn. 38 (April 2013); *Robisch*, in Bunjes, UStG[13], 2014, § 1 Rn. 15; *Stadie*, in Rau/Dürrwächter, UStG, § 2 Rn. 210 (Juli 2011).

und empfangenem Gegenwert voraus[517]. Für einen Leistungsaustausch ist es ausreichend aber auch erforderlich, dass Leistung und Gegenleistung innerlich miteinander verknüpft sind[518]. Die innere Verknüpfung kann sowohl rechtlicher Natur als auch faktischer Natur sein[519]. Ein wirtschaftlicher Zusammenhang zwischen Leistung und Gegenleistung genügt[520]. Daher hat das ertragsteuerrechtliche Klarheitsgebot für Verträge zwischen nahen Angehörigen für das Umsatzsteuerrecht kaum Aussagekraft[521]. Auch die zivilrechtliche Wirksamkeit eines Rechtsgeschäfts ist als Kriterium für die Beurteilung, ob ein Leistungsaustausch i. S. d. § 1 Abs. 1 Nr. 1 S. 1 UStG gegeben ist, nur bedingt hilfreich[522]. Für die Annahme eines Leistungsaustauschs ist ein wirksamer Vertrag keine Voraussetzung[523]. Es kommt aus verbrauchsteuerrechtlicher Sicht nur darauf an, dass der Leistungsempfänger seine Aufwendungen für einen verbrauchbaren Vorteil aufbringt. Das Umsatzsteuerrecht besteuert gerade nicht Vereinbarungen, sondern Fakten[524]. Ein Leistungsaustausch liegt demnach vor, wenn der Leistende tätig

---

517 EuGH, Urt. v. 21.3.2002 – C-174/00 [Kennemer Golf & Country Club], Slg. I 2002, 3293 (3328); v. 17.9.2002 – C-498/99 [Town & County Factors Ltd.], Slg. I 2002, 7173 (7206 f.); v. 9.11.2006 – V R 9/04, BStBl. II 2007, 285 (287); v. 27.11.2008 – V R 8/07, BStBl. II 2009, 397 (398); v. 18.12.2008 – V R 38/06, BStBl. II 2009, 749 (751); v. 19.11.2009 – V R 29/08, BFH/NV 2010, 701 (703); v. 4.7.2013 – V R 33/11, BFH/NV 2013, 1744 (1745); so auch *Husmann*, in Rau/Dürrwächter, UStG, § 1 Rn. 197 (Aug. 2007); *Stadie*, UStG[2], 2012, § 1 Rn. 76; *Tehler*, in Reiß/Kraeusel/Langer, UStG, § 1 Rn. 203 (Dez. 2011).

518 *Robisch*, in Bunjes, UStG[13], 2014, § 1 Rn. 15; *Stadie*, UStG[2], 2012, § 1 Rn. 76.

519 *Husmann*, in Rau/Dürrwächter, UStG, § 1 Rn. 203 (Aug. 2007); zur aus verbrauchsteuerrechtlichen Gesichtspunkten verfehlten Annahme, dass ein „Rechtsverhältnis" oder eine Vereinbarung erforderlich sei *Stadie*, UStG[2], 2012, § 1 Rn. 76.

520 *Robisch*, in Bunjes, UStG[13], 2014, § 1 Rn. 15.

521 Ebenso *Jakob*, Umsatzsteuer[4], 2009, § 3 Rn. 79.

522 Nach *Jakob*, Umsatzsteuer[4], 2009, § 3 Rn. 79 „wird die zivilrechtliche Intaktheit eines Rechtsgeschäfts umsatzsteuerrechtlich keineswegs zum Präjudiz für die Ernsthaftigkeit des Parteiwillens". Wie sich im Folgen noch zeigen wird, kann der Wirksamkeit eines Vertrages in bestimmten Fallkonstellationen trotzdem Beweiskraft zukommen.

523 BFH, Urt. v. 24.2.2005 – V R 1/03, BFH/NV 2005, 1160 (1162); v. 6.12.2007 – V R 24/05, BStBl. II 2009, 490 (492); ebenso *Birkenfeld*, in Birkenfeld/Wäger, USt-Handbuch, § 32 Rn. 164 (Aug. 2008).

524 So bereits RFH, Urt. v. 3.8.1934 – V A 265/34, RStBl. 1935, 862 (863); siehe auch BFH, Urt. v. 24.9.1987 – V R 152/78, BStBl. II 1988, 29 (32); v. 27.4.1994 – XI R 91/92, XI R 92/92, XI R 91/92, XI R 92/92, BStBl. II 1994, 826 (828); v. 24.2.2005 – V R 1/03, BFH/NV 2005, 1160 (1162); v. 6.12.2007 – V R 24/05, BStBl. II 2009, 490 (492); ebenso *Bilsdorfer*, DB 1996, 2304 (2305); *Jakob*, Umsatzsteuer[4], 2009, § 3

wird, um einem anderen einen individualisierbaren verbrauchsfähigen Vorteil zuzuwenden und der Leistungsempfänger, kausal veranlasst durch diese Leistung, dem Leistenden ein Entgelt gewährt[525]. Kommt es nicht zur Gewährung eines Entgelts, weil dieses für den Leistenden uneinbringlich geworden ist, steht das dem Leistungsaustausch nicht entgegen[526], wenn die Beteiligten eine ernsthafte Vereinbarung getroffen haben[527].

Für die Beurteilung eines Leistungsaustausches bei Leistungsbeziehungen zwischen nahen Angehörigen bedeutet das folgendes: Für den Fall, dass der Leistungsempfänger eine Gegenleistung gewährt, muss eine innere Verknüpfung zur Leistung bestehen. Hat der Leistungsempfänger hingegen keine Gegenleistung erbracht, kann nur von einem steuerbaren Umsatz ausgegangen werden, wenn diese uneinbringlich geworden ist und es nicht an einer Entgeltvereinbarung fehlt. Eine „Vereinbarung" die aus Sicht des Leistenden keinen Gegenwert erwarten lässt und keinen Gegenwert hervorruft, kann keinesfalls einen Leistungsaustausch darstellen.

Für den erstgenannten Fall, dass eine „Gegenleistung" gewährt wurde, wird in der Regel ein Leistungsaustausch anzunehmen sein, selbst dann, wenn die Gegenleistung nicht entsprechend der Vereinbarung erbracht wurde. Aber auch bei dieser Konstellation ist es möglich, dass keine innere Verknüpfung gegeben ist, nämlich wenn jeder der Beteiligten auch ohne Leistung des anderen geleistet hätte[528] oder nur scheinbar ein Entgelt gewährt wurde. Dann liegt mangels innerer Verknüpfung kein Leistungsaustausch vor. Bei der letztgenannten Fallkonstellation ist allein entscheidend, dass eine ernsthafte Vereinbarung vorgelegen hat. *Stadie* versteht die Nichtzahlung bei Leistungsbeziehungen zwischen nahestehenden Personen wegen der fehlenden Interessengegensätze im Regelfall als zwingendes Indiz für die bereits anfäng-

---

Rn. 79; *Lohse*, Umsatzsteuerkongreß-Bericht 1988/89, 1989, S. 167 (185); *Nieskens*, in Rau/Dürrwächter, UStG, § 1 Rn. 531 (April 2012); *Robisch*, in Bunjes, UStG[13], 2014, § 1 Rn. 15; *Schulze zur Wiesche*, Vereinbarungen unter Familienangehörigen[9], 2006, S. 263; *Tehler*, in Reiß/Kraeusel/Langer, UStG, § 1 Rn. 102 (Dez. 2011); *W. Wagner*, UR 1990, 40 (43). Im Übrigen ist nach § 41 Abs. 1 S. 1 AO für die Besteuerung unerheblich, ob ein Rechtsgeschäft unwirksam ist, soweit und solange die Beteiligten das wirtschaftliche Ergebnis dieses Rechtsgeschäfts gleichwohl eintreten und bestehen lassen; BFH, Urt. v. 24.2.2005 – V R 1/03, BFH/NV 2005, 1160 (1162); *Drüen*, in Tipke/Kruse, AO/FGO, § 41 Tz. 2 (Jan. 2014).

525 Ebenso *Reiß*, in Tipke/Lang, Steuerrecht[20], 2012, § 14 Rn. 34.

526 Siehe bereits S. 84.

527 Näher dazu im Folgenden.

528 Allgemein *Robisch*, in Bunjes, UStG[13], 2014, § 1 Rn. 16.

lich fehlende Ernsthaftigkeit der Vereinbarung[529]. Aber aus bloß fehlenden Interessengegensätzen zu schließen, dass die Beteiligten keinen verbindlichen Austauschvertrag beabsichtigt haben und daher keine Leistung gegen Entgelt vorliege, ist m. E. kein gangbarer Weg[530]. Die Anerkennung von Leistungsbeziehungen sind abhängig von Tatsachenfeststellung und Nachweisanforderungen[531]. Die Gesamtumstände sind zu ermitteln und umsatzsteuerrechtlich zu würdigen[532]. Der BFH spricht dem Fremdvergleich im Umsatzsteuerrecht insofern zu Recht keinesfalls die Bedeutung schlechthin ab[533]. Der von ihm beschrittene Weg findet ebenfalls im Schrifttum Zuspruch[534]. Es ist unter Berücksichtigung der Gesamtumstände des Einzelfalls festzustellen, ob eine ernsthafte Vereinbarung zwischen den Beteiligten getroffen wurde[535]. Hat der Leistende die Leistungsbeziehung beispielsweise nur fingiert, um einen Vorsteueranspruch geltend machen zu können und die in Frage stehende Vereinbarung nicht ernsthaft gewollt, ist der Leistungsaustausch zu negieren. Für die Feststellung der Ernsthaftigkeit kann auch die Tatsache, ob die Vereinbarung und ihre Durchführung dem entsprechen, was unter Fremden üblich ist, durchaus herangezogen werden[536]. Neben den Fremdüblichkeitserwägungen

---

529 *Stadie,* in Rau/Dürrwächter, UStG, § 2 Rn. 210 (Juli 2011).

530 *Bunjes,* UR 1989, 207 (208 f.) führt in diesem Sinne aus, dass „es (...) natürlich nicht nur das gute Recht, sondern die Pflicht der Finanzbehörden [ist], bei Rechtsbeziehungen zwischen Ehegatten genau zu prüfen, ob der Gesetzestatbestand erfüllt ist, lediglich Vermutungen (im Sinne der ‚Ehegattenrechtsprechung') zu Lasten der Ehegatten sind nicht zulässig."

531 *Bilsdorfer,* DB 1996, 2304 (2305); *Lohse,* DStR 1989, 747; *ders.,* Umsatzsteuerkongreß-Bericht 1988/89, 1989, S. 167 (186 ff.).

532 BFH, Urt. v. 22.6.1989 – V R 37/84, BStBl. II 1989, 913 (917); *Bilsdorfer,* DB 1996, 2304 (2305).

533 BFH, Urt. v. 10.2.1988 – X R 16/82, BStBl. II 1988, 640 (642 f.); v. 22.6.1989 – V R 37/84, BStBl. II 1989, 913 (917).

534 *Bilsdorfer,* Der steuerliche Fremdvergleich bei Vereinbarungen unter nahestehenden Personen, 1996, S. 122; *Lohse,* DStR 1989, 747; *Nieskens,* in Rau/Dürrwächter, UStG, § 1 Rn. 532 (April 2012); *Tehler,* in Reiß/Kraeusel/Langer, UStG, § 1 Rn. 103 (Dez. 2011).

535 BFH, Urt. v. 22.6.1989 – V R 37/84, BStBl. II 1989, 913 (917); *Bunjes,* UR 1989, 207 (209); *Nieskens,* in Rau/Dürrwächter, UStG, § 1 Rn. 532 (April 2012).

536 *Bilsdorfer,* DB 1996, 2304 (2305); *Bunjes,* UR 1989, 207 (209); *Lohse,* DStR 1989, 747; *Nieskens,* in Rau/Dürrwächter, UStG, § 1 Rn. 532 (April 2012); *Stadie,* in Rau/Dürrwächter, UStG, § 2 Rn. 210 (Juli 2011); *Stöcker,* in Küffner/Stöcker/Zugmaier, UStG, § 1 Rn. 398 (Juli 2010); *Tehler,* in Reiß/Kraeusel/Langer, UStG, § 1 Rn. 103 (Dez. 2011). Dem Fremdvergleich kommt darüber hinaus im Rahmen der Prüfung

erscheint auch die Berücksichtigung der zivilrechtlichen Wirksamkeit oder der Form einer Vereinbarung denkbar. Somit können alle Kriterien der einkommensteuerrechtlichen Grundsätze im Rahmen der Gesamtwürdigung des Sachverhalts für die Prüfung des Leistungsaustausches zwar herangezogen werden. Im Vergleich zum Einkommensteuerrecht kommt den einzelnen Kriterien aus den zuvor genannten Gründen jedoch ein wesentlich reduziertes Beweisgewicht zu[537].

(3) Keine Übertragbarkeit des persönlichen Anwendungsbereichs der einkommensteuerrechtlichen Grundsätze

Darüber hinaus ist im Einkommensteuerrecht der persönliche Anwendungsbereich grundsätzlich[538] auf nahe Angehörige beschränkt. Diese Einschränkung der Grundsätze ist nicht auf das Umsatzsteuerrecht übertragbar. Ein Leistungsaustausch ist zwingende Voraussetzung eines steuerbaren Umsatzes nach § 1 Abs. 1 Nr. 1 S. 1 UStG. Bei dieser Prüfung unterschiedliche Maßstäbe in Abhängigkeit der Eigenschaft der Beteiligten (nahe Angehörige) zu stellen, erscheint insbesondere vor Verbrauchsteuergesichtspunkten nicht zielführend[539]. Das Umsatzsteuerrecht will jeden Leistungsaustausch erfassen, bei dem ein Unternehmer einem Leistungsempfänger einen verbrauchbaren Vorteil gegen Entgelt zukommen lässt. Gegen eine Beschränkung auf bloße Angehörigenverhältnisse sprechen zudem die Regelungen der § 10 Abs. 5 Nr. 1 und 2 UStG. Durch die Verwendung des in § 10 Abs. 5 Nr. 1

---

des Missbrauchs von Gestaltungen nach § 42 AO im Umsatzsteuerrecht Bedeutung zu; *Bilsdorfer*, DB 1996, 2304 (2305); zur Anwendung des § 42 AO im Umsatzsteuerrecht *Drüen*, in Tipke/Kruse, AO/FGO, § 42 AO Tz. 87 ff. (Jan. 2010).

537 Siehe dazu auch *Bilsdorfer*, Der steuerliche Fremdvergleich bei Vereinbarungen unter nahestehenden Personen, 1996, S. 122; *Lohse*, DStR 1989, 747.

538 Umfassend zum persönlichen Anwendungsbereich der einkommensteuerrechtlichen Kriterien *Söhn*, in Kirchhof/Söhn/Mellinghoff, EStG/KStG/GewStG, § 4 EStG Rn. E 858 ff. (Sep. 2012), der auch die Ausnahmefälle aufzeigt, in welchen nicht bloße Angehörigenverhältnisse betroffen sind.

539 Allgemein anstelle vieler EuGH, Urt. v. 17.2.2005 – C-453/02 [Linneweber und Akritidis], Slg. I 2005, 1151 (1160); v. 16.10.2008 – C-253/07, [Canterbury Hockey Club], Slg. I 2008, 7821 (7836); in diesem Sinne zum Verhältnis von Gesellschafter zur Gesellschaft BFH, Urt. v. 6.6.2002 – V R 43/01, BStBl. II 2003, 36 (38); dazu allgemein *Reiß*, DStJG 32 (2009), 9 (14): „Insbesondere darf die umsatzsteuerrechtliche Behandlung nicht nach der Rechtsform oder anderen, die Art und Qualität der Leistung nicht beeinflussenden Eigenschaften des leistungserbringenden Unternehmers differenzieren."

UStG enthaltenen Begriffs der „nahestehenden Person"[540] und der Regelung des § 10 Abs. 5 Nr. 2 UStG erfasst die Vorschrift nicht nur familiäre Näheverhältnisse[541]. Es sollen alle Fälle erfasst sein, bei denen sich der marktgerechte Preis nicht aus dem natürlichen Interessengegensatz der am Leistungsaustausch Beteiligten und damit aus unternehmensfremden Zwecken ergibt[542]. Es erscheint mehr als zweifelhaft, wenn bei dem vorgelagerten Prüfungspunkt des steuerbaren Umsatzes nach § 1 Abs. 1 Nr. 1 S. 1 UStG für einen bestimmten Personenkreis besonders strenge Anforderungen heranzuziehen wären. Spezifische Anerkennungsvoraussetzungen des Leistungsaustausches, die ausschließlich für Leistungsbeziehungen zwischen nahen Angehörigen gelten, sind daher im Umsatzsteuerrecht nicht angebracht[543]. Aus fehlenden Interessengegensätzen resultieren Besonderheiten, die bei der Beurteilung eines Leistungsaustausches Berücksichtigung finden müssen. Dabei sind jedoch im Hinblick auf die Ernsthaftigkeit der Vereinbarung nicht allein Näheverhältnisse zwischen nahen Angehörigen betroffen, sondern jegliche Näheverhältnisse.

(4) Zwischenergebnis

Die Frage, ob die einkommensteuerrechtlichen Kriterien auch im Umsatzsteuerrecht Geltung erlangen können, ist auf das Tatbestandsmerkmal des Leistungsaustausches begrenzt. Der Annahme des BFH, dass wegen der

---

540 Eine Definition des Begriffs der „nahestehenden Person" beinhaltet das Umsatzsteuergesetz nicht; *Schuhmann*, in Rau/Dürrwächter, UStG, § 10 Rn. 605 (Okt. 2012); *W. Wagner*, in Sölch/Ringleb, UStG, § 10 Rn. 484 ff. (Sep. 2012); *Tehler*, in Reiß/Kraeusel/Langer, UStG, § 10 Rn. 456 (Jan. 2013). Die MwStSystRL stellt mit Art. 80 bei Umsätzen zwischen „eng verbundenen Personen" für die Bestimmung der „nahestehenden Person" aber eine Auslegungshilfe bereit; ebenso *W. Wagner*, in Sölch/Ringleb, UStG, § 10 Rn. 476 ff. (Sep. 2012); zum Begriff der „nahestehenden Person" im Umsatzsteuerrecht siehe auch FG München, Urt. v. 6.10.1988 – XIII (XIV) 308/84 U, EFG 1989, 258 (259); *Jakob*, Umsatzsteuer[4], 2009, § 3 Rn. 78; *Lippross*, Umsatzsteuer[23], 2012, S. 838; *Schuhmann*, in Rau/Dürrwächter, UStG, § 10 Rn. 605 ff. (Okt. 2012). Nach Auffassung der Finanzverwaltung sind als „nahe stehende Person" Angehörige i. S. d. § 15 AO – nicht bloß nahe Angehörige wie im Einkommensteuerrecht – sowie andere Personen und Gesellschafter anzusehen, zu denen ein Anteilseigner, Gesellschafter etc. eine enge rechtliche, wirtschaftliche oder persönliche Beziehung hat, A 10.7 Abs. 1 S. 2 UStAE.

541 *Bunjes*, UR 1989, 207 (208).

542 *Bunjes*, UR 1989, 207 (208); *Husmann*, UR 1991, 15; *Korn*, in Bunjes, UStG[13], 2014, § 10 Rn. 95.

543 *Lohse*, Umsatzsteuerkongreß-Bericht 1988/89, 1989, S. 167 (187 f.) vertrat noch, dass umsatzsteuerrechtlich die gleichen Personen wie im Ertragsteuerrecht den strengen Anforderungen unterworfen werden sollten.

umsatzsteuerrechtlichen Besonderheiten von einer der ertragsteuerrechtlichen Beurteilung entsprechenden Typisierung abzusehen sei, ist zuzustimmen. Zum einen wäre eine Beschränkung der besonderen Voraussetzungen für Leistungsbeziehungen zwischen nahen Angehörigen nicht zielführend. Außerdem sind die für das Einkommensteuerrecht entwickelten Grundsätze, dass eine zivilrechtlich wirksame, eindeutige und klare sowie ernsthafte Vereinbarung, die tatsächlich vollzogen wird und nach Inhalt und Durchführung einem Fremdvergleich standhält, gegeben sein muss[544], für die Umsatzsteuer als Verbrauchsteuer nicht in vergleichbarer Weise brauchbar. Dies ist der divergenten konzeptionellen Ausgestaltung von Umsatzsteuer und Einkommensteuer geschuldet[545]. Die für das Einkommensteuerrecht entwickelten Kriterien dürfen aus systematischen Gründen nicht unbesehen in das Umsatzsteuerrecht übernommen werden[546]. Das Umsatzsteuerrecht hält für die in Frage stehende Problematik spezifische Rechtsinstitute mit eigenständigen Lösungen bereit[547]. Fremdüblichkeitserwägungen, die sich auf den Inhalt und Umfang des Entgelts sowie die tatsächliche Durchführung beziehen, können nicht in dem Maße für die Annahme eines Leistungsaustausches ausschlaggebend sein, wie im Einkommensteuerrecht. Im Gegensatz zum Einkommensteuerrecht zielt das Umsatzsteuerrecht auf die Besteuerung eines Leistungsaustausches ohne Rücksicht auf das wirtschaftliche Ergebnis ab[548]. Das zeigen nicht zuletzt die Regelungen der §§ 10 und 17 UStG[549]. Darüber hinaus stellt das Umsatzsteuerrecht nicht auf Vereinbarungen, sondern auf tatsächliche Vorgänge ab[550], so dass die Kriterien einer zivilrechtlich wirksamen, eindeutigen und klaren Vereinbarung nur bedingt hilfreich sind. Die Anerkennungskriterien sind somit zwar wie im Einkommensteuerrecht als Beweiszeichen heranzuziehen[551], indem sie bei der Beurteilung von Leistungsbeziehungen zwischen nahestehenden Personen im Umsatzsteuerrecht im Wege

544 Siehe Fn. 453.

545 Ähnlich *Bunjes*, UR 1989, 207 (208); *Jakob*, Umsatzsteuer[4], 2009, § 3 Rn. 76; *Tehler*, in Reiß/Kraeusel/Langer, UStG, § 1 Rn. 103 (Dez. 2011); *W. Wagner*, UR 1990, 40 (43).

546 *Jakob*, Umsatzsteuer[4], 2009, § 3 Rn. 76.

547 *Jakob*, Umsatzsteuer[4], 2009, § 3 Rn. 76.

548 Ebenso *Bunjes*, UR 1989, 207.

549 *Nieskens*, in Rau/Dürrwächter, UStG, § 1 Rn. 531 (April 2012).

550 Siehe Fn. 524.

551 Ebenso *Bilsdorfer*, DB 1996, 2304 (2305); *ders.*, Der steuerliche Fremdvergleich bei Vereinbarungen unter nahestehenden Personen, 1996, S. 122; *Lohse*, DStR 1989, 747; *Ruppe/Achatz*, UStG[4], 2011, § 1 Rn. 181; *Schuhmann*, in Rau/Dürrwächter, UStG, § 10 Rn. 606 (Okt. 2012).

einer Gesamtschau ausgewogen zu würdigen sind. Im Umsatzsteuerrecht sind für die Prüfung des Leistungsaustausches aber geringere Maßstäbe anzulegen, um letztlich die Ernsthaftigkeit der Beteiligten als maßgebliches Kriterium für den Leistungsaustausch feststellen zu können.

bb) Weitere einkommensteuerrechtliche Implikationen bei den übrigen Tatbestandsmerkmalen des § 1 Abs. 1 Nr. 1 S. 1 UStG

Sind Leistungsbeziehungen zwischen nahestehenden Personen umsatzsteuerrechtlich zu würdigen, ist in erster Linie die zuvor behandelte Frage, ob eine Leistung gegen Entgelt vorliegt, in besonderem Maße betroffen. Führt die Subsumtion unter das Tatbestandsmerkmal des Leistungsaustausches zu dem Ergebnis, dass dessen Voraussetzungen erfüllt sind, kann trotzdem nicht ohne weiteres von einem steuerbaren Umsatz ausgegangen werden. Mit den in Frage stehenden Leistungsbeziehungen gehen oftmals Besonderheiten einher, die bei den übrigen Voraussetzungen eines steuerbaren Umsatzes i. S. d. § 1 Abs. 1 Nr. 1 S. 1 UStG zu berücksichtigen sind[552]. Die Prüfung eines steuerbaren Umsatzes bei Leistungsbeziehungen zwischen Nahestehenden kann sich daher nicht allein auf das Vorliegen eines Leistungsaustausches beschränken[553]. Die unterschiedlichsten Tatsachenfeststellungen können für die Beurteilung der jeweiligen Rechtsfrage richtungsweisend sein. Neben der Frage des Leistungsaustausches benennt *Bunjes*[554] als Prüfungsschwerpunkt die Unternehmereigenschaft des Leistenden. Diese könnte insofern zweifelhaft sein, als dass der Leistende durch entsprechende Vereinbarungen mit dem Leistungsempfänger an selbständigen Entscheidungen gehindert ist, selber kein Unternehmerrisiko trägt oder seine Tätigkeit in Wirklichkeit nicht auf Einnahmeerzielung gerichtet ist[555]. Im Rahmen einer Vermietungstätigkeit zwischen Ehegatten sei beispielsweise zu prüfen, ob die vermieteten Gegenstände

552 *Bunjes*, UR 1989, 207 (209).

553 In diesem Sinne *Bunjes*, UR 1989, 207 (209).

554 Dazu *Bunjes*, UR 1989, 207 (209), dessen Ausführungen insbesondere Leistungsbeziehungen zwischen Ehegatten betreffen.

555 *Bunjes*, UR 1989, 207 (209). *Stadie*, in Rau/Dürrwächter, UStG, § 2 Rn. 210 f. (Juli 2011) legt sich für den Fall ausbleibender Gegenleistung oder eines im Voraus für einen längeren Zeitraum vereinbarten Entgeltverzichts fest. Nach seiner Auffassung würde bei ausbleibenden Zahlungen schon kein Leistungsaustausch anzunehmen sein. Doch selbst wenn dementgegen ein solcher bejaht würde, fehle es jedenfalls an der Planmäßigkeit als charakteristisches Merkmal des Unternehmerbegriffs. Zudem würde es seiner Ansicht nach an der Wirtschaftlichkeit der Tätigkeit mangeln. Entsprechendes gelte im Falle eines anfänglichen Entgeltverzichts.

tatsächlich im wirtschaftlichen Eigentum des leistenden Unternehmers stehen[556]. Zudem darf nicht außer Acht gelassen werden, dass die Leistung privat erfolgt sein könnte. So könnte der Leistung ein Entnahmevorgang des Unternehmers vorausgehen. Ein Unternehmer könnte beispielsweise einen Gegenstand entnehmen, um diesen als Privatperson zu veräußern oder zu verschenken[557].

cc) Zwischenergebnis

Im Zusammenhang mit Leistungsbeziehungen zwischen nahestehenden Personen können bei der Prüfung eines steuerbaren Umsatzes nach § 1 Abs. 1 Nr. 1 S. 1 UStG Rechtsfragen in vielerlei Hinsicht auftreten[558]. Die zu berücksichtigenden Besonderheiten sind nicht allein bei der Prüfung des Leistungsaustausches zu verorten. Die Frage der Übertragbarkeit der einkommensteuerrechtlichen Grundsätze auf das Umsatzsteuerrecht stellt sich aber nur für das Tatbestandsmerkmal des Leistungsaustausches i. S. d. § 1 Abs. 1 Nr. 1 S. 1 UStG. Diese sind nicht unbesehen auf das Umsatzsteuerrecht übertragbar. Die Leistungsbeziehungen zwischen Nahestehenden bedürfen im Umsatzsteuerrecht zwar einer genauen Überprüfung[559]. Das ist aber nicht in dem Sinne zu verstehen, dass besondere Voraussetzungen für die Anerkennung eines Leistungsaustausches gelten. Denn für die rechtliche Beurteilung im Umsatzsteuerrecht resultieren keine Besonderheiten aus Leistungsbeziehungen zwischen nahestehenden Personen[560]. Die An-

---

556 *Bunjes*, UR 1989, 207 (209). *Stadie*, in Rau/Dürrwächter, UStG, § 2 Rn. 212 (Juli 2011) steht der Anerkennung von Vermietungsverträgen zwischen Ehegatten, die nur aus steuerrechtlichen Zwecken geschlossen werden, generell kritisch gegenüber. Die Anerkennung würde zwar zu einer zutreffenden Umsatzbesteuerung führen, sei aber rechtsdogmatisch nicht haltbar. Die Sachverhalte seien vielmehr unter dem Gesichtspunkt der Abziehbarkeit des Drittaufwands zu lösen.

557 Die gleiche Überlegung stellt *Weiß*, UR 1990, 50 (51) an.

558 Die in Frage stehenden Sachverhalte betreffen darüber hinaus selbstverständlich weitere von den Ergebnissen der Prüfung des steuerbaren Umsatzes abhängige oder separat zu behandelnde Fragen. Es sind mannigfaltige Sachverhaltskonstellationen denkbar, die über die Frage der umsatzsteuerbaren Leistung hinaus umsatzsteuerrechtlich relevant sein können. Exemplarisch ist es denkbar, dass der die Leistungsbeziehung betreffende Gegenstand (z. B. im Falle einer Vermietung) nicht dem Unternehmensvermögen des Leistenden zugeordnet werden kann, weil es an einer unternehmerischen Nutzung fehlt. Damit einhergehend kann der Vorsteuerabzug sowohl auf Seiten des Leistenden oder des Leistungsempfängers aus verschiedenen Gründen in Frage stehen.

559 *Jakob*, Umsatzsteuer[4], 2009, § 3 Rn. 74.

560 *Seeger*, DStR 1998, 1339 (1340).

erkennungskriterien dienen wie im Einkommensteuerrecht als Beweiszeichen, ihr Beweisgewicht ist allerdings wesentlich geringer.

3. Anpassung der einkommensteuerrechtlichen Grundsätze an die umsatzsteuerrechtliche Beurteilung?

Lohse[561] und *Bilsdorfer*[562] sind der Auffassung, dass die Anerkennung von Leistungsbeziehungen zwischen nahen Angehörigen im Einkommensteuer- und Umsatzsteuerrecht nicht zwangsläufig divergent verlaufen müssen. Nach *Lohse* geht aus der dargestellten Rechtsprechungsänderung eine „Komplizierung des Steuerrechts" hervor[563]. Die in Frage stehenden Verträge seien nicht nur nach unterschiedlichen Maßstäben zu beurteilen. Vielmehr seien mit dem Fall, dass die Anerkennung in den Rechtsgebieten divergent erfolge, weitere Probleme verbunden[564]. Auch *Weiß* spricht sich wegen dieses Aspektes gegen einen „Sonderweg" des Umsatzsteuerrechts aus. Es gehe nicht an, dass umsatzsteuerrechtlich eine Leistung als entgeltlich anerkannt werde, während der Gegenleistung einkommensteuerrechtlich die Anerkennung als Betriebsausgabe nach § 4 Abs. 4 EStG versagt werde[565]. Eine in beiden Rechtsgebieten parallel verlaufende Beurteilung der beiden Steuerrechtsgebiete hätte in ihren Augen zugleich eine Vereinfachung des Steuerrechts zur Folge[566].

Lohse kritisiert die einkommensteuerrechtlichen Grundsätze insofern, dass es § 4 Abs. 4 EStG und § 12 EStG nur gestatten würde, dem Leistungsempfänger den Abzug seiner Aufwendungen zu verwehren[567]. Gleichzeitig böten die Vorschriften aber keine Rechtsgrundlage für die einkommensteuerrechtliche Beurteilung der Einnahmen und Ausgaben des Leistenden. Eine Nichtanerkennung müsse sich aber nach seiner Auffassung bei der Bewertung gegenseitiger

---

561 *Lohse*, DStR 1989, 747.

562 *Bilsdorfer*, Der steuerliche Fremdvergleich bei Vereinbarungen unter nahestehenden Personen, 1996, S. 122; *ders.*, DB 1996, 2304 (2305).

563 *Lohse*, DStR 1989, 747.

564 *Lohse*, DStR 1989, 747 in Fn. 41.

565 *Weiß*, UR 1990, 50 (52).

566 *Bilsdorfer*, Der steuerliche Fremdvergleich bei Vereinbarungen unter nahestehenden Personen, 1996, S. 122; *ders.*, DB 1996, 2304 (2305); *Lohse*, DStR 1989, 747; sinngemäß *Weiß*, UR 1990, 50 (52).

567 Dazu und zum Folgenden *Lohse*, DStR 1989, 747; befürwortend *Bilsdorfer*, Der steuerliche Fremdvergleich bei Vereinbarungen unter nahestehenden Personen, 1996, S. 122; *Weiß*, UR 1990, 50 (52).

Vereinbarungen auf beide Vertragsparteien beziehen[568]. Genau diese Voraussetzungen erfülle die umsatzsteuerrechtliche Handhabe, indem sie die Leistungsbeziehungen am Maßstab der Ernsthaftigkeit der zugrundeliegenden Vereinbarung prüfe. Da die BFH-Rechtsprechung zum Umsatzsteuerrecht für die Prüfung der Ernsthaftigkeit der Vereinbarung auch die Heranziehung der einkommensteuerrechtlichen Kriterien erlaube, sollte die Erkenntnis, die Anerkennung der Vereinbarungen zwischen nahen Angehörigen allein in Abhängigkeit von deren Ernsthaftigkeit zu beurteilen, auch im Einkommensteuerrecht Geltung erlangen. Dadurch würden sich die Unterschiede zumindest auf die Frage des Beweisgewichts der Kriterien reduzieren. Letztlich wäre es seiner Auffassung nach ein weiterer Beitrag zur Vereinfachung der Rechtsanwendung, wenn es den Einkommen- und Umsatzsteuer-Senaten des BFH gelänge, das Beweisgewicht in einem zweiten Schritt einheitlich zu bestimmen. Es gebe keinen Grund im Einkommen- und Umsatzsteuerrecht unterschiedliche Anforderungen an die Ernsthaftigkeit und ihren Nachweis zu stellen.

Der Vorwurf von *Lohse*, § 4 Abs. 4 und § 12 EStG böten keine Rechtsgrundlage für die einkommensteuerrechtliche Beurteilung der Einnahmen und Ausgaben des Leistenden, ist zwar nicht von der Hand zu weisen. Die vorgeschlagene Übernahme der umsatzsteuerrechtlichen „Ernsthaftigkeitsprüfung" für die Beurteilung der Leistungsbeziehungen zwischen nahen Angehörigen im Einkommensteuerrecht bietet sich für das Einkommensteuerrecht m. E. aber nicht an. Eine parallel verlaufende Behandlung der Leistungsbeziehungen im Einkommen- und Umsatzsteuerrecht ist nicht möglich. Einkommensteuerrechtlich ist die Frage, ob die Aufwendungen des Leistenden dem Grunde und der Höhe nach Erwerbsaufwendungen darstellen, entscheidend. Dafür ist auf den Veranlassungszusammenhang abzustellen, wobei die notwendige Abgrenzung zu rein privaten Aufwendungen nach § 12 EStG erfolgt[569]. Für die Fragen, ob ein Leistungsaustausch tatsächlich vorliegt und ob ein Veranlassungszusammenhang der Aufwendungen mit der Erwerbstätigkeit gegeben ist, haben die jeweiligen Sachverhaltsumstände unterschiedliche Aussagekraft. Die

---

568 Damit stellt er nicht in Frage, dass das Ergebnis die steuerrechtliche Anerkennung beider Parteien betrifft. Vielmehr kritisiert er, dass die alleinige Bewertung der Seite des Leistungsempfängers ausreicht; zur beidseitigen Nichtanerkennung der Leistungsbeziehung im Einkommensteuerrecht BFH, Urt. v. 10.10.1991 – XI R 1/86, BStBl. II 1992, 239 (241); v. 2.8.1994 – VIII R 65/93, BStBl. II 1995, 264 (266); *Bode*, in Kirchhof, EStG[13], 2014, § 4 Rn. 257; *Gemeinhardt*, BB 2012, 739 (741); *Heinicke*, in Schmidt, EStG[33], 2014, § 4 Rn. 520.

569 *Bilsdorfer*, StuW 1997, 51 (61).

Umsatzsteuer als Verbrauchsteuer will einen Leistungsaustausch ohne Rücksicht auf das wirtschaftliche Ergebnis besteuern[570]. Sie hält im Gegensatz zum Einkommensteuerrecht mit §§ 10 und 17 UStG Rechtsinstitute bereit, die sowohl nach Durchführung als inhaltlich nicht fremdübliche Vereinbarungen auffangen. Aufgrund dieser Unterschiede kommt dem Fremdvergleich einkommensteuerrechtlich zu Recht ein wesentlich höherer Stellenwert zu[571]. Daher kann für das Einkommensteuerrecht die Anerkennung der Leistungsbeziehungen zwischen nahen Angehörigen nicht allein deshalb angenommen werden, weil an deren Ernsthaftigkeit keine Zweifel bestehen. Anderenfalls käme das Angemessenheitsprinzip nicht im erforderlichen Maße zur Geltung.

Die Rechtsprechung hat sich im Einkommensteuerrecht zwar mehr und mehr dem umsatzsteuerrechtlichen Verständnis angenähert[572]. Die Beweiszeichen und Beweismittel sind auch einkommensteuerrechtlich im Wege einer Gesamtschau ausgewogen zu würdigen[573]. Nicht schon jede Abweichung vom Üblichen bedeutet zugleich die einkommensteuerrechtliche Nichtanerkennung[574]. Gerade quantitative unübliche Vereinbarungsinhalte stehen der einkommensteuerrechtlichen Anerkennung nicht entgegen[575]. Die einkommen- und umsatzsteuerrechtliche

---

570 *Bunjes*, UR 1989, 207.

571 A. A. *Bilsdorfer*, DB 1996, 2304 (2305); *ders.*, Der steuerliche Fremdvergleich bei Vereinbarungen unter nahestehenden Personen, 1996, S. 122, der den Stellenwert des Üblichkeitsvergleich im Ertragsteuerrecht als unangemessen hoch erachtet.

572 *Bilsdorfer*, DB 1996, 2304 (2305).

573 Vgl. BVerfG, Beschl. v. 7.11.1995 – 2 BvR 802/90, BStBl. II 1996, 34 (36); BFH, Urt. v. 7.5.1996 – IX R 69/94, BStBl. II 1997, 196 (197); v. 3.3.2004 – X R 14/01, BStBl. II 2004, 826 (828); v. 7.6.2006 – IX R 4/04, BStBl. II 2007, 294 (295 f.); *Heinicke*, in Schmidt, EStG[33], 2014, § 4 Rn. 520; *Hey*, in Tipke/Lang, Steuerrecht[21], 2013, § 8 Rn. 164; *Söhn*, in Kirchhof/Söhn/Mellinghoff, EStG/KStG/GewStG, § 4 EStG Rn. E 850b (Sep. 2012).

574 Vgl. BFH, Urt. v. 7.5.1996 – IX R 69/94, BStBl. II 1997, 196 (197); v. 3.3.2004 – X R 12/02, BStBl. II 2004, 722 (724); v. 3.3.2004 – X R 14/01, BStBl. II 2004, 826 (828); v. 7.6.2006 – IX R 4/04, BStBl. II 2007, 294 (295 f.); *Bartone*, in Korn, EStG, § 4 Rn. 774 (Juli 2013); *Heinicke*, in Schmidt, EStG[33], 2014, § 4 Rn. 520. Vereinbarungen, die den von der Rechtsprechung entwickelten Anforderungen an Leistungsbeziehungen zwischen nahen Angehörigen standhalten, können gleichwohl einen Missbrauch von rechtlichen Gestaltungsmöglichkeiten i. S. d. § 42 AO darstellen; *Söhn*, in Kirchhof/Söhn/Mellinghoff, EStG/KStG/GewStG, § 4 EStG Rn. E 865 (Sep. 2012).

575 Siehe zum Beispiel zur Anerkennung von interfamiliären Arbeitsverträgen mit unüblich niedrigem oder hohem Lohn BFH, Urt. v. 28.7.1983 – IV R 103/82, BStBl. II 1984, 60 f.; v. 13.7.1999 – VIII R 29/97, BStBl. II 2000, 386 (389). Der Abzug

Beurteilung läuft aber aus den genannten Gründen – insbesondere wegen der unterschiedlichen Bedeutung des Fremdvergleichs – zu Recht nicht parallel[576].

4. Ergebnis

Die Problematik der umsatzsteuerrechtlichen Behandlung von Leistungen zwischen nahestehenden Personen scheint ausdiskutiert und die Rechtsprechung dazu darf als „gesichert" bezeichnet werden. Sie zeigt aber eindrucksvoll auf, inwiefern der Verbrauchsteuercharakter und die danach ausgerichtete Gestaltung des Umsatzsteuergesetzes der Heranziehung originär einkommensteuerrechtlich entwickelter Grundsätze entgegenstehen kann[577]. Das Normengefüge des Umsatzsteuergesetzes lässt in seiner prinzipiellen Geschlossenheit dadurch hervorgerufene Systembrüche deutlich hervortreten[578].

Die einkommensteuerrechtlichen Grundsätze zur Anerkennung von Leistungsbeziehungen zwischen nahen Angehörigen sind wegen der Belastungskonzeption und Ausgestaltung der Umsatzsteuer nicht 1:1 übertragbar[579]. Sie sollen bei Leistungsbeziehungen zwischen nahen Angehörigen aus den fehlenden Interessengegensätzen resultierende, nicht hinnehmbare steuerrechtliche Folgen vermeiden. Diese Problematik stellt sich im Umsatzsteuerrecht

---

des Arbeitslohns als Betriebsausgabe oder Werbungskosten ist aber nur insoweit zulässig, als er die eines Fremdüblichen nicht übersteigt; *Söhn*, in Kirchhof/Söhn/Mellinghoff, EStG/KStG/GewStG, § 4 EStG Rn. E 893 ff. (Sep. 2012) m. w. N.

576 So bereits *Bilsdorfer*, DB 1996, 2304 (2305).

577 Zu dem selben Ergebnis ist *Prinz*, DStR 1985, 649 (652 f.) zuvor bereits bei der Frage gekommen, ob für den Fall, dass im Immobilienbereich ein Gesamterwerber ein „Leistungsbündel" anschafft, welches ertragsteuerlich unter Angemessenheitsgesichtspunkten im Rahmen einer Betriebsprüfung korrigiert wird, diese Korrekturen auch bei der umsatzsteuerlichen Beurteilung vorgenommen werden können. Eine Übertragbarkeit scheide wegen „der völlig unterschiedlichen steuertypologischen Zielrichtungen sowie der konkreten steuertechnischen Ausgestaltung von Einkommensteuer und Umsatzsteuer" aus. Für Angemessenheitsgesichtpunkte sei im Umsatzsteuerrecht kein Raum.

578 *Helsper*, Umsatzsteuerkongreß-Bericht 1982/83, 1983, S. 167 (168 f.).

579 In seinem Urteil v. 7.5.1981 – V R 47/76, BStBl. II 1981, 495 (497) hat der BFH im Hinblick auf den Grundsatz der „Einheit der Rechtsordnung" betont, dass die unabhängige Beurteilung eines Leistungsaustausches auch gerade nicht gegen den Grundsatz der Einheit der Rechtsordnung verstoße. Denn mit der Rechtssystematik sei die Verbindung der beiden Rechtsgebiete wegen der verschiedenartigen systematischen Ausgangspunkte von Umsatzsteuer und Ertragssteuern nicht in Einklang zu bringen.

jedoch nicht in demselben Maße. Das Umsatzsteuerrecht bietet für die in Frage stehende Problematik vielmehr einen anderen – der Umsatzsteuer als Verbrauchsteuer gerecht werdenden – Lösungsweg. So beinhaltet das Umsatzsteuergesetz Rechtsinstitute, die nicht fremdüblichen Ausgestaltungen begegnen. Zudem grenzen Einkommen- und Umsatzsteuerrecht die private und berufliche Sphäre nach unterschiedlichen Maßstäben voneinander ab[580]. Die einkommensteuerrechtlichen Anerkennungskriterien würden im Umsatzsteuerrecht eine konsequente verbrauchsorientierte Besteuerung verhindern, indem nicht alle Leistungen, die dem Leistungsempfänger einen verbrauchsfähigen Vorteil verschaffen, erfasst würden. Eine umfängliche umgekehrte Angleichung der Beurteilung der Leistungsbeziehungen ist ebenfalls nicht gangbar. Die steuerrechtsgebietsspezifischen Wertungen dürfen nicht für ein einheitliches und damit vermeintlich einfacheres Steuerrecht übergangen werden.

II. Zum praktischen Gleichlauf bei der körperschaft- und umsatzsteuerrechtlichen Beurteilung von Mitgliedsbeiträgen

1. Einführung

Die umsatzsteuerrechtliche Beurteilung von an Vereine und andere Personenvereinigungen geleisteter Mitgliedsbeiträge beschäftigt Verwaltung[581], Rechtsprechung[582]

580 *Jakob*, Umsatzsteuer^4, 2009, § 3 Rn. 76.

581 Siehe anstelle vieler exemplarisch für Verwaltungsanweisungen aus der Vergangenheit BMF, Erlaß v. 12.3.1953 betr. Mitgliederbeiträge der Fremdenverkehrsvereine und Landesfremdenverbände – IV S 4104–9/53, StEK § 10 Abs. 1, 2 UStG a. F. Nr. 1; OFD Koblenz v. 25.2.1977 StEK UStG 1967, 51 Nr. 250 (Benutzungsgebühren für Tennisplatz gegen Sonderentgelt neben Mitgliedsbeitrag); BMF-Schreiben v. 15.3.1971 – IV A/2 – S 7104 – 5/70; IV A/1 – S 7300 – 6/69, BStBl. I 1971, 189 ff., aufgehoben durch BMF-Schreiben v. 7.6.2005, BStBl. I 2005, 717; aktuell beispielswiese OFD Karlsruhe Vfg. v. 25.8.2011 „Bemessungsgrundlage bei Leistungen von Vereinen an Mitglieder" – S 7200, DStR 2011, 2004; OFD Nieders. Vfg. v. 17.9.2013 betr. umsatzsteuerliche Behandlung der Milchleistungsprüfung durch niedersächsische Milchkontrollvereine – S 7100–763-St 171, USt-Kartei ND § 1 Abs. 1 Nr. 1 UStG S 7100 Karte 17; siehe auch A 1.4 Abs. 1 UStAE und A 2.10 Abs. 1 S. 1 UStAE.

582 EuGH, Urt. v. 8.3.1988 – C-102/86 [Apple and Pear Development Council], Slg. I 1988, 1464 (1468 f.); v. 21.3.2002 – C-174/00 [Kennemer Golf & Country Club], Slg. I 2002, 3293 (3328 f.); RFH, Urt. v. 28.6.1929 – V A 16/29, RStBl. 1929, 590 (591);

und Literatur[583] seit jeher. Nach früher von Verwaltung[584] und nationaler Rechtsprechung[585] einhellig vertretener Auffassung, waren Mitgliedsbeiträge nicht umsatzsteuerbar, wenn sie lediglich zur Erfüllung eines satzungsmäßigen Gemeinschaftszwecks und der allgemeinen Belange der Mitglieder vereinnahmt wurden. Stellten die Mitgliedsbeiträge hingegen ein Sonderentgelt für eine bestimmte individualisierbare Leistung gegenüber dem Mitglied dar, wurde ein umsatzsteuerbarer Leistungsaustausch i. S. d. § 1 Abs. 1 Nr. 1 S. 1 UStG angenommen[586]. „Echte"

---

v. 11.2.1941 – I 383/40, RStBl. 1941, 507; v. 31.10.1941 – V 165/40, RStBl. 1942, 4; BFH, Urt. v. 12.4.1962 – V 134/59 U, BStBl. III 1962, 260; v. 22.11.1963 – V 47/61 U, BStBl. III 1964, 147; v. 2.2.1967 – V 138/64, BStBl. III 1967, 502 f.; v. 9.5.1974 – V R 128/71, BStBl. II 1974, 530 (531); v. 20.12.1984 – V R 25/76, BStBl. II 1985, 176 (177 ff.); v. 4.7.1985 – V R 107/76, BStBl. II 1986, 153 (155); v. 21.4.1993 – XI R 84/90, BFH/NV 1994, 60 (62); v. 8.9.1994 – V R 46/92, BStBl. II 1994, 957 (958); v. 28.11.2002 – V R 18/01, BStBl. II 2003, 443 (444); v. 9.8.2007 – V R 27/04, DStR 2007, 1719 (1721); v. 11.10.2007 – V R 69/06, BFHE 219, 287 (291 ff.); v. 3.4.2008 – V R 74/07, BFHE 221, 451 (452 ff.); v. 29.10.2008 – XI R 59/07, BFHE 223, 493 (495 ff.); Beschl. v. 7.5.2009 – V B 130/08, BHF/NV 2009, 1470; Urt. v. 18.6.2009 – V R 77/07, BFHE 226, 187 (192).

583 Exemplarisch *Ammann*, UVR 2010, 144 ff.; *Bartmuß/Pauls*, ZStV 2013, 121 ff.; *Becker/Kretzschmann*, DStR 2008, 1985 ff.; *Gotthardt/Schütze*, NZG 2010, 1406 ff.; *Hausmann*, Aktuelle Umsatzsteuer-Fragen 1951, 1951, S. 89 ff.; *Hundt-Eßwein*, UStB 2003, 341 ff.; *Kaiser*, UR 1974, 121 ff.; *Ev. Klein*, DStR 2008, 1016 ff.; *P. Küffner*, DStR 2002, 1387 ff.; *Martin*, UR 2008, 34 ff.; *Nies*, Mitgliederbeiträge im Umsatzsteuerrecht, 1955; *Nieskens*, UR 2002, 345 ff.; *Nieskoven*, GStB 2008, 133 ff.; *Podlinski*, Die Mitgliederbeiträge im Körperschaftsteuerrecht, 1961; *Rau*, UR 1987, 121 (127 f.); *Reiß*, Non Profit Law Yearbook 2005, 2006, S. 47 (55 ff.); *Sahm*, UR 1995, 210 ff.; *Schuhmann*, UR 1986, 249 ff.; *Söhn*, StuW 1975, 164 (168 ff.); *Sölch*, StuW 1938, 142 (143); *Stadie*, UR 2008, 186; *ders.*, in Rau/Dürrwächter, UStG, § 2 Rn. 218 ff. (Juli 2011); *Tehler*, in Reiß/Kraeusel/Langer, UStG, § 1 Rn. 448 ff. (Juli 2012); *Weiß*, UR 1986, 63; eingehend jüngst *Lenz*, Mitgliedsbeiträge privatrechtlicher Vereinigungen im Umsatzsteuerrecht, 2012; in erster Linie zu Berufsverbänden *Alvermann*, FR 2006, 262 ff.; *ders.*, Festschrift Streck, 2011, S. 9 ff.; *Möhlenkamp*, UR 2003, 173 ff.

584 Die Finanzverwaltung vertritt diese Auffassung bis heute; siehe Fn. 581 a. E.; dazu noch im Einzelnen S. 119 ff.

585 Siehe die Entscheidungen des RFH und des BFH bis 2003 in Fn. 582.

586 Ebenso *Alvermann*, Festschrift Streck, 2011, S. 9 (23). Die Beurteilung der Mitgliedsbeiträge als „Entgelt" kann zudem für die Frage der Unternehmereigenschaft der Personenvereinigung entscheidend sein; *Gotthardt/Schütze*, NZG 2010, 1406 (1407).

Mitgliedsbeiträge[587] sollten im Gegensatz zu „unechten" Mitgliedsbeiträgen nicht umsatzsteuerbar sein. Die umsatzsteuerrechtliche Beurteilung von Mitgliedsbeiträgen lief insoweit mit der körperschaftsteuerrechtlichen Bewertung i. R. d. § 8 Abs. 5 KStG weitgehend[588] parallel[589]. Dieser „faktische Gleichlauf" basierte auf der Heranziehung ähnlicher Kriterien zur Abgrenzung der „echten" Mitgliedsbeiträge in Umsatz- und Ertragsteuerrecht[590]. Mit der Entscheidung „Kennemer Golf & Country Club" vom 21.3.2002[591] hat der EuGH allerdings neue Maßstäbe für die umsatzsteuerliche Beurteilung von Mitgliedsbeiträgen bei Vereinen und anderen Personenvereinigungen gesetzt[592]. Das Urteil hat hohe Wellen geschlagen. Nach *Reiß*[593] hat es „wie die berüchtigte Bombe eingeschlagen" *Wagner*[594] und *Widmann*[595] bezeichneten es als „Knaller"[596]. Es hat eine erhebliche Ausweitung der Steuerbarkeit von Mitgliedsbeiträgen im Vergleich zu der bis dahin von Verwaltung und Rechtsprechung einheitlich vertretenen Auffassung bedeutet[597]. Während sich die Gerichte schließlich im Anschluss an die EuGH-Entscheidung „Kennemer

---

587 Zu den Begriffen der „echten" und „unechten" Mitgliedbeiträge siehe noch näher S. 109 ff.

588 Insbesondere bei der quantitativen Bewertung waren auch nach altem Rechtsverständnis schon Unterschiede festzumachen, die auf die Regelung der Mindestbemessungsgrundlage zurückzuführen gewesen sind; siehe auch *Rengers*, in Blümich, EStG/KStG/GewStG, § 8 KStG Rn. 983 (April 2011); vgl. 1.4 Abs. 7 UStAE.

589 FG Saarl., Urt. v. 22.5.1985 – I 41/84, EFG 1985, 464; *Alvermann*, FR 2006, 262 (265); *ders.*, Festschrift Streck, 2011, S. 9 (23); *Becker/Kretzschmann*, DStR 2008, 1985; *Lenz*, Mitgliedsbeiträge privatrechtlicher Vereinigungen im Umsatzsteuerrecht, 2012, S. 57; *Rengers*, in Blümich, EStG/KStG/GewStG, § 8 KStG Rn. 982 (April 2011); *Schauhoff*, Handbuch der Gemeinnützigkeit^3, 2010, § 7 Rn. 50; so bereits *Nies*, Mitgliederbeiträge im Umsatzsteuerrecht, 1955, S. 49.

590 *Becker/Kretzschmann*, DStR 2008, 1985; *Lenz*, Mitgliedsbeiträge privatrechtlicher Vereinigungen im Umsatzsteuerrecht, 2012, S. 15, 57.

591 EuGH, Urt. v. 21.3.2002 – C-174/00 [Kennemer Golf & Country Club], Slg. I 2002, 3293.

592 Ebenso *Hundt-Eßwein*, UStB 2003, 341.

593 *Reiß*, RIW 2003, 199 (202).

594 *W. Wagner*, UVR 2002, 158.

595 *Widmann*, UR 2002, 325.

596 Bestätigend *Becker/Kretzschmann*, DStR 2008, 1985; *Hundt-Eßwein*, UStB 2003, 341; *P. Küffner*, DStR 2002, 1387 bezeichnet das Urteil seinerseits als „fast revolutionär".

597 *Oelmaier*, in Sölch/Ringleb, UStG, § 1 Rn. 66 (April 2013).

Golf & Country Club"[598] von der im Schrifttum[599] zum Umsatzsteuerrecht über Jahrzehnte kritisierten[600] Differenzierung zwischen „echten" und „unechten" Mitgliedsbeiträgen gelöst haben[601], hält die Finanzverwaltung[602] nach wie vor an der herkömmlichen Differenzierung fest[603].

Im Gegensatz zum Körperschaftsteuerrecht mit § 8 Abs. 5 KStG sieht das nationale Umsatzsteuergesetz jedoch keine besondere Vorschrift für die umsatzsteuerrechtliche Beurteilung von Mitgliedsbeiträgen vor[604]. Fraglich ist, ob die allgemeinen Regelungen des Umsatzsteuerrechts die Übernahme der ertragsteuerrechtlichen Abgrenzungskriterien auch ohne spezielle gesetzliche Regelung erlauben, ob nicht sogar eine gesetzliche Lücke existiert, die anhand der Übernahme ausgefüllt werden muss, oder sich die Übernahme verbietet. Im Folgenden stehen daher der von der Finanzverwaltung weiterhin vertretene „faktische Gleichlauf" und dessen Vereinbarkeit mit dem

598 EuGH, Urt. v. 21.3.2002 – C-174/00 [Kennemer Golf & Country Club], Slg. I 2002, 3293.

599 Exemplarisch für die kritischen Stimmen *Becker/Kretzschmann*, DStR 2008, 1985 (1987); *Gotthardt/Schütze*, NZG 2010, 1406 (1408 f.); *Hausmann*, Aktuelle Umsatzsteuer-Fragen 1951, 1951, S. 89 (90); *Kaiser*, UR 1974, 121 (122); *Lenz*, Mitgliedsbeiträge privatrechtlicher Vereinigungen im Umsatzsteuerrecht, 2012, S. 26; *Nieskens*, UR 2002, 345 (346 ff.); *Reiß*, StuW 1987, 351 f.; *Schettler*, UR 1988, 29 (33 f.); *Söhn*, StuW 1975, 164 (168); *Stadie*, Das Recht des Vorsteuerabzugs, 1989, S. 38 f.; *ders.*, in Rau/Dürrwächter, UStG, § 2 Rn. 222 (Juli 2011); *Walden*, Die Umsatzsteuer als indirekte Verbrauchsteuer, 1988, S. 154. Für eine dem Körperschaftsteuerrecht faktisch parallel verlaufende Abgrenzung von „echten" und „unechten" Mitgliedsbeiträgen im Umsatzsteuerrecht haben sich nur vereinzelt Stimmen im Schrifttum ausgesprochen; siehe *Eggers*, DStR 2007, 461 (466); *Meier*, UR 1986, 317 f.; *Nies*, Mitgliederbeiträge im Umsatzsteuerrecht, 1955, S. 23 ff.; *Podlinski*, Die Mitgliederbeiträge im Körperschaftsteuerrecht, 1961, S. 44 ff.; *Schuhmann*, UR 1986, 249.

600 Zur Kritik noch im Einzelnen S. 121 ff.

601 Ebenso *Bartmuß/Pauls*, ZStV 2013, 121 (122); *Reiß*, in Tipke/Lang, Steuerrecht[20], 2011, § 14 Rn. 44; *Stadie*, UR 2008, 186; *ders.*, UStG[2], 2012, § 2 Rn. 99.

602 Siehe zu den derzeitigen Verwaltungsanweisungen Fn. 581 a. E.

603 Ebenso *Englisch*, in Tipke/Lang, Steuerrecht[21], 2013, § 17 Rn. 137; *Hüttemann*, Gemeinnützigkeits- und Spendenrecht[2], 2012, § 7 Rn. 140; *Oelmaier*, in Sölch/Ringleb, UStG, § 1 Rn. 66 (April 2013).

604 *Alvermann*, Festschrift Streck, 2011, S. 9 (23); *Lenz*, Mitgliedsbeiträge privatrechtlicher Vereinigungen im Umsatzsteuerrecht, 2012, S. 67; *Sahm*, UR 1995, 210. Auch die der Steuerbarkeit des Umsatzes nachfolgenden Fragen der Steuerfreiheit, der Bemessungsgrundlage und des Steuersatzes sehen keine Sonderregelung für Mitgliedsbeiträge an sich vor.

Umsatzsteuerrecht auf dem Prüfstand. Dazu wird nach einem kurzen Überblick über die körperschaftsteuerrechtliche Regelung des § 8 Abs. 5 KStG zunächst die Entwicklung der umsatzsteuerrechtlichen Behandlung von Mitgliedsbeiträgen nach Auffassung der Rechtsprechung und Finanzverwaltung dargestellt. Abschließend ist der Frage nachzugehen, ob sich eine Orientierung an der umsatzsteuerrechtlichen Behandlung von Mitgliedsbeiträgen im Körperschaftsteuerrecht anbietet.

2. Behandlung von Mitgliedsbeiträgen i. R. d. § 8 Abs. 5 KStG

Vereine, Berufsverbände und andere Mitgliedsbeiträge erhebende Personenvereinigungen benötigen wie andere Unternehmen eine gewisse Eigenkapitalausstattung. Diese sichern bei diesen Personenvereinigungen überwiegend die Mitgliedsbeiträge[605]. Aus diesem Grund stellt das Körperschaftsteuerrecht Mitgliedsbeiträge steuerfrei[606]. Der Gesetzgeber hatte dem schon früh Bedeutung beigemessen. Bereits das Körperschaftsteuergesetz 1920[607] beinhaltete mit § 6 Nr. 9 KStG eine Befreiungsvorschrift für Beiträge von Mitgliedern an Personenvereinigungen[608]. Die ursprüngliche Regelung der Mitgliedsbeiträge ist mit der Zeit inhaltlich weiter entwickelt worden und in der bis heute geltenden Fassung durch das Körperschaftsteuergesetz 1977[609] in § 8 Abs. 6 KStG 1977 aufgenommen worden[610].

---

605 So bereits BFH, Urt. v. 21.4.1953 – I 32/53 U, BStBl. III 1953, 175 (176 f.); siehe auch *Becker/Kretzschmann*, DStR 2008, 1985; *Schallmoser*, in Herrmann/Heuer/Raupach, EStG/KStG, § 8 KStG Rn. 472 (Nov. 2012).

606 *Bartmuß/Pauls*, ZStV 2013, 8 (10); *Schallmoser*, in Herrmann/Heuer/Raupach, EStG/KStG, § 8 KStG Rn. 472 (Nov. 2012).

607 Körperschaftsteuergesetz v. 30.3.1920, RGBl. 1920, 393 (396).

608 *Lenz*, Mitgliedsbeiträge privatrechtlicher Vereinigungen im Umsatzsteuerrecht, 2012, S. 58; näher zur Rechtsentwicklung der Steuerbefreiung von Mitgliedsbeiträgen im Körperschaftsteuergesetz *Schallmoser*, in Herrmann/Heuer/Raupach, EStG/KStG, § 8 Rn. 471 (Nov. 2012); *Schulte*, in Erle/Sauter, KStG³, 2010, § 8 Rn. 502 ff.

609 Körperschaftsteuerreformgesetz 1977 v. 31.8.1976, BGBl. 1976, 2597 (2603).

610 *Lenz*, Mitgliedsbeiträge privatrechtlicher Vereinigungen im Umsatzsteuerrecht, 2012, S. 58. Nach anschließend erfolgten Änderungen des Standortes aufgrund der Streichung und Hinzufügung von Absätzen in § 8 KStG ist die Steuerbefreiung seit dem SteuersenkungsG v. 23.10.2000, BGBl. I 2000, 1433 (1452) in § 8 Abs. 5 verankert; *Schulte*, in Erle/Sauter, KStG³, 2010, § 8 Rn. 506.

Der persönliche Anwendungsbereich der Regelung erfasst alle Körperschaften i. S. d. § 1 KStG, die Mitglieder haben[611]. Die Regelung enthält eine sachliche Steuerbefreiung[612] für Beiträge, die auf Grund der Satzung von den Mitgliedern[613] lediglich in ihrer Eigenschaft als Mitglieder erhoben werden.

a) *Beiträge, die aufgrund der Satzung erhoben werden*

Der Beitragsbegriff i. S. d. § 8 Abs. 5 KStG erfasst sowohl Geld- als auch Sachleistungen, die die Mitglieder als regelmäßig wiederkehrende oder einmalige Leistung erbringen können[614]. Die Beiträge müssen nicht für alle Mitglieder im selben Umfang bemessen sein. Solange allen Mitgliedern unabhängig von der Beitragshöhe die identischen Rechte und Vorteile zukommen, ist eine Staffelung nach persönlichen Merkmalen bzw. Verhältnissen unschädlich[615]. Mitgliedsbeiträge machen eine Abgrenzung von einerseits freiwilligen Leistungen und andererseits von Leistungsentgelten zur Abgeltung einer Gegenleistung

---

611 *Frotscher*, in Frotscher/Maas, KStG/GewStG/UmwStG, § 8 KStG Rn. 231 (Nov. 2003); *Krämer*, in Dötsch/Pung/Möhlenbrock, KStG/UmwStG, § 8 Abs. 5 KStG Rn. 3 (Juni 2009); zum umstrittenen Verhältnis des § 8 Abs. 5 KStG zum Einlagenbegriff und der Anwendbarkeit der Vorschrift auf Kapitalgesellschaften siehe *Lenz*, Mitgliedsbeiträge privatrechtlicher Vereinigungen im Umsatzsteuerrecht, 2012, S. 58 f.; *Schallmoser*, in Herrmann/Heuer/Raupach, EStG/KStG, § 8 Rn. 473 (Nov. 2012); *Schulte*, in Erle/Sauter, KStG[3], 2010, § 8 Rn. 507 ff.

612 *Bartmuß/Pauls*, ZStV 2013, 8 (10); *Frotscher*, in Frotscher/Maas, KStG/GewStG/UmwStG, § 8 KStG Rn. 230 (Nov. 2003); *Krämer*, in Dötsch/Pung/Möhlenbrock, KStG/UmwStG, § 8 Abs. 5 KStG Rn. 1, 13 (Juni 2009); *Schallmoser*, in Herrmann/Heuer/Raupach, EStG/KStG, § 8 KStG Rn. 470 (Nov. 2012); *Schnitger/Käks*, in Schnitger/Fehrenbacher, KStG, 2012, § 8 Rn. 773; *Schulte*, in Erle/Sauter, KStG[3], 2010, § 8 Rn. 507.

613 Ausführlich zu den ertragsteuerrechtlichen Behandlung von Mitgliedsbeiträgen auf Ebene der Mitglieder *Bartmuß/Pauls*, ZStV 2013, 46 ff.

614 *Rengers*, in Blümich, EStG/KStG/GewStG, § 8 KStG Rn. 974 (April 2011); *Schnitger/Käks*, in Schnitger/Fehrenbacher, KStG, 2012, § 8 Rn. 784.

615 FG Hessen, Urt. v. 21.9.1976 – VIII 73/76, EFG 1977, 88 f.; *Rengers*, in Blümich, EStG/KStG/GewStG, § 8 KStG Rn. 975 (April 2011); *Schnitger/Käks*, in Schnitger/Fehrenbacher, KStG, 2012, § 8 Rn. 784. Mitgliedsbeiträge können auch Umlagen darstellen, wenn die von allen Mitgliedern oder einem Teil derselben in gleicher Höhe erhoben werden. Dabei müssen nicht dieselben Maßstäbe zugrunde gelegt werden, wie bei zugleich erhobenen „klassischen" Mitgliedsbeiträgen; anstelle vieler *Krämer*, in Dötsch/Pung/Möhlenbrock, KStG/UmwStG, § 8 Abs. 5 KStG Rn. 6 (Juni 2009).

erforderlich[616]. Die Voraussetzung des Satzungsbezugs der Mitgliedsbeiträge dient der Abgrenzung zu freiwilligen Leistungen, wie beispielsweise Spenden[617]. Nach Verwaltungsauffassung[618] soll es ausreichend sein, dass die Satzung Art und Höhe der Mitgliedsbeiträge bestimmt, einen bestimmten Berechnungsmaßstab vorsieht oder ein Organ, das die Beiträge der Höhe nach erkennbar festsetzt, bezeichnet[619].

b) Erhebung bei den Mitgliedern in ihrer Eigenschaft als Mitglied

Die Voraussetzung, dass sich die Beitragserhebung von den Mitgliedern lediglich in ihrer Eigenschaft als Mitglieder vollziehen darf, dient ihrerseits der Abgrenzung zu einem Leistungsaustausch[620]. Die Vorschrift bezweckt im Sinne des Wettbewerbsschutzes gerade nicht, Einkünfte einer Personenvereinigung freizustellen, die bei Gewerbetreibenden oder freiberuflich Tätigen der Steuer unterworfen werden[621]. Daher unterscheidet die ganz h. M. zwischen „echten" und „unechten" Mitgliedsbeiträgen, um die Mitgliedsbeiträge, die die Mitglieder einer Personenvereinigung lediglich in ihrer Eigenschaft als Mitglieder nach der Satzung zu entrichten haben von denjenigen abzugrenzen, die einen Leistungsaustausch zwischen Mitgliedern und Personenvereinigung begründen[622].

---

616 *Roser*, in Gosch, KStG², 2009, § 8 Rn. 1505; dazu näher im Folgenden.

617 *B. Lang*, in Ernst & Young, KStG, § 8 Rn. 1328 (Juni 2002); *Roser*, in Gosch, KStG², 2009, § 8 Rn. 1505; *Schnitger/Käks*, in Schnitger/Fehrenbacher, KStG, 2012, § 8 Rn. 791; *Schulte*, in Erle/Sauter, KStG³, 2010, § 8 Rn. 516.

618 R 42 Abs. 2 S. 2 Nr. 1 bis 3 KStR.

619 So bereits RFH, Urt. v. 20.12.1940 – I 258/40, RStBl. 1941, 69; siehe auch *Bartmuß/Pauls*, ZStV 2013, 8 (10); *Frotscher*, in Frotscher/Maas, KStG/GewStG/UmwStG, § 8 KStG Rn. 233 (Nov. 2003); *Krämer*, in Dötsch/Pung/Möhlenbrock, KStG/UmwStG, § 8 Abs. 5 KStG Rn. 11 (Juni 2009).

620 *Frotscher*, in Frotscher/Maas, KStG/GewStG/UmwStG, § 8 KStG Rn. 234 (Nov. 2003); *Lenz*, Mitgliedsbeiträge privatrechtlicher Vereinigungen im Umsatzsteuerrecht, 2012, S. 62; *Schulte*, in Erle/Sauter, KStG³, 2010, § 8 Rn. 517.

621 BFH, Urt. v. 5.6.1953 – I 104/52 U, BStBl. III 1953, 212 (213); v. 8.6.1966 – I 151/63, BStBl. III 1966, 632 (633); eingehend FG München, Urt. v. 7.5.2001 – 7 K 815/98, EFG 2001, 1178; *Frotscher*, in Frotscher/Maas, KStG/GewStG/UmwStG, § 8 KStG Rn. 235 (Nov. 2003); *Krämer*, in Dötsch/Pung/Möhlenbrock, KStG/UmwStG, § 8 Abs. 5 KStG Rn. 13 (Juni 2009).

622 Siehe nur *Alvermann*, FR 2006, 262 (265); *Frotscher*, in Frotscher/Maas, KStG/GewStG/UmwStG, § 8 KStG Rn. 234 ff. (Nov. 2003); *Halaczinsky*, in Wallenhorst/Halaczinsky, Die Besteuerung gemeinnütziger Vereine u. a., 2009, S. 543; *Krämer*, in Dötsch/Pung/Möhlenbrock, KStG/UmwStG, § 8 Abs. 5 KStG Rn. 13 ff. (Juni 2009);

Die Abgrenzungskriterien für die Unterscheidung „echter" und „unechter" Mitgliedsbeiträge sind allerdings nicht eindeutig und haben letztlich zu einer schwer überschaubaren Kasuistik geführt[623].

aa) „Echte" Mitgliedsbeiträge

Um „echte" Mitgliedsbeiträge handelt es sich, soweit die Beiträge für die Wahrnehmung allgemeiner ideeller oder wirtschaftlicher Interessen der Mitglieder gezahlt werden[624]. Das bedeutet nicht, dass das Mitglied seinen Beitrag uneigennützig leisten muss[625]. Nach h. M. steht es der Qualifikation als „echtem" Mitgliedsbeitrag nicht entgegen, wenn das Mitglied aus der Mitgliedschaft profitieren möchte. Die anvisierten Vorteile dürfen aber nicht in einer speziellen konkreten Leistung oder in der Wahrnehmung besonderer geschäftlicher Interessen des Mitglieds stehen[626]. Da der Zweck einer Personenvereinigung, die im Wesentlichen der gesellschaftlichen Zweckbestimmung nachkommt, zumeist nicht auf die Erbringung konkreter Leistungen gegenüber ihrer Mitglieder gerichtet ist[627], sind Mitgliedsbeiträge – insbesondere an Vereine – den

---

Schulte, in Erle/Sauter, KStG^3, 2010, § 8 Rn. 517 ff.; zumindest Zweifel an den bisherigen Abgrenzungskriterien äußernd *Lenz*, Mitgliedsbeiträge privatrechtlicher Vereinigungen im Umsatzsteuerrecht, 2012, S. 68, 78; *Rengers*, in Blümich, EStG/KStG/GewStG, § 8 KStG Rn. 982 (April 2011); dazu noch näher unter S. 134 ff.

623 Ähnlich *Halaczinsky*, in Wallenhorst/Halaczinsky, Die Besteuerung gemeinnütziger Vereine u. a., 2009, S. 680, der die Aussage zwar zur umsatzsteuerrechtlichen Handhabe tätigt, dabei aber von den körperschaftsteuerrechtlichen Kriterien ausgeht; siehe zu der „Fallgruppenqualifikation" der einzelnen Mitgliedsbeiträge als „echte" und „unechte" anstelle vieler *Rengers*, in Blümich, EStG/KStG/GewStG, § 8 KStG Rn. 987 f. (April 2011); *Schallmoser*, in Herrmann/Heuer/Raupach, EStG/KStG, § 8 KStG Rn. 472 (Nov. 2012).

624 BFH, Urt. v. 29.8.1973 – I R 234/71, BStBl. II 1974, 60 (61); v. 28.6.1989 – I R 86/85, BStBl. II 1990, 550 (551); v. 15.10.1998 – I R 2/97, BStBl. II 1998, 175 (176); exemplarisch *Frotscher*, in Frotscher/Maas, KStG/GewStG/UmwStG, § 8 Rn. 235 (Nov. 2003); vgl. R 42 Abs. 1 S. 2 KStR.

625 *Frotscher*, in Frotscher/Maas, KStG/GewStG/UmwStG, § 8 KStG Rn. 235 (Nov. 2003); *Krämer*, in Dötsch/Pung/Möhlenbrock, KStG/UmwStG, § 8 Abs. 5 KStG Rn. 14 (Juni 2009).

626 BFH, Urt. v. 28.6.1989 – I R 86/85, BStBl. II 1990, 550 (551); *Schnitger/Käks*, in Schnitger/Fehrenbacher, KStG, 2012, § 8 Rn. 795; *Olbing/Alvermann*, in Streck, KStG^8, 2014, § 8 Rn. 462.

627 *Frotscher*, in Frotscher/Maas, KStG/GewStG/UmwStG, § 8 KStG Rn. 235 (Nov. 2003); *Schulte*, in Erle/Sauter, KStG^3, 2010, § 8 Rn. 518.

vorgestellten Kriterien folgend daher in der Regel „echte" Mitgliedsbeiträge[628]. Selbst die Beiträge an Sportvereine, die zur Inanspruchnahme der Vereinseinrichtungen berechtigen, sollen nach überwiegender Ansicht „echte" Mitgliedsbeiträge sein, wenn sie pauschal und ohne Differenzierung nach dem Nutzungsumfang vereinnahmt werden[629].

bb) „Unechte" Mitgliedsbeiträge

Im Gegensatz zu den „echten" Mitgliedsbeiträgen stützen sich die „unechten" Mitgliedsbeiträge auf einen Leistungsaustausch[630]. Zahlen die Mitglieder die Beiträge zur Wahrnehmung besonderer geschäftlicher Interessen, zu ihrer wirtschaftlichen Förderung oder für konkrete Leistungen, bleiben sie nicht nach § 8 Abs. 5 KStG außer Ansatz[631]. Dementsprechend schließt die Abgeltung der von einer Personenvereinigung erbrachten Leistungen durch Pauschbeträge einen Leistungsaustausch nicht ohne weiteres aus[632]. Für den Fall, dass die Mitgliedsbeiträge sowohl „echte" als auch „unechte" sind, kommt es zu einer – ggf. im Wege der Schätzung zu ermittelnden – Aufteilung in nach § 8 Abs. 5 KStG steuerfreie Beiträge und steuerpflichtige Leistungsentgelte[633]. Eine Aufteilung

628 *Frotscher*, in Frotscher/Maas, KStG/GewStG/UmwStG, § 8 KStG Rn. 235 (Nov. 2003).

629 Vgl. FG Nürnb., Urt. v. 23.4.1991 – II 21/87, EFG 1991, 768 f.; *Frotscher*, in Frotscher/Maas, KStG/GewStG/UmwStG, § 8 KStG Rn. 235 (Nov. 2003); *Schnitger/Käks*, in Schnitger/Fehrenbacher, KStG, 2012, § 8 Rn. 796; *Schulte*, in Erle/Sauter, KStG³, 2010, § 8 Rn. 518.

630 BFH, Urt. v. 5.6.1953 – I 104/52 U, BStBl. III 1953, 212 (213); *Bartmuß/Pauls*, ZStV 2013, 8 (10); *Schnitger/Käks*, in Schnitger/Fehrenbacher, KStG, 2012, § 8 Rn. 799.

631 BFH, Urt. v. 5.6.1953 – I 104/52 U, BStBl. III 1953, 212 (213); v. 29.8.1973 – I R 234/71, BStBl. II 1974, 60 (62); v. 28.6.1989 – I R 86/85, BStBl. II 1990, 550 (551); *Frotscher*, in Frotscher/Maas, KStG/GewStG/UmwStG, § 8 KStG Rn. 236 (Nov. 2003); *Krämer*, in Dötsch/Pung/Möhlenbrock, KStG/UmwStG, § 8 Abs. 5 KStG Rn. 19 (Juni 2009).

632 BFH, Urt. v. 5.6.1953 – I 104/52 U, BStBl. III 1953, 212 (213); *Rengers*, in Blümich, EStG/KStG/GewStG, § 8 KStG Rn. 981 (April 2011); *Olbing/Alvermann*, in Streck, KStG⁸, 2014, § 8 Rn. 462; vgl. R 42 Abs. 3 KStR.

633 *Frotscher*, in Frotscher/Maas, KStG/GewStG/UmwStG, § 8 KStG Rn. 237 (Nov. 2003); *Krämer*, in Dötsch/Pung/Möhlenbrock, KStG/UmwStG, § 8 Abs. 5 KStG Rn. 19 (Juni 2009); *Rengers*, in Blümich, EStG/KStG/GewStG, § 8 KStG Rn. 983 (April 2011); *Schnitger/Käks*, in Schnitger/Fehrenbacher, KStG, 2012, § 8 Rn. 804; *Schulte*, in Erle/Sauter, KStG³, 2010, § 8 Rn. 520.

unterbleibt allerdings, wenn ein Anteil der „echten" Mitgliedsbeiträge bloß verschwindend gering ist[634].

3. Zur umsatzsteuerrechtlichen Beurteilung von Mitgliedsbeiträgen

a) Historische Entwicklung der umsatzsteuerrechtlichen Behandlung von Mitgliedsbeiträgen in Rechtsprechung und Verwaltungspraxis

Die Entwicklung der Rechtsprechung zur umsatzsteuerrechtlichen Beurteilung von Mitgliedsbeiträgen lässt sich in zwei Abschnitte unterteilen[635]. Wie bereits dargelegt, hat die EuGH-Entscheidung „Kennemer Golf & Country Club"[636] die nationale Rechtsprechung erheblich beeinflusst. Die daraufhin erfolgte Rechtsprechungsänderung hat allerdings bis heute keinen Einfluss auf die Verwaltungsauffassung gehabt. Diese beruft sich in ihren Verwaltungsanweisungen[637] nach wie vor auf die bis dahin von der Rechtsprechung entwickelten Grundsätze[638]. Das macht eine zwischen den beiden Rechtsprechungslinien klar differenzierende Darstellung der Rechtsprechungsentwicklung erforderlich. Im Folgenden werden repräsentative Urteile aufgezeigt, welche die folgende Rechtsprechung wesentlich beeinflusst haben oder bei welchen sich die Gerichte näher mit der in Frage stehenden Thematik auseinandergesetzt haben.

aa) Rechtsprechungsentwicklung bis zur EuGH-Entscheidung „Kennemer Golf & Country Club"

RFH und BFH haben die maßgeblichen Abgrenzungskriterien für die Annahme einer umsatzsteuerbaren Leistung einer Personenvereinigung gegenüber ihrer Mitglieder zunächst in substanziell einheitlicher Rechtsprechung

---

634 So BFH, Urt. v. 28.6.1989 – I R 86/85, BStBl. II 1990, 550 (551); *Krämer*, in Dötsch/Pung/Möhlenbrock, KStG/UmwStG, § 8 Abs. 5 KStG Rn. 19 (Juni 2009); *Schulte*, in Erle/Sauter, KStG[3], 2010, § 8 Rn. 520. Allerdings dürfte es m. E. im umgekehrten Fall auch nicht zu einer Aufteilung kommen.

635 Ausführlich zur Rechtsprechungsentwicklung *Lenz*, Mitgliedsbeiträge privatrechtlicher Vereinigungen im Umsatzsteuerrecht, 2012, S. 15; die Rechtsprechung des RFH zur umsatzsteuerrechtlichen Behandlung von Mitgliedbeiträgen stellt *Hausmann*, Aktuelle Umsatzsteuer-Fragen 1951, 1951, S. 89 ff. übersichtlich dar.

636 EuGH, Urt. v. 21.3.2002 – C-174/00 [Kennemer Golf & Country Club], Slg. I 2002, 3293.

637 Siehe Fn. 602.

638 *Bartmuß/Pauls*, ZStV 2013, 121 (122); *Englisch*, in Tipke/Lang, Steuerrecht[21], 2013, § 17 Rn. 137; *Hüttemann*, Gemeinnützigkeits- und Spendenrecht[2], 2012, § 7 Rn. 140; *Jakob*, USt[4], 2009, § 10 Rn. 931.

herausgebildet[639]. Der RFH hatte sich schon in mehreren Urteilen[640] mit der umsatzsteuerrechtlichen Behandlung von Mitgliedsbeiträgen befasst, bevor er in seinem Urteil vom 5.10.1934[641] nähere Ausführungen zu dieser Frage machte, die die folgende Rechtsprechung maßgeblich prägen sollten[642]. Der erste Leitsatz der Entscheidung lautet: „Ob die durch eine Vereinigung von ihren Mitgliedern erhobenen Beiträge umsatzsteuerbefreite echte Mitgliedsbeiträge oder umsatzsteuerpflichtige Entgelte für Sonderleistungen der Vereinigung sind, hängt davon ab, ob die Beiträge dazu bestimmt sind, die Vereinigung instand zu setzen, ihren satzungsmäßigen Gemeinschaftszweck für die Gesamtbelange sämtlicher Mitglieder zu erfüllen, oder dazu, den einzelnen Mitgliedern gegenüber bewirkte Sonderleistungen der Vereinigung seitens ihrer Empfänger abzugelten. (...) Gleichheit oder Gleichmäßigkeit der Beiträge ist zwar eine der Voraussetzungen und ein Merkmal für die Annahme echter Mitgliedsbeiträge, schließt aber das Vorliegen von Sonderleistungsentgelten nicht aus“[643]. Diese Unterscheidung zwischen „Gesamtbelangen“ und „Sonderbelangen“ sowie „echten“ und „unechten“ Mitgliedsbeiträgen ist in folgenden Entscheidungen des RFH[644] und des BFH[645] zur Beurteilung der umsatzsteuerrechtlichen Behandlung von Mitgliedsbeiträgen aufgegriffen worden.

So hat der BFH beispielsweise in seinem Urteil vom 9.5.1974[646] zu der umsatzsteuerrechtlichen Beurteilung der Mitgliedsbeiträge an einen Lohnsteuerhilfeverein bestätigt, dass nach ständiger Rechtsprechung Vereine gegenüber ihren Mitgliedern keine Leistungen i. S. d. § 1 Nr. 1 S. 1 UStG erbrächten, soweit sie satzungsmäßige Gemeinschaftszwecke für die Gesamtbelange ihrer Mitglieder

---

639 *Ammann*, UVR 2010, 144 (145); *Hundt-Eßwein*, UStB 2003, 341; *Husmann*, in Rau/Dürrwächter, UStG, § 1 Rn. 306 (Aug. 2003); *Schumann*, UR 1986, 249.

640 RFH, Urt. v. 8.4.1920 – II A 62/20, RFHE 2, 228 f.; v. 3.12.1920 – II A 321/20, RFHE 4, 65 f.; 28.12.1920 – II A 257/20, RFHE 4 172 (179 f.); v. 28.6.1929 – V A 16/29, RStBl. 1929, 590 (591).

641 RFH, Urt. v. 5.10.1934 – V A 587/33, RStBl. 1935, 621 (622).

642 Ebenso *Lenz*, Mitgliedsbeiträge privatrechtlicher Vereinigungen im Umsatzsteuerrecht, 2012, S. 16.

643 RFH, Urt. v. 5.10.1934 – V A 587/33, RStBl. 1935, 621 (622).

644 Siehe z. B. RFH, Urt. v. 11.2.1941 – I 383/40, RStBl. 1941, 507; v. 31.10.1941 – V 165/40, RStBl. 1942, 4.

645 BFH, Urt. v. 12.4.1962 – V 134/59 U, BStBl. III 1962, 260 f.; v. 2.2.1967 – V 138/64, BStBl. III 1967, 502 f.; v. 9.5.1974 – V R 128/71, BStBl. II 1974, 530 (531); in seinem Urteil v. 22.11.1963 – V 47/61 U, BStBl. III 1964, 147 (148) differenziert der BFH synonym zwischen Sonderleistungen und Gemeinschaftsleistungen.

646 BFH, Urt. v. 9.5.1974 – V R 128/71, BStBl. II 1974, 530.

erfüllen. Die hierfür erhobenen (echten) Mitgliedsbeiträge stünden außerhalb eines Leistungsaustausches und seien kein Entgelt. Erbringt der Verein hingegen auch oder nur Leistungen, die den Sonderinteressen der einzelnen Mitglieder dienen, liege insoweit ein Leistungsaustausch vor. Die hierfür erhobenen (unechten) Mitgliedsbeiträge seien Leistungsentgelte[647]. In dem zu entscheidenden Fall stellte der BFH fest, dass nach der Vereinssatzung des Lohnsteuerhilfevereins ein enger wirtschaftlicher Zusammenhang zwischen der Beitragspflicht des einzelnen Mitglieds und der gewährleisteten Bereitschaft des Vereins, dem einzelnen Mitglied jederzeit Hilfe und Rechtsbeistand in Lohnsteuersachen zu leisten, bestehe[648]. Der Mitgliedsbeitrag sei deswegen wie eine Vorauszahlung für die ihm später tatsächlich erbrachte Sonderleistung des Vereins zu beurteilen. Verzichtet ein Mitglied auf die angebotenen Dienste, ändere sich an der umsatzsteuerrechtlichen Beurteilung nichts. Die bloße Bereitschaft des Vereins, für das einzelne Mitglied tätig zu werden, sei als umsatzsteuerliche Leistung zu qualifizieren[649].

In seinem Urteil vom 20.12.1984[650] hat sich der BFH erstmalig näher mit der im Schrifttum zunehmend geäußerten Kritik[651] an der Rechtsprechung auseinander gesetzt. Darin bekräftigt er die bisherige Rechtsprechung ausdrücklich[652]. Er führt aus, dass der BFH in Auslegung des § 1 Abs. 1 Nr. 1 UStG zu Personenzusammenschlüssen jeglicher Arten stets die Auffassung vertreten habe, dass zwischen den auf dem Gemeinschaftsverhältnis beruhenden und den durch ein Austauschverhältnis ausgelösten Leistungen zwischen der Gemeinschaft und ihren Mitgliedern unterschieden werden müsse[653]. Das Gemeinschaftsverhältnis werde durch den Satzungszweck umgrenzt. Zur finanziellen Förderung des die Gesamtbelange der Mitglieder beschreibenden Satzungszwecks obliege dem einzelnen Mitglied die körperschaftliche Pflicht der Beitragsleistung. Das Mitglied erbringe seine Beitragsleistung nicht, um damit eine konkrete Leistung des Vereins oder dessen Leistungsbereitschaft abzugelten, sondern weil es sich durch den Beitritt zum Verein dieser körperschaftlichen Pflicht unterworfen habe[654].

647 BFH, Urt. v. 9.5.1974 – V R 128/71, BStBl. II 1974, 530 (531).
648 BFH, Urt. v. 9.5.1974 – V R 128/71, BStBl. II 1974, 530 (531).
649 BFH, Urt. v. 9.5.1974 – V R 128/71, BStBl. II 1974, 530 (531).
650 BFH, Urt. v. 20.12.1984 – V R 25/76, BStBl. II 1985, 176.
651 Siehe dazu noch im Einzelnen S. 121 ff.
652 Ebenso *Schuhmann*, UR 1986, 249 (250).
653 BFH, Urt. v. 20.12.1984 – V R 25/76, BStBl. II 1985, 176 (179).
654 BFH, Urt. v. 20.12.1984 – V R 25/76, BStBl. II 1985, 176 (179).

Mit seinem Urteil vom 4.7.1985[655] hat sich der BFH aber zumindest geringfügig von den bisherigen Abgrenzungskriterien distanziert[656]. Er stellte heraus, dass durch die (Hilfs-) Begriffe „Sonderbelange" einerseits, „Gesamtbelange"/ „Gemeinschaftszweck" andererseits die Tatbestandsvoraussetzungen des Leistungsaustausches im Hinblick auf das System des Umsatzsteuergesetzes nur unzureichend erfasst und abgegrenzt würden[657]. Insbesondere stehe es der Subsumtion unter den Begriff Leistungsaustausch nicht entgegen, wenn die Leistungen einer Personenvereinigung für alle Mitglieder gleich seien und mit ihnen die Hauptaufgabe der Personenvereinigung erfüllt werde[658]. Aber auch diese Entscheidung hat auf die folgende Rechtsprechung bei der umsatzsteuerrechtlichen Beurteilung von Mitgliedsbeiträgen keine nennenswerten Auswirkungen gehabt. Die Abgrenzung zwischen „echten" und „unechten" Mitgliedsbeiträgen haben die Gerichte zunächst aufrechterhalten[659].

bb) Das EuGH-Urteil „Kennemer Golf & Country Club"

Die dargestellte Rechtsprechung hatte sich ungeachtet der zunehmenden Kritik im Schrifttum[660] zunächst nicht geändert, ist aber schließlich durch das EuGH-Urteil vom 21.3.2002 „Kennemer Golf & Country Club" „nachhaltig erschüttert worden"[661]. Der EuGH hatte über folgenden Sachverhalt zu entscheiden: Der Kennemer Golfclub ist ein Verein niederländischen Rechts mit ungefähr 800 Mitgliedern. Diese können nach Zahlung eines Beitrittsgeldes und jährlicher Beiträge die Einrichtungen des Golfclubs nutzen. Der Satzungszweck besteht in der Ausübung und Förderung des Golfsports. Auch Nichtmitglieder können gegen Entrichtung einer Eintrittsgebühr die Einrichtungen des Golfvereins nutzen. Die Einnahmen hieraus betragen ungefähr ein Drittel der Beiträge. Sie tragen maßgeblich zu einem positiven Saldo der Gewinn- und Verlustrechnung bei. Der Golfclub begehrt die Steuerbefreiung der auch von den Nichtmitgliedern gezahlten Tagesgebühr.

---

655 BFH, Urt. v. 4.7.1985 – V R 107/76, BStBl. II 1986, 153.

656 In diesem Sinne bereits *Schuhmann*, UR 1986, 249 (250); *W. Wagner*, UVR 2002, 158.

657 BFH, Urt. v. 4.7.1985 – V R 107/76, BStBl. II 1986, 153 (155).

658 BFH, Urt. v. 4.7.1985 – V R 107/76, BStBl. II 1986, 153 (155).

659 Siehe nur BFH, Urt. v. 21.4.1993 – XI R 84/90, BFH/NV 1994, 60; v. 8.9.1994 – V R 46/92, BStBl. II 1994, 957 (958); v. 28.11.2002 – V R 18/01, BStBl. II 2003, 443 (444).

660 Siehe dazu noch im Einzelnen S. 121 ff.

661 *Alvermann*, Festschrift Streck, 2011, S. 9 (24).

Im Rahmen einer Entscheidung hat der EuGH sich unter anderem dazu geäußert, ob die Mitgliedsbeiträge des Golfvereins umsatzsteuerbar sind. Dazu hat er folgendes festgestellt: „Insoweit ergibt sich aus der Rechtsprechung des Gerichtshofes, dass Besteuerungsgrundlage einer Dienstleistung alles das ist, was als Gegenleistung für den geleisteten Dienst empfangen wird, und dass eine Dienstleistung nur dann steuerpflichtig ist, wenn zwischen dem geleisteten Dienst und der erhaltenen Gegenleistung ein unmittelbarer Zusammenhang besteht (...). Der Umstand, dass der Jahresbeitrag ein Pauschalbetrag ist und nicht jeder persönlichen Nutzung des Golfplatzes zugeordnet werden kann, [ändert] nichts daran, dass zwischen den Mitgliedern eines Sportvereins (...) und dem Verein selbst gegenseitige Leistungen ausgetauscht werden. Die Leistungen des Vereins bestehen nämlich darin, dass er seinen Mitgliedern dauerhaft Sportanlagen und damit verbundene Vorteile zur Verfügung stellt, und nicht darin, dass er auf Verlangen seiner Mitglieder gezielte Leistungen erbringt. Somit besteht ein unmittelbarer Zusammenhang zwischen den Jahresbeiträgen der Mitglieder eines Sportvereins (...) und den von diesem Verein erbrachten Leistungen. (...) Die Jahresbeiträge der Mitglieder eines Sportvereins (...) [können] die Gegenleistung für die von diesem Verein erbrachten Dienstleistungen darstellen, auch wenn diejenigen Mitglieder, die die Einrichtungen des Vereins nicht oder nicht regelmäßig nutzen, verpflichtet sind, ihren Jahresbeitrag zu zahlen“[662].

Zusammenfassend bedeutet dies, dass die bloße Zurverfügungstellung von Sportanlagen an die Mitglieder eines Vereins nach Auffassung des EuGH eine Leistung darstellt, die die Mitglieder pauschal zahlen. Unerheblich ist, ob und wie oft die Mitglieder das Leistungsangebot in Anspruch nehmen[663].

cc) Dem EuGH-Urteil „Kennemer Golf & Country Club“ nachfolgende nationale Rechtsprechung

Mit dem Urteil des BFH vom 9.8.2007[664] kam es zur vom Schrifttum vehement geforderten[665] Rechtsprechungsänderung bei der umsatzsteuerrechtlichen Beurteilung von Mitgliedsbeiträgen. In diesem Urteil begehrte ein gemeinnütziger Luftsportverein die Vorsteuer aus Investitionen, die er seinen Mitgliedern der Satzungsbestimmungen entsprechend zur Nutzung überließ. Die

---

662 EuGH, Urt. v. 21.3.2002 – C-174/00 [Kennemer Golf & Country Club], Slg. I 2002, 3293 (3328 f. [Binnenzitate ausgespart]).

663 Siehe auch *Alvermann*, Festschrift Streck, 2011, S. 9 (25); *Möhlenkamp*, UR 2003, 173 (174); *Widmann*, UR 2002, 325 (326).

664 BFH, Urt. v. 9.8.2007 – V R 27/04, DStR 2007, 1719.

665 Siehe zur vorgebrachten Kritik noch im Einzelnen S. 121 ff.

Vereinsmitglieder mussten nach der Satzung des Luftsportvereins „Beiträge" und ein „Eintrittsgeld" an den Verein entrichten und zusätzlich Werkstattarbeit leisten, oder Ersatzleistungen erbringen. Die Vereinsmitglieder nutzten die Flugzeuge des Luftsportvereins je nach Verfügbarkeit. Für die Überlassung der vereinseigenen Flugzeuge mussten die Mitglieder des Luftsportvereins „Gebühren" entrichten, die aufgrund einer Gebührenordnung erhoben wurden. Diese Gebühren waren nicht kostendeckend. Nach Auffassung der Finanzbehörde waren die Umsätze aus den Nutzungsüberlassungen der Flugzeuge nach § 4 Nr. 22 Buchst. b UStG steuerfrei und der Vorsteuerabzug insofern ausgeschlossen. Dem schloss sich das Finanzgericht Köln[666] an. Der BFH hat entschieden, dass es sich bei der Nutzungsüberlassung der Flugzeuge um keine „sportliche Veranstaltung" i. S. d. § 4 Nr. 22 Buchst. b UStG[667] handele und insofern der Vorsteuerabzug möglich sei[668]. Gewichtiger waren aber dessen weiteren Ausführungen, zur Steuerbarkeit der Mitgliedsbeiträge eines Sportvereins nach § 1 Abs. 1 Nr. 1 S. 1 UStG[669]. Der BFH hat sich ausdrücklich den vom EuGH in der Entscheidung „Kennemer Golf & Country Club"[670] entwickelten Grundsätzen angeschlossen und seine bisherige Rechtsprechung aufgegeben[671]. Jahresbeiträge der Mitglieder eines Sportvereins könnten die Gegenleistung für die von diesem Verein erbrachten Dienstleistungen sein. Es komme nicht darauf an, dass die Mitglieder die Vorteile tatsächlich in Anspruch nehmen. Bei Sportvereinen bestehe ein unmittelbarer Zusammenhang zwischen der Leistung des Vereins, den Mitgliedern Vorteile wie Sportanlagen zur Verfügung zu stellen, und den Mitgliedsbeiträgen[672].

Diese Rechtsauffassung hat der BFH in weiteren Entscheidungen bestätigt[673]. Sie gilt keineswegs ausschließlich für Sportvereine, sondern ist ebenfalls

---

666 FG Köln, Urt. v. 29.5.2002 – 7 K 8219/98, EFG 2004, 1800.

667 Siehe dazu und zu den damit im Zusammenhang stehenden Problemen noch näher unter S. 129 ff.

668 BFH, Urt. v. 9.8.2007 – V R 27/04, DStR 2007, 1719 (1720 f.).

669 Ebenso *Ev. Klein*, DStR 2008, 1016 (1019).

670 EuGH, Urt. v. 21.3.2002 – C-174/00 [Kennemer Golf & Country Club], Slg. I 2002, 3293.

671 BFH, Urt. v. 9.8.2007 – V R 27/04, DStR 2007, 1719 (1721); ebenso anstelle vieler *Alvermann*, Festschrift Streck, 2011, S. 9 (26); *Bartmuß/Pauls*, ZStV 2013, 121 (122); *Becker/Kretzschmann*, DStR 2008, 1985 (1987); *Tehler*, in Reiß/Kraeusel/Langer, UStG, § 1 Rn. 448 (Juli 2012).

672 BFH, Urt. v. 9.8.2007 – V R 27/04, DStR 2007, 1719 (1721).

673 BFH, Urt. v. 11.10.2007 – V R 69/06, BFHE 219, 287 (291); v. 29.10.2008 – XI R 59/07, BFHE 223, 493 (495 f.); Beschl. v. 7.5.2009 – V B 130/08, BHF/NV 2009, 1470 (1471); Urt. v. 18.6.2009 – V R 77/07, BFHE 226, 187 (192); Beschl. v. 22.12.2012

auf andere Personenvereinigungen übertragbar[674]. Demnach sind Mitgliedsbeiträge „Entgelt" i. S. d. § 1 Abs. 1 Nr. 1 S. 1 UStG, wenn die Mitglieder durch die Leistungen des Vereins einen konkreten verbrauchsfähigen Vorteil erhalten[675]. Die für die Annahme eines Leistungsaustausches erforderliche Verbindung zwischen Leistung und Gegenleistung kann sich bereits aus der Satzung ergeben[676]. Auf die tatsächliche Inanspruchnahme der von der Personenvereinigung angebotenen Vorteile kommt es nicht an[677]. Demnach ist anhand der üblichen Kriterien[678] festzustellen, ob ein Leistungsaustausch vorliegt[679]. Insbesondere im Hinblick auf den Wettbewerb bietet sich die Kontrollfrage an, ob ein Leistungsaustausch bei Ersetzung des Vereins durch einen anderen Rechtsträger zustande käme[680]. Bei dem Verhältnis zwischen leistender Personenvereinigung und Mitglied können insofern verallgemeinernd folgende Fallgruppen unterschieden werden[681]: Unzweifelhaft sind – und waren auch

---

– XI B 21/11, BFH/NV 2012, 813. Auch die Finanzgerichte haben die Grundsätze des EuGH und des BFH übernommen; siehe FG Düsseldorf, Urt. v. 17.1.2007 – 5 K 3220/04 U, EFG 2008, 167; FG Münster, Urt. v. 6.10.2009 – 15 K 1318/05 U, EFG 2010, 272; FG München, Urt. v. 26.11.2009 – 14 K 4217/06, DStRE, 625; FG Köln, Urt. v. 11.6.2010 – 15 K 1571/07, EFG 2010, 2035; FG Nieders., Urt. v. 10.12.2010 – 16 K 329/09, EFG 2011, 1833.

674 Vgl. BFH, Urt. v. 29.10.2008 – XI R 59/07, BFHE 223, 493 (495 f.); so bereits vor der Änderung der Rechtsprechung des BFH ausdrücklich FG Düsseldorf, Urt. v. 17.1.2007 – 5 K 3220/04 U, EFG 2008, 167 (169); siehe auch *Bartmuß/Pauls*, ZStV 2013, 121 (122); *Jakob*, USt[4], 2009, § 10 Rn. 933; *Stadie*, in Rau/Dürrwächter, UStG, § 2 Rn. 231 (Juli 2011); *Tausch*, UVR 2009, 228; *Tehler*, in Reiß/Kraeusel/Langer, UStG, § 1 Rn. 455 (Juli 2012); a. A. *Halaczinsky*, in Wallenhorst/Halaczinsky, Die Besteuerung gemeinnütziger Vereine u. a., 2009, S. 684 f., der die im EuGH-Urteil „Kennemer Golf & Country Club" entwickelten Grundsätze als Sonderfall für Sportvereine darstellt.

675 *Stadie*, in Rau/Dürrwächter, UStG, § 2 Rn. 225 (Juli 2011); *Tehler*, in Reiß/Kraeusel/Langer, UStG, § 1 Rn. 455 (Juli 2012).

676 So ausdrücklich zur Besteuerung von Vereinen BFH, Urt. v. 29.10.2008 – XI R 59/07, BFHE 223, 493 (496).

677 *Bartmuß/Pauls*, ZStV 2013, 121 (122).

678 Siehe dazu bereits S. 90 f.

679 *Becker/Kretzschmann*, DStR 2008, 1985 (1988).

680 FG Düsseldorf, Urt. v. 17.1.2007 – 5 K 3220/04 U, EFG 2008, 167 (168); ebenso *Möhlenkamp*, UR 2003, 173 (177); *Ruppe/Achatz*, UStG[4], 2011, § 1 Rn. 116; *Stadie*, in Rau/Dürrwächter, UStG, § 2 Rn. 225 (Juli 2011).

681 Die Differenzierung ist angelehnt an FG Düsseldorf, Urt. v. 17.1.2007 – 5 K 3220/04 U, EFG 2008, 167 (168); *Becker/Kretzschmann*, DStR 2008, 1985 (1986 ff.); *Ruppe/*

nach alter Rechtsauffassung – Leistungen, die die Personenvereinigung einem einzelnen Mitglied gegen ein gesondertes Entgelt erbringt, umsatzsteuerbar. Erfüllt die Personenvereinigung ihren Satzungszweck, indem sie nach außen Aktivitäten entfaltet, die im individuellen wirtschaftlichen, beruflichen oder persönlichen Interesse der Mitglieder liegen, ist ein Leistungsaustausch gegeben. Gleiches gilt, wenn die Personenvereinigung ihrem Zweck nachkommt, indem sie zwar keine Aktivitäten nach außen entfaltet, aber Tätigkeiten erbringt, die die gebündelten Interessen der Mitglieder fördern. Nehmen einzelne Mitglieder die Vorteile der Mitgliedschaft nicht in Anspruch, ist die Leistung der Personenvereinigung dann in der Leistungsbereitschaft zu sehen. Erbringt die Personenvereinigung hingegen Tätigkeiten, die den Mitgliedern nicht zu Gute kommen, sind die Voraussetzungen eines Leistungsaustausches gegenüber diesen nicht erfüllt.

dd) Auffassung der Finanzverwaltung

Während sich die Rechtsprechung ausdrücklich von ihrer früheren Auffassung gelöst hat[682], hält die Finanzverwaltung in den einschlägigen Abschnitten des Umsatzsteueranwendungserlasses[683] und weiteren Verwaltungsanweisungen[684] bis heute an der Differenzierung nach „echten" und „unechten" Mitgliedsbeiträgen fest[685]. Nach der sich aus der dargestellten Rechtsprechung bis zur EuGH-Entscheidung „Kennemer Golf & Country Club" abgeleiteten Auffassung der Finanzverwaltung[686] greift § 1 Abs. 1 Nr. 1 S. 1 UStG nicht, wenn die Personenvereinigung die Mitgliedsbeiträge zur Erfüllung ihrer – den Gesamtbelangen der sämtlicher Mitglieder dienenden – satzungsgemäßen Gemeinschaftszwecken

---

Achatz, UStG[4], 2011, § 1 Rn. 117; *Stadie*, in Rau/Dürrwächter, UStG, § 2 Rn. 225 (Juli 2011). Eine eingehende Darstellung anhand von Beispielen zu den einzelnen Fallgruppen geben *Becker/Kretzschmann*, DStR 2008, 1985 (1986 ff.).

682 Siehe dazu bereits S. 116 f.; der BFH hat in seinen Urteilen v. 9.8.2007 – V R 27/04, DStR 2007, 1719 (1721); v. 11.10.2007 – V R 69/06, BFHE 219, 287 (291); v. 18.6.2009 – V R 77/07, BFHE 226, 187 (192) die Abweichung von der Verwaltungsauffassung ausdrücklich hervorgehoben.

683 A 1.4 UStAE und A 2.10 Abs. 1 S. 1 UStAE.

684 Siehe bereits Fn. 602.

685 *Englisch*, in Tipke/Lang, Steuerrecht[21], 2013, § 17 Rn. 137; *Gotthardt/Schütze*, NZG 2010, 1406 (1407); *Lenz*, Mitgliedsbeiträge privatrechtlicher Vereinigungen im Umsatzsteuerrecht, 2012, S. 34; *Schettler*, UVR 2010, 144 (145).

686 Die Verwaltungsauffassung ähnlich darstellend *Alvermann*, Festschrift Streck, 2011, S. 9 (23 f.); *Bartmuß/Pauls*, ZStV 2013, 121 (122 f.); *Stadie*, in Rau/Dürrwächter, UStG, § 2 Rn. 218 ff. (Juli 2011).

vereinnahmt. Für diesen Fall der „echten" Mitgliedsbeiträge erbringe das Mitglied den Beitrag nicht, um eine konkrete Leistung oder Leistungsbereitschaft abzugelten. Es fehle insoweit an der inneren Verknüpfung von Leistung und Gegenleistung[687]. Dienen die von der Vereinigung erbrachten Leistungen hingegen den Sonderbelangen einzelner Mitglieder und werden die Mitgliedsbeiträge entsprechend der tatsächlichen oder vermuteten Inanspruchnahme ihrer Tätigkeit erhoben, handele es sich um „unechte" Mitgliedsbeiträge[688]. Erforderlich für die Annahme „echter" Mitgliedsbeiträge sind nach Auffassung der Finanzverwaltung für alle Mitglieder gleich hohe oder nach einem einheitlichen Bemessungsmaßstab errechnete Mitgliedsbeiträge[689], wobei die Berücksichtigung persönlicher Kriterien unschädlich sei[690]. Allerdings lasse die Gleichheit der Beiträge bzw. ein einheitlicher Bemessungsmaßstab nicht alleine den Schluss zu, dass es sich um echte Mitgliedsbeiträge handele[691]. Vereinsleistungen, die sowohl Einzelbelangen als auch den Gesamtbelangen der Mitglieder dienen, seien dementsprechend aufzuteilen[692]. Bemerkenswert ist, dass die Finanzverwaltung den Anwendungsbereich der in A 1.4 Abs. 3 bis 6 UStAE aufgenommenen Urteile, die eine Steuerbarkeit der Mitgliedsbeiträge zur Folgen hatten, erheblich eingeschränkt hat[693]. So ist beispielsweise der Anwendungsbereich des Urteils zur Beurteilung der Mitgliedsbeiträge an einen Lohnsteuerhilfeverein[694] in A 1.4 Abs. 3 UStAE auf Mitglieder einer Interessenvereinigung der Lohnsteuerzahler beschränkt. Das verdeutlicht die zurückhaltende Position der Finanzverwaltung zu der Frage, ob an eine Personenvereinigung geleistete Mitgliedsbeiträge als umsatzsteuerbar zu qualifizieren sind.

Im Umsatzsteueranwendungserlass oder anderen Verwaltungsanweisungen ist zwar nicht ausdrücklich erwähnt, dass für die Abgrenzung die i. R. d. § 8 Abs. 5 KStG geltenden Abgrenzungskriterien auch für die umsatzsteuerrechtliche Beurteilung von Mitgliedsbeiträgen Gültigkeit haben sollen. Die zuvor aufgezeigte Differenzierung[695] zwischen „echten" und „unechten" Mitgliedsbeiträgen

---

687 A 1.4 Abs. 1 S. 1 UStAE.

688 A 1.4 Abs. 1 S. 2 UStAE.

689 A 1.4 Abs. 2 S. 1 UStAE.

690 A 1.4 Abs. 2 S. 2 UStAE.

691 A 1.4 Abs. 2 S. 3 UStAE.

692 A 1.4 Abs. 7 S. 1 UStAE.

693 *Schettler*, UVR 2010, 144 (145) merkt selbiges Phänomen hinsichtlich A 4 Abs. 5 UStR 2008 (nunmehr A 1.4 Abs. 5 UStAE) an.

694 BFH, Urt. v. 9.5.1974 – V R 128/71, BStBl. II 1974, 530.

695 Siehe S. 109 ff.

im Körperschaftsteuerrecht verläuft nach Auffassung der Finanzverwaltung mit der umsatzsteuerrechtlichen jedoch faktisch parallel.

b) Zur Untauglichkeit der herkömmlichen Abgrenzungskriterien für die umsatzsteuerrechtliche Beurteilung von Mitgliedsbeiträgen

Das Schrifttum übte schon frühzeitig Kritik am Einzug der für § 8 Abs. 5 KStG zur Abgrenzung von „echten" und „unechten" Mitgliedsbeiträgen entwickelten Grundsätze in das Umsatzsteuerrecht hinsichtlich der Frage, ob Mitgliedsbeiträge die Voraussetzungen eines Leistungsaustausches i. S. d. § 1 Abs. 1 Nr. 1 S. 1 UStG erfüllen[696]. Diese nahm mit der Zeit mehr und mehr zu[697]. Die mit dem körperschaftsteuerrechtlichen parallel verlaufende Beurteilung von Mitgliedsbeiträgen wird aus mehrerlei Hinsicht für das Umsatzsteuerrecht als untauglich erachtet[698]. Die Abgrenzung werde dem Verbrauchsteuercharakter der Umsatzsteuer nicht gerecht[699]. Zudem resultiere aus ihr eine unter Wettbewerbsgesichtspunkten nicht hinnehmbare Ungleichbehandlung[700] und ihr wohne Umgehungspotenzial inne[701]. Schließlich sei diese Behandlung nicht mit den Vorgaben der MwStSystRL vereinbar[702].

---

696 Siehe bereits Fn. 599.

697 In diesem Sinne auch *Lenz*, Mitgliedsbeiträge privatrechtlicher Vereinigungen im Umsatzsteuerrecht, 2012, S. 21.

698 Eine dem Folgenden ähnliche und ausführliche Zusammenfassung der einzelnen Kritikpunkte findet sich bei *Lenz*, Mitgliedsbeiträge privatrechtlicher Vereinigungen im Umsatzsteuerrecht, 2012, S. 22 ff.

699 Exemplarisch *Gotthardt/Schütze*, NZG 2010, 1406 (1409); *Hundt-Eßwein*, UStB 2003, 341 (342); *Lenz*, Mitgliedsbeiträge privatrechtlicher Vereinigungen im Umsatzsteuerrecht, 2012, S. 23; *Nieskens*, UR 2002, 345 (346); *Reiß*, StuW 1987, 351 f.; *ders.*, RIW 2003, 199 (202); *Söhn*, StuW 1975, 164 (168); *Stadie*, Das Recht des Vorsteuerabzugs, 1989, S. 38 f.; *ders.*, UR 2008, 186; *ders.*, in Rau/Dürrwächter, UStG, § 2 Rn. 222 (Juli 2011); *ders.*, UStG[2], 2012, § 2 Rn. 99; *Tipke*, StRO II[2], 2003, S. 993; *Walden*, Die Umsatzsteuer als indirekte Verbrauchsteuer, 1988, S. 153 ff.

700 *Englisch*, in Tipke/Lang, Steuerrecht[21], 2013, § 17 Rn. 137; *Lenz*, Mitgliedsbeiträge privatrechtlicher Vereinigungen im Umsatzsteuerrecht, 2012, S. 19, 25; *Schettler*, UR 1988, 29 (33 f.); *Stadie*, in Rau/Dürrwächter, UStG, § 2 Rn. 222 (Juli 2011); *Walden*, Die Umsatzsteuer als indirekte Verbrauchsteuer, 1988, S. 158.

701 *Lenz*, Mitgliedsbeiträge privatrechtlicher Vereinigungen im Umsatzsteuerrecht, 2012, S. 26.

702 *Nieskens*, UR 2002, 345 (346); *Stadie*, in Rau/Dürrwächter, UStG, § 2 Rn. 223 (Juli 2011).

aa) Verbrauchsteueraspekt als maßgebliches Kriterium

Die Umsatzsteuerbarkeit der Mitgliedsbeiträge beurteilt sich allein nach § 1 Abs. 1 Nr. 1 S. 1 und S. 3 UStG[703]. Das Umsatzsteuergesetz sieht keine spezifische Vorschrift für die umsatzsteuerrechtliche Beurteilung von Mitgliedbeiträgen vor[704]. Vielmehr betont es in § 2 Abs. 1 S. 3 2. Hs. UStG, dass „gewerblich oder beruflich (...) jede nachhaltige Tätigkeit [ist], auch wenn (...) eine Personenvereinigung nur gegenüber ihren Mitgliedern tätig wird". Gerade im Hinblick auf den Verbrauchsteuergedanken wäre eine Sonderbehandlung der Mitgliedsbeiträge im Sinne der althergebrachten Rechtsverständnisses auch nicht systemkonform. Der bis heute von der Finanzverwaltung zugrunde gelegten und auch früher von der Rechtsprechung vertretenen Auffassung wird zu Recht vorgeworfen, den Besteuerungszweck des Umsatzsteuergesetzes, die Besteuerung einer Entgeltsverwendung für einen Verbrauch von Leistungen, zu verfehlen[705]. *Reiß* ist zuzustimmen, dass dieses Rechtsverständnis für das Umsatzsteuerrecht keine überzeugenden Abgrenzungskriterien bereithält[706]. Er hat daher frühzeitig dafür appelliert, den „fruchtlosen Versuch" aufzugeben, „die Unterscheidung aus der Art ‚der inneren Verknüpfung von Leistung und Gegenleistung' oder aus einem angeblichen Gegensatz von Leistungsaustausch und Leistungsvereinigung abzuleiten"[707]. Die Verbrauchbesteuerung ist Ziel der Umsatzsteuer und auch bei der Beurteilung der Mitgliedsbeiträge als Orientierungsmaßstab zwingend zu berücksichtigen[708]. Führt eine Tätigkeit einer Personenvereinigung für ihre Mitglieder zu geldwerten Vorteilen in Form eines verbrauchbaren Nutzens, handelt es sich um Leistungen, denen die Mitgliedsbeiträge als Gegenleistung gegenüberstehen[709]. Sonderleistungen

---

703 *Lenz*, Mitgliedsbeiträge privatrechtlicher Vereinigungen im Umsatzsteuerrecht, 2012, S. 15; im Ergebnis bereits *Hausmann*, Aktuelle Umsatzsteuer-Fragen 1951, 1951, S. 89 (90). Für die der Steuerbarkeit des Umsatzes nachfolgenden Fragen der Steuerfreiheit, der Bemessungsgrundlage und des Steuersatzes sieht das Umsatzsteuergesetz ebenfalls keine Sonderregelung für Mitgliedsbeiträge vor.

704 *Alvermann*, Festschrift Streck, 2011, S. 9 (23); *Gotthardt/Schütze*, NZG 2010, 1406 (1407); *Lenz*, Mitgliedsbeiträge privatrechtlicher Vereinigungen im Umsatzsteuerrecht, 2012, S. 19, 67; *Sahm*, UR 1995, 210 (211).

705 Anstelle vieler *Nieskens*, UR 2002, 345 (346); *Reiß*, StuW 1987, 351.

706 *Reiß*, StuW 1987, 351 f.; *ders.*, RIW 2003, 199 (202).

707 *Reiß*, StuW 1987, 351 f.

708 Eingehend bereits *Söhn*, StuW 1975, 164 (168); allgemein zum Verbrauchsteuergedanken als teleologischem Auslegungsmaßstab im Umsatzsteuerrecht siehe bereits S. 13 f.

709 Ebenso *Gotthardt/Schütze*, NZG 2010, 1406 (1409); *Stadie*, in Rau/Dürrwächter, UStG, § 2 Rn. 223 (Juli 2011); *ders.*, UStG², 2012, § 2 Rn. 99.

im Einzelinteresse eines Mitglieds sind ohnehin zusätzliche steuerbare Umsätze[710]. Aber auch die Frage, ob die Tätigkeit der Personenvereinigung gegenüber ihren Mitgliedern in Verfolgung des Satzungszwecks zu sehen ist oder nicht, ist für die Beurteilung eines Leistungsaustauschs i. S. d. § 1 Abs. 1 Nr. 1 S. 1 UStG irrelevant[711]. Diese Vorgänge muss die Umsatzsteuer als Verbrauchsteuer erfassen[712]. Denn das im Satzungszweck begründete Gesamtinteresse kann lediglich eine Bündelung gleichgelagerter Einzelinteressen sein, weswegen sich die Mitglieder in der Personenvereinigung zusammengeschlossen haben[713]. Die Begründung, das Mitglied wolle mit seinem Beitrag keine konkrete Leistung des Vereins abgelten, sondern lediglich seiner Beitragspflicht nachkommen[714], überzeugt daher nicht[715]. Dass der Mitgliedsbeitrag als lediglich pauschaliertes Entgelt erhoben wird, steht der Steuerbarkeit nicht entgegen[716]. Das bedeutet jedoch keineswegs, dass im Verhältnis zwischen Personenvereinigung und Mitglied generell ein steuerbarer Leistungsaustausch vorliegt[717]. Verfolgt die Personenvereinigung mit den vereinnahmten Mitgliedsbeiträgen bloß altruistische Zwecke und wendet sie sich an einen nicht individualisierbaren Adressatenkreis, liegt somit kein Leistungsaustausch vor[718]. Entscheidend ist, dass die Personenvereinigung

---

710 *Oelmaier*, in Sölch/Ringleb, UStG, § 1 Rn. 66 (April 2013); *Söhn*, StuW 1975, 164 (168); *Stadie*, in Rau/Dürrwächter, UStG, § 2 Rn. 222 (Juli 2011).

711 *Becker/Kretzschmann*, DStR 2008, 1985 (1987); *Söhn*, StuW 1975, 164 (168); *Stadie*, in Rau/Dürrwächter, UStG, § 2 Rn. 222 (Juli 2011); *ders.*, UStG², 2012, § 2 Rn. 99.

712 Dem Gesetzgeber steht es dabei allerdings frei, einige Mitgliedsbeiträge aus Gründen der Praktikabilität oder aus gesellschafts- bzw. sozialpolitischen Gründen freizustellen. Dies wäre auch der systematisch korrekte Weg; so auch *Reiß*, RIW 2003, 199 (202); *Walden*, Die Umsatzsteuer als indirekte Verbrauchsteuer, 1988, S. 160.

713 *Reiß*, StuW 1987, 351 (352); *ders.*, RIW 2003, 199 (202); *Stadie*, in Rau/Dürrwächter, UStG, § 2 Rn. 222 (Juli 2011); *Walden*, Die Umsatzsteuer als indirekte Verbrauchsteuer, 1988, S. 159.

714 BFH, Urt. v. 20.12.1984 – V R 25/76, BStBl. II 1985, 176 (179).

715 *Becker/Kretzschmann*, DStR 2008, 1985 (1988); *Büchter-Hole*, EFG 2008, 169 (170); *Ev. Klein*, DStR 2008, 1016 (1017).

716 *Alvermann*, FR 2006, 262 (265); *Hundt-Eßwein*, UStB 2003, 341 f.; *Jakob*, USt⁴, 2009, § 10 Rn. 931; *Lenz*, Mitgliedsbeiträge privatrechtlicher Vereinigungen im Umsatzsteuerrecht, 2012, S. 23; *Nieskens*, UR 2002, 345 (346); *Stadie*, Das Recht des Vorsteuerabzugs, 1989, S. 38 f.; *ders.*, UStG², 2012, § 2 Rn. 99.

717 *Becker/Kretzschmann*, DStR 2008, 1985 (1986); *Gotthardt/Schütze*, NZG 2010, 1406 (1409); *Reiß*, StuW 1987, 351 (352); so aber noch *Söhn*, StuW 1975, 164 (168 f.).

718 *Becker/Kretzschmann*, DStR 2008, 1985 (1986 f.); *Gotthardt/Schütze*, NZG 2010, 1406 (1409); *Hüttemann*, Gemeinnützigkeits- und Spendenrecht², 2012, § 7 Rn. 137; *Jakob*, USt⁴, 2009, § 10 Rn. 933; *P. Küffner*, DStR 2002, 1387; *Reiß*, Non Profit Law

dem einzelnen Mitglied oder einem von ihm individualisierten Dritten einen verbrauchsfähigen Vorteil gewährt[719].

bb) Gewährleistung einer wettbewerbsneutralen Behandlung der Mitgliedsbeiträge im Umsatzsteuerrecht

Darüber hinaus beanstanden Stimmen in der Literatur, dass die herkömmliche Differenzierung zwischen „echten" und „unechten" Mitgliedsbeiträgen unter Wettbewerbsgesichtspunkten nicht haltbar sei. Sowohl der Gleichbehandlungsgrundsatz als auch der umsatzsteuerrechtliche Grundsatz der Rechtsformneutralität[720] würden dieser Abgrenzung entgegenstehen[721]. Dem ist zuzustimmen. Denn einerseits kann eine Personenvereinigung ihren Mitgliedern Leistungen im Regelfall[722] günstiger anbieten, weil diese steuerrechtlich geringer belastet sind, indem nur die für den Verein nichtabziehbarer Vorsteuerbeträge darin einfließen[723]. *Englisch* erachtet es im Hinblick auf Vereinstätigkeiten daher als „offensichtlich, dass eine solche Differenzierung die kollektive Organisation der Freizeitgestaltung gegenüber der Inanspruchnahme kommerzieller Angebote ungerechtfertigt privilegiert und den Grundsatz einer gleichmäßigen Belastung sämtlicher Konsumaufwendungen

---

Yearbook 2005, 2006, S. 47 (57 f.); *Stadie*, UStG², 2012, § 2 Rn. 103; *ders.*, in Rau/Dürrwächter, UStG, § 2 Rn. 225 (Juli 2011); *Tehler*, in Reiß/Kraeusel/Langer, UStG, § 1 Rn. 455.1 (Juli 2012); *Widmann*, UR 2002, 325 (326).

719 BFH, Urt. v. 9.8.2007 – V R 27/04, DStR 2007, 1719 (1721); v. 18.6.2009 – V R 77/07, BFHE 226, 187 (192); *Becker/Kretzschmann,* DStR 2008, 1985 (1987); *Nieskens*, UR 2002, 345 (346); *Reiß*, StuW 1987, 351 (352); *Stadie*, in Rau/Dürrwächter, UStG, § 2 Rn. 225 (Juli 2011); *Tipke*, StRO II², 2003, S. 993 f.

720 Der Grundsatz der Rechtsformneutralität im Umsatzsteuerrecht resultiert insbesondere daraus, dass letztlich der Endverbraucher als Leistungsempfänger belastet werden soll und der umsatzsteuerliche Belastungsgrund damit auf die Erfassung jedes Unternehmers abzielt; vgl. BVerfG, Beschl. v. 10.11.1999 – 2 BvR 2861/93, BVerfGE 101, 151 (156 f.).

721 Kritisch im Hinblick auf den Gleichbehandlungsgrundsatz *Englisch*, in Tipke/Lang, Steuerrecht²¹, 2013, § 17 Rn. 137; *Lenz*, Mitgliedsbeiträge privatrechtlicher Vereinigungen im Umsatzsteuerrecht, 2012, S. 26; *Stadie*, in Rau/Dürrwächter, UStG, § 2 Rn. 222 (Juli 2011); *Walden*, Die Umsatzsteuer als indirekte Verbrauchsteuer, 1988, S. 159; zur Unvereinbarkeit mit Blick auf den Grundsatz der Rechtsformneutralität *Gotthardt/Schütze*, NZG 2010, 1406 (1407); *Schettler*, UR 1988, 29 (33 f.).

722 Dies trifft nicht zu, wenn die damit einhergehende Versagung des Vorsteuerabzugs dazu führt, dass die Mitgliedsbeiträge eine erhebliche Umsatzsteuerbelastung des Vereins auffangen müssen; siehe zu den daraus resultierenden Vorteilen der Steuerpflicht von Mitgliedsbeiträgen noch S. 130 f.

723 Ebenso zum Ideal-Verein *Stadie*, in Rau/Dürrwächter, UStG, § 2 Rn. 222 (Juli 2011).

verfehlt“[724]. Andererseits resultiert für den Fall, dass die Mitglieder ihrerseits als Unternehmer der Personenvereinigung aus unternehmerischen Gründen beigetreten sind, aus der Zugrundelegung der Finanzverwaltungsauffassung eine weitere dem Gesetzeszweck wiedersprechende Umsatzsteuerbelastung, die dem Grundsatz der Wettbewerbsneutralität entgegensteht[725]. Diese Fallkonstellationen würden nämlich eine Belastung der Mitglieder als Unternehmer über die Mitgliedsbeiträge mit den bei der Personenvereinigung nichtabziehbaren Vorsteuern zur Folge haben. Das widerspricht jedoch dem Grundgedanken der Allphasen-Netto-Umsatzsteuer[726]. *Stadie* folgert daraus, dass die Unternehmer deswegen in ihrer Entscheidung beeinflusst werden könnten, ob sie sich für die gemeinsamen unternehmerischen Zwecke förderlichen Vereinen oder Gesellschaften anschließen[727]. Darüber hinaus gebietet schon der Grundsatz der Rechtsformneutralität, dass für Vereine, Berufsverbände und andere Personenvereinigungen bei der Beurteilung der Unternehmereigenschaft und eines umsatzsteuerbaren Umsatzes keine Besonderheiten gelten[728]. Das missachtet die herkömmliche Differenzierung jedoch, in dem sie „echte“ Mitgliedsbeiträge generell nicht dem unternehmerischen Bereich zuordnet[729].

cc) Vermeidung von potentiellen Umgehungsgestaltungen

Gegen die althergebrachten Abgrenzungskriterien bei der umsatzsteuerrechtlichen Beurteilung von Mitgliedsbeiträgen spreche zudem, dass eigentlich umsatzsteuerbare Entgelte nur zum Zwecke der Steuerumgehung als Mitgliedsbeiträge ausgestaltet werden könnten[730]. Zwar sind Mitgliedsbeiträge auch nach alter Rechtslage nicht generell als nichtsteuerbar behandelt worden, wie beispielsweise die Behandlung der Mitgliedsbeiträge an einen Lohnsteuerhilfeverein demonstriert[731]. Allerdings kam – bzw. kommt nach Verwaltungsauffassung – den pauschalen Mitgliedsbeiträgen eine so ausgeprägte indizielle Wirkung zu,

---

724 *Englisch*, in Tipke/Lang, Steuerrecht[21], 2013, § 17 Rn. 137; ähnlich *Walden*, Die Umsatzsteuer als indirekte Verbrauchsteuer, 1988, S. 158.

725 *Stadie*, in Rau/Dürrwächter, UStG, § 2 Rn. 232 (Juli 2011).

726 In diesem Sinne auch *Stadie*, in Rau/Dürrwächter, UStG, § 2 Rn. 232 (Juli 2011).

727 *Stadie*, in Rau/Dürrwächter, UStG, § 2 Rn. 232 (Juli 2011).

728 *Lippross*, Umsatzsteuer[23], 2012, S. 134; zu Vereinen *Gotthardt/Schütze*, NZG 2010, 1406 (1407).

729 In diesem Sinne *Lippross*, Umsatzsteuer[23], 2012, S. 134; *Schettler*, UR 1988, 29 (33 f.).

730 *Lenz*, Mitgliedsbeiträge privatrechtlicher Vereinigungen im Umsatzsteuerrecht, 2012, S. 24.

731 BFH, Urt. v. 9.5.1974 – V R 128/71, BStBl. II 1974, 530 (531 [das Urteil ist dargestellt auf S. 113 f.]); siehe auch A 1.4 Abs. UStAE.

dass auch dieser Kritikpunkt nicht von der Hand zu weisen und ein gesetzlich nicht vorgesehenes Gestaltungspotential gegeben ist.

dd) Vereinbarkeit mit den Vorgaben der MwStSystRL

Schließlich ist die fortwährende Verwaltungsauffassung aus unionsrechtlicher Perspektive einiger Kritik ausgesetzt[732]. Neben den zuvor genannten auch auf unionsrechtlicher Ebene geltenden Gegenargumenten spricht das Auslegungsergebnis konkreter Vorschriften der MwStSystRL gegen das althergebrachte Rechtsverständnis[733]. Die MwStSystRL sieht in Art. 132 Abs. 1 Buchst. l MwStSystRL eine Steuerbefreiung für „Dienstleistungen [...], die Einrichtungen ohne Gewinnstreben, welche politische, gewerkschaftliche, religiöse u. a. Ziele verfolgen, ihren Mitgliedern in deren gemeinsamem Interesse gegen einen satzungsgemäß festgelegten Beitrag erbringen, vorausgesetzt, dass diese Befreiung nicht zu Wettbewerbsverzerrungen führt", vor. Aus dem Wortlaut der Befreiungsvorschrift „Dienstleistungen [...] gegen [...] satzungsmäßig festgelegten Beitrag" folgt, dass die MwStSystRL trotz des gemeinsamen Interesses der Mitglieder Dienstleistungen des Vereins annimmt und der satzungsmäßig festgelegte Beitrag das Entgelt darstelle und dementsprechend der Verein als Unternehmer anzusehen ist[734]. Auch Art. 132 Abs. 1 Buchst. m MwStSystRL steht dem alten Rechtsverständnis entgegen. Nach dieser Richtlinienregelung sind steuerfrei „bestimmte in engem Zusammenhang mit Sport und Körperertüchtigung stehende Dienstleistungen, die Einrichtungen ohne Gewinnstreben an Personen erbringen, die Sport oder Körperertüchtigung ausüben". Die Regelung setzt damit voraus, dass die Leistungen eines Vereins zur Sport- und Körperertüchtigung gegen Entrichtung des Jahresbeitrags, umsatzsteuerbar sind[735]. Diese unionsrechtlichen Vorschriften bestätigen damit das – insbesondere unter Zugrundelegung des Verbrauchsteuerprinzips – gefundene Ergebnis.

ee) Zwischenergebnis

Die im Rahmen des § 8 Abs. 5 KStG für die Unterscheidung zwischen „echten" und „unechten" Mitgliedsbeiträgen entwickelten Grundsätze hatten in Rechtsprechung und haben bis heute in der Verwaltungspraxis auch im Umsatzsteuerrecht für die Frage, ob ein Leistungsaustausch i. S. d. § 1 Abs. 1 Nr. 1 S. 1 UStG vorliegt,

---

732 *Lippross*, Umsatzsteuer[23], 2012, S. 135.

733 *Ev. Klein*, DStR 2008, 1016 (1018); *Nieskens*, UR 2002, 345 (346); *Stadie*, in Rau/Dürrwächter, UStG, § 2 Rn. 223 (Juli 2011).

734 *Becker/Kretzschmann*, DStR 2008, 1985 (1987 f.); *Nieskens*, UR 2002, 345 (346); *Stadie*, in Rau/Dürrwächter, UStG, § 2 Rn. 223, 235 (Juli 2011).

735 *Ev. Klein*, DStR 2008, 1016 (1018); *Nieskens*, UR 2002, 345 (346).

faktisch Einzug erhalten. Im Gegensatz zum Körperschaftsteuergesetz sieht das nationale Umsatzsteuergesetz jedoch keine Sonderregelung für die umsatzsteuerrechtliche Beurteilung von Mitgliedbeiträgen vor[736]. Woraus Rechtsprechung und Verwaltung diese Abgrenzungskriterien für das Umsatzsteuerrecht abgeleitet haben bzw. die Finanzverwaltung bis heute ableitet, ist nicht ersichtlich[737]. Es finden sich zwar weder in den Urteilen zum Umsatzsteuerrecht[738] noch in den Verwaltungsanweisungen ausdrückliche Anlehnungen an das Körperschaftsteuerrecht. Es spricht aber vieles für die Annahme, dass der Gleichlauf von Körperschaftsteuerrecht und Umsatzsteuerrecht letztlich auf Praktikabilitätserwägungen zurückzuführen ist[739].

Die Abkehr der Rechtsprechung von der herkömmlichen Differenzierung ist in erster Linie vor Verbrauchsteuergesichtspunkten[740], zur Gewährleistung einer wettbewerbsneutralen Umsatzbesteuerung[741] und unter Berücksichtigung der unionsrechtlichen Vorgaben[742] unumgänglich gewesen. Nach Auffassung der Rechtsprechung und ganz h. M. im Schrifttum ist nunmehr nicht zwischen „echten" und „unechten" Mitgliedsbeiträgen im körperschaftsteuerrechtlichen Sinne zu unterscheiden, sondern allein nach Verbrauchsteuerkriterien zu entscheiden, ob ein steuerbarer Vorgang i. S. d. § 1 Abs. 1 Nr. 1 S. 1 und S. 1 UStG vorliegt[743].

---

736 Siehe bereits Fn. 604.

737 *Englisch*, in Tipke/Lang, Steuerrecht[21], 2013, § 17 Rn. 137 sieht es zu Recht als bemerkenswert an, dass die Finanzverwaltung ihre von der höchstrichterlichen Rechtsprechung abweichende Auffassung nicht näher begründet.

738 Das FG Saarl., Urt. v. 22.5.1985 – I 41/84, EFG 1985, 464 hat im ersten Orientierungssatz seines Urteils lediglich formuliert: „Die Entscheidung darüber, ob echte Mitgliedsbeiträge vorliegen, kann sowohl für den Bereich des KStG 1977 als auch für denjenigen des UStG 1980 nach weitgehend deckungsgleichen Kriterien einheitlich getroffen werden."

739 Ebenso *Lenz*, Mitgliedsbeiträge privatrechtlicher Vereinigungen im Umsatzsteuerrecht, 2012, S. 67 f.

740 Siehe S. 122 ff.

741 Siehe S. 124 f.

742 Siehe S. 126.

743 BFH, Urt. v. 9.8.2007 – V R 27/04, DStR 2007, 1719 (1721); Beschl. v. 7.5.2009 – V B 130/08, BHF/NV 2009, 1470 (1471); Urt. v. 18.6.2009 – V R 77/07, BFHE 226, 187 (192); FG Münster, Urt. v. 6.10.2009 – 15 K 1318/05 U, EFG 2010, 272 (273); anstelle vieler *Alvermann*, FR 2006, 262 (265); *Becker/Kretzschmann*, DStR 2008, 1985 (1987); *Nieskens*, UR 2002, 345 (346); *Reiß*, StuW 1987, 351 (352); *Reiß*, Non Profit Law Yearbook 2005, 2006, S. 47 (57 f.); *Stadie*, in Rau/Dürrwächter, UStG, § 2 Rn. 225 (Juli 2011); *Tipke*, StRO II[2], 2003, S. 993 f.; a. A. *Eggers*, DStR 2007, 461 (466), der der Finanzverwaltungsauffassung explizit folgt. *Halaczinsky*, in Wallen-

c) *Zum Gestaltungspotential der Personenvereinigungen im Umsatzsteuerrecht als Folge der alten Rechtslage und zum Handlungsbedarf von Gesetzgeber und Finanzverwaltung*

Die MwStSystRL stellt die Leistungen von Personenvereinigungen ohne Gewinnstreben nach Art. 132 Abs. 1 Buchst. l und m MwStSystRL gemeinhin steuerfrei. Daher entsprach das fiskalische Ergebnis aus unionsrechtlicher Perspektive in diesen Fällen zumeist dem der alten Rechtslage, obschon die Leistungen von Personenvereinigungen ohne Gewinnstreben unionsrechtlich – entgegen dem alten nationalen Rechtsverständnis – steuerbar sind[744]. Der nationale Gesetzgeber hat diese Befreiungsvorschriften der MwStSystRL jedoch bis heute nicht (ordnungsgemäß) umgesetzt[745]. Die Gesetzesmaterialien[746] geben keinen Hinweis darauf, aus

---

horst/Halaczinsky, Die Besteuerung gemeinnütziger Vereine u. a., 2009, S. 684 sieht die Anwendbarkeit des EuGH-Urteils „Kennemer Golf & Country Club" auf die Besteuerung von Sportvereinen beschränkt.

744 *Ev. Klein*, DStR 2008, 1016 (1018); *Nieskens*, UR 2002, 345 (346); *Widmann*, UR 2008, 77 (82). Allerdings führten die Kriterien für die Unterscheidung „echter" und „unechter" Mitgliedsbeiträge einerseits, sowie die davon unabhängigen Tatbestandmerkmale der Steuerbefreiungen der MwStSystRL andererseits, nicht immer zum gleichen Ergebnis; *Ev. Klein*, DStR 2008, 1016 (1019). Daher ist die zur Umsatzbesteuerung von Sportvereinen von der Bundesregierung (BT-Drs. 15/5478 v. 10.5.2005, S. 3) getätigte allgemeine Aussage zur alten Rechtslage, dass „die geltende Regelung in Deutschland (…) zum selben fiskalischen Ergebnis führt", nicht haltbar und auch für andere Personenvereinigungen nicht möglich; *Ev. Klein*, DStR 2008, 1016 (1019); die Auffassung der Bundesregierung empfindet *Alvermann*, Festschrift Streck, 2011, S. 9 (27) „(…) – vorsichtig formuliert – gewagt".

745 Zu den Umsetzungsdefiziten im Hinblick auf Art. 132 Abs. 1 Buchst. l MwStSystRL *Gotthardt/Schütze*, NZG 2010, 1406 (1409); *Lippross*, Umsatzsteuer[23], 2012, S. 136 f.; *Möhlenkamp*, UR 2003, 173 (179 ff.); *Stadie*, in Rau/Dürrwächter, UStG, Vor §§ 4–9 Rn. 38 (Feb. 2011); zu denen im Bezug auf Art. 132 Abs. 1 Buchst. m MwStSystRL siehe BFH, Urt. v. 25.7.1996 – V R 7/95, BStBl. II 1997, 154 (155 f.); v. 9.8.2007 – V R 27/04, DStR 2007, 1719 (1720); v. 11.10.2007 – V R 69/06, BFHE 219, 287 (292); v. 3.4.2008 – V R 74/07, BFH/NV 2008, 1631 (1632); *Heidner*, in Bunjes, UStG[13], 2014, § 4 Nr. 22 Rn. 12; *Kulmsee*, in Reiß/Kraeusel/Langer, UStG, § 4 Nr. 22 Rn. 55, 58 ff. (April 2013); *Martin*, UR 2008, 34 (38 f.); *Möhlenkamp*, UR 2003, 173 (179); *Nieskens*, UR 2002, 345 (348); *Tehler*, UVR 2009, 378 (379 f.); eingehend *Lenz*, Mitgliedsbeiträge privatrechtlicher Vereinigungen im Umsatzsteuerrecht, 2012, S. 150 ff.

746 Siehe BT-Drs. 8/2827 v. 9.5.1979, Beschlußempfehlung und Bericht des Finanzausschusses (7. Ausschuß) zu dem von der Bundesregierung eingebrachten Entwurf eines Umsatzsteuergesetzes (UStG 1979) – Drucksache 8/1779, 73.

welchen Gründen der Gesetzgeber von einer ordnungsgemäßen Umsetzung der Befreiungsvorschriften abgesehen hat. Es lässt sich nur vermuten, dass er in der Vergangenheit aufgrund der alten Rechtslage, die gewöhnlich zum fiskalisch selben Ergebnis geführt hat, keinen Handlungsbedarf sah. Mag nach alter Rechtslage zumindest auch keine dringende Notwendigkeit einer ordnungsgemäßen Umsetzung der Befreiungsvorschriften der MwStSystRL bestanden haben[747], ist eine Reaktion des Gesetzgebers seit dem EuGH-Urteil „Kennemer Golf & Country Club“ dringend geboten. Aber auch die Finanzverwaltung ist aufgerufen, ihrerseits die unionsrechtlichen Vorgaben umzusetzen und ihre Verwaltungsanweisungen dementsprechend anzupassen[748]. Denn das Zusammenspiel der nicht verbrauchsteuerkonformen, unionsrechtswidrigen Verwaltungspraxis, der aktuellen Rechtsprechung sowie der nicht umfassenden Umsetzung der Befreiungsvorschriften der MwStSystRL eröffnet insbesondere den Personenvereinigungen ohne Gewinnstreben, ein eigentlich nicht angedachtes Gestaltungswahlrecht[749].

aa) Faktisches Gestaltungsrecht für Personenvereinigungen als Resultat des Zusammenwirkens von Rechtsprechung, Verwaltungspraxis und Umsetzungsdefiziten bei den Vorgaben der MwStSystRL

Hat ein Mitgliedstaat eine den Steuerpflichtigen begünstigende Richtlinienbestimmung nicht, nicht fristgemäß oder nicht ordnungsgemäß in das nationale Recht umgesetzt, steht es dem Steuerpflichtigen unter den weiteren vom EuGH entwickelten Voraussetzungen[750] frei, sich unmittelbar auf das Unionsrecht zu berufen[751]. Dieses Wahlrecht der Personenvereinigungen hat der BFH hinsichtlich der nicht ordnungsgemäß umgesetzten Steuerbefreiungsvorschriften der MwStSystRL ausdrücklich anerkannt[752]. Die Personenvereinigungen können

747 *Ev. Klein*, DStR 2008, 1016 (1018).

748 *Alvermann*, Festschrift Streck, 2011, S. 9 (30); *Hundt-Eßwein*, UStB 2003, 341 (344); *Ev. Klein*, DStR 2008, 1016 (1020); *Tausch*, UVR 2009, 228 (229); so auch der Bundesrechnungshof in BT-Drs. 17/1300 v. 15.4.2010, Unterrichtung durch den BRH, Bemerkungen des Bundesrechnungshofes 2009 zur Haushalts- und Wirtschaftsführung des Bundes, S. 37 f.

749 *Martin*, UR 2008, 34 (35); *Tehler*, UVR 2009, 378; *Walkenhorst*, UStB 2007, 308.

750 Siehe zur unmittelbaren Wirkung der unionsrechtlichen Richtlinien Fn. 158.

751 Dazu exemplarisch BFH, Urt. v. 19.10.2011 – XI R 16/09, BStBl. II 2012, 371 (372 f.): „Nur der Steuerpflichtige hat – ähnlich der Ausübung eines Wahlrechts – die Möglichkeit, sich für die Anwendung des gegenüber den Regeln im nationalen Recht günstigeren Unionsrechts zu entscheiden.“

752 Siehe BFH, Urt. v. 9.8.2007 – V R 27/04, DStR 2007, 1719 (1720); v. 11.10.2007 – V R 69/06, BFHE 219, 287 (292); ebenso von einem Wahlrecht ausgehend anstelle

einerseits die Rechtsansicht der derzeitigen Rechtsprechung durchsetzen und zugleich von der Berufung auf die Anwendung der MwStSystRL absehen. In diesem Fall sind deren Leistungen gegenüber ihren Mitgliedern zwar nach nationalem Umsatzsteuerrecht steuerpflichtig, ihnen kommt aber gleichzeitig die Vorsteuerabzugsberechtigung zugute[753]. Beruft sich die Personenvereinigung hingegen auf die unmittelbare Anwendung der Befreiungsvorschriften der MwStSystRL, sind die in Frage stehenden und nach Auffassung der Rechtsprechung steuerbaren Leistungen gegenüber ihren Mitgliedern steuerfrei, während der Vorsteuerabzug aus den Vorleistungen ausgeschlossen ist[754]. Soweit die Verwaltungsvorschriften die Nichtsteuerbarkeit der „echten" Mitgliedsbeiträge vorsehen, besteht derzeit jedoch gar keine Notwendigkeit, sich auf die Rechtsansicht der Rechtsprechung und die Steuerbefreiungsvorschrift der MwStSystRL zu berufen, weil Steuerfreiheit und die von der Verwaltung angenommene Nichtsteuerbarkeit dasselbe wirtschaftliche Ergebnis zur Folge haben[755]. Die Verwaltungsauffassung ist insofern gerade für die Personenvereinigungen vorteilhaft, die der Anwendungsbereich der unionsrechtlichen Befreiungsvorschriften nicht erfasst, deren Mitgliedsbeiträge aber nach alter Rechtslage nicht steuerbar sind. Würde die Finanzverwaltung ihre Auffassung aufgeben, wären die Tätigkeiten dieser Personenvereinigung zwingend steuerpflichtig.

Die beschriebenen Gestaltungsoptionen sind in der Praxis von großer Bedeutung[756]. Seit Einführung des Vorsteuerabzugs besteht je nach Fallkonstellation durchaus ein Interesse an der Steuerpflicht von Mitgliedsbeiträgen. Sind

vieler *Gotthardt/Schütze*, NZG 2010, 1406 (1409); *Hüttemann*, Gemeinnützigkeits- und Spendenrecht[2], 2012, § 7 Rn. 140; *Ev. Klein*, DStR 2008, 1016 (1018 ff.); *Kraeusel/Tausch*, UVR 2010, 193; *Möhlenkamp*, UR 2003, 173 (180); *Nieskens*, UR 2002, 345 (349); *Oelmaier*, in Sölch/Ringleb, UStG, § 1 Rn. 66 (April 2013); *Stadie*, in Rau/Dürrwächter, UStG, § 2 Rn. 227, 235 (Juli 2011); *Tehler*, UVR 2009, 378 (379 f.); *ders.*, in Reiß/Kraeusel/Langer, UStG, § 1 Rn. 451 (Juli 2012); a. A. noch *Hundt-Eßwein*, UStB 2003, 341 (343); *Reiß*, RIW 2003, 199 (202), weil die bisher nicht steuerbaren Leistungen nunmehr (nicht optionsfähig) steuerbefreit seien, bestehe wegen des wirtschaftlich identischen Ergebnisses kein Anlass, dem Unternehmer größere Vergünstigungen einzuräumen.

753 *Tehler*, UVR 2009, 378 (380).

754 *Tehler*, UVR 2009, 378 (380).

755 *Stadie*, in Rau/Dürrwächter, UStG, § 2 Rn. 236 (Juli 2011).

756 *Hüttemann*, Gemeinnützigkeits- und Spendenrecht[2], 2012, § 7 Rn. 107 f., der an gleicher Stelle auf die darauf zurückzuführende Streitanfälligkeit hinweist; der Bundesrechnungshof belegt diese Streitanfälligkeit anhand empirischer Zahlen; BT-Drs. 17/1300 v. 15.4.2010, S. 38; darauf erneut verweisend *Präsident des*

die Mitglieder einer Personenvereinigung Unternehmer, deren Mitgliedschaft unternehmerische Gründe hat, können sie unter den weiteren Voraussetzungen die Vorsteuer geltend machen, während die Personenvereinigung ihrerseits den Vorsteuerabzug hinsichtlich ihrer Investitionen in Anspruch nehmen kann. Das ermöglicht ihr, einen günstigeren Mitgliedsbeitrag anzubieten[757]. Darüber hinaus kann es sich auch für Personenvereinigungen, deren Mitglieder keine Unternehmer sind, als wirtschaftlich vorteilhaft erweisen, dass die Tätigkeit der Personenvereinigung beispielsweise nach Großinvestitionen – zumindest temporär im Rahmen des Berichtigungszeitraums nach § 15a UStG[758] – der Umsatzsteuerpflicht unterliegt, um den Vorsteuerabzug geltend machen zu können[759]. In Anbetracht der auf nationaler Ebene letztlich aber zu erwartenden Reaktion seitens des Gesetzgebers und der Finanzverwaltung[760], kann eine solche umsatzsteuerrechtliche Gestaltung durchaus risikobehaftet sein. Die heterogene rechtliche Beurteilung der Umsatzbesteuerung von Mitgliedsbeiträgen aus unionsrechtlicher Perspektive, nach Auffassung der Finanzverwaltung sowie der Rechtsprechung beeinflusst somit nicht zuletzt die Planungssicherheit der betroffenen Personenvereinigungen[761].

Bundesrechnungshofes als Bundesbeauftragter für Wirtschaftlichkeit in der Verwaltung, Chancen zur Sicherung des Umsatzsteueraufkommens, 2013, Anl. 5 S. 127 f.

757 *Alvermann*, FR 2006, 262 (265); *Jakob*, USt[4], 2009, § 10 Rn. 933; *Stadie*, in Rau/Dürrwächter, UStG, § 2 Rn. 238 (Juli 2011).

758 BFH, Urt. v. 19.10.2011 – XI R 16/09, BStBl. II 2012, 371 (372 ff.); *Alvermann*, Festschrift Streck, 2011, S. 9 (30); *Martin*, UR 2008, 34 (39); *Nieskens*, UR 2002, 345 (349); *Tehler*, UVR 2009, 378 (380); a. A. *Nieskoven*, GStB 2008, 133 (135), der ein solches Verhalten als treuwidrig und damit unzulässig erachtet.

759 *Alvermann*, FR 2006, 262 (265); *Jakob*, USt[4], 2009, § 10 Rn. 933; *Stadie*, in Rau/Dürrwächter, UStG, § 2 Rn. 238 (Juli 2011).

760 Siehe dazu näher im Folgenden S. 132 ff.

761 In diesem Sinne auch *Hüttemann*, Gemeinnützigkeits- und Spendenrecht[2], 2012, § 7 Rn. 140; zudem besteht bei bestimmten Gestaltungsmodellen das Risiko einer Konkurrentenklage; dazu *Bartmuß/Pauls*, ZStV 2013, 121 (124); siehe zur vergleichbaren Situation die Ausführungen zu § 2 Abs. 3 UStG in S. 239 ff. Die im Falle der ordnungsgemäßen Umsetzung der unionsrechtlichen Befreiungsvorschriften und der Anpassung der Verwaltungsvorschriften an die höchstrichterliche Rechtsprechung auftretende Frage des Vertrauensschutzes wird im Schrifttum kontrovers diskutiert; siehe dazu *Alvermann*, Festschrift Streck, 2011, S. 9 (25, 29); *Gotthardt/Schütze*, NZG 2010, 1406 (1410); *Hüttemann*, Gemeinnützigkeits- und Spendenrecht[2], 2012, § 7 Rn. 140; *Lippross*, Umsatzsteuer[23], 2012, S. 139; *Martin*, UR 2008, 34 (40); *Stadie*, UR 2008, 186; *ders.*, in Rau/Dürrwächter, UStG, § 2 Rn. 228 (Juli 2011).

bb) Zum Handlungsbedarf des Gesetzgebers und der Finanzverwaltung

Das Schrifttum steht den gegebenen Gestaltungsmöglichkeiten zu Recht kritisch gegenüber. Das faktische Gestaltungsrecht – im Schrifttum auch bezeichnet als „Rosinenpickerei“[762], „Rosinentheorie“[763] oder „Grundsatz der ‚Meistbegünstigung‘“[764] – ist insbesondere aus Verbrauchsteuer-[765] sowie Wettbewerbsaspekten[766] und damit auch im Hinblick auf Art. 3 Abs. 1 GG nicht tolerierbar[767]. Sowohl Gesetzgeber als auch Finanzverwaltung sind dringend aufgefordert, auf die derzeitige Situation zu reagieren und Rechtsklarheit zu schaffen[768]. Solange die Finanzverwaltung nicht von ihrer Rechtsansicht abweicht, ermöglicht sie dem Steuerpflichtigen – unabhängig von der wünschenswerten Gesetzesänderung – nicht vorgesehene Gestaltungmöglichkeiten. Der Gesetzgeber ist wiederum hinsichtlich der Steuerbefreiungsvorschriften angehalten, die Vorgaben der Mehrwertsteuersystemrichtlinie umzusetzen[769]. Eine Gesetzesänderung, die die Beurteilung der Steuerbarkeit von Mitgliedsbeiträgen betrifft, ist hingegen nicht erforderlich. Denn für die Beurteilung, ob ein Leistungsaustausch vorliegt, ist allein § 1 Abs. 1 Nr. 1 UStG maßgebend[770]. Insofern bestehen keine Umsetzungsdefizite. Aber nicht nur die unbefriedigende Rechtslage an sich sollte den Gesetzgeber und die Finanzverwaltung dazu bewegen, eine einheitliche, unionsrechtskonforme und damit

762 *Alvermann*, Festschrift Streck, 2011, S. 9 (30); *Ev. Klein*, DStR 2008, 1016 (1020).

763 *Gotthardt/Schütze*, NZG 2010, 1406 (1409).

764 *Ev. Klein*, DStR 2008, 1016 (1019).

765 Zu dem aus verbrauchsteuerrechtlicher Perspektive nicht hinnehmbaren faktischem Gleichlauf von Umsatzsteuerrecht und Körperschaftsteuerrecht, der im Falle der Berufung des Steuerpflichtigen auf das von der Finanzverwaltung vertretene Verständnis weiterhin eintritt, siehe bereits S. 122 ff.

766 Die gesetzlich vorgesehenen und vergleichbaren Optionsmöglichkeiten i. S. d. § 9 UStG dienen nach h. M. der Vermeidung von Wettbewerbsnachteilen für den befreiten Unternehmer; *Tehler*, UVR 2009, 378. Im Umkehrschluss greifen die aus den Umsetzungsdefiziten bei den unionsrechtlichen Vorgaben der Steuerbefreiungen nicht vorgesehenen Gestaltungsmöglichkeiten ebenso in den Wettbewerb ein, indem die Wahlrechte den Steuerpflichtigen erlauben, über den Umfang ihrer Besteuerungsgrundlage selbst zu entscheiden; *Gnosa*, Der Firmenwagen im Steuerrecht, 2007, S. 30 f.; *Weber-Grellet*, Steuerbilanzrecht, 1996, S. 20 und 75.

767 *Ev. Klein*, DStR 2008, 1016 (1020).

768 *Alvermann*, Festschrift Streck, 2011, S. 9 (30); *Hundt-Eßwein*, UStB 2003, 341 (344); *Tausch*, UVR 2009, 228 (229).

769 Siehe nur *Lippross*, Umsatzsteuer[23], 2012, S. 136 f.

770 *Lippross*, Umsatzsteuer[23], 2012, S. 136.

wettbewerbsneutrale Umsatzbesteuerung umzusetzen. In seinem Bericht vom 15.4.2010 hat der Bundesrechnungshof darauf hingewiesen, dass durch die beschriebenen Gestaltungsmöglichkeiten „auf Dauer nicht hinnehmbare Steuerausfälle“ entstehen[771]. Aufgrund der Steuerausfälle existiere keine „Aufschubmöglichkeit“ für die Anpassung der Umsatzbesteuerung an die unionsrechtlichen Vorgaben[772].

Trotz der nachhaltigen Forderungen hat sich an dem *Status quo* bis heute nichts geändert. Nunmehr 12 Jahre nach der EuGH-Entscheidung „Kennemer Golf & Country Club“[773] überrascht diese Feststellung insofern, dass bereits im Jahr 2005 seitens der Bundesregierung zeitnahe Änderungen in Aussicht gestellt wurden[774] und die für die in Frage stehende Problematik eingerichtete Bund-Länder-Arbeitsgruppe im März 2005 ihre Ergebnisse mit umfassenden Änderungsvorschlägen einschließlich der Empfehlung, diese bis zum 1.1.2007 umzusetzen, vorgelegt hat[775]. Wann Gesetzgeber und

---

771 BT-Drs. 17/1300 v. 15.4.2010, S. 37 f.; zuletzt nachdrücklich darauf hinweisend *Präsident des Bundesrechnungshofes als Bundesbeauftragter für Wirtschaftlichkeit in der Verwaltung*, Chancen zur Sicherung des Umsatzsteueraufkommens, 2013, 21.

772 BT-Drs. 17/1300 v. 15.4.2010, S. 38.

773 EuGH, Urt. v. 21.3.2002 – C-174/00 [Kennemer Golf & Country Club], Slg. I 2002, 3293.

774 Siehe z. B. die Pressemitteilung v. 15.4.2005 – Nr. 48/2005, Umsatzsteuerrechtliche Behandlung der Leistungen eines Sportvereins an seine Mitglieder, in der es heißt: „Die Beratung gegebenenfalls notwendiger Änderungen (…) soll zeitnah abgeschlossen werden.“

775 Das geht aus BT-Drs. 17/1300 v. 15.4.2010, S. 38 hervor. Auf die nach diesem Bericht von der Bündnis 90/Die Grünen-Fraktion gestellte Frage, wann die Bundesregierung plane, die Vorgaben des EuGH bei der Umsatzbesteuerung von Mitgliedsbeiträgen an Vereine umzusetzen, verwies der Parlamentarische Staatssekretärs *Koschyk* darauf, dass ausstehende Verfahren abzuwarten seien. Anderenfalls bestünde die Gefahr, nach umfassenden Änderungen erneut notwendige Anpassungen vornehmen zu müssen (BT-Drs. v. 7.5.2010 – 17/1695, Schriftliche Fragen mit den in der Woche v. 10.5.2010 eingegangenen Antworten der Bundesregierung, S. 14). Im April 2011 teilte das BMF mit, dass die fachlich gebotenen Arbeiten abgeschlossen seien, entschied im Oktober 2011 aber, dass es einer weiteren Erörterung durch die Abteilungsleiter (Steuer) bedarf. Im Juni 2012 teilte das BMF mit, die Erörterung habe stattgefunden und die Abteilungsleiter (Steuer) würden den Umsetzungsvorschlägen zustimmen. Allerdings werde aufgrund der großen Bedeutung weiterhin intensiv geprüft, um unbeabsichtigte Folgen zu verhindern; die Entwicklung der Arbeiten der Bund-Länder-Arbeitsgruppe und des BMF jüngst bis Ende 2012 detailliert darstellend *Präsident des Bundesrechnungshofes als Bundesbeauftragter für*

Finanzverwaltung letztlich die notwendigen Anpassungen vornehmen, ist weiterhin nicht abzusehen. Dass diese vorgenommen werden müssen, steht außer Frage[776].

4. Keine Orientierungsmöglichkeit an der umsatzsteuerrechtlichen Behandlung von Mitgliedsbeiträgen im Körperschaftsteuerrecht

a) *Zur uneinheitlichen Beurteilung einer möglichen Maßgeblichkeit der umsatzsteuerrechtlichen Abgrenzungskriterien für das Körperschaftsteuerrecht im Schrifttum*

Aufgrund der nach alter Rechtslage von Rechtsprechung und Finanzverwaltung faktisch parallelen Behandlung von Mitgliedsbeiträgen im Körperschaft- und Umsatzsteuerrecht stellt sich die Frage, ob die nunmehr von der Rechtsprechung vertretene umsatzsteuerrechtliche Beurteilung auch im Körperschaftsteuerrecht Einzug erhalten sollte[777]. Während sich einige Vertreter im Schrifttum ausdrücklich gegen eine Maßgeblichkeit der umsatzsteuerrechtlichen im Rahmen der Beurteilung eines Leistungsaustausches herangezogenen Abgrenzungskriterien für das Körperschaftsteuerrecht aussprechen[778], halten vereinzelte Stimmen diese zumindest für nicht abwegig[779]. So sieht *Rengers* es im Hinblick auf die Gewährleistung der Wettbewerbsneutralität als nicht fernliegend an, die Abgrenzung zwischen „echten" Mitgliedsbeiträgen und verdeckten Entgelten im Körperschaftsteuerrecht im Sinne des umsatzsteuerrechtlichen Verständnisses neu zu justieren[780]. *Lenz* wiederum hält es für denkbar und sachgerecht, sich i. R. d. § 8

Wirtschaftlichkeit in der Verwaltung, Chancen zur Sicherung des Umsatzsteueraufkommens, 2013, S. 20 ff.

776 Nicht auszuschließen ist letztlich ein Vertragsverletzungsverfahren i. S. d. Art. 258 AEUV.

777 Diese Frage werfen ebenso *Becker/Kretzschmann*, DStR 2008, 1985; *Brinkmeier*, Vereinsbesteuerung, 2008, S. 185 f.; *Lenz*, Mitgliedsbeiträge privatrechtlicher Vereinigungen im Umsatzsteuerrecht, 2012, S. 68; *Möhlenkamp*, UR 2003, 173 (178); *Rengers*, in Blümich, EStG/KStG/GewStG, § 8 KStG Rn. 983 (April 2011); *Schauhoff*, Handbuch der Gemeinnützigkeit[3], 2010, § 7 Rn. 50 auf.

778 *Becker/Kretzschmann*, DStR 2008, 1985 (1992 f.); *Möhlenkamp*, UR 2003, 173 (178); *Schauhoff*, Handbuch der Gemeinnützigkeit[3], 2010, § 7 Rn. 50; *Olbing/Alvermann*, in Streck, KStG[8], 2014, § 8 Rn. 463.

779 *Brinkmeier*, Vereinsbesteuerung, 2008, S. 185 f.; *Lenz*, Mitgliedsbeiträge privatrechtlicher Vereinigungen im Umsatzsteuerrecht, 2012, S. 68; *Rengers*, in Blümich, EStG/KStG/GewStG, § 8 KStG Rn. 982 (April 2011).

780 *Rengers*, in Blümich, EStG/KStG/GewStG, § 8 KStG Rn. 982 (April 2011).

Abs. 5 KStG an den umsatzsteuerrechtlichen Kriterien beim Leistungsaustausch zu orientieren[781]. Zwar würden keine gesetzlichen Regelungen dafür streiten, die Übertragung aus dem Umsatzsteuerrecht biete sich aber als sachgerechter Maßstab an. Schließlich erbringe ein Mitglied den Beitrag nicht lediglich in seiner eigenschaft als Mitglied i. S. d. § 8 Abs. 5 KStG, wenn aus umsatzsteuerrechtlicher Perspektive tatsächlich eine Leistung durch eine Gegenleistung in Form eines Mitgliedbeitrages abgegolten werde[782].

Wie bereits angeklungen wäre es im Sinne eines „einfacheren" Steuerrechts, in beiden Steuerrechtsgebieten eine einheitliche Beurteilung desselben Sachverhalts vornehmen zu können. Die Übernahme der umsatzsteuerrechtlichen Abgrenzungskriterien würde zudem eine Abkehr von der schwer überschaubaren Kasuistik bei der Unterscheidung von „echten" und „unechten" Mitgliedsbeiträgen im Körperschaftsteuerrecht bedeuten und auch insoweit eine Vereinfachung darstellen. *Rengers* ist darüber hinaus beizupflichten, dass die umsatzsteuerrechtlichen Abgrenzungskriterien bei der Beurteilung eines Leistungsaustausches i. R. d. § 8 Abs. 5 KStG für eine wettbewerbsneutrale Besteuerung förderlich sein können. Die Rechtsprechung hat den Wettbewerbsaspekt bei der Beurteilung der die Mitgliedsbeiträge betreffenden Steuerbefreiungsvorschrift des Körperschaftsteuerrechts seit jeher betont[783]. Die Aufteilung der Beiträge in „echte" und „unechte" Mitgliedsbeiträge dient dem Schutz des marktwirtschaftlichen Wettbewerbs vor möglichen Beeinträchtigungen[784]. Die steuerrechtliche Privilegierung darf nicht dazu führen, dass Wettbewerber verdrängt werden oder für potentielle Konkurrenten daraus Marktzutrittsschranken hervorgehen[785]. Die partielle oder umfassende Aberkennung der Steuerbefreiung der Mitgliedsbeiträge wirkt somit einer Wettbewerbsverzerrung entgegen[786]. Die kontrastiv

781 *Lenz,* Mitgliedsbeiträge privatrechtlicher Vereinigungen im Umsatzsteuerrecht, 2012, S. 78.

782 *Lenz,* Mitgliedsbeiträge privatrechtlicher Vereinigungen im Umsatzsteuerrecht, 2012, S. 68.

783 Vgl. nur BFH, Urt. v. 5.6.1953 – I 104/52 U, BStBl. III 1953, 212 (213); v. 8.6.1966 – I 151/63, BStBl. III 1966, 632 (633); eingehend FG München, Urt. v. 7.5.2001 – 7 K 815/98, EFG 2001, 1178 f.

784 Ebenso FG München, Urt. v. 7.5.2001 – 7 K 815/98, EFG 2001, 1178; siehe auch BFH, Urt. v. 5.6.1953 – I 104/52 U, BStBl. III 1953, 212 (213); v. 8.6.1966 – I 151/63, BStBl. III 1966, 632 (633); *Frotscher,* in Frotscher/Maas, KStG/GewStG/UmwStG, § 8 KStG Rn. 235 (Nov. 2003); *Krämer,* in Dötsch/Pung/Möhlenbrock, KStG/UmwStG, § 8 Abs. 5 KStG Rn. 13 (Juni 2009).

785 Ebenso FG München, Urt. v. 7.5.2001 – 7 K 815/98, EFG 2001, 1178.

786 FG München, Urt. v. 7.5.2001 – 7 K 815/98, EFG 2001, 1178 (1179).

zum derzeitigen körperschaftsteuerrechtlichen Verständnis weitere umsatzsteuerrechtliche Auslegung würde eine Qualifikation der Beiträge als „unechte" körperschaftsteuerpflichtige Mitgliedsbeiträge in erheblich erhöhtem Maße nach sich ziehen. Damit einhergehend wäre ein effektiverer Wettbewerbsschutz gewährleistet. Zweifelhaft ist aber, ob mit der Übernahme ein sachgerechter Maßstab für die Abgrenzung gegeben wäre. *Prima facie* ist die Schlussfolgerung von *Lenz*, dass ein Mitglied den Mitgliedsbeitrag nicht lediglich in seiner Eigenschaft als solches erbringe, wenn die umsatzsteuerrechtlichen Voraussetzungen eines Leistungsaustausches vorliegen, durchaus plausibel. Der BFH hat bereits in einer Entscheidung vom 5.6.1953[787] ausgeführt, dass nach ständiger Rechtsprechung für den Begriff des Beitrags i. S. d. § 8 KStG kein Raum sei, wenn es sich um *einen Leistungsaustausch* zwischen der Personenvereinigung und ihren Mitgliedern handele[788]. Da der BFH hier wie dort auf einen „Leistungsaustausch" abstellt, ist es angesichts der identischen Terminologie nicht fernliegend, auch im Körperschaftsteuerrecht einen Leistungsaustausch anhand der umsatzsteuerrechtlichen Voraussetzungen zu bestimmen. Fraglich ist aber, ob § 8 Abs. 5 UStG dahingehend ausgelegt werden kann, dass die umsatzsteuerrechtlichen Abgrenzungskriterien für die Annahme eines Leistungsaustausches im Rahmen dieser Regelung Geltung erlangen.

Dagegen spricht m. E. zum einen der Wortlaut des § 8 Abs. 5 KStG als Ausgangspunkt der Auslegung. Der Gesetzgeber hat mit § 8 Abs. 5 UStG eine Regelung geschaffen, die die Beiträge bei der Ermittlung des Einkommens außer Ansatz lassen soll, die sie in ihrer Eigenschaft als Mitglieder erbringen. Wenn der Satzungszweck gerade die Förderung der allgemeinen ideellen und wirtschaftlichen Interessen vorsieht, erbringt das Mitglied seine Beiträge in seiner Eigenschaft als solches unabhängig davon, ob es insoweit davon profitiert oder nicht. Dies gilt nur dann nicht, wenn das Mitglied seinen Beitrag nicht (auch) in gemeinschaftlichem Interesse und damit „in seiner Eigenschaft als Mitglied" sondern allein in eigenem Interesse leistet. Fördert der Satzungszweck also die besonderen individuellen Zwecke der Mitglieder oder sieht er konkrete Einzelleistungen gegenüber den Mitgliedern vor, ist der Beitrag als ein offenes oder verdecktes Entgelt – was zum Schutze des Wettbewerbes nicht von der Regelung

787 BFH, Urt. v. 5.6.1953 – I 104/52 U, BStBl. III 1953, 212 (213).

788 Siehe auch BFH, Urt. v. 9.6.1964 – I 153/62, HFR 1964, 457; v. 29.8.1973 – I R 234/71, BStBl. II 1974, 60 (61); v. 9.5.1974 – V R 128/71, BStBl. II 1974, 530 (531); FG Hessen, Urt. v. 20.11.2003 – 4 K 3898/01, EFG 2005, 561 (562); siehe auch *Alvermann*, FR 2006, 262 (263); *Bartmuß/Pauls*, ZStV 2013, 8 (10); *Schulte*, in Erle/Sauter, KStG³, 2010, § 8 Rn. 520.

erfasst ist – zu qualifizieren[789]. Somit spricht der Wortlaut des § 8 Abs. 5 KStG für die derzeitige Abgrenzung zwischen „echten“ und „unechten“ Mitgliedsbeiträgen. Berufsverbände beispielsweise nehmen als Vereinigungen von natürlichen Personen oder Unternehmen die allgemeinen, aus der beruflichen oder unternehmerischen Tätigkeit erwachsenden ideellen und wirtschaftlichen Interessen des Berufsstandes wahr[790]. Dieser Zweck muss in der Satzung des Berufsverbandes zum Ausdruck kommen und die tatsächliche Verbandstätigkeit muss diesem Zweck nachkommen[791]. Damit üben sie im Regelfall Tätigkeiten aus, die die Voraussetzungen eines Leistungsaustausches i. S. d. § 1 Abs. 1 Nr. 1 S. 1 UStG erfüllen[792]. Nichtsdestotrotz erbringen die Mitglieder ihre Beiträge gerade in diesen Fällen in ihrer Eigenschaft als solche[793].

Darüber hinaus würde die Übernahme der umsatzsteuerrechtlichen Kriterien für die Beurteilung eines Leistungsaustausches i. R. d. § 8 Abs. 5 KStG je nach Fallkonstellation mehr oder minder schwerwiegende Rechtsfolgen bewirken, die mit dem Telos der Norm vereinbar sein müssten[794]. Zum einen wären die Körperschaften, die § 8 Abs. 2 KStG erfasst und die nicht in den Anwendungsbereich einer Steuerbefreiung nach § 5 KStG fallen, betroffen[795]. Die bis dahin von § 8 Abs. 5 KStG (partiell) außer Ansatz gebliebenen Mitgliedsbeiträge wären nunmehr steuerpflichtig. Die Übernahme der umsatzsteuerrechtlichen Beurteilung könnte zudem dazu führen, dass für Körperschaften, die mangels Einkünfteerzielungsabsicht bisher nicht von § 8 Abs. 2 KStG erfasst waren, nunmehr

789 Siehe dazu bereits S. 109 ff.

790 BFH, Urt. v. 4.3.1986 – VIII R 188/84, BStBl. II 1986, 373 (375); v. 26.6.2002 – I B 148/00, BFH/NV 2002, 1617 (1618); v. 4.6.2003 – I R 45/02, BStBl. II 2003, 891 (892); *Frotscher*, in Frotscher/Maas, KStG/GewStG/UmwStG, § 5 KStG Rn. 73a (Mai 2007); *Heger*, in Gosch, AO², 2009, § 5 Rn. 154; *Hoffmann*, in Schnitger/Fehrenbacher, KStG, 2012, § 5 Rn. 244; vgl. auch R 16 Abs. 1 KStR.

791 BFH, Urt. v. 13.8.1993 – VI R 51/92, BStBl. II 1994, 33 (34 f.); siehe auch *Alber*, in Dötsch/Pung/Möhlenbrock, KStG/UmwStG, § 5 Abs. 1 Nr. 5 KStG Rn. 11 (Dez. 2012); *Heger*, in Gosch, AO², 2009, § 5 Rn. 154.

792 *Becker/Kretzschmann*, DStR 2008, 1985 (1992); *Stadie*, in Rau/Dürrwächter, UStG, § 2 Rn. 235 (Juli 2011).

793 *Alvermann*, Festschrift Streck, 2011, S. 9 (14 f.).

794 Die Übernahme der umsatzsteuerrechtlichen Abgrenzungskriterien bei der Beurteilung von Mitgliedsbeiträgen hätte auch für die gewerbesteuerrechtliche Behandlung i. R. d. § 2 Abs. 3 GewStG Konsequenzen. Auf diese soll in dieser Arbeit aber nicht näher eingegangen werden.

795 *Rengers*, in Blümich, EStG/KStG/GewStG, § 8 KStG Rn. 982 (April 2011).

die Einkünfteerzielungsabsicht wegen der Annahme eines Leistungsaustausches ebenfalls zu bejahen und damit der Regelungsbereich des § 8 Abs. 2 KStG eröffnet wäre[796]. In diesen Fällen, wären die Konsequenzen insbesondere in Bezug auf Wettbewerbsgesichtspunkte begrüßenswert. Kommt aber für eine Personenvereinigung eine Steuerbefreiung nach § 5 KStG zur Anwendung, würde die Übernahme der umsatzsteuerrechtlichen Beurteilung von Mitgliedsbeiträgen in das Körperschaftsteuerrecht Rechtsfolgen nach sich ziehen, die mit den Regelungszielen der Steuerbefreiungsvorschriften unvereinbar sind. Aus teleologischer und im Gesamtgefüge des Körperschaftsteuergesetzes systematischer Perspektive würden daraus nicht haltbare Ergebnisse resultieren. Die Übernahme hätte ein von der derzeitigen Rechtslage steuerlich abweichendes Ergebnis zu Folge, wenn bei Annahme eines Leistungsaustausches für die nach § 8 Abs. 5 KStG bisher außer Ansatz gebliebenen Mitgliedsbeiträge keine Steuerbefreiung greifen würde. So würden die Mitgliedsbeiträge (partiell) der Körperschaftsteuer unterliegen, wenn ein wirtschaftlicher Geschäftsbetrieb i. S. d. § 14 AO gegeben und die Annahme eines Zweckbetriebs nach § 65 AO zugleich ausgeschlossen wäre[797]. Das illustrieren die Auswirkungen auf die Besteuerung der Tätigkeiten von Berufsverbänden und gemeinnützigen Vereinen, die nach § 5 Abs. 1 Nr. 5 KStG bzw. nach § 5 Abs. 1 Nr. 9 KStG steuerbefreit sind[798]. Die für die Berufsverbände und gemeinnützigen Vereine als Einnahmequelle elementaren „echten“ Mitgliedsbeiträge unterliegen nach den bisherigen ertragsteuerrechtlichen Grundsätzen nicht der Körperschaftsteuer. Diese Mitgliedsbeiträge bleiben schon nach § 8 Abs. 5 KStG außer Ansatz. Auf die Steuerbefreiungsvorschriften nach § 5 Abs. 1 Nr. 5 und 9 KStG kommt es nicht an, weil es bereits an steuerbaren Einkünften nach § 8 Abs. 1 und 2 KStG i. V. m. § 2 Abs. 1 EStG fehlt[799]. Die Annahme einer Leistungserbringung als Gegenleistung für die Mitgliedsbeiträge würde diese insoweit aber aus dem Anwendungsbereich des § 8 Abs. 5 KStG fallen lassen.

796 *Rengers*, in Blümich, EStG/KStG/GewStG, § 8 KStG Rn. 982 (April 2011).

797 *Rengers*, in Blümich, EStG/KStG/GewStG, § 8 KStG Rn. 982 (April 2011).

798 Dazu und zum Folgenden eingehend *Becker/Kretzschmann*, DStR 2008, 1985 (1991 ff.).

799 Ebenso zu gemeinnützigen Vereinen *Hüttemann*, Gemeinnützigkeits- und Spendenrecht[2], 2012, § 1 Rn. 29; zur von der in Frage stehenden Problematik abzugrenzenden Problematik, inwiefern die Ausgestaltung der Aufnahmegebühren und Mitgliedsbeiträge Einfluss auf Gemeinnützigkeit haben kann *Hüttemann*, Gemeinnützigkeits- und Spendenrecht[2], 2012, § 3 Rn. 41 ff.

Da die Annahme grundsätzlich[800] gleichbedeutend mit dem Vorliegen eines wirtschaftlichen Geschäftsbetriebs i. S. d. § 14 AO ist[801] und die Unterhaltung eines solchen die Steuerbefreiung insoweit[802] sowohl nach § 5 Abs. 1 Nr. 5 S. 2 Buchst. a KStG als auch nach § 5 Abs. 1 Nr. 9 S. 2 KStG ausschließt, hätte die Übernahme der umsatzsteuerrechtlichen Abgrenzungskriterien somit eine weitreichendere Besteuerung zur Folge. Während unter den Voraussetzungen des § 65 AO für gemeinnützige Vereine zumindest noch die Qualifikation des wirtschaftlichen Geschäftsbetriebs als Zweckbetrieb in Betracht käme, ist dies für die Berufsverbände ausgeschlossen[803]. Vor diesem Hintergrund ist die Erweiterung des Begriffs des Leistungsaustausches i. R. d. § 8 Abs. 5 KStG aus systematisch-teleologischer Perspektive nicht gangbar. Da Berufsverbände nicht altruistisch handeln, sondern im Vordergrund ihrer Tätigkeit die Vertretung der wirtschaftlichen und ideellen Interessen seiner Mitglieder steht[804], üben sie für gewöhnlich auch Tätigkeiten aus, welche die Voraussetzungen eines Leistungsaustausches

---

800 Die Verfolgung ganz untergeordneter Einzelinteressen ist nicht schädlich; BFH, Urt. v. 29.8.1973 - I R 234/71, BStBl. II 1974, 60 (62); v. 26.6.2002 - I B 148/00, BFH/NV 2002, 1617 (1618); *Alvermann*, Festschrift Streck, 2011, S. 9 (14).

801 *Alvermann*, FR 2006, 262 (263); *Bartmuß/Pauls*, ZStV 2013, 8 (11); *Brinkmeier*, Vereinsbesteuerung, 2008, S. 186; *Schauhoff*, Handbuch der Gemeinnützigkeit[3], 2010, § 7 Rn. 50; zwischen den unterschiedlichen Tätigkeiten eines Berufsverbandes differenzierend *Möhlenkamp*, UR 2003, 173 (175 ff.), die dabei sowohl die Allgemeinheit als auch de Mitglieder betreffende Tätigkeiten zurückhaltender beurteilt.

802 Die Annahme eines wirtschaftlichen Geschäftsbetriebs könnte sogar dazu führen, dass die Steuerbefreiung nach § 5 KStG vollends wegfällt. Dann müsste der begründete wirtschaftliche Geschäftsbetrieb für die Personenvereinigung „prägend" sein; eingehend zu der vom BFH (Urt. v. 15.7.1998 – I R 156/94, BStBl. II 2002, 162 [163 f.]) entwickelten „Geprägetheorie" für wirtschaftliche Geschäftsbetriebe gemeinnütziger Körperschaften *Hüttemann*, Gemeinnützigkeits- und Spendenrecht[2], § 4 Rn. 90 ff.; kritisch zur Übertragung der „Geprägetheorie" auf die Beurteilung von Berufsverbänden *Alvermann*, Festschrift Streck, 2011, S. 9 (15 f.); zu Berufsverbänden siehe auch R 16 Abs. 1 S. 6 KStR.

803 *Alber*, in Dötsch/Pung/Möhlenbrock, KStG/UmwStG, § 5 Abs. 1 Nr. 5 KStG Rn. 35 (Dez. 2012); *Alvermann*, FR 2006, 262 (271); *ders.*, Festschrift Streck, 2011, S. 9 (14); *Becker/Kretzschmann*, DStR 2008, 1985 (1991); detailliert *Eggers*, DStR 2007, 461 (462).

804 BFH, Urt. v. 4.6.2003 – I R 45/02, BStBl. II 2003, 891 (892); v. 26.6.2002 – I B 148/00, BFH/NV 2002, 1617 (1618); *Alvermann*, FR 2006, 262; *ders.*, Festschrift Streck, 2011, S. 9 (10, 13); *Becker/Kretzschmann*, DStR 2008, 1985 (1991); *Hoffmann*, in Schnitger/Fehrenbacher, KStG, 2012, § 5 Rn. 244; *Frotscher*, in Frotscher/Maas, KStG/GewStG/UmwStG, § 5 KStG Rn. 73a (Mai 2007); vgl. auch R 16 Abs. 1 KStR.

nach umsatzsteuerrechtlichem Verständnis erfüllen[805]. Sie wären insofern aus dem Regelungsbereich des § 8 Abs. 5 KStG ausgenommen und zugleich nicht nach § 5 Abs. 1 Nr. 5 S. 2 Buchst. a KStG steuerbefreit, weil die Tätigkeit im Rahmen eines wirtschaftlichen Geschäftsbetriebs ausgeführt würde. Dieses Ergebnis würde aber dem Zweck der Befreiungsvorschrift und der gesetzgeberischen Grundentscheidung, Berufsverbände zu privilegieren, widersprechen[806]. Denn mit der Steuerbefreiung des § 5 Abs. 1 Nr. 5 KStG bringt der Gesetzgeber zum Ausdruck, dass das Wirken des Verbandes für die allgemeinen Interessen der Mitglieder als eines im Interesse der Allgemeinheit anzusehen ist[807]. Die Steuerfreiheit nach § 5 Abs. 1 Nr. 9 KStG soll nur nicht greifen, wenn „neben die Wahrnehmung der allgemeinen wirtschaftlichen und allen Angehörigen des Zusammenschlusses eigentümlichen Interessen oder an deren Stelle die Wahrnehmung der besonderen geschäftlichen Interessen der einzelnen Mitglieder (...)“[808] bzw. „(...) eine verbandsfremde Betätigung in nicht ganz untergeordnetem Ausmaße tritt“[809]. Die Übernahme der umsatzsteuerrechtlichen Kriterien für die Beurteilung der Mitgliedsbeiträge hätte aber wegen der damit einhergehenden Annahme eines wirtschaftlichen Geschäftsbetriebes eine wesentlich weitreichendere mit dem Regelungszielen der Vorschriften nicht zu vereinbarende Besteuerung zur Folge[810].

Es stehen somit insbesondere teleologische und systematische Argumente einer Übernahme der umsatzsteuerrechtlichen Abgrenzungskriterien entgegen. *Schauhoff* ist zuzustimmen, dass der Übernahme der umsatzsteuerrechtlichen Abgrenzungskriterien in das Körperschaftsteuerrecht die unterschiedlichen Regelungszwecke des § 14 AO i. V. m. § 5 Abs. 1 Nr. 9 KStG und des

805 *Becker/Kretzschmann*, DStR 2008, 1985 (1992); *Stadie*, in Rau/Dürrwächter, UStG, § 2 Rn. 235 (Juli 2011).

806 Ebenso *Becker/Kretzschmann*, DStR 2008, 1985 (1992).

807 BFH, Urt. v. 29.11.1967 – I 67/65, BStBl. II 1968, 236 (237); v. 26.6.2002 – I B 148/00, BFH/NV 2002, 1617 (1618); v. 4.6.2003 – I R 45/02, BStBl. II 2003, 891 (892); *Becker/Kretzschmann*, DStR 2008, 1985 (1992); *Frotscher*, in Frotscher/Maas, KStG/GewStG/UmwStG, § 5 KStG Rn. 73a (Mai 2007).

808 BFH, Urt. v. 29.11.1967 – I 67/65, BStBl. II 1968, 236 (237); *Frotscher*, in Frotscher/Maas, KStG/GewStG/UmwStG, § 5 KStG Rn. 73a (Mai 2007).

809 BFH, Urt. 22.7.1952 – I 44/52 U, BStBl. III, 1952, 221 (223); v. 29.11.1967 – I 67/65, BStBl. II 1968, 236 (237); *Frotscher*, in Frotscher/Maas, KStG/GewStG/UmwStG, § 5 KStG Rn. 73a (Mai 2007).

810 Dazu instruktiv *Becker/Kretzschmann*, DStR 2008, 1985 (1991 ff.).

Umsatzsteuerrechts entgegenstehen[811]. Die umsatzsteuerrechtliche Behandlung der Mitgliedsbeiträge muss dem Verbrauchsteuercharakter gerecht werden[812]. Während das Umsatzsteuerrecht jeden Verbrauch gegen Entgeltzahlung besteuern möchte, will das Ertragsteuerrecht reflexhafte Vorteile für die Mitglieder als Teil der Allgemeinheit nicht erfassen[813]. Im Umsatzsteuerrecht ist aus Sicht des Leistungsempfängers zu bestimmen, ob ein verbrauchsfähiger Vorteil vorliegt[814]. Der wirtschaftliche Geschäftsbetrieb i. S. d. § 14 AO dient jedoch der Grenzziehung privilegierter Tätigkeit und dem steuerpflichtigen Bereich der Körperschaft[815]. *Becker* und *Kretzschmann* betonen somit zu Recht, dass sich die Beurteilung aus der Perspektive des Leistungsempfängers für das Körperschaftsteuerrecht nicht anbietet[816]. Denn im Ertragsteuerrecht ist die Besteuerung davon abhängig, welche Leistung die Körperschaft erbringt[817].

b) Zwischenergebnis

Die umsatzsteuerrechtliche Beurteilung ist für das Körperschaftsteuerrecht *de lege lata* nicht möglich[818]. Die vorgebrachten Argumente für eine Übernahme des umsatzsteuerrechtlichen Verständnisses i. R. d. § 8 Abs. 5 KStG sind zwar nicht von der Hand zu weisen, können aber letztlich nicht überzeugen. Es sprechen in erster Linie teleologische und systematische Argumente gegen eine Anlehnung an das Umsatzsteuerrecht. Soweit die Zahlung des Mitgliedsbeitrags den satzungsmäßigen Zwecken der Körperschaft dient, liegen keine Einnahmen i. S. d. § 14 AO vor, auch wenn das Mitglied persönlich von der Verwirklichung der Zwecke profitieren sollte[819]. Eine andere Beurteilung ist nur dann möglich, wenn die Wahrnehmung der besonderen geschäftlichen Interessen des einzelnen Mitglieds in den Vordergrund tritt oder es sich um eine konkrete, individuelle

---

811 Ebenso *Becker/Kretzschmann*, DStR 2008, 1985 (1992); *Möhlenkamp*, UR 2003, 173 (178); *Schauhoff*, Handbuch der Gemeinnützigkeit³, 2010, § 7 Rn. 50.

812 Allgemein zur verbrauchsteuerorientierten Auslegung siehe bereits S. 13.

813 *Schauhoff*, Handbuch der Gemeinnützigkeit³, 2010, § 7 Rn. 50; im Ergebnis auch *Becker/Kretzschmann*, DStR 2008, 1985 (1992); *Möhlenkamp*, UR 2003, 173 (178).

814 *Becker/Kretzschmann*, DStR 2008, 1985 (1992); *Reiß*, DStJG 32 (2009), 9 (14).

815 *Becker/Kretzschmann*, DStR 2008, 1985 (1993).

816 *Becker/Kretzschmann*, DStR 2008, 1985 (1993).

817 *Becker/Kretzschmann*, DStR 2008, 1985 (1993).

818 *Becker/Kretzschmann*, DStR 2008, 1985 (1993); *Schauhoff*, Handbuch der Gemeinnützigkeit³, 2010, § 7 Rn. 50; im Ergebnis aus umgekehrter Sichtweise auch *Sahm*, UR 1995, 210 ff.

819 *Schauhoff*, Handbuch der Gemeinnützigkeit³, 2010, § 7 Rn. 50.

Leistung gegenüber dem Mitglied handelt. So stellt sich die derzeitige Abgrenzung von „echten" und „unechten" Mitgliedsbeiträgen i. R. d. § 8 Abs. 5 KStG dar. Insofern ist zukünftig eine abweichende Beurteilung von Mitgliedsbeiträgen in Körperschaft- und Umsatzsteuerrecht geboten[820]. Eine Vereinheitlichung wäre nur *de lege ferenda* in Folge einer Anpassung des Körperschaftsteuergesetzes möglich.

5. Ergebnis

Die althergebrachte an das Körperschaftsteuerrecht angelehnte Differenzierung zwischen „echten" und „unechten" Mitgliedsbeiträgen im Umsatzsteuerrecht war schon frühzeitig nachhaltiger Kritik ausgesetzt. Das Umsatzsteuergesetz weist keine Regelung oder terminologische Anknüpfungsmöglichkeit auf[821], die auf eine synchrone Behandlung schließen lassen könnten. Insbesondere vor Verbrauchsteuergesichtspunkten und im Hinblick auf die unionsrechtlichen Vorgaben waren die für Mitgliedsbeiträge entwickelten Besteuerungsgrundsätze mit dem Umsatzsteuerrecht nicht vereinbar. Die Vermutung, dass der lange Zeit von Rechtsprechung und Finanzverwaltung einhellig vertretene Gleichlauf von Körperschaft- und Umsatzsteuerrecht bei der Beurteilung von Mitgliedsbeiträgen auf bloßen Praktikabilitätserwägungen zurückzuführen ist, liegt nahe[822].

Wegen der europarechtlichen – durch den EuGH konkretisierten – Vorgaben, der nunmehr ständigen nationalen Rechtsprechung und nicht zuletzt der berechtigten Kritik ist die Finanzverwaltung aufgerufen, zu reagieren, indem sie ihre weiterhin festgefahrenen Strukturen endlich aufgibt. *Englisch* übt insoweit harsche Kritik an der fortwährenden Auffassung der Finanzverwaltung und erklärt das Verhalten dieser für „rechtsstaatswidrig" und als „Armutszeugnis für die politische Leitung der Finanzministerien", die offenbar vor der Verbändelobby kapituliere[823]. Nicht nur die Finanzverwaltung sondern ebenso der Gesetzgeber ist aufgefordert, zu handeln. Dieser hat es bis heute versäumt, die

---

820 *Becker/Kretzschmann*, DStR 2008, 1985 (1993); *Möhlenkamp*, UR 2003, 173 (175); *Schauhoff*, Handbuch der Gemeinnützigkeit[3], 2010, § 7 Rn. 50; *Olbing/Alvermann*, in Streck, KStG[8], 2014, § 8 Rn. 463.

821 Siehe im Gegensatz dazu beispielsweise die Regelung des § 2 Abs. 3 UStG (S. 200 ff.) oder die terminologischen Anknüpfungen an das Ertragsteuerrecht i. R. d. § 15a UStG (S. 143 ff.).

822 Ebenso *Lenz*, Mitgliedsbeiträge privatrechtlicher Vereinigungen im Umsatzsteuerrecht, 2012, S. 67 f.

823 *Englisch*, in Tipke/Lang, Steuerrecht[21], 2013, § 17 Rn. 137; *Hüttemann*, Gemeinnützigkeits- und Spendenrecht[2], 2012, § 7 Rn. 140 geht zurückhaltender davon aus,

die Personenvereinigungen ohne Gewinnstreben betreffenden Steuerbefreiungsvorschriften der MwStSystRL umzusetzen. Aus diesen sowie aus der mit dem Umsatzsteuerrecht nicht zu vereinbarenden Beurteilung der Steuerbarkeit von Mitgliedsbeiträgen der Finanzverwaltung resultieren nicht tolerierbare Gestaltungsmöglichkeiten. Die Umsetzungsdefizite sind m. E. darauf zurückzuführen, dass die alte Rechtslage zum wirtschaftlich selben Ergebnis geführt hat und der Gesetzgeber insofern keinen Handlungsbedarf gesehen hatte. Daher kann durchaus von einer „Spätfolge" des „faktischen Gleichlaufs" gesprochen werden[824].

In Anbetracht der großen Relevanz, die der umsatzsteuerrechtlichen Handhabe von Mitgliedsbeiträgen – insbesondere für gemeinnützige Einrichtungen und Berufsverbände – zukommt[825], der mit der derzeitigen Rechtslage bestehenden Rechts- und den damit einhergehenden Planungsunsicherheiten der betroffenen Personenvereinigungen sowie den für den Staat innewohnenden Steuerausfällen sollten Gesetzgeber und Finanzverwaltung den an sie gerichteten Aufforderungen alsbald nachkommen[826].

Eine umgekehrte Maßgeblichkeit der umsatzsteuerrechtlichen Beurteilung von Mitgliedsbeiträgen für die körperschaftsteuerrechtliche i. R. d. § 8 Abs. 5 KStG kommt nicht in Betracht. Die umsatzsteuerrechtlichen Abgrenzungskriterien können aus in erster Linie teleologischen und systematischen Gründen nicht für das Körperschaftsteuerrecht i. R. d. § 8 Abs. 5 KStG herangezogen werden. Damit ist in Zukunft eine Abgrenzung anhand der gleichen Kriterien nicht möglich[827].

III. Anlehnung an ertragsteuerrechtliche Begriffe und Grundsätze im Rahmen der Vorsteuerberichtigung nach § 15a UStG

1. Einführung

a) Zum Regelungsbereich des § 15a UStG

Die Vorsteuerberichtigung ist ein wesentlicher Bestandteil des Umsatzsteuersystems, indem sie den korrekten Vorsteuerabzug und damit die Neutralität der

dass die eingesetzte Bund-Länder-Arbeitsgruppe „keine (politisch opportunen) Ergebnisse vorgelegt [hat]".

824 Siehe S. 129 f.

825 So zu gemeinnützigen Einrichtungen *Hüttemann*, Gemeinnützigkeits- und Spendenrecht[2], 2012, § 7 Rn. 107; zu Berufsverbänden *Alvermann*, FR 2006, 262 (265).

826 Siehe S. 128 ff.

827 Siehe S. 134 ff.

umsatzsteuerlichen Belastung sichert[828]. Sie setzt sich in der MwStSystRL aus mehreren Komponenten zusammen[829]. Zum einen verfolgen die Vorschriften zur Besteuerung „unentgeltlicher Verwendung“ eines Unternehmensgegenstandes zu „unternehmensfremden Zwecken“ das Ziel, den ursprünglichen Vorsteuerabzug zu berichtigen[830]. Ferner dienen die unionsrechtlichen Regelungen der Art. 184 bis 192 MwStSystRL der Vorsteuerberichtigung. Das Unionsrecht erfasst dort unter dem Oberbegriff „Berichtigung des Vorsteuerabzugs“ sowohl Berichtigungen wegen der Änderungen der Bemessungsgrundlage als auch Berichtigungen wegen der Änderung der Verhältnisse. Diese Vorsteuerberichtigungen hat der deutsche Gesetzgeber zum einen in § 17 UStG für die Fälle der Änderung der Bemessungsgrundlage[831] und andererseits in § 15a UStG für die Vorsteuerberichtigung im Zusammenhang mit der Änderung der Verhältnisse umgesetzt[832]. § 15a UStG regelt damit einen wichtigen Teilbereich der Vorsteuerberichtigung im Umsatzsteuerrecht[833]. Die Vorschrift bezweckt, einen nahen Zusammenhang zwischen dem Vorsteuerabzugsrecht und der Nutzung der betreffenden Gegenstände und Dienstleistungen für besteuerte Umsätze zu generieren[834]. Die Auslegung der Regelung ist an diesem Ziel zu orientieren[835].

---

828 EuGH, Urt. v. 30.3.2006 – C-184/04 [Uudenkaupungin kaupunki], Slg. I 2006, 3064 (3077); BFH, Urt. v. 12.6.2008 – V R 22/06, BStBl. II 2009, 165 (166); so auch *Birkenfeld*, in Birkenfeld/Wäger, USt-Handbuch, § 191 Rn. 12 (Mai 2006); *Lippross*, Umsatzsteuer[23], 2012, S. 1023 f.

829 Vgl. *Birkenfeld*, in Birkenfeld/Wäger, USt-Handbuch, § 191 Rn. 12 (Mai 2006); *Hahne*, BB 2008, 247 (248); *W. Wagner*, in Sölch/Ringleb, UStG, § 15a Rn. 35 (April 2011).

830 *Stadie*, UStG[2], 2012, § 15a Rn. 1; *W. Wagner*, in Sölch/Ringleb, UStG, § 15a Rn. 35 (April 2011); siehe dazu auch *Englisch*, in Tipke/Lang, Steuerrecht[21], 2013, § 17 Rn. 365 f.; zur Abgrenzung von Vorsteuerberichtigung und Verwendungsbesteuerung *W. Wagner*, in Sölch/Ringleb, UStG, § 15a Rn. 41 ff. (April 2011).

831 § 17 Abs. 2 Nr. 5 UStG kommt eine dem § 15a UStG ähnliche Funktion zu, indem er auch an die Verwendung und nicht an die tatsächliche endgültige Belastung anknüpft; *Stadie*, UStG[2], 2012, § 15a Rn. 9. *Englisch*, in Tipke/Lang, Steuerrecht[21], 2013, § 17 Rn. 365 sieht die Regelung aus diesem Grund als „systematisch verfehlt“ an.

832 *Birkenfeld*, in Birkenfeld/Wäger, USt-Handbuch, § 191 Rn. 12 (Mai 2006); *Hidien*, StuW 2005, 265 (272); *Lippross*, Umsatzsteuerrecht[23], 2012, S. 1024.

833 *W. Wagner*, in Sölch/Ringleb, UStG, § 15a Rn. 35 (April 2011).

834 *Birkenfeld*, in Birkenfeld/Wäger, USt-Handbuch, § 191 Rn. 12, 14 (Mai 2006); *Stadie*, UStG[2], 2012, § 15a Rn. 3.

835 EuGH, Urt. v. 15.12.2005 – C-63/04 [Centralan Property Ltd.], Slg. I 2005, 11087 (11123); *Birkenfeld*, in Birkenfeld/Wäger, USt-Handbuch, § 191 Rn. 12, 14 (Mai 2006); *Stadie*, UStG[2], 2012, § 15a Rn. 7.

Soweit die positiven Voraussetzungen des § 15 Abs. 1 UStG erfüllt sind und die Verhältnisse im Zeitpunkt des Leistungsbezugs den Vorsteuerabzug nach § 15 Abs. 1a, 1b, 2[836], 4 und 4a UStG nicht ausschließen, ist der Unternehmer zum Abzug der Vorsteuer berechtigt[837]. Schafft der Unternehmer mit der empfangenen Leistung ein im Unternehmen verwendetes Investitionsgut an oder empfängt er eine einem Investitionsgut ähnliche Leistung, ist er sofort vorsteuerabzugsberechtigt. Es kommt nicht zu einer auf die Jahre der Verwendung abzielenden periodengerechten Verteilung[838]. Allerdings können aus dem „Sofortabzug"[839] ungerechtfertigte Ergebnisse resultieren, wenn der Unternehmer die empfangene Leistung tatsächlich für andere Ausgangsumsätze als ursprünglich beabsichtigt verwendet oder es zu Verwendungsänderungen kommt und diese für den Vorsteuerabzug erheblich wären[840]. Dadurch hervorgerufene Steuervor- und -nachteile möchte § 15a UStG korrigieren. Der Vorsteuerabzug soll sich letztendlich nach der tatsächlichen Verwendung der empfangenen Leistung für vorsteuerschädliche oder vorsteuerunschädliche Ausgangsumsätze richten[841]. Ändern sich die Verhältnisse, die zum Zeitpunkt des Leistungsbezugs herrschten, oder kommt es zu Verwendungsänderungen, aus denen eine andere Beurteilung des Vorsteuerabzugs im Zeitpunkt des Leistungsbezugs aus der Perspektive des § 15 Abs. 1a, 1b, 2, 3, 4 und 4a UStG gefolgt

836 § 15 Abs. 3 UStG beinhaltet wiederum die Rückausnahme für den Ausschluss nach Abs. 2.

837 *Lippross*, Umsatzsteuerrecht[23], 2012, S. 1023.

838 Ebenso *Birkenfeld*, in Birkenfeld/Wäger, USt-Handbuch, § 190 Rn. 1 (Mai 2006); *Stadie*, UStG[2], 2012, § 15a Rn. 7.

839 Schon Art. 11 Abs. 3 der 2. EG-Richtlinie v. 11.4.1977, ABl. EG 1967, 1303 hat in der Grundkonzeption des Mehrwertsteuersystems das Prinzip des sog. „Sofortabzugs" von Vorsteuerbeträgen auf Leistungsbezüge für sog. „Investitionsgüter" enthalten; *W. Wagner*, in Sölch/Ringleb, UStG, § 15a Rn. 1 (April 2013).

840 *Birkenfeld*, in Birkenfeld/Wäger, USt-Handbuch, § 190 Rn. 4 (Mai 2006); *Lippross*, Umsatzsteuerrecht[23], 2012, S. 1023. Nach § 15a Abs. 7 UStG führt auch ein Besteuerungsformwechsel zu einer Änderung der Verhältnisse; siehe dazu BFH, Urt. v. 17.6.2004 – V R 31/02, BStBl. II 2004, 858 (859); v. 12.6.2008 – V R 22/06, BStBl. II 2009, 165 (166).

841 EuGH, Urt. v. 30.3.2006 – C-184/04 [Uudenkaupungin kaupunki], Slg. I 2006, 3064 (3077); BFH, Urt. v. 12.6.2008 – V R 22/06, BStBl. II 2009, 165 (166); *Englisch*, in Tipke/Lang, Steuerrecht[21], 2013, § 17 Rn. 366; *Fleckenstein-Weiland*, in Reiß/Kraeusel/Langer, UStG, § 15a Rn. 1 (April 2013).

wäre[842], normiert § 15a unter bestimmten Voraussetzungen sowohl zugunsten als auch zuungunsten des Unternehmers eine Vorsteuerberichtigung[843]. Bei Investitionsgütern und vergleichbaren sonstigen Leistungen findet die Vorsteuerberichtigung *pro rata temporis* statt[844]. Dient die empfangene Leistung hingegen nur einer einmaligen Umsatzerzielung, ist der Vorsteuerabzug für den Besteuerungszeitraum zu berichtigen, in dem das Wirtschaftsgut verwendet wird[845]. Als materiellrechtliche – und nicht verfahrensrechtliche – Berichtigungsvorschrift[846] ist § 15a UStG eine systematisch gebotene Komplettierung des Vorsteuerabzugs nach § 15 UStG[847].

b) Die Anlehnungen an das Einkommensteuerrecht i. R. d. § 15a UStG

Die Vorschrift beinhaltet mehrere Anlehnungen an das Einkommensteuerrecht. Mit den Begriffen „Wirtschaftsgut" in § 15a Abs. 1, 2, 3, 5, 8 und 9 UStG, „Anschaffungs- und Herstellungskosten" in § 15a Abs. 1 UStG und „nachträgliche Anschaffungs- und Herstellungskosten" in § 15a Abs. 6 UStG zieht der deutsche Gesetzgeber in § 15a UStG einkommensteuerrechtlich vorgeprägte Begriffe

---

842 Der Regelungsbereich des § 15a UStG erfasst nicht die spätere Zuführung einer zunächst nicht für den unternehmerischen Bereich bezogenen Lieferung; anstelle vieler *Heidner*, in Bunjes, UStG[13], 2014, § 15a Rn. 4, 12; *W. Wagner*, in Sölch/Ringleb, UStG, § 15a Rn. 56 ff. (April 2011); kritisch zu der nicht in Betracht kommenden „Einlagenentsteuerung im Wege der Vorsteuerberichtigung" *Dziadkowski*, UR 2008, 10 ff.; *Englisch*, in Tipke/Lang, Steuerrecht[21], 2013, § 17 Rn. 366; *Stadie*, Das Recht des Vorsteuerabzugs, 1989, S. 8 und S. 243 ff.; *Tumpel*, Festschrift Reiß, 2008, S. 123 (124).

843 *Birkenfeld*, UStB 2004, 16; *ders.*, in Birkenfeld/Wäger, USt-Handbuch, § 190 Rn. 71 (Mai 2006); *Fleckenstein-Weiland*, in Reiß/Kraeusel/Langer, UStG, § 15a Rn. 2 (April 2013); *Lippross*, Umsatzsteuerrecht[23], 2012, S. 1023.

844 Im Falle einer Veräußerung oder Lieferung nach § 3 Abs. 1b UStG sehen § 15a Abs. 8 und 9 UStG einen Sofortausgleich für den gesamten noch verbleibenden Berichtigungszeitraum vor; vgl. nur *Heidner*, in Bunjes, UStG[13], 2014, § 15a Rn. 61.

845 *Heidner*, in Bunjes, UStG[13], 2014, § 15a Rn. 44.

846 *Birkenfeld*, UStB 2004, 16; *ders.*, Birkenfeld/Wäger, USt-Handbuch, § 190 Rn. 61 (Mai 2006); *W. Wagner*, in Sölch/Ringleb, UStG, § 15a Rn. 60 (April 2011); zur verfahrensrechtlichen Vorsteuerkorrektur siehe nur *Birkenfeld*, in Birkenfeld/Wäger, USt-Handbuch, § 190 Rn. 101 ff. (Mai 2006).

847 So auch *Lippross*, Umsatzsteuerrecht[23], 2012, S. 1023, vgl. *Birkenfeld*, in Birkenfeld/Wäger, USt-Handbuch, § 190 Rn. 1 ff. (Mai 2006); *Englisch*, in Tipke/Lang, Steuerrecht[21], 2013, § 17 Rn. 365 ff.; vgl. auch *Fleckenstein-Weiland*, in Reiß/Kraeusel/Langer, UStG, § 15a Rn. 150 (April 2013).

heran[848]. Das Umsatzsteuergesetz enthält ebenso wenig wie das Einkommensteuergesetz eine Definition dieser Begriffe. Fraglich ist daher, ob die inhaltliche Bedeutung deckungsgleich mit den einkommensteuerrechtlichen Begriffen sein kann oder ihnen ein umsatzsteuerrechtsspezifischer Begriffsinhalt immanent ist. Bei näherer Betrachtung zeichnen sich weitere Anknüpfungen an das Ertragsteuerrecht ab. So beschränkt § 15a Abs. 4 S. 2 UStG[849] die Anwendung des § 15a UStG auf solche sonstigen Leistungen, für die ein steuerbilanzrechtliches Aktivierungsgebot besteht. Die Vereinbarkeit dieser vom Gesetzgeber ausgehenden Anlehnungen an das Ertragsteuerrecht mit dem Umsatzsteuerrecht steht im Folgenden auf dem Prüfstand.

Darüber hinaus zieht die Finanzverwaltung bei der Bestimmung des Berichtigungszeitraums ertragsteuerrechtliche Grundsätze heran. Nach § 15a Abs. 1 S. 1 UStG beträgt der Berichtigungszeitraum für Wirtschaftsgüter grundsätzlich fünf Jahre, für Grundstücke, grundrechtsgleiche Rechte und Gebäude auf fremden Grund und Boden zehn Jahre (§ 15a Abs. 1 S. 2 UStG). Bei Wirtschaftsgütern mit einer kürzeren Verwendungsdauer ist nach § 15a Abs. 5 S. 2 UStG der entsprechend kürzere Berichtigungszeitraum anzusetzen. Für die Bestimmung des kürzeren Berichtigungszeitraums zieht die Finanzverwaltung[850] die betriebsgewöhnliche Nutzungsdauer, die nach ertragsteuerlichen Grundsätzen für das Wirtschaftsgut anzusetzen ist, heran. Auch diese Anlehnung wirft einige Rechtsfragen auf, denen weiter nachzugehen ist.

Im Folgenden werden zunächst die im Rahmen des § 15a UStG auftretenden Auslegungs- und Anwendungsfragen in Ansehung der einkommensteuerrechtlich vorgeprägten Begriffe „Wirtschaftsgut" und „(nachträgliche) Anschaffungs- und Herstellungskosten" untersucht. Im Anschluss steht die Vereinbarkeit der verwaltungspraktischen Anlehnung an die ertragsteuerrechtlichen Grundsätze für die Bestimmung der Verwendungsdauer nach § 15a Abs. 5 S. 2 UStG auf dem Prüfstand. Abschließend wird die Tauglichkeit der vom Gesetzgeber statuierten Tatbestandvoraussetzung des steuerbilanzrechtlichen Aktivierungsgebots des § 15a Abs. 4 S. 2 UStG behandelt.

---

848 *Birkenfeld*, in Birkenfeld/Wäger, USt-Handbuch, § 192 Rn. 81 (Mai 2006); *Stadie*, UStG^2, 2012, § 15a Rn. 5.

849 Die Beschränkung gilt vorbehaltlich der Sätze 1 und 3 des § 15a Abs. 4 UStG.

850 A 15a.3 Abs. 1 S. 5 UStAE.

2. Auslegungs- und Anwendungsfragen i. R. d. § 15a UStG in Ansehung des einkommensteuerlich vorgeprägten Begriffs „Wirtschaftsgut“

a) *Zur Rezeption des einkommensteuerrechtlich vorgeprägten Begriffs „Wirtschaftsgut“ in § 15a UStG*

Der Begriff „Wirtschaftsgut“ ist eine Zweckschöpfung des Steuerrechts[851] und ein rein steuerrechtlicher Begriff[852]. Obwohl er in diverse Steuergesetze übernommen wurde, findet sich keine Legaldefinition des Begriffs „Wirtschaftsgut“[853]. Der BFH zieht für die Begriffsbestimmung weniger zivilrechtliche als steuerrechtliche – nämlich wirtschaftliche – Gesichtspunkte heran[854]. Der einkommensteuerliche Begriff „Wirtschaftsgut“ entspricht nach herrschender Auffassung dem handelsrechtlichen Begriff des Vermögensgegenstandes (§§ 240 Abs. 1, 241, 242 Abs. 1, 246, 252, 253, 255, 266 HGB)[855]. Nach der Rechtsprechung des BFH[856] sind

851 BFH, Urt. v. 7.8.2000 – GrS 2/99, BStBl. II 2000, 632 (635); siehe auch *Buciek*, in Blümich, EStG/KStG/GewStG, § 5 EStG Rn. 303 (Mai 2010); *Hidien*, StuW 2005, 265 (272); *Kempermann*, in Kirchhof/Söhn/Mellinghoff, EStG/KStG/GewStG, § 5 EStG Rn. B 169 (Jan. 2007); *Weber-Grellet*, Steuerbilanzrecht, 1996, S. 91. Der Begriff des Wirtschaftsguts ist bereits vom RFH, Urt. v. 27.3.1928 – I A 470/27, RStBl. 1928, 260 (261) für das Bewertungsrecht entwickelt worden; näher zur Entwicklung des einkommensteuerlichen Begriffs „Wirtschaftsgut“ im Einkommensteuerrecht *Häcker*, Der steuerrechtliche Begriff „Wirtschaftsgut“, 1980, S. 71 ff.

852 *Krumm*, in Blümich, EStG/KStG/GewStG, § 5 EStG Rn. 303 (Okt. 2013).

853 *Hidien*, StuW 2005, 265 (272).

854 BFH, Urt. v. 12.4.1984 – V R 112/81, BStBl. II 1984, 554 (555); v. 7.8.2000 – GrS 2/99, BStBl. II 2000, 632 (635); *Crezelius*, in Kirchhof, EStG[13], 2014, § 5 Rn. 58; *Kempermann*, in Kirchhof/Söhn/Mellinghoff, EStG/KStG/GewStG, § 5 EStG Rn. B 170 (Jan. 2007); *Weber-Grellet*, in Schmidt, EStG[33], 2014, § 5 Rn. 94.

855 BFH, Urt. v. 2.3.1970 – GrS 1/69, BStBl. II 1970, 382 (383); v. 7.8.2000 – GrS 2/99, BStBl. II 2000, 632 (635); siehe auch Gesetzesbegründung zum BiRiLiG v. 26.8.1983, BT-Drs. 10/317, 72 und Bericht des Rechtsausschusses zum BiRiLiG v. 18.11.1985, BT-Drs. 10/4268, 89; *Kempermann*, in Kirchhof/Söhn/Mellinghoff, EStG/KStG/GewStG, § 5 EStG Rn. B 169 (Jan. 2007); *Tonner*, in Bordewin/Brandt, EStG, § 5 Rn. 207 (Jan. 2012); *Weber-Grellet*, Steuerbilanzrecht, 1996, S. 91. Der inhaltliche Umfang des Begriffs Wirtschaftsgut ist aber noch nicht abschließend geklärt; zu den unterschiedlichen Auffassungen *Krumm*, in Blümich, EStG/KStG/GewStG, § 5 EStG Rn. 303 (Okt. 2013) m. w. N.; exemplarisch für die wegen der Identität der beiden Begriffe vorgebrachten Zweifel *Hennrichs*, in Tipke/Lang, Steuerrecht[21], 2013, § 9 Rn. 121.

856 Statt vieler BFH, Urt. v. 28.5.1979 – I R 1/76, BStBl. II 1979, 734 (736); v. 9.7.1986 – I R 218/82, BStBl. II 1987, 14; v. 10.8.1989 – X R 17/177/87, BStBl. II 1990, 15 (16);

Wirtschaftsgüter „Sachen, Rechte oder tatsächliche Zustände, konkrete Möglichkeiten oder Vorteile für den Betrieb, deren Erlangung der Kaufmann sich etwas kosten läßt, die einer besonderen Bewertung zugänglich sind, in der Regel eine Nutzung für mehrere Wirtschaftsjahre erbringen und zumindest mit dem Betrieb übertragen werden können". Er umfasst auch immaterielle Wirtschaftsgüter[857].

Mit der 1. und 2. EG-Richtlinie zur Harmonisierung der Rechtsvorschriften über die Umsatzsteuer[858] verpflichteten sich die Mitgliedstaaten zur Einführung eines gemeinsamen Mehrwertsteuersystems[859]. Im Zuge dessen hatte der deutsche Gesetzgeber mit dem Umsatzsteuergesetz 1967[860] bei der Umsetzung des gemeinsamen Mehrwertsteuersystems erstmalig den Begriff „Wirtschaftsgut" in § 30 UStG 1967[861], der die sog. Selbstverbrauchsteuer regelte, und in

---

v. 6.12.1990 – IV R 3/89, BStBl. II 1991, 346 (347); v. 19.6.1997 – IV R 16/95, BStBl. II 1997, 808 (809); aus jüngerer Zeit BFH, Urt. v. 9.8.2011 – VIII R 13/08, BStBl. II 2011, 875 (876); siehe auch anstelle vieler *Krumm*, in Blümich, EStG/KStG/GewStG, § 5 EStG Rn. 304 (Okt. 2013); *Crezelius*, in Kirchhof, EStG[13], 2014, § 5 Rn. 57; *Hennrichs*, in Tipke/Lang, Steuerrecht[21], 2013, § 9 Rn. 125; *Weber-Grellet*, in Schmidt, EStG[33], 2014, § 5 Rn. 94.

857 BFH, Urt. v. 26.10.1986 – GrS 2/86, BStBl. II 1988, 348 (352); *Crezelius*, in Kirchhof, EStG[13], 2014, § 5 Rn. 57; *Kempermann*, in Kirchhof/Söhn/Mellinghoff, EStG/KStG/GewStG, § 5 EStG Rn. B 170 (Jan. 2007); *Weber-Grellet*, Steuerbilanzrecht, 1996, S. 93.

858 Erste Richtlinie des Rates v. 11.4.1967 zur Harmonisierung der Rechtsvorschriften der Mitgliedstaaten über die Umsatzsteuer (67/227/EWG – 1. EG-RL), ABl. Nr. L 71 S. 1301 und Zweite Richtlinie des Rates v. 11.4.1967 zur Harmonisierung der Rechtsvorschriften der Mitgliedstaaten über die Umsatzsteuer – Struktur und Anwendungsmodalitäten des gemeinsamen Mehrwertsteuersystems (67/228/EWG – 2. EG-RL), ABl. Nr. L 71, S. 1303.

859 *Englisch*, in Tipke/Lang, Steuerrecht[21], 2013, § 17 Rn. 6; *Klenk*, in Sölch/Ringleb, UStG, § 15a Rn. 3 (April 2013); siehe auch BT-Drs. V/1581 v. 15.3.1967, Bericht des Abgeordneten *Toussaint* zu den Beschlüssen des Finanzausschusses betreffend den Entwurf des Umsatzsteuergesetzes 1967, BT-Drs. V/48, S. 2.

860 Die Umsetzung der 1. und 2. EG-RL erfolgte in Deutschland durch das Gesetz zur Änderung der Umsatzsteuer (Mehrwertsteuer) 1967 v. 29.5.1967, BGBl. I 1967, 545.

861 Der Übergang vom Allphasen-Brutto-Umsatzsteuersystem zum Allphasen-Nettoumsatzsteuersystem erforderte darüber hinaus eine Übergangsvorschrift, die nachteilige Konsequenzen für sog. Altinvestitionen vermeiden konnte. Das sollte die sog. Selbstverbrauchsteuer nach § 30 UStG 1967 durch teilweise Rückgängigmachung des Vorsteuerabzugs bei Neuinvestitionen gewährleisten; ebenso *W. Wagner*, in Sölch/Ringleb, UStG, § 15a Rn. 81 (April 2011).

§ 15 Abs. 7 UStG 1967 eingefügt[862]. § 15 Abs. 7 UStG 1967[863] normierte – als Vorgängervorschrift des § 15a UStG – die Vorsteuerberichtigung für Anlagegüter. Der deutsche Gesetzgeber setzte mit dem Begriff „Wirtschaftsgut" in § 15 Abs. 7 UStG 1967 den zu dieser Zeit in Art. 17 dritter Gedankenstrich der 2. EG-RL[864] verankerten Begriff „Investitionsgut" um[865]. Zwar hatten die 1. und 2. EG-RL den Mitgliedstaaten noch nicht explizit eine Definition des Begriffs „Investitionsgut" gestattet, wie es heute Art. 189 Buchst. a MwStSystRL (ex Art. 20 Abs. 2 der 6. EG-RL) regelt. Der EuGH hatte den Mitgliedstaaten insofern aber einen Ermessensspielraum zugesprochen[866]. An dem Begriff „Wirtschaftsgut" hat der deutsche Gesetzgeber in dem § 15 Abs. 7 UStG 1967 nachfolgenden § 15a UStG bis heute festgehalten[867], jedoch ohne dass das Umsatzsteuergesetz – wie auch kein anderes Steuergesetz – eine Definition dieses Begriffes beinhaltet[868].

Die Rezeption des einkommensteuerrechtlich geprägten Begriffs „Wirtschaftsgut" hatte schon bei der Anwendung des § 30 UStG 1967 einige Abgrenzungsfragen

---

862 Ebenso *Hallerbach*, Umsatzsteuerkongreß-Bericht 1985, 1985, S. 135 (136); *W. Wagner*, in Sölch/Ringleb, UStG, § 15a Rn. 81 (April 2011).

863 § 15 Abs. 7 UStG 1967 galt nach § 27 Abs. 1 UStG 1967 für Umsätze nach Ablauf der Übergangsregelung der Selbstverbrauchsteuer ab dem 1.1.1973. Der Vorschrift kam nur ein sehr kurzer Geltungsbereich zu. Nach § 27 Abs. 12 UStG i. d. F. des Steueränderungsgesetzes (StÄndG) v. 26.6.1973, BGBl. I 1973, 676 (684 f.) war sie nicht mehr auf Wirtschaftsgüter anzuwenden, die erstmals nach dem 8.5.1973 zur Umsatzausführung verwendet wurden. § 15a UStG trat nach Art. 6 § 1 Nr. 1 StÄndG mit Wirkung v. 9.5.1973 an dessen Stelle; vgl. *Heidner*, in Bunjes, UStG[13], 2014, § 15a Rn. 1; *W. Wagner*, in Sölch/Ringleb, UStG, § 15a Rn. 16 ff. (April 2011).

864 Die unionsrechtlichen Mehrwertsteuerregelungen haben den Begriff „Investitionsgut" im Zusammenhang mit der Vorsteuerberichtigung zuerst in Art. 17 dritter Gedankenstrich der 2. EG-RL, folgend in Art. 20 Abs. 2 der 6. EG-RL und nunmehr in Art. 187 MwStSystRL beinhaltet.

865 *W. Wagner*, in Sölch/Ringleb, UStG, § 15a Rn. 81 (April 2011).

866 Vgl. EuGH, Urt. v. 1.2.1977 – Rs. 51/76 [Nederlandse Ondernemingen], Slg. I 1977, 113 (125); so auch *W. Wagner*, in Sölch/Ringleb, UStG, § 15a Rn. 78 (April 2011).

867 *W. Wagner*, in Sölch/Ringleb, UStG, § 15a Rn. 81 (April 2011). Der Begriff „Wirtschaftsgut" findet zudem in § 10 Abs. 4 S. 1 Nr. 2 S. 2, § 19 Abs. 1 S. 2, § 27 Abs. 16 UStG und § 44 UStDV Verwendung.

868 Ebenso *Fleckenstein-Weiland*, in Reiß/Kraeusel/Langer, UStG, § 15a Rn. 441 (April 2013); *Grune*, in Küffner/Stöcker/Zugmaier, UStG, § 15a Rn. 9 (Juli 2013).

zur Folge. So hatte der BFH in einer Entscheidung vom 19.8.1971[869] zur sog. Selbstverbrauchsteuer bemängelt, dass die Heranziehung des einkommensteuerrechtlichen Begriffs „Wirtschaftsgut" nicht die Berücksichtigung jeder Investition erlaube und dem Gesetzeszweck daher nicht gerecht werde[870]. § 15a UStG bzw. dessen Vorgängerregelung, § 15 Abs. 7 UStG 1967, sind seit ihrer Einführung wegen der Verwendung des Wirtschaftsgutbegriffs einiger Kritik ausgesetzt[871]. § 15a UStG erfasste bis zur umfassenden Erweiterung durch das EURLUmsG[872] mit Wirkung zum 1.1.2005 ausschließlich mehrfach verwendbare Wirtschaftsgüter bzw. nachträgliche Anschaffungs- und Herstellungskosten für derartige Wirtschaftsgüter[873]. Das führte zu Abgrenzungs- und Anwendungsfragen, inwieweit beispielsweise Erhaltungsaufwand oder sonstige Leistungen Berücksichtigung finden konnten. Insgesamt hatte der deutsche Gesetzgeber die europarechtlichen Vorgaben nicht hinreichend genau umgesetzt[874]. Daher hat er die Vorschrift des § 15a UStG nach und nach erweitert, um die Regelungslücken zu schließen und bisher ausgenommene Investitionen von der Regelung zu erfassen[875]. Die Entwicklung der

---

869 BFH, Urt. v. 19.8.1971 – V R 18/71, BStBl. II 1972, 75. In den Urteilen v. 19.8.1971 – V R 18/71, BStBl. II 1972, 75; v. 21.10.1971 – V R 53/71, BStBl. II 1972, 79 (80) hat der BFH ausdrücklich entschieden, dass der Begriff des Wirtschaftsguts „für Zwecke der Selbstverbrauchbesteuerung nach einkommensteuerlichen Grundsätzen zu bestimmen" ist. Dieser Rechtsprechung folgend BFH, Urt. v. 23.3.1972 – V R 104/71, BStBl. II 1972, 681 (682); v. 13.4.1972 – V R 151/71, BStBl. II 1972, 654 (655); v. 5.12.1974 – V R 30/74, BStBl. II 1975, 344 (345); siehe auch *Hallerbach*, Umsatzsteuerkongreß-Bericht 1985, 1985, S. 135 (138 ff.).

870 Dazu instruktiv *W. Wagner*, UR 1978, 81 ff.

871 Kritik äußern beispielsweise *Helsper*, Umsatzsteuerkongreß-Bericht 1982/83, 1983, S. 167 (183 f.); *Hidien*, StuW 2005, 265 (272 ff.). *Hallerbach*, Umsatzsteuerkongreß-Bericht 1985, 1985, S. 135 (138) geht auf die kritischen Stimmen ein und setzt sich mit der Frage auseinander, ob ein selbständiges Verständnis des Begriffs „Wirtschaftsgut" für das Umsatzsteuerrecht notwendig ist. Dabei kommt er zu dem Ergebnis, dass der Begriff keine eigenständige Interpretation erfordert.

872 Richtlinien-Umsetzungsgesetz (EURLUmsG) v. 9.12.2004, BGBl. I 2004, 3310.

873 *Hahne*, DB 2005, 1541; *Lippross*, Umsatzsteuerrecht[23], 2012, S. 1026; *W. Wagner*, in Sölch/Ringleb, UStG, § 15a Rn. 82 (April 2011).

874 *T. Küffner/Zugmaier*, DStR 2005, 313 (314); ähnlich *Wenzel*, in Rau/Dürrwächter, UStG, § 15a Rn. 22 (Mai 2006).

875 Siehe beispielsweise BT-Drs. 15/3677 v. 6.9.2004 „Entwurf eines Gesetzes zur Umsetzung von EU-Richtlinien in nationales Steuerrecht und zur Änderung weiterer Vorschriften" (EURLUmsG), S. 41 f.; zu den Motiven des Gesetzgebers für das EURLUmsG *Heidner*, in Bunjes, UStG[13], 2014, § 15a Rn. 46, 49 ff.; *Weimann*, UVR 2005, 295 (297).

Vorschrift zeigt eine über Jahre erfolgte, schrittweise Anpassung an die unionsrechtlichen Vorgaben auf, die im Wesentlichen zum 1.1.2005 durch die umfassende Erweiterung mit dem EURLUmsG[876] ihren Abschluss gefunden hat[877]. Das Umsatzsteuergesetz sieht als Berichtigungsobjekte nunmehr nach § 15a Abs. 1 UStG Wirtschaftsgüter vor, die nicht nur einmalig zur Ausführung von Umsätzen verwendet werden. § 15a Abs. 2 UStG behandelt Wirtschaftsgüter, die nur einmalig zur Ausführung von Umsätzen verwendet werden. § 15a Abs. 3 UStG erfasst die dort genannten Bestandteile und sonstigen Leistungen. Berichtigungsobjekte sind zudem die in § 15a Abs. 4 UStG aufgeführten sonstigen Leistungen, sowie die nachträglichen Anschaffungs- und Herstellungskosten i. S. d. § 15a Abs. 6 UStG[878]. Die angesprochenen Abgrenzungs- und Anwendungsfragen, die der Wirtschaftsgutsbegriff mit sich gebracht hat, sind aber auch nach der umfassenden Erweiterung des § 15a UStG noch nicht gänzlich ausgeräumt[879].

b) Zu dem vom Einkommensteuerrecht abweichenden Verständnis des Begriffs „Wirtschaftsgut" i. S. d. § 15a UStG

Im Schrifttum sind die Auffassungen zu der Frage, ob das einkommensteuerrechtliche Verständnis für den umsatzsteuerlichen Begriff „Wirtschaftsgut"

---

876 EURLUmsG v. 9.12.2004, BGBl. I 2004, 3310. Nachfolgend wurde mit Wirkung zum 1.1.2007 die Fassung von § 15a Abs. 3 und 4 UStG durch das „Erste Gesetz zum Abbau bürokratischer Hemmnisse insbesondere in der mittelständischen Wirtschaft" v. 22.8.2006, BGBl. I 2006, 1970 (1972) vereinfacht. Mit Wirkung zum 1.1.2011 wurde durch das JStG 2010, BGBl. I 2010, 1768 (1786) § 15a Abs. 6a und Abs. 8 S. 2 UStG als Reaktion auf den anteiligen Vorsteuerausschluss für nichtunternehmerisch verwendete Unternehmensgrundstücke eingeführt; zur Entwicklung des § 15a UStG näher *Birkenfeld*, in Birkenfeld/Wäger, USt-Handbuch, § 190 Rn. 11 ff. (Mai 2006); *Lippross*, Umsatzsteuerrecht[23], 2012, S. 1024 ff.; *W. Wagner*, in Sölch/Ringleb, UStG, § 15a Rn. 16 ff. (April 2011).

877 *Hahne*, BB 2008, 247; *W. Wagner*, in Sölch/Ringleb, UStG, § 15a Rn. 16 (April 2011).

878 *Hahne*, DB 2005, 1541; *Wenzel*, in Rau/Dürrwächter, UStG, § 15a Rn. 70 (Mai 2006).

879 *Hidien*, StuW 2005, 265 (273) führt dazu aus: „Die fehlende ‚Anschlussmöglichkeit' des Begriffs ‚Wirtschaftsgut' hat dann insbesondere zu den bei klarer Begriffsbildung an sich unnötigen Fragen geführt, ob er auch sonstige Leistungen oder mehrere Liefergegenstände umfasst oder ob auch sonstige Leistungen mit Korrekturfolgen veräußert bzw. entnommen werden können sowie aus umgekehrter Sicht, ob ein Bündel von Leistungen ein eigenständiges neues oder ein unselbständiges Wirtschaftsgut begründen. Die letztere Frage stellt sich besonders in Zusammenhang mit den von § 15a UStG auch erfassten nachträglichen Anschaffungs- und Herstellungskosten."

i. S. d. § 15a UStG inhaltsgleich übernommen werden kann, uneinheitlich. *Stadie* folgert aus der Heranziehung des einkommensteuerlich vorgeprägten Begriffs „Wirtschaftsgut" in den Vorgängervorschriften §§ 15 Abs. 7 und 30 UStG 1967, dass der Gesetzgeber bei der Konstituierung des § 15a UStG in einkommensteuerrechtlichen Kategorien gedacht habe. Das bestätige sich zum einen durch die Übernahme weiterer einkommensteuerrechtlicher Begriffe, wie der „Anschaffungs- und Herstellungskosten" in § 15a Abs. 1 und Abs. 6 UStG sowie mit der Formulierung des § 9b EStG. In dieser Vorschrift gehe der Gesetzgeber offensichtlich von der Identität des umsatzsteuerlichen und einkommensteuerlichen Wirtschaftsgutbegriffs aus[880]. Er führt weiter aus, dass die für das Einkommensteuerrecht extensive Definition des Wirtschaftsguts auch für das Umsatzsteuerrecht gelten müsse, um dem Primärzweck des § 15a Abs. 1 UStG – eine periodengerechte Zuordnung des Vorsteuerabzugsvolumens zu gewährleisten – nachkommen zu können[881]. Als konsequentes Ergebnis seiner Argumentation geht er explizit von einem im Einkommensteuer- und Umsatzsteuerrecht einheitlichen Wirtschaftsgutbegriff aus. Demnach sollen auch immaterielle Wirtschaftsgüter, die Inhalt einer sonstigen Leistung sind, von dem Begriff „Wirtschaftsgut" i. S. d. Umsatzsteuergesetzes erfasst sein[882]. Die inhaltlich uneingeschränkte Übernahme des Begriffs „Wirtschaftsgut" stößt indes auf Kritik. Zum einen sei die Übernahme nicht mit der von dem EuGH entwickelten Definition des Begriffs „Investitionsgut" i. S. d. Art. 187 ff. MwStSystRL vereinbar[883]. Des Weiteren lasse die Ausgestaltung der Vorsteuerberichtung nach Art. 184 bis 192 MwStSystRL das weite Verständnis des Begriffs „Wirtschaftsgut" nicht zu[884]. Zudem spreche die geltende Systematik des § 15a UStG dagegen[885]. Dem ist im Folgenden bei der Frage nach dem umsatzsteuerrechtlichen Verständnis des Begriffs „Wirtschaftsgut" nachzugehen.

---

880 *Stadie*, UStG², 2012, § 15a Rn. 11.

881 *Stadie*, UStG², 2012, § 15a Rn. 12.

882 *Stadie*, UStG², 2012, § 15a Rn. 11; diese Ansicht vertreten ebenso *Birkenfeld*, in Birkenfeld/Wäger, USt-Handbuch, § 195 Rn. 54 (Mai 2006); *Fleckenstein-Weiland*, in Reiß/Kraeusel/Langer, UStG, § 15a Rn. 441 (April 2013); *Grune*, in Küffner/Stöcker/Zugmaier, UStG, § 15a Rn. 9 (Juli 2013); *Lippross*, Umsatzsteuer²³, 2012, S. 1032.

883 *Hidien*, StuW 2005, 265 (273 f.).

884 *Hahne*, BB 2008, 247 (249); *Hidien*, StuW 2005, 265 (272 f.); *Nieskens*, UR 2005, 57 (74).

885 So im Ergebnis *Hahne*, BB 2008, 247 (249); *Nieskens*, UR 2005, 57 (74).

aa) Zu den unionsrechtlichen Bedenken gegenüber einem einheitlichen Verständnis des Begriffs „Wirtschaftsgut" im Umsatz- und Einkommensteuerrecht

Der deutsche Gesetzgeber will mit § 15a UStG die unionsrechtlichen Vorgaben der Art. 184 bis 192 MwStSystRL für die Vorsteuerberichtigung bei Änderung der für den ursprünglichen Vorsteuerabzug maßgebenden Verhältnisse umsetzen[886]. Dabei weicht § 15a UStG allerdings von den Begriffen und der Systematik der unionsrechtlichen Vorschriften ab[887]. Während das Unionsrecht mit Art. 184 MwStSystRL einen allgemeinen Berichtigungstatbestand beinhaltet und einen besonderen Berichtigungstatbestand für Investitionsgüter vorsieht, hat der deutsche Gesetzgeber die Vorsteuerberichtigung für Investitionsgüter im Umsatzsteuergesetz als Grundtatbestand ausgestaltet und ergänzt diesen mit einer Reihe von Einzeltatbeständen[888]. Der unionsrechtliche Sondertatbestand in Art. 187 MwStSystRL ist maßgebend für den Grundtatbestand des § 15a Abs. 1 UStG[889]. Dieser unionsrechtliche Sondertatbestand sieht vor, dass bei Investitionsgütern grundsätzlich[890] innerhalb eines fünfjährigen Berichtigungszeitraumes eine Berichtigung durchzuführen ist, wenn sich die für den Vorsteuerabzug maßgeblichen Umstände verändert haben. Die MwStSystRL verwendet den Begriff „Investitionsgut" i. S. d. Art. 187 ff. MwStSystRL[891] ohne eine Definition vorzugeben[892]. Vielmehr eröffnet Art. 189 Buchst. a MwStSystRL den Mitgliedstaaten einen Regelungsspielraum zur Definition des Begriffs

886 *Heidner*, in Bunjes, UStG[13], 2014, § 15a Rn. 6; *Stadie*, UStG[2], 2012, § 15a Rn. 5.

887 Ebenso *Lippross*, Umsatzsteuerrecht[23], 2012, S. 1024.

888 Ebenso *Lippross*, Umsatzsteuerrecht[23], 2012, S. 1024.

889 *Berger/Kindl/Wakounig*, MwStSystRL, 2009, S. 431.

890 Nach Art. 187 Abs. 1 Unterabs. 3 MwStSystRL kann bei Grundstücken, die als Investitionsgut angeschafft wurden, der Zeitraum der Berichtigungszeitraum auf 20 Jahre verlängert werden. Zudem ist eine kürzere Nutzungsdauer der Investitionsgüter für die Bestimmung des Berichtigungszeitraums zu berücksichtigen.

891 Die MwStSystRL verwendet den Begriff „Investitionsgut" in mehreren Vorschriften (beispielsweise in Art. 174, 187 ff. 314, 334 MwStSystRL). Dabei kann dem Begriff eine jeweils unterschiedliche inhaltliche Bedeutung zukommen, weil sich die Auslegung des Unionsrechts nach dem Wortlaut, dem Zusammenhang und dem Ziel der einzelnen Bestimmung richtet; EuGH, Urt. v. 6.3.2008 – C-98/07 [Nordania Finans und BG Factoring], UR 2008, 625 (626); siehe auch *Leistentritt*, ELR 2008, 230 (231 ff.).

892 *Hidien*, StuW 2005, 265 (273).

„Investitionsgut" i. S. d. Art. 187, 188 MwStSystRL[893]. Davon hat der deutsche Gesetzgeber Gebrauch gemacht, indem er den – ertragsteuerrechtlich vorgeprägten – Begriff des Wirtschaftsguts verwendet hat[894] und in § 15a Abs. 1 UStG den unionsrechtlichen Begriff „Investitionsgut" als „Wirtschaftsgut, das nicht nur einmalig zur Ausführung von Umsätzen verwendet wird" bestimmt[895]. Der EuGH[896] hingegen definiert Investitionsgüter als „Gegenstände, die – für Zwecke einer wirtschaftlichen Tätigkeit – durch ihre Langlebigkeit und ihren Wert gekennzeichnet sind und deren Anschaffungskosten daher in der Regel nicht als laufende Kosten verbucht, sondern über mehrere Jahre hinweg abgeschrieben werden". Die vom EuGH entwickelte Definition zum Begriff „Investitionsgut" i. S. d. der Art. 187 ff. MwStSystRL ist nicht mit dem vom BFH im Ertragsteuerrecht entwickelten Verständnis des Wirtschaftsgutbegriffs[897] identisch[898]. Zwar können die Mitgliedstaaten den Begriff „Investitionsgut" nach Art. 189 Buchst. a MwStSystRL selbst bestimmen. Die MwStSystRL spricht den Mitgliedstaaten damit aber nur einen gewissen Ermessenspielraum für eine Definition des Begriffs „Investitionsgut" zu. Sie muss sich an dem von dem EuGH

---

893 BFH, Urt. v. 3.11.2011 – V R 32/10, BStBl. II 2012, 525 (526); *Birkenfeld*, in Birkenfeld/Wäger, USt-Handbuch, § 191 Rn. 134 (Mai 2006); *Lippross*, Umsatzsteuerrecht[23], 2012, S. 1031.

894 *Hahne*, BB 2008, 247 (250); *Lippross*, Umsatzsteuer[23], 2012, S. 1032.

895 Durch das EURLUmsG, BGBl. I 2004, 3310 (3319 f.) hat der Gesetzgeber die Beschränkung des Regelungsumfangs auf Wirtschaftsgüter, die nicht nur einmalig zur Ausführung von Umsätzen verwendet werden, neu in das Gesetz aufgenommen. Der Zusatz dient der Abgrenzung zu § 15a Abs. 2 UStG, wonach die Berichtigung auch bei Wirtschaftsgütern vorzunehmen ist, die nur einmalig der Verwendung von Umsätzen dienen. Zwar hat der Gesetzgeber den Regelungsgehalt im Vergleich des § 15a Abs. 1 UStG a. F. scheinbar verkürzt. Nach § 15a UStG 1991 waren aber nur Wirtschaftsgüter des Anlagevermögens erfasst; vgl. BFH, Urt. v. 20.12.2001 – V R 8/98, BStBl. II 2002, 557 (559); v. 12.2.2009 – V R 85/07, BStBl. II 2010, 76 (78); *T. Küffner/Zugmaier*, DStR 2005, 313 (314). Die Unterscheidung zwischen Anlage- und Umlaufvermögen ist für die umsatzsteuerliche Behandlung jedoch irrelevant. Allein die Verwendung der Wirtschaftsgüter ist entscheidend; vgl. *Lippross*, Umsatzsteuer[23], 2012, S. 1051; *W. Wagner*, in Sölch/Ringleb, UStG, § 15a Rn. 85 ff. (April 2011).

896 EuGH, Urt. v. 1.2.1977 – Rs. 51/76 [Verbond van Nederlandse Ondernemingen], Slg. I 1977, 113 (126); v. 6.3.2008 – C-98/07 [Nordania Finans und BG Factoring], UR 2008, 625 (626 f.); v. 16.2.2012 – C-118/11 [EON ASET MENIDJMUNT], UR 2012, 230 (232); siehe auch *Birkenfeld*, in Birkenfeld/Wäger, USt-Handbuch, § 192 Rn. 93 (Mai 2006), *W. Wagner*, in Sölch/Ringleb, UStG, § 15a Rn. 79 (April 2011).

897 Siehe bereits S. 148.

898 *Hidien*, StuW 2005, 265 (273 f.); siehe auch Fn. 856.

entwickelten Verständnis des Begriffs „Investitionsgut" orientieren und mit der MwStSystRL vereinbar sein[899]. Der vom deutschen Gesetzgeber herangezogene inhaltlich sehr weite Begriff „Wirtschaftsgut" darf die unionsrechtlichen Grenzen nicht überschreiten[900]. So stellt sich die Frage, ob die Übernahme des einkommensteuerrechtlichen Verständnisses für den umsatzsteuerlichen Begriff „Wirtschaftsgut" i. S. d. § 15a UStG aus unionsrechtlicher Perspektive zulässig ist, also mit den unionsrechtlichen Vorgaben vereinbar ist.

Die inhaltliche Identität des Begriffs „Wirtschaftsgut" in Einkommen- und Umsatzsteuerrecht ist aus europarechtlicher Sicht einiger Kritik ausgesetzt. Die vom EuGH entwickelte Definition[901] für den Begriff „Investitionsgut" lasse darauf schließen, dass es sich bei einem Investitionsgut herkömmlicherweise um einen lieferungsfähigen Gegenstand handelt[902]. Damit wären immaterielle Wirtschaftsgüter, die Gegenstand einer sonstigen Leistung sind, kein Investitionsgut i. S. d. Art. 187 ff. MwStSystRL. Dafür spreche zum einen der Vergleich mit den fremdsprachigen Versionen des Art. 187 MwStSystRL und der dort verwendeten Terminologie für den Begriff „Investitionsgut"[903]. In der englischen Version heißt es beispielsweise in Art. 188 der Council Directive on the common system of value added tax[904] *„supplied (...) capital goods"*, übersetzt „Lieferung von Investitionsgütern". Darüber hinaus rechtfertige die Formulierung der Art. 187,

---

899 *Berger/Kindl/Wakounig*, MwStSystRL, 2009, S. 435; *Birkenfeld*, in Birkenfeld/Wäger, USt-Handbuch, § 192 Rn. 93 (Mai 2006); *Hidien*, StuW 2005, 265 (273); *W. Wagner*, in Sölch/Ringleb, UStG, § 15a Rn. 77 ff. (April 2011); *Wenzel*, in Rau/Dürrwächter, UStG, § 15a Rn. 40 (Mai 2006).

900 Vgl. *Wenzel*, in Rau/Dürrwächter, UStG, § 15a Rn. 40 (Mai 2006); instruktiv zu den Grenzen der Definitionsbefugnisse der Mitgliedstaaten *Hidien*, StuW 2005, 265 (269, 273).

901 Der EuGH definiert den Begriff „Investitionsgut" i. S. d. Art. 187 MwStSystRL als *„Gegenstände (Güter)*, die (...) über mehrere Jahre hinweg abgeschrieben werden" (Hervorhebungen durch den Verfasser); siehe Fn. 896.

902 *Hidien*, StuW 2005, 265 (273); *Nieskens*, UR 2005, 57 (74); *W. Wagner*, in Sölch/Ringleb, UStG, § 15a Rn. 77 ff. (April 2011).

903 Ebenso *Hidien*, StuW 2005, 265 (273).

904 Council Directive (2006/112/EC) on the common system of value added tax v. 28.11.2006, ABl. EU Nr. L 347, S. 1 (48) (En); exemplarisch ebenso Art. 188 in der französischen Sprachfassung der Directive 2006/112/CE du Conseil v. 28.11.2006 relative au système commun de taxe sur la valeur ajoutée, Abl. EU Nr. L 347, S. 1 (48) (FR): „En cas de livraison (...), le bien d'investissement" und in der italienischen Sprachfassung in der Direttiva 2006/112/CE del Consiglio v. 28.11.2006, relativa al sistema comune d'imposta sul valore aggiunto, Abl. EU Nr. L 347, S. 1 (38) (IT): „In caso di cessione (...), il bene d'investimento".

188 MwStSystRL diese Annahme[905]. Dem ist zuzustimmen. Art. 188 Abs. 1 S. 1 MwStSystRL setzt voraus, dass das „Investitionsgut“ Bestandteil einer „Lieferung“ ist. Denn nach dieser Regelung ist ein Investitionsgut bei dessen *Lieferung* innerhalb des Berichtigungszeitraums so zu behandeln, als ob es bis zum Ablauf des Berichtigungszeitraums weiterhin für eine wirtschaftliche Tätigkeit des Steuerpflichtigen verwendet worden wäre. Eine Lieferung i. S. d. Art. 14, 15 MwStSystRL verlangt wiederum einen körperlichen Gegenstand bzw. eine nach diesen Vorschriften gleichgestellte Leistung[906]. Zwar erfüllen immaterielle Wirtschaftsgüter die vom EuGH[907] vorgebrachten wesentlichen Merkmale der Definition des Begriffs „Investitionsgut“, nämlich die Langlebigkeit der Güter und die gleichzeitige Abschreibung ihrer Anschaffungskosten. Art. 190 MwStSystRL eröffnet den Mitgliedstaaten für die Umsetzung der Vorsteuerberichtigung aber die Möglichkeit, Dienstleistungen wie Investitionsgüter zu behandeln, wenn sie üblicherweise den Investitionsgütern zugeschriebenen, vergleichbare Merkmale aufweisen. Demnach will Art. 187 MwStSystRL – und damit der Begriff „Investitionsgut“ – Dienstleistungen grundsätzlich[908] nicht erfassen. Dies ist auch dann nicht der Fall, wenn sie die Merkmale aufweisen, die üblicherweise Investitionsgütern zugeschrieben werden.

Damit ist zwar noch nicht gesagt, dass der weite ertragsteuerliche Wirtschaftsgutbegriff die unionsrechtlichen Grenzen überschreitet. Denn den Mitgliedstaaten steht jedwede Umsetzungsmöglichkeit zu, soweit gewährleistet ist, dass die nationale Regelung die Vorgaben der MwStSystRL im Ergebnis realisiert[909]. Die Argumente sprechen aber zumindest für eine engere Interpretation des unionsrechtlichen Begriffs „Investitionsgut“, als dass sie auf lieferungsfähige Wirtschaftsgüter beschränkt ist.

905 *Hahne*, BB 2008, 247 (249).

906 *Hahne*, BB 2008, 247 (249); ähnlich *W. Wagner*, in Sölch/Ringleb, UStG, § 15a Rn. 77 ff. (April 2011).

907 EuGH, Urt. v. 1.2.1977 – Rs. 51/76 [Verbond van Nederlandse Onderneminge], Slg. I 1977, 113 (126); v. 6.3.2008 – C-98/07 [Nordania Finans und BG Factoring], UR 2008, 625 (626 f.); so auch Generalanwalt *Mengozzi*, Schlussantrag v. 12.2.2009 – C-515/07 [Vereniging Noordelijke Land- en Tuinbouw Organisatie], Slg. I 2009, 839 (857); Generalanwältin *Kokott*, Schlussantrag v. 1.3.2012 – C-334/10 [X], n. v.

908 Ausnahmen sind die in Art. 14, 15 MwStSystRL vorgegebenen Sonderfälle, die anderenfalls als Dienstleistung zu qualifizieren wären.

909 Siehe dazu bereits S. 214.

bb) Vorschriftsimmanente Bedenken gegenüber einem einheitlichen Verständnis des Begriffs „Wirtschaftsgut" in Umsatz- und Einkommensteuerrecht

Wie bereits festgestellt, müssen gleichlautende Begriffe inhaltlich nicht übereinstimmen[910]. Vielmehr ist im Rahmen der Auslegung unter Heranziehung der klassischen Auslegungskriterien zu ermitteln, ob der Begriff im Sinne des Umsatzsteuerrechts einen eigenen – umsatzsteuerrechtsspezifischen – Gehalt hat oder ob das einkommensteuerrechtliche Begriffsverständnis herangezogen werden kann. Zweifelhaft ist insbesondere, ob der umsatzsteuerrechtliche Wirtschaftsgutsbegriff auch nicht lieferungsfähige immaterielle Wirtschaftsgüter erfasst. Die Vorsteuerberichtigungstatbestände des § 15a UStG knüpfen an unterschiedliche Berichtigungsobjekte an[911]. § 15a Abs. 4 UStG bezieht sich auf „sonstige Leistungen", die nicht unter Abs. 3 fallen. Im Gegensatz dazu stellt § 15a Abs. 1 UStG nicht explizit auf den Leistungscharakter ab, sondern sieht ein „Wirtschaftsgut, das nicht nur einmal zur Ausführung von Umsätzen verwendet wird" als Berichtigungsobjekt vor. Der Wortlaut des § 15a Abs. 1 UStG ist nicht ausdrücklich auf Lieferungen beschränkt, sondern lässt eine weite Interpretation des Anwendungsbereichs zu, nämlich dass er sowohl Lieferungen als auch sonstige Leistungen erfasst. Die Verwendung des Begriffs „Wirtschaftsgut" in § 15a Abs. 1 UStG führt damit zu Abgrenzungsfragen zwischen dem Regelungsbereich des § 15a Abs. 1 UStG und dem des § 15a Abs. 4 UStG[912].

(1) Zur notwendigen Abgrenzungsfähigkeit der unterschiedlichen Berichtigungsobjekte des § 15a UStG

Das Umsatzsteuergesetz bezieht sich kontinuierlich auf die Vorgänge Lieferung und Leistung. Im Gegensatz zu § 15 UStG, der an den einzelnen Leistungsbezug anknüpft und mit dem Lieferungsbegriff i. S. d. § 3 Abs. 1 UStG auf den

---

910 Siehe zu der Auslegung im Wortlaut übereinstimmender Rechtsbegriffe bereits S. 60 ff.

911 Der Begriff „Berichtigungsobjekt" ist eine Kreation der Verwaltung (vgl. BMF-Schreiben v. 6.12.2005 – IV A 5 – S 7316 – 25/05) und ist mit Wirkung zum 1.1.2007 in § 15a Abs. 3 und 4 UStG durch das „Erste Gesetz zum Abbau bürokratischer Hemmnisse insbesondere in der mittelständischen Wirtschaft" v. 22.8.2006, BGBl. I 2006, 1970 (1972) in das Gesetz aufgenommen worden; *Schmidt/Forgách*, in Reiß/Kraeusel/Langer, UStG, § 15a Rn. 42 (Okt. 2007).

912 *Birkenfeld*, in Birkenfeld/Wäger, USt-Handbuch, § 192 Rn. 93 (Mai 2006) und § 195 Rn. 54 (Mai 2006); *Hahne*, BB 2008, 247 (249 ff.); *Lippross*, Umsatzsteuer[23], 2012, S. 1032; *Nieskens*, UR 2005, 57 (74).

„Gegenstand" abstellt, ist für § 15a Abs. 1 und 2 und 6 UStG nicht zwingend der einzelne Leistungsbezug entscheidend. Vielmehr kann das wirtschaftliche Resultat eines Leistungsbündels in deren Anwendungsbereich fallen[913]. Die Zusammenfassung mehrerer Leistungen zu einem Vorsteuerberichtigungsobjekt kommt in § 15a Abs. 3 S. 2 UStG noch deutlicher zum Ausdruck[914]. Die offene Formulierung des § 15a Abs. 1 UStG hat der Gesetzgeber daher aus gutem Grund gewählt. Dazu folgendes Beispiel:

Eine Malerleistung an der Außenfassade im Zuge eines Gebäudeneubaus verkörpert sich – mit anderen Eingangsleistungen – in dem neu errichteten Gebäude und wird durch Ausgangsumsätze mit diesem Wirtschaftsgut verwendet.

In diesem Beispielsfall ist die empfangene sonstige Leistung in Form der Malerei mit anderen Eingangsleistungen als Leistungsbündel in einem Wirtschaftsgut als Berichtigungsobjekt – das Gebäude – zusammenzufassen. Das ist insofern konsequent, weil der Gesetzgeber die Verwendung als maßgebendes Kriterium für den Beginn des Berichtigungszeitraums heranzieht und der Unternehmer das Wirtschaftsgut als Berichtigungsobjekt einheitlich verwendet[915]. Sind mehrere Leistungen bei der Anschaffung oder Herstellung in ein Berichtigungsobjekt eingegangen, führt dies zu einem einheitlichen Berichtigungsobjekt. Die einzelnen Leistungen sind für die Vorsteuerberichtigung mit der Verwendung

913 Siehe *Birkenfeld*, in Birkenfeld/Wäger, USt-Handbuch, § 192 Rn. 101 (Mai 2006); *Stadie*, UStG², 2012, § 15a Rn. 11. Nach der im Umsatzsteuerrecht herrschenden Einzelbetrachtung ist im Rahmen eines Leistungsaustausches bei Vorliegen eines Bündels von Einzelleistungen grundsätzlich jede Leistung als selbständige Leistung zu betrachten. Besteht eine Lieferung beispielsweise aus mehreren einzelnen Gegenständen, gilt jeder als getrennte umsatzsteuerliche Leistung; vgl. EuGH, Urt. v. 25.2.1999 – C-349/96, Slg. I 1999, 973 (1013); BFH, Urt. v 31.5.2011 – V R 97/98, BStBl. II 2001, 658 (660); v. 2.3.2006 – V R 25/03, BStBl. II 2006, 788 (790); v. 24.1.2008 – V R 12/05, BStBl. II 2009, 60 (61 f.). Aus der Zusammenfassung mehrerer Leistungen zu einem Vorsteuerberichtigungsobjekt ist aber nicht zu folgern, dass die im Umsatzsteuerrecht herrschende Einzelbetrachtung bei der Auslegung des Merkmals „Wirtschaftsgut" nicht gilt. Entscheidend ist, dass das Wirtschaftsgut nach der Verkehrsauffassung selbständig verkehrsfähig und bewertbar ist. So hat der BFH, Urt. v. 3.11.2011 – V R 32/10, BStBl. II 2012, 525 (527 f.) zu Recht entschieden, dass „Wirtschaftsgut" i. S. d. § 15a Abs. 1 und 2 UStG und des § 44 Abs. 1 UStDV bei Mastschweinen, die für das Unternehmen bezogen worden sind, das einzelne Ferkel ist und nicht der erworbene Bestand der Tiere. Es handelt sich bei diesen nicht um ein wirtschaftliches Resultat eines Leistungsbündels.

914 *Stadie*, UStG², 2012, § 15a Rn. 11.

915 *Stadie*, UStG², 2012, § 15a Rn. 55; im Ergebnis auch *Birkenfeld*, in Birkenfeld/Wäger, USt-Handbuch, § 192 Rn. 101 (Mai 2006).

des Berichtigungsobjekts verknüpft. Nicht die einzelne Eingangsleistung, sondern das Wirtschaftsgut an sich wird verwendet. Für diese Fälle erfasst der Anwendungsbereich des § 15a Abs. 1 UStG auch empfangene sonstige Leistungen. Aus Vereinfachungsgründen zieht der Gesetzgeber die Bündelungsfunktion des Begriffs „Wirtschaftsgut" heran[916]. § 15a Abs. 1 UStG erfasst mit der Verwendung des Begriffs „Wirtschaftsgut" aber nicht jegliche empfangene sonstige Leistungen. Der Gesetzgeber hat daher mit der Einführung des § 15a Abs. 3 und 4 UStG auf bis dahin bestehende Regelungslücken reagiert[917]. Er hat damit von der Möglichkeit des Art. 190 MwStSystRL Gebrauch gemacht, wonach die Mitgliedstaaten für die Zwecke der Artikel 187, 188, 189 und 191 MwStSystRL Dienstleistungen, welche Merkmale aufweisen, die den üblicherweise Investitionsgütern zugeschriebenen vergleichbar sind, wie Investitionsgüter behandeln können[918]. Gegenstände, die in ein anderes Wirtschaftsgut nachträglich eingegangen sind und ihre selbständige Eigenart verloren haben, sonstige Leistungen, die an einem anderen Wirtschaftsgut erbracht wurden, und andere sonstige Leistungen waren bis dahin nicht von § 15a UStG erfasst[919]. Nach § 15a Abs. 4 S. 1 UStG sind die Abs. 1 und 2 auf sonstige Leistungen, die nicht unter Abs. 3 S. 1 fallen, entsprechend anzuwenden. Würde der ertragsteuerrechtliche Wirtschaftsgutbegriff in das Umsatzsteuerrecht inhaltsgleich übernommen, fände § 15a Abs. 1 UStG sowohl für sonstige Leistungen Anwendung, die ein immaterielles

916 Ähnlich *Stadie*, UStG², 2012, § 15a Rn. 11.

917 Laut BT-Drs. 15/3677 v. 6.9.2004, S. 42 hat der Gesetzgeber § 15a Abs. 3 UStG explizit zur Beseitigung von Regelungslücken eingeführt. Selbiges kann nur für die Einführung von Abs. 4 gelten, weil dieser Absatz die von Abs. 3 nicht erfassten Fälle abdecken und die Regelungslücken schließen soll.

918 Die Abs. 3 und 4 sind in ihrer ursprünglichen Fassung im UStG 2005 zur Umsetzung des Art. 20 Abs. 1 Buchst. b 6. EG-RL durch das Richtlinien-Umsetzungsgesetzes (EURLUmsG) v. 9.12.2004, BGBl. I 2004, 3310 eingeführt worden; *Heidner*, in Bunjes, UStG¹³, 2014, § 15 Rn. 47. Heute können § 15a Abs. 3 und 4 UStG sowohl auf Art. 185 als auch auf Art. 190 MwStSystRL gestützt werden; so auch *Hahne*, BB 2008, 247 (250); *Stadie*, UStG², 2012, § 15a Rn. 27. M. E. kommt aber gerade für § 15a Abs. 4 UStG Art. 190 MwStSystRL als maßgebende Vorschrift in Betracht.

919 § 15 Abs. 3 UStG geht auf die Entscheidung des EuGH, Urt. v. 17.5.2001 – C-322/99 und C-323/99, C-322/99, C-323/99 [Fischer und Brandenstein], Slg. I 2001, 4049 zurück und trägt dem Umstand Rechnung, dass für sonstige Leistungen bisher nach § 15a UStG a. F. keine Vorsteuerberichtigung möglich war. § 15a Abs. 4 UStG geht sogar über die Entscheidung des EuGH hinaus, indem er sonstige Leistungen erfasst, die nicht an einem Wirtschaftsgut erbracht werden; *Heidner*, in Bunjes, UStG¹³, 2014, § 15a Rn. 48 ff.

Wirtschaftsgut zum Leistungsgegenstand haben, als auch auf diejenigen, die ein Teil eines Leistungsbündels von Anschaffungs- oder Herstellungskostenvorgängen für Wirtschaftsgüter darstellen. Immaterielle, nicht lieferungsfähige Wirtschaftsgüter wären sowohl von § 15a Abs. 1 und 2 UStG als auch von § 15a Abs. 4 UStG erfasst. Dass die Vorschriften nebeneinander anwendbar sind, ist allerdings nicht denkbar. Denn die Abgrenzungsfragen zwischen dem Regelungsbereich des § 15a Abs. 1 UStG und dem des § 15a Abs. 4 UStG sind nicht rein akademischer Natur. Das Verständnis des Begriffs „Wirtschaftsgut" i. S. d. § 15a UStG kann in bestimmen Fallkonstellationen zum einen für die Anwendbarkeit § 15a Abs. 4 S. 2 UStG und zum andern für die des § 15a Abs. 3 UStG entscheidend sein[920], woraus wegen der unterschiedlichen Voraussetzungen für die Vorsteuerberichtigung nach § 15a Abs. 1 bis 4 UStG und des Zusammenspiels der Absätze untereinander unterschiedliche Rechtsfolgen resultieren können.

Das verdeutlicht sich am Beispiel von EDV-Programmen[921]. In der amtlichen Begründung[922] zum Anwendungsbereich des § 15a Abs. 4 UStG sind als ein Beispiel unter anderen EDV-Programme enthalten. Diese sind als individuelle Software Bestandteil einer sonstigen Leistung nach § 3 Abs. 9 UStG und nicht einer Lieferung nach § 3 Abs. 1 UStG[923]. Bei einem solchen EDV-Programm handelt es sich grundsätzlich um ein immaterielles Wirtschaftsgut im Sinne des Einkommensteuerrechts[924]. Der Auffassung folgend, dass der Wirtschaftsgutbegriff im

---

920 *Hahne*, BB 2008, 247 (251).

921 Die Darstellung und Erläuterung des Beispiels ist angelehnt an *Hahne*, BB 2008, 247 (251 f.).

922 Vgl. BT-Drs. 15/3677 v. 6.9.2004, Entwurf eines Gesetzes zur Umsetzung von EU-Richtlinien in nationales Steuerrecht und zur Änderung weiterer Vorschriften (Richtlinien-Umsetzungsgesetz – EURLUmsG), S. 42. Auch nach der Verwaltungsauffassung fallen „bestimmte Computerprogramme" in den Anwendungsbereich des § 15a Abs. 4 UStG, A 15a.7 Abs. 1 S. 2 Nr. 5 UStAE.

923 BFH, Urt. v. 16.8.2001 – V R 42/99, BFH/NV 2002, 291 (293); *Fritsch*, in Reiß/Kraeusel/Langer, UStG, § 3 Rn. 733 (Okt. 2010); *Hahne*, BB 2008, 247 (251); *Heidner*, in Bunjes, UStG[13], 2014, § 3 Rn. 24; *Korn*, KÖSDI 1985, 6190 (6201); vgl. auch A 15a.7 Abs. 1 S. 2 Nr. 5 UStAE.

924 BFH, Urt. v. 3.7.1987 – III R 7/86, BStBl. II 1987, 728 (730); v. 8.2.1996 – III R 76/90, BFH/NV 1996, 643 f.; v. 18.5.2011 – X R 26/09, BStBl. II 2011, 865 (866); *Crezelius*, in Kirchhof, EStG[13], 2014, § 5 Rn. 71; *Fritsch*, in Reiß/Kraeusel/Langer, UStG, § 3 Rn. 733 (Okt. 2010); *Weber-Grellet*, Steuerbilanzrecht, 1996, S. 100; *ders.*, in Schmidt, EStG[33], 2014, § 5 Rn. 270. Für die Abgrenzung von Lieferung und sonstiger Leistung hat eine Negativabgrenzung von der Lieferung zu erfolgen. Demnach ist eine sonstige Leistung gegeben, wenn es nicht zu einer Verschaffung der Verfügungsmacht an einem

Einkommensteuer- und Umsatzsteuerrecht identisch ist, wäre ein solches EDV-Programm bereits vom Anwendungsbereich des § 15a Abs. 1 UStG erfasst[925]. Da es sich aber nicht um ein lieferungsfähiges immaterielles Wirtschaftsgut handelt, käme die Gegenposition zur Anwendung des § 15a Abs. 4 UStG[926].

Je nach Verständnis resultieren aus der Voraussetzung des § 15a Abs. 4 S. 2 UStG[927], wonach die Berichtigung grundsätzlich auf solche sonstigen Leistungen zu beschränken ist, für die in der Steuerbilanz ein Aktivierungsgebot besteht, unterschiedliche Rechtsfolgen. Handelt es sich bei einem EDV-Programm um ein immaterielles Wirtschaftsgut des Anlagevermögens, besteht ein steuerbilanzielles Aktivierungsgebot ausschließlich für ein entgeltlich erworbenes Wirtschaftsgut[928]. Eine abweichende Beurteilung erfahren empfangene Leistungen im Zusammenhang mit der (Selbst-)Herstellung von Software als Anlagevermögen. Denn § 5 Abs. 2 EStG enthält ein Aktivierungsverbot für nicht entgeltlich erworbene immaterielle Wirtschaftsgüter, so dass die Voraussetzungen des § 15a Abs. 4 S. 2 UStG insoweit nicht erfüllt sind[929]. § 15a Abs. 1 UStG fände hinge-

---

Gegenstand kommt oder aber der Leistungsempfänger zwar Verfügungsmacht an einem Gegenstand erlangt, der wirtschaftliche Gehalt der Leistung aber keine Lieferung darstellt, weil der Gegenstand nur das Ergebnis der Dienstleistung oder den Anspruch auf die Dienstleistung darbietet; vgl. BFH, Urt. v. 19.2.1976 – V R 92/74, BStBl. II 1976, 515 (517 f.); v. 25.11.1976 – V R 71/72, BStBl. II 1977, 270 (271 f.); v. 26.9.1991 – V R 33/87, BStBl. II 1992, 313 f.; ebenso *Stadie*, UStG², 2012, § 3 Rn. 154. Demnach ist es möglich, dass immaterielle Wirtschaftsgüter Gegenstand einer Lieferung nach § 3 Abs. 1 UStG sind, wenn die Lieferungsmerkmale im Vordergrund stehen. Dies gilt beispielsweise für die Überlassung von Standard-Software mit einem Anleitungshandbuch; BFH, Urt. v. 13.3.1997 – V R 13/96, BStBl. II 1997, 372 (373); *Fritsch*, in Reiß/Kraeusel/Langer, UStG, § 3 Rn. 734 (Okt. 2010).

925 *Hahne*, BB 2008, 247 (249); diese Ansicht vertreten beispielweise *Birkenfeld*, in Birkenfeld/Wäger, USt-Handbuch, § 195 Rn. 31, 54 (Mai 2006); *Lippross*, Umsatzsteuer²³, 2012, S. 1032; *Stadie*, UStG², 2012, § 15a Rn. 13, 16.

926 Ebenso *Hahne*, BB 2008, 247 (251 f.). Die Finanzverwaltung will den Anwendungsbereich des § 15a Abs. 1 UStG ebenfalls auf materielle und immaterielle Wirtschaftsgüter, die Gegenstand einer Lieferung sind, beschränken; vgl. A 15a.1 Abs. 2 Nr. 1 S. 2 UStAE.

927 § 15a Abs. 4 S. 2 UStG ist mit Gesetz v. 22.8.2006, Erstes Gesetz zum Abbau bürokratischer Hemmnisse insbesondere in der mittelständischen Wirtschaft, BGBl. I 2006, 1970 (1972) in das Umsatzsteuergesetz aufgenommen worden.

928 *Korn*, KÖSDI 1985, 6190 (6195). Für Softwarekosten, die zum Umlaufvermögen gehören, greift § 5 Abs. 2 EStG nicht.

929 *Bülow*, in A. Vogel/Schwarz, UStG, § 15a Rn. 45 (Okt. 2012); *Hahne*, BB 2008, 247 (251 f.); *Huschens*, INF 2006, 16.

gen unter Zugrundelegung des einkommensteuerlichen Wirtschaftsgutbegriffs in beiden Konstellationen Anwendung, weil es sich um ein immaterielles Wirtschaftsgut handelt.

Darüber hinaus kann es für den Anwendungsbereich von § 15a Abs. 3 S. 1 2. Alt. UStG je nach Begriffsverständnis zu abweichenden Rechtsfolgen kommen. Die Regelung setzt eine sonstige Leistung an einem Wirtschaftsgut voraus. Zwar ist Software ertragsteuerrechtlich als immaterielles Wirtschaftsgut zu qualifizieren[930]. Der Begriff „Wirtschaftsgut" i. S. d. § 15a Abs. 3 UStG ist aber inhaltlich identisch mit dem des § 15a Abs. 1 UStG[931]. Umfasst der Begriff „Wirtschaftsgut" i. S. d. § 15a Abs. 1 UStG aber nur lieferungsfähige Wirtschaftsgüter, würde § 15a Abs. 3 UStG nicht für sonstige Leistungen, die an individueller Software erbracht werden, greifen[932]. Für diesen Fall käme eine Vorsteuerberichtigung für die in Frage stehende sonstige Leistung nur unter den Voraussetzungen des § 15a Abs. 4 UStG in Betracht. Anders wäre es, wenn auch nicht lieferungsfähige Investitionsgüter von dem umsatzsteuerrechtlichen Begriff „Wirtschaftsgut" erfasst wären. Wegen dieser unterschiedlichen Rechtsfolgen muss der Anwendungsbereich der Berichtigungstatbestände des § 15a UStG klar abgrenzbar sein oder die anderenfalls bestehende Konkurrenz der Absätze untereinander aufgelöst werden[933].

(2) Ausschließliche Erfassung lieferungsfähiger (immaterieller) Wirtschaftsgüter durch den Wirtschaftsgutsbegriff des § 15a UStG

Nach § 15a Abs. 4 UStG sind die Abs. 1 und 2 auf sonstige Leistungen, die nicht unter Abs. 3 S. 1 fallen, entsprechend anzuwenden. Der Wortlaut der Regelung stellt im Gegensatz zu § 15a Abs. 1, 2 und 6 UStG allein auf den Leistungscharakter ab. Diesem folgend, will der Gesetzgeber alle sonstigen Leistungen, die nicht von § 15a Abs. 3 S. 1 UStG erfasst sind, dem Anwendungsbereich des § 15a Abs. 4 UStG zuordnen. Die Tatbestände des § 15a UStG knüpfen an die jeweiligen Berichtigungsobjekte an. Führt eine sonstige Leistung zu einem ei-

---

930 Siehe Fn. 928.

931 *Hahne*, BB 2008, 247 (252).

932 *Hahne*, BB 2008, 247 (252) weist weiter auf die allenfalls nach § 15a Abs. 4 UStG in Betracht kommenden Möglichkeiten der Berichtigung hin.

933 Die Aussage von *Fleckenstein-Weiland*, in Reiß/Kraeusel/Langer, UStG, § 15a Rn. 442 (April 2013), durch die zum 1.1.2005 erfolgte Einbeziehung von sonstigen Leistungen in die Vorsteuerberichtigung sei die Abgrenzung zwischen Wirtschaftsgütern und sonstigen Leistungen unbedeutender geworden, ist damit bei näherer Betrachtung nicht haltbar.

genständigen Berichtigungsobjekt in Form eines nicht lieferungsfähigen immateriellen Wirtschaftsguts, erfasst § 15a Abs. 4 UStG diesen Sachverhalt dem Wortlaut nach. Der Wortlaut des § 15a Abs. 1 UStG lässt dies allerdings ebenfalls zu. Zudem greifen § 15a Abs. 1 und 2 UStG für sonstige Leistungen, die im Zusammenhang mit der Herstellung oder Anschaffung eines Wirtschaftsguts erbracht werden[934]. Daher ist es nur ein kleiner Schritt, den Anwendungsbereich des § 15a Abs. 1 und 2 UStG unter Zugrundelegung des ertragsteuerrechtlichen Wirtschaftsgutbegriffs weit zu interpretieren und damit auch sonstige Leistungen zu erfassen, die in Form eines nicht lieferungsfähigen immateriellen Wirtschaftsguts erbracht werden. So kann für die Beurteilung, ob der Wirtschaftsgutsbegriff auch immaterielle nicht lieferungsfähige Wirtschaftsgüter erfasst, nicht allein auf den Wortlaut abgestellt werden.

Es sprechen jedoch einige systematische Gründe für eine Beschränkung des Begriffs „Wirtschaftsgut" i. S. d. § 15a UStG auf lieferungsfähige Wirtschaftsgüter. Zum einen hat der Gesetzgeber eine Subsidiarität des § 15a Abs. 4 UStG ausschließlich gegenüber sonstigen Leistungen i. S. d. § 15a Abs. 3 S. 1 UStG normiert. Gleichzeitig hat er eine entsprechende Anwendung der Abs. 1 und 2 grundsätzlich von der einschränkenden Voraussetzung des Aktivierungsgebots in der Steuerbilanz abhängig gemacht[935]. Die Einschränkung gilt nach § 15a Abs. 4 S. 3 UStG wiederum nicht, soweit es sich um sonstige Leistungen handelt, für die der Leistungsempfänger bereits für einen Zeitraum vor Ausführung der sonstigen Leistung den Vorsteuerabzug vornehmen konnte. Diese Ausgestaltung begründet erhebliche Zweifel für die Übernahme des ertragsteuerrechtlichen Begriffs „Wirtschaftsgut" im Rahmen des § 15a UStG. Der Gesetzgeber hätte klar zum Ausdruck bringen können, dass immaterielle Wirtschaftsgüter schon von Abs. 1 und 2 erfasst sein sollen, indem er auch eine Subsidiarität zu diesen Absätzen in Abs. 4 normiert. Das schwebte ihm augenscheinlich aber nicht vor. Denn obwohl ein immaterielles Wirtschaftsgut die wesentlichen Merkmale eines Investitionsguts im unionsrechtlichen Sinne erfüllt[936], hat er in der Gesetzesbe-

934 Siehe dazu bereits S. 159 ff. Gleiches gilt für sonstige Leistungen, die als nachträgliche Anschaffungs- und Herstellungskosten i. S. d. § 15a Abs. 6 zu qualifizieren sind.

935 Vor Einführung der Sätze 3 bis 4 des § 15a Abs. 4 UStG hatte die Verwaltung schon nicht beanstandet, wenn die Vorsteuerberichtigung auf aktivierungspflichtige sonstige Leistungen beschränkt wurde, wenn es sich nicht um Voraus- oder Anzahlungen handelte; siehe BMF-Schreiben v. 6.12.2005, BStBl. I 2005, 1068 (1070).

936 Siehe dazu bereits S. 155 f.

gründung zu § 15a Abs. 4 UStG explizit auf immaterielle Wirtschaftsgüter verwiesen, die von dem Anwendungsbereich des Tatbestandes erfasst sein sollen[937].

Gegen ein dem einkommensteuerrechtlich entsprechenden Verständnis des Wirtschaftsgutsbegriffs spricht aber insbesondere die einschränkende Voraussetzung des § 15a Abs. 4 S. 2 UStG, wonach die Berichtigung auf solche sonstige Leistungen zu beschränken ist, für die in der Steuerbilanz ein Aktivierungsgebot bestünde. Das handelsrechtliche „Vollständigkeitsprinzip" i. S. d. § 246 Abs. 1 HGB findet durch den Maßgeblichkeitsgrundsatz nach § 5 Abs. 1 S. 1 EStG im Ertragsteuerrecht Einzug. Um einen Aktivposten für eine sonstige Leistung in der Steuerbilanz bilden zu können, ist es erforderlich, dass ein aktivierungsfähiges Wirtschaftsgut vorhanden oder ein aktiver Rechnungsabgrenzungsposten auszuweisen ist[938]. Ist ein wirtschaftlicher Sachverhalt als Wirtschaftsgut zu qualifizieren, besteht daher grundsätzlich ein Aktivierungsgebot[939]. Der Begriff „Wirtschaftsgut" i. S. d. Ertragsteuerrechts als kleinste Einheit der Steuerbilanz[940] würde bereits alle aktivierungspflichtigen sonstigen Leistungen in den Anwendungsbereich der § 15a Abs. 1 und 2 UStG einbeziehen. Der Grundtatbestand des § 15a Abs. 4 S. 1 UStG für sonstige Leistungen, die nicht an Wirtschaftsgütern i. S. d. § 15a Abs. 3 S. 1 UStG ausgeführt werden und die nicht bei der Herstellung oder Anschaffung eines Wirtschaftsguts i. S. d. § 15a Abs. 1 und 2 UStG erbracht werden, wäre wegen der einschränkenden Voraussetzung des Satzes 2 ohne Anwendungsbereich. § 15a Abs. 4 S. 3 UStG beinhaltet zwar eine Ausnahme, soweit es sich um sonstige Leistungen handelt, für die der Leistungsempfänger bereits für einen Zeitraum vor Ausführung der sonstigen Leistung den Vorsteuerabzug vornehmen konnte. Diese Ausnahme ist aber in erster Linie eingeführt worden, um Gestaltungspotential zu vermeiden[941]. Die Vorschrift würde im Grunde nur sonstige Leistungen erfassen, für welche die Einschränkung des Aktivierungsgebots nach § 15a Abs. 4 S. 3 UStG

937 Siehe bereits Fn. 922.

938 *Crezelius*, in Kirchhof[12], 2013, § 5 Rn. 55; *Weber-Grellet*, in Schmidt, EStG[33], 2014, § 5 Rn. 90.

939 In diesem Sinne auch *Krumm*, in Blümich, EStG/KStG/GewStG, § 5 EStG Rn. 301 (Okt. 2013).

940 *Wendt*, DB 2013, 834 (838); näher *Wichmann*, StB 1995, 132 ff.; vgl. auch § 2 Abs. 3 BewG.

941 So die Gesetzesbegründung der Regierung zum „Entwurf eines Ersten Gesetzes zum Abbau bürokratischer Hemmnisse insbesondere in der mittelständischen Wirtschaft" v. 16.6.2006, BT-Drs. 16/1853, S. 13 f.: „(…) Eine Ausnahme gilt für Lieferungen und sonstige Leistungen, für die der Unternehmer den Vorsteuerabzug geltend machen kann, bevor er die Leistung bezogen hat (Anzahlungen oder Vorauszahlungen). Dies dient der Vermeidung von Steuerumgehungsmodellen".

nicht greift. Ergo, wenn der Leistungsempfänger bereits für einen Zeitraum vor Ausführung der sonstigen Leistung den Vorsteuerabzug vornehmen konnte[942]. Dieses Ergebnis wäre nicht haltbar. Denn die Gesetzesauslegung dient der Verwirklichung des objektivierten Willens des Gesetzgebers[943]. Eine Auslegung, die den Anwendungsbereich einer Norm im Verhältnis zu anderen Normen soweit begrenzt, dass dieser nahezu leerläuft, verbietet sich[944]. Würden § 15a Abs. 1 und 2 UStG bereits alle Wirtschaftsgüter erfassen, hätte der Gesetzgeber § 15a Abs. 4 UStG in seiner heutigen Ausgestaltung nicht aufnehmen müssen.

Schließich kommt mit der Anknüpfung an den Leistungscharakter in § 15a Abs. 4 UStG der im Umsatzsteuergesetz grundlegende Dualismus von Lieferung und Leistung zum Ausdruck[945]. Diesem Grundsatz des Umsatzsteuerrechts würde der weite einkommensteuerliche Wirtschaftsgutbegriff widersprechen. Aus diesem Grund überzeugt die Aussage von *Hidien*, dass die vom BFH für das Einkommensteuerrecht entwickelte Definition des Begriffs „Wirtschaftsgut" zu weit sei, um den unionsrechtlichen Vorgaben gerecht zu werden[946]. Der Begriff überspiele die umsatzsteuerliche Grunddifferenzierung zwischen Lieferung und Dienstleistung[947].

Auch die vom Gesetzgeber implizierte unterschiedliche Behandlung von nachträglichen Anschaffungs- und Herstellungskosten im Einkommensteuer- und Umsatzsteuerrecht spricht gegen ein deckungsgleiches Verständnis des Begriffs „Wirtschaftsgut". Nach § 15a Abs. 6 UStG sind die Abs. 1 bis 5 auf Vorsteuerbeträge, die auf nachträgliche Anschaffungs- und Herstellungskosten entfallen, sinngemäß anzuwenden. Umsatzsteuerrechtlich handelt es sich bei diesen um selbständige Berichtigungsobjekte. Nachträgliche Anschaffungs- und

942 *Stadie*, UStG², 2012, § 15a Rn. 27 geht ausdrücklich davon aus, dass die Vorschrift ausschließlich An- und Vorauszahlungen für Dauerleistungen erfasst. *Lippross*, Umsatzsteuerrecht²³, 2012, S. 1065 kommt zu dem Ergebnis, dass der Anwendungsbereich des Grundtatbestandes „äußerst begrenzt" ist.

943 *Wank*, Die Auslegung von Gesetzen⁵, 2011, S. 70; siehe zur Auslegung bereits S. 37 ff.

944 *Drüen*, in Tipke/Kruse, AO/FGO, § 4 AO Tz. 306a (Okt. 2011); *Wank*, Die Auslegung von Gesetzen⁵, 2011, S. 70. *Drüen*, DB 2005, 299 (302 f.) führt dazu aus: „Der Respekt vor dem demokratisch legitimierten Gesetzgeber verbietet eine Auslegung, bei der einer Norm kein Anwendungsbereich verbleibt."

945 *Hidien*, StuW 2005, 265 (272); *Stadie*, UStG², 2012, § 15a Rn. 11 bezeichnet die Regelung des § 15a Abs. 1 UStG daher als Fremdkörper im Umsatzsteuergesetz.

946 *Hidien*, StuW 2005, 265 (272).

947 *Hidien*, StuW 2005, 265 (272).

Herstellungskosten sind somit als „fiktive Wirtschaftsgüter“ zu behandeln[948]. Einkommensteuerrechtlich bilden sie hingegen kein eigenständiges Wirtschaftsgut, sondern gehen vielmehr in dem Wirtschaftsgut auf, an dem sie ausgeführt werden[949]. Damit hat der Gesetzgeber schon im Gesetz selbst ein vom Einkommensteuerrecht abweichendes Begriffsverständnis vollzogen.

Damit sprechen gewichtige Argumente gegen ein identisches Verständnis des einkommen- und umsatzsteuerrechtlichen Begriffs „Wirtschaftsgut“. Die von *Stadie* bereits angesprochene, in erster Linie aus der historischen Entwicklung der Vorschrift gezogene Schlussfolgerung der Identität des umsatzsteuerrechtlichen und einkommensteuerrechtlichen Wirtschaftsgutbegriffs kann m. E. daher nicht überzeugen. Vor allem sprechen systematische Argumente gegen eine identische Interpretation des Wirtschaftsgutbegriffs i. S. d. § 15a UStG. Nicht zuletzt bestätigt auch die unionsrechtliche Würdigung die Annahme, den Begriff „Wirtschaftsgut“ auf lieferungsfähige Wirtschaftsgüter zu beschränken[950].

cc) Zwischenergebnis

Der Gesetzgeber hat den einkommensteuerrechtlich vorgeprägten Begriff „Wirtschaftsgut“ in § 15a UStG herangezogen[951]. *Lippross* ist zuzugeben, dass der Wortlaut des § 15a Abs. 1 UStG zwar keinerlei Anhaltspunkte für eine vom Einkommensteuerrecht abweichende Begriffsbestimmung enthält[952]. Unter Zugrundelegung des einkommensteuerrechtlichen Begriffsverständnisses, würden jedoch alle (im-)materiellen Wirtschaftsgüter von § 15a Abs. 1 und 2 UStG erfasst. Dies erlaubt die Auslegung des § 15a UStG nicht. Der Begriff des Wirtschaftsguts im umsatzsteuerrechtlichen Sinne ist auf lieferungsfähige Wirtschaftsgüter beschränkt und daher mit dem einkommensteuerrechtlichen Begriff nicht identisch[953]. Es wäre wünschenswert, wenn der Gesetzgeber von der Verwendung des ertragsteuerrechtlich vorgeprägten Begriffs „Wirtschaftsgut“ in

---

948 *Stadie*, UStG², 2012, § 15a Rn. 17.

949 Siehe dazu bereits S. 159 f.

950 Siehe dazu bereits S. 154 ff.

951 *Birkenfeld*, in Birkenfeld/Wäger, USt-Handbuch, § 192 Rn. 81 (Mai 2006); *Stadie*, UStG², 2012, § 15a Rn. 5.

952 *Lippross*, Umsatzstuerrecht²³, 2012, S. 1032; ähnlich *Stadie*, UStG², 2012, § 15a Rn. 11; so bereits *Hallerbach*, Umsatzsteuerkongreß-Bericht 1985, 1985, S. 135 (151).

953 So auch *Bülow*, in A. Vogel/Schwarz, UStG, § 15a Rn. 25 (Okt. 2012); *Hahne*, BB 2008, 247 (251 f.); *Huschens*, INF 2006, 16. Die Finanzverwaltung will den Anwendungsbereich des § 15a Abs. 1 UStG ebenfalls auf materielle und immaterielle Wirtschaftsgüter, die Gegenstand einer Lieferung sind, beschränken; vgl. A 15a.1 Abs. 2 Nr. 1 S. 2 UStAE.

§ 15a UStG absähe[954]. Einige Stimmen in der Literatur schlagen vor, anstelle des Wirtschaftsgutsbegriffs solle der Gesetzgeber den Begriff „Gegenstand“ in § 15a Abs. 1 UStG verwenden[955]. Nach dieser Auffassung würde eine einfache Unterscheidung von „Gegenstand“ und „Dienstleistung“ die Abgrenzungsschwierigkeiten zwischen den Anwendungsbereichen von § 15a Abs. 1 und Abs. 4 UStG vermeiden[956]. Der Gegenstandsbegriff im Sinne einer Lieferung nach § 3 Abs. 1 UStG und nach Art. 14, 15 MwStSystRL sind inhaltlich jedoch nicht mit dem unionsrechtlichen Begriff „Investitionsgut“ deckungsgleich[957]. Erfasst der Wirtschaftsgutsbegriff i. S. d. § 15a UStG nämlich bereits Leistungsbündel, die ein Berichtigungsobjekt bilden, sind diese Leistungsbündel erst bei einer Weiterübertragung als „Wirtschaftsgut“ als ein „Gegenstand“ des einzelnen Leistungsbezugs i. S. d. § 3 Abs. 1 UStG zu verstehen[958]. Der Begriff „Gegenstand“ anstelle des Begriffs „Wirtschaftsgut“ ist nicht zielführend[959]. Wegen des Harmonisierungsziels spricht daher vieles dafür, den Begriff des Investitionsgutes heranzuziehen[960]. Der von der Mehrwertsteuersystemrichtlinie vorgegebene und durch den EuGH konkretisierte Begriff könnte durch den Gesetzgeber näher definiert werden, ohne in einem dem Begriff des Wirtschaftsguts vergleichbaren Sinne steuerrechtlich vorbelastet zu sein. Diese Erkenntnis bestätigt sich auch im folgenden Untersuchungsschritt. Denn durch die Heranziehung des ertragsteuerrechtlich vorgeprägten Begriffs Wirtschaftsgut kommt es zu weiteren Abgrenzungsschwierigkeiten, die in direktem Zusammenhang mit dem Begriffsverständnis stehen.

c) Zur Qualifikation von Scheinbestandteilen und Betriebsvorrichtungen im Umsatzsteuerrecht – Independenz von der einkommensteuerlichen Beurteilung

Die Verwendung des ertragsteuerrechtlichen Begriffs „Wirtschaftsgut“ führt im Anwendungsbereich des § 15a UStG zu weiteren Abgrenzungsproblemen. Das

---

954 *Hidien*, StuW 2005, 265 (272); *Nieskens*, UR 2005, 57 (74); a. A. *Stadie*, UStG², 2012, § 15a Rn. 12.

955 *Hidien*, StuW 2005, 265 (272); *Nieskens*, UR 2005, 57 (74).

956 *Hidien*, StuW 2005, 265 (272); *Nieskens*, UR 2005, 57 (74).

957 *Lippross*, Umsatzstuerrecht²³, 2012, S. 1032.

958 *Stadie*, UStG², 2012, § 15a Rn. 11; zum Begriff „Sachgesamtheit“ als Lieferungsgegenstand BFH, Urt. v. 25.1.1968 – V 161/64, BStBl. II 1968, 331 (332); *Obermaier*, DStR 2007, 932 (933); vgl. auch A 3.1 Abs. 1 S. 3 UStAE.

959 *Stadie*, UStG², 2012, § 15a Rn. 11.

960 *Hidien*, StuW 2005, 265 (274).

Ertragsteuerrecht differenziert zwischen verschiedenen Arten von Wirtschaftsgütern, an die es unterschiedliche Rechtsfolgen knüpft[961]. So unterscheidet das Einkommensteuergesetz beispielsweise für die Absetzung für Abnutzung (AfA) in § 7 Abs. 4 EStG und § 7 Abs. 1 EStG zwischen Gebäuden und anderen Wirtschaftsgütern. Ähnlich und bedeutend für die Bestimmung des Berichtigungszeitraums i. R. d. § 15a UStG ist die Differenzierung zwischen Wirtschaftsgütern i. S. d. § 15a Abs. 1 S. 1 UStG und solchen i. S. d. § 15a Abs. 1 S. 2 UStG. Der Berichtigungszeitraum beträgt für Wirtschaftsgüter nach § 15a Abs. 1 S. 1 UStG grundsätzlich fünf Jahre. Handelt es sich bei dem Wirtschaftsgut um ein Grundstück einschließlich seiner wesentlichen Bestandteile, um eine Berechtigung, für die die Vorschriften des bürgerlichen Rechts über Grundstücke gelten, oder um ein Gebäude auf fremdem Grund und Boden, tritt an die Stelle des Zeitraums von fünf Jahren nach § 15a Abs. 1 S. 2 UStG ein Zeitraum von zehn Jahren. Wegen der Heranziehung des einkommensteuerrechtlich vorgeprägten Begriffs „Wirtschaftsgut" in § 15a Abs. 1 S. 1 UStG bereitet die Qualifikation einzelner Berichtigungsobjekte Schwierigkeiten. Von dem einkommensteuerrechtlichen Verständnis des Wirtschaftsgutbegriffs ausgehend, sind beispielsweise sog. Scheinbestandteile i. S. d. § 95 Abs. 1 S. 1 und Abs. 2 BGB, die nicht selber ein Gebäude sind, selbständige bewegliche Wirtschaftsgüter[962]. Auch Betriebsvorrichtungen sind im Einkommensteuerrecht selbständige bewegliche körperliche Gegenstände, unabhängig davon, ob sie wesentlicher Bestandteil des Grundstücks sind oder nicht[963]. Den ertragsteuerrechtlichen Begriff „Wirtschaftsgut" zugrunde legend, würde es sich bei sog. Scheinbestandteilen, die nicht selber ein Gebäude sind, und bei Betriebsvorrichtungen um Berichtigungsobjekte i. S. d. § 15a Abs. 1 S. 1 UStG handeln, weil sie generell isoliert von dem Grundstück als selbständige bewegliche Wirtschaftsgüter behandelt würden. Es ist fraglich, ob diese Qualifikation auch für das Umsatzsteuerrecht i. R. d. § 15a UStG zulässig ist.

961 *Weber-Grellet*, in Schmidt, EStG[33], 2014, § 5 Rn. 110.

962 Anstelle vieler *Brandis*, in Blümich, EStG/KStG/GewStG, § 7 EStG Rn. 465 (Aug. 2012); *Nolde*, in Herrmann/Heuer/Raupach, EStG/KStG, § 7 EStG Rn. 333 (März 2001).

963 BFH, Urt. v. 11.12.1991 – II R 14/89, BStBl. II 1992, 278 (279); v. 14.3.2006 – I R 109/04, BFH/NV 2006, 1812 (1813); v. 14.7.2010 – XI R 9/09, BStBl. II 2010, 1086 (1088); *Kulosa*, in Schmidt, EStG[33], 2014, § 7 Rn. 27; *Nolde*, in Herrmann/Heuer/Raupach, EStG/KStG, § 7 EStG Rn. 332 (März 2001); *Weber-Grellet*, in Schmidt, EStG[33], 2014, § 5 Rn. 115. So unterliegen sie beispielsweise nicht der AfA für Gebäude nach § 7 Abs. 4 EStG, sondern für sie greift § 7 Abs. 1 EStG; vgl. auch R 4.2 Abs. 3 EStR, H 4.2 Abs. 3 EStH, R 7.1 EStR und H 7.1 EStH.

aa) Zur Qualifikation von sog. Scheinbestandteilen als Berichtigungsobjekte i. S. d. § 15a UStG

Mit der Formulierung „Grundstücken einschließlich ihrer wesentlichen Bestandteile" in § 15a Abs. 1 S. 2 1. Alt. UStG lehnt sich der deutsche Gesetzgeber an die zivilrechtlichen Vorschriften der §§ 93 ff. BGB an. Art. 187 Abs. 1 Unterabs. 2 MwStSystRL bestimmt dagegen undifferenziert, dass der Berichtigungszeitraum *bei Grundstücken* verlängerbar ist. Einen nach § 15a Abs. 1 S. 2 1. Alt. UStG vergleichbaren Zusatz kennt das Unionsrecht nicht[964]. Fraglich ist daher, inwieweit die zivilrechtliche Anlehnung für das Umsatzsteuerrecht maßgeblich ist. In diesem Zusammenhang resultieren auch aus der Heranziehung des ertragsteuerrechtlichen Begriffs „Wirtschaftsgut" Anwendungsfragen. Im Ertragsteuerrecht differenziert die Rechtsprechung für die Frage, ob ein sog. Scheinbestandteil i. S. d. § 95 BGB als bewegliches oder unbewegliches Wirtschaftsgut zu behandeln ist, zwischen vorübergehend errichteten Gebäuden und vorübergehenden Einbauten an Gebäuden[965]. Erstere sind – entgegen der zivilrechtlichen Beweglichkeit – einkommensteuerrechtlich als unbewegliche Wirtschaftsgüter zu behandeln. Letztere zählen einkommensteuerrechtlich grundsätzlich zu den selbständigen beweglichen Wirtschaftsgütern[966]. Auch eine solche Einteilung sieht Art. 187 Abs. 1 Unterabs. 2 MwStSystRL nicht vor. Der Frage, ob die einkommensteuerrechtliche Beurteilung gleichwohl im Umsatzsteuerrecht zum Tragen kommen kann, ist nachzugehen.

(1) Die Qualifikation eines Gebäudes, das ein sog. Scheinbestandteil ist, als bewegliches oder unbewegliches Wirtschaftsgut im Einkommensteuerrecht und i. R. d. § 15a UStG

Weist ein Bauwerk die Merkmale eines Gebäudes[967] auf, handelt es sich ertragsteuerrechtlich auch im Falle einer nur vorübergehenden Verbindung mit dem

964 *Stadie*, UStG², 2012, § 15a Rn. 41.

965 Siehe dazu auch BFH, Urt. v. 1.12.1970 – VI R 170/69, BStBl. II 1971, 159 (160); v. 21.2.1973 – II R 140/67, BStBl. II 1973, 507 (508); ebenso *Brandis*, in Blümich, EStG/KStG/GewStG, § 7 EStG Rn. 465 (Aug. 2012); *Nolde*, in Herrmann/Heuer/Raupach, EStG/KStG, § 7 EStG Rn. 333 (März 2001).

966 BFH, Urt. v. 26.3.1971 – VI R 202/68, BStBl. II 1971, 451 (452); *Brandis*, in Blümich, EStG/KStG/GewStG, § 7 EStG Rn. 465 (Aug. 2012); *Nolde*, in Herrmann/Heuer/Raupach, EStG/KStG, § 7 EStG Rn. 333 (März 2001).

967 Zu dem ertragsteuerrechtlichen Gebäudebegriff und der Abgrenzung zu beweglichen Wirtschaftsgütern siehe nur BFH, Urt. v. 10.6.1988 – III R 65/84, BStBl. II 1988, 847 f.; v. 23.9.1988 – III R 67/85, BStBl. II 1989, 113 (114 f.); v. 25.4.1996 – III R 47/93, BStBl. II 1996, 613 (614); v. 28.9.2000 – III R 26/99, BStBl. II 2001, 137 (139);

Grund und Boden um ein unbewegliches Wirtschaftsgut. Die zivilrechtliche Kategorisierung als sog. Scheinbestandteil ist insofern irrelevant[968]. Der umsatzsteuerrechtliche Grundstücksbegriff hingegen war nach der früheren BFH-Rechtsprechung im zivilrechtlichen Sinne zu verstehen[969]. Demnach umfasste er Gebäude und Gebäudeteile, wenn sie mit dem Grund und Boden fest verbunden und damit wesentliche Bestandteile des Grundstücks nach § 94 Abs. 1 S. 1 BGB sind. Von dem Grundstücksbegriff hingegen nicht erfasst waren sog. Scheinbestandteile i. S. d. § 95 BGB. Ausgenommen waren daher Gebäude, Gebäudeteile und Sachen, die nur zu einem vorübergehenden Zweck mit dem Grund und Boden verbunden waren[970]. Damit war der umsatzsteuerrechtliche Grundstücksbegriff wegen der strikten Orientierung am Zivilrecht enger als der ertragsteuerrechtliche. Diese Anlehnung an nationale zivilrechtliche Regelungen war aber mit dem Unionsrecht nicht vereinbar[971]. Mit der Frage, ob Gebäude, die sog. Scheinbestandteile sind, von dem unionsrechtlichen Grundstücksbegriff erfasst sind, setzte sich der EuGH[972] im Rahmen des Vorabentscheidungsersuchens vom 16.1.2003 auseinander. Er hatte unter anderem[973] darüber zu entscheiden, ob ein Gebäude, das nach Beendigung des Mietvertrags nach fünf Jahren wieder entfernt und auf einem anderen Grundstück wieder errichtet werden sollte, steuerfrei vermietet werden kann. Das Finanzamt hatte die

---

v. 23.9.2008 – I R 47/07, BStBl. II 2009, 986 (987 f.); *Brandis*, in Blümich, EStG/KStG/GewStG, § 7 EStG Rn. 457 ff. (Aug. 2012) m. w. N.; *Kulosa*, in Schmidt, EStG[33], 2014, § 7 Rn. 27.

968 Ebenso *Nolde*, in Herrmann/Heuer/Raupach, EStG/KStG, § 7 EStG Rn. 333 (März 2001); *Waldhoff*, in Kirchhof/Söhn/Mellinghoff, EStG/KStG/GewStG, § 7 EStG Rn. C 77 (Okt. 2009).

969 Vgl. anstelle vieler BFH, Urt. v. 15.12.1966 – V 252/63, BStBl. III 1967, 209 (210); v. 8.10.1991 – V R 95/89, BStBl. II 1992, 209 f.; v. 8.10.1991 – V R 46/88, BStBl. II 1992, 368 (369).

970 Exemplarisch BFH, Urt. v. 15.12.1966 – V 252/63, BStBl. III 1967, 209 (210); v. 6.8.1998 – V R 26/98, BFH/NV 1999, 84 (85); Beschl. v. 25.5.2000 – V R 48/99, DStR 2000, 1558 f.

971 EuGH, Urt. v. 12.9.2000 – C-358/97 [Kommission/Irland], Slg. I 2000, 6301 (6345); v. 16.1.2003 – C-315/00 [Maierhofer], Slg. I 2003, 563 (590).

972 EuGH, Urt. v. 16.1.2003 – C-315/00 [Maierhofer], Slg. I 2003, 563.

973 Die weitere an den EuGH vorgelegte Frage des BFH im Zuge des Vorabentscheidungsverfahrens war, ob es für die Vermietung eines Grundstücks i. S. v. Art. 13 Teil B Buchst. b der 6. EG-RL (nunmehr Art. 135 Abs. 2 Unterabs. 1 Buchst. c MwStSystRL) darauf ankommt, dass der Vermieter dem Mieter das Grundstück und das Gebäude oder nur das Gebäude überlässt, das er auf dem Grundstück des Mieters errichtet hat.

Vermietungsumsätze dem allgemeinen Steuersatz unterworfen, weil sich diese Umsätze nicht auf Grundstücke, sondern nur auf Gebäude als sog. Scheinbestandteile i. S. d. § 95 BGB bezogen hätten. Für das Vorabentscheidungsersuchen war die Frage entscheidend, welche Bedeutung dem Begriff „Vermietung eines Grundstücks" in Art. 13 Teil B Buchst. b 6. EG-RL (nunmehr Art. 135 Abs. 1 1 Buchst. l MwStSystRL) zukommt.

Der EuGH hat entschieden, dass die Auslegung des Begriffs „Vermietung von Grundstücken" i. S. d. Art. 13 Teil B Buchst. b der 6. EG-RL (nunmehr Art. 135 Abs. 1 Buchst. l MwStSystRL) nicht von der zivilrechtlichen Auslegung in einem Mitgliedstaat abhängen dürfe, weil der unionsrechtliche Grundstücksbegriff ein eigenständiger sei[974]. Bei der Auslegung einer Unionsvorschrift seien deren Wortlaut sowie ihr Zusammenhang und die Ziele zu berücksichtigen, die mit der Regelung, zu der sie gehören, verfolgt werden[975]. Die Bedeutung des Begriffs „Vermietung von Grundstücken" sei in Art. 13 Teil B Buchst. b der 6. EG-RL (nunmehr Art. 135 Abs. 1 Buchst. l MwStSystRL) nicht ausdrücklich festgelegt. Aus Art. 13 Teil B Buchst. b der 6. EG-RL (nunmehr Art. 135 Abs. 1 Buchst. l MwStSystRL) ergebe sich aber, dass der Unionsgesetzgeber im Gegensatz zur Vermietung von Grundstücken, die grundsätzlich steuerfrei sein soll, die Vermietung *beweglicher* Gegenstände der Besteuerung unterwerfen will[976]. Gebäude, die aus in das Erdreich eingelassenen Konstruktionen bestehen, stellen „Grundstücke" dar. Hierfür komme es darauf an, dass die Konstruktionen nicht leicht demontiert und versetzt werden können[977]. Es sei nicht erforderlich, dass sie vom Boden untrennbar in diesen eingelassen sind. Auch die Dauer des Mietvertrags sei für die Beantwortung der Frage, ob die fraglichen Gebäude bewegliche Gegenstände oder Grundstücke sind, nicht entscheidend[978]. Der so definierte Gebäudebegriff entspreche auch demjenigen des Art. 4 Abs. 3 Buchstabe a der 6. EG-RL (nunmehr Art. 12 Abs. 2 MwStSystRL), der die Lieferung von Gebäuden oder Gebäudeteilen betrifft. Es bestehe nämlich kein Grund für eine

---

974 EuGH, Urt. v. 16.1.2003 – C-315/00 [Maierhofer], Slg. I 2003, 563 (590); vgl. auch EuGH, Urt. v. 12.9.2000 – C-358/97 [Kommission/Irland], Slg. I 2000, 6301 (6345); *Lippross*, Umsatzsteuerrecht[23], 2012, S. 1038; *W. Wagner*, in Sölch/Ringleb, UStG, § 15a Rn. 183 (April 2011).

975 EuGH, Urt. v. 16.1.2003 – C-315/00 [Maierhofer], Slg. I 2003, 563 (591); vgl. auch EuGH, Urt. v. 14.10.1999 – C-223/98 [Adidas], Slg. I 1999, 7081 (7107); v. 14.6.2001 – C-191/99 [Kvaerner], Slg. I 2001, 4447 (4482).

976 EuGH, Urt. v. 16.1.2003 – C-315/00 [Maierhofer], Slg. I 2003, 563 (591).

977 EuGH, Urt. v. 16.1.2003 – C-315/00 [Maierhofer], Slg. I 2003, 563 (592).

978 EuGH, Urt. v. 16.1.2003 – C-315/00 [Maierhofer], Slg. I 2003, 563 (592).

unterschiedliche Auslegung dieses Begriffes je nachdem, ob es sich um einen Vermietungsumsatz oder um einen Lieferumsatz handele[979].

Für die Frage, was von dem unionsrechtlichen Grundstücksbegriff umfasst ist, bezieht sich der EuGH damit einzig auf die feste Verbindung mit dem Grund und Boden und stellt auf die tatsächliche Unbeweglichkeit ab[980]. Die nationale zivilrechtliche oder ertragsteuerrechtliche Kategorisierung ist danach unerheblich.

(2) Die Qualifikation von Gebäudeteilen, die sog. Scheinbestandteile sind, als bewegliche oder unbewegliche Wirtschaftsgüter im Einkommensteuerrecht und i. R. d. § 15a UStG

Sachen und Einbauten in Gebäuden, die nur einem vorübergehenden Zweck dienen und damit zivilrechtlich sog. Scheinbestandteile sind, sind ertragsteuerrechtlich grundsätzlich als bewegliche Wirtschaftsgüter zu kategorisieren[981]. Umsatzsteuerrechtlich darf für die Unterscheidung zwischen einem Berichtigungsobjekt i. S. d. § 15a Abs. 1 S. 1 UStG und § 15a Abs. 1 S. 2 UStG allerdings auch in diesen Fallkonstellationen nicht auf die zivilrechtliche oder ertragsteuerrechtliche Einordnung abgestellt werden. Der einkommensteuerrechtlichen Behandlung kommt auch keine indizielle Wirkung zu. Es kommt auf das Wesen der Gegenstände bzw. Einbauten als entscheidendes Kriterium an[982]. Zwar sind nach Art. 135 Abs. 2 Buchst. c MwStSystRL bei der Vermietung und Verpachtung von Grundstücken „auf Dauer eingebaute Vorrichtungen und Maschinen" von der Steuerbefreiung auszuschließen. Folglich gehören nicht auf Dauer in das Grundstück eingebaute Vorrichtungen und Maschinen nicht zum Grundstück. Daher können nur vorübergehend eingebaute Vorrichtungen sog. Scheinbestandteile i. S. d. § 95 Abs. 2 BGB sein und gleichzeitig nicht von dem unionsrechtlichen Grundstücksbegriff erfasst werden. Die übereinstimmende Beurteilung ist aber nicht zwingend[983]. Das Unionsrecht unterscheidet zwischen beweglichen und

---

979 EuGH, Urt. v. 16.1.2003 – C-315/00 [Maierhofer], Slg. I 2003, 563 (592).

980 *Hidien*, StuW 2005, 265 (275); *Stadie*, UStG², 2012, § 15a Rn. 42.

981 Siehe nur BFH, Urt. v. 24.11.1970 – VI R 143/69, BStBl. II 1971, 157 (158 f.); v. 16.11.1990 – III R 100/89, BFH/NV 1991, 772; *Nolde*, in Herrmann/Heuer/Raupach, EStG/KStG, § 7 EStG Rn. 333 (März 2001); *Waldhoff*, in Kirchhof/Söhn/Mellinghoff, EStG/KStG/GewStG, § 7 EStG Rn. C 77 (Okt. 2009).

982 *Stadie*, UStG², 2012, § 15a Rn. 42, 46.

983 Im Ergebnis auch *W. Wagner*, in Sölch/Ringleb, UStG, § 15a Rn. 210 f. (April 2011). Auch *Stadie*, UStG², 2012, § 15a Rn. 47 hält den zehnjährigen Berichtigungszeitraum beispielsweise für eine Betriebsvorrichtung anwendbar, die wegen einer zivilrechtlichen Beseitigungspflicht mit Ablauf des Mietvertrags oder Ähnlichem als sog. Scheinbestandteil i. S. d. § 95 BGB anzusehen ist.

unbeweglichen Gegenständen. Die Mehrwertsteuersystemrichtlinie stellt vordergründig auf die tatsächliche feste Verbindung mit dem Grundstück ab[984]. Der verlängerte Berichtigungszeitraum trägt dem Umstand Rechnung, dass unbewegliche Gegenstände in der Regel eine längere wirtschaftliche Lebensdauer haben[985]. Auch im Zusammenhang mit Gegenständen und Einbauten ist im Einzelfall auf die tatsächlichen Begebenheiten abzustellen. Die Intensität der Verbindung mit dem Grundstück ist maßgebend[986]. Sind beispielsweise Mietereinbauten aufgrund einer Beseitigungspflicht mit Ablauf des Mietvertrags zivilrechtlich ein sog. Scheinbestandteil i. S. d. § 95 BGB und damit einkommensteuerrechtlich als bewegliches Wirtschaftsgut einzuordnen, kommt es umsatzsteuerrechtlich allein auf die tatsächliche Unbeweglichkeit an[987].

(3) Zwischenergebnis

Der Wortlaut des § 15a Abs. 1 S. 2 1. Alt. UStG spricht zwar durch die Formulierung „Grundstücken einschließlich ihrer wesentlichen Bestandteile" für eine Orientierung am Zivilrecht. Zudem legt die Heranziehung des ertragsteuerrechtlichen Begriffs „Wirtschaftsgut" in § 15a Abs. 1 S. 1 UStG eine Gleichbehandlung der Wirtschaftsgüter bei der Kategorisierung als bewegliche oder unbewegliche für das Einkommen- und Umsatzsteuerrecht nahe. Allerdings überzeugt die Argumentation des EuGH für eine von den nationalen Rechtsordnungen losgelöste Interpretation des Grundstücksbegriffs. Die Mehrwertsteuersystemrichtlinie definiert den Grundstücksbegriff nicht. Im Gegensatz zu dem Begriff „Investitionsgut" überlässt das Unionsrecht die Begriffsbestimmung aber auch nicht explizit den Mitgliedstaaten. Als eigenständiger Begriff ist er losgelöst von den zivilrechtlichen Begriffen der einzelnen Mitgliedstaaten auszulegen[988].

---

984 EuGH, Urt. v. 16.1.2003 – C-315/00 [Maierhofer], Slg. I 2003, 563 (591 ff.); ebenso *Hidien*, StuW 2005, 265 (275); *Stadie*, UStG², 2012, § 15a Rn. 42, 46 f.; *W. Wagner*, in Sölch/Ringleb, UStG, § 15a Rn. 200 (April 2011).

985 EuGH, Urt. v. 8.5.2003 – C-269/00 [Seeling], Slg. I 2003, 4101 (4133); Generalanwalt *Jacobs*, Schlussantrag v. 30.4.1991 – C-97/90 [Lennartz], Slg. I 1991, 3795 (3821); Generalanwalt *Léger*, Schlussantrag v. 15.6.2006 – C-72/05 [Wollny], Slg. I 2006, 8297 (8314); BFH, Urt. v. 17.6.2004 – V R 31/02, BStBl. II 2004, 858 (859); *Stadie*, UStG², 2012, § 15a Rn. 42.

986 EuGH, Urt. v. 16.1.2003 – C-315/00 [Maierhofer], Slg. I 2003, 563 (591 ff.); ebenso *Hidien*, StuW 2005, 265 (275); *Stadie*, UStG², 2012, § 15a Rn. 42, 46 f.; *W. Wagner*, in Sölch/Ringleb, UStG, § 15a Rn. 200 (April 2011).

987 *Stadie*, UStG², 2012, § 15a Rn. 47.

988 Ebenso *Hidien*, StuW 2005, 265 (275); *W. Wagner*, in Sölch/Ringleb, UStG, § 15a Rn. 183 (April 2011); a. A. *Fleckenstein-Weiland*, in Reiß/Kraeusel/Langer, UStG,

Die durch die Rechtsprechung inzwischen erfolgte Distanzierung von der zivilrechtlichen Anlehnung zur Bestimmung des Begriffs „Grundstücken einschließlich ihrer wesentlichen Bestandteile“ i. S. d. § 15a Abs. 1 S. 2 1. Alt. UStG ist Folge der konsequenten Umsetzung der unionsrechtlichen Vorgaben. Nur diese kann der undifferenzierten Formulierung des Art. 187 MwStSystRL Rechnung tragen. Die Mehrwertsteuersystemrichtlinie erlaubt es nicht, auf das Kriterium „wesentlicher Bestandteil“ i. S. d. §§ 94 f. BGB abzustellen[989]. Anderenfalls wäre nicht gewährleistet, dass die Richtlinie in allen Mitgliedstaaten einheitlich Anwendung findet[990]. Zwar hat sich der EuGH in der „Maierhofer-Entscheidung“ nicht explizit zu dem Grundstücksbegriff i. S. d. Art. 187 Abs. 1 Unterabs. 2 MwStSystRL geäußert, sondern zu Art. 135 Abs. 1 Buchst. l MwStSystRL. Eine abweichende Interpretation für diese Regelungen kommt aber nicht in Betracht. Für beide Vorschriften ist die vom EuGH[991] als entscheidendes Kriterium herangezogene „Beweglichkeit“ für die Beurteilung, was der Grundstücksbegriff umfasst, maßgeblich[992]. Im Vordergrund steht der Zweck des Art. 187 MwStSystRL. Der verlängerte Berichtigungszeitraum für Grundstücke berücksichtigt den Umstand, dass Grundstücke und ihre Bestandteile gewöhnlich eine längere Verwendungsdauer haben als bewegliche Gegenstände[993]. Eben dieses Kriterium ist auch für die Bestimmung des Grundstücksbegriffs i. S. d. Art. 187 Abs. 1 Unterabs. 2 MwStSystRL maßgeblich. Auch andere Sprachfassungen der Mehrwertsteuersystemrichtlinie sprechen für eine Interpretation des Grundstückbegriffs, der neben dem Gebäude grundsätzlich alle anderen unbeweglichen Gegenstände umfasst. Exemplarisch heißt es in der englischen Sprachfassung des Art. 187 MwStSystRL in Übereinstimmung mit Art. 47, 135 Abs. 1 Buchst. a, 168 a, 199 Buchst. c MwStSystRL „*immovable property*“[994] und in der französischen

---

§ 15a Rn. 451 f. (April 2013), die zwar von einem eigenständig nach dem Unionsrecht auszulegenden Begriff ausgeht, es aber für unbedenklich erachten, den Begriff des Grundstücks in erster Linie nach den Vorschriften des BGB zu bestimmen.

989 In diesem Sinne auch *W. Wagner*, in Sölch/Ringleb, UStG, § 15a Rn. 190 (April 2011).

990 BFH, Beschl. v. 25.5.2000 – V R 48/99, DStR 2000, 1558 (1559).

991 EuGH, Urt. v. 16.1.2003 – C-315/00 [Maierhofer], Slg. I 2003, 563 (591 ff.).

992 *Stadie*, UStG², 2012, § 15a Rn. 42, 46.

993 Siehe die Nachweise in Fn. 985.

994 Übersetzt: unbewegliches Sachgut.

Sprachfassung „*bien immeubles*“[995]. Diese Sprachfassungen stellen im Vergleich zu der deutschen Sprachfassung allgemein auf die Unbeweglichkeit ab[996].

Unionsrechtlich ist damit auf die bloße tatsächliche Unbeweglichkeit abzustellen[997]. Das Ergebnis lässt sich ebenso aus Art. 34 MwSt-DVO[998] ableiten. Aus der Vorschrift geht hervor, dass das Unionsrecht nur Bestandteile des Grundstücks kennt. Eine Differenzierung, die der des § 15a Abs. 1 S. 2 1. Alt. UStG entspricht, lässt sich aus den unionsrechtlichen Vorschriften nicht herleiten[999]. Da der unionsrechtliche Grundstückbegriff ohne die Differenzierung des § 15a Abs. 1 S. 2 1. Alt. UStG auskommt, ist allein entscheidend, ob das Gebäude Bestandteil des Grundstücks ist[1000]. § 15a Abs. 1 S. 2 ist insofern unionsrechtskonform auszulegen[1001]. Die strikte Anlehnung an nationale zivilrechtliche Regelungen ist nicht mit dem Unionsrecht vereinbar[1002]. Gleiches gilt im Verhältnis zum Ertragsteuerrecht[1003]. Umsatzsteuerrechtlich ist im Einzelfall auf die tatsächlichen Begebenheiten abzustellen. Es ist zu ermitteln, ob eine feste Verbindung mit dem Grundstück besteht. Sachen und Einbauten in Gebäuden, die sog. Scheinbestandteile sind, sind einkommensteuerrechtlich grundsätzlich bewegliche Wirtschaftsgüter.

---

995 Übersetzt: Immobilien; unbeweglicher Besitz.

996 Ebenso *Stadie*, UStG^2, 2012, § 15 Rn. 328 und § 15a Rn. 42.

997 Ebenso *Stadie*, UStG^2, 2012, § 15a Rn. 42.

998 Die Verordnung über das gemeinsame Mehrwertsteuersystem – DVO (EU) 282/2011 (MwSt-DVO) ist mit Wirkung zum 1.7.2011 in Kraft getreten. Art. 34 MwSt-DVO lautet: „Außer in den Fällen, *in denen die zusammengebauten Gegenstände Bestandteil eines Grundstücks werden*, bestimmt sich der Ort der Dienstleistungen an einen Nichtsteuerpflichtigen, die lediglich in der Montage verschiedener Teile einer Maschine durch einen Steuerpflichtigen bestehen, wobei der Dienstleistungsempfänger ihm alle Teile beigestellt hat, nach Artikel 54 der Richtlinie 2006/112/EG“ (Hervorhebungen durch Verfasser).

999 Ebenso *Stadie*, UStG^2, 2012, § 15a Rn. 42.

1000 *Stadie*, UStG^2, 2012, § 15a Rn. 42; im Ergebnis auch *W. Wagner*, in Sölch/Ringleb, UStG, § 15a Rn. 211 (April 2011).

1001 *Stadie*, UStG^2, 2012, § 15a Rn. 42; *W. Wagner*, in Sölch/Ringleb, UStG, § 15a Rn. 210 f. (April 2011).

1002 EuGH, Urt. v. 12.9.2000 – C-358/97 [Kommission/Irland], Slg. I 2000, 6301 (6345); v. 16.1.2003 – C-315/00 [Maierhofer], Slg. I 2003, 563 (591); *Hidien*, StuW 2005, 265 (275); *Stadie*, UStG^2, 2012, § 15a Rn. 41. Die Verwaltung distanziert sich inzwischen ebenfalls explizit von dem zivilrechtlichen Verständnis des Grundstücksbegriff im Umsatzsteuerrecht; A 3a.3 Abs. 2 S. 2 UStAE lautet: „Der Grundstücksbegriff im Sinne des Umsatzsteuerrechts ist ein eigenständiger Begriff des Unionsrechts; er richtet sich nicht nach dem zivilrechtlichen Begriff eines Grundstücks.“

1003 In diesem Sinne auch *Hidien*, StuW 2005, 265 (275).

Im Umsatzsteuerrecht, ist dies hingegen für jeden einzelnen Sachverhalt anhand der tatsächlichen Umstände zu beurteilen. In der Praxis dürfte es in diesen Fällen oftmals zu abweichenden Kategorisierungen kommen. Gebäude sind indes einkommensteuerrechtlich auch dann unbewegliche Wirtschaftsgüter, wenn sie nicht wesentliche Bestandteile des Grundstücks sind. Zwar können auch Gebäude, die sog. Scheinbestandteile i. S. d. § 95 BGB sind, umsatzsteuerrechtlich dem fünfjährigen Berichtigungszeitraum unterliegen, weil sie die Merkmale des unionsrechtlichen Gebäudebegriffs nicht erfüllen[1004]. Eine abweichende Beurteilung in den beiden Rechtsgebieten dürfte in der Praxis aber eher selten sein. Die im Ergebnis faktische Übereinstimmung in den beiden Rechtsgebieten wäre trotzdem nur von den tatsächlichen Begebenheiten abhängig und somit zufällig. Sie ist nicht Resultat einer rechtlichen Gleichbehandlung, die aus der Heranziehung des einkommensteuerrechtlichen Begriffs „Wirtschaftsgut“ resultiert. Das europarechtliche Harmonisierungsgebot fordert für das Umsatzsteuerrecht eine eigenständige Interpretation. Die einkommensteuer- und zivilrechtliche Einordnung hat keinerlei Aussagekraft für die Qualifikation als Berichtigungsobjekt i. S. d. § 15a Abs. 1 S. 1 oder S. 2 UStG.

bb) Zur Qualifikation und Behandlung von Betriebsvorrichtungen als Berichtigungsobjekt nach § 15a UStG

Der BFH hatte in seinem Urteil vom 14.7.2010[1005] zu entscheiden, inwiefern die ertragsteuerrechtliche Qualifikation einer Betriebsvorrichtung als selbständiges,

---

1004 Siehe dazu *W. Wagner*, in Sölch/Ringleb, UStG, § 15a Rn. 210 (April 2011).

1005 BFH, Urt. v. 14.7.2010 – XI R 9/09, BStBl. II 2010, 1086 – Schweinefütterungsanlage. Diese Frage war bereits Gegenstand der Nichtzulassungsbeschwerde BFH, Beschl. v. 29.9.1995 – V B 31/95, BFH/NV 1996, 276. Der BFH hatte die Nichtzulassungsbeschwerde aber als unzulässig verworfen, weil die von dem Beschwerdeführer vorgebrachte Begründung, es läge eine Abweichung nach § 115 Abs. 2 Nr. 2 FGO des angefochtenen Urteils des FG Münster (Urt. v. 8.11.1994 – 15 K 85/92 U, n. v.) von Urteilen des BFH (Urt. v. 23.2.1962 – III 222/58 U, BStBl. III 1962, 179 f.; v. 19.2.1974 – VIII R 20/73, BStBl. II 1975, 20 [21], und v. 30.4.1976 – III R 132/74, BStBl. II 1976, 527 [528]) vor, nach denen bestimmte Hof- und Platzbefestigungen Betriebsvorrichtungen sind, nicht überzeugte. Das Finanzgericht hatte sich nicht mit der Eigenschaft der Platzbefestigung als Betriebsvorrichtung, sondern nur mit der als wesentlicher Bestandteil des Grundstücks befasst, so dass eine abweichende Rechtsprechung nicht angenommen werden konnte. Ein anderer Zulassungsgrund wurde nicht geltend gemacht. Der BFH führte in seinem Beschluss weiter aus: „Der Beschwerde läßt sich weder ausdrücklich noch schlüssig als grundsätzlich zu klärende Rechtsfrage entnehmen, ob auch bei § 15a UStG 1980 Betriebsvorrichtungen isoliert von einem Grundstück zu behandelndes Wirtschaftsgut auch für das Umsatzsteuerrecht gelten soll oder ob für das Umsatzsteuerrecht eine eigenständige Begriffsinterpretation des Grundstücksbegriffs erforderlich sei. Streitentscheidend war die Frage, ob eine Schweinefütterungs- und Belüftungsanlage dem Berichtigungszeitraum nach § 15a Abs. 1 S. 1 UStG von fünf Jahren oder dem nach § 15a Abs. 1 S. 2 UStG von zehn Jahren unterliegt.

Der Entscheidung lag folgender Sachverhalt zu Grunde: Ein Landwirt, der zum 1.1.1993 von der Durchschnittsbesteuerung nach § 24 UStG zur Regelbesteuerung optierte hatte, ließ im Jahr 1993 eine Fütterungs- und Belüftungsanlage in seinen Schweinestall einbauen. Für die dafür empfangenen Leistungen beanspruchte er den Vorsteuerabzug. Mit Wirkung zum 1.1.1998 widerrief er den Wechsel zur Regelbesteuerung und unterlag demzufolge erneut der Durchschnittsbesteuerung. Durch den Wechsel kam es zu erheblichen Vorsteuerberichtigungen[1006] im Zusammenhang mit der Fütterungs- und Belüftungsanlage, weil das Finanzamt der Ansicht war, dass der zehnjährige Berichtigungszeitraum gelte. Der Landwirt hingegen vertrat die Auffassung, dass die Betriebsvorrichtung nur dem fünfjährigen Berichtigungszeitraum unterliege. Für die Bestimmung des korrekten Berichtigungszeitraums musste der BFH eine Qualifikation der Betriebsvorrichtung als „Grundstück, einschließlich seiner wesentlichen Bestandteile" nach § 15a Abs. 1 S. 2 oder als „Wirtschaftsgut" i. S. d. § 15a Abs. 1 S. 1 UStG vornehmen. Der BFH ist mit einer Entscheidung der Auffassung der Finanzverwaltung gefolgt[1007]. Er entschied, dass für die Fütterungs- und Belüftungsanlage ein Vorsteuerberichtigungszeitraum von zehn Jahren gilt. Der BFH hat die Entscheidung zunächst aus nationaler Rechtssicht begründet und im Anschluss die Unionsrechtskonformität des Ergebnisses herausgestellt.

(falls solche anzunehmen seien) nicht zum Grundstück gehörten, um eine Abstimmung mit dem Grundstücksbegriff in § 4 Nr. 9 und 12 UStG 1980 zu erreichen. Diese Vorschriften nehmen Betriebsvorrichtungen von den steuerfreien Umsätzen der Grundstückslieferung und -nutzung aus."

1006 Nach § 15a Abs. 7 UStG ist eine Änderung der für den ursprünglichen Vorsteuerabzug maßgeblichen Verhältnisse i. S. d. § 15a Abs. 1 UStG auch gegeben, wenn ein Land- und Forstwirt von der Regelbesteuerung zur Durchschnittsbesteuerung oder umgekehrt wechselt.

1007 Vgl. auch A 15a.3 Abs. 1 S. 3 UStAE: „Der Berichtigungszeitraum von zehn Jahren gilt auch für Betriebsvorrichtungen, die als wesentliche Bestandteile auf Dauer in ein Gebäude eingebaut werden."; siehe dazu auch den Erlass der OFD Frankfurt v. 7.3.2012 – S 7316 A-2-St 128, DB 2012, 1125.

Nichtsdestotrotz hat das Urteil nicht alle Rechtsfragen in diesem Zusammenhang abschließend klären können.

(1) Die Qualifikation von Betriebsvorrichtungen als Berichtigungsobjekt i. S. d. § 15a UStG aus nationalrechtlicher Perspektive nach Ansicht des BFH

(a) Zur Bedeutung der Abgrenzung der Betriebsvorrichtung als Gebäude- oder Scheinbestandteil für die Qualifikation des Berichtigungsobjekts

Der BFH hat in seinem Urteil zunächst anhand der zivilrechtlichen Vorschriften nach §§ 93 ff. BGB geprüft, ob es sich bei der Fütterungs- und Belüftungsanlage um einen wesentlichen Bestandteil des Gebäudes und damit des Grundstücks handelt. Er ist zu dem Ergebnis gelangt, dass die Fütterungs- und Belüftungsanlage als wesentlicher Bestandteil des Grundstücks zu qualifizieren ist[1008]. Seinen Ausführungen lässt sich entnehmen, dass der BFH die Betriebsvorrichtung für den Fall, dass es sich um ein sog. Scheinbestandteil nach § 95 Abs. 2 BGB handelt, nicht als ein Berichtigungsobjekt i. S. d. § 15a Abs. 1 S. 2 UStG qualifiziert hätte. Damit hat er, dem Wortlaut des § 15a Abs. 1 S. 2 UStG folgend, alleine auf zivilrechtliche Kriterien abgestellt. Darüber hinaus geht er in dem Urteil davon aus, dass sich aus den im EuGH-Urteil vom 16.1.2003[1009] entwickelten Auslegungsgrundsätzen zum Grundstückbegriff keine Anhaltspunkte für die zu entscheidende Frage, unter welchen Voraussetzungen in ein Gebäude eingebaute Anlagen zum Gebäude und damit zum Grundstück gehören, ergäben. Das EuGH-Urteil beziehe sich nur auf Gebäude und nicht auf Gebäudeteile. Ob die Fütterungs- und die Lüftungsanlage im Sinne dieser Rechtsprechung „nicht leicht demontiert und versetzt werden können", sei deshalb unerheblich[1010]. Diese Ausführungen sind – wie dargestellt[1011] – nicht haltbar. Auch für Betriebsvorrichtungen ist nach hier vertretener Auffassung auf die Intensität der Verbindung abzustellen, um beurteilen zu können, ob es sich um Gebäudebestandteile im Sinne des Unionsrechts handelt[1012]. Daher hätte der BFH in einer Entscheidung die Qualifikation „als wesentlicher Bestandteil des Gebäudes" nicht ausschließlich an den zivilrechtlichen Kriterien messen und sich an den tatsächlichen Begebenheiten orientieren müssen.

1008 BFH, Urt. v. 14.7.2010 – XI R 9/09, BStBl. II 2010, 1086 (1088).

1009 EuGH, Urt. v. 16.1.2003 – C-315/00 [Maierhofer], Slg. I 2003, 563.

1010 BFH, Urt. v. 14.7.2010 – XI R 9/09, BStBl. II 2010, 1086 (1090).

1011 Siehe dazu näher S. 173 ff.

1012 EuGH, Urt. v. 16.1.2003 – C-315/00 [Maierhofer], Slg. I 2003, 563 (591 ff.); ebenso *Hidien*, StuW 2005, 265 (275); *Stadie*, UStG^2, 2012, § 15a Rn. 42, 46 f.; *W. Wagner*, in Sölch/Ringleb, UStG, § 15a Rn. 200 (April 2011).

(b) Keine ertragsteuerrechtliche Kategorisierung der Betriebsvorrichtung als bewegliches Wirtschaftsgut im Umsatzsteuerrecht

Das Umsatzsteuergesetz enthält in § 4 Nr. 12 S. 2 UStG selbst eine Legaldefinition, nach der Betriebsvorrichtungen „Maschinen und sonstige Vorrichtungen aller Art [sind], die zu einer Betriebsanlage gehören". Zu einer Betriebsanlage gehören alle Vorrichtungen, mit denen ein Gewerbe unmittelbar betrieben wird[1013]. Rechtsprechung und die überwiegende Literaturansicht ziehen die zu der Legaldefinition des § 68 Abs. 2 S. 1 Nr. 2 BewG entwickelten Grundsätze sowohl für das Ertragsteuerrecht[1014] als auch für das Umsatzsteuerrecht heran[1015]. In einer Entscheidung führt der BFH aus, dass es sich bei der Füt-

---

1013 *Krumm*, in Blümich, EStG/KStG/GewStG, § 5 EStG Rn. 415 (Okt. 2013). Für die Qualifikation einzelner Bestandteile als Gebäudeteil oder Betriebsvorrichtung ist für das Einkommensteuerrecht entscheidend, ob sie der Benutzung des Gebäudes dienen oder in einer besonderen Beziehung zu dem Betrieb stehen; BFH, Urt. v. 14.8.1958 – III 382/57 U, BStBl. III 1958, 400; v. 23.3.1990 – III R 63/87, BStBl. II 1990, 751 (752); v. 7.3.2002 – III R 13/99, BStBl. II 2002, 433 (435); v. 24.3.2006 – III R 40/04, BFH/NV 2006, 2130 (2131). Gebäude sind mit Hilfe des Gebäudebegriffs von Betriebsvorrichtungen abzugrenzen; BFH, Urt. v. 13.6.1969 – III 17/65, BStBl. II 1969, 517 (518 f.); v. 28.9.2000 – III R 26/99, BStBl. II 2001, 137 (139); v. 15.6.2005 – II R 67/04, BStBl. II 2005, 688 (689); zur Abgrenzung von Betriebsvorrichtung und Gebäude(-bestandteil) aus Sicht der Finanzverwaltung siehe den Erlass der obersten Finanzbehörden der Länder „Gleichlautender Erlass betreffend Abgrenzung des Grundvermögens von den Betriebsvorrichtungen" v. 15.3.2006, BStBl. I 2006, 314. Dieser ist in der Positivliste des Ländererlasses v. 12.6.2012 „Gleichlautender Erlass betr. Anwendung von gleichlautenden Erlassen der obersten Finanzbehörden der Länder; Gleichlautende Erlasse, die bis zum 12. Juni 2012 ergangen sind", BStBl. I 2012, 645 enthalten und damit weiterhin wirksam; zur Abgrenzung anstelle vieler *Nolde*, in Herrmann/Heuer/Raupach, EStG/KStG, § 7 EStG Rn. 317 ff. (März 2001) m. w. N.

1014 BFH, Urt. v. 21.10.1971 – V R 53/71, BStBl. II 1972, 79 (80); Beschl. v. 26.11.1973 – GrS 5/71, BStBl. II 1974, 132 (135); Urt. v. 23.9.2008 – I R 47/07, BStBl. II 2009, 986 (987); *Brandis*, in Blümich, EStG/KStG/GewStG, § 7 EStG Rn. 468 (Aug. 2012); *Krumm*, in Blümich, EStG/KStG/GewStG, § 5 EStG Rn. 415 (Okt. 2013); *Nolde*, in Herrmann/Heuer/Raupach, EStG/KStG, § 7 EStG Rn. 317 (März 2001); vgl. auch R 7.1 Abs. 3 EStR 2008.

1015 Siehe nur BFH, Urt. v. 16.10.1980 – V R 51/76, BStBl. II 1981, 228 (230); v. 30.6.1993 – XI R 62/90, BStBl. II 1993, 808 (809); *W. Wagner*, UVR 2011, 144 (150); siehe auch A 4.12.10 S. 2 UStAE; a. A. *Stadie*, UStG^2, 2012, § 4 Nr. 12 Rn. 38, der die Auslegung an Art. 135 Abs. 2 Buchst. c MwStSystRL orientieren will. Wie sich im Folgenden zeigen wird, hat die Charakterisierung keinen Einfluss auf die Frage, ob eine Betriebsvorrichtung von dem Grundstücksbegriff i. S. d. § 15a Abs. 1 S. 2 UStG erfasst

terungs- und Belüftungsanlage um eine Betriebsvorrichtung nach § 68 Abs. 2 Nr. 2 BewG handelt. Betriebsvorrichtungen seien zwar aus ertragsteuerrechtlicher Sicht selbständige bewegliche Wirtschaftsgüter, auch wenn sie mit dem Grund und Boden fest verbunden und damit Teil des Grundstücks sind. Dies lasse aber nicht den Schluss zu, Betriebsvorrichtungen dementsprechend auch im Anwendungsbereich des § 15a Abs. 1 UStG als selbständige Wirtschaftsgüter mit einem fünfjährigen Berichtigungszeitraum zu behandeln. Denn zum einen seien die ertragsteuerrechtlichen Grundsätze für die Frage, ob im Rahmen einer Vorsteuerberichtigung nach § 15a Abs. 1 UStG der für Grundstücke geltende Berichtigungszeitraum anzuwenden ist, nicht maßgebend[1016]. Zum anderen habe der Gesetzgeber in § 15a Abs. 1 UStG eine Differenzierung lediglich zwischen „Wirtschaftsgütern" und „Grundstücken einschließlich ihrer wesentlichen Bestandteile" vorgenommen, aber für Betriebsvorrichtungen keine gesonderte Regelung getroffen. Eine solche Ausnahmeregelung beinhalte nur § 4 Nr. 12 S. 2 UStG, wonach die Vermietung und die Verpachtung von Betriebsvorrichtungen nicht steuerbefreit sind, selbst wenn sie wesentliche Bestandteile eines Grundstücks sind[1017]. Deshalb gelte im Anwendungsbereich des § 15a Abs. 1 UStG für solche Betriebsvorrichtungen, die wesentliche Bestandteile des Grundstücks sind, grundsätzlich der zehnjährige Berichtigungszeitraum nach § 15a Abs. 1 S. 2 UStG[1018].

(2) Die Qualifikation von Betriebsvorrichtungen als Berichtigungsobjekt i. S. d. § 15a UStG aus unionsrechtlicher Perspektive nach Ansicht des BFH

Im Anschluss hat der BFH die Reichweite des unionsrechtlichen Grundstücksbegriffs aus den unionsrechtlichen Vorschriften abgeleitet, um die Unionsrechtskonformität seines Ergebnisses aufzuzeigen. Zwar definiere weder Art. 20 der 6. EG-RL (nunmehr Art. 187 Abs. 1 Unterabs. 3 MwStSystRL) den Begriff „Grundstück", noch enthalte die 6. EG-RL (heute MwStSystRL) an sonstiger Stelle eine Definition. Allerdings lasse sich einerseits aus Art. 4 Abs. 3 der 6. EG-RL

---

ist. Sie ist vielmehr für den Steuerbefreiungsausschluss nach § 4 Nr. 12 S. 2 UStG entscheidend.

1016 BFH, Urt. v. 14.7.2010 – XI R 9/09, BStBl. II 2010, 1086 (1088 f.); ähnlich *Hidien*, StuW 2005, 265 (275).

1017 BFH, Urt. v. 14.7.2010 – XI R 9/09, BStBl. II 2010, 1086 (1089), der aber nicht auf die Ausnahmen i. S. d. § 4 Nr. 9a UStG i. V. m. § 2 Abs. 1 S. 2 GrEStG und § 70 Abs. 2 S. 2 UStDV für Betriebsvorrichtungen eingeht; im Ergebnis auch *Stadie*, UStG², 2012, § 15a Rn. 47.

1018 BFH, Urt. v. 14.7.2010 – XI R 9/09, BStBl. II 2010, 1086 (1089).

(nunmehr Art. 12 Abs. 2 MwStSystRL) ableiten, dass Gebäude oder Gebäudeteile und der dazugehörige Grund und Boden für die Zwecke der Mehrwertsteuer nicht voneinander getrennt behandelt werden können[1019]. Des Weiteren umfasse der Begriff „Grundstücke" in Art. 20 Abs. 2 Unterabs. 3 der 6. EG-RL (nunmehr Art. 187 Abs. 1 Unterabs. 3 MwStSystRL) jedenfalls auch „auf Dauer eingebaute Vorrichtungen und Maschinen". Das ergebe sich im Umkehrschluss aus Art. 13 Teil B Buchst. b S. 1 Nr. 3 der 6. EG-RL (nunmehr Art. 135 Abs. 2 Unterabs. 1 Buchst. c MwStSystRL). Nach dieser Bestimmung befreien die Mitgliedstaaten die Vermietung und Verpachtung „von Grundstücken mit Ausnahme (...) der Vermietung von auf Dauer eingebauten Vorrichtungen und Maschinen". Damit nehme das Unionsrecht in Art. 13 Teil B Buchst. b S. 1 Nr. 3 der 6. EG-RL (nunmehr Art. 135 Abs. 2 Unterabs. 1 Buchst. c MwStSystRL) auf Dauer eingebaute Vorrichtungen und Maschinen vom Grundstücksbegriff aus. Diese „Ausnahme" sei nicht lediglich deklaratorisch, sondern konstitutiv, weil auch die in Art. 13 Teil B Buchst. b S. 1 Nr. 1, Nr. 2 und Nr. 4 der 6. EG-RL (nunmehr Art. 135 Abs. 2 Unterabs. 1 Buchst. a, b und d MwStSystRL) vorgesehenen „Ausnahmen" von der Steuerfreiheit der Vermietung und Verpachtung von Grundstücken unzweifelhaft unter den Begriff „Vermietung von Grundstücken" fallen. Art. 20 Abs. 2 Unterabs. 3 der 6. EG-RL (nunmehr Art. 187 Abs. 1 Unterabs. 3 MwStSystRL) spreche allgemein und ohne Ausnahme von „Grundstücken, die als Investitionsgüter erworben wurden". Daher umfasse der Grundstücksbegriff nach dieser Bestimmung auch „auf Dauer eingebaute Vorrichtungen und Maschinen", was auf die Fütterungs- und die Lüftungsanlage zutreffe[1020].

(3) Unterschiedliche Qualifikation von Betriebsvorrichtungen im Ertrag- und Umsatzsteuerrecht

Der EuGH setzt für den richtlinienrechtlichen Grundstücks- und Gebäudebegriff eine im Verhältnis zu den Rechtsordnungen der Mitgliedstaaten autonome Begriffsbildung voraus. Für die Abgrenzung zwischen unbeweglichen und beweglichen Gegenständen ist die Beweglichkeit und die Intensität der Verbindung von Bestandteilen mit dem Grundstück entscheidend[1021]. Für Betriebsvorrichtungen gelten die gleichen Abgrenzungskriterien wie für sog. Scheinbestandteile. Weder

1019 BFH, Urt. v. 14.7.2010 – XI R 9/09, BStBl. II 2010, 1086 (1089).

1020 BFH, Urt. v. 14.7.2010 – XI R 9/09, BStBl. II 2010, 1086 (1089 f.); so auch *W. Wagner*, in Sölch/Ringleb, UStG, § 15a Rn. 200 (April 2011).

1021 EuGH, Urt. v. 16.1.2003 – C-315/00 [Maierhofer], Slg. I 2003, 563 (591 ff.); ebenso *Hidien*, StuW 2005, 265 (275); *Stadie*, UStG², 2012, § 15a Rn. 47; *W. Wagner*, in Sölch/Ringleb, UStG, § 15a Rn. 200 (April 2011); siehe dazu bereits S. 174, 179 f.

zivilrechtliche noch ertragsteuerrechtliche Maßstäbe können insoweit für die umsatzsteuerrechtliche Beurteilung ausschlaggebend sein[1022]. Betriebsvorrichtungen erfahren im Umsatzsteuerrecht somit eine von anderen nationalen (Steuer-)Rechtsordnungen autarke Behandlung[1023].

Dem kann auch nicht entgegengehalten werden, das Steuerrecht sehe in diversen Vorschriften eine gegenständliche Trennung von Grundstücken, Gebäuden bzw. Grundvermögen und Betriebsvorrichtungen vor, woraus ein allgemeiner steuerrechtlicher Grundsatz abzuleiten sei. Diesem folgend seien Betriebsvorrichtungen auch dann selbständige bewegliche Wirtschaftsgüter, wenn sie zivilrechtlich wesentliche Bestandteile eines Grundstücks sind[1024]. So differenzieren die §§ 4, 5 EStG i. V. m. § 266 Abs. 2 A. II. Nr. 2 HGB zwischen Gebäuden und Betriebsvorrichtungen[1025]. § 4 Nr. 9a i. V. m. § 2 Abs. 1 GrEStG, § 4 Nr. 12 S. 2 UStG sowie § 70 Abs. 2 S. 2 UStDV schließen Betriebsvorrichtungen aus der jeweiligen gesetzlichen Regelung aus[1026]. Nach § 68 Abs. 2 Nr. 2 BewG gehören Betriebsvorrichtungen nicht zum Grundvermögen und nach § 2 Abs. 1 GrEStG zählen Betriebsvorrichtungen nicht zum Grundstück[1027]. Aus dem daraus abgeleiteten Grundsatz folgern Teile des Schrifttums, dass diese Betrachtungsweise auch bei der Vorsteuerberichtigung

---

1022 BFH, Urt. v. 14.7.2010 – XI R 9/09, BStBl. II 2010, 1086 (1089); so bereits *Hidien*, StuW 2005, 265 (275).

1023 *Hidien*, StuW 2005, 265 (275); *Lippross*, Umsatzsteuerrecht[23], 2012, S. 1038; *Stadie*, UStG[2], 2012, § 15a Rn. 47; *W. Wagner*, in Sölch/Ringleb, UStG, § 15a Rn. 201 (April 2011). Auch die Finanzverwaltung lehnt die ertragsteuerrechtliche Kategorisierung (inzwischen) ab; vgl. auch A 15a.3 Abs. 1 S. 3 UStAE: „Der Berichtigungszeitraum von zehn Jahren gilt auch für Betriebsvorrichtungen, die als wesentliche Bestandteile auf Dauer in ein Gebäude eingebaut werden."; zweifelhaft ist in diesem Zusammenhang aber der Erlass der OFD Frankfurt v. 7.3.2012 – S 7316 A-2-St 128, DB 2012, 1125. Nach diesem unterscheidet die Finanzverwaltung zwischen „Auf-Dach-Photovoltaikanlagen" (fünfjähriger Berichtigungszeitraum) und „dachintegrierten Photovoltaikanlagen" (zehnjähriger Berichtigungszeitraum). Die Differenzierung begründet die Finanzverwaltung mit der Bedeutung der Anlage für das Gebäude, ohne auf die Intensität der Verbindung einzugehen. Diese Auffassung vertritt auch *Fromm*, DStR 2010, 207 (209).

1024 *Birkenfeld*, in Birkenfeld/Wäger, USt-Handbuch, § 192 Rn. 96 (Mai 2006); *Hallerbach*, Umsatzsteuerkongreß-Bericht 1985, 1985, S. 149 f.; *Stadie*, Das Recht des Vorsteuerabzugs, 1989, S. 230 f.; *ders.*, UStG[2], 2012, § 4 Nr. 12 Rn. 38 und § 15a Rn. 47.

1025 *Fleckenstein-Weiland*, in Reiß/Kraeusel/Langer, UStG, § 15a Rn. 453 (April 2013); *Hallerbach*, Umsatzsteuerkongreß-Bericht 1985, 1985, S. 135 (150); *Stadie*, Das Recht des Vorsteuerabzugs, 1989, S. 230 f.

1026 Ebenso *Hallerbach*, Umsatzsteuerkongreß-Bericht 1985, 1985, S. 135 (150).

1027 *Hallerbach*, Umsatzsteuerkongreß-Bericht 1985, 1985, S. 135 (150).

nach § 15a UStG gelte[1028]. Eine am Zweck und der Praktikabilität orientierte Auslegung führe zu diesem Ergebnis[1029]. Gerade weil der Gesetzgeber auch mit § 4 Nr. 9a i. V. m. § 2 Abs. 1 GrEStG und § 4 Nr. 12 S. 2 UStG eine gegenständliche Trennung vornehme, sei es konsequent, diesen allgemeinen Grundsatz im Rahmen des § 15a UStG anzuwenden[1030]. Anderenfalls würde § 15a UStG eine Ausnahmevorschrift darstellen[1031]. Der BFH stellt aber zu Recht fest, dass der Gesetzgeber in § 15a UStG gerade keine Ausnahme für Betriebsvorrichtungen aufgenommen hat[1032]. Auch aus unionsrechtlicher Perspektive ist aus dem Umkehrschluss aus Art. 135 Abs. 2 Buchst. c MwStSystRL keine andere Interpretation abzuleiten[1033]. Bei der Vermietung und Verpachtung von Grundstücken steht den Mitgliedstaaten nach dieser Vorschrift ein Wahlrecht zu, „auf Dauer eingebaute Vorrichtungen und Maschinen" von der Steuerbefreiung auszuschließen. Dem lässt sich einerseits entnehmen, dass nur vorübergehend in das Grundstück eingebaute Vorrichtungen und Maschinen nicht zum Grundstück gehören[1034] und andererseits auf Dauer eingebaute Vorrichtungen vom Grundstücksbegriff umfasst sind, soweit keine Ausnahmen geregelt sind[1035]. Eine solche Ausnahme sieht Art. 187 Abs. 1 Unterabs. 3 MwStSystRL aber nicht vor. Daher sind Betriebsvorrichtungen, die fest mit

---

1028 *Birkenfeld*, in Birkenfeld/Wäger, USt-Handbuch, § 192 Rn. 96 (Mai 2006); *Bülow*, in A. Vogel/Schwarz, UStG, § 15a Rn. 154 (Okt. 2012); *Hallerbach*, Umsatzsteuerkongreß-Bericht 1985, 1985, S. 135 (149 f.); *Schmidt/Forgách*, in Reiß/Kraeusel/Langer, UStG, § 15a Rn. 141 (Okt. 2007); so auch noch in der vorherigen Auflage *Lippross*, Umsatzsteuerrecht[22], 2008, S. 893 ff. und *Stadie*, Das Recht des Vorsteuerabzugs, 1989, S. 230 f., die aber in Folge des BFH-Urteils v. 14.7.2010 – XI R 9/09, BStBl. II 2010, 1086 nicht mehr zwischen Grundstück und Betriebsvorrichtungen, die wesentliche Bestandteile des Grundstücks sind, differenzieren (siehe zur heutigen Auffassung Fn. 1023).

1029 *Schmidt/Forgách*, in Reiß/Kraeusel/Langer, UStG, § 15a Rn. 141 (Okt. 2007).

1030 *Birkenfeld*, in Birkenfeld/Wäger, USt-Handbuch, § 192 Rn. 96 (Mai 2006); *Hallerbach*, Umsatzsteuerkongreß-Bericht 1985, 1985, S. 135 (150 f.); *Schmidt/Forgách*, in Reiß/Kraeusel/Langer, UStG, § 15a Rn. 141 (Okt. 2007).

1031 *Hallerbach*, Umsatzsteuerkongreß-Bericht 1985, 1985, S. 135 (150).

1032 So auch BFH, Urt. v. 14.7.2010 – XI R 9/09, BStBl. II 2010, 1086 (1089); *Stadie*, UStG[2], 2012, § 15a Rn. 47.

1033 *Lippross*, Umsatzsteuerrecht[23], 2012, S. 1038; *Stadie*, UStG[2], 2012, § 15a Rn. 47.

1034 Die Beurteilung, ob nicht „auf Dauer eingebaute Vorrichtungen und Maschinen" gegeben sind und damit als beweglich einzuordnen ist, hat losgelöst von der zivilrechtlichen Qualifikation einer Betriebsvorrichtung als sog. Scheinbestandteil i. S. d. § 95 BGB zu erfolgen und der zeitliche Faktor ist nicht alleine ausschlaggebend (siehe dazu bereits S. 173 ff.).

1035 *Lippross*, Umsatzsteuerrecht[23], 2012, S. 1038; *Stadie*, UStG[2], 2012, § 15a Rn. 47; *W. Wagner*, in Sölch/Ringleb, UStG, § 15a Rn. 200 (April 2011).

einem Grundstück verbunden sind, vom unionsrechtlichen Grundstücksbegriff erfasst[1036]. Es kommt trotz der (missglückten) Heranziehung des ertragsteuerrechtlichen Begriffs „Wirtschaftsgut“ zu unterschiedlichen Beurteilungen von Betriebsvorrichtungen im Ertrag- und Umsatzsteuerrecht.

cc) Zur Beurteilung der kürzeren Verwendungsdauer i. S. d. § 15a Abs. 5 S. 2 UStG einer Betriebsvorrichtung als Gebäudebestandteil

Nach § 15a Abs. 5 S. 2 UStG ist eine kürzere Verwendungsdauer eines Wirtschaftsguts zu berücksichtigen. Nach hier vertretener Ansicht sind Betriebsvorrichtungen, die Bestandteil eines Gebäudes sind, Berichtigungsobjekte i. S. d. § 15a Abs. 1 S. 2 UStG. Zweifelhaft ist, ob eine kürzere Verwendungsdauer einer Betriebsvorrichtung, die Bestandteil eines Gebäudes ist, isoliert Berücksichtigung finden kann. Dies würde voraussetzen, dass eine dem Grundstück zuzurechnende Betriebsvorrichtung i. R. d. § 15a Abs. 5 S. 2 UStG wie ein selbständiges Wirtschaftsgut behandelt werden kann. Im Schrifttum divergieren die Meinungen zu dieser Frage[1037]. Ein Teil geht davon aus, dass Betriebsvorrichtungen zwar dem zehnjährigen Berichtigungszeitraum unterliegen, wenn sie wesentliche Bestandteile sind. Aus der ertragsteuerrechtlich selbständigen Behandlung von Betriebsvorrichtungen folge aber, dass es sich auch umsatzsteuerrechtlich um selbständige Berichtigungsobjekte handele[1038]. Demensprechend wäre § 15a Abs. 5 S. 2 UStG für Betriebsvorrichtungen unabhängig von dem Grundstück anwendbar[1039]. Die gegenteilige Ansicht vertritt, dass § 15a Abs. 5 S. 2 UStG nicht isoliert für Betriebsvorrichtungen, die Grundstücksbestandteil sind, greife[1040]. Eine dritte Auffassung differenziert. Demnach sei eine kürzere Verwendungsdauer für Betriebsvorrichtungen grundsätzlich nicht selbständig zu berücksichtigen, es sei denn, die Betriebsvorrichtung werde vor Ablauf des zehnjährigen Berichtigungszeitraums

---

1036 *W. Wagner*, in Sölch/Ringleb, UStG, § 15a Rn. 201 (April 2011).

1037 Für die Vertreter der Ansicht, dass eine Betriebsvorrichtung im Einklang mit den ertragsteuerrechtlichen Grundsätzen ein eigenständiges, bewegliches Wirtschaftsgut ist und damit Berichtigungsobjekt i. S. d. § 15a Abs. 1 S. 1 UStG, stellt sich diese Problematik nicht. Deren Auffassung führt zu einer eigenständigen Anwendung des § 15a Abs. 5 S. 2 UStG.

1038 *Lippross*, Umsatzsteuerrecht[23], 2012, S. 1039. *Obermaier*, DStR 2007, 932 (933) kommt für eine dachintegrierte Photovoltaikanlage zu dem Ergebnis, dass diese ihre wirtschaftliche Eigenart behält und daher ein selbständiger Gegenstand sei.

1039 *Eversloh*, jurisPR 5/2011 Anm. 6, 1; *Lippross*, Umsatzsteuerrecht[23], 2012, S. 1039.

1040 *Stadie*, UStG[2], 2012, § 15a Rn. 47; im Ergebnis wohl auch *Rademacher-Gottwald*, in Weimann/F. Lang, Umsatzsteuer[3], 2011, S. 1457 nach dem „jedes Wirtschaftsgut (…) einen einheitlichen Berichtigungszeitraum (hat)“.

„nachträglich“ unbrauchbar[1041]. Der BFH musste in seinem Urteil vom 14.7.2010 zur Schweinefütterungs- und Belüftungsanlage[1042] zu dieser Problematik keine Entscheidung treffen, weil der Kläger nicht geltend gemacht hatte, dass die betriebsgewöhnliche Nutzungsdauer der von ihm eingebauten Fütterungsanlage weniger als zehn Jahre betrage[1043]. Allerdings hat der BFH in dem Urteil auf die Möglichkeit der Anwendung von § 15a Abs. 5 S. 2 UStG hingewiesen[1044]. Demnach befürwortet der BFH die eigenständige Behandlung einer Betriebsvorrichtung, die Gebäudebestandteil ist, i. R. d. § 15a Abs. 5 S. 2 UStG. Dafür zieht der BFH die nach ertragsteuerrechtlichen Grundsätzen ermittelte Nutzungsdauer der Betriebsvorrichtung für die Bestimmung der verkürzten Verwendungsdauer heran[1045].

Ausschlaggebend für die Entscheidung, ob eine Betriebsvorrichtung dem fünf- oder zehnjährigen Berichtigungszeitraum unterliegt, sind die unionsrechtlichen Kriterien für die Annahme eines Grundstückbestsandteils[1046]. Der für Grundstücke verlängerte Berichtigungszeitraum trägt dem Umstand Rechnung, dass deren wirtschaftliche Lebensdauer in der Regel länger ist als von anderen Wirtschaftsgütern[1047]. Eine Trennung von Grundstück und einzelnen, diesem zuzuordnenden Bestandteilen, würde den unionsrechtlichen Regelungen bei dieser Kategorisierung widersprechen, weil Grundstücken insgesamt – inbegriffen aller fest verbundenen Bestandteile – eine längere Lebensdauer beigemessen wird[1048]. Das bedeutet aber nicht, dass Betriebsvorrichtungen, die Bestandteile eines Gebäudes sind, i. R. d. § 15a Abs. 5 S. 2 UStG keine eigenständige Behandlung erfahren dürfen. Dem Wortlaut von § 15a Abs. 5 S. 2 UStG und § 15a Abs. 8 S. 1 UStG folgend, stellt § 15a UStG auf die Verwendungsfähigkeit ab und die Verwendungsdauer ist

1041 *W. Wagner*, UVR 2011, 144 (147).

1042 BFH, Urt. v. 14.7.2010 – XI R 9/09, BStBl. II 2010, 1086 (dargestellt auf S. 177 f.).

1043 BFH, Urt. v. 14.7.2010 – XI R 9/09, BStBl. II 2010, 1086 (1089).

1044 BFH, Urt. v. 14.7.2010 – XI R 9/09, BStBl. II 2010, 1086 (1089).

1045 Nach hier vertretener Ansicht findet die betriebsgewöhnliche Nutzungsdauer nach den ertragsteuerrechtlichen Grundsätzen für die Bestimmung einer kürzeren Verwendungsdauer i. S. d. § 15a Abs. 5 S. 2 UStG keine Berücksichtigung; siehe dazu noch im Einzelnen S. 193 f.

1046 Siehe dazu bereits S. 168 ff.

1047 EuGH, Urt. v. 8.5.2003 – C-269/00 [Seeling], Slg. I 2003, 4101 (4133); BFH, Urt. v. 17.6.2004 – V R 31/02, BStBl. II 2004, 858 (859); Generalanwalt *Jacobs*, Schlussantrag v. 30.4.1991 – C-97/90 [Lennartz], Slg. I 1991, 3795 (3821); Generalanwalt *Léger*, Schlussantrag v. 15.6.2006 – C-72/05 [Wollny], Slg. I 2006, 8297 (8314); siehe auch *Stadie*, UStG², 2012, § 15a Rn. 42.

1048 Siehe bereits S. 174.

maßgeblich für den Berichtigungszeitraum[1049]. Der Betriebsvorrichtung kommt eine eigenständige, von dem Gebäude unabhängige Funktionalität zu. Eine Nichtberücksichtigung einer kürzeren Lebensdauer hätte zur Folge, dass der Berichtigungszeitraum über die Verwendungsfähigkeit des eigenständig nutzbaren Gebäudebestandteils hinausliefe. Das würde dem Zweck der Vorschrift[1050] zuwiderlaufen. Aus diesem Grund muss der Berichtigungszeitraum enden, wenn die Betriebsvorrichtung nicht mehr verwendungsfähig ist[1051]. Dies gilt unabhängig davon, ob das Grundstück ebenfalls unbrauchbar ist. Dagegen kann nicht vorgebracht werden, dass die Betriebsvorrichtung als Gebäudebestandteil einheitlich behandelt werden müsse, weil es sich um ein und dasselbe Wirtschaftsgut handelt[1052]. Eine systemkonforme Anwendung erfordert die Vermeidung einer über die Verwendungsfähigkeit der Betriebsvorrichtung hinausgehende Vorsteuerberichtigung. Für dieses Ergebnis spricht zum einen, dass das Umsatzsteuergesetz die unterschiedliche Funktionalität von Betriebsvorrichtung und Gebäude mit § 4 Nr. 12 S. 2 UStG hinreichend würdigt. Demnach ist ein Gebäude, zu dessen wesentlichen Bestandteilen Betriebsvorrichtungen gehören, nur insoweit steuerfrei vermietungsfähig, als die Betriebsvorrichtungen nicht erfasst sind[1053]. Darüber hinaus wird nach § 15a Abs. 5 S. 3 UStG die Verwendungsdauer nicht dadurch verkürzt, dass ein Wirtschaftsgut in ein anderes einbezogen wird. Eine Betriebsvorrichtung, die nachträglich in ein Gebäude eingebaut wird, würde ebenfalls selbständig dem zehnjährigen Berichtigungszeitraum unterliegen, selbst wenn der Berichtigungszeitraum für das Gebäude schon abgelaufen oder nur noch weniger als zehn Jahre läuft. Wird die Betriebsvorrichtung in diesem Fall verwendungsunfähig, hätte das gleichermaßen die Beendigung des Berichtigungszeitraums zur Folge. Eine unterschiedliche Behandlung für Bestandteile eines Grundstücks ist dem Umsatzsteuerrecht damit nicht absolut fremd. Ähnlich ist der Fall gelagert, wenn ein Gebäude entsprechend dem Baufortschritt verwendet wird, bevor es insgesamt fertig gestellt ist. In diesem Fall beginnt für jeden gesondert in Verwendung genommenen Teil des Gebäudes der Berichtigungszeitraum

---

1049 *Heidner*, in Bunjes, UStG[13], 2014, § 15a Rn. 36.

1050 Siehe dazu im Einzelnen S. 153.

1051 So auch *W. Wagner*, UVR 2011, 144 (147), der aber nur einen nachträglichen Eintritt der Verwendungsunfähigkeit berücksichtigen will.

1052 So aber noch *Schmidt/Forgách*, in Reiß/Kraeusel/Langer, UStG, § 15a Rn. 141 (Okt. 2007).

1053 Hierauf stellen *Schmidt/Forgách*, in Reiß/Kraeusel/Langer, UStG, § 15a Rn. 141 (Okt. 2007) im Zusammenhang mit der Kategorisierung als selbständiges Wirtschaftsgut ab.

separat[1054]. Diese unterschiedliche Behandlung der Gebäudeteile dient der korrekten Verteilung des Vorsteuervolumens.

Wegen der gesonderten Funktionalität von Betriebsvorrichtungen ist es systemkonform, eine kürzere Verwendungsdauer nach § 15a Abs. 5 S. 2 UStG eigenständig für Betriebsvorrichtungen, die Gebäudebestandteil sind, zu berücksichtigen[1055]. Dafür ist alleine auf die Verwendungsdauer abzustellen. Die betriebsgewöhnliche Nutzungsdauer nach den ertragsteuerrechtlichen Grundsätzen ist nicht ausschlaggebend[1056]. Der Berichtigungszeitraum richtet sich mit dem Einbau als Bestandteil des Grundstücks grundsätzlich nach § 15a Abs. 1 S. 2 UStG. Lässt ein Unternehmer beispielsweise eine Betriebsvorrichtung mit einer betriebsgewöhnlichen Nutzungsdauer von sechs Jahren in ein Gebäude einbauen, greift der Berichtigungszeitraum von zehn Jahren. Nur für den Fall, dass die Betriebsvorrichtung vor Ablauf des zehnjährigen Berichtigungszeitraums unbrauchbar wird, kommt es zur Beendigung des Berichtigungszeitraums der Betriebsvorrichtung[1057]. Dabei kann es nicht darauf ankommen, dass die Verwendungsunfähigkeit „nachträglich" eintritt. Sollte schon bei Verwendungsbeginn feststehen, dass die Betriebsvorrichtung weniger als zehn Jahre verwendungsfähig sein wird, findet § 15a Abs. 5 S. 2 UStG Anwendung[1058]. Die Behandlung als selbständiges Wirtschaftsgut im Einkommensteuerrecht ist jedoch nicht maßgebend für die selbständige Behandlung im Umsatzsteuerrecht[1059]. Vielmehr ist die umsatzsteuerrechtliche systemkonforme Anwendung des § 15a Abs. 5 S. 2 UStG entscheidend für die Möglichkeit der eigenständigen Berücksichtigung der Verwendungsfähigkeit der Betriebsvorrichtung.

3. Zum ertragsteuerrechtlich vorgeprägten Begriff der nachträglichen Anschaffungs- und Herstellungskosten i. S. d. § 15a Abs. 6 UStG

Der Begriff „Anschaffungs- und Herstellungskosten" ist ein ursprünglich handelsrechtlicher Begriff, der über § 5 Abs. 1 S. 1 EStG und die Grundsätze

---

1054 Das Beispiel ist angelehnt an *Birkenfeld*, in Birkenfeld/Wäger, USt-Handbuch, § 192 Rn. 404 (Mai 2006).

1055 *Lippross*, Umsatzsteuerrecht[23], 2012, S. 1039 kommt zu demselben Ergebnis, leitet es aber ausschließlich aus der ertragsteuerrechtlich selbständigen Behandlung ab.

1056 Siehe dazu noch im Einzelnen S. 193 ff.

1057 *W. Wagner*, UVR 2011, 144 (147).

1058 A. A. *W. Wagner*, UVR 2011, 144 (147), der § 15 Abs. 5 S. 2 UStG in diesem Fällen nur für anwendbar erachtet, wenn die Verwendungsunfähigkeit nachträglich eintritt.

1059 A. A. *Lippross*, Umsatzsteuerrecht[23], 2012, S. 1039.

ordnungsgemäßer Buchführung (vgl. § 255 Abs. 1 HGB) in das Ertragsteuerrecht Einzug gehalten hat. Er ist im Einkommensteuerrecht trotz der handelsrechtlichen normativen Vorgabe für alle Einkunftsarten maßgebend[1060]. Zu den Anschaffungskosten und Herstellungskosten zählen nach § 5 Abs. 1 S. 1 EStG i. V. m. § 255 Abs. 1 S. 2 HGB auch nachträgliche Anschaffungs- und Herstellungskosten[1061]. Diese sind im Einkommensteuerrecht von sog. Erhaltungsaufwendungen abzugrenzen[1062]. Denn als Erhaltungsaufwand sofort abziehbar sind Aufwendungen für ein Wirtschaftsgut, die keine (nachträglichen) Anschaffungs- und Herstellungskosten und damit nicht aktivierungsfähig sind[1063]. Die Grenze zwischen nachträglichen Anschaffungs- und Herstellungskosten und Erhaltungsaufwand ist fließend[1064]. Die Qualifikation hat daher seit jeher Abgrenzungsschwierigkeiten bereitet[1065]. Der Begriff „nachträglichen Anschaffungs- und Herstellungskosten" findet sich auch in § 15a Abs. 6 UStG. Demnach sind die Abs. 1 bis 5 sinngemäß auf Vorsteuerbeträge, die auf nachträgliche Anschaffungs- und Herstellungskosten entfallen, anzuwenden. Das Umsatzsteuergesetz knüpft auch in diesem Absatz an einen ertragsteuerrechtlichen (und handelsrechtlichen) Begriff an[1066]. Die h. M. bestimmt den Begriff „nachträgliche Anschaffungs- und Herstellungskosten" für das Umsatzsteuerrecht nach ertragsteuerrechtlichen Grundsätzen[1067]. Die Abgrenzungsschwierigkeiten zwischen nachträglichen

---

1060 BFH, Urt. v. 12.9.2001 – IX R 39/97 – BStBl. II 2003, 569 (570); *Fischer*, in Kirchhof, EStG[13], 2014, § 6 Rn. 22.

1061 BFH, Urt. v. 26.4.1995 – I R 92/94, BStBl. II 1995, 594 (596); v. 3.7.1997 – III R 114/95, BStBl. II 1997, 811 (813); *Ehmcke*, in Blümich, EStG/KStG/GewStG, § 6 EStG Rn. 390 (April 2012); *Fischer*, in Kirchhof, EStG[13], 2014, § 6 Rn. 37; siehe auch § 255 Abs. 1 S. 2 HGB; zu den Begriffen „nachträgliche Anschaffungskosten", „nachträgliche Herstellungskosten" und „Erhaltungsaufwendungen" *Waldhoff*, in Kirchhof/Söhn/Mellinghoff, EStG/KStG/GewStG, § 7 EStG Rn. B 222 ff. (Okt. 2009).

1062 *Brandis*, in Blümich, EStG/KStG/GewStG, § 7 a EStG Rn. 31, 286 (Aug. 2012); *Hidien*, StuW 2005, 265 (274); *Waldhoff*, in Kirchhof/Söhn/Mellinghoff, EStG/KStG/GewStG, § 7 EStG Rn. B 220 (Okt. 2009).

1063 *Beck*, DStR 2002, 1559; *Stobbe*, in Herrmann/Heuer/Raupach, EStG/KStG, § 6 EStG Rn. 470 (Feb. 2013).

1064 *Beck*, DStR 2002, 1559; *Ehmcke*, in Blümich, EStG/KStG/GewStG, § 6 EStG Rn. 523 (April 2012); *Spindler*, DStR 1996, 765.

1065 *Beck*, DStR 2002, 1559; *Spindler*, DStR 1996, 765.

1066 *Birkenfeld*, in Birkenfeld/Wäger, USt-Handbuch, § 192 Rn. 81 (Mai 2006). Den Begriff „nachträgliche Anschaffungs- und Herstellungskosten" verwendet das Umsatzsteuergesetz auch in § 10 Abs. 4 S. 1 Nr. 2 und 3 UStG, § 44 Abs. 1 UStDV.

1067 *Birkenfeld*, in Birkenfeld/Wäger, USt-Handbuch, § 192 Rn. 142 (Mai 2006); *Fleckenstein-Weiland*, in Reiß/Kraeusel/Langer, UStG, § 15a Rn. 501 (April 2013); *Grune*,

Anschaffungs- und Herstellungskosten und bloßem Erhaltungsaufwand bestehen daher ebenso im Umsatzsteuerrecht. Das führte insbesondere bis zur umfassenden Erweiterung des § 15a UStG durch das EURLUmsG[1068] mit Wirkung zum 1.1.2005 zu Irritationen. Bis dahin war der Anwendungsbereich von § 15a UStG auf mehrfach verwendbare Wirtschaftsgüter bzw. nachträgliche Anschaffungs- und Herstellungskosten auf solche Wirtschaftsgüter beschränkt[1069]. Nicht erfasst waren unter anderem bloße Erhaltungsaufwendungen[1070]. Die Qualifikation einer empfangenen Leistung als nachträgliche Anschaffungs- und Herstellungskosten oder Erhaltungsaufwand war daher entscheidend für die Möglichkeit der Vorsteuerberichtigung i. S. d. § 15a UStG a. F.[1071]

Sowohl aus teleologischer Sicht als auch aus europarechtlicher Perspektive war der sachlich beschränkte Anwendungsbereich fragwürdig. Die Heranziehung der einkommensteuerrechtlichen Grundsätze hatte vor der Erweiterung des § 15a UStG zur Folge, dass die Berücksichtigung von vorsteuerbelasteten Aufwendungen alleine von einkommensteuerrechtlichen Kriterien zur Sofortabziehbarkeit abhängig war[1072]. Während dem Steuerpflichtigen einkommensteuerrechtlich mit der Qualifikation der Aufwendungen als Erhaltungsaufwand nur ein Zinsvorteil erwächst aber kein Steuervorteil zukommt, führte die Qualifikation umsatzsteuerrechtlich zum Ausschluss aus dem Anwendungsbereich des § 15a UStG[1073]. Aus umsatzsteuerrechtlicher Sicht, den Zweck des § 15a UStG verfolgend, kommt es jedoch darauf an, ob die Verwendungsdauer der empfangenen Leistungen über mehrere Jahre fortbesteht[1074]. Art. 187 Abs. 2 Unterabs. 1 MwStSystRL bezieht sich nicht auf Vorsteuerbeträge, die (nachträgliche)

---

in Küffner/Stöcker/Zugmaier, UStG, § 15a Rn. 13 (Juli 2013); *Hidien*, StuW 2005, 265 (274); *Lippross*, Umsatzsteuerrecht[23], 2012, S. 1068; *Stadie*, UStG[2], 2012, § 15a Rn. 19; *W. Wagner*, in Sölch/Ringleb, UStG, § 15a Rn. 406 (April 2011); *Wenzel*, in Rau/Dürrwächter, UStG, § 15a Rn. 73 (Mai 2006).

1068 Richtlinien-Umsetzungsgesetzes (EURLUmsG) v. 9.12.2004, BGBl. I 2004, 3310.

1069 *Hahne*, DB 2005, 1541; *Lippross*, Umsatzsteuerrecht[23], 2012, S. 1026; *Nieskens*, UR 2005, 57 (70); *W. Wagner*, in Sölch/Ringleb, UStG, § 15a Rn. 82 (April 2011).

1070 Im Ergebnis auch *Lippross*, Umsatzsteuerrecht[23], 2012, S. 1026; *W. Wagner*, in Sölch/Ringleb, UStG, § 15a Rn. 82 (April 2011).

1071 *Birkenfeld*, in Birkenfeld/Wäger, USt-Handbuch, § 192 Rn. 141 (Mai 2006); *Jakob*, Umsatzsteuer[4], 2009, § 9 Rn. 891; *Nieskens*, UR 2005, 57 (70).

1072 Ebenso *Stadie*, UStG[2], 2012, § 15a Rn. 19.

1073 Ebenso *Stadie*, UStG[2], 2012, § 15a Rn. 19.

1074 Ebenso *Stadie*, UStG[2], 2012, § 15a Rn. 19; unkritisch *Birkenfeld*, in Birkenfeld/Wäger, USt-Handbuch, § 192 Rn. 142 (Mai 2006); *W. Wagner*, in Sölch/Ringleb, UStG, § 15a Rn. 261 (April 2011), welche auf die Definitionsmöglichkeit des Begriffs

Anschaffungs- und Herstellungskosten im Sinne des Einkommensteuerrechts des jeweiligen Mitgliedstaats betreffen, sondern diejenigen, die einem Investitionsgut unmittelbar zuzurechnen sind und die nicht sofort bzw. kurzfristig verbraucht sind[1075]. Die damalige Ausgestaltung konnte dem Zweck der Vorschrift daher nicht gerecht werden[1076].

Auf den beschränkten Anwendungsbereich hat der Gesetzgeber inzwischen mit der Erweiterung des § 15a UStG[1077] reagiert. Mit der Einführung des Abs. 3 sind nunmehr auch Vorsteuerbeträge, die auf Erhaltungsaufwendungen entfallen, von der Vorsteuerberichtigung erfasst[1078]. Durch die Erweiterung ist der Anwendungsbereich des § 15a UStG umfassend und dem Zweck der Vorschrift entsprechend konzipiert. Der Gesetzgeber ist von der Anlehnung an das Ertragsteuerrecht durch die Heranziehung des Begriffs der nachträglichen Anschaffungs- und Herstellungskosten im Zuge der Erweiterung nicht abgerückt. Das wäre aber möglich und erstrebenswert gewesen. § 15a Abs. 3 S. 1 UStG erfasst die Fälle, in denen nachträglich ein anderer Gegenstand in ein Wirtschaftsgut eingeht und dieser Gegenstand dabei seine körperliche und wirtschaftliche Eigenart endgültig verliert oder an einem Wirtschaftsgut eine sonstige Leistung ausgeführt wird. Die Berichtigungsvorschrift greift aber nur, wenn es sich nicht um nachträgliche Anschaffungs- und Herstellungskosten i. S. d. § 15a Abs. 6 UStG handelt[1079]. § 15a Abs. 3 UStG würde seinem Wortlaut nach nämlich im Grunde nachträgliche Anschaffungs- und Herstellungskosten erfassen. Die Erweiterung hat somit ein Konkurrenzverhältnis zwischen § 15a Abs. 3 und Abs. 6 UStG ausgelöst[1080]. Die Rechtsfolgen der beiden Regelungen sind freilich dieselben[1081]. Die Unterscheidung der Anwendungsbereiche ist somit bloß dogmatischer Natur[1082].

„Investitionsgut“ verweisen und die Anlehnung an das Einkommensteuerrecht daher als unproblematisch erachten.

1075 Ebenso *Stadie*, UStG², 2012, § 15a Rn. 20.

1076 *Stadie*, UStG², 2012, § 15a Rn. 19.

1077 Siehe dazu bereits S. 151 f.

1078 *Hidien*, StuW 2005, 265 (274); *Nieskoven*, GStB 2006, 137.

1079 Siehe zum Konkurrenzverhältnis auch *Lippross*, Umsatzsteuerrecht²³, 2012, S. 1067; *W. Wagner*, in Sölch/Ringleb, UStG, § 15a Rn. 300, 410 (April 2011); *Wenzel*, in Rau/Dürrwächter, UStG, § 15a Rn. 74 (Mai 2006); A 15a.6 Abs. 2 UStAE.

1080 *Hidien*, StuW 2005, 265 (274).

1081 *Stadie*, UStG², 2012, § 15a Rn. 25.

1082 *Nieskoven*, GStB 2006, 137 (138 f.) zeigt auf, dass der Abgrenzung vor Einführung des § 15a Abs. 3 S. 2 UStG durch Gesetz v. 22.08.2006, Erstes Gesetz zum Abbau bürokratischer Hemmnisse insbesondere in der mittelständischen Wirtschaft, BGBl. I, 1970 durchaus Bedeutung zukam, weil bis dato gesetzlich keine zwingende

Weshalb der Gesetzgeber weiterhin an dem ertragsteuerrechtlichen Begriff festgehalten hat, erschließt sich nicht. Die Abgrenzung von nachträglichen Anschaffungs- und Herstellungskosten zu den Erhaltungsaufwendungen hat wegen der identischen Rechtsfolgen an Bedeutung verloren. Trotzdem bleiben die systematischen und europarechtlichen Zweifel an der Übernahme des Begriffs der nachträglichen Anschaffungs- und Herstellungskosten bestehen[1083].

Darüber hinaus können die i. R. d. § 15a Abs. 6 UStG nach h. M. heranzuziehenden ertragsteuerrechtlichen Kriterien für die Bestimmung des Anwendungsbereichs in der Praxis zu Rechtsunsicherheiten führen. Jedenfalls ist es für den Rechtsanwender keine Vereinfachung, wenn der Gesetzgeber vorgeprägte Begriffe heranzieht, die letztendlich keine einheitliche Behandlung erfahren und keinerlei Synergieeffekte einstellen. Während die nachträglichen Anschaffungs- und Herstellungskosten einkommensteuerrechtlich die ursprüngliche AfA-Bemessungsgrundlage erhöhen[1084], sind sie umsatzsteuerrechtlich als selbständiges Berichtigungsobjekt zu behandeln[1085].

Zudem soll einerseits die einkommensteuerrechtliche Betrachtungsweise i. R. d. § 15a UStG ausschlaggebend sein, andererseits einkommensteuerrechtliche Sonderregelungen keine Anwendung finden[1086]. Einkommensteuerrechtliche Fiktionen sollen grundsätzlich nicht übernommen werden. Die Finanzverwaltung lässt beispielsweise einkommensteuerrechtlich im Rahmen

Zusammenfassung der in ein Wirtschaftsgut eingehenden Bestandteile bzw. an einem Wirtschaftsgut ausgeführten sonstigen Leistungen zu einem Berichtigungsobjekt vorgesehen war, wie es im Falle nachträgliche Anschaffungskosten geschieht.

1083 So auch *Stadie*, UStG[2], 2012, § 15a Rn. 19.

1084 *Kulosa*, in Schmidt, EStG[33], 2014, § 7 Rn. 85; zu Einzelheiten *Brandis*, in Blümich, EStG/KStG/GewStG, § 7 EStG Rn. 286 ff. (Aug. 2012).

1085 *Birkenfeld*, in Birkenfeld/Wäger, USt-Handbuch, § 192 Rn. 141 (Mai 2006); *Fleckenstein-Weiland*, in Reiß/Kraeusel/Langer, UStG, § 15a Rn. 501 (April 2013); *Lippross*, Umsatzsteuerrecht[23], 2012, S. 1067. *Stadie*, UStG[2], 2012, § 15 Rn. 17, 48 spricht daher von einem umsatzsteuerrechtlichen „fiktiven Wirtschaftsgut" i. S. d. § 15a UStG (siehe bereits S. 167). Ertragsteuerrechtlich schließt sich bei nachträglichen Anschaffungs- und Herstellungskosten die weitere Frage an, ob die nachträglichen Aufwendungen das Wirtschaftsgut weitgehend verändern, umgestalten oder erweitern, so dass ein neues Wirtschaftsgut entsteht (vgl. R 7.3 Abs. 5 EStR). Umsatzsteuerrechtlich ist das irrelevant, weil nachträgliche Anschaffungs- und Herstellungskosten generell ein eigenständiges Berichtigungsobjekt sind; vgl. *Lippross*, Umsatzsteuerrecht[23], 2012, S. 1068.

1086 Von dieser unterschiedlichen Behandlung ausgehend *Lippross*, Umsatzsteuerrecht[23], 2012, S. 1034; *Rademacher-Gottwald*, in Weimann/F. Lang, Umsatzsteuer[3], 2011, S. 1453; dazu auch A 15a.1 Abs. 4 UStAE.

der Einkünfte aus Vermietung und Verpachtung auf Antrag bei Aufwendungen bis zu 4.000 € ohne Umsatzsteuer stets den Abzug als Erhaltungsaufwand für die einzelne Baumaßnahme an einem Gebäude zu[1087]. Umsatzsteuerrechtlich ist hingegen § 15a Abs. 6 UStG einschlägig. Als weiteres Beispiel ist A 15.17 Abs. 6 UStAE zu nennen, wonach auch im Zusammenhang mit § 6 Abs. 1 Nr. 1a EStG die umsatzsteuerrechtliche Kategorisierung unabhängig vom Einkommensteuerrecht erfolgt[1088].

Somit spricht vieles gegen die Heranziehung der einkommensteuerrechtlichen Begriffe der nachträglichen Anschaffungs- oder Herstellungskosten. Zwar hat der Gesetzgeber mit der Erweiterung des Anwendungsbereichs des § 15a UStG der Abgrenzungsproblematik einiges an Brisanz nehmen können. Die Vorschrift ist nicht mehr derart streitanfällig wie zuvor[1089]. Der Gesetzgeber hätte aber eine vom Einkommensteuerrecht losgelöste Formulierung finden und damit für Rechtsklarheit sorgen können, indem er im Zuge dieser Erweiterung vom Begriff der nachträglichen Anschaffungs- und Herstellungskosten Abstand genommen hätte. Die Heranziehung vorgeprägter Begriffe aus einem anderen Rechtsgebiet kann freilich einer Vereinfachung zweckdienlich sein[1090]. Trotz der Divergenzen an den einkommensteuerrechtlich vorgeprägten Begriffen der nachträglichen Anschaffungs- und Herstellungskosten festzuhalten, stellt aber keine Erleichterung dar, sondern birgt vielmehr Rechtsunsicherheiten in sich.

4. Kein Ansatz der betriebsgewöhnlichen Nutzungsdauer in Anlehnung an die ertragsteuerrechtlichen Grundsätze i. R. d. § 15a Abs. 5 S. 2 UStG

§ 15a UStG verfolgt den Zweck, eine vom ursprünglichen Beurteilungszustand abweichende Nutzung von Wirtschaftsgütern beim Vorsteuerabzug

1087 Vgl. R 21.1 Abs. 2 S. 2 EStR. Dass in diesen Fällen keine einheitliche Handhabe vorgesehen ist, führt auch bei der Überwachung, Berechnung und Dokumentation der Vorsteuerberichtigung zu Problemen. Denn ein Rückgriff auf die Anlagenbuchhaltung ist in diesen Fällen ausgeschlossen und der Steuerpflichtige ist angehalten, die Vorgänge entgegen der einkommensteuerrechtlichen Vorgehensweise zu dokumentieren. Allgemein zu den durch die umfassende Erweiterung des § 15a UStG mit dem EURLUmsG hervorgerufenen Umsetzungsproblemen in der Besteuerungspraxis *Hahne*, DB 2005, 1541 f.

1088 Siehe auch *Birkenfeld*, in Birkenfeld/Wäger, USt-Handbuch, § 192 Rn. 155 (Mai 2006); *Stadie*, UStG², 2012, § 15a Rn. 20.

1089 *Birkenfeld*, in Birkenfeld/Wäger, USt-Handbuch, § 192 Rn. 142 (Mai 2006).

1090 Siehe dazu bereits S. 61.

berücksichtigen zu können[1091]. Der Neutralitätsgrundsatz sowie der Grundsatz der wirtschaftlichen Zuordnung erfordern die Verknüpfung der Verwendung des Wirtschaftsguts aus der Perspektive des Vorsteuerabzugs nach § 15 UStG mit der Zeitdauer der Verwendungsfähigkeit[1092]. Daraus resultiert das Erfordernis einer periodengerechten Verteilung des Vorsteuervolumens eines Wirtschaftsguts. Der Berichtigungszeitraum ist daher auf die Verwendungsdauer beschränkt[1093]. Der Begriff Verwendungsdauer umschreibt den Zeitraum, für den das Wirtschaftsgut verwendungsfähig ist, wobei es nicht auf die tatsächliche Verwendung ankommt[1094]. § 15a UStG stellt somit für die Bestimmung des Berichtigungszeitraums auf die Verwendungsfähigkeit ab. Das bestätigt auch der auf auf die Verwendung(-sfähigkeit) abstellende Wortlaut – als Ausgangspunkt der Auslegung – des § 15a Abs. 5 S. 2 UStG und des § 15a Abs. 8 S. 1 UStG[1095]. Nach § 15a Abs. 5 S. 2 UStG ist eine kürzere Verwendungsdauer als die gesetzlich typisierte von fünf Jahren für Wirtschaftsgüter nach § 15a Abs. 1 S. 1 UStG und von zehn Jahren für Wirtschaftsgüter i. S. d. § 15a Abs. 1 S. 2 UStG zu berücksichtigen[1096]. Die Ausnahmeregelung nach § 15a Abs. 5 S. 2 UStG, wonach eine kürzere Verwendungsdauer als der typisierte Berichtigungszeitraum zu berücksichtigen ist, dient der zweckorientierten Umsetzung der Vorsteuerberichtung. Die gesetzliche Typisierung der Berichtigungszeiträume würde anderenfalls dazu führen, dass die zweckbedingte Verknüpfung zwischen Verwendungsfähigkeit und dem Vorsteuerabzug nicht umgesetzt wird. Der Berichtigungszeitraum liefe über die Verwendungsdauer hinaus. Zwar kann auch die Vereinfachungsregelung eine Abweichung der tatsächlichen Verwendungsfähigkeit zur Folge haben, wenn die Verwendung über den gesetzlich vorgegeben Zeitraum hinaus erfolgt. Dies ist aber zwingende Folge der Typisierung der Berichtigungszeiträume und als Folge einer bewussten Entscheidung des Unionsgesetzgebers gerechtfertigt[1097].

1091 *Birkenfeld*, in Birkenfeld/Wäger, USt-Handbuch, § 191 Rn. 12, 14 (Mai 2006).

1092 *Stadie*, UStG^2, 2012, § 15a Rn. 3.

1093 *Heidner*, in Bunjes, UStG^{13}, 2014, § 15a Rn. 36; *Fleckenstein-Weiland*, in Reiß/Kraeusel/Langer, UStG, § 15a Rn. 518 (April 2013); *Stadie*, UStG^2, 2012, § 15a Rn. 51.

1094 *Stadie*, Das Recht des Vorsteuerabzugs, 1989, S. 232.

1095 *Heidner*, in Bunjes, UStG^{13}, 2014, § 15a Rn. 36.

1096 Ebenso von einer Typisierung des Berichtigungszeitraums ausgehend *Stadie*, Das Recht des Vorsteuerabzugs, 1989, S. 230; *ders.*, UStG^2, 2012, § 15a Rn. 39; *W. Wagner*, in Sölch/Ringleb, UStG, § 15a Rn. 174, 180 (April 2011).

1097 EuGH, Urt. v. 8.5.2003 – C-269/00 [Seeling], Slg. I 2003, 4101 (4132 f.).

Nach Ansicht der Finanzverwaltung[1098], des BFH[1099] und Teilen des Schrifttums[1100] ist von einer kürzeren Verwendungsdauer auszugehen, wenn die nach ertragsteuerrechtlichen Grundsätzen für das Wirtschaftsgut anzusetzende betriebsgewöhnliche Nutzungsdauer kürzer ist als der gesetzlich typisierte Berichtigungszeitraum. Es ist aber zweifelhaft, ob diese Sichtweise mit dem Zweck des § 15a UStG im Einklang steht. *Stadie* weist gegen die Anlehnung an die ertragsteuerrechtlichen Grundsätze zu Recht darauf hin, dass ausgehend von einer nicht der Verwendungsfähigkeit entsprechenden betriebsgewöhnlichen Nutzungsdauer das ertragsteuerrechtliche Abschreibungsvolumen nicht verloren geht. Umsatzsteuerrechtlich würde aus der nicht den Tatsachen entsprechenden verkürzten Verwendungsdauer hingegen eine regelwidrige Verteilung der Vorsteuer resultieren[1101]. Zwar kann für die Schätzung der Verwendungsdauer bei Verwendungsbeginn aus Vereinfachungsgründen auf die betriebsgewöhnliche Nutzungsdauer im Sinne des Ertragsteuerrechts abgestellt werden, wenn die anzunehmende tatsächliche Verwendungsfähigkeit nicht augenscheinlich abweicht[1102]. Bleibt das Wirtschaftsgut aber über diesen Zeitraum hinaus verwendungsfähig, so muss der tatsächliche, maximal jedoch der gesetzlich typisierte Verwendungszeitraum herangezogen werden, um dem von § 15a UStG verfolgten Zweck gerecht werden zu können[1103]. Für diesen Fall wäre unter Umständen für die vorangegangenen Abschnitte des Berichtigungszeitraums eine Neuberechnung des jeweiligen Berichtigungsbetrags erforderlich[1104]. Eine solche nachträgliche Neuberechnung sieht die Finanzverwaltung vor, wenn sich der Berichtigungszeitraum verkürzt, weil ein nicht nur einmalig zur Ausführung von Umsätzen dienendes Wirtschaftsgut wegen Unbrauchbarkeit vorzeitig nicht mehr zur Ausführung von Umsätzen verwendbar ist[1105]. Das sollte auch für den

---

1098 Vgl. A 15a.3 Abs. 1 S. 4 UStAE.

1099 BFH, Urt. v. 12.5.1993 – XI R 64/90, XI R 65/90, XI R 64, 65/90, BStBl. II 1993, 849 (852); v. 14.7.2010 – XI R 9/09, BStBl. II 2010, 1086 (1089).

1100 *Birkenfeld*, in Birkenfeld/Wäger, USt-Handbuch, § 192 Rn. 402 (Mai 2006), § 196 Rn. 191 (Juni 2007); *Bülow*, in A. Vogel/Schwarz, UStG, § 15a Rn. 159 (Okt. 2012); *Lippross*, Umsatzsteuerrecht[23], 2012, S. 1041; *W. Wagner*, in Sölch/Ringleb, UStG, § 15a Rn. 236, 393 (April 2011).

1101 *Stadie*, Das Recht des Vorsteuerabzugs, 1989, S. 233.

1102 *Stadie*, Das Recht des Vorsteuerabzugs, 1989, S. 232.

1103 *Stadie*, Das Recht des Vorsteuerabzugs, 1989, S. 233.

1104 Ebenso *Stadie*, Das Recht des Vorsteuerabzugs, 1989, S. 233.

1105 Vgl. A 15a.11 Abs. 5 UStAE; siehe auch *Lippross*, Umsatzstuerrecht[23], 2012, S. 1041 f.

umgekehrten Fall einer über die angesetzte ertragsteuerrechtliche betriebsgewöhnliche Nutzungsdauer hinausgehenden Verwendungsfähigkeit gelten[1106].

Die von der Finanzverwaltung initiierte und von der Rechtsprechung sowie Teilen der Literatur übernommene Betrachtungsweise, sich im Rahmen der Anwendung des § 15a UStG für die Bestimmung des Berichtigungszeitraums an den ertragsteuerrechtlichen Grundsätzen zu orientieren, überzeugt nicht. Die ertragsteuerrechtlichen Grundsätze können für die Bestimmung der Verwendungsdauer nicht herangezogen werden, weil sie dem Zweck des § 15a UStG widersprechen[1107]. Diese Auslegung ist auch nicht aus Vereinfachungsgründen zu rechtfertigen[1108]. Eine weitere Vereinfachung durch die Heranziehung der betriebsgewöhnlichen Nutzungsdauer neben der gesetzlichen Vereinfachung in Form einer Typisierung ist nicht möglich. Es wäre dogmatisch widersprüchlich, trotz der Typisierungen des § 15a Abs. 1 UStG, welche unionsrechtlich vorgesehene Obergrenzen darstellen und für die mit § 15a Abs. 5 S. 2 UStG eine *Escape*-Klausel bereitsteht, eine weitere „*Escape*-Typisierung" zuzulassen. Ist die tatsächliche Verwendungsfähigkeit länger als die betriebsgewöhnliche Nutzungsdauer, ist die Verwendungsdauer maßgeblich, es sei denn, die Grenzen der gesetzlichen Typisierung sind erreicht[1109].

5. Zum steuerbilanzrechtlichen Aktivierungsgebot als Voraussetzung für die Vorsteuerberichtigung nach § 15a Abs. 4 S. 2 UStG

Nach § 15a Abs. 4 S. 2 UStG ist die Vorsteuerberichtigung für sonstige Leistungen, die von dem Anwendungsbereich des Abs. 4 erfasst sind, mit Ausnah-

---

1106 Ebenso *Stadie*, Das Recht des Vorsteuerabzugs, 1989, S. 233; zur verfahrensrechtlichen Umsetzung der Anpassung der Vorsteuerberichtung nach § 15a UStG wegen der nachträglichen Änderung des Berichtigungszeitraums *Stadie*, Das Recht des Vorsteuerabzugs, 1989, S. 254.

1107 *Stadie*, Das Recht des Vorsteuerabzugs, 1989, S. 232; *ders.*, UStG², 2012, § 15a Rn. 3, 52.

1108 So aber *Bülow*, in A. Vogel/Schwarz, UStG, § 15a Rn. 159 (Okt. 2012). *Stadie*, Umsatzsteuerrecht, 2005, S. 578 Rn. 16.68 vertrat noch, dass das die Anlehnung aus Vereinfachungsgründen zumeist hinnehmbar sei, wobei es dem Zweck des § 15a UStG widerspreche. Inzwischen stellt er aber nur die Zweckwidrigkeit heraus, ohne die Heranziehung der ertragsteuerrechtlichen Grundsätze aus Vereinfachungsgründen zu tolerieren; *Stadie*, UStG², 2012, § 15a Rn. 3, 52.

1109 *Fleckenstein-Weiland*, in Reiß/Kraeusel/Langer, UStG, § 15a Rn. 452 (April 2013); *Heidner*, UStG¹¹, 2012, § 15a Rn. 36; *Stadie*, Das Recht des Vorsteuerabzugs, 1989, S. 232; *ders.*, Umsatzsteuerrecht, 2005, S. 578 Rn. 16.68; *ders.*, UStG², 2012, § 15a Rn. 3, 52.

me der in S. 3 genannten auf solche beschränkt, für die in der Steuerbilanz ein Aktivierungsgebot besteht[1110]. Die Voraussetzung der „Vereinfachungsregel“[1111] soll dem entscheidenden Merkmal der Vorsteuerberichtigung gerecht werden, nicht sofort verbrauchte Leistungen zu erfassen[1112]. Der Grundgedanke, die Vorsteuerberichtigung an das steuerbilanzrechtliche Aktivierungsgebot zu knüpfen, weil die Kosten für eine sonstige Leistung im Falle einer steuerbilanzrechtlichen Aktivierungspflicht über mehrere Jahre abgeschrieben werden, erscheint *prima facie* einleuchtend[1113]. Art. 190 MwStSystRL erlaubt den Mitgliedstaaten, Dienstleistungen wie Investitionsgüter zu behandeln, wenn sie den üblicherweise Investitionsgütern zugeschriebenen vergleichbare Merkmale aufweisen. Insbesondere vor dem Hintergrund der vom EuGH[1114] entwickelten wesentlichen Merkmale des Begriffs „Investitionsgut“, nämlich die Langlebigkeit der Güter und die gleichzeitige Abschreibung ihrer Anschaffungskosten, ist die Heranziehung des steuerbilanzrechtlichen Aktivierungsgebots nicht abwegig. Allerdings ist mit der Vereinfachungsregelung nicht das nach § 15a Abs. 1 und 2, Abs. 5 S. 2 und Abs. 8 S. 1 UStG alleinentscheidende Kriterium der Verwendungsfähigkeit für eine periodenübergreifende Dauer maßgebend[1115]. So gilt beispielsweise das handelsrechtliche Aktivierungsverbot nach § 248 Abs. 1 Nr. 1 HGB auch für die Steuerbilanz[1116]. Demnach dürfen Aufwendungen für die Gründung eines Unternehmens nicht als Aktivposten in die Bilanz aufgenommen werden. Eine Verwendungsfähigkeit für eine periodenübergreifende Dau-

1110 Die aus dieser Voraussetzung resultierenden Auslegungsschwierigkeiten bei der Frage, ob § 15a Abs. 1 und 2 UStG auch nicht lieferungsfähige immaterielle Wirtschaftsgüter erfasst oder für diese § 15a Abs. 4 UStG greift, haben sich bereits bei der Auseinandersetzung mit dem Begriff „Wirtschaftsgut“ gezeigt (siehe S. 158 ff.).

1111 So *Birkenfeld*, in Birkenfeld/Wäger, USt-Handbuch, § 195 Rn. 111; 113 (Mai 2006).

1112 Insofern stellt *Stadie*, UStG[2], 20012, § 15a Rn. 29 fest, dass die Voraussetzung keine Vereinfachung darstelle, sondern bereits in der Natur der Sache liege.

1113 *Hahne*, BB 2008, 247 (250 f.) folgert daraus, dass die Regelung den konzeptionellen Grundlagen der Vorsteuerberichtigung entspricht.

1114 Vgl. EuGH, Urt. v. 1.2.1977 – Rs. 51/76 [Verbond van Nederlandse Ondernemingen], Slg. I 1977, 113 (126); v. 6.3.2008 – C-98/07 [Nordania Finans und BG Factoring], UR 2008, 625 (626 f.); so auch Generalanwalt *Mengozzi*, Schlussantrag v. 12.2.2009 – C-515/07 [Vereniging Noordelijke Land- en Tuinbouw Organisatie], Slg. I 2009, 839 (857); Generalanwältin *Kokott*, Schlussantrag v. 1.3.2012 – C-334/10 [X], n. v.

1115 Ebenso *Wenzel*, in Rau/Dürrwächter, UStG, § 15a Rn. 76 (Mai 2006).

1116 *Förschle/Usinger*, in Beck´scher Bilanzkommentar[9], 2014, § 248 Rn. 5; *Weber-Grellet*, in Schmidt, EStG[33], 2014, § 5 Rn. 30.

er ist für solche Aufwendungen jedoch durchaus denkbar[1117]. Nach Auffassung der Finanzverwaltung[1118] sollen unter § 15a Abs. 4 UStG als sonstige Leistungen unter anderem Beratungsleistungen für ein Unternehmenskonzept fallen[1119]. Dient ein solches Gutachten jedoch der Gründung eines Unternehmens, führt die Anlehnung an das steuerbilanzrechtliche Aktivierungsgebot in § 15a Abs. 4 S. 2 UStG dazu, dass eine periodengerechte Verteilung des Vorsteuervolumens für diese Sachverhalte ausscheidet. Ungeachtet dessen, ob das Gutachten sofort „verbraucht" ist oder nicht. Spezielle ertragsteuerrechtliche Erwägungen zur Aktivierungsfähigkeit sind umsatzsteuerrechtlich aber nicht maßgebend. Die Anwendung des Umsatzsteuerrechts darf nicht von der Auslegung des nationalen Ertragsteuerrechts abhängen[1120]. Die ertragsteuerrechtliche Grundlage für die Vereinfachungsregelung ist aus teleologischen Gründen daher nicht haltbar[1121].

6. Ergebnis

Dem § 15a UStG sind eine Fülle von Anlehnungen an das Einkommensteuerrecht immanent[1122]. Diese gehen sowohl vom Gesetzgeber als auch von der Verwaltung aus. Der deutsche Gesetzgeber hat die Begriffe „Wirtschaftsgut" und „(nachträgliche) Anschaffungs- und Herstellungskosten" in § 15a UStG dem Einkommensteuerrecht entlehnt[1123] und setzt im Rahmen des § 15a Abs. 4 S. 2 UStG ein steuerbilanzrechtliches Aktivierungsgebot voraus. Die Finanzverwaltung hat ihrerseits – wohl aus Vereinfachungsgründen – die ertragsteuerrechtlichen Grundsätze für die Bestimmung des Berichtigungszeitraums i. R. d. § 15a Abs. 5 S. 2 UStG übernommen.

1117 Das zeigt *W. Wagner*, in Sölch/Ringleb, UStG, § 15a Rn. 358 (April 2011) anhand eines Beispiels auf; a. A. *Stadie*, UStG², 2012, § 15a Rn. 30, der zum Beispiel die Verwendung mit der Kenntnisnahme des Rates bzw. Gutachtens als erschöpft ansieht.

1118 Vgl. A 15a.7 Abs. 1 UStAE.

1119 *Stadie*, UStG², 2012, § 15a Rn. 29; *W. Wagner*, in Sölch/Ringleb, UStG, § 15a Rn. 358 (April 2011).

1120 Ebenso *Birkenfeld*, in Birkenfeld/Wäger, USt-Handbuch, § 195 Rn. 113 (Mai 2006).

1121 *Birkenfeld*, in Birkenfeld/Wäger, USt-Handbuch, § 195 Rn. 113 (Mai 2006) sieht die ertragsteuerrechtliche Grundlage mit der richtlinienkonformen Anwendung des Umsatzsteuerrechts als unvereinbar an.

1122 *Hidien*, StuW 2005, 265 (272) bezeichnet die Vorschrift wegen der vielen unterschiedlichen Anlehnungen an das Ertragsteuerrecht daher als „Fundgrube der Norm- und Begriffskritik".

1123 *Birkenfeld*, in Birkenfeld/Wäger, USt-Handbuch, § 192 Rn. 81 (Mai 2006); *Stadie*, UStG², 2012, § 15a Rn. 5.

Die Heranziehung der einkommensteuerrechtlich vorgeprägten Begriffe führt zu erheblichen Auslegungs- und Anwendungsproblemen. Den unionsrechtlichen Vorgaben und der Systematik des § 15a UStG zufolge, ist der Begriff des Wirtschaftsguts im umsatzsteuerrechtlichen Sinne enger, als im Einkommensteuerrecht[1124]. Er ist auf lieferungsfähige (im-)materielle Wirtschaftsgüter beschränkt. Sowohl der Wirtschaftsguts- als auch der Grundstücksbegriff sind losgelöst von den nationalen Rechtsordnungen zu bestimmen. Die einkommensteuerrechtliche Einordnung hat keine indizielle Wirkung für die Qualifikation der Berichtigungsobjekte i. S. d. § 15a Abs. 1 S. 1 oder S. 2 UStG. Das hat die Untersuchung der Behandlung von sog. Scheinbestandteilen und Betriebsvorrichtungen illustriert. Die Heranziehung des ertragsteuerrechtlichen Begriffs „Wirtschaftsgut" in § 15a UStG provoziert Rechtsunsicherheit, weil trotz derselben Begrifflichkeiten eine rechtsgebietsspezifische Qualifikation vorzunehmen ist. Aus der vom Gesetzgeber initialisierten Übernahme des ertragsteuerrechtlichen Begriffs „Wirtschaftsgut" folgt eher eine Irritation als eine Simplifikation. So kann *Wagner* mit seinen Ausführungen zu § 30 UStG 1967 auch heute noch im Zusammenhang mit § 15a UStG ohne weiteres zitiert werden: „Die bei Anwendung des § 30 UStG 1967 gewonnenen Erkenntnisse weisen darauf hin, daß aus anderen Gesetzen übernomme Begriffe im neuen Gesetz meistens einen Fremdkörper darstellen. Zwar ist die Versuchung groß, feststehende Begriffe weiterzuverwenden. Es wird dabei leicht übersehen, daß der jeweilige Begriffsinhalt vom Gesetzeszweck geprägt worden ist, so daß die Übernahme in ein anderes Gesetz sehr leicht nicht zu einer erleichterten Gesetzesanwendung, sondern zu Auslegungsschwierigkeiten und zu Rechtsunsicherheit führt[1125]." Die vor allem aus der Harmonisierung resultierende Eigenständigkeit des Umsatzsteuerrechts gegenüber dem Einkommensteuerrecht sollte schon durch den Gesetzeswortlaut zum Ausdruck kommen. Die naheliegendste Möglichkeit wäre die direkte Orientierung an der Mehrwertsteuersystemrichtlinie. Im Sinne der Harmonisierung würde die Übernahme des Begriffs „Investitionsgut" anstelle des Begriffs „Wirtschaftsgut" in § 15a UStG eine konstruktive Lösung darstellen[1126].

Ähnliche Probleme resultieren aus der Heranziehung der vorgeprägten Begriffe der nachträglichen Anschaffungs- und Herstellungskosten. Die anfänglichen Abgrenzungsprobleme der nachträglichen Anschaffungs- und Herstellungskosten zum Erhaltungsaufwand haben zwar durch die Erweiterung des § 15a UStG

1124 Zum Ganzen S. 148 ff.

1125 *W. Wagner*, UR 1978, 81 (83 f.).

1126 Ebenso *Hidien*, StuW 2005, 265 (274).

an Bedeutung verloren, weil die Vorschrift inzwischen für beide Phänomene identische Rechtsfolgen vorsieht. Trotzdem verbleiben systematische und europarechtliche Zweifel an der Übernahme der Begriffe. Zudem dürfte die durch die teilweise vorgesehenen einkommensteuerrechtlichen Sonderbehandlungen resultierende Inkongruenz für die Steuerpflichtigen weiterhin schwer nachvollziehbar sein.

Der Gesetzgeber sollte § 15a Abs. 6 UStG daher ersatzlos streichen[1127]. Das im Rahmen des § 15a Abs. 4 S. 2 UStG vorausgesetzte steuerbilanzrechtliches Aktivierungsgebot ist aus teleologischen Gründen verfehlt[1128].

Die von der Finanzverwaltung ausgehende Anlehnung an die ertragsteuerrechtlichen Grundsätze für die Bestimmung der Verwendungsdauer i. R. d. § 15a Abs. 5 S. 2 UStG ist verfehlt. Die Verweisung des Umsatzsteueranwendungserlasses auf die ertragsteuerrechtlichen Grundsätze steht mit dem harmonisierten Umsatzsteuersystem nicht im Einklang. Aus der Verwaltungspraxis können dem Zweck der Vorschrift entgegenstehenden Konsequenzen resultieren[1129].

IV. Zum Verweis des § 2 Abs. 3 UStG auf den körperschaftsteuerrechtlichen Begriff „Betrieb gewerblicher Art“ i. S. d. § 1 Abs. 1 Nr. 6 und § 4 KStG

1. Einführung

Steuersubjekt im Umsatzsteuerrecht ist der Unternehmer. Nach § 2 Abs. 1 S. 1 UStG ist Unternehmer im umsatzsteuerrechtlichen Sinn, wer eine gewerbliche oder berufliche Tätigkeit selbständig ausübt. Gewerblich oder beruflich ist nach § 2 Abs. 1 S. 3 UStG grundsätzlich jede nachhaltige Tätigkeit zur Erzielung von Einnahmen. § 2 Abs. 3 UStG enthält für die Qualifikation einer juristischen Person des öffentlichen Rechts (jPdöR) als Unternehmer eine Sonderregelung. Demnach sind jPdöR – vorbehaltlich der Rückausnahmen i. S. d. § 2 Abs. 3 S. 2 UStG – nur im Rahmen ihrer Betriebe gewerblicher Art (§ 1 Abs. 1 Nr. 6, § 4 KStG) und ihrer land- oder forstwirtschaftlichen Betriebe gewerblich oder beruflich tätig. § 2 Abs. 3 S. 1 UStG rechnet bestimmte Tätigkeiten der jPdöR der nicht unternehmerischen Sphäre zu und schließt damit die Annahme des weiten Unternehmerbegriffs i. S. d. § 2 Abs. 1 UStG aus, obwohl die Voraussetzungen gegeben

---

1127 Siehe S. 188 ff.
1128 Siehe S. 196 f.
1129 Siehe S. 193 ff.

sind[1130]. Die Vorschrift des § 2 Abs. 3 S. 1 UStG begründet die Unternehmerstellung der öffentlichen Hand nicht, sondern schränkt die Unternehmereigenschaft i. S. d. § 2 Abs. 1 UStG ein[1131]. Der Gesetzgeber hat die Umsatzbesteuerung von jPdöR an das Körperschaftsteuerrecht angelehnt. Dabei hat er es nicht bei der Übernahme des ertragsteuerrechtlich vorgeprägten Begriffs „Betrieb gewerblicher Art“ (BgA) belassen oder etwa eine „entsprechende“ oder „sinngemäße“ Anwendung der körperschaftsteuerrechtlichen Vorschrift eingeführt, sondern verweist mit dem Klammerzusatz direkt auf die Regelungen des Körperschaftsteuergesetzes[1132]. Damit bedient er sich der intensivsten Verweisart[1133].

Die Anlehnung an die körperschaftsteuerrechtlichen Vorschriften ist seit jeher umstritten. Mit der Umsatzbesteuerung der jPdöR unter dem Aspekt des direkten Verweises auf das Körperschaftsteuerrecht – insbesondere unter Berücksichtigung der unionsrechtlichen Vorgaben – setzen sich neben Kommentierungen und Aufsätzen[1134] auch Dissertationen[1135] eigens auseinander. Die Frage, unter

---

1130 *Korn*, in Bunjes, UStG[13], 2014, § 2 Rn. 182; *Kraeusel*, UR 2010, 480 (481); *Lange*, UR 2000, 1 (7); *Stadie*, UStG[2], 2012, § 2 Rn. 250.

1131 BFH, Urt. v. 28.10.2004 – V R 19/04, BFH/NV 2005, 725 (726); sowie anstelle vieler *Häck*, Die öffentliche Hand im Körperschaft- und Umsatzsteuerrecht, 2004, S. 226, 228 ff.; *Radeisen*, in A. Vogel/Schwarz, UStG, § 2 Rn. 371 (Nov. 2011); *Seer/Wendt*, DStR 2001, 825 (832); *Stadie*, in Rau/Dürrwächter, UStG, § 2 Rn. 1100 (Juli 2011); *ders.*, UStG[2], 2012, § 2 Rn. 250; a. A. *Bader*, Hoheitsbetrieb und Betrieb gewerblicher Art im Umsatz- und Körperschaftsteuerrecht, 1997, S. 77; *Weich*, Öffentliche Hand im System der Umsatzsteuer, 1996, S. 66, die von einem *lex specialis* Verhältnis zwischen § 2 Abs. 3 und § 2 Abs. 1 UStG ausgehen und die Begründung der Unternehmereigenschaft der jPdöR durch § 2 Abs. 3 UStG annehmen; dagegen überzeugend *Lange*, UR 2000, 1 (3 f.), der sein Ergebnis *de lege artis* mit Wortlaut, Historie, Systematik und Zweck der Vorschriften sowie aus europarechtlicher Perspektive begründet.

1132 In diesem Sinne auch *Stadie*, in Rau/Dürrwächter, UStG, § 2 Rn. 1217 (Juli 2011).

1133 Zu den unterschiedlichen Verweisarten siehe S. 48 f.

1134 Exemplarisch *Achatz*, IStR 2008, 541 ff.; *Baldauf*, DStZ 2008, 327 ff.; *Dziadkowski*, IStR 2009, 835 ff.; *Hufeld*, Festschrift Stober, 2008, 717 ff.; *Hüttemann*, FR 2009, 308 ff.; *Ismer/Keyser*, UR 2011, 81 ff.; *Knop*, UStR 1970, 348 ff.; *Kraeusel*, UR 2010, 480 ff.; *Lange*, UR 2000, 1 ff.; *Seer*, DStR 1992, 1751 ff.; *ders.*, DStR 1992, 1790 ff.; *Seer/Klemke*, BB 2010, 2015 ff.; *Seer/Wendt*, DStR 2001, 825 ff.; *Sterzinger*, DStR 2010, 2217 ff.; *Strahl*, Festschrift Korn, 2005, S. 489 ff.; *Tehler*, DVR 1986, 162 ff.; *ders.*, DVR 1986, 178 ff.; *W. Wagner*, UR 1993, 301 ff.; *Widmann*, UR 2009, 493 f.; *ders.*, BB 2010, 2092 ff.; *ders.*, UR 2010, 221 ff.

1135 Siehe nur *Bader*, Hoheitsbetrieb und Betrieb gewerblicher Art im Umsatz- und Körperschaftsteuerrecht, 1997; *Forster*, Juristische Personen des öffentlichen Rechts

welchen Voraussetzungen jPdöR der Umsatzbesteuerung unterliegen, beantworten Finanzverwaltung, Rechtsprechung und Literatur unterschiedlich. Der direkte Verweis auf das Körperschaftsteuerrecht ist Auslöser einer nicht einheitlichen Auslegung des § 2 Abs. 3 S. 1 UStG. Nach Ansicht der Finanzverwaltung ist für die Prüfung, ob ein Betrieb gewerblicher Art i. S. d. § 2 Abs. 3 UStG vorliegt, nach wie vor auf § 1 Abs. 1 Nr. 6 und § 4 KStG in der jeweils geltenden Fassung abzustellen[1136]. Die zu diesen Vorschriften von Rechtsprechung und Verwaltung entwickelten Grundsätze für das Gebiet der Körperschaftsteuer sollen nach Verwaltungsauffassung grundsätzlich anzuwenden sein[1137]. Über die Anwendung der Umsatzgrenzen von 130.000 €[1138] und 30.678 €[1139] soll bei der Umsatzsteuer und bei der Körperschaftsteuer einheitlich zu entscheiden sein[1140]. Damit will die Finanzverwaltung die körperschaftsteuerrechtlichen Wertungen für die Unternehmerqualifikation der jPdöR in das Umsatzsteuerrecht übertragen.

---

und Harmonisierung eines europäischen Mehrwertsteuersystems, 1997; *Häck*, Die öffentliche Hand im Körperschaft- und Umsatzsteuerrecht, 2004; *T. Küffner*, Umsatzsteuerrechtliche Behandlung von juristischen Personen des öffentlichen Rechts im Lichte der 6. EG-Richtlinie, 2001; *Ramme*, Betriebe gewerblicher Art von Körperschaften öffentlichen Rechts und die Ausübung öffentlicher Gewalt im Umsatzsteuerrecht, 1971; *Siegel*, Der Begriff des „Betriebs gewerblicher Art“ im Körperschaft- und Umsatzsteuerrecht, 1999; *Weich*, Öffentliche Hand im System der Umsatzsteuer, 1996.

1136 A 2.11 Abs. 4 S. 1 UStAE; siehe auch Erlass des Finanzministeriums Hessen v. 20.7.2011 – S 7106 A – 096 – II 51, Erlass betr. Umsatzsteuerliche Behandlung zwischenbehördlicher Leistungsverrechnungen (abrufbar unter: http://beck-online.beck.de/Default.aspx?vpath=bibdata/ges_erl/fm_hes_s7106a_096_ii_51_2011_07_20/cont/fm_hes_s7106a_096_ii_51_2011_07_20.htm&pos=0&hlwords=erlass%C3%90hessen%C3%90+erlass%2chessen+%C3%90+erlass+%C3%90+hessen+%C3%90+erlass+%C3%90+hessen+#xhlhit.pdf [zuletzt abgerufen am 15.6.2013]); OFD Nieders., Vfg. v. 27.7.2012, Unternehmereigenschaft von juristischen Personen des öffentlichen Rechts – S 7106–283-St 171, DStR 2012, 1923; *OFD Münster*, Besteuerung der juristischen Personen des öffentlichen Rechts, 2013, S. 183 (abrufbar unter: http://www.ofd-muenster.de/die_ofd_ms/Arbeitshilfen__Leitfaeden__Praxishilfen/PDF_Arbeitshilfen/Jur_pers_oeff_Recht.pdf [zuletzt abgerufen am 15.6.2013]).

1137 A 2.11 Abs. 4 S. 2 UStAE; vgl. auch Erlass betr. umsatzsteuerliche Behandlung zwischenbehördlicher Leistungsverrechnungen des Finanzministeriums Hessen v. 20.7.2011 – S 7106 A – 096 – II 51 (abrufbar unter: http://www.hochschulbesteuerung.de/878.0.html [Stand 17.1.2014]).

1138 Vgl. R 6 Abs. 4 S. 2 KStR.

1139 Vgl. R 6 Abs. 5 S. 4 KStR.

1140 A 2.11 Abs. 4 S. 3 UStAE.

Die Rechtsprechung hat sich mit der Zeit mehr und mehr von dem körperschaftsteuerrechtlichen Verständnis gelöst und legt § 2 Abs. 3 UStG in nunmehr ständiger Rechtsprechung richtlinienkonform aus[1141].

Die ganz h. M. im Schrifttum steht dem Verweis in § 2 Abs. 3 S. 1 UStG kritisch gegenüber. Eine Inkorporierung des körperschaftsteuerrechtlichen Begriffs „Betrieb gewerblicher Art" für die Unternehmerqualifikation der jPdöR sei mit den Vorgaben der MwStSystRL und dem Umsatzsteuersystem nicht vereinbar[1142]. Die aus dieser einhelligen Auffassung resultierenden Schlussfolgerungen für die Regelung divergieren. Abgesehen von Nuancen lassen sich zwei konkurrierende Ansichten gegenüberstellen. Einerseits wird vertreten, dass § 2 Abs. 3 UStG nicht mit dem Unionsrecht vereinbar sei. Der direkte Verweis auf das Körperschaftsteuerrecht lasse eine unionsrechtskonforme Auslegung der inkorporierten körperschaftsteuerrechtlichen Vorschriften nicht zu[1143]. Demnach stünde dem Steuerpflichtigen ein Wahlrecht zur unmittelbaren Anwendung der MwStSystRL zu seinen Gunsten zu[1144]. Die Gegenauffassung legt § 2 Abs. 3 UStG hingegen richtlinienkonform aus[1145]. Dieser Auffassung folgend kommt dem Steuerpflichtigen kein Wahlrecht zur unmittelbaren Anwendung der MwStSystRL zu[1146]. Wie jede Auslegung kann eine richtlinienkonforme

---

1141 Vgl. nur BFH, Urt. v. 20.8.2009 – V R 70/05, DStR 2009, 2308 (2310); v. 15.4.2010 – V R 10/09, DStR 2010, 1280 (1282); v. 3.3.2011 – V R 23/10, BStBl. II 2012, 74 (76); v. 10.11.2011 – V R 41/10, DStR 2012, 348 (349); v. 1.12.2011 – V R 1/11, DStR 2012, 352 (353); v. 14.3.2012 – XI R 8/10, BFH/NV 2012, 1667 (1670).

1142 A. A. noch *Knop*, UStR 1970, 348, der den Begriff „BgA" nach den Grundsätzen des Ertragsteuerrechts (KStG, EStG, GewStG) beurteilt.

1143 Anstelle vieler *Häck*, Die öffentliche Hand im Körperschaft- und Umsatzsteuerrecht, 2004, S. 270 f.; *T. Küffner*, Umsatzsteuerrechtliche Behandlung von juristischen Personen des öffentlichen Rechts im Lichte der 6. EG-Richtlinie, 2001, S. 181 ff.; *Reiß*, in Reiß/Kraeusel/Langer, UStG, § 2 Rn. 187 ff. (März 2013); *Siegel*, Der Begriff des „Betriebs gewerblicher Art" im Körperschaft- und Umsatzsteuerrecht, 1999, S. 296; *Stadie*, in Rau/Dürrwächter, UStG, § 2 Rn. 1175 (Juli 2011); *ders.*, UStG[2], 2012, § 2 Rn. 253.

1144 Siehe zur unmittelbaren Anwendung der unionsrechtlichen Richtlinien i. S. d. Art. 288 Abs. 3 AUEV bereits S. 28 mit Fn. 158.

1145 Exemplarisch *Forster*, Juristische Personen des öffentlichen Rechts und Harmonisierung eines europäischen Mehrwertsteuersystems, 1997, S. 144 ff.; *Ismer/Keyser*, UR 2011, 81 (86); *Kraeusel*, UR 2010, 480 (488 f.); *Lange*, UR 2000, 1 (13); *Tehler*, DVR 1986, 178 ff.

1146 *Mellinghoff*, UR 2013, 5 (8); *Reiß*, in Reiß/Kraeusel/Langer, UStG, § 2 Rn. 191 (März 2013).

Auslegung zu Lasten der Betroffenen wirken, während der Anwendungsvorrang nur greift, wenn der Betroffene sich zu seinen Gunsten darauf beruft[1147].

Aufgrund der unterschiedlichen Auffassungen in Verwaltung, Rechtsprechung und Literatur verwundert es nicht, dass sich bis heute eine Vielzahl von Verfahren mit der Frage der Unternehmereigenschaft der jPdöR auseinandersetzen. Aus der uneinheitlichen Auslegung des § 2 Abs. 3 UStG von Verwaltung und Rechtsprechung resultiert eine für die Steuerpflichtigen unbefriedigende, schwer überschaubare Rechtslage. Um die in der Praxis vorherrschenden Rechtsunsicherheiten zu beseitigen, besteht erheblicher Klärungsbedarf. Daher ist die Vorschrift aus rechtstheoretischem Blickwinkel zu beleuchten. Neben der Auseinandersetzung mit den rechtsmethodischen Fragen zu § 2 Abs. 3 UStG ist die Vorschrift sowohl aus verfassungsrechtlicher als auch europarechtlicher Perspektive auf den Prüfstand zu stellen.

2. Historische Entwicklung der nationalen Umsatzbesteuerung der juristischen Personen des öffentlichen Rechts

Eine gesetzliche Einschränkung der Steuersubjektfähigkeit der jPdöR sah das Umsatzsteuerrecht anfangs nicht vor[1148]. Das Gesetz über einen Warenumsatzstempel[1149] – als Vorläufer des Umsatzsteuergesetzes[1150] – setzte nach § 76 Abs. 1 für die Annahme eines umsatzbesteuerungsfähigen Vorgangs das Betreiben eines stehenden Gewerbes des Steuerpflichtigen voraus und bestimmte ausdrücklich, dass die Tätigkeit einer öffentlich-rechtlichen Körperschaft die Annahme einer Gewerbsmäßigkeit nicht ausschließe[1151]. Mit

1147 *Käller*, in Schwarze, EU^3, 2012, Art. 192 Rn. 39; *Stadie*, in Rau/Dürrwächter, UStG, § 2 Rn. 1150 (Juli 2011).

1148 Zwar bestanden schon immer Sonderregelungen für die Umsatzbesteuerung der öffentlichen Hand. Dabei handelte es sich aber um Steuerbefreiungstatbestände; vgl. *Dziadkowski*, IStR 2009, 835; *Forster*, Juristische Personen des öffentlichen Rechts und Harmonisierung eines europäischen Mehrwertsteuersystems, 1997, S. 15 f.

1149 Gesetz über einen Warenstempel v. 26.6.1916, RGBl. I 1916, 639 (642).

1150 Siehe dazu bereits S. 11.

1151 *Forster*, Juristische Personen des öffentlichen Rechts und Harmonisierung eines europäischen Mehrwertsteuersystems, 1997, S. 15; *Reiß*, in Reiß/Kraeusel/Langer, UStG, § 2 Rn. 132 (März 2013); *Siegel*, Der Begriff des „Betriebs gewerblicher Art" im Körperschaft- und Umsatzsteuerrecht, 1999, S. 34; *Tehler*, DVR 1986, 162 (164); ausführlich zur historischen Entwicklung der Besteuerung der öffentlichen Hand im Umsatzsteuerrecht *T. Küffner*, Umsatzsteuerrechtliche Behandlung von juristischen Personen des öffentlichen Rechts im Lichte der 6. EG-Richtlinie, 2001, S. 4 ff.; *Weich*, Öffentliche Hand im System der Umsatzsteuer, 1996, S. 59 ff.

dem Reichsumsatzsteuergesetz vom 26.7.1918 (UStG 1918)[1152] kam es zu einer Erweiterung des Besteuerungstatbestandes über Lieferungen hinaus auf sonstige Leistungen und den Eigenverbrauch durch Entnahme. Eine gesetzliche Regelung, die explizit eine öffentlich-rechtliche Körperschaft zum Steuersubjekt erklärt, enthielt das Gesetz nicht mehr[1153]. Allerdings enthielten das Umsatzsteuergesetz 1918 und das darauf folgende Reichumsatzsteuergesetz 1919 (UStG 1919)[1154] auch keine Ausnahmeregelung für öffentlich-rechtliche Körperschaften[1155]. Während des Gesetzgebungsverfahrens zum Umsatzsteuergesetz 1919 war die Besteuerung der öffentlich-rechtlichen Körperschaften durchaus Diskussionsbestandteil. In der Begründung des Regierungsentwurfs des Umsatzsteuergesetzes 1919[1156] kommt bei den Fragen zu den Steuerbefreiungen bestimmter Leistungen der öffentlich-rechtlichen Körperschaften zum Ausdruck, dass deren grundsätzliche Besteuerung eine bewusste Entscheidung des Gesetzgebers war. So stellt die Begründung darauf ab, dass der Verbrauchsteuercharakter der Umsatzsteuer eine möglichst ausnahmslose Berücksichtigung aller Lieferungen und Leistungen verlange[1157]. Das Gesetz über Steuermilderungen zur Erleichterung der Wirtschaftslage[1158] vom 31.3.1926 brachte eine Neufassung des Umsatzsteuergesetzes[1159] mit sich. Dabei wurde im Umsatzsteuergesetz selbst keine spezielle Regelung für die Umsatzbesteuerung

---

1152 Umsatzsteuergesetz v. 26.7.1918, RGBl. I 1918, 779.

1153 *T. Küffner*, Umsatzsteuerrechtliche Behandlung von juristischen Personen des öffentlichen Rechts im Lichte der 6. EG-Richtlinie, 2001, S. 5; *Reiß*, in Reiß/Kraeusel/Langer, UStG, § 2 Rn. 132 (März 2013); *Siegel*, Der Begriff des „Betriebs gewerblicher Art" im Körperschaft- und Umsatzsteuerrecht, 1999, S. 35; *Tehler*, DVR 1986, 162 (164).

1154 Umsatzsteuergesetz v. 24.12.1919, RGBl. I 1919, 2157 ff.

1155 *Dziadkowski*, IStR 2009, 835; *T. Küffner*, Umsatzsteuerrechtliche Behandlung von juristischen Personen des öffentlichen Rechts im Lichte der 6. EG-Richtlinie, 2001, S. 5 f.; *Reiß*, in Reiß/Kraeusel/Langer, UStG, § 2 Rn. 132 (März 2013); *Tehler*, DVR 1986, 162 (164).

1156 Nachweis bei *T. Küffner*, Umsatzsteuerrechtliche Behandlung von juristischen Personen des öffentlichen Rechts im Lichte der 6. EG-Richtlinie, 2001, S. 6.

1157 Nachweis bei *T. Küffner*, Umsatzsteuerrechtliche Behandlung von juristischen Personen des öffentlichen Rechts im Lichte der 6. EG-Richtlinie, 2001, S. 6; siehe dazu auch *Siegel*, Der Begriff des „Betriebs gewerblicher Art" im Körperschaft- und Umsatzsteuerrecht, 1999, S. 35; *Tehler*, DVR 1986, 162 (164).

1158 Art. 2 des Gesetzes über Steuermilderungen zur Erleichterung der Wirtschaftslage v. 31.3.1926, RGBl. I 1926, (218).

1159 Umsatzsteuergesetz v. 8.5.1926, RGBl. I, 1926, 218 ff.

der öffentlichen Hand eingeführt. Allerdings hatte die Durchführungsbestimmung zum Umsatzsteuergesetz 1926[1160] erstmals zu § 3 Nr. 1 und 2 UStG 1926 bestimmt, dass die Ausübung öffentlicher Gewalt aus der Umsatzbesteuerung ausgenommen und damit steuerfrei ist[1161]. Mit dem Reichsumsatzsteuergesetz 1934[1162] (UStG 1934) hat der Gesetzgeber den Unternehmerbegriff in § 2 Abs. 1 UStG 1934 eingeführt[1163]. § 2 Abs. 3 UStG 1934 diente dazu, die Regelung der Durchführungsbestimmung zum Umsatzsteuergesetz 1926[1164] in das Umsatzsteuergesetz 1934 zu übernehmen[1165]. Nach § 2 Abs. 3 UStG 1934 war die Ausübung der öffentlichen Gewalt keine gewerbliche oder berufliche – und damit keine unternehmerische – Tätigkeit. Da § 1 UStG erstmalig die Steuerbarkeit eines Umsatzes vorsah, welche die Tätigkeit eines Unternehmers voraussetzt und § 2 Abs. 3 UStG 1934 die Unternehmereigenschaft der Körperschaften des öffentlichen Rechts betraf, handelte es sich nicht mehr um eine Regelung im Sinne einer Steuerbefreiung. Der Gesetzgeber ging aber davon aus, dass „[sich] an dem bisherigen Rechtszustand [dadurch nichts ändert]"[1166]. Die negativ formulierte Abgrenzung, wonach festgelegt war, welche Tätigkeit der öffentlichen Hand keine steuerbare Leistung darstellt, hat der Gesetzgeber auch im Umsatzsteuergesetz 1951[1167] beibehalten[1168]. Sie führte allerdings zu

1160 Durchführungsbestimmung zum Umsatzsteuergesetz 1926 v. 25.6.1926, RGBl. I 1926, 323 (328).

1161 *Dziadkowski*, IStR 2009, 835; *T. Küffner*, Umsatzsteuerrechtliche Behandlung von juristischen Personen des öffentlichen Rechts im Lichte der 6. EG-Richtlinie, 2001, S. 7; *Weich*, Öffentliche Hand im System der Umsatzsteuer, 1996, S. 61.

1162 Umsatzsteuergesetz v.16.10.1934, RGBl. I 1934, 942.

1163 *Siegel*, Der Begriff des „Betriebs gewerblicher Art" im Körperschaft- und Umsatzsteuerrecht, 1999, S. 36; *Tehler*, DVR 1986, 162 (164); *Weich*, Öffentliche Hand im System der Umsatzsteuer, 1996, S. 61.

1164 Durchführungsbestimmung zum Umsatzsteuergesetz 1926 v. 25.6.1926, RGBl. I 1926, 323 (328).

1165 *T. Küffner*, Umsatzsteuerrechtliche Behandlung von juristischen Personen des öffentlichen Rechts im Lichte der 6. EG-Richtlinie, 2001, S. 8.

1166 Im Ergebnis auch *T. Küffner*, Umsatzsteuerrechtliche Behandlung von juristischen Personen des öffentlichen Rechts im Lichte der 6. EG-Richtlinie, 2001, S. 8 f.

1167 Umsatzsteuergesetz 1951 v. 1.9.1951, BGBl. I 1951, 791 (792) in der Fassung des Gesetzes zur Änderung des Umsatzsteuergesetzes und des Beförderungsgesetzes v. 28.6.1951, BGBl. I 1951, 402 ff.

1168 *Forster*, Juristische Personen des öffentlichen Rechts und Harmonisierung eines europäischen Mehrwertsteuersystems, 1997, S. 23; *T. Küffner*, Umsatzsteuerrechtliche Behandlung von juristischen Personen des öffentlichen Rechts im Lichte der 6. EG-Richtlinie, 2001, S. 10.

Abgrenzungsschwierigkeiten zwischen der Ausübung öffentlicher Gewalt und den übrigen Tätigkeiten[1169]. Dieser Abgrenzungsproblematik wollte der Gesetzgeber im Rahmen des Umsatzsteuergesetzes 1967[1170] entgegentreten. In § 2 Abs. 3 UStG 1967 formulierte er nunmehr positiv, dass „die Körperschaften des öffentlichen Rechts (...) nur im Rahmen ihrer Betriebe gewerblicher Art (§ 1 Abs. 1 Ziffer 6 des Körperschaftsteuergesetzes) und ihrer land- und forstwirtschaftlichen Betriebe gewerblich und beruflich tätig [sind]"[1171]. Mit der Änderung verfolgte der Gesetzgeber das Ziel, die Trennung von hoheitlichem und unternehmerischem Bereich der Körperschaft des öffentlichen Rechts allgemein zu vereinfachen[1172]. Insbesondere sollte die Erfassung des Vorsteuerabzugs erleichtert werden[1173]. Der Gesetzgeber hat bis heute an dem Verweis festgehalten. Er hat lediglich den Begriff „Körperschaft des öffentlichen Rechts" durch den Begriff „juristische Person des öffentlichen Rechts" mit dem Umsatzsteuergesetz 1980[1174] ersetzt[1175] und den Verweis auf das Körperschaftsteuergesetz neben § 1 Abs. 1 Nr. 6 KStG mit § 4 KStG ergänzt.

1169 *Reiß*, in Reiß/Kraeusel/Langer, UStG, § 2 Rn. 132 (März 2013).

1170 Umsatzsteuergesetz (Mehrwertsteuer) v. 29.5.1967, BGBl. I 1967, 545 f.

1171 Umsatzsteuergesetz (Mehrwertsteuer) v. 29.5.1967, BGBl. I 1967, 545.

1172 Siehe zu BT-Drs. V/1581 v. 15.3.1967, Bericht des Abgeordneten *Toussaint* zu den Beschlüssen des Finanzausschusses betreffend den Entwurf des Umsatzsteuergesetzes 1967, BT-Drs. V/48, S. 11; ebenso *Birkenfeld*, in Birkenfeld/Wäger, USt-Handbuch, § 46 Rn. 152 (März 2012); *Stadie*, in Rau/Dürrwächter, UStG, § 2 Rn. 1120 (Juli 2011); *ders.*, UStG², 2012, § 2 Rn. 253; *Widmann*, UR 1994, 317.

1173 Siehe zu BT-Drs. V/1581 v. 15.3.1967, Bericht des Abgeordneten *Toussaint* zu den Beschlüssen des Finanzausschusses betreffend den Entwurf des Umsatzsteuergesetzes 1967, BT-Drs. V/48, S. 11; *Dziadkowski*, IStR 2009, 835 f.; *Siegel*, Der Begriff des „Betriebs gewerblicher Art" im Körperschaft- und Umsatzsteuerrecht, 1999, S. 35.

1174 Gesetz zur Neufassung des Umsatzsteuergesetzes und zur Änderungen anderer Gesetze v. 26.11.1979, BGBl. I 1979, 1953 (1954).

1175 Eine materiell-rechtliche Änderung hatte die Ersetzung des Begriffs nicht zur Folge; vgl. *T. Küffner*, Umsatzsteuerrechtliche Behandlung von juristischen Personen des öffentlichen Rechts im Lichte der 6. EG-Richtlinie, 2001, S. 12; *Stadie*, in Rau/Dürrwächter, UStG, § 2 Rn. 1175 (Juli 2011); ausführlich zum gleichen Inhalt der beiden Begriffe BFH, Urt. v. 13.3.2013 – I R 7/71, BStBl. II 1974, 391 (392 f.), der an gleicher Stelle ausführt: „Der Begriff der Körperschaft des öffentlichen Rechts bezieht sich auf alle juristischen Personen des öffentlichen Rechts."

3. Unvereinbarkeit der inhaltsgleichen Inkorporierung des Begriffs „Betrieb gewerblicher Art" i. S. d. § 1 Abs. 1 Nr. 6, § 4 KStG mit dem Umsatzsteuerrecht

Dem Begriff des BgA i. S. d. § 1 Abs. 1 Nr. 6, § 4 KStG kommt für die Besteuerung der jPdöR allgemein besondere Bedeutung zu. Er ist nicht nur maßgebend für die unbeschränkte Körperschaftsteuerpflicht, es knüpfen gleichzeitig weitere Einzelsteuergesetze[1176] daran an[1177]. *Prima facie* wäre es wegen des direkten Verweises des § 2 Abs. 3 UStG auf § 1 Abs. 1 Nr. 6 und § 4 KStG naheliegend, den Begriff „BgA" mit dem körperschaftsteuerrechtlichen Inhalt auch für das Umsatzsteuerrecht zugrunde zu legen. Allerdings muss der Gesetzgeber die Vorgaben der MwStSystRL umsetzen. § 2 Abs. 3 UStG ist daher an den Vorgaben des Art. 13 MwStSystRL zu messen. Das körperschaftsteuerrechtliche Verständnis müsste mit den unionsrechtlichen Vorgaben vereinbar sein. Die folgende kursorische Gegenüberstellung des körperschaftsteuerrechtlichen Inhalts des Begriffs „BgA" und der nach Art. 13 MwStSystRL umzusetzenden Regelung zeigt aber Divergenzen auf. Fraglich ist, ob § 2 Abs. 3 UStG trotz dieser Divergenzen unionsrechtskonform ist. Führen die Divergenzen zu nicht unionsrechtskonformen Beteuerungsergebnissen, wäre die Vorschrift nur unionsrechtskonform, wenn sie einer richtlinienkonformen Auslegung zugänglich ist und für das Umsatzsteuerrecht dem Begriff „BgA" damit ein abweichendes Rechtsverständnis zukäme.

a) Unionsrechtliche Vorgaben zur umsatzsteuerrechtlichen Behandlung der juristischen Personen des öffentlichen Rechts

Der Status als Steuerpflichtiger setzt nach Art. 9 Abs. 1 Unterabs. 1 MwStSystRL eine wirtschaftliche Tätigkeit voraus. Das gilt für Personen des Privatrechts und für jPdöR gleichermaßen[1178]. Art. 13 MwStSystRL enthält eine Sonderreglung für Einrichtungen des öffentlichen Rechts. Nach Art. 13 Abs. 1 Unterabs. 1 MwStSystRL gelten Einrichtungen des öffentlichen Rechts nicht als Steuerpflichtige, soweit sie Tätigkeiten ausüben oder Umsätze bewirken, die ihnen im Rahmen der öffentlichen Gewalt obliegen, auch wenn sie im Zusammenhang mit diesen Tätigkeiten oder Umsätzen Zölle, Gebühren, Beiträge

---

1176 Siehe § 2 Abs. 3 USG, § 20 Abs. 1 Nr. 10a und b EStG, § 4 Nr. 1 GrEStG.

1177 *Häck*, Die öffentliche Hand im Körperschaft- und Umsatzsteuerrecht, 2004, S. 102.

1178 EuGH, Urt. v. 26.6.2007 – C-284/04 [T-Mobile], Slg. I 2007, 5225 (5241); v. 26.6.2007 – C-369/04 [Hutchison 3G], Slg. I 2007, 5247 (5300); v. 29.10.2009 – C-246/08 [Kommission/Finnland], Slg. I 2009, 10625 (10610 f.); *Birkenfeld*, in Birkenfeld/Wäger, USt-Handbuch, § 46 Rn. 52 (März 2012).

oder sonstige Abgaben erheben. Art. 13 Abs. 1 Unterabs. 2 MwStSystRL statuiert wiederum eine Rückausnahme für hoheitliche Tätigkeiten oder Umsätze, sofern eine Behandlung der Einrichtungen des öffentlichen Rechts als Nichtsteuerpflichtige zu größeren Wettbewerbsverzerrungen führen würde. Art. 13 Abs. 1 Unterabs. 3 MwStSystRL bestimmt als weitere Rückausnahme, dass die Einrichtungen des öffentlichen Rechts in Bezug auf die in Anhang I der MwStSystRL genannten Tätigkeiten in jedem Fall als Steuerpflichtige gelten, sofern der Umfang dieser Tätigkeiten nicht unbedeutend ist. Zwischen Art. 9 Abs. 1 MwStSystRL und Art. 13 Abs. 1 MwStSystRL herrscht damit ein Regel-Ausnahme-Verhältnis. Die Voraussetzungen des Art. 13 Abs. 1 MwStSystRL sind erst nachrangig zu prüfen. Art. 13 MwStSystRL schränkt Art. 9 MwStSystRL ein[1179]. Nur für den Fall, dass eine Einrichtung des öffentlichen Rechts eine wirtschaftliche Tätigkeit i. S. d. Art. 9 Abs. 1 MwStSystRL ausübt und sie die Tätigkeit i. R. d. öffentlichen Gewalt ausführt, ist der Anwendungsbereich des Art. 13 Abs. 1 MwStSystRL eröffnet. Die Voraussetzungen müssen kumulativ vorliegen[1180].

aa) Einrichtungen des öffentlichen Rechts i. S. d. Art. 13 Abs. 1 MwStSystRL

Der persönliche Anwendungsbereich des Art. 13 Abs. 1 Unterabs. 1 MwStSystRL erfasst Gebietskörperschaften und sonstige Einrichtungen des öffentlichen Rechts. Für den Begriff „Einrichtung des öffentlichen Rechts“ findet sich keine Definition oder nähere Umschreibung im Unionsrecht[1181]. Er ist weit zu verstehen

---

1179 *Englisch*, in Tipke/Lang, Steuerrecht[21], 2013, § 17 Rn. 53; *Klenk*, in Sölch/Ringleb, UStG, § 2 Rn. 229 (Sep. 2011).

1180 EuGH, Urt. v. 25.7.1991 – C-202/90 [Ayuntamiento de Sevilla], Slg. I 1991, 4247 (4266); v. 14.12.2000 – C-446/98 [Fazenda Publica], Slg. I 2000, 11435 (11469); v. 16.9.2008 – C-288/07 [Isle of Wight Council], Slg. I 2008, 7203 (7228 f.); *Berger/Kindl/Wakounig*, MwStSystRL, 2009, S. 114; zur Prüfungsreihenfolge für die Feststellung der Steuerpflichtigeneigenschaft einer Einrichtung des öffentlichen Rechts nach Art. 9, 13 MwStSystRL auch *Reiß*, in Reiß/Kraeusel/Langer, UStG, § 2 Rn. 134.2 (März 2013); allgemein zu Umsatzbesteuerung der öffentlichen Hand, deren Auswirkungen und Perspektiven in der EU *de la Feria*, Intertax 2009, Volume 37, 148 ff.; aus spanischer Perspektive *Carrasco González, Francisco*, Revista española de Derecho Financiero 2009, S. 591 ff.; zur Besteuerung der öffentlichen Hand außerhalb und innerhalb der EU und Perspektiven aufzeigend *Henkow*, The VAT/Gst Treatment of Public Bodies, 2013.

1181 *Häck*, Die öffentliche Hand im Körperschaft- und Umsatzsteuerrecht, 2004, S. 239; *T. Küffner*, Umsatzsteuerrechtliche Behandlung von juristischen Personen des öffentlichen Rechts im Lichte der 6. EG-Richtlinie, 2001, S. 140.

und verlangt nur eine abgrenzbare Einheit, die eine bestimmte Aufgabe erfüllt[1182]. So fordert der EuGH für die Annahme einer Einrichtung des öffentlichen Rechts eine Eingliederung in die öffentliche Verwaltung, die spezifische Aufgaben der öffentlichen Gewalt wahrnimmt[1183]. Personen und Personenvereinigungen des Privatrechts zählen unabhängig davon, ob sie öffentliche Gewalt ausüben, nicht zu den Einrichtungen des öffentlichen Rechts[1184]. Der Begriff „Einrichtung des öffentlichen Rechts" schließt damit zivilrechtliche Unternehmen aus dem Anwendungsbereich des Art. 13 Abs. 1 MwStSystRL aus[1185]. Die Vorschrift greift auch dann nicht, wenn die Einrichtung des öffentlichen Rechts eine Tätigkeit auf einen selbständigen Dritten überträgt. Sie muss die Tätigkeit selbst ausüben[1186].

bb) Tätigkeiten „im Rahmen der öffentlichen Gewalt" i. S. d. Art. 13 Abs. 1 Unterabs. 1 MwStSystRL

Ausschließlich die im Rahmen der öffentlichen Gewalt ausgeübten Tätigkeiten der Einrichtungen öffentlichen Rechts unterliegen vorbehaltlich der Rückausnahmen nicht der Umsatzbesteuerung. Nach ständiger Rechtsprechung des EuGH ist für die Qualifikation einer Tätigkeit als eine „im Rahmen der öffentlichen Gewalt" erbrachte nicht der Gegenstand oder die Zielsetzung der Tätigkeit,

---

1182 EuGH, Urt. v. 17.6.2010 – C-492/08 [Kommission/Frankreich], Slg. I 2010, 5497 (5506); *Birkenfeld*, in Birkenfeld/Wäger, USt-Handbuch, § 46 Rn. 71 (März 2012). Der Rat und die Kommission haben in der Protokollerklärung zur Ratstagung am 17.5.1977 zu Art. 4 der 6. EG-RL (abgedruckt bei *Lohse*, Die Rechtsprechung des EuGH zur 6. EG-Umsatzsteuer-Richtlinie, 1991, Art. 4 S. 29) erklärt, „daß dort, wo der Begriff ‚Einrichtung des öffentlichen Rechts' unbekannt ist, dieser Begriff diejenigen Einrichtungen bezeichnet, die von diesem Ausdruck in den anderen Mitgliedstaaten erfassten Einrichtungen entsprechen."; siehe auch *T. Küffner*, Umsatzsteuerrechtliche Behandlung von juristischen Personen des öffentlichen Rechts im Lichte der 6. EG-Richtlinie, 2001, S. 143.

1183 EuGH, Urt. v. 26.3.1987 – Rs. 235/85 [Kommission/Niederlande], Slg. I 1987, 1485 (1490); v. 12.9.2000 – C-408/97, Slg. I 2000, 6417 (6449); *Häck*, Die öffentliche Hand im Körperschaft- und Umsatzsteuerrecht, 2004, S. 239; *W. Wagner*, UR 1993, 301 (302).

1184 EuGH, Urt. v. 26.3.1987 – Rs. 235/85 [Kommission/Niederlande], Slg. I 1987, 1485 (1490); ebenso *Birkenfeld*, in Birkenfeld/Wäger, USt-Handbuch, § 46 Rn. 71 (März 2012); *T. Küffner*, Umsatzsteuerrechtliche Behandlung von juristischen Personen des öffentlichen Rechts im Lichte der 6. EG-Richtlinie, 2001, S. 144.

1185 *Berger/Kindl/Wakounig*, MwStSystRL, 2009, S. 114 f.; *Häck*, Die öffentliche Hand im Körperschaft- und Umsatzsteuerrecht, 2004, S. 239.

1186 *Langer*, in Reiß/Kraeusel/Langer, UStG, Art. 13 MwStSystRL Rn. 26 (Aug. 2013); *Stadie*, in Rau/Dürrwächter, UStG, § 2 Rn. 1137 (Juli 2011).

sondern die Handlungsform maßgebend[1187]. Entscheidend ist, ob die Tätigkeit der „Einrichtung" gegenüber dem Benutzer öffentlich-rechtlich oder privatrechtlich ausgestaltet ist. Nur für den Fall, dass die jPdöR nach speziell für sie geltenden Sonderregelungen des öffentlichen Rechts agiert, handelt sie im Rahmen der öffentlichen Gewalt[1188]. Besteuert werden sollen dagegen Tätigkeiten, die sie unter den gleichen rechtlichen Bedingungen wie private Wirtschaftsteilnehmer betreibt[1189].

cc) Rückausnahme bei größeren Wettbewerbsverzerrungen nach Art. 13 Abs. 1 Unterabs. 2 MwStSystRL

Nach Art. 13 Abs. 1 Unterabs. 2 MwStSystRL gilt eine Einrichtung des öffentlichen Rechts ungeachtet ihrer Tätigkeit im Rahmen der öffentlichen Gewalt als Steuerpflichtige, wenn die Behandlung als Nichtsteuerpflichtige zu „größeren Wettbewerbsverzerrungen führen würde". Die Regelung dient der Gewährleistung der Wettbewerbsneutralität der Umsatzsteuer[1190]. Eine Wettbewerbsverzerrung

---

1187 Grundlegend EuGH, Urt. v. 17.10.1989 – C-231/87 [Carpaneto Piacentino], Slg. I 1989, 3233 (3275 f.); im Anschluss EuGH, Urt. v. 6.2.1997 – C-247/95 [Marktgemeinde Welden], Slg. I 1997, 779 (791); v. 14.12.2000 – C-446/98 [Camara Municipal do Porto], Slg. I 2001, 11435 (11470); v. 16.9.2008 – C-288/07 [Isle of Wight Council], Slg. I 2008, 7203 (7229); siehe auch *Achatz*, IStR 2008, 541 (542); *Berger/Kindl/Wakounig*, MwStSystRL, 2009, S. 115; *Birkenfeld*, in Birkenfeld/Wäger, USt-Handbuch, § 46 Rn. 81, 93 (März 2012); *Häck*, Die öffentliche Hand im Körperschaft- und Umsatzsteuerrecht, 2004, S. 240 f.; *Ismer/Keyser*, UR 2011, 81 (83); *Korn*, in Bunjes, UStG[13], 2014, § 2 Rn. 183; *Klenk*, in Sölch/Ringleb, UStG, § 2 Rn. 229 (Sep. 2011); *Kraeusel*, UR 2010, 480 (484); *Lange*, UR 2000, 1 (2, 8); *Reimer*, DStJG 32 (2009), 325 (339); *Seer/Wendt*, DStR 2001, 825 (830); *Sterzinger*, DStR 2010, 2217 (2219); kritisch zur Abgrenzung nach bloß formalen Kriterien und die EuGH-Rechtsprechung davon abweichend interpretierend *Meyer/Westermann*, BB 2013, 1629 ff.

1188 EuGH, Urt. v. 17.10.1989 – C-231/87 [Carpaneto Piacentino], Slg. I 1989, 3233 (3275 f.); v. 6.2.1997 – C-247/95 [Marktgemeinde Welden], Slg. I 1997, 779 (791); v. 14.12.2000 – C-446/98 [Camara Municipal do Porto], Slg. I 2001, 11435 (11470); v. 16.9.2008 – C-288/07 [Isle of Wight Council], Slg. I 2008, 7203 (7229).

1189 EuGH, Urt. v. 17.10.1989 – C-231/87 [Carpaneto Piacentino], Slg. I 1989, 3233 (3275); v. 14.12.2000 – C-446/98 [Camara Municipal do Porto], Slg. I 2000, 11435 (11470); v. 16.9.2008 – C-288/07 [Isle of Wight Council], Slg. I 2008, 7203 (7229); siehe auch *Langer*, in Reiß/Kraeusel/Langer, UStG, Art. 13 MwStSystRL Rn. 27 (Aug. 2013).

1190 EuGH, Urt. v. 17.10.1989 – C-231/87 [Comune di Carpaneto Piacentino], Slg. I 1989, 3233 (3277); v. 15.5.1990 – C-4/89 [Comune di Carpaneto Piacentino], Slg. I

kann entstehen, wenn im Wesentlichen vergleichbare Leistungen bei Privaten im Gegensatz zu den Leistungen der öffentlichen Einrichtungen zu einer Besteuerung führen[1191]. Dem Vorbehalt der Wettbewerbsverzerrung kommt dabei ein doppelter Schutzzweck zu. Er sichert die Partikularinteressen subjektiv betroffener Mitbewerber sowie die Integrität des Wettbewerbs im objektiven Sinne[1192]. Daher greift die Regelung sowohl, wenn Wettbewerbsverzerrungen zu Lasten von privaten Wettbewerben, als auch zu Lasten der öffentlichen Einrichtungen selbst bestehen[1193].

In einer Grundsatzentscheidung vom 16.9.2008[1194] hat sich der EuGH näher zu Art. 4 Abs. 5 Unterabs. 2 6. EG-RL (nunmehr Art. 13 Abs. 1 Unterabs. 2 MwStSystRL) geäußert. Danach stelle die Behandlung von Einrichtungen des öffentlichen Rechts nach Art. 4 Abs. 5 Unterabs. 1 6. EG-RL (nunmehr Art. 13 Abs. 1 Unterabs. 1 MwStSystRL) als nicht mehrwertsteuerpflichtig eine Abweichung von der allgemeinen Regel der Besteuerung jeder Tätigkeit wirtschaftlicher Art dar. Diese Bestimmung sei eng auszulegen, weil diese Ausnahme dem Zweck des Art. 9 MwStSystRL, die Wettbewerbsneutralität zu gewährleisten, anderenfalls widerspreche. Art. 4 Abs. 5 Unterabs. 2 6. EG-RL (nunmehr Art. 13 Abs. 1 Unterabs. 2 MwStSystRL) hingegen habe als Rückausnahme die Wiederherstellung der allgemeinen Regel zur Folge, um zu verhindern, dass die Behandlung öffentlicher Einrichtungen als Nichtsteuerpflichtige zu größeren Wettbewerbsverzerrungen führt[1195]. Der Begriff „führen würde" im Sinne dieser Vorschrift sei deswegen so zu deuten, dass er nicht nur den gegenwärtigen, sondern auch den potenziellen Wettbewerb umfasst. Dabei seien die Wettbewerbsverzerrungen in Bezug auf die Tätigkeit als solche, unabhängig von den Wettbewerbsbedingungen, die auf

---

1990, 1869 (1887); v. 8.6.2006 – C-430/04 [Feuerbestattungsverein Halle], Slg. I 2006, 4999 (5011); *Birkenfeld*, in Birkenfeld/Wäger, USt-Handbuch, § 46 Rn. 92 (März 2012); *Kraeusel*, UR 2010, 480 (484).

1191 Siehe auch *Birkenfeld*, in Birkenfeld/Wäger, USt-Handbuch, § 46 Rn. 94 (März 2012).

1192 *Reimer*, DStJG 32 (2009), 340 f.

1193 EuGH, Urt. v. 4.6.2009 – C-102/08 [Salix], Slg. I 2009, 4629 (4652 ff.); *Birkenfeld*, in Birkenfeld/Wäger, USt-Handbuch, § 46 Rn. 113 (März 2012); *Klenk*, in Sölch/Ringleb, UStG, § 2 Rn. 234 (Sep. 2011).

1194 EuGH, Urt. v. 16.9.2008 – C-288/07 [Isle of Wight Council], Slg. I 2008, 7203.

1195 EuGH, Urt. v. 16.9.2008 – C-288/07 [Isle of Wight Council], Slg. I 2008, 7203 (7238); siehe auch v. 4.6.2009 – C-102/08 [Salix], Slg. I 2009, 4629 (4653); ebenso *Reiß*, in Reiß/Kraeusel/Langer, UStG, § 2 Rn. 161 (März 2013); *Stadie*, in Rau/Dürrwächter, UStG, § 2 Rn. 1134 ff. (Juli 2011).

einem bestimmten lokalen Markt[1196] herrschen, zu prüfen[1197]. Die Möglichkeit für einen privaten Wirtschaftsteilnehmer, in den relevanten Markt einzutreten, muss real und nicht rein hypothetisch sein[1198]. Die bloß theoretische, durch keine Tatsache, kein objektives Indiz und keine Marktanalyse untermauerte Möglichkeit für einen privaten Wirtschaftsteilnehmer, in den relevanten Markt einzutreten, könne nicht mit dem Vorliegen eines potenziellen Wettbewerbs gleichgesetzt werden[1199].

Allerdings greift die Rückausnahme nicht bei jeglicher Wettbewerbsverzerrung. Art. 13 Abs. 1 Unterabs. 2 MwStSystRL sieht die Rückausnahme nur bei „größeren" Wettbewerbsverzerrungen vor. Der EuGH hat dazu entschieden, dass der Begriff „größere" i. S. d. Art. 4 Abs. 5 Unterabs. 2 6. EG-RL (jetzt Art. 13 Abs. 1 Unterabs. 2 MwStSystRL) so zu verstehen sei, dass die gegenwärtigen oder potenziellen Wettbewerbsverzerrungen mehr als unbedeutend sein müssen[1200]. Mit einem extensiveren Verständnis[1201] würde der Anwendungsbereich der Behandlung von Einrichtungen des öffentlichen Rechts als Nichtsteuerpflichtige unzulässig ausgedehnt[1202]. Außerdem ergebe sich diese Auslegung im Kontext von Art. 4 Abs. 5 Unterabs. 2 und Unterabs. 3 6. EG-RL (nunmehr Art. 13 Abs. 1 Unterabs. 2 und Unterabs. 3 MwStSystRL). Die beiden Unterabsätze verfolgen denselben Zweck und dieselbe Logik. Da die Rückausnahme i. S. d. Unterabs. 3 nur greift, soweit die genannten Tätigkeiten nicht unbedeutend sind, sollen ebenso „größere Wettbewerbsverzerrungen" nur gegeben sein, wenn sie nicht

---

1196 Der EuGH, Urt. v. 16.9.2008 – C-288/07 [Isle of Wight Council], Slg. I 2008, 7203 (7229 ff.) erachtet die Bezugnahme auf einen bestimmten lokalen Markt als unbefriedigend, weil damit die Gewährleistung der Grundsätze der steuerlichen Neutralität und der Rechtsicherheit gefährdet sei und begründet sein Ergebnis näher.

1197 EuGH, Urt. v. 16.9.2008 – C-288/07 [Isle of Wight Council], Slg. I 2008, 7203 (7239).

1198 EuGH, Urt. v. 16.9.2008 – C-288/07 [Isle of Wight Council], Slg. I 2008, 7203 (7239); siehe auch *Langer*, in Reiß/Kraeusel/Langer, UStG, Art. 13 MwStSystRL Rn. 28 (Aug. 2013).

1199 EuGH, Urt. v. 16.9.2008 – C-288/07 [Isle of Wight Council], Slg. I 2008, 7203 (7239).

1200 EuGH, Urt. v. 16.9.2008 – C-288/07 [Isle of Wight Council], Slg. I 2008, 7203 (7241 f.).

1201 Der EuGH, Urt. v. 16.9.2008 – C-288/07 [Isle of Wight Council], Slg. I 2008, 7203 (7242) nennt dafür exemplarisch ein Verständnis i. S. v. „erheblich" oder „außergewöhnlich".

1202 EuGH, Urt. v. 16.9.2008 – C-288/07 [Isle of Wight Council], Slg. I 2008, 7203 (7242).

unbedeutend sind[1203]. So wäre der Grundsatz der steuerlichen Neutralität nur im geringstmöglichen Umfang beeinträchtigt[1204].

dd) Einräumung eines weiten Umsetzungsspielraums durch den EuGH

Fraglich ist, inwieweit die Mitgliedstaaten bei der Ausgestaltung der Besteuerung der jPdöR an Vorgaben der Mehrwertsteuersystemrichtlinie gebunden sind. In seinem Urteil vom 17.10.1989[1205] hat der EuGH einerseits zu der Umsetzung der Regelung des Art. 4 Abs. 5 Unterabs. 1 6. EG-RL (nunmehr Art. 13 Abs. 1 Unterabs. 1 MwStSystRL) entschieden, dass „es (…) Sache jedes Mitgliedstaats [ist], die geeignete Rechtsetzungstechnik zu wählen, um die in dieser Vorschrift aufgestellte Regel der Behandlung als Nicht-Steuerpflichtige in sein nationales Recht umzusetzen“[1206]. Weiter hat er in der Entscheidung zur Umsetzung des Kriteriums der größeren Wettbewerbsverzerrung i. S. d. Art. 4 Abs. 5 Unterabs. 2 6. EG-RL (nunmehr Art. 13 Abs. 1 Unterabs. 2 MwStSystRL) ausgeführt, dass die Mitgliedstaaten „jedoch nicht verpflichtet [sind], dieses Kriterium wörtlich in ihr nationales Recht zu übernehmen oder quantitative Grenzen für die Behandlung als Nicht-Steuerpflichtige festzulegen“[1207]. Gleiches gelte für die Umsetzung von Art. 4 Abs. 5 Unterabs. 3 6. EG-RL (nunmehr Art. 13 Abs. 1 Unterabs. 3 MwStSystRL)[1208]. Der EuGH spricht den Mitgliedstaaten damit einen sehr weiten Umsetzungsspielraum zu[1209]. Im Grunde steht den Mitgliedstaaten jedwede Umsetzungsmöglichkeit zu, soweit gewährleistet ist, dass die nationale Regelung im Ergebnis eine Umsatzbesteuerung der jPdöR mit sich bringt, die der des Art. 13 MwStSystRL entspricht[1210].

1203 EuGH, Urt. v. 16.9.2008 – C-288/07 [Isle of Wight Council], Slg. I 2008, 7203 (7243).

1204 EuGH, Urt. v. 16.9.2008 – C-288/07 [Isle of Wight Council], Slg. I 2008, 7203 (7243).

1205 EuGH, Urt. v. 17.10.1989 – C-231/87 [Comune di Carpaneto Piacentino], Slg. I 1989, 3233.

1206 EuGH, Urt. v. 17.10.1989 – C-231/87 [Comune di Carpaneto Piacentino], Slg. I 1989, 3233 (3276); siehe dazu auch *Achatz*, IStR 2008, 541 (542).

1207 EuGH, Urt. v. 17.10.1989 – C-231/87 [Comune di Carpaneto Piacentino], Slg. I 1989, 3233 (3276).

1208 EuGH, Urt. v. 17.10.1989 – C-231/87 [Comune di Carpaneto Piacentino], Slg. I 1989, 3233 (3278); ebenso *Lange*, UR 2000, 1 (7).

1209 Ebenso *Langer*, in Reiß/Kraeusel/Langer, UStG, Art. 13 MwStSystRL Rn. 26 (Aug. 2013).

1210 Im Ergebnis auch *Lange*, UR 2000, 1 (7); allgemein zu den Anforderungen an Form und Mittel der Umsetzung der Richtlinienvorgaben *Ruffert*, in Callies/Ruffert, EUV/AEUV[4], 2011, Art. 288 AEUV Rn. 26 ff.

b) *Körperschaftsteuerrechtliche Behandlung der juristischen Personen des öffentlichen Rechts*

JpdöR unterliegen nach § 1 Abs. 1 Nr. 6 KStG mit ihren BgA i. S. d. § 4 KStG der unbeschränkten Körperschaftsteuerpflicht. § 4 KStG dient der Abgrenzung der erwerbswirtschaftlichen von der hoheitlichen Betätigung einer jPdöR[1211]. Würde die erwerbswirtschaftliche Betätigung einer jPdöR keiner Besteuerung unterliegen, hätte dies Wettbewerbsnachteile für die konkurrierenden privatwirtschaftlichen Unternehmen gegenüber den öffentlich-rechtlichen Einrichtungen zur Folge[1212]. Der Gesetzgeber bezweckt mit der Vorschrift, Wettbewerbsverzerrungen zu vermeiden und das aus Art. 3 Abs. 1 GG resultierende Gebot der Wettbewerbsneutralität im Steuerrecht zu verwirklichen[1213].

aa) Begriff der juristischen Person des öffentlichen Rechts im Körperschaftsteuerrecht

Die jPdöR selbst ist Steuerrechtssubjekt i. S. d. § 1 Abs. 1 Nr. 6 KStG. Die frühere Rechtsprechung nahm an, dass jeder BgA ein eigenständiges Steuersubjekt sei[1214]. Von dieser Rechtsansicht hat sich der BFH abgewandt und gleichzeitig entschieden, dass für jeden einzelnen BgA das Einkommen gesondert zu ermitteln und die Körperschaftsteuer gesondert für jeden BgA gegenüber der jPdöR festzusetzen ist[1215]. Der Begriff „juristische Person des öffentlichen Rechts" in § 1 Abs. 1 Nr. 6 und § 4 KStG erfasst neben den Körperschaften des öffentlichen Rechts

1211 Anstelle vieler *Heger*, in Gosch, KStG², 2009, § 4 Rn. 1; *Seer/Wendt*, DStR 2001, 825 (826 ff.).

1212 *Krämer*, in Dötsch/Pung/Möhlenbrock, KStG/UmwStG, § 4 KStG Rn. 86 (Dez. 2010).

1213 Siehe BT-Drs. 7/1470 v. 9.1.1974, Entwurf eines Dritten Steuerreformgesetzes, S. 336; vgl. auch *Seer/Klemke*, BB 2010, 2015 f.

1214 BFH, Urt. v. 24.10.1961 – I 105/60 U, BStBl. III 1961, 552; v. 12.7.1967 – I 267/63, BStBl. III 1967, 679 (680); so auch *Heger*, in Gosch, KStG², 2009, § 4 Rn. 21.

1215 St. Rspr. seit BFH, Urt. v. 13.3.1974 – I R 7/71, BStBl. II 1974, 391 (393); siehe exemplarisch BFH, Urt. v. 4.12.1991 – I R 74/89, BStBl. II 1992, 432 (433); *Heger*, in Gosch, KStG², 2009, § 4 Rn. 21; *Mai*, in Frotscher/Maas, KStG/GewStG/UmwStG, § 4 KStG Rn. 12 (Aug. 2009); vgl. auch H 6, Allgemeines, KStH 2008; a. A. *Bader*, Hoheitsbetrieb und Betrieb gewerblicher Art im Umsatz- und Körperschaftsteuerrecht, 1997, S. 46; *Häck*, Die öffentliche Hand im Körperschaft- und Umsatzsteuerrecht, 2004, S. 104 ff.; *Hey*, in Tipke/Lang, Steuerrecht²¹, 2013, § 11 Rn. 29; *Siegel*, Begriff des Betriebs gewerblicher Art, 1999, S. 52 ff.; § 4 Abs. 6 KStG eröffnet aber unter bestimmten Voraussetzungen die Möglichkeit der Zusammenfassung von BgA.

auch die Anstalten, Stiftungen und Zweckverbände des öffentlichen Rechts[1216]. Das entspricht der Auslegung des vor Inkrafttreten des Körperschaftsteuergesetzes 1977 verwendeten Begriffs der „Körperschaft des öffentlichen Rechts"[1217].

bb) Der Begriff „Betrieb gewerblicher Art" im Körperschaftsteuerrecht

(1) Einrichtung i. S. d. § 4 Abs. 1 KStG

Eine Einrichtung i. S. d. § 4 Abs. 1 S. 1 KStG ist jede funktionelle Einheit, die einer nachhaltigen wirtschaftlichen Tätigkeit zur Erzielung von Einnahmen dient[1218]. Dabei muss die jPdöR für die Tätigkeit keine verselbständigte organisatorische Einheit bereit halten[1219]. Es ist ausreichend, wenn die nachhaltige wirtschaftliche Tätigkeit von der hoheitlichen Tätigkeit abgrenzbar ist[1220]. Dafür kommt einer Vielzahl organisatorischer Merkmale bei der Qualifikation einer funktionellen Einheit als abgrenzbare, selbständige Tätigkeit eine indizielle Wirkung zu[1221]. Überdies misst die Rechtsprechung dem Jahresumsatz bei der Prüfung, ob eine Einrichtung gegeben ist, indizielle Wirkung zu. Aus einem beträchtlichen Umsatz und dem damit verbundenen Umfang der Tätigkeit könne die Annahme einer organisatorischen Selbständigkeit geboten erscheinen[1222]. Damit ist die Frage, ob eine Einrichtung i. S. d. § 4 Abs. 1 KStG gegeben ist, eng mit den Voraussetzungen der wirtschaftlichen Bedeutsamkeit im Sinne eines Heraushebens

---

1216 *Krämer*, in Dötsch/Pung/Möhlenbrock, KStG/UmwStG, § 4 KStG Rn. 14 (Aug. 2014); *Meier/Semelka*, in Herrmann/Heuer/Raupach, EStG/KStG, § 4 KStG Rn. 21 (März 2009).

1217 BFH, Urt. v. 13.3.1974 – I R 7/71, BStBl. II 1974, 391 (392); *Bott*, in Ernst & Young, KStG, § 4 Rn. 16 (Juli 2011).

1218 BFH, Urt. v. 13.3.1974 – I R 7/71, BStBl. II 1974, 391 (394); v. 27.6.1990 – I R 166/85, BFH/NV 1991, 628 (629); Beschl. v. 3.2.2010 – I R 8/09, BStBl. II 2010, 502 f.; *Bott*, in Ernst & Young, KStG, § 4 Rn. 39 (Dez. 2012); *Heger*, in Gosch, KStG[2], 2009, § 4 Rn. 37. Kritik an dem Einrichtungsbegriff i. S. d. § 4 Abs. 1 S. 1 KStG wegen der „Konturenlosigkeit" übt *Seer*, DStR 1992, 1751 (1753).

1219 *Erhard*, in Blümich, EStG/KStG/GewStG, § 4 KStG Rn. 26 (April 2011); *Mai*, in Frotscher/Maas, KStG/GewStG/UmwStG, § 4 KStG Rn. 14 (Aug. 2009).

1220 BFH, Urt. v. 14.4.1983 – V R 3/79, BStBl. II 1983, 491 (494); v. 13.3.1974 – I R 7/71, BStBl. II 1974, 391 (394); v. 27.6.1990 – I R 166/85, BFH/NV 1991, 628 (629); Beschl. v. 3.2.2010 – I R 8/09, BStBl. II 2010, 502 f.

1221 Siehe dazu *Gastl*, Betriebe gewerblicher Art im Körperschaftsteuerrecht, 2002, S. 18 f.; *Krämer*, in Dötsch/Pung/Möhlenbrock, KStG/UmwStG, § 4 KStG Rn. 27 (Dez. 2010).

1222 RFH, Urt. v. 20.1.1942 – I 77/41, RStBl. 1942, 405; BFH, Urt. v. 26.2.1957 – I 327/56 U, BStBl. III 1957, 146 (147); *Bott*, in Ernst & Young, KStG, § 4 Rn. 41 (Dez. 2012), 72 (März 2014).

aus der Gesamtbetätigung der jPdöR verbunden[1223]. Die Finanzverwaltung zieht eine Umsatzgrenze in Höhe von 130.000 € als ein wichtiges Merkmal dafür heran, dass die Betätigung im Rahmen einer selbständigen Einrichtung erfolgt[1224].

(2) Nachhaltige wirtschaftliche Tätigkeit i. S. d. § 4 KStG

Die jPdöR muss mit ihrer Einrichtung eine nachhaltige wirtschaftliche Tätigkeit ausüben. Die wirtschaftliche Tätigkeit ist von der nichtwirtschaftlichen Ausübung öffentlicher Gewalt abzugrenzen. Der Rechtsprechung zum Körperschaftsteuerrecht folgend, sind solche Tätigkeiten als hoheitliche zu qualifizieren, die der jPdöR „eigentümlich und vorbehalten" sind[1225]. Charakterisierend für eine der öffentlichen Hand eigentümlichen und vorbehaltenen Tätigkeit ist „die Erfüllung spezifisch öffentlich-rechtlicher Aufgaben, die aus der Staatsgewalt abgeleitet sind, staatlichen Zwecken dienen und zu deren Annahme der Leistungsempfänger aufgrund gesetzlicher oder behördlicher Anordnung verpflichtet ist"[1226]. Für die Qualifikation ist danach in erster Linie der Wesensgehalt und der verfolgte Zweck der Tätigkeit maßgebend[1227]. Der Form der Ausgestaltung der Rechtsbeziehung zwischen der jPdöR und dem Abnehmer kommt nur indizielle Wirkung zu[1228]. Schaltet sich die jPdöR mit der in Frage stehenden Tätigkeit in den allgemeinen wirtschaftlichen Verkehr ein und unterscheidet sich die Tätigkeit nicht wesentlich

---

1223 *Meier/Semelka*, in Herrmann/Heuer/Raupach, EStG/KStG, § 4 KStG Rn. 27 (März 2009); *Bott*, in Ernst & Young, KStG, § 4 Rn. 33 (Dez. 2012); siehe zum Tatbestandsmerkmal des wirtschaftlichen Heraushebens noch S. 219.

1224 Siehe R 6 Abs. 4 S. 3 KStR.

1225 St. Rspr., siehe nur BFH, Urt. v. 18.8.1966 – V 21/64, BStBl. III 1967, 100 (101); v. 14.4.1983 – V R 3/79, BStBl. II 1983, 491 (492); v. 21.9.1989 – V R 89/85, BStBl. II 1990, 95 (97); v. 14.3.1990 – I R 156/87, BStBl. II 1990, 866 (867); v. 23.10.1996 – I R 1–2/94, BStBl. II 1997, 139 (140 f.); v. 8.1.1998 –V R 32/97, BStBl. II 1998, 410 (411); v. 25.1.2005 – I R 63/03, BStBl. II 2005, 501; v. 7.11.2007 – I R 52/06, BStBl. II 2009, 248 (249); v. 29.10.2008 – I R 51/07, BStBl. II 2009, 1022; v. 12.7.2012 – I R 106/10, BStBl. II 2012, 837; siehe auch *Krämer*, in Dötsch/Pung/Möhlenbrock, KStG/UmwStG, § 4 KStG Rn. 35 (Dez. 2010); *Seer/Klemke*, BB 2010, 2015 (2016).

1226 St. Rspr., siehe BFH, Urt. v. 25.1.2005 – I R 63/03, BStBl. II 2005, 501; v. 7.11.2007 – I R 52/06, BFH/NV 2008, 888 (889); v. 3.4.2012 – I R 22/11, BFH/NV 2012, 1334 (1335); v. 12.7.2012 – I R 106/10, BStBl. II 2012, 837.

1227 BFH, Urt. v. 21.11.1967 – I 274/64, BStBl. II 1968, 218 (219); *Bott*, in Ernst & Young, KStG, § 4 Rn. 124 (Aug. 2010).

1228 BFH, Urt. v. 21.11.1967 – I 274/64, BStBl. II 1968, 218 (219); *Erhard*, in Blümich, EStG/KStG/GewStG, § 4 KStG Rn. 92 (April 2011); *Meier/Semelka*, in Herrmann/Heuer/Raupach, EStG/KStG, § 4 KStG Rn. 71 (März 2009).

von einem privaten gewerblichen Unternehmer, ist die Annahme einer nicht wirtschaftlichen Tätigkeit wegen der Wettbewerbsrelevanz ausgeschlossen[1229]. Den Wettbewerbsaspekt hat bereits der RFH[1230] betont und der BFH[1231] hat ihn in ständiger Rechtsprechung bestätigt. Der Grundsatz der Wettbewerbsneutralität rechtfertigt die Besteuerung der öffentlichen Hand[1232]. Dieser findet in der Regelung des § 4 KStG zwar keinen unmittelbaren Ausdruck. Im Rahmen der Abgrenzung von gewerblichen Betrieb und Hoheitsbetrieb kommt er aber zur Geltung[1233]. Aufgrund des Grundsatzes der Wettbewerbsneutralität ist für die Annahme einer nichtsteuerpflichtigen öffentlich-rechtlichen Tätigkeit ein strenger Maßstab anzulegen und der Begriff des Hoheitsbetriebs eng auszulegen[1234]. Entscheidungsrelevant ist daher nicht, ob bereits konkurrierende privatwirtschaftliche Unternehmen existieren, vielmehr genügt schon ein potentieller Wettbewerb[1235].

1229 *Häck*, Die öffentliche Hand im Körperschaft- und Umsatzsteuerrecht, 2004, S. 121 f.; *Krämer*, in Dötsch/Pung/Möhlenbrock, KStG/UmwStG, § 4 KStG Rn. 86 (Dez. 2010); im Ergebnis auch *Siegel*, Der Begriff des „Betriebs gewerblicher Art" im Körperschaft- und Umsatzsteuerrecht, 1999, S. 165 f.

1230 RFH, Urt. v. 6.5.1930 – I A 24/30 S, RStBl. 1930, 637 (638).

1231 Exemplarisch BFH, Urt. v. 23.10.1996 – I R 1–2/94, BStBl. II 1997, 139 (142); v. 25.1.2005 – I R 63/03, BStBl. II 2005, 501 (502); v. 3.4.2012 – I R 22/11, BFH/NV 2012, 1334 (1335).

1232 *Seer/Klemke*, BB 2010, 2015; *Seer/Wendt*, DStR 2001, 825 (826); siehe zur Besteuerung der öffentlichen Hand umfassend *Hüttemann*, Die Besteuerung der öffentlichen Hand, 2002.

1233 BFH, Urt. v. 30.6.1988 – V R 79/84, BStBl. II 1988, 910 (911); v. 14.3.1990 – I R 156/87, BStBl. II 1990, 866 (867); v. 25.1.2005 – I R 63/03, BStBl. II 2005, 501 (502); *Hey*, in Tipke/Lang, Steuerrecht[21], 2013, § 11 Rn. 28; näher zur Abgrenzung von gewerblichen Betrieb und Hoheitsbetrieb *Baldauf*, DStZ 2008, 717 ff.; *Seer/Klemke*, BB 2010, 2015 (2016).

1234 *Krämer*, in Dötsch/Pung/Möhlenbrock, KStG/UmwStG, § 4 KStG Rn. 86 (Dez. 2010).

1235 *Krämer*, in Dötsch/Pung/Möhlenbrock, KStG/UmwStG, § 4 KStG Rn. 86 (Dez. 2010); *Seer/Klemke*, BB 2010, 2015 (2017); dazu heißt es in der Entscheidung des BFH, Urt. v. 29.10.2008 – I R 51/07, BStBl. II 2009, 1022 (1023): „Ist eine Betätigung durch landesrechtliche Regelungen nur in einzelnen Bundesländern ausschließlich der öffentlichen Hand vorbehalten, kann nur dann ein Hoheitsbetrieb i. S. von § 4 Abs. 5 S. 1 KStG angenommen werden, wenn der Markt für die angebotene Leistung örtlich so eingegrenzt ist, dass eine Wettbewerbsbeeinträchtigung steuerpflichtiger Unternehmen in anderen Bundesländern oder EU-Mitgliedstaaten ausgeschlossen werden kann. Ist dies nicht der Fall, liegt regelmäßig selbst dann

Für die Nachhaltigkeit i. S. d. § 4 KStG ist nicht die Dauer der Einnahmeerzielung, sondern die Wiederholung der einzelnen Tätigkeiten ausschlaggebend[1236]. Eine jPdöR übt eine Tätigkeit bereits dann „nachhaltig" aus, wenn eine Wiederholungsabsicht erkennbar ist. So kann bereits eine einmalige Handlung den Beginn einer nachhaltigen Betätigung begründen, sofern erkennbar ist, dass gleichartige Handlungen in Zukunft vorgenommen werden sollen[1237]. Eine einmalige Tätigkeit, die lediglich einen zu Vergütungen führenden Dauerzustand herbeiführt, genügt hingegen nicht[1238].

(3) Wirtschaftliches Herausheben der nachhaltigen wirtschaftlichen Tätigkeit i. S. d. § 4 Abs. 1 KStG

Eine nachhaltige Tätigkeit einer funktionell abgrenzbaren Einrichtung einer jPdöR unterliegt nur der Körperschaftsteuer, wenn sie sich innerhalb der Gesamtbetätigung wirtschaftlich heraushebt. Sie muss von einem solchen Umfang sein, dass ein nennenswerter Wettbewerb zu Privaten daraus resultiert[1239]. Denn die erwerbswirtschaftliche Betätigung der jPdöR soll nur der Besteuerung unterliegen, wenn sie die Wettbewerbsneutralität beeinträchtigen kann[1240]. Die Rechtsprechung hat aber keinen einheitlichen Maßstab für die Prüfung der wirtschaftlichen Bedeutsamkeit der Betätigung gefunden[1241]. Stellte der RFH[1242] und ihm folgend der BFH[1243] anfangs noch auf die Gewinn- oder Umsatzhöhe ab, sollte diese im Anschluss nicht mehr allein maßgeblich

---

ein Betrieb gewerblicher Art vor, wenn innerhalb des Bundeslandes diese Aufgaben nur durch juristische Personen des öffentlichen Rechts wahrgenommen werden."

1236 BFH, Urt. v. 21.8.1985 – I R 60/80, BStBl. II 1986, 88 (90); v. 30.11.1989 – I R 19/87, BStBl. II 1990, 246 (248); *Döring*, in Schnitger/Fehrenbacher, KStG, 2012, § 4 Rn. 83.

1237 BFH, Urt. v. 26.4.1979 – V R 46/72, BStBl. II 1979, 530 (532).

1238 BFH, Urt. v. 14.11.1963 – IV 6/60 U, BStBl. III 1964, 139; *Krämer*, in Dötsch/Pung/Möhlenbrock, KStG/UmwStG, § 4 KStG Rn. 39 (Dez. 2010); *Mai*, in Frotscher/Maas, KStG/GewStG/UmwStG, § 4 KStG Rn. 16 (Aug. 2009); siehe zum Begriff der Nachhaltigkeit auch BFH, Urt. v. 21.8.1985 – I R 60/80, BStBl. II 1986, 88 (89 ff.); v. 30.11.1989 – I R 19/87, BStBl. II 1990, 246 (248) und H 15.2 EStH 2005 m. w. N.

1239 *Mai*, in Frotscher/Maas, KStG/GewStG/UmwStG, § 4 KStG Rn. 14 (Aug. 2009).

1240 *Meier/Semelka*, in Herrmann/Heuer/Raupach, EStG/KStG, § 4 KStG Rn. 27 (März 2009).

1241 *Meier/Semelka*, in Herrmann/Heuer/Raupach, EStG/KStG, § 4 KStG Rn. 21 (März 2009); *Krämer*, in Dötsch/Pung/Möhlenbrock, KStG/UmwStG, § 4 KStG Rn. 31 (Dez. 2010).

1242 RFH, Urt. v. 9.12.1932 – I A 294/32, RStBl. 1933, 53 (54).

1243 BFH, Urt. v. 26.2.1957 – I 327/56 U, BStBl. III 1957, 146 (147).

sein. Ausschlaggebend sollte das Verhältnis des wirtschaftlichen Umsatzes zum Gesamthaushalt der jPdöR sein[1244]. Aber auch diese Rechtsprechung relativierte der BFH in einer folgenden Entscheidung, indem er entschieden hat, dass es auf das Verhältnis der Einnahmen an der gewerblichen Tätigkeit zum betroffenen Bereich der gemeindlichen Verwaltung ankomme[1245]. Immerhin minst die Rechtsprechung der Umsatzhöhe für die Beurteilung des wirtschaftlichen Heraushebens eine indizielle Wirkung zu[1246]. Allerdings können auch feste Gewinn- oder Umsatzgrenzen für die Frage des wirtschaftlichen Gewichts der Einrichtung nicht weiterhelfen[1247]. Entscheidend ist ausschließlich die Wettbewerbsrelevanz[1248]. Die Umsatzhöhe alleine sagt noch nichts darüber aus, ob die jPdöR im Wettbewerb zu privaten Anbietern steht. Somit kann ein BgA auch bei einer insgesamt marginalen Umsatzhöhe anzunehmen sein, wenn eine jPdöR mit ihrer Tätigkeit mit Unternehmen der Privatwirtschaft konkurriert[1249]. Die Finanzverwaltung nimmt trotzdem eine Umsatzgrenze in Höhe von 30.678 € als wichtiges Indiz für ein wirtschaftliches Herausheben aus der Gesamtbetätigung an[1250]. Bei Nichterreichen dieser Umsatzgrenze soll ein BgA nur anzunehmen sein, wenn die jPdöR selbst besondere Gründe dafür vorträgt[1251].

1244 BFH, Urt. v. 11.1.1979 – V R 26/74, BStBl. II 1979, 746 (749).

1245 BFH, Urt. v. 14.4.1983 – V R 3/79, BStBl. II 1983, 491 (494).

1246 BFH, Urt. v. 24.10.1961 – I 105/60 U, BStBl. III 1961, 552; v. 2.3.1983 – I R 100/79, BStBl. II 1983, 386 (389); *Heger*, in Gosch, KStG², 2009, § 4 Rn. 42; zum Maßstab für die Feststellung des wirtschaftlichen Heraushebens aus Sicht der Rechtsprechung ebenso *Meier/Semelka*, in Herrmann/Heuer/Raupach, EStG/KStG, § 4 KStG Rn. 21 (März 2009).

1247 *Mai*, in Frotscher/Maas, KStG/GewStG/UmwStG, § 4 KStG Rn. 14 (Aug. 2009); *Siegel*, Der Begriff des „Betriebs gewerblicher Art“ im Körperschaft- und Umsatzsteuerrecht, 1999, S. 231.

1248 *Erhard*, in Blümich, EStG/KStG/GewStG, § 4 KStG Rn. 42 f. (April 2011); *Meier/Semelka*, in Herrmann/Heuer/Raupach, EStG/KStG, § 4 KStG Rn. 27 (März 2009); so allerdings im Rahmen der umsatzsteuerrechtlichen Beurteilung BFH, Urt. v. 25.10.1989 – V R 111/85, BStBl. II 1990, 866 (868).

1249 *Alvermann*, in Streck, KStG⁸, 2014, § 4 Rn. 13; *Erhard*, in Blümich, EStG/KStG/GewStG, § 4 KStG Rn. 43 (April 2011).

1250 Siehe R 6 Abs. 5 S. 1 KStR.

1251 R 6 Abs. 5 S. 4 KStR. Zwischen der Frage, ob eine selbständige Einrichtung gegeben ist und der Frage des wirtschaftlichen Heraushebens, ist zu unterscheiden. Die Finanzverwaltung nimmt die genannte Umsatzgrenze von 130.000 € als wesentliches Merkmal für die Qualifikation als selbständige Einrichtung, unabhängig davon, ob die Betätigung organisatorisch verselbständigt ist. Für die Frage, ob

(4) Hoheitsbetrieb i. S. d. § 4 Abs. 5 KStG

BgA und Hoheitsbetrieb schließen sich wesensmäßig gegenseitig aus[1252]. § 4 Abs. 5 S. 1 KStG hat daher für Betriebe, die ausschließlich der Ausübung öffentlicher Gewalt dienen, nur deklaratorischen Charakter[1253]. Übt eine jPdöR sowohl hoheitlich als auch wirtschaftliche Tätigkeiten aus, sind diese Tätigkeiten grundsätzlich zu trennen[1254]. Greifen ihre Tätigkeiten aber so ineinander, dass eine genaue Abgrenzung nicht möglich oder zumutbar ist, gibt die Vorschrift bei überwiegender hoheitlicher Aufgabenstellung die Qualifizierung insgesamt als Hoheitsbetrieb vor[1255].

(5) Besteuerung der vermögensverwaltenden Tätigkeit der juristischen Personen des öffentlichen Rechts

Die bloße Vermögensverwaltung einer jPdöR ist aus körperschaftsteuerrechtlicher Betrachtungsweise grundsätzlich[1256] kein BgA[1257]. Die h. M. grenzt die zu

---

sich die Tätigkeit wirtschaftlich heraushebt, geht die Finanzverwaltung von der Umsatzgrenze in Höhe von 30.678 € aus; dazu auch *Krämer*, in Dötsch/Pung/Möhlenbrock, KStG/UmwStG, § 4 KStG Rn. 35 (Dez. 2010); *Strahl*, Festschrift Korn, 2005, S. 491 (494 f.).

1252 *Bott*, in Ernst & Young, KStG, § 4 Rn. 28 (Dez. 2012); *Döring*, in Schnitger/Fehrenbacher, KStG, 2012, § 4 Rn. 153; *Meier/Semelka*, in Herrmann/Heuer/Raupach, EStG/KStG, § 4 KStG Rn. 24 (März 2009); *Siegel*, Der Begriff des „Betriebs gewerblicher Art" im Körperschaft- und Umsatzsteuerrecht, 1999, S. 97.

1253 So auch *Bott*, in Ernst & Young, KStG, § 4 Rn. 28 (Dez. 2012); *Heger*, in Gosch, KStG^{2}, 2009, § 4 Rn. 106; *Hüttemann*, Die Besteuerung der öffentlichen Hand, 2002, S. 75 f.; *T. Küffner*, Umsatzsteuerliche Behandlung von juristischen Personen des öffentlichen Rechts im Lichte der 6. EG-Richtlinie, 2001, S. 61 ff.

1254 *Erhard*, in Blümich, EStG/KStG/GewStG, § 4 KStG Rn. 43 (April 2011).

1255 BFH, Urt. v. 17.7.1962 – I 164/59 S, BStBl. III 1962, 448 (449); v. 7.12.1965 – I 319/62 U, BStBl. II 1966, 150 (151); v. 26.5.1977 – V R 15/74, BStBl. II 1977, 813 (814); Beschl. v. 17.3.2005 – I B 245/04, BFH/NV 2005, 1135 (1136); *Bott*, in Ernst & Young, KStG, § 4 Rn. 33 (Dez. 2012); ausführlich zur Abgrenzung des BgA vom Hoheitsbetrieb *Seer/Klemke*, BB 2010, 2015 ff.

1256 Die Grenze zwischen reiner Vermögensverwaltung und einer wirtschaftlichen Tätigkeit ist fließend; zur Abgrenzung *Fischer*, in Hübschmann/Hepp/Spitaler, AO/FGO, § 14 AO Rn. 71 ff. (März 2011). So kann beispielsweise eine Vermietungstätigkeit als gewerblich qualifiziert werden, wenn es zu häufigen Mieterwechseln kommt; BFH, Urt. v. 10.12.2001 – GrS 1/98, BStBl. II 2002, 291; *Seer*, in Tipke/Kruse, AO/FGO, § 14 AO Tz. 12 (Okt. 2012).

1257 St. Rspr. seit RFH, Urt. v. 28.10.1939 – I 414/38, RStBl. 1940, 60 f.; v. 20.1.1942 – I 77/41, RStBl. 1942, 405; siehe BFH, Urt. v. 13.3.1974 – I R 7/71, BStBl. II 1974, 391

erfassende wirtschaftliche Betätigung der jPdöR von der ausgeklammerten Vermögensverwaltung nach den einkommensteuerrechtlichen Kriterien zur Abgrenzung der gewerblichen Einkünfte von privaten Kapital- und Vermögenseinkünften ab[1258]. Der Ausschluss der Vermögensverwaltung aus der unbeschränkten Körperschaftsteuerpflicht geht zwar nicht explizit aus § 4 KStG hervor, lässt sich aber aus der Gesetzesbegründung[1259], dem Zweck der Vorschrift sowie der Gesetzessystematik ableiten[1260]. Nach dem Willen des historischen Gesetzgebers sollen nur die Betriebe, die das „äußere Bild eines Gewerbebetriebs bieten", körperschaftsteuerpflichtig sein[1261]. Damit wären vermögensverwaltende Tätigkeiten im Regelfall[1262] ausgeschlossen. Der überwiegende Teil des Schrifttums stützt den Ausschluss der Vermögensverwaltung auf die gleichlautende Formulierung des § 4 Abs. 1 KStG gegenüber dem wirtschaftlichen Geschäftsbetrieb nach § 14 AO, der mit Satz 3 die

---

(394); Beschl. v. 21.3.1995 – XI R 33/94, BFHE 177, 534 (537); Urt. v. 11.6.1997 – XI R 33/94, BStBl. II 1999, 418 (419 f.); Beschl. v. 20.12.2007 – V R 70/05, BStBl. II 2008, 454 (456); Urt. v. 15.4.2010 – V R 10/09, DStR 2010, 1280 (1282); anstelle vieler *Erhard*, in Blümich, EStG/KStG/GewStG, § 4 KStG Rn. 31 (April 2011); *Kraeusel*, UR 2010, 480 (481); *Krämer*, in Dötsch/Pung/Möhlenbrock, KStG/UmwStG, § 4 KStG Rn. 48 (Dez. 2010); *Meier/Semelka*, in Herrmann/Heuer/Raupach, EStG/KStG, § 4 KStG Rn. 28 (März 2009); *Reiß*, in Reiß/Kraeusel/Langer, UStG, § 2 Rn. 164.2 (März 2013); *Strahl*, Festschrift Korn, 2005, S. 491 (493 f.).

1258 *Gastl*, Betriebe gewerblicher Art im Körperschaftsteuerrecht, 2002, S. 34 f.; *Krämer*, in Dötsch/Pung/Möhlenbrock, KStG/UmwStG, § 4 KStG Rn. 48 (Dez. 2010).

1259 Begründung zum Körperschaftsteuergesetz 1934, RStBl. 1935, 81 ff.

1260 *Siegel*, Der Begriff des „Betriebs gewerblicher Art" im Körperschaft- und Umsatzsteuerrecht, 1999, S. 238; ausführlich zum Ausschluss der Vermögensverwaltung als Tätigkeit im Rahmen eines BgA *T. Küffner*, Umsatzsteuerrechtliche Behandlung von juristischen Personen des öffentlichen Rechts im Lichte der 6. EG-Richtlinie, 2001, S. 107 ff.

1261 Siehe die Begründung zum Körperschaftsteuergesetz 1934, RStBl. 1935, 81 (82); so auch BFH, Urt. v. 15.3.1972 – I R 232/71, BStBl. II 1972, 500 f.; v. 22.9.1976 – I R 102/74, BStBl. II 1976, 793 (794); v. 11.1.1979 – V R 26/74, BStBl. II 1979, 746 (748); *Bott*, in Ernst & Young, KStG, § 4 Rn. 33 (Dez. 2012); vgl. auch H 6, Allgemeines, KStH 2008. Die Begriffe „BgA" und „Gewerbebetrieb" sind jedoch keineswegs identisch. Ein BgA erfordert nach § 4 Abs. 1 S. 2 KStG weder eine Gewinnerzielungsabsicht noch eine Beteiligung am allgemeinen wirtschaftlichen Verkehr; ebenso *Mai*, in Frotscher/Maas, KStG/GewStG/UmwStG, § 4 KStG Rn. 16 (Aug. 2009).

1262 Siehe zur fließenden Grenze zwischen Vermögensverwaltung und wirtschaftlicher Tätigkeit bereits Fn. 1256.

Vermögensverwaltung ausdrücklich ausklammert[1263]. Außerdem begründen Teile des Schrifttums den Ausschluss der Vermögensverwaltung mit dem Umkehrschluss aus § 4 Abs. 4 KStG. Der Absatz erklärt die Betriebsverpachtung ausdrücklich zum BgA. Daraus folge, dass andere Fälle der Vermietung und Verpachtung gerade keinen BgA begründen[1264]. Vermögensverwaltende Tätigkeiten seien daher nicht von dem Begriff des „BgA" erfasst. Zudem spreche der Zweck des § 4 KStG, den Grundsatz der Wettbewerbsneutralität zu wahren, für die Herausnahme der vermögensverwaltenden Tätigkeit der jPdöR aus der unbeschränkten Körperschaftsteuerpflicht. Denn die Vermögensverwaltung soll (...) steuerunschädlich sein[1265], ihr soll keine Wettbewerbsrelevanz zukommen[1266]. § 4 KStG wolle eben nicht sämtliche erwerbswirtschaftliche Betätigungen erfassen, sondern nur wettbewerbsrelevante[1267]. Demnach ist die Vermögensverwaltung nach derzeitiger Rechtslage regelmäßig keine wirtschaftliche Tätigkeit i. S. d. § 4 Abs. 1 S. 1 KStG.

c) Zur fehlenden Unionsrechtskonformität des unmittelbaren Verweises des § 2 Abs. 3 UStG auf den Begriff „Betrieb gewerblicher Art" i. S. d. § 1 Abs. 1 Nr. 6 und § 4 KStG

aa) Unvereinbarkeit einiger körperschaftsteuerrechtlichen Kriterien für die Bestimmung des Begriffs „Betrieb gewerblicher Art" mit dem harmonisierten Umsatzsteuerrecht

Den Mitgliedstaaten steht es zwar weitestgehend frei, wie sie die unionsrechtlichen Vorgaben umsetzen. Fraglich ist aber, ob es dem deutschen Gesetzgeber mit dem Verweis auf die körperschaftsteuerrechtlichen Regelungen gelungen ist, eine unionsrechtskonforme Besteuerung der jPdöR zu gewährleisten. Die auf die wesentlichen Aspekte reduzierte Gegenüberstellung der

---

1263 *Gastl*, Betriebe gewerblicher Art im Körperschaftsteuerrecht, 2002, S. 34 f.; *Hey*, in Tipke/Lang, Steuerrecht[21], 2013, § 11 Rn. 30; *Reimer*, DStJG 32 (2009), 325 (346); *Seer/Wendt*, DStR 2001, 825 (831); *Stadie*, in Rau/Dürrwächter, UStG, § 2 Rn. 1222 f. (Juli 2011).

1264 *Reimer*, DStJG 32 (2009), 325 (346); *Stadie*, in Rau/Dürrwächter, UStG, § 2 Rn. 1224 (Juli 2011); *ders.*, UStG[2], 2012, § 2 Rn. 263.

1265 *Seer*, in Tipke/Kruse, AO/FGO, § 14 AO Tz. 11 (Okt. 2012).

1266 BFH, Urt. v. 25.8.2010 – I R 97/09, BFH/NV 2011, 312 (315); v. 25.5.2011 – I R 60/10, BStBl. II 2011, 358 (360); *Bader*, Hoheitsbetrieb und Betrieb gewerblicher Art im Umsatz- und Körperschaftsteuerrecht, 1997, S. 107; *Hüttemann*, FR 2009, 308 (309); *Krämer*, in Dötsch/Pung/Möhlenbrock, KStG/UmwStG, § 4 KStG Rn. 48 (Dez. 2010); *Seer*, in Tipke/Kruse, AO/FGO, § 14 AO Tz. 11 (Okt. 2012).

1267 *Heger*, in Gosch, KStG[2], 2009, § 4 Rn. 6.

körperschaftsteuerrechtlichen Behandlung der jPdöR und der Vorgaben des Art. 13 MwStSystRL hat einige Unterschiede aufgezeigt. Die Inkorporierung des körperschaftsteuerrechtlichen Verständnisses würde in mehreren Punkten von Art. 13 Abs. 1 MwStSystRL abweichende Ergebnisse herbeiführen[1268]. Zum einen divergiert das körperschaftsteuerrechtliche von dem unionsrechtlichen Verständnis bei der Beurteilung, ob eine jPdöR eine Tätigkeit im Rahmen der öffentlichen Gewalt ausübt. Während im Körperschaftsteuerrecht der Inhalt der Tätigkeit maßgebend ist, stellt der EuGH alleine auf die Handlungsform ab[1269]. Das Unionsrecht sieht im Vergleich zur traditionellen Rechtsanwendungspraxis im Rahmen des § 4 Abs. 1 KStG einen erweiterten Umfang wirtschaftlicher Tätigkeiten vor. Übt die öffentliche Hand nämlich Tätigkeiten in privatrechtlicher Handlungsform aus, handelt es sich schon generell um wirtschaftliche Tätigkeiten, selbst wenn die Tätigkeiten ihr eigentümlich und vorbehalten sind[1270]. Auf weitere Voraussetzungen kommt es für diesen Fall aus unionsrechtlicher Perspektive nicht an[1271]. So dürfte umsatzsteuerrechtlich beispielsweise auch die grundsätzliche Zuordnung zur hoheitlichen Tätigkeit von bloßen sog. Hilfsgeschäften nicht dem Körperschaftsteuerrecht entsprechend erfolgen[1272]. Im Rahmen des § 4 KStG sind dem BFH[1273] folgend sog. Hilfsgeschäfte dem hoheitli-

---

1268 Eine ähnliche Darstellung der Abweichungen des Art. 13 MwStSystRL von § 2 Abs. 3 UStG bei direkter Heranziehung des körperschaftsteuerrechtlichen Verständnisses von § 4 KStG geben *Achatz*, IStR 2008, 841 (842 f.); *Seer/Klemke*, BB 2010, 2015 (2019); ausführlich *Häck*, Die öffentliche Hand im Körperschaft- und Umsatzsteuerrecht, 2004, S. 266 ff.; komprimiert *Krämer*, in Dötsch/Pung/Möhlenbrock, KStG/UmwStG, § 4 KStG Rn. 108 (Dez. 2010).

1269 Siehe bereits Fn. 1187.

1270 *Achatz*, IStR 2008, 541 (542); *Seer/Klemke*, BB 2010, 2015 (2019).

1271 Anstelle vieler *Korn*, in Bunjes, UStG[13], 2014, § 2 Rn. 183; kritisch *Englisch*, in Tipke/Lang, Steuerrecht[21], 2013, § 17 Rn. 59 und *Meyer/Westermann*, BB 2013, 1629 (1629), die die tätigkeitsbezogene Abgrenzung für sachgerechter erachten, weil bei hoheitlicher Tätigkeit typischerweise kein signifikanter Wettbewerb vorliege. *Stadie*, in Rau/Dürrwächter, UStG, § 2 Rn. 1139 (Juli 2011) moniert eine Ungleichbehandlung, die sich daraus ergebe, dass die Mitgliedstaaten dadurch die Möglichkeit haben, durch die rechtliche Ausgestaltung Einfluss auf die umsatzsteuerrechtliche Behandlung zu nehmen; eine ausführliche Auseinandersetzung mit dem Abgrenzungskriterium führt *Häck*, Die öffentliche Hand im Körperschaft- und Umsatzsteuerrecht, 2004, S. 240 ff.

1272 Ebenso anhand des veranschaulichenden Falles des Kfz-Kennzeichen-Verkaufs *Scholz*, UVR 2005, 45 ff.

1273 Als Hilfsgeschäft gilt nach BFH, Urt. v. 23.10.1996 – I R 1-2/94, BStBl. II 1997, 139 (141 f.) beispielsweise der Verkauf von Müllsäcken im Rahmen der

chen Bereich zuzuordnen, es sei denn, die Tätigkeiten erreichen nach Art und Umfang diejenigen eines gewerblichen Unternehmens oder der Wettbewerb wird beeinträchtigt[1274]. Aufgrund der in diesen Fällen nicht auf einer öffentlich-rechtlichen Sonderregelung basierenden Vereinbarung, mithin eines privatrechtlichen Vertrags, den der EuGH zur wirtschaftlichen Tätigkeit rechnet, sind diese Tätigkeiten aus europarechtlicher Perspektive keine hoheitlichen[1275].

Darüber hinaus sind nicht alle Kriterien, die im Körperschaftsteuerrecht für die Bestimmung des Begriffs BgA herangezogen werden, mit der umsatzsteuerrechtlichen Teleologie für die Annahme einer wirtschaftlichen Tätigkeit vereinbar[1276]. Betriebe, die überwiegend der Ausübung der öffentlichen Gewalt dienen, zählen nach § 4 Abs. 5 S. 1 KStG nicht zu den Betrieben gewerblicher Art. Erfasst sind nach h. M. die Sachverhalte, bei denen ein Betrieb einer jPdöR untrennbar sowohl eine hoheitliche als auch eine wirtschaftliche Tätigkeit ausübt[1277]. Damit unterläge ein überwiegend hoheitlich tätiger Betrieb mit seinen privatwirtschaftlichen Tätigkeiten nicht der Umsatzsteuer[1278]. Das Resultat wäre nicht im Einklang mit Art. 13 Abs. 1 MwStSystRL. Denn im Gegensatz zu § 4 Abs. 5 S. 1 KStG orientiert

---

Hausmüllentsorgung. Dabei hat der BFH in einer Entscheidung explizit herausgestellt, „daß sich der Kläger beim Vertrieb der Säcke der Formen des Zivilrechts bediente, macht aus den Verkäufen noch keinen Betrieb gewerblicher Art".

1274 Nach R 9 Abs. 2 KStR ist die Verwertung bzw. Veräußerung von Material oder Gegenständen aus dem hoheitlichen Bereich einer juristischen Person des öffentlichen Rechts (sog. Hilfsgeschäfte) dem hoheitlichen Bereich zuzuordnen. Wobei die Anzahl der von der Beschaffungsstelle vorgenommenen An- und Verkäufe unbeachtlich ist; zur Kritik auch im Bereich des Körperschaftsteuerrechts *Döring*, in Schnitger/Fehrenbacher, KStG, 2012, § 4 Rn. 81 f.

1275 Darüber hinaus ist es zweifelhaft, ob nicht selbst im Falle der Qualifikation als hoheitliche Tätigkeit eine umsatzsteuerbare Leistung unter Wettbewerbsgesichtspunkten anzunehmen wäre; zu diesem Ergebnis gelangt *Scholz*, UVR 2005, 45 ff. anhand eines konkreten anschaulichen Beispiels.

1276 Ähnlich *Achatz*, IStR 2008, 541 (542).

1277 Die h. M. interpretiert den Begriff „überwiegend" quantitativ; exemplarisch *Achatz*, IStR 2008, 541 (542); *Reimer*, DStJG 32 (2009), 325 (342); a. A. *Stadie*, in Rau/Dürrwächter, UStG, § 2 Rn. 1300 (Juli 2011); *ders.*, UStG^2, 2012, § 2 Rn. 275, der einen qualitativen Ansatz verfolgt.

1278 Siehe *Radeisen*, in A. Vogel/Schwarz, UStG, § 2 Rn. 402 (Nov. 2011); *Seer/Klemke*, BB 2010, 2015 (2019).

sich die Besteuerung der öffentlichen Hand i. S. d. Art. 13 Abs. 1 MwStSystRL nicht an der Qualifikation eines Betriebes, sondern an der konkreten Tätigkeit[1279].

Des Weiteren ist i. R. d. Anwendung von Art. 13 MwStSystRL das Wettbewerbskriterium heranzuziehen, um sicherzustellen, dass eine grundsätzlich nichtsteuerpflichtige öffentliche Tätigkeit keine Wettbewerbsverzerrung mit sich bringt. Körperschaftsteuerrechtlich ist das Wettbewerbskriterium im Begriff des Hoheitsbetriebs verankert. Es fließt schon bei der Bestimmung der Art der Tätigkeit mit in die Beurteilung ein. Dieser rein tatbestandliche Unterschied in Form der vorgelagerten Berücksichtigung der Wettbewerbsrelevanz alleine widerspricht aber noch nicht den unionsrechtlichen Vorgaben. Aufgrund des vom EuGH zugestandenen weiten Umsetzungsspielraums ist es ausreichend, dass der Wettbewerb überhaupt Beachtung findet[1280]. Daran schließt sich aber die Frage an, ob die Wettbewerbsrelevanz im Körperschaftsteuerrecht und i. R. d. Art. 13 MwStSystRL identisch zu beurteilen ist. Die Wettbewerbsneutralität der Vorschriften steht sowohl im Körperschaftsteuerrecht als auch im Umsatzsteuerrecht im Vordergrund[1281]. Die jeweilige Vorschrift soll gewährleisten, dass aus der Besteuerung der öffentlichen Hand keine Wettbewerbsverzerrungen resultieren. *Prima facie* könnte das Wettbewerbskriterium für beide Rechtsgebiete parallel zu beurteilen sein. Allerdings kommt einigen Betätigungen unter Berücksichtigung des jeweiligen Gesetzeszwecks nur in einem Rechtsgebiet eine Wettbewerbsrelevanz zu. Nach h. M. erfasst der Begriff des BgA i. S. d. § 4 Abs. 1 KStG insbesondere keine Vermögensverwaltung[1282]. Als Begründung wird unter anderem die fehlende Wettbewerbsrelevanz der Vermögensverwaltung im Körperschaftsteuerrecht vorgebracht[1283]. Umsatzsteuerrechtlich stellt die Vermögensverwaltung eine nachhaltige Tätigkeit zur Erzielung von Einnahmen und damit eine unternehmerische bzw. wirtschaftliche Tätigkeit der jPdöR dar[1284]. Das gilt sowohl nach nationalem Recht (§ 2 Abs. 1

1279 Ebenso *Achatz*, IStR 2008, 541 (543); *Meyer/Westermann*, BB 2013, 1629 (1630); ähnlich *Helsper*, Umsatzsteuerkongreß-Bericht 1982/83, 1983, S. 167 (181); *Hidien*, StuW 2005, 265 (271).

1280 *Häck*, Die öffentliche Hand im Körperschaft- und Umsatzsteuerrecht, 2004, S. 266; *Meyer/Westermann*, BB 2013, 1629 (1632); *Reiß*, in Reiß/Kraeusel/Langer, UStG, § 2 Rn. 187.1 (März 2013).

1281 *Hufeld*, Festschrift Stober, 2008, S. 717 (720); *Seer/Klemke*, BB 2010, 2015 (2018).

1282 Siehe bereits S. 221 ff.

1283 Siehe nur *Heger*, in Gosch, KStG², 2009, § 4 Rn. 6, 50; *Hüttemann*, Die Besteuerung der öffentlichen Hand, 2002, S. 177; *Krämer*, in Dötsch/Pung/Möhlenbrock, KStG/UmwStG, § 4 KStG Rn. 48 (Dez. 2010).

1284 *T. Küffner*, UR 2009, 491 (492); *Reiß*, in Reiß/Kraeusel/Langer, UStG, § 2 Rn. 164.2 (März 2013); *Seer/Klemke*, BB 2010, 2015 (2021).

UStG), als auch unionsrechtlich (Art. 9 Abs. 1 MwStSystRL). Art. 9 Abs. 1 Unterabs. 2 MwStSystRL regelt explizit, dass die Nutzung von körperlichen oder nicht körperlichen Gegenständen zur nachhaltigen Erzielung von Einnahmen eine wirtschaftliche Tätigkeit darstellt. Der Verbrauchsteuergedanke im Umsatzsteuerrecht verlangt grundsätzlich alle aus Sicht des Leistungsempfängers verbrauchbaren von einem Unternehmer empfangenen Leistungen zu erfassen[1285]. Von einer fehlenden Wettbewerbsrelevanz kann für die Umsatzsteuer daher im Falle einer bloßen Vermögensverwaltung nicht ausgegangen werden[1286]. Die körperschaftsteuerrechtliche vom „äußeren Bild eines Gewerbebetriebs" ausgehende Abgrenzung der Vermögensverwaltung[1287] unterstreicht dieses Ergebnis. Denn die subjektive Umsatzsteuerpflicht ist gerade nicht auf Gewerbetreibende im Sinne des Einkommensteuerrechts beschränkt, sondern erfasst alle nachhaltig tätigen Unternehmer[1288].

Weitere Unstimmigkeiten resultieren aus dem Tatbestandsmerkmal des wirtschaftlich Herausgehobenseins i. S. d. § 4 Abs. 1 S. 1 KStG. Die Gerichte haben mit ihrer Rechtsprechung zum Körperschaftsteuerrecht keinen einheitlichen Maßstab für diese Voraussetzung entwickelt[1289]. Auch das Körperschaftsteuergesetz gibt keine näheren Aufschlüsse dazu[1290]. Für die Frage, ob sich die Tätigkeit wirtschaftlich heraushebt, behilft sich die Finanzverwaltung daher sowohl für das Körperschaftsteuerrecht als auch das Umsatzsteuerrecht mit der Umsatzgrenze in Höhe von 30.678 €. Die Heranziehung einer Umsatzgrenze für die Entscheidung, ob eine jPdöR steuerbar oder nichtsteuerbar handelt, ist aber nach Auffassung der Rechtsprechung[1291] und überwiegenden

---

1285 *Reiß*, DStJG 32 (2009), 9 (14), der an gleicher Stelle (DStJG 32 [2009], 9 [39 ff.]) aus diesem Grund Kritik an der derzeitigen Ausgestaltung der Umsatzbesteuerung der öffentlichen Hand übt.

1286 *Hüttemann*, FR 2009, 308 (309, 313); *Kessler/Gastl*, UR 2002, 452 (459); *Reiß*, in Reiß/Kraeusel/Langer, UStG, § 2 Rn. 130 (März 2013); *Seer*, DStR 1992, 1790 (1792).

1287 Siehe dazu bereits S. 222.

1288 *Bader*, Hoheitsbetrieb und Betrieb gewerblicher Art im Umsatz- und Körperschaftsteuerrecht, 1997, S. 111; *Reiß*, in Reiß/Kraeusel/Langer, UStG, § 2 Rn. 164.2, 188 (März 2013).

1289 Siehe bereits S. 219 f.

1290 Siehe dazu bereits S. 219 f.; in diesem Sinne auch *Stadie*, in Rau/Dürrwächter, UStG, § 2 Rn. 1261 (Juli 2011); *ders.*, UStG[2], 2012, § 2 Rn. 261, der das Merkmal daher als unbeachtliche Leerformel bezeichnet.

1291 BFH, Urt. v. 11.1.1979 – V R 26/74, BStBl. II 1979, 746 (749); v. 14.4.1983 – V R 3/79, BStBl. II 1983, 491 (494); v. 15.4.2010 – V R 10/09, DStR 2010, 1280 (1283);

Ansicht der Literatur[1292] unter Berücksichtigung des Verbrauchsteuergedankens und Gesetzeszwecks des § 2 Abs. 3 UStG nicht möglich. Die Umsatzgrenzen haben keinerlei Aussagekraft über einen potentiellen Wettbewerb[1293].

bb) Richtlinienkonforme Auslegung des § 2 Abs. 3 UStG durch den BFH

Die höchstrichterliche Rechtsprechung hat sich bei der Auslegung von § 2 Abs. 3 UStG nur sukzessive von dem körperschaftsteuerrechtlichen Verständnis in einzelnen Punkten gelöst. Als Ergebnis einer über Jahrzehnte andauernden Rechtsprechungsentwicklung begegnet sie den Divergenzen zwischen den unionsrechtlichen Vorgaben nach Art. 9, 13 MwStSystRL und dem körperschaftsteuerrechtlichen Verständnis des Begriffs „BgA" im Rahmen der Anwendung des § 2 Abs. 3 UStG i. V. m. § 1 Abs. 1 Nr. 6, § 4 KStG in nunmehr ständiger Rechtsprechung[1294] durch richtlinienkonforme Auslegung. Nach Ansicht des BFH definiere § 4 Abs. 1 S. 1 KStG den im unionsrechtlichen Mehrwertsteuerrecht nicht vorgesehenen Begriff des BgA dahingehend, dass eine juristische Person des öffentlichen Rechts eine „nachhaltige wirtschaftliche Tätigkeit zur Erzielung von Einnahmen" ausübt. Dies entspreche der allgemeinen Unternehmerdefinition in § 2 Abs. 1 UStG[1295]. Eine Gewinnerzielungsabsicht und eine Beteiligung am allgemeinen wirtschaftlichen Verkehr sei sowohl nach § 4 Abs. 1 S. 1 KStG, wie auch nach § 2 Abs. 1 S. 3 UStG unerheblich. Beide Vorschriften entsprächen damit Art. 9 MwStSystRL. Die wirtschaftliche Tätigkeit als Grundvoraussetzung der Unternehmerdefinition sei für juristische Personen des öffentlichen Rechts und andere Personen

---

v. 10.11.2011 – V R 41/10, DStR 2012, 348 (351); v. 1.12.2011 – V R 1/11, DStR 2012, 352 (353).

1292 *T. Küffner*, Umsatzsteuerrechtliche Behandlung von juristischen Personen des öffentlichen Rechts im Lichte der 6. EG-Richtlinie, 2001, S. 97; *Radeisen*, in A. Vogel/ Schwarz, UStG, § 2 Rn. 401 (Nov. 2011); *Stadie*, UStG², 2012, § 2 Rn. 261; a. A. *Sterzinger*, DStR 2010, 2217 (2222) und *Reimer*, DStJG 32 (2009), 325 (344 f.), der eine Umsatzgrenze für sachgerecht hält, aber eine gesetzliche Grundlage fordert.

1293 BFH, Urt. v. 17.3.2010 –XI R 17/08, DStR 2010, 2234 (2236); darüber hinaus würde die Orientierung an einer Umsatzgrenze die jPdöR vor das Problem stellen, dass sie im Vorhinein ihre zu erwartenden Umsätze kennen müsste; *Stadie*, UStG², 2012, § 2 Rn. 261; *Tehler*, DVR 1986, 163 (164).

1294 Vgl. nur BFH, Urt. v. 20.8.2009 – V R 70/05, DStR 2009, 2308 (2310); v. 15.4.2010 – V R 10/09, DStR 2010, 1280 (1282); v. 3.3.2011 – V R 23/10, BStBl. II 2012, 74 (76); v. 10.11.2011 – V R 41/10, DStR 2012, 348 (349); v. 1.12.2011 – V R 1/11, DStR 2012, 352 (353); v. 14.3.2012 – XI R 8/10, BFH/NV 2012, 1667 (1670).

1295 BFH, Urt. v. 15.4.2010 – V R 10/09, DStR 2010, 1280 (1282).

identisch[1296]. Soweit § 4 Abs. 1 S. 1 KStG für wirtschaftliche Tätigkeiten in der Land- und Forstwirtschaft eine Ausnahme regelt, werde dies durch § 2 Abs. 3 S. 2 UStG ausdrücklich korrigiert[1297]. Darüber hinaus seien die Voraussetzungen des „wirtschaftlich Herausgehoben seins" in richtlinienkonformer Auslegung lediglich einschränkend zu berücksichtigen[1298]. Der BFH hat entschieden, dass „bestimmte Gewinn- und Umsatzgrenzen (…) sich (…) nicht mit den umsatzsteuerrechtlichen Erfordernissen, insbesondere auch nicht mit dem notwendigen Ausschluss von Wettbewerbsverzerrungen vereinbaren [lassen]"[1299]. Jedenfalls stünden die von der Finanzverwaltung für das Körperschaftsteuerrecht und über A 2.11 Abs. 4 UStAE auch für das Umsatzsteuerrecht aufgerufenen Umsatzgrenzen für die Bestimmung des wirtschaftlichen Heraushebens i. R. d. § 4 Abs. 1 KStG nicht mit dem Umsatzsteuerrecht im Einklang[1300]. Auch für die Abgrenzung einer hoheitlichen Tätigkeit von einer wirtschaftlichen Tätigkeit hatte der BFH im Umsatzsteuerrecht lange Zeit die körperschaftsteuerrechtlichen Kriterien herangezogen[1301]. Inzwischen ist er aber von der Maßgeblichkeit des Inhalts und Zwecks der Tätigkeit abgekehrt und stellt heute dem EuGH[1302] folgend auf die Handlungsform ab[1303]. So sollen für den Fall, dass die jPdöR auf privatrechtlicher Grundlage handelt, keine weiteren Voraussetzungen zu prüfen sein[1304]. Übt die jPdöR ihre Tätigkeit aber

1296 BFH, Urt. v. 15.4.2010 – V R 10/09, DStR 2010, 1280 (1282).

1297 BFH, Urt. v. 15.4.2010 – V R 10/09, DStR 2010, 1280 (1282).

1298 BFH, Urt. v. 15.4.2010 – V R 10/09, DStR 2010, 1280 (1283).

1299 BFH, Urt. v. 15.4.2010 – V R 10/09, DStR 2010, 1280 (1283).

1300 In diesem Sinne bereits BFH, Urt. v. 11.1.1979 – V R 26/74, BStBl. II 1979, 746 (749); siehe auch BFH, Urt. v. 17.3.2010 – XI R 17/08, UR 2010, 943 (946); v. 17.3.2010 –XI R 17/08, DStR 2010, 2234 (2235); v. 15.4.2010 – V R 10/09, DStR 2010, 1280 (1283); v. 10.11.2011 – V R 41/10, DStR 2012, 348 (350); v. 1.12.2011 –V R 1/11, DStR 2012, 352 (353).

1301 BFH, Urt. v. 18.8.1966 – V 21/64, BStBl. III 1967, 100 (101); v. 26.5.1977 – V R 15/74, BStBl. II 1977, 813 (814); v. 14.4.1983 – V R 3/79, BStBl. II 1983, 491 (493 f.).

1302 EuGH, Urt. v. 17.10.1989 – C-231/87 [Carpaneto Piacentino], Slg. I 1989, 3233 (3276); v. 6.2.1997 – C-247/95 [Marktgemeinde Welden], Slg. I 1997, 779 (791); v. 14.12.2000 – C-446/98 [Camara Municipal do Porto], Slg. I 2001, 11435 (11470); v. 16.9.2008 – C-288/07 [Isle of Wight Council], Slg. I 2008, 7203 (7229).

1303 St. Rspr. seit BFH, Urt. v. 30.6.1988 – 79/84, BStBl. II 1988, 910 (911 f.); v. 9.10.2002 – V R 64/99, BStBl. II 2003, 375 (377); v. 5.2.2004 – V R 90/01, BStBl. II 2004, 795 (799); v. 20.12.2007 – V R 70/05, BStBl. II 2008, 454 (456 f.); v. 15.4.2010 – V R 10/09, DStR 2010, 1280 (1283).

1304 BFH, Urt. v. 10.11.2011 – V R 41/10, DStR 2012, 348 (350); v. 1.12.2011 – V R 1/11, DStR 2012, 352 (356).

auf einer öffentlich-rechtlichen Grundlage aus, handelt es sich nur um eine nichtsteuerbare Tätigkeit, wenn sie nicht zu größeren Wettbewerbsverzerrungen führt[1305]. Für die Frage, ob die Tätigkeit zu größeren Wettbewerbsverzerrungen i. S. d. Art. 13 Abs. 1 Unterabs. 2 MwStSystRL führen würde, zieht der BFH den vom EuGH zu Art. 13 Abs. 1 Unterabs. 2 MwStSystRL entwickelten Maßstab heran[1306]. Zudem hat der BFH dem Ausschluss der bloßen Vermögensverwaltung aus der umsatzsteuerbaren Tätigkeit einer jPdöR eine klare Absage erteilt[1307]. In einem Vorabentscheidungsersuchen vom 21.3.1995 hatte der BFH noch vertreten, dass eine richtlinienkonforme Auslegung hinsichtlich der Vermögensverwaltung wegen des klaren Wortlauts nicht möglich sei[1308]. Die eindeutige Bezugnahme in § 2 Abs. 3 S. 1 UStG auf die Regelung des § 4 KStG führe nach deutschem Recht grundsätzlich zum Ausschluss bloßer Vermögensverwaltung einer jPdöR aus der Umsatzbesteuerung. Daher verstoße die Beschränkung der Unternehmereigenschaft der jPdöR infolge der Anknüpfung gegen Unionsrecht[1309]. Diese Rechtsansicht bestätigte er mit seinem Urteil vom 11.6.1997[1310], relativierte sie aber zugleich, indem er sie nur für den Fall annahm, in dem es zu von dem Unionsrecht abweichenden Ergebnissen komme[1311]. Der vom EuGH zugestandene weite Umsetzungsspielraum erlaube die Herausnahme der Vermögensverwaltung, soweit diese keine größeren Wettbewerbsverzerrungen herbeiführe[1312]. Im Ergebnis handelte es sich bei der Vermögensverwaltung demnach grundsätzlich weiterhin um eine nichtsteuerbare Tätigkeit einer jPdöR. Die MwStSystRL sollte aber unmittelbare Anwendung finden, falls es zu größeren Wettbewerbsverzerrungen kam und die weiteren Voraussetzungen einer unmittelbaren Anwendung erfüllt

1305 BFH, Urt. v. 10.11.2011 – V R 41/10, DStR 2012, 348 (349); v. 1.12.2011 – V R 1/11, DStR 2012, 352 (353).

1306 BFH, Urt. v. 17.3.2010 –XI R 17/08, DStR 2010, 2234 (2235); v. 15.4.2010 – V R 10/09, DStR 2010, 1280 (1282); v. 18.8.2011 – V R 64/09, HFR 2012, 784 (785); v. 10.11.2011 – V R 41/10, DStR 2012, 348 (349 f.); v. 1.12.2011 – V R 1/11, DStR 2012, 352 (354).

1307 St. Rspr. seit BFH, Urt. v. 15.4.2010 – V R 10/09, DStR 2010, 1280 (1284).

1308 BFH, Vorlagebeschl. v. 21.3.1995 – XI R 33/94, BFHE 177, 534 (538).

1309 BFH, Vorlagebeschl. v. 21.3.1995 – XI R 33/94, BFHE 177, 534 (538).

1310 BFH, Urt. v. 11.6.1997 – XI R 33/94, BStBl. II 1999, 418 (420).

1311 BFH, Urt. v. 11.6.1997 – XI R 33/94, BStBl. II 1999, 418 (420).

1312 BFH, Urt. v. 11.6.1997 – XI R 33/94, BStBl. II 1999, 418 (420).

waren[1313]. Allerdings hat der BFH diese am Wortlaut des § 2 Abs. 3 UStG orientierte Auslegung nicht aufrechterhalten und legt die Vorschrift nunmehr auch im Zusammenhang mit einer bloßen Vermögenverwaltung richtlinienkonform aus[1314]. Der BFH hat in einer Entscheidung vom 15.4.2010 ausdrücklich formuliert, dass „dem Begriff der ‚Vermögensverwaltung' (...) umsatzsteuerrechtlich für die Unternehmerstellung einer jPdöR durch einen ‚Betrieb gewerblicher Art' keine Bedeutung zu[kommt]"[1315]. Die Rechtsprechung hat die aus dem Verweis des § 2 Abs. 3 UStG resultierenden Abweichungen von den Vorgaben der MwStSystRL somit durch die richtlinienkonforme Auslegung mit ihren Entscheidungen beseitigt[1316].

cc) Überschreitung der Grenzen richtlinienkonformer Auslegung des § 2 Abs. 3 UStG durch den BFH

(1) Replik des BFH auf die Kritik zur richtlinienkonformen Auslegung des § 2 Abs. 3 UStG

Die Rechtsprechung führt weiterhin zu einiger Kritik. Unter anderem vertreten, *Reiß*[1317] und *Stadie*[1318] die Auffassung, dass Wortlaut, Entstehungsgeschichte und systematischer Zusammenhang mit § 1 Abs. 1 Nr. 6, § 4 Abs. 1 KStG und § 14 AO eine richtlinienkonforme Auslegung nicht zulassen; mit anderen Worten, dass die Grenze der richtlinienkonformen Auslegung überschritten sei[1319]. Zwar sei der Rechtsprechung zuzugeben, dass nunmehr umsatzsteuersystemkonforme Ergebnisse erzielt werden. Die Rechtsprechung erfolge aber *contra legem* und

1313 BFH, Urt. v. 11.6.1997 – XI R 33/94, BStBl. II 1999, 418 (420). In dem zu entscheidenden Fall begehrte eine jPdöR den Vorsteuerabzug, so dass die Nichtsteuerbarkeit ihrer Umsätze für sie negativ gewesen wäre.

1314 BFH, Urt. v. 5.2.2004 – V R 90/01, BStBl. II 2004, 795 (797); v. 20.8.2009 – V R 70/05, DStR 2009, 2308 (2310); v. 15.4.2010 – V R 10/09, DStR 2010, 1280 (1284); v. 1.12.2011 – V R 1/11, DStR 2012, 352 (353).

1315 BFH, Urt. v. 15.4.2010 – V R 10/09, DStR 2010, 1280 (1284).

1316 Dieser Auffassung u. a. folgend *Birkenfeld*, in Birkenfeld/Wäger, USt-Handbuch, § 46 Rn. 153 (März 2012); *Ismer/Keyser*, UR 2011, 81 (91); *Kraeusel*, UR, 2010, 480 (487 f.); *Lange*, UR 2000, 1 (13).

1317 *Reiß*, in Reiß/Kraeusel/Langer, UStG, § 2 Rn. 189 (März 2013).

1318 *Stadie*, in Rau/Dürrwächter, UStG, § 2 Rn. 1152 (Juli 2011); *ders.*, UStG[2], 2012, § 2 Rn. 253, 263.

1319 So auch *Englisch*, in Tipke/Lang, Steuerrecht[21], 2013, § 17 Rn. 56; allgemein zur richtlinienkonformen Auslegung und ihren Grenzen siehe bereits S. 46 ff.

sei damit nicht haltbar[1320]. Der BFH hat in einigen Entscheidungen explizit zu verschiedenen Kritikpunkten gegenüber der richtlinienkonformen Auslegung Stellung genommen. In einer Entscheidung vom 15.4.2010 hat er herausgestellt, dass der Grundsatz umsatzsteuerrechtlicher und damit richtlinienkonformer Auslegung aufgrund der Verweisung in § 2 Abs. 3 S. 1 UStG bei dessen Auslegung auch für § 4 KStG gelte[1321]. Die Verweisung diene aus Vereinfachungsgründen nur dazu, den Wortlaut des § 4 KStG nicht im Rahmen des Umsatzsteuergesetzes zu wiederholen. Die Vorschrift des Körperschaftsteuergesetzes sei daher „Bestandteil des Umsatzsteuerrechts". Die von § 4 KStG verwendeten Begriffe für die Bestimmung der Unternehmereigenschaft der jPdöR seien folglich umsatzsteuerrechtlich und damit ggf. anders als bei einer ausschließlich körperschaftsteuerrechtlichen Anwendung dieser Vorschrift auszulegen[1322]. Der BFH begründete die Möglichkeit der richtlinienkonformen Auslegung des § 2 Abs. 3 UStG i. V. m. § 4 KStG nachdrücklich in einer Entscheidung vom 10.11.2011[1323]. Obschon § 2 Abs. 3 UStG „ohne Einschränkung auf den gesamten § 4 KStG" verweise, führe die richtlinienkonforme Auslegung nicht zu einem Verstoß gegen den Wortlaut[1324]. Die umsatzsteuerrechtliche Auslegung des § 4 KStG im Rahmen der Verweisung des § 2 Abs. 3 S. 1 UStG überschreite insbesondere im Zusammenhang mit dem Begriff der „wirtschaftlichen Tätigkeit" nicht die zu beachtende Wortlautgrenze[1325]. Zudem verliere § 2 Abs. 3 UStG bei umsatzsteuerrechtlicher Auslegung der in dieser Vorschrift angeordneten Verweisung nicht seinen Sinn. Erst die Anwendung von § 2 Abs. 3 S. 1 UStG i. V. m. § 4 Abs. 5 KStG führe dazu, dass umsatzsteuerrechtlich die hoheitlichen und damit die auf öffentlich-rechtlicher Grundlage ausgeübten Tätigkeiten der jPdöR nicht als

---

1320 *Englisch*, in Tipke/Lang, Steuerrecht[21], 2013, § 17 Rn. 56; *Reiß*, in Reiß/Kraeusel/Langer, UStG, § 2 Rn. 189 (März 2013); *Stadie*, in Rau/Dürrwächter, UStG, § 2 Rn. 1152 (Juli 2011); *ders.*, UStG[2], 2012, § 2 Rn. 253, 263.

1321 BFH, Urt. v. 15.4.2010 – V R 10/09, DStR 2010, 1280 (1282); vgl. auch BFH, Urt. v. 20.8.2009 – V R 30/06, BFH/NV 2009, 2080 (2083); so auch *Birkenfeld*, in Birkenfeld/Wäger, USt-Handbuch, § 46 Rn. 153 (März 2012).

1322 BFH, Urt. v. 15.4.2010 – V R 10/09, DStR 2010, 1280 (1282).

1323 BFH, Urt. v. 10.11.2011 – V R 41/10, DStR 2012, 348.

1324 BFH, Urt. v. 10.11.2011 – V R 41/10, DStR 2012, 348 (349).

1325 BFH, Urt. v. 10.11.2011 – V R 41/10, DStR 2012, 348 (349); a. A. *Bollweg*, UR 2010, 652 (653), der die Wortlautgrenze bei dem Begriff „nachhaltige wirtschaftliche Tätigkeit" des § 4 Abs. 1 S. 1 KStG als überschritten ansieht, weil die vorausgesetzte Wirtschaftlichkeit im Vergleich zu § 2 Abs. 1 S. 1 UStG (nachhaltige Tätigkeit zur Erzielung von Einnahmen) eben nicht jede Tätigkeit zur Erzielung von Einnahmen erfasse.

unternehmerisch anzusehen sind, sofern es hierdurch zu keinen größeren Wettbewerbsverzerrungen kommt. Ohne § 2 Abs. 3 S. 1 UStG i. V. m. § 4 Abs. 5 KStG wären demgegenüber alle nachhaltig und gegen Entgelt ausgeübten Tätigkeiten – und damit auch die auf hoheitlicher Grundlage ausgeübten Tätigkeiten – steuerbar sowie bei Fehlen besonderer Befreiungstatbestände steuerpflichtig[1326].

(2) Gegenargumente

Ausgangspunkt jeder Auslegung ist der Gesetzestext[1327]. § 2 Abs. 3 UStG sieht keine entsprechende oder sinngemäße Anwendung der körperschaftsteuerrechtlichen Vorschriften vor. Der Gesetzgeber hat einen direkten Verweis auf § 1 Abs. 1 Nr. 6, § 4 KStG in das Gesetz aufgenommen. Der *prima facie* eindeutige Wortlaut des Gesetzes ist aber kein Ausschlusskriterium für eine richtlinienkonforme Auslegung des § 4 KStG i. R. d. § 2 Abs. 3 UStG. Ein direkter Verweis hat nicht zwingend zur Folge, dass das Auslegungsergebnis des Verweises mit dem Verständnis des Verweisobjekts übereinstimmt, weil die Bedeutung des Verweises im Rahmen der Auslegung der Verweisnorm zu ermitteln ist[1328]. Das Ergebnis der richtlinienkonformen Auslegung muss sich nur innerhalb der aus der Norm ableitbaren Wortsinngrenze befinden. Fraglich ist, ob die übrigen Auslegungskriterien dem Wortlautargument entgegenstehen und eine – dem körperschaftsteuerrechtlichen Verständnis nicht entsprechende – richtlinienkonforme Auslegung zulassen. Da der Gesetzgeber sich eines direkten Verweises bedient hat, müssen sich aus dem Gesetz Anhaltspunkte für den Normadressaten ergeben, die auf eine mögliche vom körperschaftsteuerrechtlichen Verständnis abweichende Auslegung des Verweises schließen lassen[1329]. Die Annahme des BFH, dass die Verweisung aus Vereinfachungsgründen nur dazu diene, den Wortlaut des § 4 KStG nicht im Umsatzsteuergesetz zu wiederholen und die Vorschrift des Körperschaftsteuergesetzes daher „Bestandteil des Umsatzsteuerrechts“ sei, müsste im Gesetz zum Ausdruck kommen.

Die Ausführungen des BFH vermögen jedoch nicht zu überzeugen. Zum einen sprechen systematische Erwägungen für das körperschaftsteuerrechtliche Verständnis des § 4 KStG i. R. d. Anwendung des § 2 Abs. 3 UStG. So ist die Nennung der land- und forstwirtschaftlichen Betriebe in § 2 Abs. 3 S. 1 UStG sowie die abschließende Aufzählung der Katalogtätigkeiten des § 2 Abs. 3 S. 2

1326 BFH, Urt. v. 10.11.2011 – V R 41/10, DStR 2012, 348 (349 f.).

1327 *Drüen*, in Tipke/Kruse, AO/FGO, § 4 AO Tz. 221 (Okt. 2011).

1328 Siehe dazu bereits S. 49 ff.

1329 Siehe allgemein zur Auslegungsmöglichkeit direkter Verweise bereits S. 49.

UStG, der Auffassung des BFH entgegenzuhalten[1330]. Die dort genannten Tätigkeiten sollen auch für den Fall unternehmerisch sein, sofern die Voraussetzungen des BgA nicht erfüllt sind. Es leuchtet nicht ein, den Anwendungsbereich über diese Tätigkeiten hinaus für das Umsatzsteuergesetz zu erweitern[1331]. Hätte der Gesetzgeber beispielsweise die Vermögensverwaltung erfassen wollen, hätte er diese in den Katalog aufnehmen müssen.

Auch die Begründung des BFH, dass ohne die Vorschrift des § 2 Abs. 3 UStG alle Tätigkeiten steuerbar und steuerpflichtig wären und die Vorschrift bei richtlinienkonformer Auslegung nicht ihren Sinn verlieren würde, greift nicht durch. Die Vorschrift büßt bei richtlinienkonformer Auslegung zwar nicht den übergeordneten Sinn ein, die Unternehmereigenschaft der jPdöR im Verhältnis zu § 2 Abs. 1 UStG einzuschränken. Die richtlinienkonforme Auslegung höhlt den Inhalt des Verweises allerdings weitestgehend aus[1332]. Insbesondere die Berücksichtigung der Vermögensverwaltung als wirtschaftliche Tätigkeit i. R d. § 2 Abs. 3 UStG als Ergebnis der richtlinienkonformen Auslegung würde der Anlehnung zuwiderlaufen[1333]. Das richtlinienkonforme Auslegungsergebnis kommt zwar dem Verbrauchsteuergedanken und dem Grundsatz der Wettbewerbsneutralität nach und damit dem Zweck des Umsatzsteuergesetzes. Teleologische Erwägungen sind aber im Rahmen der Auslegung nicht am allgemeinen Gesetzeszweck, sondern am konkreten Normzweck auszurichten[1334]. Da § 2 Abs. 3 UStG eine Sonderregelung für juristische Personen des öffentlichen Rechts beinhaltet, kann der allgemeine Gesetzeszweck nicht einfach herangezogen werden. § 2 Abs. 3 UStG dient der Einschränkung der unternehmerischen Tätigkeit der jPdöR, wobei aus der Einschränkung resultierende Wettbewerbsverzerrungen vermieden werden sollen. Dafür hat der Gesetzgeber sich am originär körperschaftsteuerrechtlichen Begriff des BgA i. S. d. § 4 KStG orientiert.

1330 In diesem Sinne auch *Reimer*, DStJG 32 (2009), 325 (341 f.); *Stadie*, in Rau/Dürrwächter, UStG, § 2 Rn. 1152 (Juli 2011); *Widmann*, BB 2010, 2092 (2093).

1331 In diesem Sinne auch *Reimer*, DStJG 32 (2009), 325 (341 f.); *Stadie*, in Rau/Dürrwächter, UStG, § 2 Rn. 1152 (Juli 2011); *Widmann*, BB 2010, 2092 (2093).

1332 Vgl. FG Münster v. 11.12.2008 – 5 K 6658/03 U, EFG 2009, 1060 (1062); *Reiß*, StuW 1994, 323 (324); *ders.*, in Reiß/Kraeusel/Langer, UStG, § 2 Rn. 189 (März 2013); *Stadie*, in Rau/Dürrwächter, UStG, § 2 Rn. 1149 f., 1209, 1221 f. (Juli 2011); a. A. und der Rechtsprechung folgend exemplarisch *Bott*, in Ernst & Young, KStG, § 4 Rn. 77.3 (März 2014); *Ismer/Keyser*, UR 2011, 81 (86); *Korn*, in Bunjes, UStG[13], 2014, § 2 Rn. 196; *Radeisen*, in A. Vogel/Schwarz, UStG, § 2 Rn. 389 (Nov. 2011).

1333 Ebenso *Stadie*, in Rau/Dürrwächter, UStG, § 2 Rn. 1149 (Juli 2011); *ders.*, UStG[2], 2012, § 2 Rn. 253.

1334 *Drüen*, in Tipke/Kruse, AO/FGO, § 4 AO Tz. 279 (Okt. 2011).

Dem Begriff kommt damit eine spezifische Begrenzungsfunktion zu. Wäre § 4 KStG „Bestandteil des Umsatzsteuerrechts“ und damit einer losgelösten umsatzsteuerrechtlichen Auslegung zugänglich[1335], wäre dem körperschaftsteuerrechtlichen Begriff „BgA“ die spezifische Begrenzungsfunktion entzogen[1336]. Daher ist kein anderes Verständnis als im Körperschaftsteuerecht zugrunde zu legen.

Darüber hinaus bestätigen die Entstehungsgeschichte des § 2 Abs. 3 UStG, sowie der aus den Gesetzesmaterialien hervorgehende Wille des Gesetzgebers das Auslegungsergebnis, in Umsatzsteuerrecht und Körperschaftsteuerrecht ein deckungsgleiches Verständnis des Begriffs BgA heranzuziehen. Der BFH geht zwar richtigerweise davon aus, dass der Verweis aus Vereinfachungsgründen eingeführt wurde. Allerdings beschränkt sich die Vereinfachung nicht darauf, eine bloße Wiederholung des Wortlauts zu vermeiden. Wie sich aus der Gesetzesbegründung ergibt[1337], wollte der Gesetzgeber vielmehr zugleich die Umsatzbesteuerung der jPdöR zu Vereinfachungszwecken an das Körperschaftsteuerrecht anlehnen[1338]. Dieser gesetzgeberische Wille kommt gerade durch den Wortlaut der Vorschrift zum Ausdruck. Der direkte Verweis unterstreicht die Intention des Gesetzgebers, ein dem Körperschaftsteuerrecht zumindest ähnliches Verständnis zu erreichen[1339].

Auch die historische Entwicklung der Besteuerung der jPdöR bestätigt dieses Auslegungsergebnis. Seit Inkrafttreten des Umsatzsteuergesetzes 1967[1340] enthält die Vorschrift den Verweis auf das Körperschaftsteuerrecht[1341]. Die mit der Anlehnung an das Körperschaftsteuerrecht vom Gesetzgeber bezweckte

1335 So auch noch BFH, Vorlage-Beschl. v. 21.3.1995 – XI R 33/94, BFHE 177, 534 (538); ebenso *Stadie*, UStG², 2012, § 2 Rn. 253; im gleichen Sinne *Bollweg*, UR 2010, 652 (653); *Reiß*, in Reiß/Kraeusel/Langer, UStG, § 2 Rn. 189 (März 2013).

1336 *Reiß*, in Reiß/Kraeusel/Langer, UStG, § 2 Rn. 130 (März 2013).

1337 Siehe zu BT-Drs. V/1581 v. 15.3.1967, Bericht des Abgeordneten *Toussaint* zu den Beschlüssen des Finanzausschusses betreffend den Entwurf des Umsatzsteuergesetzes 1967, BT-Drs. V/48, S. 11.

1338 So auch *Birkenfeld*, in Birkenfeld/Wäger, USt-Handbuch, § 46 Rn. 152 (März 2012); *Stadie*, in Rau/Dürrwächter, UStG, § 2 Rn. 1120 (Juli 2011); *ders.*, UStG², 2012, § 2 Rn. 253; *Widmann*, UR 1994, 317.

1339 *Reiß*, in Reiß/Kraeusel/Langer, UStG, § 2 Rn. 186 (März 2013); in diesem Sinne auch *Englisch*, in Tipke/Lang, Steuerrecht²¹, 2013, § 17 Rn. 56; *Reiß*, StuW 1994, 323 (324); *Stadie*, in Rau/Dürrwächter, UStG, § 2 Rn. 1152 (Juli 2011); *ders.*, UStG², 2012, § 2 Rn. 253, 263.

1340 Die Umsetzung der 1. und 2. EG-RL erfolgte in Deutschland durch das Gesetz zur Änderung der Umsatzsteuer (Mehrwertsteuer) 1967 v. 29.5.1967, BGBl. I 1967, 545.

1341 Zur Historie der Besteuerung der jPdöR siehe bereits S. 204 ff.

Vereinfachung hat der Gesetzgeber in der Folgezeit nicht revidiert. Bei der kosmetischen Änderung des § 2 Abs. 3 UStG durch das Umsatzsteuergesetz 1980[1342] hat der Gesetzgeber in einer Begründung zur Ersetzung des Begriffs „Körperschaft des öffentlichen Rechts" durch den Begriff „juristische Person des öffentlichen Rechts" sowie der Ergänzung des Verweises um § 4 KStG explizit klargestellt, dass mit der Änderung keine materiell-rechtlichen Änderungen einhergehen sollen[1343]. Die Ergänzung des Klammerverweises um § 4 KStG lässt überdies die Interpretation zu, dass der Gesetzgeber der Anknüpfung an das Körperschaftsteuerrecht Nachdruck verleihen wollte. Auch nach der zwischenzeitlich in Kraft getretenen 6. EG-RL[1344] schien der Gesetzgeber keine Änderung für erforderlich zu halten. Die Änderung durch das Umsatzsteuergesetz 1980 ohne materiell-rechtliche Auswirkung und die damit fortwährende Anlehnung an die körperschaftsteuerrechtlichen Grundsätze harmonierte aus Sicht des Gesetzgebers mit den unionsrechtlichen Vorgaben des Art. 4 Abs. 5 6. EG-RL, der dem jetzigen Art. 13 Abs. 1 MwStSystRL entsprach. Unterstellt, der Gesetzgeber wollte die Vorgaben der MwStSystRL umsetzen, muss dieser Wille im Gesetz zum Ausdruck kommen. Denn ohne objektiven Niederschlag im Gesetz kann der subjektive Wille des Gesetzgebers keine Berücksichtigung finden[1345]. Die Norm beinhaltet aber keinerlei Anhaltspunkte, aus denen ein von § 4 KStG abweichendes Verständnis im Rahmen des Verweises in § 2 Abs. 3 UStG für den Normadressaten ableitbar ist. Selbst wenn der Gesetzgeber mit der Vorschrift die Vorgaben der MwStSystRL umsetzen wollte, ist ihm dies nur unzureichend gelungen.

Zu den Auslegungskriterien zählt zwar anerkanntermaßen auch die richtlinienkonforme Auslegung[1346]. Diese erweitert die Auslegungsgrenze – den Wortsinn – allerdings nicht[1347]. Da bei der Auslegung von § 2 Abs. 3 UStG keine Auslegungsalternative zu Tage tritt, welche eine richtlinienkonforme Anwendung der Vorschrift bedeuten würde, hilft die richtlinienkonforme Auslegung nicht weiter.

1342 Gesetz zur Neufassung des Umsatzsteuergesetzes und zur Änderungen anderer Gesetze v. 26.11.1979, BGBl. I 1979, 1953 (1954).

1343 BT-Drs. 8/1779 v. 5.5.1978, Gesetzentwurf der Bundesregierung Entwurf eines Umsatzsteuergesetzes (UStG 1979), S. 29.

1344 6. EG-Richtlinie 77/388/EWG des Rates v. 17.5.1977, zur Harmonisierung der Rechtsvorschriften der Mitgliedstaaten über die Umsatzsteuern – Gemeinsames Mehrwertsteuersystem, ABl. Nr. L 145, S. 1.

1345 *Drüen*, in Tipke/Kruse, AO/FGO, § 4 AO Tz. 235 (Okt. 2011).

1346 Siehe bereits S. 39 ff.

1347 *Mellinghoff*, UR 2013, 5 (8); siehe bereits näher S. 43.

Auch wenn im Rahmen eines (rechtsgebietsübergreifenden) Verweises im Umsatzsteuergesetz immer der Vorbehalt der richtlinienkonformen Auslegung zu berücksichtigen ist[1348], muss sich die richtlinienkonforme Auslegung innerhalb der Auslegungsgrenzen bewegen[1349]. Das ist für den Verweis des § 2 Abs. 3 UStG nicht der Fall. Eine umsatzsteuerrechtliche und damit richtlinienkonforme Auslegung des Begriffs „BgA" verbietet sich, weil es aus den genannten Gründen zu Auslegungsergebnissen *contra legem* führen würde. Der BFH verlässt bei richtlinienkonformer Auslegung demnach den möglichen Wortsinn des § 2 Abs. 3 UStG, womit es sich nicht mehr um eine bloße Auslegung handelt[1350]. *Englisch* formuliert daher zurecht kritisch, dass *„der BFH (...) sich als Reparaturgesetzgeber contra legem [betätigt]*[1351]*."* § 2 Abs. 3 UStG ist nicht mit dem Unionsrecht vereinbar. Da eine unmittelbare Anwendung der MwStSystRL keine unmittelbaren Pflichten der jPdöR begründet, stünde dem Steuerpflichtigen ein Wahlrecht zur unmittelbaren Anwendung der MwStSystRL zu seinen Gunsten zu[1352]. Dieser für die jPdöR vorteilhaften Rechtsansicht erteilt der BFH mit der richtlinienkonformen Auslegung des § 2 Abs. 3 UStG jedoch eine Absage[1353].

Dass der BFH § 2 Abs. 3 UStG richtlinienkonform auslegt, verwundert auch vor dem Hintergrund seiner eigenen Rechtsprechung zur ähnlichen Frage der Auslegungsfähigkeit des Klammerzusatzes in § 12 Abs. 2 Nr. 8 Buchst. a UStG[1354]. Dazu hat der BFH entschieden, dass eine richtlinienkonforme Auslegung in Anbetracht der bei der Gesetzesauslegung zu beachtenden Wortlautgrenze nicht möglich sei[1355]. Wegen der mit dem Klammerzusatz ausdrücklichen Bezugnahme

---

1348 Siehe dazu bereits S. 43.

1349 Siehe S. 39 ff.

1350 Siehe S. 233 ff.

1351 *Englisch*, in Tipke/Lang, Steuerrecht[21], 2013, § 17 Rn. 56.

1352 *Bollweg*, UR 2010, 652 (653 f.); *T. Küffner*, UR 2010, 654 (655); *Mellinghoff*, UR 2013, 5 (8); *Reiß*, in Reiß/Kraeusel/Langer, UStG, § 2 Rn. 191 (März 2013), zu den Konstellationen des Anwendungsvorrangs der Richtlinie und der Probleme, die der Anwendungsvorrang beinhaltet, wenn sich Dritte – nämlich Wettbewerber – darauf berufen *Reiß*, in Reiß/Kraeusel/Langer, UStG, § 2 Rn. 191 (März 2013).

1353 *Klenk*, in Sölch/Ringleb, UStG, § 2 Rn. 236 (Sep. 2011); *Lippross*, Umsatzsteuerrecht[23], 2012, 430; *Reiß*, in Reiß/Kraeusel/Langer, UStG, § 2 Rn. 191 (März 2013). Kritisch äußern sich *Ismer/Keyser*, UR 2011, 81 (84) dazu, nach deren Auffassung „die Entscheidung des BFH (...) ersichtlich vom Bestreben getragen ist, eine richtlinienkonforme Auslegung anzunehmen und damit ein Wahlrecht des Steuerpflichtigen hinsichtlich der unmittelbaren Anwendung der Richtlinie zu vermeiden".

1354 *Englisch*, in Tipke/Lang, Steuerrecht[21], 2013, § 17 Rn. 56 in Fn. 5.

1355 BFH, Urt. v. 8.3.2012 – V R 14/11, BStBl. II 2012, 630 (632).

auf die §§ 51 bis 68 AO und der sich daraus ergebenden Verweisung auf den Beispielskatalog in § 52 Abs. 2 AO fehle es an einem hinreichenden Anknüpfungspunkt für eine dem Unionsrecht entsprechende Einschränkung des ermäßigten Steuersatzes auf Leistungen der anerkannten – „für wohltätige Zwecke und im Bereich der sozialen Sicherheit" tätigen – Einrichtungen[1356]. Der BFH sollte den Klammerzusatz in § 2 Abs. 3 UStG ähnlich streng interpretieren[1357]. Sein richtlinienkonformes Ergebnis ist methodisch nicht durch Auslegung zu gewinnen. Außerdem überschreitet die Rechtsprechung mit der Wortsinngrenze auch ihre Kompetenzgrenze im Verhältnis zum Gesetzgeber[1358]. Die Gerichte dürfen den Gesetzgeber nicht übergehen, sondern sind angehalten, das Gesetz auszulegen. Die richtlinienkonforme Auslegung darf nicht zu einer faktischen unmittelbaren Wirkung der Richtlinie führen[1359].

Da der Gesetzestext aufgrund fehlender Hinweise nicht auf ein vom körperschaftsteuerrechtlichen Verständnis abweichendes Auslegungsergebnis schließen lässt, ist die richtlinienkonforme Auslegung des § 2 Abs. 3 UStG durch den BFH auch verfassungsrechtlich zweifelhaft. Dem Verständnis des BFH folgend, ließe die Ausgestaltung des § 2 Abs. 3 UStG nicht hinreichend erkennen, in welchem Verhältnis die Verweisnorm zu den verwiesenen Vorschriften des Körperschaftsteuergesetzes steht. Für den verobjektivierten Normadressat ist nach Lektüre das § 2 Abs. 3 UStG nicht erkennbar, dass der Klammerzusatz mit dem Verweis losgelöst vom körperschaftsteuerrechtlichen Verständnis und damit als „leere Hülle" zu verstehen ist[1360]. Die Vereinbarkeit von § 2 Abs. 3 UStG mit dem Grundsatz von Normenbestimmtheit und dem Gebot der Normenklarheit ist daher angesichts der Auslegung durch den BFH zweifelhaft[1361].

1356 BFH, Urt. v. 8.3.2012 – V R 14/11, BStBl. II 2012, 630 (632).

1357 Ebenso Zweifel an der Möglichkeit der richtlinienkonformen Auslegung in Hinblick auf die Wortsinngrenze äußert *Lippross*, Umsatzsteuerrecht[23], 2012, S. 430.

1358 Jenseits der Wortsinngrenze kann Rechtsfortbildung möglich und gegebenenfalls unionsrechtlich sogar geboten sein, dafür müssen aber die Voraussetzungen einer Rechtsfortbildung vorliegen; siehe zur Rechtsforbildung im Steuerrecht nur *Drüen*, in Tipke/Kruse, AO/FGO, § 4 AO Tz. 360 ff. (Okt. 2011).

1359 Siehe bereits Fn. 158.

1360 In seinem Diskussionsbeitrag im JbFSt 2013/2014, S. 651 führt *Grünwald* in diesem Sinne aus: „Wir kennen es von dem Begriff ‚Betrieb gewerblicher Art', dass man im Wege der unionsrechtskonformen Auslegung mit dem Wortlaut zaubern kann und zu Ergebnissen kommt, die dem außenstehenden Dirtten doch einigermaßen fremd erscheinen dürften."

1361 In diesem Sinne auch *Ismer/Keyser*, UR 2011, 81 (90), die zwar feststellen, dass die derzeitige Regelung nicht „dem rechtspolitischen Ideal der Gesetzesbestimmtheit"

4. Die Verweisung des § 2 Abs. 3 UStG als Ursache fortwirkender Rechtsunsicherheit – Der Steuerpflichtige zwischen BFH-Rechtsprechung und Verwaltungsauffassung

Ungeachtet der begründeten Kritik an der „richtlinienkonformen Auslegung" des § 2 Abs. 3 UStG, verfolgt die jetzige Rechtsprechung des BFH zu § 2 Abs. 3 UStG jedenfalls eine unionsrechtskonforme Umsatzbesteuerung der jPdöR. Trotz der nunmehr gesicherten Rechtsprechung besteht in der Praxis jedoch ein hohes Maß an Rechtsunsicherheit fort. Das ist darauf zurückzuführen, dass die Finanzverwaltung der Rechtsprechungsentwicklung nur sporadisch gefolgt ist. Zwar sind immer wieder vereinzelte Anpassungen des Umsatzsteueranwendungserlasses (bzw. zuvor der Umsatzsteuerrichtlinien), die der Rechtsprechung Rechnung getragen haben, erfolgt[1362]. Aber trotz der nunmehr vollumfänglichen richtlinienkonformen Auslegung des § 2 Abs. 3 UStG hält die Finanzverwaltung grundsätzlich an der Auslegung der Voraussetzungen i. S. d. körperschaftsteuerrechtlichen Verständnisses fest[1363]. Sie nimmt die Rechtsprechung des BFH

---

entspreche, aber die vom BVerfG aufgestellten Anforderungen für die Annahme der Verfassungswidrigkeit deutlich unterschritten seien; zur Normenbestimmtheit und -klarheit im Zusammenhang mit rechtübergreifenden Verweisen siehe bereits S. 57 ff.

1362 So hat die Finanzverwaltung beispielsweise die Anlehnung an die körperschaftsteuerrechtlichen Grundsätze insofern entschärft, dass die Umsatzgrenzen nicht allein ausschlaggebend sind, wenn eine jPdöR mit ihrer Tätigkeit zu anderen Unternehmern in Wettbewerb tritt; vgl. A 2.11 Abs. 2 S. 4 UStAE, der nach Veröffentlichung des BFH-Urteils v. 11.6.1997 – XI R 33/94, BStBl. II 1999, 418 eingeführt worden ist; siehe exemplarisch die Vorgabe der Nichtbeanstandung der geforderten richtlinienkonformen Auslegung von § 2 Abs. 3 UStG eines Steuerpflichtigen, die die OFD Nieders., Vfg. v. 27.7.2012, Unternehmereigenschaft von juristischen Personen des öffentlichen Rechts – S 7106-283-St 171, DStR 2012, 1923 enthält; so bereits im gleichlautenden Erlass der OFD Nieders., Vfg. v. 26.1.2011 – S 7106-283-St 171, UR 2013, 42 (43).

1363 Siehe A 2.11 Abs. 4 S. 2 UStAE; ebenso *Birkenfeld*, in Birkenfeld/Wäger, USt-Handbuch, § 46 Rn. 154 (März 2012); *Lippross*, Umsatzsteuer[23], 2012, S. 438 f. Dass die Finanzverwaltung keine konsequente Anpassung des Umsatzsteueranwendungserlasses verfolgt und ihre Verwaltungsauffassung nicht ändern möchte, lässt sich gut an A 2.11 Abs. 12 UStAE illustrieren. So hat sie die Entscheidung des BFH (Urt. v. 27.2.2003 – V R 78/01, BStBl. II 2004, 431) im Umsatzsteueranwendungserlasses aufgenommen, aber die Rechtsprechungsänderung (BFH, Urt. v. 1.12.2011 – V R 1/11, BFHE 236, 235) zu den betroffenen Sachverhalten weder im Bundesteuerblatt II veröffentlicht, noch im Umsatzsteueranwendungserlass aufgenommen.

zur Auslegung des § 2 Abs. 3 UStG zwar zur Kenntnis, reagiert aber äußerst verhalten darauf. Die OFD Münster weist beispielsweise in einem Anfang 2013 veröffentlichtem Praxisleitfaden zur Besteuerung der juristischen Personen des öffentlichen Rechts auf die richtlinienkonforme BFH-Rechtsprechung hin. Führt im Anschluss aber aus, dass „die Reaktion der Finanzverwaltung auf die oben dargestellte Rechtsprechung (...) abzuwarten [bleibt][1364]. Vergleichbar hat das Finanzministerium Hessen in einem Erlass vom 20.7.2011 nach einem kurzen Hinweis auf die einschlägigen Urteile des BFH zur richtlinienkonformen Auslegung des § 2 Abs. 3 UStG nur festgestellt, dass diese Urteile noch auf Bund-Länder-Ebene erörtert würden. Bis zum Abschluss der Erörterungen bleibe die bisherige Verwaltungsauffassung unverändert[1365]. Im Erlass der OFD Niedersachsen vom 27.2.2012 heißt es, dass die BFH-Urteile zurzeit nicht amtlich veröffentlicht werden. Eine Arbeitsgruppe prüfe, welche Notwendigkeiten und Möglichkeiten bestehen, die Umsatzbesteuerung von Leistungen der öffentlichen Hand unter Berücksichtigung der Rechtsprechung an die Vorgaben des Unionsrechts anzupassen[1366]. Immerhin fügt sie aber an, dass es nicht zu beanstanden sei, wenn sich eine jPdöR vor Veröffentlichung auf die BFH-Urteile beruft[1367]. So bestimmt die Finanzverwaltung die Unternehmereigenschaft einer jPdöR grundsätzlich weiterhin danach, ob die Voraussetzungen eines Betriebs gewerblicher Art i. S. d. § 1 Abs. 1 Nr. 6 i. V. m. § 4 KStG erfüllt sind. Nach Verwaltungsauffassung ist darüber regelmäßig sowohl für die Umsatzsteuer als auch

1364 *OFD Münster*, Besteuerung der juristischen Personen des öffentlichen Rechts, 2013, S. 183, abrufbar unter http://www.ofd-muenster.de/die_ofd_ms /Arbeitshilfen__Leitfaeden__Praxishilfen/PDF_Arbeitshilfen/Jur_pers_oeff_Recht.pdf (Stand 28.9.2014).

1365 Erlass des Finanzministeriums Hessen v. 20.7.2011 – S 7106 A-096- II 51, Erlass betr. Umsatzsteuerliche Behandlung zwischenbehördlicher Leistungsverrechnungen, abrufbar unter http://www.hochschulbesteuerung.de/878.0.html (Stand 15.1.2014).

1366 OFD Nieders., Vfg. v. 27.7.2012, Unternehmereigenschaft von juristischen Personen des öffentlichen Rechts – S 7106–283-St 171, DStR 2012, 1923; so bereits im gleichlautenden Erlass der OFD Nieders., Vfg. v. 26.1.2011 – S 7106–283-St 171, UR 2013, 42 f.; zu den Konkurrenzen der Dienstanweisungen untereinander *Hey*, Steuerplanungssicherheit als Rechtsproblem, 2002, S. 78 f.; *Tipke*, StRO III², 2012, S. 1447 f.

1367 OFD Nieders., Vfg. v. 27.7.2012, Unternehmereigenschaft von juristischen Personen des öffentlichen Rechts – S 7106–283-St 171, DStR 2012, 1923; so bereits im gleichlautenden Erlass der OFD Nieders., Vfg. v. 26.1.2011 – S 7106–283-St 171, UR 2013, 42 (43).

für die Körperschaftsteuer einheitlich zu entscheiden[1368]. Das bedeutet, dass die vermögensverwaltenden und hoheitlichen Tätigkeiten der öffentlichen Hand nach der Verwaltungsauffassung nicht der Umsatzbesteuerung unterliegen, weil diese Tätigkeiten nicht im Rahmen eines BgA ausgeführt werden, es sei denn, die Behandlung als nichtsteuerbar würde zu größeren Wettbewerbsverzerrungen führen[1369]. Darüber hinaus zieht die Finanzverwaltung nach wie vor die Umsatzgrenzen von jährlich 130.000 € für die Beurteilung, ob sich die jPdöR als selbständige Einrichtung betätigt und von jährlich 30.678 € für die Frage, ob sich die wirtschaftliche Tätigkeit innerhalb der Gesamtbetätigung heraushebt heran[1370].

Aus dieser Disparität von Rechtsprechung und Verwaltungsauffassung folgt für die jPdöR gravierende Rechts(planungs-)unsicherheit. Die Vorgaben des Umsatzsteueranwendungserlasses, der BMF-Schreiben, der Erlasse und Verfügungen der jeweiligen OFD binden die Finanzbeamten verwaltungsintern[1371]. Solange die Verwaltungsauffassung Bestand hat, steht es einer jPdöR damit frei[1372], diese Besteuerung von der Finanzverwaltung zu fordern[1373]. Ist eine jPdöR beispielsweise vermögensverwaltend tätig, kann es für sie einerseits günstiger sein, die Tätigkeit nicht der Umsatzbesteuerung zu unterwerfen. Möchte sie aber im Rahmen der vermögensverwaltenden Tätigkeit den Vorsteuerabzug geltend machen, hat sie ebenso die Möglichkeit die richtlinienkonforme

---

1368 Erlass des Finanzministeriums Hessen v. 20.7.2011 – S 7106 A-096- II 51 (Fn. 1365), Anl. 1 Tz. 2.1.

1369 Siehe A 2.11 Abs. 2 S. 4 UStAE; *OFD Münster*, Besteuerung der juristischen Personen des öffentlichen Rechts, 2013, S. 182, abrufbar unter >>http:// http://www.ofd-muenster.de/die_ofd_ms/Arbeitshilfen__Leitfaeden__Praxishilfen/PDF_Arbeitshilfen /Jur_pers_oeff_Recht.pdf<< (Stand 28.9.2014); Erlass des Finanzministeriums Hessen v. 20.7.2011 – S 7106 A-096- II 51, Erlass betr. Umsatzsteu erliche Behandlung zwischenbehördlicher Leistungsverrechnungen, Anl. 1 Tz. 2.1, abrufbar unter http://beck-online.beck.de/default.aspx?vpath=bibdata\ ges_erl\fm_hes_s7106a _096_ii_51_2011_07_20\cont\fm_hes_s7106a_096_ii_51_2011_07_20.htm&hlwords=#xhlhit.pdf (zuletzt abgerufen am 15.6.2013); so auch A 2.11 Abs. 4 S. 2 UStAE.

1370 A 2.11 Abs. 4 S. 3 UStAE.

1371 Siehe bereits Fn. 378.

1372 *Lippross*, Umsatzsteuerrectt[23], 2012, S. 438 spricht insofern von einem „faktischen Wahlrecht".

1373 *Birkenfeld*, in Birkenfeld/Wäger, USt-Handbuch, § 46 Rn. 157 (März 2012); allgemein zum Anspruch des Steuerpflichtigen auf Durchsetzung der Verwaltungsvorschriften *Birkenfeld*, in Birkenfeld/Wäger, USt-Handbuch, § 9 Rn. 6 ff. (Aug. 2011).

Rechtsanwendung – bei Beanstandung durch die Finanzverwaltung[1374] notfalls gerichtlich – durchzusetzen[1375]. Beruft sich die jPdöR aber auf die Verwaltungsauffassung, kann sie nicht darauf vertrauen, dass die Umsatzbesteuerung für sie definitiv ausgeschlossen ist, weil für diesen Fall ein durch die Nichtbesteuerung der Umsätze im Wettbewerb Benachteiligter eine Konkurrentenklage anstreben könnte[1376]. Das Beispiel verdeutlicht die bestehende Rechtsunsicherheit von Verwaltung und Steuerpflichtigen bei der Umsatzbesteuerung der öffentlichen Hand. Da die öffentliche Hand zahlreiche wirtschaftliche Tätigkeiten ausübt, die davon betroffen sind, bestehen für die verschiedenen öffentlichen Haushalte insoweit Rechts- und Planungsunsicherheiten, die mit erheblichen finanziellen Risiken verbunden sein können[1377].

Der Verweis des § 2 Abs. 3 UStG zeigt eindrucksvoll auf, welche Irritationen Verweise im Umsatzsteuergesetz auf Inhalte der nichtharmonisierten Rechtsgebiete hervorrufen können. Die Anwendung des § 2 Abs. 3 UStG ist ohne nähere Kenntnis der Rechtsprechung nicht mehr möglich. Die Rechtslage ist für den Steuerpflichtigen aufgrund der m. E. wortsinnüberschreitenden

---

1374 Die Bitte an die Finanzbehörden, die geforderte richtlinienkonforme Auslegung von § 2 Abs. 3 UStG nicht zu beanstanden, formuliert die OFD Nieders., Vfg. v. 27.7.2012, Unternehmereigenschaft von juristischen Personen des öffentlichen Rechts – S 7106–283-St 171, DStR 2012, 1923; so bereits im gleichlautenden Erlass der OFD Nieders., Vfg. v. 26.1.2011 – S 7106–283-St 171, UR 2013, 42 (43).

1375 *Birkenfeld*, in Birkenfeld/Wäger, USt-Handbuch, § 46 Rn. 154 (März 2012).

1376 Zu den konkreten Möglichkeiten der Konkurrentenklage im Zusammenhang mit § 2 Abs. 3 und ihren Folgen *Stadie*, in Rau/Dürrwächter, UStG, § 2 Rn. 1170 f. (Juli 2011); *Stöcker*, in Küffner/Stöcker/Zugmaier, UStG, § 2 Rn. 625 (Feb. 2010); kritisch *Reiß*, IStR 2005, 53 ff.; zur Möglichkeit der Konkurrentenklage EuGH, Urt. v. 8.6.2006 – C-430/04 [Feuerbestattungsverein Halle], Slg. I 2006, 4999 (5013); BFH, Urt. v. 5.10.2006 – VII R 24/03, BStBl. II 2007, 243 (245 f.); v. 26.1.2012 – VII R 4/11, BStBl. II 2012, 541 (543); näher zur Konkurrentenklage im Steuerrecht *Bartmuß/Pauls*, ZStV 2013, 121 (124 ff.); *Enders*, Die Konkurrentenklage im Steuerrecht, 1993, S. 1 ff.; *Englisch*, StuW 2008, 43 ff.; *Erhardt-Rauch*, DStZ 2004, 641 ff.; *Hufeld*, Festschrift Stober, 2008, 717 (722 ff.); *Kohlhepp*, DStR 2011, 145 ff.; *van Lishaut*, Die Konkurrentenklage im Steuerrecht, 1993, S. 1 ff.

1377 Bericht des BRH v. 16.1.2013, Chancen zur Sicherung des Umsatzsteueraufkommens – Vorschläge zur Umsetzung wichtiger Reformvorhaben bei der Umsatzsteuer S. 14, abrufbar unter http://www.bundesrechnungshof.de/de/veroeffentlichungen / sonderberichte/langfassungen-ab-2013/2013-sonderbericht-chancen-zur-siche rung-des-umsatzsteueraufkommens-vorschlaege-zur-umsetzung-wichtiger-re formvorhaben-bei-der-umsatzsteuer/view (Stand 28.9.2014); anschaulich *Bollweg*, UR 2010, 652 (654).

richtlinienkonformen Auslegung des BFH im Zusammenspiel mit dem direkten Verweis nicht ohne weiteres erkennbar[1378]. Die derzeitige Fassung des § 2 Abs. 3 UStG setzt die unionsrechtlichen Vorgaben nicht hinreichend transparent um. Die beschriebenen Rechtsunsicherheiten lassen Zweifel aufkommen, ob der Gesetzgeber mit der jetzigen Ausgestaltung des § 2 Abs. 3 UStG dem rechtsstaatlich geforderten Gebot der Normenbestimmtheit und -klarheit nachkommt[1379]. Die zuvor geschilderten Nachteile[1380] eines Verweises treten drastisch zu Tage, während die Vorteile dieser Gesetzgebungstechnik nicht zur Geltung gelangen.

5. Reformbedarf bei der (Umsatz-)Besteuerung der juristischen Personen des öffentlichen Rechts – Zu den Reformvorschlägen des Bundesrechnungshofes

Die umsetzungsbedingten praktischen Anwendungsschwierigkeiten und Rechtsunsicherheiten haben schon frühzeitig die vehemente Forderung nach einer Gesetzesänderung hervorgerufen[1381]. Der Verweis des § 2 Abs. 3 UStG auf das Körperschaftsteuerrecht ruft Irritationen hervor und ist keineswegs hilfreich[1382]. Daran hat auch die nunmehr ständige BFH-Rechtsprechung, wonach § 2 Abs. 3 UStG richtlinienkonform auszulegen sei, nichts geändert. Vielmehr

---

1378 Ähnlich bereits *Baldauf*, DStZ 2008, 327 (332 f.); *Forster*, Juristische Personen des öffentlichen Rechts und Harmonisierung eines europäischen Mehrwertsteuersystems, 1997, S. 242; *Lange*, Umsatzsteuerkongreß-Bericht 2001/2002, 2002, S. 93 (111).

1379 *Papier/Möller*, AöR 122 [1997], 178 (192) bezeichnen als Indiz dafür, dass ein „unbestimmter Rechtsbegriff" dem Bestimmtheitsgebot nicht genügt, wenn aus diesem eine uneinheitliche Rechtsanwendung unterschiedliche Gerichte bzw. von Rechtsprechung und Behörden resultiert; zu den Anforderungen an einen rechtsgebietsübergreifenden Verweis in Bezug auf das Gebot der Normenbestimmtheit und Normenklarheit siehe bereits S. 53 ff.

1380 Siehe S. 53 f.

1381 *Baldauf*, DStZ 2008, 327 (336); *Dziadkowski*, IStR 2009, 835 ff.; *Gastl*, Betriebe gewerblicher Art im Körperschaftsteuerrecht, 2002, S. 320; *Häck*, Die öffentliche Hand im Körperschaft- und Umsatzsteuerrecht, 2004, S. 271; *Hey*, in Tipke/Lang, Steuerrecht[21], 2013, § 11 Rn. 28; *Hidien*, StuW 2005, 265 (271); *T. Küffner*, UR 2009, 491 (492); *Lange*, Umsatzsteuerkongreß-Bericht 2001/2002, 2002, S. 93 (111); *Seer/Klemke*, BB 2010, 2015 (2022 f.); *Sterzinger*, DStR 2010, 2217 ff.; *Weiß*, UR 1979, 85 (86); *Widmann*, DStR 2009 1061 (1068).

1382 *Radeisen*, in A. Vogel/Schwarz, UStG, § 2 Rn. 372 (Nov. 2011); so bereits *Weiß*, UR 1979, 85 (86); *Widmann*, UR 1994, 317.

hat diese „Reparatur durch die Rechtsprechung“[1383] die Rechtsunsicherheiten verschärft[1384]. Der Gesetzgeber ist dringend aufgerufen, den *status quo* zu ändern[1385]. Gesetzgeber, Verwaltung und Gerichte sind zwar nach Art. 4 Abs. 3 EUV gleichermaßen an die unionsrechtlichen Vorgaben gebunden und damit *qua* Gesetz aufgefordert diese umzusetzen[1386]. Da die richtlinienkonforme Auslegung des BFH nach hier vertretener Ansicht jedoch wegen der Überschreitung des Wortsinns *contra legem* erfolgt und damit unzulässig ist[1387], ist die Forderung nach einer Anpassung der Umsatzbesteuerung der öffentlichen Hand an die unionsrechtlichen Vorgaben in erster Linie an den Gesetzgeber und nicht an die Finanzverwaltung zu richten[1388]. Die von der Finanzverwaltung vertretene Auffassung ist zwar nicht richtlinienkonform, sie entspricht aber den nationalgesetzlichen Vorgaben. Somit kommt die Finanzverwaltung ihrem Harmonisierungsauftrag durchaus hinreichend nach, indem sie in ihren Verwaltungsanweisungen ausdrücklich darauf hinweist, dass sich der Steuerpflichtige auf die unmittelbare Anwendung der Richtlinie zu seinen Gunsten berufen darf[1389]. Eine

---

1383 *Ismer/Keyser*, UR 2011, 81 (90).

1384 Siehe S. 239 ff.

1385 Anstelle vieler *Dziadkowski*, IStR 2009, 835 (838); *Lange*, Umsatzsteuerkongreß-Bericht 2001/2002, 2002, S. 93 (105 ff.); *Radeisen*, in A. Vogel/Schwarz, UStG, § 2 Rn. 371 (Nov. 2011); *Seer/Klemke*, BB 2010, 2015 (2024); *Sterzinger*, DStR 2010, 2217 (2223); *Widmann*, UR 2009, 493 (494). *Präsident des Bundesrechnungshofes als Bundesbeauftragter für Wirtschaftlichkeit in der Verwaltung*, Chancen zur Sicherung des Umsatzsteueraufkommens, 2013, S. 15: „Neue Entscheidungen des Europäischen Gerichtshofes und die inzwischen gefestigte Rechtsprechung des Bundesfinanzhofes verdeutlichen, dass der Handlungsbedarf noch drängender geworden ist.“; unabhängig von den Problemen des Zusammenspiels von Umsatzsteuerrecht und Körperschaftsteuerrecht haben zuletzt *Desens/Hummel*, StuW 2012, 225 (234 ff.) Reformvorschläge unterbreitet, die darauf abzielen, eine Umsatzsteuerdefinitivbelastung der Körperschaften des öffentlichen Rechts zu vermeiden.

1386 EuGH, Urt. v. 22.6.1989 – C-103/88 [Fratelli Costanzo], Slg. I 1989, 1839 (1870); *Birkenfeld*, UR 1993, 271 (273); *Kruis*, Der Anwendungsvorrang des EU-Rechts in Theorie und Praxis, 2013, S. 431; *Widmann*, UR 1994, 317.

1387 Siehe bereits S. 231 ff.

1388 Die Forderung gleichermaßen an Gesetzgeber und Finanzverwaltung richtend *Bollweg*, UR 2010, 652; *T. Küffner, UR 2010, 654 (655); Widmann*, UR 1994, 317 (318); *ders.*, UR 2009, 493 (494).

1389 OFD Nieders., Vfg. v. 27.7.2012, Unternehmereigenschaft von juristischen Personen des öffentlichen Rechts – S 7106–283-St 171, DStR 2012, 1923; so bereits im gleichlautenden Erlass der OFD Nieders., Vfg. v. 26.1.2011 – S 7106–283-St 171, UR 2013, 42 (43).

umfassende richtlinienkonforme Anpassung der Verwaltungsanweisungen ist aufgrund der ambivalenten einzelfallabhängigen Rechtsfolgen[1390] nicht möglich, ohne den Steuerpflichtigen das sich aus dem unionsrechtswidrigen nationalen Recht bietende Gestaltungsrecht abzuschneiden. Somit hängt es vordergründig am Gesetzgeber die unbefriedigende Rechtslage auszubessern, weil die Finanzverwaltung sich nicht über das nationale Recht hinwegsetzen darf, solange sich der Steuerpflichtige nicht auf die unzureichend umgesetzten Vorgaben der MwStSystRL beruft[1391].

Der unbefriedigende Rechtszustand wird zwar von allen Seiten registriert und fortlaufend thematisiert[1392], wann die Legislative ihre Zurückhaltung aufgibt und ob sich die Finanzverwaltung weiterhin strikt am nationalen Recht orientieren wird[1393], ist allerdings nicht abzusehen[1394]. Der Bundesrechnungshof (BRH) hatte

---

1390 Zu den Vor- und Nachteilen, die sich aus dem Zusammenwirken von Umsatzsteuerpflicht und Vorsteuerabzugsberechtigung ergeben können, siehe bereits S. 130 ff.

1391 Zur unmittelbaren Anwendung der Richtlinie siehe bereits Fn. 158.

1392 Exemplarisch hat die Bundesregierung in BT-Drs. 16/8710 v. 3.4.208, Antwort der Bundesregierung auf die kleine Anfrage der FDP-Fraktion – BT-Drs. 16/875, S. 2, auf die Frage, wieso trotz mehrerer Anträge und des Berichts des BRH keine Reaktion erfolgt ist, geantwortet, dass weitere Evaluierungen zu erfolgen hätten und die Rechtsprechungsentwicklung abzuwarten bleibe. Dazu hat zuletzt die Bundesregierung in erster Linie wegen der Umsatzbesteuerung interkommunaler Leistungen, BT-Drs. 17/14516 v. 7.8.2013 als Antwort auf die kleine Anfrage der Bündnis 90/Die Grünen-Fraktion – Drs. 17/14298 – Umsatzbesteuerung der öffentlichen Hand, v. 27.6.2013, S. 2 ausgeführt: „Die Bundesregierung nimmt dieses Thema ernst. Daher wird die Problematik der Umsatzbesteuerung der öffentlichen Hand bereits seit längerem vom Bundesministerium der Finanzen intensiv mit den obersten Finanzbehörden der Länder erörtert."

1393 Dies wäre zwar nach hier vertretener Ansicht wegen der verfehlten Umsetzung der Vorgaben der MwStSystRL in § 2 Abs. 3 UStG nicht zu beanstanden. Es wäre aber auch denkbar, dass die Finanzverwaltung sich der BFH-Rechtsprechung anschließt.

1394 Der Koalitionsvertrag zwischen CDU, CSU und FDP, Wachstum. Bildung. Zusammenhalt, beschlossen und unterzeichnet am 26.10.2009, S. 14 f. (abgedruckt in UR 2009, 792 f., enthielt auch noch das Ziel Wettbewerbsgleichheit zwischen kommunalen und privaten Anbietern zu schaffen, ohne es wirklich in Angriff genommen zu haben. Im aktuellen Koalitionsvertrag ist auf die Umsatzbesteuerung der jPdöR nur insofern Bezug genommen, dass „die interkommunale Zusammenarbeit (…) steuerrechtlich nicht behindert werden [soll]." Eine umsatzsteuerliche Belastung kommunaler Beistandsleistungen solle vermieden werden; Koalitionsvertrag zwischen CDU, CSU und SPD, 18. Legislaturperiode – Deutschlands Zukunft gestalten, S. 91 (abrufbar unter: http://www.cdu.de/koalitionsvertrag [Stand 16.1.2014]).

bereits in seinem Bericht vom 2.11.2004 „auf die verwaltungsmäßigen, strukturellen und EG-rechtlichen Probleme" der Umsatzbesteuerung der öffentlichen Hand hingewiesen[1395]. In diesem Bericht spricht der BRH an den Bund und die Länder die Empfehlung aus, den Schwierigkeiten sofort Abhilfe zu verschaffen. Bestenfalls sollte – entgegen der hier vertretenen Auffassung – noch vor Abschluss einer etwaigen Erörterung eine Änderung der Verwaltungsanweisungen und Beschlüsse erfolgen[1396]. Eine Reaktion blieb aber sowohl auf Seiten der Finanzverwaltung als auch der Gesetzgebung aus. Mit dem Hinweis auf die Erkenntnisse des Berichts aus 2004 sowie auf die immer weiter vom körperschaftsteuerrechtlichen Verständnis abrückende Rechtsprechung machte der BRH in seinem Bericht vom 27.11.2007 auf den immer drängenderen Handlungsbedarf erneut aufmerksam[1397]. Aber auch auf diese Empfehlung folgte keine nennenswerte Reaktion. In einem aktuelleren Bericht vom 16.1.2013 hat der BRH festgestellt, dass die bereits 2004 dargestellte mangelhafte Umsatzbesteuerung der öffentlichen Hand fortbesteht. Zwar habe eine Bund-Länder-Arbeitsgruppe im Februar 2012 dem Bundesfinanzministerium ihren Abschlussbericht vorgelegt, die nicht gänzlich abzusehenden Auswirkungen einer Änderung der Besteuerung würden aber eine weitere Prüfung erforderlich machen[1398]. Es bleibt somit weiterhin abzuwarten, wann (und ob) der Gesetzgeber oder die Finanzverwaltung reagieren wird[1399]. Die im Schrifttum vorgebrachten Zweifel an einer Gesetzesänderung

1395 Unterrichtung durch den BRH v. 2.11.2004, BT-Drs. 15/4081, Bericht nach § 99 BHO zur umsatzsteuerrechtlichen Behandlung der öffentlichen Hand – Vorschläge für eine EG-konforme Besteuerung juristischer Personen des öffentlichen Rechts, S. 17.

1396 Unterrichtung durch den BRH v. 2.11.2004, BR-Drs. 15/4081, Bericht nach § 99 BHO zur umsatzsteuerrechtlichen Behandlung der öffentlichen Hand – Vorschläge für eine EG-konforme Besteuerung juristischer Personen des öffentlichen Rechts, S. 17.

1397 Unterrichtung durch den BRH v. 21.11.2007, BT-Drs. 16/7100, Bemerkungen des BRH 2007 zur Haushalts- und Wirtschaftsführung des Bundes, S. 215 f.

1398 *Präsident des Bundesrechnungshofes als Bundesbeauftragter für Wirtschaftlichkeit in der Verwaltung*, Chancen zur Sicherung des Umsatzsteueraufkommens, 2013, S. 14 f.

1399 *Lippross*, Umsatzsteuerrecht[23], 2012, S. 439 geht davon aus, dass die Vorarbeiten der Finanzverwaltung unlängst abgeschlossen sind und daher mit einer baldigen Umsetzung zu rechnen sei. Diese Forderung hat *Widmann*, UR 1994, 317 (318) aber schon 1996 geäußert und eine baldige Umsetzung prognostiziert. An gleicher Stelle hat er eine mögliche Formulierung eines BMF-Schreibens präsentiert, dass die Abkehr vom körperschaftsteuerrechtlichen Verständnis bei der Umsatzbesteuerung

wegen der zu großen politischen Brisanz des Themas[1400] sind nicht unbegründet. Die legislatorische Zurückhaltung scheint den immensen Auswirkungen für die öffentliche Hand geschuldet zu sein[1401]. So bleibt zu hoffen, dass die anhaltende Forderung einer Gesetzesänderung sowie diverse Reformvorschläge[1402] den Gesetzgeber motivieren, die Regelung des § 2 Abs. 3 UStG an die unionsrechtlichen Vorgaben anzupassen[1403]. Bereits in seinem Bericht nach § 99 BHO vom 2.11.2004[1404] hat der BRH drei alternative Lösungsansetzte vorgestellt, die eine

---

der Vermögensverwaltung von jPdöR vorsieht. Die Bundesregierung hat in BT-Drs. v. 7.8.2013 – BT-Drs. 17/14516, S. 4 ff. nähere Auskünfte über mögliche Änderungen bei der Umsatzbesteuerung der öffentlichen Hand mit dem Hinweis auf die fehlenden Ergebnisse einer weiteren Bund-Länder-Gruppe verweigert. An gleicher Stelle (S. 1 und 6) weist die Bundesregierung auf mögliche Änderungen die Umsatzbesteuerung der öffentlichen Hand betreffend auf Unionsebene hin. Eine abschließende Haltung der Bundesregierung zur Besteuerung der öffentlichen Hand könne daher erst festgelegt werden, wenn die Kommission ein Gesamtkonzept vorgelegt hat.

1400 *Bollweg,* UR 2010, 652 (654); *T. Küffner,* UR 2010, 654 (655).

1401 Die Auswirkungen anschaulich darstellend *Bollweg,* UR 2010, 652 (654).

1402 *Häck,* Die öffentliche Hand im Körperschaft- und Umsatzsteuerrecht, 2004, S. 276; *Hüttemann,* Die Besteuerung der öffentlichen Hand, FR 2009, 308 (313); *Forster,* Juristische Personen des öffentlichen Rechts und Harmonisierung eines europäischen Mehrwertsteuersystems, 1997, S. 242; *T. Küffner,* Umsatzsteuerrechtliche Behandlung von juristischen Personen des öffentlichen Rechts im Lichte der 6. EG-Richtlinie, 2001, S. 150; *Saß,* Umsatzsteuer-Kongreß-Bericht 2001/2002, S. 113 (125 f.); *Weich,* Öffentliche Hand im System der Umsatzsteuer, 1996, S. 182; siehe auch Unterrichtung durch den BRH v. 2.11.2004, BR-Drs. 15/4081, Bericht nach § 99 BHO zur umsatzsteuerrechtlichen Behandlung der öffentlichen Hand – Vorschläge für eine EGkonforme Besteuerung juristischer Personen des öffentlichen Rechts, S. 16 f.

1403 Die Arbeitsgruppe der Finanzminister der Bundesländer hat am 21.05.2014 einen gesetzlichen Vorschlag für die Zusammenarbeit juristischer Personen des öffentlichen Rechts vorgelegt. Demnach soll § 2b UStG-E als Ersatz für § 2 Abs. 3 UStG neu eingeführt werden. Es bleibt allerdings abzuwarten, ob sich dieser Gesetzentwurf tatsächlich durchsetzen wird; siehe *Baldauf,* UR 2014, 549 (557); zu diesem Entwurf *Gohlke,* Gemeindehaushalt 2014, 207 (210).

1404 Siehe auch Unterrichtung durch den BRH v. 2.11.2004, BR-Drs. 15/4081, Bericht nach § 99 BHO zur umsatzsteuerrechtlichen Behandlung der öffentlichen Hand – Vorschläge für eine EG-konforme Besteuerung juristischer Personen des öffentlichen Rechts, S. 16 f.

unionsrechtskonforme Umsatzbesteuerung der jPdöR gewährleisten sollen[1405]. Er schlägt einerseits vor, das Umsatzsteuerrecht generell vom körperschaftsteuerrechtlichen Begriff „BgA“ zu lösen. Alternativ geht er von der Beibehaltung des Verweises aus. Dazu müsse der Gesetzgeber aber das Körperschaftsteuergesetz bei der Besteuerung der jPdöR an die unionsrechtlichen Vorgaben im Mehrwertsteuerrecht anpassen oder aber das Umsatzsteuergesetz partiell vom dem Körperschaftsteuerrecht abkoppeln[1406]. Es überrascht, dass sich in Kommentierungslandschaft und Schrifttum keine näheren Auseinandersetzungen mit den letztgenannten Reformmodellen finden. Vereinzelt finden die Vorschläge des BRH zwar Erwähnung, als wirkliche Alternative sind die Änderungen auf Seiten des Körperschaftsteuerrechts jedoch nicht aufgegriffen worden.

a) Gesetzliche Neuregelung in Form der Abkopplung vom körperschaftsteuerrechtlichen Begriff „Betrieb gewerblicher Art“

Der erstgenannte Lösungsvorschlag des BRH entspricht der im Schrifttum zu weiten Teilen vorgebrachten Forderung an den Gesetzgeber[1407]. Er sieht die Aufgabe der Verweisung auf das Körperschaftsteuergesetz und damit eine originär umsatzsteuerrechtliche Regelung vor. Diese sollte sich eng an der Ausgestaltung des Art. 13 MwStSystRL orientieren. Zugleich wäre eine Anpassung der Verwaltungsvorschriften erforderlich. Die autarke Beurteilung der Besteuerung der jPdöR im Körperschaft- und Umsatzsteuerrecht würde zwar ein Auseinanderdriften der beiden Steuerrechtsgebiete fördern. Die vom Gesetzgeber mit der derzeitigen Regelung verfolgte Vereinfachung wäre damit endgültig hinfällig. Eine unabhängige rechtsgebietsspezifische Beurteilung

---

1405 Diese Lösungsvorschläge beziehen sich auf die aktuelle Ausgestaltung der Umsatzbesteuerung der öffentlichen Hand. Auf Alternativlösungen, die eine grundlegende Reform der Umsatzbesteuerung der öffentlichen Hand bedeuten würden, soll an dieser Stelle nicht eingegangen werden; zu grundlegenden Reformansätzen exemplarisch *Kirchhof*, Umsatzsteuergesetzbuch, 2008, S. 75 ff.; *ders.*, Bundessteuergesetzbuch, 2011, S. 883 ff.

1406 Vgl. *Bott*, in Ernst & Young, KStG, § 4 Rn. 77.5 (Juli 2011); *Lange*, DB 2004, 2776 ff.; *Meier/Semelka*, in Herrmann/Heuer/Raupach, EStG/KStG, § 4 KStG Rn. 3 (März 2009).

1407 *Dziadkowski*, IStR 2009, 835 (838); *Ismer/Keyser*, UR 2011, 81 (90); *Lange*, Umsatzsteuerkongreß-Bericht 2001/2002, 2002, S. 93 (105 ff.); *ders.*, DB 2004, 2776 (2779); *Radeisen*, in A. Vogel/Schwarz, UStG, § 2 Rn. 371 (Nov. 2011); *Seer/Klemke*, BB 2010, 2015 (2024); *Sterzinger*, DStR 2010, 2217 (2221); *W. Wagner*, UVR 2009, 250 (254).

ist aber auch in anderen Bereichen, die eine parallele Beurteilung nahe legen könnten, unproblematisch[1408].

Die durch die Annäherung der beiden Steuerrechtsgebiete hervorgerufenen Probleme haben gezeigt, dass die angedachte Vereinfachung ohnehin eher verkomplizierend wirkt, als den angestrebten Vereinfachungseffekt herbeizuführen. Die Abkopplung würde für eine beständigere und klarere Rechtslage sorgen. Darüber hinaus würde sie sich gut in die allgemeine Entwicklung der Emanzipation der Umsatzsteuer von den Ertragsteuern einfügen, die auf der Ebene der Rechtsanwendung erkennbar ist[1409]. Schließlich nehmen in der Praxis die rechtsgebietsspezifischen Kompetenzen immer mehr zu. Das belegen nicht zuletzt die Zuständigkeiten der einzelnen Senate der Gerichte oder der Sachgebiete in den Finanzbehörden[1410]. Vor diesem Hintergrund überrascht es nicht, wenn die Beurteilung der Sachverhalte für das zuständige Rechtsgebiet oftmals isoliert vorgenommen wird und eine koordinierte Parallelentwicklung nur schwer realisierbar scheint. Eine Neuregelung des § 2 Abs. 3 UStG würde damit zur Rechtsklarheit beitragen, indem sie den rechtlichen und tatsächlichen Gegebenheiten Rechnung trägt.

b) Anpassung des Körperschaftsteuerrechts an die unionsrechtlichen Vorgaben für das Umsatzsteuerrecht

Bei seiner zweitgenannten Lösungsalternative geht der BRH von der Aufrechterhaltung des Verweises in § 2 Abs. 3 UStG aus[1411]. Zur Ausräumung der Divergenzen der beiden Rechtsgebiete bei der Besteuerung der jPdöR und zur Sicherstellung der unionsrechtskonformen Umsatzbesteuerung der jPdöR sieht dieser Lösungsvorschlag eine Angleichung des Körperschaftsteuergesetzes an die unionsrechtlichen Vorgaben im Umsatzsteuerrecht vor. Diese bloße Anpassung des Körperschaftsteuergesetzes ohne eine parallele Änderung des Umsatzsteuergesetzes wäre nur ausreichend, wenn es sich bei dem Verweis des § 2 Abs. 3 UStG um einen dynamischen handelt. Anderenfalls wäre § 1 Abs. 1 Nr. 6, § 4 KStG in der

---

1408 Der BRH, BR-Drs. 15/4081 v. 2.11.2004, S. 17 verweist exemplarisch auf die unterschiedlichen Voraussetzungen für das Vorliegen einer Organschaft.

1409 Ebenso *Hüttemann*, Gemeinnützigkeits- und Spendenrecht^2, 2012, § 7 Rn. 108; *Reimer*, DStJG 32 (2009), 325 (343); kritisch zur fehlenden rechtsgebietsübergreifenden Sicht der Gerichte *Widmann*, UR 1994, 317.

1410 In diesem Sinne auch *Hüttemann*, Gemeinnützigkeits- und Spendenrecht^2, 2012, § 7 Rn. 108; *Reimer*, DStJG 32 (2009), 325 (343 Fn. 51).

1411 Ebenso für eine Vereinheitlichung in dieser Richtung eintretend *Reimer*, DStJG 32 (2009), 325 (344).

neuen Fassung erst mit einer Änderung der Verweisungsnorm für das Umsatzsteuerrecht maßgebend. Die Kategorisierung eines Verweises als statischer oder dynamischer Verweis ist durch Auslegung der verweisenden Vorschrift zu ermitteln[1412]. Der Wortlaut des § 2 Abs. 3 UStG gibt zwar keinen expliziten Hinweis darauf, ob die Vorschriften des Körperschaftsteuergesetzes in der jeweils geltenden Fassung oder in einer bestimmten Fassung zu verstehen sind. Ebenso wenig geht aus der Gesetzesbegründung ausdrücklich hervor, welchem der beiden Verweistypen die Verweisung zuzuschreiben ist. Wie bereits aufgezeigt, hat der Gesetzgeber aber § 2 Abs. 3 S. 1 UStG ein Parallelverständnis des Begriffs „BgA" in den beiden Rechtsgebiete kodifiziert, soweit sich aus der Vorschrift nicht anderes ergibt[1413]. Er wollte mit dem Verweis durch die Orientierung der Umsatzbesteuerung der jPdöR an den körperschaftsteuerrechtlichen Grundsätzen im Verhältnis zur Vorgängerregelung einen Vereinfachungseffekt herbeiführen. Diesen Gleichlauf auf einen Auslegungswandel zu begrenzen und etwaige Gesetzeswandel außen vor zu lassen, widerspräche dem Vereinfachungsgedanken. So sprechen Genese und Zweck der Norm für die Annahme eines dynamischen Verweises[1414]. Das entspricht auch dem Verständnis der Verwaltung[1415] und der Literatur[1416].

1412 BVerfG, Beschl. v. 1.3.1978 – 1 BvR 786/70, 1 BvR 793/70, 1 BvR 168/71, 1 BvR 95/73, BVerfGE 47, 285 (311 f.); v. 23.3.1982 – 2 BvL 13/79, BVerfGE 60, 135 (155); *Zippelius*, Juristische Methodenlehre[11], 2012, S. 29; siehe bereits S. 57 f.

1413 Siehe zur Auslegung des § 2 Abs. 3 UStG bereits S. 231 ff.

1414 Die seit Einführung des Verweises in § 2 Abs. 3 UStG vorgenommenen Modifikationen und Ergänzungen des § 1 Abs. 1 Nr. 6, § 4 KStG haben keine materiell-rechtlichen Änderungen nach sich gezogen. Die heutige Fassung des § 4 KStG beruht auf den schon zuvor geltenden §§ 1 bis 6 KStDV, die durch Art. 1 des Körperschaftsteuerreformgesetzes 1976 v. 31.8.1976, BStBl. I 1976, 445 (447) nur in das Körperschaftsteuergesetz aufgenommen wurden. In der Gesetzesbegründung BT-Drs. 7/1470 v. 8.1.1974, Entwurf eins Dritten Steuerreformgesetzes, S. 335 heißt es: „Die bisherige Rechtslage soll durch die Neufassung nicht verändert werden." Die Einführung des § 4 Abs. 6 KStG durch Art. 3 des JStG 2009 v. 19.12.2008, BStBl. I 2009, 74 (91) war für das Umsatzsteuerrecht irrelevant, weil sich für das Umsatzsteuerrecht die für den körperschaftsteuerrechtlichen Verlustausgleich kritische Frage nach der Zulässigkeit der Zusammenfassung mehrerer BgA nicht stellt; ebenso zur fehlenden Relevanz des § 4 Abs. 6 KStG für die Umsatzsteuer *Reiß*, in Reiß/Kraeusel/Langer, UStG, § 2 Rn. 140.3 (März 2013); siehe zur Auslegung des § 2 Abs. 3 UStG bereits S. 231 ff.

1415 Siehe A 2.11 Abs. 4 S. 1 UStAE: „Für die Frage, ob ein Betrieb gewerblicher Art vorliegt, ist auf § 1 Abs. 1 Nr. 6 und § 4 KStG in der jeweils geltenden Fassung abzustellen."

1416 Siehe nur *Reiß*, in Reiß/Kraeusel/Langer, UStG, § 2 Rn. 187 (März 2013); *Stadie*, in Rau/Dürrwächter, UStG, § 2 Rn. 1152 (Juli 2011).

Fraglich ist, ob eine Anpassung des Körperschaftsteuerrechts an das Umsatzsteuerrecht sinnvoll wäre. *Reimer*[1417] und *M. Lang*[1418] sprechen sich für eine Orientierung des Körperschaftsteuerrechts am Umsatzsteuerrecht aus. Aus unionsrechtlicher Sicht sei dies insbesondere angesichts des Beihilfenrechts i. S. d. Art. 107 AEUV zu befürworten[1419]. Der unionsrechtliche Beihilfebegriff erfasst nicht ausschließlich Subventionen, sondern jedwede Art und Weise einer Subvention gleichstehende Verminderung einer gewöhnlich von einem Unternehmen zu tragende Belastung[1420]. Eine steuerliche Begünstigung darf nicht gewährt werden, wo ein Konkurrenzverhältnis mit anderen nicht begünstigten steuerpflichtigen Unternehmen herrscht[1421]. Da die Körperschaftsteuer Kostenfaktor eines Unternehmens ist[1422], können die unter Wettbewerbsgesichtspunkten zweifelhaften ertragsteuerrechtlichen Besteuerungsgrundsätze beihilfenrechtlich relevant sein. Zwar sei das Beihilfenrecht nicht in vergleichbarem Maße konkretisiert, wie die Vorgaben des Art. 13 MwStSystRL. Sowohl Art. 13 MwStSystRL als auch das Beihilfenrecht seien aber teleologisch gleichgerichtet. Beide Vorschriften dienen der Vermeidung steuerlicher Wettbewerbsverzerrungen[1423]. Wegen des umsatzsteuerrechtlich stärker zum Ausdruck kommenden Grundsatzes der Wettbewerbsneutralität, spricht *Reimer* insofern von einer „Leit- und Schärfungsfunktion des Umsatzsteuerrechts für das Recht der Körperschaftsteuer“[1424]. Die Verweisung des Umsatzsteuerrechts auf § 1 Abs. 1

1417 *Reimer*, DStJG 32 (2009), 325 (343 f.).

1418 *M. Lang*, Festschrift Wiesner 2004, S. 237 (249).

1419 *M. Lang*, Festschrift Wiesner, 2004, S. 237 (249); *Reimer*, DStJG 32 (2009), 325 (343 f.).

1420 EuGH, Urt. v. 2.7.1974 – C-173/73, Slg. I 1994, 709 (718 f.); v. 15.3.1994 – C-387/92 [Banco Exterior de España], Slg. I 1994, 877 (907 f.); v. 15.11.2011 – C-106/09 P, 107/09 P [Kommission/Government of Gibraltar und Vereinigtes Königreich], Slg. I 2011, 11180 (11205); zuletzt EuGH, Urt. v. 18.7.2013 – C-6/12, DStR 2013, 1588 (1590); siehe auch *Bloch*, N&R 2008, 120 (123 ff.); *Fehrenbacher*, ZfW, 2009, 79 (93); *Jennert*, EWS 2011, 305; *Khan*, in Geiger/Khan/Kotzur, EUV/AEUV^5, 2010, Art. 107 AEUV Rn. 7 f.; ausführlich zum Beihilfebegriff i. S. d. Art. 107 AEUV *Bär-Bouyssière*, in Schwarze, EU^3, 2012, Art. 107 AEUV Rn. 23 ff.

1421 *Heger*, in Gosch, KStG^2, 2009, § 4 Rn. 11; *Hey*, StuW 2000, 467 (468); *Tipke*, StRO II^2, 2003, S. 1168 f.; vgl. auch *von Wallenberg/Schütte*, in Grabitz/Hilf/Nettesheim, EU-Kommentar, Art. 107 AEUV Rn. 112 (Okt. 2011).

1422 *Heger*, in Gosch, KStG^2, 2009, § 4 Rn. 11; *Hey*, StuW 2000, 467 (468); *Tipke*, StRO II^2, 2003, S. 1168 f.

1423 *Reimer*, DStJG 32 (2009), 325 (343 f.).

1424 *Reimer*, DStJG 32 (2009), 325 (344).

Nr. 6, § 4 KStG sei von Einzelheiten abgesehen nicht grundsätzlich verfehlt, das Umsatzsteuerrecht sei der Körperschaftsteuer nur um einige Jahre voraus[1425]. *M. Lang* führt in diesem Zusammenhang aus, dass aus der Perspektive des unionsrechtlichen Beihilfenrechts die körperschaftsteuerrechtliche Nichtberücksichtigung land- und forstwirtschaftlicher Einkünfte sowie der Vermögensverwaltung in Form der Vermietung und Verpachtung nicht unproblematisch seien[1426]. Es sei nicht ausgeschlossen, dass sich die Kommission dieser konkreten Ausgestaltung des Körperschaftsteuerrechts einmal annehme[1427].

Die Überlegungen sind nicht aus der Luft gegriffen. Die Anpassung des Körperschaftsteuerrechts an das Umsatzsteuerrecht wäre mit Blick auf den Grundsatz der Wettbewerbsneutralität begrüßenswert[1428]. Der in Ansehung der Wettbewerbsneutralität kritisierten Verwaltungspraxis bei der Besteuerung von Beistandsleistungen[1429] wäre im Körperschaftsteuerrecht Einhalt geboten. Zudem könnte im Rahmen der Gesetzesänderung eine klare – dem Grundsatz der Wettbewerbsneutralität gerechter werdende – Linie beispielswiese für die Besteuerung öffentlich-rechtlich organisierter Entsorgungseinrichtungen für beide Rechtsgebiete geschaffen werden[1430]. Auch der Vorteil einer einheitlichen

---

1425 *Reimer*, DStJG 32 (2009), 325 (344).

1426 *M. Lang*, Festschrift Wiesner, 2004, S. 237 (248 f.) mit näherer Begründung. Ohne explizit beihilfenrechtliche Bedenken zu äußern, kritisiert *Heger*, in Gosch, KStG², 2009, § 4 Rn. 49 die Privilegierung der Einrichtungen der Land- und Forstwirtschaft.

1427 *Hüttemann*, Gemeinnützigkeits- und Spendenrecht², 2012, § 1 Rn. 113 geht davon aus, dass vermögensverwaltende Tätigkeiten regelmäßig keine beihilferechtlich relevanten unternehmerischen Tätigkeiten sind. Allerdings merkt er zugleich an, dass sich der EuGH(siehe EuGH, Urt. v. 10.1.2006 – C-222/04 [Cassa di Risparmio di Firenze u. a.], Slg. I 2006, 289) bislang nur zu einer Beteiligung an einer Kapitalgesellschaft geäußert hat.

1428 Allgemein für eine Änderung des § 4 KStG aus dem Blickwinkel der Wettbewerbsneutralität und den unionsrechtlich vorgegebenen Rahmenbedingungen *Döring*, in Schnitger/Fehrenbacher, KStG, 2012, § 4 Rn. 68; ähnlich *Heger*, in Gosch, KStG², 2009, § 4 Rn. 11 und *Hey*, StuW 2000, 467 (469), die eine gleichzeitige Änderung des § 14 AO fordern.

1429 Zur Kritik an der ertragsteuerrechtlichen Besteuerung der Beistandsleistungen exemplarisch *Döring*, in Schnitger/Fehrenbacher, KStG, 2012, § 4 Rn. 68; *Meier/Semelka*, in Herrmann/Heuer/Raupach, EStG/KStG, § 4 KStG Rn. 21 (März 2010); *Müller-Gatermann*, FR 2009, 314 (318).

1430 Kritisch zur ertragsteuerrechtlichen Behandlung der Entsorgungsbetriebe angesichts der der Wettbewerbsneutralität *Bloch*, N&R 2008, 120 ff.; *Döring*, in Schnitger/Fehrenbacher, KStG, 2012, § 4 Rn. 161; *Müller-Gatermann*, FR 2009, 314 ff.;

Abgrenzung im Körperschaft- und Umsatzsteuerrecht ist nicht von der Hand zu weisen[1431] und entspricht dem Vereinfachungsgedanken des Gesetzgebers, von dem die derzeitige Regelung des § 2 Abs. 3 UStG getragen ist. Allerdings weist der BRH in seinem Bericht zu Recht darauf hin, dass die Gewährleistung der unionsrechtskonformen Umsatzbesteuerung im Gleichklang mit dem angepassten Körperschaftsteuerrecht einen kontinuierlichen Anpassungsprozess erforderlich machen würde. Er gibt zu bedenken, dass das BMF und die obersten Finanzbehörden der Länder die der Anpassung nachfolgende EuGH-Rechtsprechung zur Umsatzbesteuerung der jPdöR im Körperschaftsteuerrecht beachten müssten[1432]. Darüber hinaus stünden die derzeitigen rechtsgebietsspezifischen organisatorischen Zuständigkeiten für das Umsatzsteuerrecht und Körperschaftsteuerrecht in den Finanzbehörden, Finanzgerichten und dem BFH dem Anpassungsprozess faktisch entgegen[1433]. Zudem müsste der Gesetzgeber auch für das Körperschaftsteuerrecht sein Augenmerk auf die Entwicklungen bei der Umsatzbesteuerung der öffentlichen Hand auf unionsrechtlicher Ebene richten. Würde er die grundlegende Entscheidung, das Körperschaftsteuerrecht dem Umsatzsteuerrecht und damit den Vorgaben der MwStSystRL anzupassen, konsequent verfolgen, müsste er auf etwaige Änderungen bei der Umsatzbesteuerung der öffentlichen Hand auf unionsrechtlicher Ebene reagieren. Die Ausgestaltung der körperschaftsteuerrechtlichen Besteuerung der jPdöR würde er weitestgehend aus der Hand gegeben[1434]. Im Falle eines gesetzlichen Verweises im Körperschaftsteuergesetz auf das harmonisierte Umsatzsteuerrecht stellt sich im Hinblick auf den Anwendungsvorrang deswegen die Frage nach der hinreichenden demokratischen Legitimation des nationalen Gesetzgebers. Da der Gesetzgeber aber zumindest den vorgegebenen rechtlichen Rahmen in Form des europarechtlichen Primärrechts kennt, dürfte diese Verweisrichtung wohl noch

---

Seer/Klemke, BB 2010, 2015 (2022 f.); *Wellmann*, DB 1997, 501 (502 f.) und zur umsatzsteuerrechtlichen Behandlung *Klenk*, in Sölch/Ringleb, UStG, § 2 Rn. 255 (Sep. 2011); *Stadie*, in Rau/Dürrwächter, UStG, § 2 Rn. 1336 ff. (Juli 2011); eine Übersicht der zurzeit bei der Qualifikation als Hoheitsbetrieb zur Disposition stehenden Einrichtungen der Daseinsfürsorge findet sich bei *Baldauf*, DStZ 2011, 35 (50 f.). *Bloch*, N&R 2010, 223 (227 f.) und *Fehrenbacher*, ZfW 2009 79 (93 ff.) zeigen für den konkreten Fall der Abwasserentsorgung beihilferechtliche Probleme auf.

1431 *Seer/Wendt*, DStR 2001, 825 (834).

1432 BRH v. 2.11.2004, BR-Drs. 15/4081, S. 17.

1433 In diesem Sinne auch *Hüttemann*, Gemeinnützigkeits- und Spendenrecht², 2012, § 7 Rn. 108; *Reimer*, DStJG 32 (2009), 325 (343 Fn. 51); siehe dazu bereits S. 249.

1434 Ähnlich *Häck*, Die öffentliche Hand im Körperschaft- und Umsatzsteuerrecht, 2004, S. 275.

zulässig sein. Ob der Gesetzgeber die ihm bei den direkten Steuern verbliebene Steuerhoheit insoweit freiwillig aufgibt, erscheint aber zweifelhaft. Wegen der nur schwer vorhersehbaren konkreten Entwicklung der Umsatzbesteuerung auf unionsrechtlicher Ebene wäre zudem nicht auszuschließen, dass die Rechtsgebiete letztlich doch wieder voneinander abdriften würden[1435]. Schließlich müssen die den einzelnen Steuerarten zugrundeliegenden Besteuerungszwecke auch im Falle der Anpassung des Körperschaftsteuerrechts hinreichend Berücksichtigung finden[1436] und da weitere Einzelsteuergesetze daran anknüpfen, müsste der Gesetzgeber nicht zuletzt die Auswirkung der Änderung des Körperschaftsteuergesetzes in anderen Rechtsgebieten im Blick haben[1437].

c) *Partielle Abkopplung der Umsatzbesteuerung der juristischen Personen des öffentlichen Rechts*

Dem letztgenannten Lösungsvorschlag folgend würde der Verweis ebenfalls erhalten bleiben. Die Unvereinbarkeiten würden aber nicht durch Anpassung des Körperschaftsteuerrechts an die umsatzsteuerrechtlichen Vorgaben behoben.

1435 Die Europäische Kommission erarbeitet zur Zeit einen Richtlinienentwurf zur Umsatzbesteuerung der öffentlichen Hand (siehe Mitteilung der Kommission v. 6.12.2011 zur Zukunft der Mehrwertsteuer Wege zu einem einfacheren, robusteren und effizienteren MwSt-System, das auf den Binnenmarkt zugeschnitten ist, KOM [2011], 851 Tz. 5.2.1; allgemein kritisch zu den Reformüberlegungen des europäischen Umsatzsteuersystems *Kube*, UR 2013, 489 ff.). In ihren Berichten dazu stellt sie gerade die Befreiung von öffentlichen Aufgaben in der jetzigen Form in Frage; vgl. *Kube*, UR 2013, 489 (491 f.); *Suck*, UR 2013, 205 (209); siehe dazu die durch die Europäische Kommission veranlasste Studie v. 1.3.2011, Mehrwertsteuer im öffentlichen Sektor und Mehrwertsteuerbefreiungen im öffentlichen Interesse, S. 6 f., 12, 27 (abrufbar unter: http://ec.europa.eu/taxation_customs/resources/documents/common/publications/studies/vat_public_sector_de.pdf] und Abschlussbericht für TAXUD/2011/DE/334 v. 10.1.2013, „Mehrwertsteuer im öffentlichen Sektor und Mehrwertsteuerbefreiungen im öffentlichen Interesse", S. 54: „Auf der Basis der oben beschriebenen Ergebnisse sind wir zu dem Schluss gelangt, dass das Konzept der Vollbesteuerung die beste Lösung ist, um die durch die unterschiedliche mehrwertsteuerliche Behandlung öffentlicher und privater Einrichtungen verursachten Verzerrungen zu beseitigen."; abrufbar unter: http://ec.europa.eu/taxation_customs/resources/documents/common/publications/studies/vat_pub lic_sector_exemptions_conclusions_de.pdf (Stand 28.9.2014).

1436 *Forster*, UR 1996, 73 (83).

1437 *Häck*, Die öffentliche Hand im Körperschaft- und Umsatzsteuerrecht, 2004, S. 102; siehe auch Fn. 1177.

Die Divergenzen sollen allein durch punktuelle Ergänzungen und Änderungen des § 2 Abs. 3 UStG ausgeräumt werden. Der Gesetzgeber könnte beispielsweise die bloße Vermögensverwaltung regelungstechnisch in den Katalog des § 2 Abs. 3 S. 2 UStG aufnehmen[1438]. Allerdings räumt der BRH zu Recht ein, dass eine vollumfängliche Beseitigung der Divergenzen schwer realisierbar wäre. Der Lösungsvorschlag birgt die Gefahr, dass § 2 Abs. 3 UStG stetig ergänzt und letztlich überfrachtet würde. Ein Ausmerzen aller Disparitäten der Rechtsgebiete könnte letztlich einen sehr kleinteiligen, detaillierten und damit unübersichtlichen Regelungskomplex zur Folge haben.

d) Präferenz der Abkopplung vom körperschaftsteuerrechtlichen Begriff „Betrieb gewerblicher Art" im Umsatzsteuerrecht als Reformansatz

Der Gesetzgeber hat mehrere Reformalternativen zur Auswahl. Während sich eine bloße partielle Abkopplung der Umsatzbesteuerung der juristischen Personen des öffentlichen Rechts als wenig zielführend darstellt, bieten sich dem Gesetzgeber insbesondere zwei inhaltlich konträre Reformalternativen. Einerseits könnte er im Sinne der Vereinheitlichung und Vereinfachung des Rechts eine Angleichung des Körperschaftsteuerrechts an das unionsrechtlich harmonisierte Umsatzsteuerrecht vornehmen. Aufgrund der weitreichenden (rechtsgebiets)übergreifenden Auswirkungen, der Gefahr einer nicht kongruenten Entwicklung sowie der Zweifel, dass der Gesetzgeber freiwillig die fortlaufende Ausgestaltung und Entwicklung aus der Hand geben würde, ist ein derartiger Reformansatz aber als eher unrealistisch einzustufen. Andererseits kommt die gänzliche Abkopplung des Umsatzsteuerrechts vom Körperschaftsteuerrecht in Betracht. Wegen der vom Körperschaftsteuerrecht immer weiter losgelösten Entwicklung der Umsatzbesteuerung der jPdöR, wäre es nur eine konsequente Reaktion des Gesetzgebers auf diesen Prozess. Gleichzeitig würde dieser Reformansatz dem faktischen in der Praxis zu beobachtenden Auseinanderklaffen der Zuständigkeiten Rechnung tragen und zur Rechtssicherheit beitragen. Dieser Reformansatz ist vorzugswürdig. Daher sollte der Gesetzgeber den fehlleitenden Begriff „Betrieb gewerblicher Art" aus dem Umsatzsteuergesetz entfernen und

1438 Der BRH v. 2.11.2004, BR-Drs. 15/4081, S. 17 schlägt neben der Aufnahme der Vermögensverwaltung vor, den Katalog des § 2 Abs. 3 S. 2 UStG um weitere Tätigkeiten zu ergänzen und setzt darüber hinaus eine Änderung der Verwaltungsvorschriften voraus. Die Finanzverwaltung müsste die grundsätzliche Gleichbehandlung aufgeben, sowie die Einzelnachweise – wie z. B. die Beachtung der Umsatzgrenzen – aus den Verwaltungsvorschriften verbannen.

die Umsatzbesteuerung der öffentlichen Hand von dem Körperschaftsteuerrecht entkoppeln. Damit wäre die Finanzverwaltung ebenso gezwungen, die Anlehnung an das Körperschaftsteuerrecht bei der umsatzsteuerrechtlichen Behandlung der jPdöR aufzugeben und die Disparität zwischen Rechtsprechung und Verwaltung würde ausgeräumt.

6. *De lege lata* keine Unionsrechtskonformität durch eine umgekehrte Maßgeblichkeit des Verweises

Das Gebot richtlinienkonformer Auslegung gilt freilich nur im Anwendungsbereich der Richtlinie[1439]. Der Richtlinie kommt aber auch außerhalb ihres Anwendungsbereichs Bedeutung zu, indem sie als „Rechtsgewinnungsquelle" auf das richtlinienfreie Recht ausstrahlen kann[1440]. Das gilt unabhängig davon, ob ein Verweis des nationalen Rechts im Anwendungsbereich einer Richtlinie in nicht harmonisiertes Recht existiert. Hat der Gesetzgeber aber einen Verweis des nationalen harmonisierten Rechts auf das nichtharmonisierte Recht statuiert, bringt er damit aus seiner Sicht bestehende Parallelen schon im Gesetzestext zum Ausdruck. Diese vergleichbaren Rechtsstrukturen sind herauszustellen und es ist zu prüfen, ob sie für eine Übertragung der unionsrechtlichen Vorgaben nutzbar gemacht werden können[1441]. Im Rahmen des Zusammenspiels von § 2 Abs. 3 UStG und § 1 Abs. 1 Nr. 6, § 4 KStG könnte das sich aus der MwSt-SystRL für das Umsatzsteuerrecht ergebende Auslegungsergebnis auch bei der körperschaftsteuerrechtlichen Beurteilung im Rahmen einer interpretatorischen Gesamtabwägung einbezogen werden. Der Verweis des § 2 Abs. 3 UStG auf § 1 Abs. 1 Nr. 6, § 4 KStG könnte insofern eine umgekehrte Maßgeblichkeit entfalten, womit die umsatzsteuerrechtlichen Kriterien für das Körperschaftsteuerrecht heranzuziehen wären, ohne dass es einer Gesetzesänderung bedarf. Damit wären die bestehenden Divergenzen zumindest teilweise ausgeräumt und eine Vereinbarkeit des Verweises mit dem Unionsrecht denkbar. *Storr* versteht den Grundsatz der Wettbewerbsneutralität sowohl für die körperschaft- als auch umsatzsteuerrechtliche Besteuerung der jPdöR als Leitbild des Gesetzgebers. Demnach müsse der gleichen Systematik auch das gleiche Verständnis zugrunde liegen[1442]. Die Verweisung in § 2 Abs. 3 UStG sei daher nicht einseitig, vielmehr

1439 *Canaris*, Festschrift Bydlinski, 2002, S. 47 (74).

1440 *Canaris*, Festschrift Bydlinski, 2002, S. 47 (74).

1441 *Canaris*, Festschrift Bydlinski, 2002, S. 47 (74); *Storr*, Der Staat als Unternehmer, 2001, S. 378.

1442 *Storr*, Der Staat als Unternehmer, 2001, S. 378.

könnten „über die Brücke einer steuerrechtsübergreifenden Wettbewerbsgleichheit" die unionsrechtlichen Kriterien des harmonisierten Umsatzsteuerrechts im Körperschaftsteuerrecht Einzug halten[1443].

Die Rechtsgewinnung aus dem Umsatzsteuerrecht für das Körperschaftsteuerrecht ohne Änderung des Körperschaftsteuergesetzes ist aber problembehaftet. Aus rechtsmethodischer Sicht ist eine umgekehrte Maßgeblichkeit des Verweises zweifelhaft[1444]. Da der Gesetzgeber in § 2 Abs. 3 UStG die Verweisrichtung im Umsatzsteuergesetz auf das Körperschaftsteuerrecht vorgegeben hat und das Körperschaftsteuerrecht keinen Rückverweis oder anderen Anhaltspunkt beinhaltet, aus dem ein besonderer Bezug zum Umsatzsteuerrecht für die Besteuerung der jPdöR hervorgeht, müsste eine etwaige Maßgeblichkeit des Umsatzsteuerrechts aus § 1 Abs. 1 Nr. 6, § 4 KStG alleine ableitbar sein. Die Reichweite einer möglichen Berücksichtigung der umsatzsteuerrechtlichen Kriterien i. R. d. § 4 KStG ist nur durch Auslegung des § 4 KStG zu ermitteln. Dabei müssen die den einzelnen Steuerarten zugrundeliegenden Besteuerungszwecke hinreichend Berücksichtigung finden[1445]. Im Rahmen der derzeitigen Gesetzeslage sind Auslegungsunterschiede in Teilbereichen der beiden Steuerarten bei der Besteuerung der jPdöR jedoch, wie gesehen, unausweichlich[1446]. *Seer* und *Wendt*[1447] merken daher zu Recht an, dass sich schon die in § 2 Abs. 3 UStG verankerte umsatzsteuerrechtliche Kopplung an das Körperschaftsteuerrecht als Fehlgriff erwiesen habe. Von der Auslegung des originär körperschaftlichen Begriffs des BgA in Abhängigkeit spezifisch umsatzsteuerlicher Entwicklungen sollte in Anbetracht der dadurch zusätzlich geschaffenen Rechtsunsicherheit abgesehen werden[1448]. Denn aufgrund des aus der derzeitigen Gesetzeslage entwickelten Verständnis des Begriffs „BgA" im Körperschaftsteuerrecht ist es realitätsfern, anzunehmen, dass sich ohne eine Gesetzesänderung in einem überschaubaren Zeitraum eine klar abgesteckte partielle Reichweite der entgegengesetzten Maßgeblichkeit entwickeln würde bzw. während des (langwierigen) Entwicklungsprozesseses dieser

---

1443 *Storr*, Der Staat als Unternehmer, 2001, S. 378; vgl. auch *Forster*, UR 1996, 73 (83); *Kronawitter*, VersorgW 2012, 259 (263 ff.); *Lange*, DStZ 2000, 200 (201); zu den Argumenten, die für eine Orientierung der körperschaftsteuerrechtlichen Besteuerung der jPdöR am Umsatzsteuerrecht sprechen, siehe bereits S. 249 ff.

1444 Zur Rechtsetzungstechnik der Verweisung und den verfassungsrechtlichen Anforderungen siehe S. 53 ff.

1445 *Forster*, UR 1996, 73 (83).

1446 *Seer/Wendt*, DStR 2001, 825 (834).

1447 *Seer/Wendt*, DStR 2001, 825 (834).

1448 *Seer/Wendt*, DStR 2001, 825 (834).

Grenze nicht große Rechtsunsicherheit herrschen würde. Unter diesem Aspekt wäre der Rechtsanwender im Körperschaftsteuerrecht weiteren Rechtsunsicherheiten ausgesetzt. Eine Orientierung des Körperschaftsteuerrechts am umsatzsteuerrechtlichen Verständnis im Anwendungsbereich des § 2 Abs. 3 UStG ist durchaus vorstellbar und eine (partielle) Vereinheitlichung der beiden Rechtsgebiete nicht ausgeschlossen[1449]. Aufgrund der Verweisrichtung und des für das Körperschaftsteuerrecht gefestigten Begriffs des BgA ist eine rechtssichere, umfassende Anbindung des Körperschaftsteuerrechts an das Umsatzsteuerrecht allerdings alleine durch den nationalen Gesetzgeber denkbar[1450].

7. Ergebnis

Der Gesetzgeber hat mit dem Umsatzsteuergesetz 1967 den Verweis auf die körperschaftsteuerrechtlichen Vorschriften für die Umsatzbesteuerung der jPdöR eingeführt, um einen Gleichlauf der beiden Rechtsgebiete und damit einhergehend eine Vereinfachung herbeizuführen[1451]. Der Verweis hat jedoch nicht die ursprünglich angedachte Vereinfachung bewirkt. Vielmehr resultieren aus diesem die vorherrschenden Rechtsunsicherheiten[1452]. Ausschließlich Steuerexperten sind in der Lage, den korrekten Besteuerungsrahmen zu erfassen[1453]. Die Umsatzbesteuerung der jPdöR nach § 2 Abs. 3 UStG i. V. m. § 1 Abs. 1 Nr. 6, § 4 KStG bereitet in der Praxis immense Auslegungs- und Anwendungsschwierigkeiten[1454].

1449 Siehe dazu bereits S. 249 ff.

1450 Eine Auswirkung der Rechtsprechung im Umsatzsteuerrecht auf das Körperschaftsteuerrecht negieren *Döring*, in Schnitger/Fehrenbacher, KStG, 2012, § 4 Rn. 19 und *T. Küffner*, UR 2009, 491 (492) explizit. Gerade bei der nichtkörperschaftsteuerpflichtigen Vermögensverwaltung sehen sie keine Möglichkeit einer Änderung der Rechtslage, ohne dass der Gesetzgeber diese initiiert; a. A. *Kronawitter*, VersorgW 2012, 259 (263 ff.).

1451 Siehe zu BT-Drs. V/1581 v. 15.3.1967, Bericht des Abgeordneten *Toussaint* zu den Beschlüssen des Finanzausschusses betreffend den Entwurf des Umsatzsteuergesetzes 1967, BT-Drs. V/48, S. 1 (11); siehe auch *Birkenfeld*, in Birkenfeld/Wäger, USt-Handbuch, § 46 Rn. 152 (März 2012); *Stadie*, in Rau/Dürrwächter, UStG, § 2 Rn. 1120 (Juli 2011); *ders.*, UStG^2, 2012, § 2 Rn. 253; *Weiß*, UR 1979, 85 (86); *Widmann*, UR 1994, 317; zur historischen Entwicklung der Besteuerung der jPdöR siehe bereits S. 204 ff.

1452 Ähnlich bereits *Lange*, Umsatzsteuerkongreß-Bericht 2001/2002, 2002, S. 93 (111); *Weiß*, UR 1979, 85 (86); *Widmann*, UR 1994, 317.

1453 *Lange*, Umsatzsteuerkongreß-Bericht 2001/2002, 2002, S. 93 (111).

1454 Ähnlich *Baldauf*, DStZ 2008, 327 (332 f.).

Dies wird durch die Disparität von Rechtsprechung und Verwaltungspraxis verschärft[1455].

Die Verweisung ist insbesondere aus unionsrechtlicher Sicht verfehlt[1456]. Der Rückgriff auf die nationalen nicht harmonisierten Rechtsbereiche widerspricht dem Harmonisierungsauftrag an den Gesetzgeber[1457]. Der unmittelbare Verweis des § 2 Abs. 3 UStG auf die körperschaftsteuerrechtlichen Vorschriften zum Begriff des BgA zeigt, dass es für das harmonisierte Umsatzsteuerrecht innerhalb der Europäischen Union kontraproduktiv ist, auf das nicht harmonisierte – und nicht an das harmonisierte Recht angeglichene – Ertragsteuerrecht zu verweisen[1458]. Die fehlende Vereinbarkeit einzelner körperschaftsteuerrechtlicher Kriterien darf *de lege lata* nicht durch die „richtlinienkonforme Auslegung" des § 2 Abs. 3 UStG behoben werden. Der BFH überschreitet die Grenzen der richtlinienkonformen Auslegung[1459]. Dem Verständnis des BFH folgend, wäre § 2 Abs. 3 UStG aus verfassungsrechtlicher Perspektive in Hinblick auf das Gebot der Normenbestimmtheit und -klarheit nicht unbedenklich[1460]. Die Norm ließe das Verhältnis zu den verwiesenen Vorschriften des Körperschaftsteuergesetzes nicht hinreichend erkennen.

Es besteht seit längerem akuter Reformbedarf. Dem Gesetzgeber bieten sich mehrere Reformalternativen, wobei die gänzliche Abkopplung des Umsatzsteuerrechts vom Körperschaftsteuerrecht als die Vorzugswürdigste erscheint[1461]. Augenscheinlich stehen einer Reform und umfassenden Umsetzung der unionsrechtlichen Vorgaben wohl die monetären Auswirkungen für die öffentliche Hand entgegen[1462]. Die Folgen der Rechtsprechungsänderung für die öffentliche Hand sind schließlich enorm und weiten sich nach

---

1455 Siehe dazu S. 239 ff.

1456 *Reiß*, in Reiß/Kraeusel/Langer, UStG, § 2 Rn. 130 (März 2013); siehe dazu im Einzelnen S. 223 ff.

1457 EuGH, Urt. v. 8.2.1990 – C-320/88 [Shipping and Forwarding Enterprise Safe], Slg. I 1990, 285 (303); v. 4.10.1995 – C-291/92 [Armbrecht], Slg. I 1995, 2807 (2814); *Meyer*, in Offerhaus/Söhn/Lange, USt, § 2 Rn. 159 (Juli 2011).

1458 *Reiß*, in Reiß/Kraeusel/Langer, UStG, § 2 Rn. 130 (März 2013).

1459 Siehe S. 233 ff.

1460 So auch *Ismer/Keyser*, UR 2011, 81 (90); siehe zudem S. 243; allgemein zu den Anforderungen eines Außenverweises hinsichtlich des verfassungsrechtlichen Gebots der Normenbestimmtheit bereits S. 57 f.

1461 Siehe zu den einzelnen Reformalternativen und deren Eignung S. 243 ff.

1462 Siehe S. 247.

und nach aus. Als aktuelles Beispiel befassen sich Finanzverwaltung[1463] und Politik[1464] intensiv mit der Umsatzbesteuerung sog. Beistandsleistungen von Bund, Ländern und Kommunen mit- und untereinander[1465]. Waren diese bisher als hoheitliche Tätigkeit und damit nicht als umsatzsteuerbare Tätigkeit qualifiziert worden, hat der BFH in seinem Urteil vom 15.2.2011[1466] deren Umsatzsteuerbarkeit angenommen, was zu einer immensen finanziellen Belastung führen kann[1467].

Die letzten Stellungnahmen der Bundesregierung lassen erkennen, dass zunächst der Fortgang der Reformüberlegungen auf Unionsebene abgewartet werden soll, bevor eine umfassende Reform auf nationaler Ebene auf den Weg gebracht wird[1468]. Die Europäische Kommission arbeitet derzeit einen Richtlinienentwurf für die Besteuerung der öffentlichen Hand aus[1469]. Eine grundlegende Reform der Umsatzbesteuerung der öffentlichen Hand auf unionsrechtlicher Ebene wäre insofern begrüßenswert, als sie den nationalen Gesetzgeber zur Reaktion zwingen würden. Außerdem ist die derzeitige Ausgestaltung der Umsatzbesteuerung der öffentlichen Hand nicht allein auf nationaler Ebene eini-

1463 Exemplarisch Finanzministerium Hessen v. 20.7.2011 – S 7106 A – 096 – II 51, Erlass betr. umsatzsteuerliche Behandlung zwischenbehördlicher Leistungsverrechnungen, USt-Kartei HE § 2 UStG S 7106 Karte 14; OFD Nieders. v. 27.7.2012 – S 7106–283-St 171, Verfügung betr. Unternehmereigenschaft von juristischen Personen des öffentlichen Rechts, DStR 2012, 1923.

1464 BT-Drs. 17/8829 v. 2.3.2012, Schriftliche Fragen mit den in der Woche v. 27.2.2012 eingegangenen Antworten der Bundesregierung, S. 15; BT-Drs. 17/14516 v. 7.8.2013, Antwort der Bundesregierung auf die Kleine Anfrage der Fraktion Bündnis 90/Die Grünen – Drucksache 17/14298 – Umsatzbesteuerung der öffentlichen Hand; Koalitionsvertrag zwischen CDU, CSU und SPD, 18. Legislaturperiode – Deutschlands Zukunft gestalten, S. 91 (Fn. 1394).

1465 *Suck*, UR 2013, 205.

1466 BFH, Urt. v. 15.2.2011 – V R 41/10, DStR 2012, 348.

1467 Aufgrund des mit der umsatzsteuerbaren und umsatzsteuerpflichtigen Tätigkeit verbundenen Vorsteuerabzugs, ist zwar auch eine günstige Auswirkung denkbar (vgl. *Carl*, NWB 2012, 1586 [1590]; *Keyser*, UVR 2012, 126 [128]), allerdings ist wegen der neben der Umsatzsteuer als Kostenfaktor anfallenden administrativen zusätzlichen Kosten eher von negativen Folgen auszugehen; anschaulich *Suck*, UR 2013, 205 (207).

1468 Siehe zuletzt BT-Drs. 17/14516 v. 7.8.2013, S. 1 und 5.

1469 Mitteilung der Kommission v. 6.12.2011 zur Zukunft der Mehrwertsteuer Wege zu einem einfacheren, robusteren und effizienteren MwSt-System, das auf den Binnenmarkt zugeschnitten ist, KOM (2011), 851 Tz. 5.2.1; einen Überblick geben *Schmitz/Erbrügger/Liegmann*, DStR 2011, 1157 ff.; allgemein kritisch zu den Reformüberlegungen des europäischen Umsatzsteuersystems *Kube*, UR 2013, 489 ff.

ger Kritik ausgesetzt. Teile der Literatur kritisieren auf unionsrechtlicher Ebene, dass die Vorgaben der MwStSystRL dem systemtragenden Prinzip der Umsatzsteuer, namentlich dem Verbrauchsteuerprinzip, nicht gerecht werden. Vielmehr müssten alle die Verbrauchssphäre erreichenden Leistungen steuerlich belastet sein. Unter diesem Aspekt mache es insbesondere keinen Sinn, privatrechtlich organisierte Steuerpflichtige ohne Einschränkung als Unternehmer zu behandeln, selbst wenn sie als Gehilfen der öffentlichen Hand auftreten, während für Einrichtungen des öffentlichen Rechts die Unternehmereigenschaft ausnahmsweise negiert wird[1470]. Da die Europäische Kommission im Rahmen der Bearbeitung des Richtlinienentwurfs für die Besteuerung der öffentlichen Hand betont, dass sie gerade die Befreiung von öffentlichen Aufgaben in der jetzigen Form in Frage stellt[1471], könnte eine grundlegende Reform der Umsatzbesteuerung der öffentlichen Hand auf europäischer Ebene sowohl der nationalen als auch der unionsrechtlichen Kritik Einhalt gebieten.

V. Zur einkommen- und umsatzsteuerrechtlichen Beurteilung gemischt genutzter Fahrzeuge

1. Einführung

Die Besteuerung der Privatnutzung von Firmen- und Dienstwagen ist ein Sachverhalt der alltäglichen Besteuerungspraxis[1472]. Dieser betrifft sowohl das

---

1470 Ebenso *Hüttemann*, Die Besteuerung der öffentlichen Hand, FR 2009, 308 (313); *Stadie*, in Rau/Dürrwächter, UStG, § 2 Rn. 1134 ff. (Juli 2011); in diesem Sinne bereits *Söhn*, StuW 1976, 1 (10 f.); *Tehler*, DVR 1986, 178 (179).

1471 *Kube*, UR 2013, 489 (491 f.); *Suck*, UR 2013, 205 (209); siehe dazu die durch die Europäische Kommission veranlasste Studien v. 1.3.2011, Mehrwertsteuer im öffentlichen Sektor und Mehrwertsteuerbefreiungen im öffentlichen Interesse, S. 6 f., 12, 27 (abrufbar unter: http://ec.europa.eu/taxation_customs/resources/docu ments/commo n/publications/studies/vat_public_sector_de.pdf) und Abschlussbericht für TAXUD/2011/DE/334 v. 10.1.2013, „Mehrwertsteuer im öffentlichen Sektor und Mehrwertsteuerbefreiungen im öffentlichen Interesse", S. 54: „Auf der Basis der oben beschriebenen Ergebnisse sind wir zu dem Schluss gelangt, dass das Konzept der Vollbesteuerung die beste Lösung ist, um die durch die unterschiedliche mehrwert steuerliche Behandlung öffentlicher und privater Einrichtungen verursachten Ver zerrungen zu beseitigen."; abrufbar unter: http://ec.europa.eu/taxation_customs/resources/documents/common/publications/studies/vat_public_sector_exemp tions_conclusions_de.pdf (Stand am 23.8.2013).

1472 *Tehler*, UR 1999, 319; *Urban*, FR 2007, 873 (874); *ders.*, Besteuerung von Firmen- und Dienstwagen, 2009, S. 1; *ders.*, FR 2010, 510; zum 1.1.2013 war in Deutschland

Ertrag- als auch das Umsatzsteuerrecht. Sonderregelungen für die steuerrechtliche Beurteilung der privaten Kfz-Nutzung enthält ausschließlich das Einkommensteuerrecht[1473]. Wegen deren unsystematischen Ausgestaltung im Einkommensteuergesetz[1474] und den zahlreich hinzutretenden Detailfragen[1475] erweist sich bereits die einkommensteuerrechtliche Beurteilung der privaten Kfz-Nutzung isoliert betrachtet als äußerst komplex. Darüber hinaus erfolgt sowohl die umsatz- als auch

---

ein Pkw-Bestand von 43,4 Mio. gegeben (Quelle Kraftfahrt-Bundesamt: http://www.kba.de/cln_033/nn_125264/DE/Statistik/Fahrzeuge/Bestand/bestand__node.html?__nnn=true#rechts; zuletzt abgerufen am 10.1.2014). Eine empirische Erhebung aus der hervorgeht, wie hoch der prozentuale Anteil der Fahrzeuge ist, deren Nutzung steuerrechtlich relevant ist, existiert zwar nicht. Aufgrund der steuerrechtlichen Vorteile der Zuordnung eines Fahrzeugs zum Unternehmensvermögen dürfte dieser Anteil jedoch erheblich sein.

1473 *Urban*, FR 2010, 510; *ders.*, NJW 2011, 2465.

1474 Siehe § 4 Abs. 5 Nr. 6 EStG, § 6 Abs. 1 Nr. 4 S. 2 und 3 EStG, § 8 Abs. 2 S. 2 bis 5 EStG, § 9 Abs. 1 Nr. 4 und Nr. 5 S. 5 bis 7 EStG.

1475 Die einzelnen Sonderprobleme sind nicht Gegenstand der Untersuchung. Exemplarisch für die atypischen Sachverhalte, aus denen besondere Rechtsfragen hervorgehen, sind die steuerrechtliche Beurteilung mehrerer im Betriebsvermögen befindlicher Pkw (BFH, Urt. v. 9.3.2010 – VIII R 24/08, BStBl. II 2010, 903 [905]; v. 13.6.2013 – VI R 17/12, DStR 2013, 2267 ff.; *Liess*, NWB 2009, 1522 [1529 f.]; vgl. auch BMF-Schreiben v. 18.11.2009, BStBl. I 2009, 1326 [1329 f.]), die steuerrechtliche Berücksichtigung der Fahrten zu mehreren Betriebsstätten (BFH, Urt. v. 7.6.2002 – VI R 53/01, BStBl. II 2002, 878 [880 f.]; *Liess*, NWB 2009, 1522 [1529 f.]) oder der Unfallkosten bzw. im Falle eines Totalschadens im Rahmen der ertrag- oder umsatzsteuerrechtlichen Entnahmebesteuerung (BFH, Urt. v. 28.2.1964 – VI 180/63 S, BStBl. III 1964, 453 [454]; v. 15.12.1977 – IV R 78/74, BStBl. II 1978, 212 f.; v. 28.2.1980 – V R 138/72, BStBl. II 1980, 309 ff.; v. 24.5.2007 – VI R 73/05, BStBl. II 2007, 766 [767]; *Gschwendtner*, DStR 2004, 1638 ff.; *Ismer*, DB 2003, 2197 ff.; *Tehler*, in Reiß/Kraeusel/Langer, UStG, § 10 Rn. 322 [Jan. 2013]; *Urban*, FR 1999, 890 ff.; *ders.*, FR 2007, 873 ff.; *Weiß*, UR 1980, 181 f.) zu nennen; zur Behandlung von gemischt genutzten Fahrzeugen und Mietfahrzeugen siehe nur BFH Urt. v. 29.4.2008 – VIII R 67/06, BFH/NV 2008, 1662 (1663); *Fischer*, in Kirchhof, EStG[13], 2014, § 6 Rn. 164; *Lippross*, Umsatzsteuer[23], 2012, S. 831; BMF-Schreiben v. 27.8.2004 – IV B 7-S 7300, BStBl. I 2004, 864 (867). Schließlich ist noch nicht geklärt, wie die Nutzungswertermittlung im Falle gemischter Fahrten nach dem nunmehr bestehenden Aufteilungs- und Abzugsgebots (siehe BFH, Urt. v. 21.9.2009 – GrS 1/06, BStBl. II 2010, 672 [674 ff.]) erfolgen soll; *Urban*, FR 2010, 510 (513 f.); ausführlich zu atypischen Sachverhalten und Gestaltungen aus ertragsteuerrechtlicher Perspektive *Urban*, Besteuerung von Firmen- und Dienstwagen, 2009, S. 217 ff.

die körperschaftsteuerrechtliche[1476] Bewertung der Pkw-Nutzung autonom[1477]. Die divergente Behandlung in den einzelnen Steuerrechtsgebieten erschwert den Umgang mit diesem alltäglichen Sachverhalt zusätzlich[1478]. Daher überrascht es nicht, dass sich seit jeher eine Vielzahl von Gerichtsverfahren im Ertrag- und Umsatzsteuerrecht mit dieser Problematik befasst haben[1479] und die Auseinandersetzung mit ihr im Schrifttum nicht abklingt[1480]. Es ist zweifelhaft, ob die

---

1476 Im Rahmen des Körperschaftsteuerrechts kann die private Nutzung eines Pkw durch einen Gesellschafter-Geschäftsführer einer Kapitalgesellschaft im Zusammenhang mit der Qualifikation als Arbeitslohn oder als verdeckte Gewinnausschüttung (vGA) eine Rolle spielen; siehe dazu BFH, Urt. v. 17.7.2008 – I R 83/07, BFH/NV 2009, 417 f.; v. 23.4.2009 – VI R 81/06, BStBl. II 2012, 262 (263 ff.); v. 11.2.2010 – VI R 43/09, BStBl. II 2012, 266 f.; *Bergkemper*, FR 2009, 1072 f. In diesen parallel zu beurteilenden Sachverhalten sind ebenfalls Berührungspunkte von Körperschaft- und Umsatzsteuerrecht auszumachen. Auf diese geht die Arbeit nicht näher ein, weil die letztlich zu Tage tretenden Schlussfolgerungen allgemein anhand der Untersuchung des Verhältnisses von Umsatz- und Einkommensteuerrecht gezogen werden können.

1477 *Urban*, FR 2010, 510. Im Einkommen- und Umsatzsteuerrecht gelten aber die Grundsätze des Anscheinsbeweises bei der Frage, ob der Steuerpflichtige überhaupt der Besteuerung unterliegende Fahrten mit einem dem Unternehmen zugeordneten Fahrzeug getätigt hat, gleichermaßen; BFH, Beschl. v. 16.6.2009 – V B 131/08, BFH/NV 2009, 1678 f.; *Urban*, NJW 2011, 2465 (2469 ff.).

1478 *Urban*, FR 2010, 510; zur divergenten Behandlung noch im Einzelnen auf S. 279 ff.

1479 *Gnosa*, Der Firmenwagen im Steuerrecht, 2007, S. 94 geht davon aus, dass kaum eine andere Problematik mehr Gerichtsverfahren nach sich zieht; siehe anstelle vieler zum Einkommensteuerrecht BFH, Urt. v. 24.2.2000 – III R 59/98, BStBl. II 2000, 273 (277); v. 1.3.2001 – IV R 27/00, BStBl. II 2001, 403 ff.; v. 26.4.2006 – X R 35/05, BStBl. II 2007, 445 (446 ff.); v. 7.12.2010 – VIII R 54/07, BStBl. II 2011, 451 (452 ff.); v. 3.2.2010 – IV R 45/07, BStBl. II 2010, 689 (690); v. 9.3.2010 – VIII R 24/08, BStBl. II 2010, 903 (904 ff.); zum Körperschaftsteuerrecht BFH, Urt. v. 23.2.2005 – I R 70/04, BStBl. II 2005, 882 (883 f.); v. 17.7.2008 – I R 83/07, BFH/NV 2009, 417 (418); v. 23.4.2009 – VI R 81/06, BStBl. II 2012, 262; zum Umsatzsteuerrecht BFH, Urt. v. 28.2.1980 – V R 138/72, BStBl. II 1980, 309 (311); v. 11.3.1999 – V R 78/98, BFHE 188, 160 (161 ff.); Beschl. v. 3.1.2007 – XI B 128/06, BFH/NV 2007, 706 (707); v. 26.6.2007 – V B 197/05, BFH/NV 2007, 1897 (1898); Urt. v. 19.5.2010 – XI R 32/08, BStBl. II 2010, 1079 (1081); auf europäischer Ebene zuletzt zu der mit § 6 Abs. 1 Nr. 4 S. 2 EStG vergleichbaren niederländischen Regelung und ihrer Anwendbarkeit im Umsatzsteuerrecht EuGH, Urt. v. 16.2.2012 – C-594/10 [van Laarhoven], UR 2012, 681 (683 ff.).

1480 Anstelle vieler *Gnosa*, Der Firmenwagen im Steuerrecht, 2007; *Korn*, KÖSDI 2009, 16329 ff.; *Rüsch/Hoffmann*, BC 2006, 89 ff; *dies.*, DStR 2006, 399 ff.; *Stollenwerk*,

derzeitige Rechtslage dem Grundsatz der Praktikabilität im Massenverfahren gerecht wird oder ob es nicht wegen der hohen Praxisrelevanz einer Reform bedarf, die eine steuerrechtsgebietsübergreifende Vereinheitlichung bei der Besteuerung eines gemischt genutzten Fahrzeugs impliziert. Diese Fragen sind Gegenstand der folgenden Untersuchung. Dabei ist die Untersuchung auf die einkommen- und umsatzsteuerrechtliche Nutzungswertermittlung für die gemischte Nutzung eines unternehmerischen Fahrzeugs beschränkt[1481]. Einkommensteuerrechtlich geht es um die Frage, inwiefern ein Steuerpflichtiger mit seinem betrieblichen Pkw verbundene Kosten im Rahmen der Gewinneinkünfte als Betriebsausgaben berücksichtigen kann bzw. als Entnahmen qualifizieren muss[1482]. Im Rahmen der umsatzsteuerrechtlichen Behandlung der Pkw-Nutzung ist der Wert einer „Nutzungsentnahme" für nicht unternehmerische Zwecke für eine etwaige Umsatzbesteuerung nach § 3 Abs. 9a Nr. 1 UStG relevant[1483]. In beiden Steuerrechtsgebieten ist die Aufteilung der Aufwendungen der Fahrzeugnutzung in einen betrieb- bzw. beruflichen und einem privaten Anteil entscheidend[1484]. Die umsatzsteuerrechtliche Ermittlungsmethode der Bemessungsgrundlage für die „Nutzungsentnahme" ist dabei keineswegs an die einkommensteuerrechtliche gebunden[1485]. Die

---

GmbH-StB 2003, 349; *ders.*, GmbH-StB 2004, 15; *Tehler*, in Reiß/Kraeusel/Langer, UStG, § 10 Rn. 339 ff. (Jan. 2013); *Urban*, Besteuerung von Firmen- und Dienstwagen, 2009; *ders.*, FR 2010, 510 ff.; *ders.*, NJW 2011, 2465 ff.; *R. Wagner*, NWB 2011, 2930 ff.

1481 Dabei werden die zahlreichen Sonder- bzw. Detailfragen (siehe Fn. 1475.) sowie die vergleichbaren im Zusammenhang mit der Nutzungsüberlassung eines Fahrzeuges des Arbeitgebers an einen Arbeitnehmer auftretenden Rechtsfragen nicht näher besprochen; zur Nichtbehandlung der parallel körperschaft- und umsatzsteuerrechtlich zu bewertenden Sachverhalten siehe bereits Fn. 1476.

1482 Nutzt der Steuerpflichtige das Fahrzeug auch im Rahmen weiterer Einkunftsarten bzw. eines weiteren Betriebes, steht ebenso die Berücksichtigungsfähigkeit der damit verbundenen Kosten in Frage (siehe dazu noch S. 287 f.). Im Falle einer betrieblichen Nutzung eines privaten Fahrzeugs ist die Aufteilung wiederum für die Bestimmung des Einlagewertes notwendig; siehe dazu *Günther/Gatzen*, EStB 2008, 180 ff.; *Urban*, NJW 2011, 2465 ff.; zur im Umsatzsteuerrecht nicht vorgesehenen „Einlagenentsteuerung im Wege der Vorsteuerberichtigung" siehe Fn. 842.

1483 *Gnosa*, Der Firmenwagen im Steuerrecht, 2007, S. 106; *Tehler*, in Reiß/Kraeusel/Langer, UStG, § 10 Rn. 341 (Jan. 2013).

1484 *Rüsch/Hoffmann*, BC 2006, 89.

1485 BFH, Urt. v. 7.12.2010 – VIII R 54/07, BStBl. II 2011, 451 (453); *Urban*, NJW 2011, 2465 (2470).

Finanzverwaltung[1486] und Rechtsprechung[1487] gestatten aber im Rahmen der umsatzsteuerrechtlichen Beurteilung zu Vereinfachungszwecken Anlehnungen an die einkommensteuerrechtliche Besteuerung[1488]. Fraglich ist allerdings zum einen, ob diese in der Verwaltungspraxis vorzufindenden Anlehnungen systemkonform sind und zum anderen, ob sie tatsächlich zur Vereinfachung beitragen.

2. Zur einkommen- und umsatzsteuerrechtlich divergenten Beurteilung der gemischten Nutzung eines Betriebs- bzw. Unternehmensfahrzeugs

a) Einkommensteuerrechtliche Beurteilung der privaten Nutzung eines dem Betriebsvermögen zugehörigen Fahrzeugs

Nach § 4 Abs. 1 S. 1 EStG ist im betrieblichen Bereich am Ende des Wirtschaftsjahres eine Gewinnerhöhung in der Höhe der Entnahmewerte vorzunehmen. Als Entnahme ist nach § 4 Abs. 1 S. 2 EStG unter anderem die betriebsfremde Nutzung eines dem Betriebsvermögen zugehörigen Wirtschaftsguts zu qualifizieren. Die Bemessung einer solchen Entnahme richtet sich im Einkommensteuerrecht grundsätzlich nach § 6 Abs. 1 Nr. 4 S. 1 EStG. Im Falle einer betriebsfremden Nutzung eines dem Betriebsvermögen zugeordneten Wirtschaftsguts gilt der durch die Nutzung verursachte Aufwand als entnommen[1489]. Für die Pkw-Nutzungswertbesteuerung sind in Form der 1 %-Regelung sowie der Fahrtenbuchmethode mit dem Jahressteuergesetz 1996[1490] aber Sonderregelungen nach § 6 Abs. 1 Nr. 4 S. 2 und 3 EStG (i. V. m. § 4 Abs. 5 Nr. 6 EStG) in das Einkommensteuergesetz aufgenommen worden[1491]. In der ursprünglichen Fassung des § 6

1486 Vgl. BMF-Schreiben v. 27.8.2004, BStBl. I 2004, 864 (865); Vfg. der OFD Nieders. v. 8.10.2012, DB 2013, 207.

1487 BFH, Urt. v. 11.3.1999 – V R 78/98, BFHE 188, 160 (163); Beschl. v. 26.6.2007 – V B 197/05, BFH/NV 2007, 1897 (1898); Urt. v. 19.5.2010 – XI R 32/08, BStBl. II 2010, 1079 (1081 f.).

1488 Ebenso *Urban*, NJW 2011, 2465 (2470); vgl. auch *Jakob*, Umsatzsteuer[4], 2009, § 5 Rn. 468; siehe dazu noch im Einzelnen S. 276 f.

1489 BFH, Urt. v. 26.10.1987 – GrS 2/86, BStBl. II 1988, 348 (353); *Fischer*, in Kirchhof, EStG[13], 2014, § 6 Rn. 162.

1490 JStG 1996 v. 11.10.1995, BGBl. I 1995, 1250 (1255).

1491 *Ehmcke*, in Blümich, EStG/KStG/GewStG, § 6 EStG Rn. 1013 (Aug. 2013); *Urban*, FR 2010, 510; *ders.*, NJW 2011, 2465. Das Einkommensteuerrecht unterscheidet die Fälle der privaten Eigennutzung eines betrieblichen Pkw durch einen Gewinneinkünfte erzielenden Steuerpflichtigen von denen der Nutzungsüberlassung eines Pkw eines Arbeitsgebers an seinen Arbeitnehmer (auch) zum privaten Gebrauch; *Urban*, FR 2010, 510. Die folgende Untersuchung beschränkt sich auf

Abs. 1 Nr. 4 S. 2 EStG war die Zugehörigkeit zum Betriebsvermögen alleine entscheidend. Mit dem Gesetz zur Eindämmung missbräuchlicher Steuergestaltungen vom 28.4.2006[1492] ist der Anwendungsbereich der 1 %-Methode i. S. d. § 6 Abs. 1 Nr. 4 S. 2 EStG insoweit eingeschränkt worden, dass sie für Wirtschaftsjahre, die nach dem 31.12.2005 beginnen, nur noch unter der Voraussetzung greift, dass das Fahrzeug zu mehr als 50 % betrieblich genutzt wird[1493]. Mit dem Amtshilferichtlinien-Umsetzungsgesetz vom 26.6.2013[1494] hat jüngst eine Ausnahmeregelung in die ansonsten fortbestehende Systematik Einzug erhalten[1495]. Demnach ist der Nutzungswert sowohl im Rahmen der 1 %-Regelung als auch der Fahrtenbuchmethode nach § 6 Abs. 1 Nr. 4 S. 2 2. Hs. und S. 3 2. Hs. EStG für Elektro- und Hybridelektrofahrzeuge hinsichtlich der mit dem Batteriesystem zusammenhängenden Kosten in einer pauschalen Höhe zu mindern[1496].

---

den erstgenannten Fall; eingehend zur ertragsteuerlichen Behandlung des Nutzungswerts von Kraftfahrzeugen aus allen Blickwinkeln *Urban*, Besteuerung von Firmen- und Dienstwagen, 2009; zur Überlassung eines Pkw des Arbeitgebers an den Arbeitnehmer *Bilsdorfer*, DStR 2012, 1477 ff.

1492 MissbrauchEindämmG v. 28.4.2006, BGBl. I 2006, 1095. Anlass war die Rechtsprechungsänderung (siehe BFH, Urt. v. 2.10.2003 – IV R 13/03, BStBl. II 2004, 985 [986 f.]), wonach § 4 Abs. 3 EStG der Bildung von gewillkürtem Betriebsvermögen nicht entgegenstehe und die 1 %-Regelung in einigen Fallgestaltungen, in welchen das genutzte Fahrzeug bloß gewillkürtes Betriebsvermögen ist, zu nicht gerechtfertigten Steuervorteilen führen würde; siehe *Ehmcke*, in Blümich, EStG/KStG/GewStG, § 6 EStG Rn. 1013c (Aug. 2013); *Jahndorf/Oellerich*, DB 2006, 2537; *Schober*, in Herrmann/Heuer/Raupach, EStG/KStG, § 6 Rn. 1203e (Dez. 2011); dazu mit weiteren Argumenten für die Änderung BT-Drs. 16/634 v. 13.2.2006, Entwurf eines Gesetzes zur Eindämmung missbräuchlicher Steuergestaltungen, S. 10 f.; kritisch BT-Drs. 16/975 v. 15.3.2006, Beschlussempfehlung und Bericht des Finanzausschusses (7. Ausschuss) zu dem Gesetzentwurf der Bundesregierung – Drs. 16/634, 16/749, S. 18 f.; zur Zugehörigkeit eines Wirtschaftsguts zum Betriebsvermögen und der Unterscheidung zwischen Privatvermögen, gewillkürtem und notwendigem Betriebsvermögen in Abhängigkeit der quotalen betrieblichen Nutzung anstelle vieler *Hennrichs*, in Tipke/Lang, Steuerrecht[21], 2013, § 9 Rn. 210 ff. m. w. N.

1493 *Ehmcke*, in Blümich, EStG/KStG/GewStG, § 6 EStG Rn. 1013c (Aug. 2013); *Tehler*, in Reiß/Kraeusel/Langer, UStG, § 10 Rn. 340 (Jan. 2013).

1494 AmtshilfeRLUmsG v. 26.6.2013, BGBl. I 2013, 1809 (1815).

1495 *Ehmcke*, in Blümich, EStG/KStG/GewStG, § 6 EStG Rn. 1013l (Aug. 2013); *Ortmann-Babel/Bolik/Griesfeller*, DB 2013, 1319 (1323).

1496 *Nacke*, StBW 2013, 649 (651 f.); dazu näher *Ehmcke*, in Blümich, EStG/KStG/GewStG, § 6 EStG Rn. 1013l (Aug. 2013) zur 1 %-Regelung und 1014f (Aug. 2013) zur Fahrtenbuchmethode; siehe auch noch S. 291.

Das Einkommensteuerrecht sieht demnach für die Bewertung der privaten Nutzungsentnahme eines dem Betriebsvermögen zugeordneten Pkw nach derzeitiger Rechtslage[1497] drei Ermittlungsvarianten vor. Wird der Pkw zu mehr als 50 % betrieblich genutzt, richtet sie sich entweder nach der Fahrtenbuchmethode i. S. d. § 6 Abs. 1 Nr. 4 S. 3 EStG oder – für den Fall, dass der Steuerpflichtige kein (ordnungsgemäßes) Fahrtenbuch führt – nach der 1 %-Methode[1498] i. S. d. § 6 Abs. 1 Nr. 4 S. 2 EStG[1499]. Da die Anwendung der 1 %-Regelung voraussetzt, dass der Steuerpflichtige das Fahrzeug über 50 % betrieblich nutzt, ist sie im Falle eines geringeren betrieblichen Nutzungsanteils ausgeschlossen. Führt der Steuerpflichtige in diesem Fall zugleich kein Fahrtenbuch, muss der Entnahmewert nach § 6 Abs. 1 Nr. 4 S. 1 EStG im Wege einer Schätzung der privaten Nutzungs- und Kostenanteile ermittelt werden[1500]. Die von der Finanzverwaltung aufgestellten Anforderungen an den Nachweis des betrieblichen Nutzungsanteils von über 50 % kann in jeder geeigneten Form erfolgen, wenn es sich nicht bereits aus Art und Umfang der Tätigkeit des Steuerpflichtigen ergibt[1501].

1497 Gegenstand der Untersuchung ist nur die derzeitige Rechtslage; zur historischen Entwicklung der Nutzungswertbesteuerung von Fahrzeugen *Ehmcke*, in Blümich, EStG/KStG/GewStG, § 6 EStG Rn. 1012 ff. (Aug. 2013); *Urban*, Besteuerung von Firmen- und Dienstwagen, 2009, S. 33 ff.

1498 Synonym auch als 1 %-Regelung, Listenpreisregelung oder Listenpreismethode bezeichnet.

1499 Zu den nach dem Gesetz zur Umsetzung der Amtshilferichtlinie sowie zur Änderung steuerlicher Vorschriften (AmtshilfeRLUmsG) v. 6.6.2013, BGBl. I 2013, 1809 ff. eingeführten Besonderheiten bei der Nutzung eines Elektro- bzw. extern aufladbaren Hybridelektrofahrzeugs siehe *Paintner*, DStR 2013, 1629 (1630 f.).

1500 *Ehmcke*, in Blümich, EStG/KStG/GewStG, § 6 EStG Rn. 1013d (Aug. 2013); *Fischer*, in Kirchhof, EStG[13], 2014, § 6 Rn. 167; *Jakob*, Umsatzsteuer[4], 2009, § 5 Rn. 464; *Rüsch/Hoffmann*, BC 2006, 89; *Schober*, in Herrmann/Heuer/Raupach, EStG/KStG, § 6 Rn. 1202m (Dez. 2011); *R. Wagner*, NWB 2011, 2930; siehe auch BMF-Schreiben v. 18.11.2009 betr. ertragsteuerliche Erfassung der Nutzung eines betrieblichen Kraftfahrzeugs zu Privatfahrten, zu Fahrten zwischen Wohnung und Betriebsstätte sowie zu Familienheimfahrten nach § 4 Abs. 5 S. 1 Nr. 6 und § 6 Abs. 1 Nr. 4 S. 1 bis 3 EStG; Berücksichtigung der Änderungen durch das Gesetz zur Eindämmung missbräuchlicher Steuergestaltungen vom 28.4.2006 (BStBl. I 2006, 353) und des Gesetzes zur Fortführung der Gesetzeslage 2006 bei der Entfernungspauschale vom 20.4.2009 (BGBl. I 2009, 774), BStBl. I 2009, 1326 ff.

1501 *Fischer*, in Kirchhof, EStG[13], 2014, § 6 Rn. 166; *Jahndorf/Oellerich*, DB 2006, 2537 ff.; *Günther/Gatzen*, EStB 2008, 180 f.; *Liess*, NWB 2009, 1522 (1523); siehe auch BMF-Schreiben v. 18.11.2009, BStBl. I 2009, 1326 (1327); zur Darlegungslast des Steuerpflichtigen im Hinblick auf die über 50 %ige betriebliche Nutzung aus

aa) 1 %-Regelung

Der private Nutzungsanteil ist zwingend nach der spezialgesetzlichen Bewertungsregel zu ermitteln, wenn der Pkw zu mehr als 50 % betrieblich genutzt wird und der Steuerpflichtige kein ordnungsgemäßes Fahrtenbuch i. S. d. § 6 Abs. 1 Nr. 4 S. 3 EStG führt[1502]. Eine Ausnahme von dem pauschalen Nutzungswert ist nur für den Fall anerkannt, dass der nach § 6 Abs. 1 Nr. 4 S. 2 EStG ermittelte Wert die für den genutzten Pkw tatsächlich entstandenen Aufwendungen übersteigt. Erbringt der Steuerpflichtige dafür den Nachweis, dürfen maximal die Gesamtkosten des Kraftfahrzeugs angesetzt werden, sog. Kostendeckelung[1503]. Für die private Nutzung eines Kraftfahrzeugs ist im Rahmen der 1 %-Methode für jeden Kalendermonat 1 % des inländischen Brutto-Listenpreises[1504] im Zeitpunkt der Erstzulassung zuzüglich der Kosten für Sonderausstattung und einschließlich der Umsatzsteuer anzusetzen. Das gilt unabhängig davon, ob der Steuerpflichtige das Fahrzeug neu oder gebraucht gekauft hat[1505]. Die

---

verfassungsrechtlicher Sicht *Jahndorf/Oellerich*, DB 2006, 2537 ff. Da die 1 %-Methode jedoch oftmals gegenüber einer Schätzung zu nachteiligen Steuerfolgen führt, vertreten einige Stimmen im Schrifttum, dass insoweit die Finanzverwaltung die Feststellungslast trifft und ein glaubhafter Vortrag des Steuerpflichtigen von ihr zu entkräften ist; so überzeugend *Schober*, in Herrmann/Heuer/Raupach, EStG/KStG, § 6 Rn. 1203e (Dez. 2011) m. w. N.; *Urban*, FR 2010, 510 (518).

1502 BFH, Urt. v. 26.4.2006 – X R 35/05, BStBl. II 2007, 445 (447); v. 3.2.2010 – IV R 45/07, BStBl. II 2010, 689 (690); *Ehmcke*, in Blümich, EStG/KStG/GewStG, § 6 EStG Rn. 1014e (Aug. 2013).

1503 BFH, Urt. v. 24.2.2000 – III R 59/98, BStBl. II 2000, 273 (275); Beschl. v. 6.12.2005 – XI B 32/05, n. v.; siehe BMF-Schreiben v. 18.11.2009, BStBl. I 2009, 1326 (1329); näher zum Begriff der sog. Kostendeckelung und den damit verbundenen Einzelfragen siehe *Gnosa*, Der Firmenwagen im Steuerrecht, 2007, S. 59 ff.; *Schober*, in Herrmann/Heuer/Raupach, EStG/KStG, § 6 Rn. 1203o ff. (Dez. 2011).

1504 Zur Begründung der Heranziehung des Bruttowertes führt der BFH in seinen Urteilen v. 6.3.2003 – XI R 12/02, BStBl. II 2003, 704; v. 3.2.2010 – IV R 45/07, BStBl. II 2010, 689 (691); v. 7.12.2010 – VIII R 54/07, BStBl. II 2011, 451 (453) aus, dass die 1 %-Regelung den Betriebsinhaber hinsichtlich der privaten Nutzung eines Kfz nicht besser stellen soll als den Steuerpflichtigen, der als Privatnutzer sein Kfz im Privatvermögen hält. Da dieser auf die Anschaffung und Nutzung Umsatzsteuer zu zahlen habe, verlange das Gesetz dem Regelungszweck entsprechend zu Recht, dass als Entnahme der (Brutto-)Listenpreis einschließlich der Umsatzsteuer anzusetzen ist; ebenso *Schober*, in Herrmann/Heuer/Raupach, EStG/KStG, § 6 Rn. 1202j (Dez. 2011).

1505 BFH, Urt. v. 24.2.2000 – III R 59/98, BStBl. II 2000, 273 (276); v. 13.12.2012 – VI R 51/11, BStBl. II 2013, 385 (386); *Schober*, in Herrmann/Heuer/Raupach, EStG/

1 %-Regelung ist mit den Worten des BFH eine „stark typisierende und pauschalierende Bewertungsregelung“[1506]. Das bestätigt auch die über die gesamte Nutzungsdauer eines Kfz undifferenzierte Handhabe der 1 %-Regelung. Denn obschon die Pauschalierung sowohl die Anschaffungs- und Herstellungskosten[1507] als auch die laufenden Kosten abgelten soll[1508], greift sie über den Abschreibungszeitraum des Kraftfahrzeugs hinaus[1509]. Die Pauschalierung erfasst sämtliche „vorhersehbaren“ Kosten und damit alle geldwerten Vorteile[1510]. Aus diesen und weiteren Gründen sind im Schrifttum teilweise verfassungsrechtliche Bedenken im Hinblick auf Art. 3 Abs. 1 GG geäußert worden[1511]. Nach Auffassung der Rechtsprechung ist die 1 %-Regelung jedoch trotz der sehr groben Typisierung verfassungsrechtlich zulässig, weil einer nicht sachgerechten Bewertung der Nutzungsentnahme durch die Führung eines Fahrtenbuchs begegnet werden kann[1512].

Nutzt ein Steuerpflichtiger das einem Betriebsvermögen zugehörige Fahrzeug im Rahmen unterschiedlicher Einkunftsarten, sind die damit im Zusammenhang stehenden Kosten allerdings nicht mit der 1 %-Methode nach § 6

KStG, § 6 Rn. 1203k (Mai 2013); *Urban*, Besteuerung von Firmen- und Dienstwagen, 2009, S. 248 f.; zu den sich im Zusammenhang mit einem Oldtimer bietenden Gestaltungsmöglichkeiten für einen selbständigen Steuerpflichtigen siehe *Balmes*, BB 2011, 2263 (2267).

1506 BFH, Urt. v. 13.12.2012 – VI R 51/11, BStBl. II 2013, 385 (386); vgl. auch BFH, Urt. v. 13.2.2003 – X R 23/01, BStBl. II 2003, 472 (473); v. 21.12.2006 – VI B 20/06, BFH/NV 2007, 716.

1507 Im Folgenden nur die „Anschaffungskosten“ genannt, da es sich in der Regel um angeschaffte und nicht selbst hergestellte Fahrzeuge handelt.

1508 BFH, Urt. v. 13.12.2012 – VI R 51/11, BStBl. II 2013, 385 (387).

1509 Ebenso anstelle vieler von einer über den Abschreibungszeitraum hinaus andauernden Anwendbarkeit der 1 %-Methode im Einkommensteuerrecht ausgehend BFH, Beschl. v. 3.1.2007 – XI B 128/06, BFH/NV 2007, 706 (707); *Ehmcke*, in Blümich, EStG/KStG/GewStG, § 6 EStG Rn. 1013a (Aug. 2013).

1510 *Fischer*, in Kirchhof, EStG[13], 2014, § 6 Rn. 166.

1511 Dazu eingehend und m. w. N. *Urban*, Besteuerung von Firmen- und Dienstwagen, 2009, S. 248 ff.

1512 So zuletzt mit näheren Ausführungen BFH, Urt. v. 13.12.2012 – VI R 51/11, BStBl. II 2013, 385 (386 f.); zuvor bereits BFH, Urt. v. 24.2.2000 – III R 59/98, BStBl. II 2000, 273 (275 ff.); v. 3.8.2000 – III R 2/00, BStBl. II 2001, 332 (334); Beschl. v. 27.1.2004 – X R 43/02, BFH/NV 2004, 639; Urt. v. 21.12.2006 – VI B 20/06, BFH/NV 2007, 716; siehe auch *Balmes*, BB 2011, 2263 (2264); näher zur materiellen Verfassungskonformität der 1 %-Regelung *Urban*, Besteuerung von Firmen- und Dienstwagen, 2009, S. 248 ff.

Abs. 1 Nr. 4 S. 2 EStG abgegolten[1513]. Die 1 %-Regelung deckt nämlich nur die auf die private Nutzung entfallenden Kosten ab. Der Entnahmewert ist vorbehaltlich etwaiger Abzugsbeschränkungen bei der anderen Einkunftsart als Betriebsausgabe oder als Werbungskosten zu berücksichtigen[1514].

bb) Fahrtenbuchmethode

Nach § 6 Abs. 1 Nr. 4 S. 3 EStG – der sog. Fahrtenbuchmethode – kann die private Nutzung abweichend von der 1 %-Regelung mit den auf die Privatfahrten entfallenden Aufwendungen angesetzt werden. Dem Steuerpflichtigen steht somit alternativ zur 1 %-Methode die Fahrtenbuchmethode zu[1515]. Bei Nichtausübung dieses Wahlrechts, gilt zwingend die 1%-Regelung, wenn das gemischt genutzte Fahrzeug zu mehr als 50 % betrieblich genutzt wird[1516]. Die für das Kraftfahrzeug insgesamt entstandenen Aufwendungen muss der Steuerpflichtige durch Belege und das Verhältnis der privaten zu den übrigen Fahrten durch ein ordnungsgemäßes Fahrtenbuch nachweisen. An die Anerkennung eines Fahrtenbuches sind strenge Anforderungen gestellt. Diese sind zwar nicht aus dem Gesetz ableitbar, gelten aber als durch die Rechtsprechung des BFH geklärt[1517]. Der Wert der Nutzungsentnahme für die private Fahrzeugnutzung ergibt sich aus dem Verhältnis der Gesamtfahrten zu den privaten Fahrten, indem die insgesamt angefallenen Aufwendungen verhältnismäßig den betrieblichen und privaten

---

1513 BFH v. 26.4.2006 – X R 35/05, BStBl. II 2007, 445 (447); *Günther/Gatzen*, EStB 2008, 180 (182); siehe auch BMF-Schreiben v. 18.11.2009, BStBl. I 2009, 1326 (1329).

1514 Aus Vereinfachungsgründen verzichtet die Finanzverwaltung aber auf den Ansatz einer zusätzlichen Entnahme, soweit für die Aufwendungen bei der anderen Einkunftsart keine Abzugsbeschränkungen existieren und dort kein Abzug erfolgt; siehe zum Ganzen aus Verwaltungssicht BMF-Schreiben v. 18.11.2009, BStBl. I 2009, 1326 (1329).

1515 Daher wird die Fahrtenbuchregelung auch als sog. „*Escape*-Klausel" bezeichnet; siehe anstelle vieler BFH, Urt. v. 13.12.2012 – VI R 51/11, BStBl. II 2013, 385 (386); *Schober*, in Herrmann/Heuer/Raupach, EStG/KStG, § 6 Rn. 1202m (Dez. 2011).

1516 *Schober*, in Herrmann/Heuer/Raupach, EStG/KStG, § 6 Rn. 1202p (Dez. 2011).

1517 BFH, Urt. v. 9.11.2005 – VI R 27/05, BStBl. II 2006, 408 (409 f.); v. 16.11.2005 – VI R 64/04, BStBl. II 2006, 410 (411 f.); v. 16.3.2006 – VI R 87/04, BStBl. II 2006, 625 (626); Beschl. v. 28.11.2006 – VI B 32/06, BFH/NV 2007, 439 (440 f.); v. 26.6.2007 – V B 197/05, BFH/NV 2007, 1897 (1898); siehe auch *Günther/Gatzen*, EStB 2008, 180 (181); *Ehmcke*, in Blümich, EStG/KStG/GewStG, § 6 EStG Rn. 1014b (Aug. 2013); *Gnosa*, Der Firmenwagen im Steuerrecht, 2007, S. 64 ff.; *Schober*, in Herrmann/Heuer/Raupach, EStG/KStG, § 6 Rn. 1203s ff. (Dez. 2011).

Fahrten zugeordnet werden[1518]. Die Anschaffungskosten des Kfz sind dafür nach AfA-Grundsätzen i. S. d. § 7 Abs. 1 EStG aufzuteilen. Die Fahrtenbuchmethode liefert zwar auch keinen exakten Maßstab, sondern ebenfalls bloß einen aus den Gesamtkosten abgeleiteten Durchschnittswert[1519], eine exaktere Ermittlung wäre jedoch nicht zumutbar und ist auch nicht ersichtlich.

cc) Nutzungswertermittlung bei einer betrieblichen Nutzung des Fahrzeugs zu weniger als 50 %

Das Einkommensteuerrecht gibt für den Fall, dass der private Nutzungsanteil mindestens 50 % beträgt und die 1 %-Methode damit ausscheidet, keine spezielle Ermittlungsmethode vor. Vielmehr ist die Nutzungsentnahme mit den tatsächlichen Aufwendungen, die auf die privaten Fahrten zurückzuführen sind, nach § 6 Abs. 1 Nr. 4 S. 1 EStG zu bewerten[1520]. Es bieten sich mehrere Möglichkeiten an, die privat veranlassten Aufwendungen zu ermitteln. Insofern kann nicht von *der* „Schätzungsmethode" gesprochen werden[1521]. Grundlage für die Ermittlung kann jedenfalls ein ordnungsgemäßes Fahrtenbuch sein[1522]. Die strengen formalen Voraussetzungen eines ordnungsgemäßen Fahrtenbuchs sind aber nicht zwingend. Der Finanzverwaltung genügt als Grundlage für eine Schätzung des Privatanteils

---

1518 *Schober*, in Herrmann/Heuer/Raupach, EStG/KStG, § 6 Rn. 1203p und y (Dez. 2011).

1519 *Urban*, Besteuerung von Firmen- und Dienstwagen, 2009, S. 254.

1520 BFH, Urt. v. 3.2.2010 – IV R 45/07, BStBl. II 2010, 689 (690); *Ehmcke*, in Blümich, EStG/KStG/GewStG, § 6 EStG Rn. 1013d (Aug. 2013); siehe auch BMF-Schreiben v. 18.11.2009, BStBl. I 2009, 1326 (1330).

1521 *Schober*, in Herrmann/Heuer/Raupach, EStG/KStG, § 6 Rn. 1202m (Dez. 2011); diese Alternative aber als „Schätzungsmethode" bezeichnend *Rüsch/Hoffmann*, BC 2006, 89. Im Schrifttum werden verschiedene Ermittlungsmethoden vorgeschlagen; siehe dazu nur *Ehmcke*, in Blümich, EStG/KStG/GewStG, § 6 EStG Rn. 1013d (Aug. 2013); *Schober*, in Herrmann/Heuer/Raupach, EStG/KStG, § 6 Rn. 1202m (Dez. 2011). Ob die Finanzverwaltung diese allesamt als sachgerecht akzeptieren würde, ist allerdings nicht auszumachen; ebenso *Schober*, in Herrmann/Heuer/Raupach, EStG/KStG, § 6 Rn. 1202m (Dez. 2011).

1522 *Ehmcke*, in Blümich, EStG/KStG/GewStG, § 6 EStG Rn. 1013d (Aug. 2013); *Günther/Gatzen*, EStB 2008, 180 (183); *Rüsch/Hoffmann*, BC 2006, 89 f.; a. A. *Meurer*, in Lademann/Söffing, EStG, § 6 Rn. 894 (Okt. 2006), die die Anwendung der Fahrtenbuchmethode nur für möglich erachtet, soweit alle Tatbestandmerkmale der 1 %-Regelung gegeben sind. Da die Fahrtenbuchmethode aber die exakteste Wertermittlungsmöglichkeit darstellt und somit einer gröberen Schätzung gegenüber immer vorrangig ist, ist diese Annahme nicht haltbar. Denn für eine Schätzung ist kein Raum, wenn der Sachverhalt aufgeklärt werden kann; *Drüen*, in Tipke/Kruse, AO/FGO, § 4 AO Tz. 91 (Okt. 2011).

der Aufwendungen auch weniger streng formalisierte, aber aussagekräftige Aufzeichnungen, aus denen der private Anteil abgeleitet werden kann[1523].

b) Umsatzsteuerrechtliche Beurteilung der privaten Nutzung von Unternehmensfahrzeugen

§ 3 Abs. 9a UStG stellt einer sonstigen Leistung bestimmte unentgeltliche Wertabgaben aus dem Unternehmen gegen Entgelt gleich. Die Vorschriften zur Besteuerung „unentgeltlicher Verwendung" eines Unternehmensgegenstandes zu „unternehmensfremden Zwecken" verfolgen das Ziel, den ursprünglichen Vorsteuerabzug zu berichtigen[1524]. Die Besteuerung einer Nutzungsentnahme als Letztverbrauch neutralisiert den vorgenommenen Vorsteuerabzug. Die Besteuerung der Nutzungsentnahme soll damit verhindern, dass einem Unternehmer ein ungerechtfertigter wirtschaftlicher Vorteil gegenüber einem Endverbraucher eingeräumt wird, weil er Vorsteuerabzüge vorgenommen hat, zu deren Vornahme er im Nachhinein nicht berechtigt war[1525]. Andernfalls würde es zu einer nicht gerechtfertigten Ungleichbehandlung kommen[1526]. Der Vorsteuerabzug muss im Falle einer außerunternehmerischen Nutzung durch die Umsatzbesteuerung ausgeglichen werden, um einen unversteuerten Letztverbrauch zu vermeiden[1527]. Nach § 3 Abs. 9a Nr. 1 UStG gilt dies auch für die Verwendung eines

---

1523 BMF-Schreiben v. 18.11.2009, BStBl. I 2009, 1326 (1330); siehe auch *Ehmcke*, in Blümich, EStG/KStG/GewStG, § 6 EStG Rn. 1013d (Aug. 2013); *Günther/Gatzen*, EStB 2008, 180 (183); *Urban*, Besteuerung von Firmen- und Dienstwagen, 2009, S. 239 führt insoweit kritisch an, dass eine gegebenenfalls günstigere Besteuerung nach einem geschätzten Kostenanteil von 50 % durch die Reduzierung des betrieblichen Nutzens auf maximal 50 % faktisch möglich sei, weil die Finanzverwaltung dies mangels Überprüfbarkeit akzeptieren würde.

1524 *Stadie*, UStG[2], 2012, § 15a Rn. 1; *W. Wagner*, in Sölch/Ringleb, UStG, § 15a Rn. 35 (April 2011); vgl. auch *Englisch*, in Tipke/Lang, Steuerrecht[21], 2013, § 17 Rn. 365 f.; siehe dazu bereits S. 144 f.

1525 EuGH, Urt. v. 14.9.2006 – C-72/05 [Wollny], Slg. I 2006, 8321 (8332); v. 16.2.2012 – C-594/10 [van Laarhoven], UR 2012, 681 (684); BFH, Urt. v. 13.1.2011 – V R 12/08, BStBl. II 2012, 61 (64); *Gnosa*, Der Firmenwagen im Steuerrecht, 2007, S. 94; *Stadie*, UStG[2], 2012, § 3 Rn. 161.

1526 EuGH, Urt. v. 20.1.2005 – C-412/03 [Hotel Scandic Gåsabäck], Slg. I 2005, 757 (767); v. 14.9.2006 – C-72/05 [Wollny], Slg. I 2006, 8321 (8332); BFH, Urt. v. 13.1.2011 – V R 12/08, BStBl. II 2012, 61 (64); v. 12.12.2012 – XI R 36/10, BStBl. II 2013, 412 (414 f.); v. 28.2.1980 – V R 138/72, BStBl. II 1980, 309 (311).

1527 EuGH, Urt. v. 4.10.1995 – C-291/92 [Armbrecht], Slg. I 1995, 2807 (2817); v. 14.7.2005 – C-434/03 [Charles und Charles-Tijmens], Slg. I 2005, 7037 (7069);

dem Unternehmen zugeordneten (teilweise) vorsteuerentlasteten Gegenstandes durch einen Unternehmer für Zwecke, die außerhalb des Unternehmens liegen, soweit nicht die Ausschlussmerkmale des § 3 Abs. 9a Nr. 1 2. Hs. UStG vorliegen. Im Gegensatz zum Einkommensteuerrecht beinhaltet das Umsatzsteuerrecht *de lege lata*[1528] jedoch keine spezialgesetzliche Regelung für die Beurteilung der privaten Nutzung eines dem Unternehmensvermögen zugeordneten Pkw[1529]. Umsatzsteuerrechtlich ist die nichtunternehmerische Nutzung eines dem Unternehmensvermögen zugehörigen Kfz demnach als Entnahme i. S. d. § 3 Abs. 9a Nr. 1 UStG zu behandeln[1530]. Als Bemessungsgrundlage sind nach § 10 Abs. 4 S. 1 Nr. 2 UStG die tatsächlichen privat veranlassten Ausgaben zugrunde zu legen, soweit sie zum Vorsteuerabzug berechtigt haben. Die mit der Kfz-Nutzung verbundenen Ausgaben sind dafür auf die privaten und unternehmerischen Fahrten aufzuteilen[1531]. Dem Unternehmer bietet sich nach der Verwaltungsauffassung allerdings ein Wahlrecht zwischen drei Methoden, um die Bemessungsgrundlage für die Entnahmebesteuerung zu ermitteln. Er kann zwischen der 1 %-Regelung unter den Voraussetzungen des § 6 Abs. 1 Nr. 4 S. 2 EStG mit umsatzsteuerrechtlichen Modifikationen, der Fahrtenbuchmethode sowie der Schätzung der Quote des privaten Nutzungsanteils anhand geeigneter Grundlagen wählen[1532].

---

v. 14.9.2006 – C-72/05 [Wollny], Slg. I 2006, 8321 (8330); v. 16.2.2012 – C-594/10 [van Laarhoven], UR 2012, 681 (683); BFH, Urt. v. 28.2.1980 – V R 138/72, BStBl. II 1980, 309 (311); *Leonard*, in Bunjes/Geist, UStG[12], 2013, § 3 Rn. 261.

1528 Zur historischen Entwicklung der Nutzungsentnahme des dem Unternehmensvermögen zugehörigen Kfz und insbesondere zu der umsatzsteuerrechtlichen Beurteilung gemischt genutzter Fahrzeuge, die in dem Zeitraum vom 1.4.1999 bis zum 31.12.2003 angeschafft wurden, nach der spezialgesetzlichen Regelungen der § 3 Abs. 9a S. 2 1. Hs., § 15 Abs. 1b und § 15a Abs. 3 Nr. 2 Buchst. a UStG i. d. F. des StEntlG 1999/2000/2002 sowie den Übergangsregelungen nach § 27 Abs. 5 UStG *Fritsch*, in Reiß/Kraeusel/Langer, UStG, § 3 Rn. 685.29 und 685.33 (Sep. 2012); *Gnosa*, Der Firmenwagen im Steuerrecht, 2007, S. 98 ff.; *Klenk*, in Sölch/Ringleb, UStG, § 3 Rn. 632 ff. (März 2012); *Lippross*, Umsatzsteuer[23], 2012, S. 830 f.; eingehend *Nieskens*, in Rau/Dürrwächter, UStG, § 3 Rn. 1736 ff. (Sep. 2013).

1529 *Nieskens*, in Rau/Dürrwächter, UStG, § 3 Rn. 1737 (Sep. 2013); *Urban*, FR 2010, 510; *ders.*, NJW 2011, 2465.

1530 *Urban*, NJW 2011, 2465 (2469); siehe auch A 3.4 Abs. 3 UStAE.

1531 BFH, Urt. v. 11.3.1999 – V R 78/98, BFHE 188, 160 (163); v. 4.11.1999 – V R 35/99, BFH/NV 2000, 759 (760); v. 19.5.2010 – XI R 32/08, BStBl. II 2010, 1079 (1081).

1532 BMF-Schreiben v. 27.8.2004 – IV B 7-S 7300, BStBl. I 2004, 864 (865); Vfg. der OFD Nieders. v. 8.10.2012 betr. Umsatzbesteuerung bei unternehmerisch und nichtunternehmerisch genutzten Fahrzeugen durch einen Unternehmer, der steuerpflichtige und steuerfreie Umsätze ausführt – S 7109 - 22 - St 171, DB 2013, 207; siehe

Allen drei Ermittlungsmethoden ist gemein, dass sie im Rahmen der Besteuerung der unentgeltlichen Nutzungsentnahme i. S. d. § 3 Abs. 9a Nr. 1 UStG voraussetzen, dass der Steuerpflichtige von seiner Vorsteuerabzugsmöglichkeit i. S. d. § 15 UStG Gebrauch gemacht hat, die sich wiederum nach der Zuordnung des Pkw zum Unternehmensvermögen und den Ausgangstätigkeiten des Steuerpflichtigen richtet. Damit ist die Verwendung für außerunternehmerische Zwecke eines Kfz nur umsatzsteuerbar, wenn der Steuerpflichtige es dem Unternehmen insgesamt zugeführt hat und vorsteuerabzugsberechtigt war[1533]. Beträgt die unternehmerische Nutzung eines sowohl für unternehmerische als auch für private Zwecke verwendeten Gegenstandes – sog. gemischt genutzter Gegenstand – mindestens 10 % (vgl. § 15 Abs. 1 S. 2 UStG)[1534] hat der Unternehmer die Wahl, diesen Gegenstand in vollem Umfang dem Unternehmensvermögen zuzuordnen, ihn in vollem Umfang in seinem Privatvermögen zu belassen[1535] oder ihn nur im Umfang der tatsächlichen unternehmerischen Verwendung in sein Unternehmen einzubeziehen[1536]. Wohlgemerkt ist die umsatzsteuerrechtliche Zuordnung

---

auch *Fritsch*, in Reiß/Kraeusel/Langer, UStG, § 3 Rn. 685.28 (Sep. 2012); *Gnosa*, Der Firmenwagen im Steuerrecht, 2007, S. 106; *Jakob*, Umsatzsteuer[4], 2009, § 5 Rn. 464, 468; *Liess*, NWB 2009, 1522 (1526); *Lippross*, Umsatzsteuer[23], 2012, S. 831 f.; *Nieskens*, in Rau/Dürrwächter, UStG, § 3 Rn. 1739 (Sep. 2013); *Tehler*, in Reiß/Kraeusel/Langer, UStG, § 10 Rn. 344 ff. (Jan. 2013); *R. Wagner*, NWB 2011, 2930 (2942 f.); *W. Wagner*, in Sölch/Ringleb, UStG, § 10 Rn. 430 (Sep. 2012).

1533 *Fritsch*, in Reiß/Kraeusel/Langer, UStG, § 3 Rn. 685.28 (Sep. 2012); *Lippross*, Umsatzsteuer[23], 2012, S. 830 f.

1534 *Fritsch*, in Reiß/Kraeusel/Langer, UStG, § 3 Rn. 685.20 (Sep. 2012).

1535 Damit entzieht er den Gegenstand dem Umsatzsteuersystem vollständig, da eine „Einlagenentsteuerung" nicht vorgesehen ist; siehe bereits Fn. 842.

1536 EuGH, Urt. v. 4.10.1995 – C-291/92 [Armbrecht], Slg. I 1995, 2807 (2817); v. 14.7.2005 – C-434/03 [Charles und Charles-Tijmens], Slg. I 2005, 7037 (7069); v. 14.9.2006 – C-72/05 [Wollny], Slg. I 2006, 8321 (8330); v. 16.2.2012 – C-594/10 [van Laarhoven], UR 2012, 681 (683); BFH, Urt. v. 11.3.1999 – V R 78/98, BFHE 188, 160 (162); v. 31.1.2002 – V R 61/96, BStBl. II 2003, 813 (814); v. 13.1.2011 – V R 12/08, BStBl. II 2012, 61 (63 f.); v. 3.3.2011 – V R 23/10, BStBl. II 2012, 74 (75); v. 18.4.2012 – XI R 14/10, BFH/NV 2012, 1828 (1830); anstelle vieler *Fritsch*, in Reiß/Kraeusel/Langer, UStG, § 3 Rn. 685.20 (Sep. 2012); *Jakob*, Umsatzsteuer[4], 2009, § 5 Rn. 465; *Korn*, in Bunjes/Geist, UStG[12], 2013, § 10 Rn. 86; vgl. auch A 15.2. Abs. 21 UStAE; BMF-Schreiben v. 27.8.2004, Umsatzsteuer, Vorsteuerabzug und Umsatzbesteuerung bei unternehmerisch genutzten Fahrzeugen ab 1.4.1999 – IV B 7-S 7300–70/04, BStBl. I 2004, 864; kritisch zu diesem äußerst weitreichenden Zuordnungswahlrecht *Reiß*, in Tipke/Lang, Steuerrecht[20], 2011, § 14 Rn. 157; eingehende Kritik übt *Tumpel*, Festschrift Reiß, 2008, S. 123 (133 ff.).

des Gegenstandes zum Unternehmensvermögen völlig unabhängig von der ertragsteuerrechtlichen Behandlung als Betriebs- oder Privatvermögen[1537]. Ordnet der Unternehmer den gemischt genutzten Gegenstand vollständig dem Unternehmensvermögen zu, so ist die bei dessen Erwerb an den Veräußerer gezahlte Umsatzsteuer unter den Voraussetzungen des § 15 UStG vollständig und sofort als Vorsteuer abziehbar[1538].

aa) 1 %-Regelung

Das Umsatzsteuergesetz verweist an keiner Stelle auf die einkommensteuerrechtliche 1 %-Regelung[1539]. Der BFH hat zudem herausgestellt, dass der anhand der 1 %-Methode i. S. d. § 6 Abs. 1 Nr. 4 S. 2 EStG ermittelte Wert der Nutzungsentnahme für das Umsatzsteuerrecht grundsätzlich kein geeigneter Maßstab sei, um die Kosten, soweit sie zum Vorsteuerabzug berechtigt haben, auf die Privatfahrten und die unternehmerischen Fahrten aufzuteilen[1540]. Der Ansatz verbiete sich unweigerlich, wenn die vorsteuerberechtigten Kosten geringer als der Entnahmewert sind. Aber auch ein darüber liegender Entnahmewert habe kaum Aussagekraft für die auf die jeweiligen Fahrtanteile entfallenden Kostenanteile. Der vom Listenpreis des Kfz ausgehende Entnahmewert berücksichtige

---

1537 BFH, Urt. v. 19.4.1979 – V R 11/72, BStBl. II 1979, 420 (421); v. 21.4.1988 – V R 135/83, BStBl. II 1988, 746 (748); v. 31.1.2002 – V R 61/96, BStBl. II 2003, 813 (815); v. 28.2.2002 – V R 25/96, BStBl. II 2003, 815 (816); *Fritsch*, in Reiß/Kraeusel/Langer, UStG, § 3 Rn. 685.19 (Sep. 2012); *Tehler*, in Reiß/Kraeusel/Langer, UStG, § 10 Rn. 339 (Jan. 2013); *Theisen*, UR 1989, 142; BMF-Schreiben v. 27.8.2004 – IV B 7-S 7300, BStBl. I 2004, 864. *Grüne*, UR 1989, 41 f. plädierte noch ausdrücklich für einen Gleichlauf zwischen ertragsteuerrechtlicher Qualifikation als Betriebsvermögen und umsatzsteuerrechtlicher Qualifikation als Unternehmensvermögen, war damit aber vehementer Kritik ausgesetzt. Die ertragsteuerrechtliche Behandlung kann allerdings als Beweiszeichen dienen; BFH, Urt. v. 31.1.2002 – V R 61/96, BStBl. II 2003, 813 (815); vgl. auch A 15.2. Abs. 21 Nr. 2 S. 9 UStAE.

1538 EuGH, Urt. v. 4.10.1995 – C-291/92 [Armbrecht], Slg. I 1995, 2807 (2817); v. 14.7.2005 – C-434/03 [Charles und Charles-Tijmens], Slg. I 2005, 7037 (7069); v. 14.9.2006 – C-72/05 [Wollny], Slg. I 2006, 8321 (8330); v. 16.2.2012 – C-594/10 [van Laarhoven], UR 2012, 681 (683); BFH, Urt. v. 15.7.2004 – V R 30/00, BStBl. II 2004, 1025 (1026 f.); siehe zum „Sofortabzug" bereits S. 145.

1539 *Widmann*, UR 1999, 282.

1540 BFH, Urt. v. 11.3.1999 – V R 78/98, BFHE 188, 160 (163), 1178 f.; Beschl. v. 26.6.2007 – V B 197/05, BFH/NV 2007, 1897 (1898); Urt. v. 19.5.2010 – XI R 32/08, BStBl. II 2010, 1079 (1081); v. 7.12.2010 – VIII R 54/07, BStBl. II 20511, 451 (453); *Hidien*, StuW 2005, 265 (276); *Korn*, SteuK 2010, 462; *Lippross*, Umsatzsteuer[23], 2012, S. 831; *Stadie*, UStG[2], 2012, § 10 Rn. 116.

weder die tatsächlich auf den Betrieb des Fahrzeugs entfallenden Kosten noch die konkreten Nutzungsverhältnisse im Einzelfall[1541]. *Stadie* geht insofern zu Recht davon aus, dass aus dieser Methode „willkürliche Ergebnisse" hervorgehen[1542]. Darüber hinaus hat der EuGH sich jüngst mit einer der 1 %-Regelung vergleichbaren Norm des niederländischen Rechts befasst[1543]. In seinem Urteil hat er ausgeführt, dass eine Norm, die die gemischte Fahrzeugnutzung eines Steuerpflichtigen regelt, bei Zugrundelegung einer pauschalen Berechnungsmethode für die mit einer solchen Verwendung verbundenen Ausgaben, dem tatsächlichen Umfang dieser Verwendung angemessen Rechnung tragen muss[1544]. Es ist zumindest äußerst zweifelhaft, ob die nationale 1 %-Regelung diesem europarechtlichem Maßstab standhalten würde[1545].

Die Finanzverwaltung erlaubt es dem Unternehmer aber dennoch aus „Vereinfachungsgründen" gerade in Anbetracht der Ermittlungsschwierigkeiten und der Masse der betroffenen Sachverhalte im Billigkeitsweg den Ansatz des pauschalen einkommensteuerrechtlichen Nutzungswerts i. S. d. § 6 Abs. 1 Nr. 4 S. 2 EStG anzusetzen[1546]. Daraus darf nicht abgeleitet werden, dass die Verwaltungsanweisungen rechtswidrig sind[1547]. Denn den Steuerpflichtigen verbleibt die Möglichkeit, die Fahrtenbuchmethode zur Ermittlung zu wählen. Insofern „gilt der Grundsatz des *volenti non fit iniuria*"[1548]. Auch der BFH beanstandet daher trotz der Unvereinbarkeit mit dem Umsatzsteuersystem nicht, wenn ein Steuerpflichtiger von der Vereinfachungsregelung in Form der 1 %-Regelung Gebrauch

1541 BFH, Urt. v. 11.3.1999 – V R 78/98, BFHE 188, 160 (163); v. 7.12.2010 – VIII R 54/07, BStBl. II 2011, 451 (453); *W. Wagner*, in Sölch/Ringleb, UStG, § 10 Rn. 433 (Sep. 2012).

1542 *Stadie*, UStG, 2012, § 10 Rn. 116.

1543 EuGH, Urt. v. 16.2.2012 – C-594/10 [van Laarhoven], UR 2012, 681 ff.

1544 EuGH, Urt. v. 16.2.2012 – C-594/10 [van Laarhoven], UR 2012, 681 (685).

1545 Ebenso Zweifel anbringend *Tehler*, in Reiß/Kraeusel/Langer, UStG, § 10 Rn. 346 (Jan. 2013); *Stadie*, UStG, 2012, § 10 Rn. 116 ist der Auffassung, dass die nationale 1 %-Regelung nach der EuGH-Entscheidung definitiv nicht mit der MwStSystRL vereinbar ist; bereits zuvor von der Unvereinbarkeit mit dem Unionsrecht ausgehend *Hidien*, StuW 2005, 265 (276).

1546 Ebenso *Urban*, NJW 2011, 2465 (2470); siehe auch *Jakob*, Umsatzsteuer^4, 2009, § 5 Rn. 468; vgl. auch BMF-Schreiben v. 27.8.2004, BStBl. I 2004, 864 (865); Vfg. der OFD Nieders. v. 8.10.2012, DB 2013, 207.

1547 Ebenso *Widmann*, UR 1999, 282.

1548 *Widmann*, UR 1999, 282.

macht[1549]. Dem Unternehmer steht es somit frei, die pauschale einkommensteuerrechtliche 1 %-Methode zur Ermittlung des Nutzungsentnahmewertes zu wählen. Gegen den Willen des Steuerpflichtigen findet die 1 %-Regelung im Umsatzsteuerrecht jedoch aufgrund der Inkompatibilität mit dem Umsatzsteuerrecht keine Anwendung[1550]. Sie ist zudem auch im Rahmen der umsatzsteuerrechtlichen Beurteilung wegen der Anlehnung an das Einkommensteuerrecht ausgeschlossen, wenn das Kfz zu weniger als 50 % betrieblich genutzt wird[1551]. Entscheidet sich der Steuerpflichtige für die Ermittlung des Nutzungswertes anhand der 1 %-Methode, steht ihm für die nicht mit Vorsteuer belasteten Kosten ein pauschaler Abschlag in Höhe von 20 % zu[1552]. Die Vereinfachungsregelung kann mit diesem Abschlag ausnahmslos insgesamt oder gar nicht in Anspruch genommen werden[1553].

bb) Fahrtenbuchmethode

Des Weiteren kann sich der Steuerpflichtige zur Ermittlung des privaten Nutzungsanteils der Fahrtenbuchmethode bedienen[1554]. Führt der Unternehmer für das Einkommensteuerrecht ein Fahrtenbuch i. S. d. § 6 Abs. 1 Nr. 4 S. 3 EStG,

---

1549 BFH, Urt. v. 11.3.1999 – V R 78/98, BFHE 188, 160 (163); Beschl. v. 26.6.2007 – V B 197/05, BFH/NV 2007, 1897 (1898); Urt. v. 19.5.2010 – XI R 32/08, BStBl. II 2010, 1079 (1081 f.).

1550 *Nieskens*, in Rau/Dürrwächter, UStG, § 3 Rn. 1740 (Sep. 2013).

1551 *Lippross*, Umsatzsteuer[23], 2012, S. 832; *Tehler*, in Reiß/Kraeusel/Langer, UStG, § 10 Rn. 340 (Jan. 2013); *W. Wagner*, in Sölch/Ringleb, UStG, § 10 Rn. 432 (Sep. 2012).

1552 BMF-Schreiben v. 27.8.2004, BStBl. I 2004, 864 (865); Vfg. der OFD Nieders. v. 8.10.2012, DB 2013, 207; siehe auch *Stadie*, UStG[2], 2012, § 10 Rn. 116.

1553 BFH, Urt. v. 19.5.2010 – XI R 32/08, BStBl. II 2010, 1079 (1081 f.); *Fritsch*, in Reiß/Kraeusel/Langer, UStG, § 3 Rn. 685.28 (Sep. 2012); *Korn*, SteuK 2010, 462; *Liess*, NWB 2009, 1522 (1525); *Lippross*, Umsatzsteuer[23], 2012, S. 832; *Nieskens*, in Rau/Dürrwächter, UStG, § 3 Rn. 1739 (Sep. 2013); *Tehler*, in Reiß/Kraeusel/Langer, UStG, § 10 Rn. 350 (Jan. 2013). In seinem Urteil v. 19.5.2010 – XI R 32/08, BStBl. II 2010, 1079 (1081 f.) hat der BFH entschieden, dass eine Abweichung von der pauschalen Kürzung von 20 % aufgrund eines durch Belege nachgewiesenen anderen Verhältnisses der vorsteuerbelasteten und vorsteuerunbelasteten Aufwendungen nicht möglich sei. Die Verwaltungsanweisung sei nicht wie ein Gesetz, sondern nach dem Willen der Verwaltung auszulegen. Dieser sehe nur den 20 %igen Abschlag vor.

1554 BFH, Urt. v. 11.3.1999 – V R 78/98, BFHE 188, 160 (160); v. 7.12.2010 – VIII R 54/07, BStBl. II 2011, 451 (453); *Lippross*, Umsatzsteuer[23], 2012, S. 832; *Urban*, NJW 2011, 2465 (2470); *W. Wagner*, in Sölch/Ringleb, UStG, § 10 Rn. 440 (Sep. 2012).

ist dieses zwingend auch für das Umsatzsteuerrecht heranzuziehen[1555]. Für diesen Fall verbleibt kein Raum für eine Schätzung der Besteuerungsgrundlagen[1556]. Für die Beurteilung der Ordnungsmäßigkeit eines Fahrtenbuchs gelten für das Umsatzsteuerrecht die gleichen Grundsätze wie im Einkommensteuerrecht[1557]. Da nur die vorsteuerbelasteten (Fahrzeug-)Nutzungskosten in die umsatzsteuerrechtliche Bemessungsgrundlage einfließen, sind diese zunächst aus den Gesamtkosten herauszufiltern. Im Anschluss ist entsprechend der Fahrtenbuchaufzeichnungen der prozentuale Privatanteil der verbleibenden Kosten als Bemessungsgrundlage i. S. d. § 10 Abs. 4 Nr. 2 UStG heranzuziehen[1558]. Die Anschaffungskostens des Kfz sind nach § 10 Abs. 4 Nr. 2 S. 3 UStG gleichmäßig auf einen Zeitraum zu verteilen, der dem § 15a-Berichtigungszeitraum[1559] entspricht, wenn sie mindestens 500 € betragen[1560].

cc) „Schätzungsmethode"

Wendet der Steuerpflichtige weder die 1 %-Regelung noch die Fahrtenbuchmethode an oder kommt es einkommensteuerrechtlich zu einer Begrenzung der pauschalen Nutzungswerte aufgrund der sog. Kostendeckelung, ist der private Nutzungsanteil für das Umsatzsteuerrecht sachgerecht zu schätzen[1561]. Als Grundlage der Schätzung kommen geeignete Nachweise jedweder Art in Betracht[1562]. Wie bei der Fahrtenbuchmethode sind für die Bemessungsgrundlage

---

1555 BFH, Urt. v. 7.12.2010 – VIII R 54/07, BStBl. II 2011, 451 (454); im Ergebnis auch *Tehler,* in Reiß/Kraeusel/Langer, UStG, § 10 Rn. 353 (Jan. 2013); *W. Wagner,* in Sölch/Ringleb, UStG, § 10 Rn. 441 (Sep. 2012).

1556 Eine Schätzung ist ausgeschlossen, wenn der Sachverhalt aufgeklärt werden kann; vgl. *Drüen*, in Tipke/Kruse, AO/FGO, § 4 AO Tz. 91 (Okt. 2011).

1557 BFH, Beschl. v. 26.6.2007 – V B 197/05, BFH/NV 2007, 1897 (1898).

1558 *Gnosa*, Der Firmenwagen im Steuerrecht, 2007, S. 107 f.; *Lippross*, Umsatzsteuer[23], 2012, S. 832; *Tehler,* in Reiß/Kraeusel/Langer, UStG, § 10 Rn. 353 (Jan. 2013); *W. Wagner,* in Sölch/Ringleb, UStG, § 10 Rn. 442 (Sep. 2012); siehe auch BMF-Schreiben v. 27.8.2004 – IV B 7-S 7300, BStBl. I 2004, 864 (865); zur Frage, ob die Ausnahmeregelung i. S. d. § 6 Abs. 1 Nr. 4 S. 3 2. Hs. EStG auch für das Umsatzsteuerrecht gilt, siehe noch S. 291 ff.

1559 Im Folgenden § 15a-Berichtigungszeitraum.

1560 Siehe dazu noch ausführlich S. 283 ff.

1561 *Lippross*, Umsatzsteuer[23], 2012, S. 833; *Tehler,* in Reiß/Kraeusel/Langer, UStG, § 10 Rn. 354 (Jan. 2013); siehe auch BMF-Schreiben v. 27.8.2004 – IV B 7-S 7300, BStBl. I 2004, 864 (865).

1562 *Nieskens*, in Rau/Dürrwächter, UStG, § 3 Rn. 1739 (Sep. 2013); *Tehler,* in Reiß/Kraeusel/Langer, UStG, § 10 Rn. 354 (Jan. 2013); *R. Wagner*, NWB 2011, 2930 (2942 f.); *ders.*, in Sölch/Ringleb, UStG, § 10 Rn. 442 (Sep. 2012).

die nicht vorsteuerbelasteten Kosten aus den Gesamtkosten zu eliminieren[1563]. Die Anschaffungskosten sind nach § 10 Abs. 4 Nr. 2 S. 3 UStG wiederum dem § 15a-Berichtigungszeitraum entsprechend aufzuteilen. Im Gegensatz zum Einkommensteuerrecht ist die Schätzung aber auch möglich, wenn der Unternehmer sein Kfz zu mehr als 50 % betrieblich nutzt. Denn wie bereits dargestellt, darf die 1 %-Regelung nicht gegen den Willen des Steuerpflichtigen angewandt werden[1564]. Da mit der 1 %-Methode für das Umsatzsteuerrecht kein geeigneter Maßstab der Bewertung der Nutzungsentnahme ermittelt werden kann[1565], muss diese dritte Möglichkeit dem Steuerpflichtigen offen stehen[1566]. Der Unternehmer hat daher im Gegensatz zur ertragsteuerlichen Handhabe die Möglichkeit, die Höhe der privaten Nutzung anhand plausibler Nachweise zu schätzen, wenn er nicht den strengen Anforderungen eines ordnungsgemäßen Fahrtenbuches nachkommen möchte[1567]. Die Finanzverwaltung gibt für die Umsatzsteuer einen Schätzungsansatz des privaten Nutzungsanteils von mindestens 50 % vor, wenn keine geeigneten Unterlagen für eine Schätzung vorliegen[1568].

c) Divergenzen bei der einkommen- und umsatzsteuerrechtlichen Behandlung eines gemischt genutzten Fahrzeugs

Die einkommen- und umsatzsteuerrechtliche Beurteilung eines gemischt genutzten Fahrzeugs erfolgt grundsätzlich unabhängig voneinander. Eine „parallele Behandlung" in Form der identischen Ermittlungsmethode im Einkommen- und Umsatzsteuerrecht ist keineswegs zwingend. Dem Steuerpflichtigen bieten sich vielmehr in beiden Steuerrechtsgebieten diverse jeweils voneinander unabhängige Gestaltungsmöglichkeiten. Diese ergeben sich aus dem Zusammenspiel der jeweiligen Alternativmodelle zur Ermittlung des Nutzungswertes

---

1563 *Jakob*, Umsatzsteuer⁴, 2009, § 5 Rn. 468; *Nieskens*, in Rau/Dürrwächter, UStG, § 3 Rn. 1739 (Sep. 2013); *Tehler*, in Reiß/Kraeusel/Langer, UStG, § 10 Rn. 354 (Jan. 2013); *R. Wagner*, NWB 2011, 2930 (2942 f.); *ders.*, in Sölch/Ringleb, UStG, § 10 Rn. 442 (Sep. 2012).

1564 *Nieskens*, in Rau/Dürrwächter, UStG, § 3 Rn. 1740 (Sep. 2013).

1565 Siehe dazu bereits S. 275.

1566 Ebenso *Jakob*, Umsatzsteuer⁴, 2009, § 5 Rn. 468; im Ergebnis auch *Nieskens*, in Rau/Dürrwächter, UStG, § 3 Rn. 1740 (Sep. 2013).

1567 *Klöttschen*, BB 2011, 23 (25).

1568 Siehe BMF-Schreiben v. 27.8.2004, BStBl. I 2004, 864 (865); BMF-Schreiben v. 18.11.2009, BStBl. II 2009, 1326 (1331); kritisch gegenüber dem 50 %igen Anteil im Hinblick auf die unionsrechtlichen Vorgaben *Nieskens*, in Rau/Dürrwächter, UStG, § 3 Rn. 1741 (Sep. 2013).

in beiden Steuerrechtsgebieten sowie den unter bestimmten Voraussetzungen unterschiedlichen Zuordnungswahlrechten des Fahrzeugs[1569]. Zum einen kann aus der Zuordnungsentscheidung des Steuerpflichtigen im Einkommen- und Umsatzsteuerrecht schon eine grundlegend divergente Behandlung desselben Fahrzeugs resultieren, weil die Zuordnung zum Unternehmensvermögen des Fahrzeugs im Umsatzsteuerrecht von der Zuordnung zum Betriebsvermögen im Einkommensteuerrecht unabhängig ist und er sie somit gegenläufig vornehmen kann[1570]. Des Weiteren steht es dem Steuerpflichtigen frei, sich in jedem Besteuerungsabschnitt jeweils neu zu entscheiden, welche der möglichen Ermittlungsmethoden in Abhängigkeit von den verschiedensten Komponenten (Nutzungsumfang, tatsächliche Anschaffungskosten, Bruttolistenpreis, laufende Kosten, etc.) er für das jeweilige Steuerrechtsgebiet als die günstigste wählt[1571]. Hat der Steuerpflichtige das Fahrzeug sowohl dem Betriebs- als auch dem Unternehmensvermögen zugeordnet, ist die Ermittlungsmethode nur für den Fall eines ordnungsgemäß geführten Fahrtenbuchs für das Einkommen- und Umsatzsteuerrecht zwingend einheitlich. Andernfalls sind die Ermittlungsmethoden im Einkommen- und Umsatzsteuerrecht nicht (wechselseitig) abhängig voneinander[1572]. Entscheidet sich der Steuerpflichtige gegen die Fahrtenbuchmethode, steht es ihm unter den Voraussetzungen des § 6 Abs. 1 Nr. 4 S. 2 EStG offen, zwischen der von der Finanzverwaltung aus Vereinfachungsgründen auch für das Umsatzsteuerrecht gebilligten 1 %-Regelung oder einer einfachen Schätzung anhand geeigneter Grundlagen zu wählen[1573]. Macht der Steuerpflichtige hingegen umsatzsteuerrechtlich weder von der – in diesem Fall einkommensteuerrechtlich zwingenden – 1 %-Methode Gebrauch, noch liegen die Voraussetzungen der sog. Fahrtenbuchregelung vor oder kommt es zur Begrenzung der pauschalen Wertansätze durch die sog. Kostendeckelung auf die nachgewiesenen tatsäch-

1569 Die sich daraus ergebenden Gestaltungsmöglichkeiten anhand von Beispielen und Berechnungen anschaulich darstellend *Liess*, NWB 2009, 1522 ff.; *Rüsch/Hoffmann*, BC 2006, 89 (90 ff.); *dies.*, DStR 2006, 399 (400 ff.); *Wagenknecht*, FR 2013, 754 ff.; allgemein zu den Unterschieden der ertrag- und umsatzsteuerrechtlichen Behandlung gemischt genutzter Gegenstände aus der Sicht eines Praktikers *Bathe*, BC 2012, 414 ff.; *Bathe*, BC 2012, 461 ff.

1570 Siehe bereits Fn. 1537.

1571 Zum Umsatzsteuerrecht *Gnosa*, Der Firmenwagen im Steuerrecht, 2007, S. 109; vgl. auch § 16 Abs. 1 S. 2 UStG; zum Einkommensteuerrecht siehe § 2 Abs. 7 EStG und BMF-Schreiben v. 18.11.2009, BStBl. I 2009, 1326 (1330).

1572 Siehe bereits Fn. 1477.

1573 Siehe bereits S. 272 ff.

lichen Kosten, ist der private Nutzungsanteil für Umsatzsteuerzwecke anhand geeigneter Unterlagen im Wege einer sachgerechten Schätzung zu ermitteln und die einkommen- und umsatzsteuerrechtlichen Bemessungsgrundlagen weichen unvermeidlich voneinander ab[1574]. Allerdings ist es insbesondere für eine einfachere, unkompliziertere Besteuerung für viele Steuerpflichtige vorzugswürdig, steuerrechtsgebietsübergreifend dieselbe Nutzungswertermittlungsmethode anzuwenden. Liegen die einkommensteuerrechtlichen Voraussetzungen der Sonderregelungen vor, steht einer einheitlichen Anwendung der Fahrtenbuchmethode und der 1 %-Regelung in beiden Steuerrechtsgebieten nichts im Wege. Zudem kann der Steuerpflichtige, wenn die Sonderregelungen des § 6 Abs. 1 Nr. 4 S. 2 und 3 EStG tatbestandlich ausscheiden, sowohl im Einkommen- als auch im Umsatzsteuerrecht eine Schätzung anhand geeigneter Grundlagen vornehmen.

Wagner bezeichnet die von der Finanzverwaltung konzedierte Möglichkeit der Heranziehung der 1 %-Regelung und der Fahrtenbuchmethode im Umsatzsteuerrecht als Bestrebung, mit diesen Regelungen eine weitgehende Übereinstimmung von Einkommensteuer und Umsatzsteuer für die Bemessungsgrundlage zur Erfassung der „Nutzungsentnahme" zu erreichen[1575]. *Prima vista* kongruiert die einkommen- und umsatzsteuerrechtliche Beurteilung der gemischten Nutzung eines Fahrzeugs auch in den Fällen der Verwendung einer einheitlichen Ermittlungsmethode. Bei Lichte betrachtet sind allerdings selbst bei einer einheitlichen Methodenwahl Unterschiede auszumachen, die es verbieten, von einem Gleichlauf zu sprechen. Wie sich im Folgenden zeigen wird, driften Umsatz- und Einkommensteuer nicht nur auseinander, wenn der Steuerpflichtige für die Einkommensteuer und für die Umsatzsteuer zu unterschiedlichen Ermittlungsmethoden votiert[1576], sondern selbst wenn die *prima facie* identische Ermittlungsmethode Anwendung findet, ist der im Einkommensteuerrecht zugrunde gelegte Entnahmewert aus unterschiedlichen umsatzsteuerrechtsspezifischen Gründen nicht zwangsläufig deckungsgleich mit der für das Umsatzsteuerrecht ermittelten Bemessungsgrundlage.

1574 *Wagner,* in Sölch/Ringleb, UStG, § 10 Rn. 431 (Sep. 2012).

1575 *Wagner,* in Sölch/Ringleb, UStG, § 10 Rn. 431 (Sep. 2012).

1576 So aber *Moritz,* HFR 2011, 405 (407); auch *Wagner,* in Sölch/Ringleb, UStG, § 10 Rn. 431 (Sep. 2012) geht von einer Übereinstimmung bei paralleler Anwendung der Fahrtenbuchregelung und – mit Abstrichen – bei der 1%-Regelung aus.

aa) Keine Berücksichtigung der Gesamtkosten für die umsatzsteuerrechtliche Behandlung

Bemessungsgrundlage sind nach § 10 Abs. 4 S. 1 Nr. 2 UStG die zum Vorsteuerabzug berechtigenden Ausgaben. Im Gegensatz zum Einkommensteuerrecht dürfen also nicht schlechthin die Gesamtkosten einbezogen werden[1577]. Die Begrenzung ist logische Folge des Zwecks der Entnahmebesteuerung, den Vorsteuerabzug zu neutralisieren[1578]. Ist der Steuerpflichtige für Einkommensteuerzwecke von dem nach der 1 %-Regelung i. S. d. § 6 Abs. 1 Nr. 4 S. 2 EStG ermittelten Wert ausgegangen, kann er für den nicht mit Vorsteuern belasteten Aufwand pauschal einen Abschlag i. H. v. 20 % geltend machen[1579]. Erst dieser Wert ist die Bemessungsgrundlage, auf welche der Steuersatz angewandt wird[1580]. Im Rahmen der Fahrtenbuchmethode sind für Umsatzsteuerzwecke wiederum die vorsteuerunbelasteten Kosten aus den für das Einkommensteuerrecht belegten Gesamtkosten für die Bemessungsgrundlage außen vor zu lassen[1581]. So resultiert schon aus den unterschiedlichen Ausgleichszwecken der einkommensteuerrechtlichen Entnahme[1582] einerseits und der umsatzsteuerrechtlichen Eigenverbrauchbesteuerung[1583] andererseits hinsichtlich des Umfangs des zu berücksichtigenden Aufwands ein divergierender Wert. Gleiches gilt für den Fall, dass einkommen- und umsatzsteuerrechtlich eine Schätzung erfolgt. Diese Abweichung ist allerdings nicht gravierend. Der praktische Mehraufwand beschränkt sich bei Anwendung der 1 %-Regelung alleine auf den 20 %igen Abschlag und im Rahmen der Fahrtenbuch- oder Schätzungsmethode dürfte auch das Herausfiltern des vorsteuerbelasteten Aufwands unproblematisch sein. Schließlich musste der Unternehmer bereits für den Vorsteuerabzug selbst die entsprechende „Belegauswahl" einreichen.

1577 *Urban*, NJW 2011, 2465 (2469).

1578 Ebenso *Stadie*, UStG², 2012, § 10 Rn. 112.

1579 BMF-Schreiben v. 27.8.2004 – IV B 7-S 7300, BStBl. I 2004, 864 (865).

1580 BFH, Beschl. v. 26.6.2007 – V B 197/05, BFH/NV 2007, 1897 (1898); Urt. v. 19.5.2010 – XI R 32/08, BStBl. II 2007, 1079 (1081); v. 7.12.2010 – VIII R 54/07, BStBl. II 2011, 451 (454); anstelle vieler *Nieskens*, in Rau/Dürrwächter, UStG, § 3 Rn. 1739 (Sep. 2013); siehe auch BMF-Schreiben v. 27.8.2004 – IV B 7-S 7300, BStBl. I 2004, 864 (865).

1581 *Lippross*, Umsatzsteuer²³, 2012, S. 832; *R. Wagner*, NWB 2011, 2930 (2941 f.), BMF-Schreiben v. 27.8.2004 – IV B 7-S 7300, BStBl. I 2004, 864 (865).

1582 Die Korrektur anhand der Nutzungsentnahmebesteuerung dient der Gewährleistung, dass der Gewinn letztlich nur betrieblich veranlasste Geschäftsvorfälle ausweist; siehe nur *Heinicke*, in Schmidt, EStG³³, 2014, § 4 Rn. 300.

1583 Die Entnahmebesteuerung dient der Vermeidung eines unversteuerten Letztverbrauchs; siehe bereits Fn. 1527.

bb) Divergenzen wegen der Maßgeblichkeit des § 15a UStG-Berichtigungszeitraums für Umsatzsteuerzwecke?

Außer in den Fällen, in welchen der Unternehmer das Fahrzeug ohne die Möglichkeit des Vorsteuerabzugs erworben hat, zählen sowohl der laufende Aufwand als auch die anteiligen Anschaffungskosten zu den Ausgaben i. S. d. § 10 Abs. 4 S. 1 Nr. 2 UStG[1584]. § 10 Abs. 4 Nr. 2 S. 3 UStG bestimmt, dass die Anschaffungs- und Herstellungskosten gleichmäßig auf einen Zeitraum zu verteilen sind, der dem § 15a-Berichtigungszeitraum entspricht, wenn sie mindestens 500 € betragen. Die Nutzungsentnahmebesteuerung beschränkt sich daher nach Ablauf des § 15a-Berichtigungszeitraumes allein auf die laufenden Kosten[1585]. Die Maßgeblichkeit dieses Zeitraums resultiert aus dem bereits erwähnten Vorsteuerberichtigungscharakter der Besteuerung der Nutzungsentnahme zu außerunternehmerischen Zwecken[1586]. Da aus der bloß unterschiedlichen Gesetzestechnik der „Vorsteuerberichtigung" nach § 15a UStG oder nach § 3 Abs. 9a UStG keine rechtliche Ungleichbehandlung resultieren darf, muss der für die Vorsteuerberichtigung i. S. d. § 15a UStG geltende Berichtigungszeitraum auch i. R. d. § 3 Abs. 9a UStG i. V. m. § 10 Abs. 4 Nr. 2 UStG gelten[1587]. Das kommt auch explizit in der Gesetzesbegründung zum EURLUmsG[1588] zum Ausdruck, in der es zu § 10 Abs. 4 Nr. 2 UStG heißt: „§ 10 Abs. 4 Nr. 2 UStG regelt, dass die Ausgaben (einschließlich der Anschaffungs- und Herstellungskosten) für ein Wirtschaftsgut gleichmäßig auf den für das Wirtschaftsgut nach § 15a UStG jeweils maßgeblichen Berichtigungszeitraum verteilt werden. (…) Nach Ablauf des jeweils nach § 15a UStG maßgeblichen Berichtigungszeitraums sind die auf das Wirtschaftsgut entfallenden Ausgaben vollständig in die Bemessungsgrundlage eingeflossen und in den Folgejahren nicht mehr als Bemessungsgrundlage zu berücksichtigen." Nach alledem ist bei der Anwendung des § 10 Abs. 4 S. 1 Nr. 2 UStG bei beweglichen Wirtschaftsgütern eine fünfjährige und bei unbeweglichen Wirtschaftsgütern eine zehnjährige Verwendungsdauer zugrunde zu legen[1589]. Vor diesem Hintergrund könnte sich trotz

1584 *Korn*, in Bunjes/Geist, UStG^{12}, 2013, § 10 Rn. 87; *Stadie*, UStG^{2}, 2012, § 10 Rn. 112.

1585 *Korn*, in Bunjes/Geist, UStG^{12}, 2013, § 10 Rn. 87; *Stadie*, UStG^{2}, 2012, § 10 Rn. 110; im Ergebnis auch *Leonard*, in Bunjes/Geist, UStG^{12}, 2013, § 3 Rn. 141a.

1586 Siehe dazu bereits S. 144 f.

1587 Ebenso *Stadie*, UStG^{2}, 2012, § 10 Rn. 112.

1588 BR-Drs. 605/04 v. 13.8.2004, Entwurf eines Gesetzes zur Umsetzung von EU-Richtlinien in nationales Steuerrecht und zur Änderung weiterer Vorschriften (Richtlinien-Umsetzungsgesetz-EURLUmsG), S. 65.

1589 *Stadie*, UStG^{2}, 2012, § 10 Rn. 107.

einer in beiden Steuerrechtsgebieten parallelen Anwendung der 1 %-Regelung, der Fahrtenbuch- oder „Schätzungsmethode" eine weitere Divergenz des einkommen- und umsatzsteuerrechtlich relevanten Nutzungswertes ergeben, weil die Anschaffungskosten eines Fahrzeugs im Einkommensteuerrecht im Rahmen der Abschreibung mit einem anderen Wert Berücksichtigung finden als im Umsatzsteuerrecht. Einkommensteuerrechtlich sind die Anschaffungskosten eines Fahrzeugs nach AfA-Grundsätzen i. S. d. § 7 EStG aufzuteilen. Für Pkw geht die Finanzverwaltung laut AfA-Tabelle regelmäßig von einer betriebsgewöhnlichen Nutzungsdauer von sechs Jahren aus[1590]. Die nach ertragsteuerrechtlichen Grundsätzen entwickelte betriebsgewöhnliche Nutzungsdauer hat für die Bestimmung der Verwendungsdauer aber keine Aussagekraft[1591]. Umsatzsteuerrechtlich sind die Anschaffungskosten nicht nach AfA-Grundsätzen, sondern ausschließlich innerhalb des § 15a-Berichtigungszeitraumes aufzuteilen, der für Fahrzeuge als bewegliche Wirtschaftsgüter grundsätzlich[1592] fünf Jahre beträgt[1593]. Fraglich ist, ob dieser unterschiedliche Zeitraum im Rahmen der einzelnen Ermittlungsmethoden zu unterschiedlichen Ergebnisse führt.

(1) Keine Divergenzen bei paralleler Anwendung der 1 %-Methode

Mit der 1 %-Methode sind sowohl die Anschaffungskosten eines Fahrzeugs als auch die laufenden Kosten abgegolten. Im Einkommensteuerrecht greift diese Ermittlungsmethode allerdings unabhängig davon, ob die betriebsgewöhnliche Nutzungsdauer abgelaufen ist. Eine Minderung des anhand der grob typisierenden 1 %-Methode ermittelten Entnahmewertes findet auch nach Ablauf des AfA-Zeitraumes nicht statt[1594]. Fraglich ist, ob für das Umsatzsteuerrecht ebenfalls eine über die gesamte Nutzungsdauer des Fahrzeugs uneingeschränkte und damit nicht abgemilderte Anwendung der 1 %-Methode gelten kann. Wie bereits dargestellt[1595], müsste der § 15a-Berichtigungszeitraum strikt Berücksichtigung finden. Auch der Zweck der Vorschrift steht der Besteuerung der Nutzungsentnahme ohne eine Begrenzung hinsichtlich der Anschaffungskosten entgegen. Die

---

1590 BMF-Schreiben v. 15.12.2000 – IV D 2 - S 1551 - 188/00, betr. AfA-Tabelle für die allgemein verwendbaren Anlagegüter („AV"), BStBl. I 2000, 1532 (1535).

1591 Siehe dazu bereits S. 193 ff.

1592 Vorbehaltlich des § 15a Abs. 5 S. 2 UStG.

1593 *Lippross*, Umsatzsteuer[23], 2012, S. 832; *Stadie*, UStG[2], 2012, § 10 Rn. 107 ff.; *Urban*, NJW 2011, 2465 (2469).

1594 BFH, Beschl. v. 3.1.2007 – XI B 128/06, BFH/NV 2007, 706 (707); *Ehmcke*, in Blümich, EStG/KStG/GewStG, § 6 EStG Rn. 1013a (Aug. 2013).

1595 Siehe bereits S. 283 f.

Besteuerung der Nutzungsentnahme soll den Vorsteuerabzug schließlich neutralisieren[1596]. Dem Unternehmer soll gegenüber einem Endverbraucher kein ungerechtfertigter wirtschaftlicher Vorteil eingeräumt werden, der aus dem durch ihn zulässiger Weise vorgenommenen Vorsteuerabzug resultiert[1597]. Die Auslegung darf aber ebenso wenig dazu führen, dass die Beseitigung der mit dem Vorsteuerabzug einhergehenden Vorzugsstellung des Unternehmers in eine Schlechterstellung dessen umschlägt[1598]. Die Vorschriften dürfen keine Umsatzsteuerlast generieren, die über die Neutralisation des Vorsteuerabzugs hinausgeht. Der Zweck der Entnahmebesteuerung verbietet somit im Grunde die uneingeschränkte Anwendung der 1 %-Methode über den § 15a-Berichtigungszeitraum hinaus. Für die Anwendung der 1 %-Regelung hätte das zur Folge, dass nach Ablauf des § 15a-Berichtigungszeitraums keine Anschaffungskosten mehr in die Bemessungsgrundlage einfließen dürfen, sondern nur noch die laufenden Kosten[1599]. Ergo, der anhand der 1 %-Methode ermittelte Wert müsste gemindert werden. Wie bereits festgestellt, ist die Ermittlungsmethode für das Umsatzsteuerrecht jedoch ohnehin untauglich[1600]. Die Finanzverwaltung billigt diese nur aus Vereinfachungsgründen. Da sich dem Steuerpflichtigen nach jedem Besteuerungsabschnitt die Ausweichmöglichkeiten in Form der Fahrtenbuch- oder Schätzungsmethode bieten, toleriert auch die Rechtsprechung die Anwendung der Ermittlungsmethode, solange der Steuerpflichtige sich selbst ohne Einschränkungen bzw. Modifikationen („insgesamt oder gar nicht“) darauf beruft[1601]. Somit ist danach zwingend der

---

1596 *Stadie*, UStG², 2012, § 10 Rn. 112.

1597 EuGH, Urt. v. 14.9.2006 – C-72/05 [Wollny], Slg. I 2006, 8321 (8332); v. 16.2.2012 – C-594/10 [van Laarhoven], UR 2012, 681 (684); BFH, Urt. v. 9.12.2010 – V R 17/10, BStBl. II 2012, 53 (55 f.).

1598 BFH, Urt. v. 28.2.1980 – V R 138/72, BStBl. II 1980, 309 (311).

1599 *Stadie*, UStG², 2012, § 10 Rn. 110. M. E. dürfte die 1 %-Regelung daher auch in den Fällen, in denen der Unternehmer das Fahrzeug ohne die Möglichkeit des Vorsteuerabzugs erworben hat, gar nicht zur Anwendung kommen. Denn der neben die laufenden Kosten von dieser Ermittlungsmethode erfassten Komponente der Anschaffungskosten, steht dann umsatzsteuerrechtlich kein auszugleichender Wert gegenüber.

1600 BFH, Urt. v. 11.3.1999 – V R 78/98, BFHE 188, 160 (163), 1178 f.; Beschl. v. 26.6.2007 – V B 197/05, BFH/NV 2007, 1897 (1898); Urt. v. 19.5.2010 – XI R 32/08, BStBl. II 2010, 1079 (1081); v. 7.12.2010 – VIII R 54/07, BStBl. II 20511, 451 (453); *Hidien*, StuW 2005, 265 (276); *Korn*, SteuK 2010, 462; *Lippross*, Umsatzsteuer²³, 2012, S. 831; *Stadie*, UStG², 2012, § 10 Rn. 116.

1601 Siehe bereits S. 277.

einkommensteuerrechtliche Wert mit dem 20 %-Abschlag zugrunde zu legen und auch nach Ablauf des § 15a-Zeitraums eine Minderung ausgeschlossen.

(2) Divergenzen bei paralleler Anwendung der Fahrtenbuch- oder „Schätzungsmethode"

Die Finanzverwaltung gibt in ihren Verwaltungsanweisungen vor, dass der Steuerpflichtige im Falle des Führens eines ordnungsgemäßen Fahrtenbuches für Ertragsteuerzwecke, auch für die Ermittlung der umsatzsteuerrechtlichen Bemessungsgrundlage von diesem Wert auszugehen habe[1602]. Dem ist allerdings – insbesondere in Anbetracht des § 10 Abs. 4 Nr. 2 S. 3 UStG[1603] – zu widersprechen. Im Rahmen der zugleich im Einkommen- und Umsatzsteuerrecht angewandten Fahrtenbuch- oder Schätzungsmethode ergeben sich sehr wohl unterschiedliche Nutzungswerte, weil die AfA für Pkw sechs Jahre, der § 15a- Berichtigungszeitraum aber fünf Jahre beträgt[1604]. Im Rahmen der Fahrtenbuch- oder Schätzungsmethode müsste es im Grunde nach derzeitiger gesetzlicher Rechtslage zwingend zu einer unterschiedlichen Berücksichtigung der Anschaffungskosten eines Pkw und damit einhergehend zu einem divergenten Nutzungswert kommen. Ob dies in der Praxis tatsächlich so gehandhabt wird, darf aber vor dem Hintergrund, dass die Anknüpfung an die ertragsteuerrechtliche AfA nach früherer Rechtslage und aus unionsrechtlicher Perspektive nicht zu beanstandender Praxis[1605] vorgenommen worden war, bezweifelt werden[1606].

1602 BMF-Schreiben v. 27.8.2004 – IV B 7-S 7300, BStBl. I 2004, 864 (865).

1603 Siehe dazu bereits näher S. 283 f.

1604 *Lippross*, Umsatzsteuer[23], 2012, S. 832; *Stadie*, UStG[2], 2012, § 10 Rn. 107 ff.; *Urban*, NJW 2011, 2465 (2469).

1605 Der Gesetzgeber hat in § 10 Abs. 4 Nr. 2 S. 3 UStG durch Art. 5 Nr. 7 i. V. m. Art. 22 Abs. 3 des Richtlinien-Umsetzungsgesetz (EURLUmsG) v. 9.12.2004, BGBl. I 2004, 3310 (3319) rückwirkend zum 1.7.2004 die Bemessungsgrundlage nichtunternehmerischer Nutzung eines betrieblichen Wirtschaftsguts insoweit erhöht, als dass Anschaffungs- oder Herstellungskosten, wenn diese mindestens 500 € betragen, gleichmäßig auf einen Zeitraum zu verteilen sind, der dem für das Wirtschaftsgut maßgeblichen Berichtigungszeitraum nach § 15a UStG entspricht. Damit hat er die Anknüpfung an die ertragsteuerrechtlichen AfA-Zeiträume aufgegeben, obwohl die vorherige Anknüpfung an ertragsteuerrechtliche Grundsätze unionsrechtskonform war; vgl. EuGH, Urt. v. 14.9.2006 – C-72/05 [Wollny], Slg. I 2006, 8321 (8334); *Korn*, in Bunjes, UStG[13], 2014, § 10 Rn. 87 m. w. N.; zur Angleichung an das Ertragsteuerrecht BFH, Urt. v. 20.7.1988 – X R 8/80, BStBl. II 1988, 1012 (1015); v. 15.9.1994 – XI R 82/92, BFH/NV 1995, 645 (647); v. 18.12.1996 – XI R 12/96, BStBl. II 1997, 374 (376).

1606 Ebenso *Korn*, in Bunjes/Geist, UStG[12], 2013, § 10 Rn. 87.

(3) Zwischenergebnis

Der nach § 10 Abs. 4 S. 1 Nr. 2 S. 3 UStG für die Eigenverbrauchbesteuerung maßgebliche § 15a-Berichtigungszeitraum müsste bei Anwendung der 1 %-Methode, der Fahrtenbuch- und der Schätzungsmethode *de lege artis* zu unterschiedlichen Ergebnissen führen. Im Rahmen der 1 %-Regelung billigen aber sowohl die Finanzverwaltung als auch die Rechtsprechung im Umsatzsteuerrecht den alleinigen Abschlag in Höhe von 20 % über den gesamten Nutzungszeitraum des Pkws. Eine Berücksichtigung des § 15a-Berichtigungszeitraums findet nicht statt. Die Systematik weicht insofern ausdrücklich der Pragmatik.

Bei Anwendung der Fahrtenbuch- oder Schätzungsmethode lässt sich weder aus dem Gesetz noch aus einer Verwaltungsanweisung ableiten, dass anstelle des § 15a-Berichtigungszeitraums der AfA-Zeitraum maßgeblich sei. Demzufolge wären die vorsteuerbelasteten Anschaffungskosten quotal entsprechend des Nutzungsanteils im Rahmen des § 15a-Berichtigungszeitraums und nicht des AfA-Zeitraums berücksichtigungsfähig. Die praktische Umsetzung stellt sich aber wohl anders dar, so dass auch in diesen Fällen faktisch derselbe Nutzungswert zugrunde gelegt wird.

cc) Divergente Abgeltungswirkung der 1 %-Regelung

Im Umsatzsteuerrecht umfasst das Unternehmen als steuerrechtlich bedeutsames Tätigkeitsfeld die gesamte selbständige gewerbliche oder berufliche Tätigkeit des Unternehmers i. S. d. § 2 Abs. 2 S. 2 UStG[1607]. Das Einkommensteuerrecht differenziert hingegen zwischen den einzelnen Einkunftsarten und unterteilt diese wiederum in Gewinn- und Überschusseinkünfte[1608]. Daraus resultiert eine unterschiedliche Abgeltungswirkung der 1 %-Regelung im Einkommen- und Umsatzsteuerrecht. Die betriebsfremde Nutzung ist im Einkommensteuerrecht nach § 6 Abs. 1 Nr. 4 S. 1 EStG als Entnahme zu versteuern[1609]. Die Abgeltungswirkung der speziellen Bewertungsregel der 1 %-Regelung i. S. d. § 6 Abs. 1 Nr. 4 S. 2 EStG erfasst ausschließlich die Pkw-Nutzung für die nach § 12 Nr. 1 EStG dem steuerrechtlich unbeachtlichen Bereich der privaten Lebensführung zuzurechnenden Zwecke[1610]. Die Bewertung einer Nutzungsentnahme für die anderweitige Einkünfteerzielung erfolgt nach

1607 *Korn*, in Bunjes, UStG[13], 2014, § 2 Rn. 153; siehe dazu bereits S. 25 f.

1608 Siehe dazu bereits S. 26.

1609 *Günther/Gatzen*, EStB 2008, 180 (182).

1610 BFH, Urt. v. 26.4.2006 – X R 35/05, BStBl. II 2007, 445 (447); *Ehmcke*, in Blümich, EStG/KStG/GewStG, § 6 EStG Rn. 1013k (Aug. 2013); *Günther/Gatzen*, EStB 2008, 180 (182).

§ 6 Abs. 1 Nr. 4 S. 1 EStG mit den tatsächlichen Selbstkosten, die sich aus der Gesamtfahrleistung und den Gesamtkosten ermitteln lassen[1611]. Das macht im Einkommensteuerrecht eine Abgrenzung für das dem Betriebsvermögen zugehörige Fahrzeug zwischen der betrieblichen Nutzung und der Privatnutzung einerseits sowie der Nutzung zur sonstigen Einkünfteerzielung andererseits erforderlich[1612]. Diese Abgrenzung muss für alle anderen Nutzungen durchgeführt werden, die der Einkünfteerzielung dienen, unabhängig davon, welcher Einkunftsart die anderweitige Nutzung zuzuordnen ist[1613].

Diese Abgrenzung ist umsatzsteuerrechtlich nicht notwendig. Das Unternehmen i. S. d. § 2 Abs. 1 S. 2 UStG erfasst auf der einen Seite alle Tätigkeiten i. S. d. § 2 Abs. 1 S. 3 UStG und ist im Vergleich zum einkommensteuerrechtlichen Parallelbegriff des Betriebs wesentlich weiter gefasst[1614]. Die Einkünfte aus Vermietung- und Verpachtung sind umsatzsteuerrechtlich beispielsweise dem Unternehmen zuzuordnen. Demgegenüber sind Einkünfte aus nichtselbständiger Arbeit zwar auch umsatzsteuerrechtlich nicht als unternehmerische Tätigkeit i. S. d. § 2 Abs. 1 UStG zu qualifizieren, aber § 3 Abs. 9a UStG differenziert insoweit nicht nach unterschiedlichen unternehmensfremden Zwecken. Für das Umsatzsteuerrecht ist daher i. R. d. 1 %-Regelung keine gesondert abzugrenzende Entnahme zu besteuern. Die 1 %-Regelung erfasst umsatzsteuerrechtlich vielmehr alle Nutzungen zu unternehmensfremden Zwecken. Letztlich deckt die 1 %-Regelung im Einkommen- und Umsatzsteuerrecht somit in bestimmen Fallkonstellationen unterschiedliche Nutzungen ab.

dd) Uneinheitliche Behandlung von Unfallkosten

Die schwer überschaubare Problematik der Behandlung von Unfallkosten eines gemischt genutzten Fahrzeugs ist seit jeher Gegenstand einer kontroversen Diskussion[1615]. Das gilt sowohl für das Einkommen- als auch das Umsatzsteuerrecht. Erweist sich eine rechtssichere Lösung bereits im jeweiligen Steuerrechtsgebiet als schwierig, verschärft sich diese Rechtsunsicherheit bei der parallelen Beurteilung desselben Sachverhalts in beiden Steuerrechtsgebieten. Selbst für den

---

1611 *Günther/Gatzen*, EStB 2008, 180 (182); *Korn*, KÖSDI 2009, 16329 (16330).

1612 BFH, Urt. v. 26.4.2006 – X R 35/05, BStBl. II 2007, 445 (447); *Günther/Gatzen*, EStB 2008, 180 (182).

1613 BFH, Urt. v. 26.4.2006 – X R 35/05, BStBl. II 2007, 445 (447); *Günther/Gatzen*, EStB 2008, 180 (182).

1614 Siehe dazu bereits S. 26.

1615 Siehe bereits die Nachweise in Fn. 1475.

Fall einer parallel angewandten Ermittlungsmethode ist eine deckungsgleiche Berücksichtigung nicht garantiert.

(1) Behandlung von Unfallkosten i. R. d. 1 %-Regelung

Im Umsatzsteuerrecht gehen Finanzverwaltung[1616], Rechtsprechung[1617] und Teile des Schrifttums[1618] davon aus, dass die 1 %-Methode auch privat verursachte außergewöhnliche Kosten abdeckt. Einkommensteuerrechtlich ist aus der Rechtsprechung nicht eindeutig auszumachen und im Schrifttum umstritten, ob Unfallkosten, die auf einer privaten Fahrt verursacht wurden, durch die 1 %-Regelung abgegolten sind[1619]. So leitet ein Teil des Schrifttums aus der BFH-Rechtsprechung[1620] ab, dass die 1 %-Regelung keine abgeltende Wirkung für Unfallkosten habe, weil diese nicht „typischerweise" oder „zwangsläufig" im Rahmen der Pkw-Nutzung anfallen[1621]. In diesem Sinne ist auch die Verwaltungsanweisung der Finanzverwaltung zu verstehen[1622]. Die Gegenansicht bestreitet die Anwendbarkeit der genannten Urteile für die in Frage stehenden Unfallkosten und lässt den Betriebsausgabenabzug zu, wobei der private Anteil eben mit der 1 %-Regelung abgegolten sein soll[1623]. Ob sich in Zukunft eine parallele Beurteilung der Unfallkosten im Einkommen- und Umsatzsteuerrecht durchsetzen wird, ist nicht abzusehen.

1616 So ausdrücklich im BMF-Schreiben v. 16.2.1999 – IV D 1 - S 7102 - 3/99, BStBl. I 1999, 224, dass aber nicht mehr für Steuertatbestände, die nach dem 31.12.2004 verwirklicht werden, anzuwenden ist, weil es nicht in der Positivliste des BMF v. 9.4.2013, BStBl. I 2013, 522 ff. enthalten ist. Die Finanzverwaltung ist aber nicht ausdrücklich von der bis dahin vertretenen Auffassung abgerückt.

1617 BFH, Urt. v. 28.2.1980 – V R 138/72, BStBl. II 1980, 309 (311 f.); v. 28.6.1995 – XI R 66/94, BStBl. II 1995, 850 (851).

1618 *Jakob*, Umsatzsteuer[4], 2009, § 5 Rn. 471; *Korn*, in Bunjes/Geist, UStG[12], 2013, § 10 Rn. 90; *Tehler*, in Reiß/Kraeusel/Langer, UStG, § 10 Rn. 350 (Jan. 2013); *W. Wagner*, in Sölch/Ringleb, UStG, § 10 Rn. 438 f. (Sep. 2012).

1619 *Heinicke*, in Schmidt, EStG[33], 2014, § 4 Rn. 121.

1620 Siehe BFH, Urt. v. 14.9.2005 – VI R 37/03, BStBl. II 2006, 72 (73 f.); v. 24.5.2007, VI R 73/05, BStBl. II 2007, 766 (767).

1621 So z. B. *Ehmcke*, in Blümich, EStG/KStG/GewStG, § 6 EStG Rn. 1013j (Aug. 2013); *Fischer*, in Kirchhof, EStG[13], 2014, § 6 Rn. 166; *W. Wagner*, in Sölch/Ringleb, UStG, § 10 Rn. 438 f. (Sep. 2012).

1622 BMF-Schreiben v. 18.11.2009, BStBl. I 2009, 1326 (1330).

1623 *Jakob*, Einkommensteuer[4], 2008, § 4 Rn. 869; *ders.*, Umsatzsteuer[4], 2009, § 5 Rn. 471; *Stapperfend*, in Herrmann/Heuer/Raupach, EStG/KStG, § 4 Rn. 1000 (Nov. 2013); *Urban*, FR 2007, 873 (874 ff.); *ders.*, Besteuerung von Firmen- und Dienstwagen, 2009, S. 88 ff., 158 ff.; *Wassermeyer*, DB 2003, 2616 (2621).

(2) Behandlung von Unfallkosten i. R. d. Fahrtenbuchmethode und Schätzungsmethode

Im Rahmen der Fahrtenbuchmethode haben Rechtsprechung[1624] und Finanzverwaltung[1625] für das Umsatzsteuerrecht bisher vertreten, dass Unfallkosten in die Gesamtausgaben für das Fahrzeug eingehen und sich damit prozentual nur in Höhe des privaten Nutzungsanteils auf die Bemessungsgrundlage auswirken[1626]. Diese bloß quotale Berücksichtigung der Unfallkosten im Rahmen der Eigenverbrauchbesteuerung ist aber – insbesondere wegen entgegenstehender Verbrauchsteueraspekte – einiger Kritik ausgesetzt[1627]. Einkommensteuerrechtlich ist im Sinne des Veranlassungsprinzips festzustellen, ob der Unfall während einer betrieblichen oder privaten Fahrt geschehen ist. Die Kosten eines Unfalls teilen somit grundsätzlich das Schicksal der Fahrtkosten zum Zeitpunkt des Unfalls[1628]. Damit ist auch diesbezüglich keine kongruente Handhabe gegeben.

(3) Behandlung der von dritter Seite erbrachten Ersatzleistungen für Unfallkosten

Fraglich ist nicht zuletzt, inwiefern von dritter Seite im Zusammenhang mit entstandenen Unfallkosten erbrachte Ersatzleistungen zu berücksichtigen sind. Einkommensteuerrechtlich mindern Erstattungs- bzw. Ersatzleistungen der Versicherung oder eines Dritten die zu berücksichtigenden Unfallkosten[1629]. Das soll nach Ansicht des BFH[1630] ebenso für die umsatzsteuerrechtliche Behandlung gelten[1631]. Fließen dem Steuerpflichtigen von dritter Seite Ersatzleistungen

1624 BFH, Urt. v. 28.2.1980 – V R 138/72, BStBl. II 1980, 309 (311 f.); v. 28.6.1995 – XI R 66/94, BStBl. II 1995, 850 (851).

1625 BMF-Schreiben v. 27.8.2004 – IV B 7-S 7300, BStBl. I 2004, 864 (865).

1626 Siehe auch *Jakob*, Umsatzsteuer[4], 2009, § 5 Rn. 471; *Korn*, in Bunjes/Geist, UStG[12], 2013, § 10 Rn. 90; *Lippross*, Umsatzsteuer[23], 2012, S. 833 f.; *W. Wagner*, in Sölch/Ringleb, UStG, § 10 Rn. 440 (Sep. 2012).

1627 *Tehler*, in Reiß/Kraeusel/Langer, UStG, § 10 Rn. 322 (Jan. 2013); eingehende Kritik üben diesbezüglich *Söhn*, DStZ 1987, 367 (373 ff.); *Stadie*, UStG[2], 2012, § 10 Rn. 115; a. A. und damit der Rechtsprechung folgend *Weiß*, UR 1980, 181.

1628 Siehe BFH, Urt. v. 13.3.1996 – VI R 94/95, BStBl. II 1996, 375; v. 18.4.2007 – XI R 60/04, BStBl. II 2007, 762 (763); *Heinicke*, in Schmidt, EStG[33], 2014, § 4 Rn. 121; *Stapperfend*, in Herrmann/Heuer/Raupach, EStG/KStG, § 4 Rn. 1000 (Nov. 2013).

1629 BFH, Urt. v. 1.12.1992 – IX R 189/85, BStBl. II 1994, 11 f.; v. 1.12.1992 – IX R 333/87, BStBl. II 1994, 12 (14); v. 16.3.2004 – VIII R 48/98, BStBl. II 2004, 725 f.; *Ismer*, DB 2003, 2197 (2200 f.); *Tehler*, in Reiß/Kraeusel/Langer, UStG, § 10 Rn. 331 (Jan. 2013); *Urban*, FR 1999, 890 (892); *ders.*, DStZ 2004, 741 (751).

1630 BFH, Urt. v. 28.2.1980 – V R 138/72, BStBl. II 1980, 309 (311 f.).

1631 Dem BFH folgend *Weiß*, UR 1980, 181 (182).

zu, sollen sie die Kosten und damit die Bemessungsgrundlage i. S. d. § 10 Abs. 4 Nr. 2 EStG mindern, wenn sie in das Unternehmensvermögen fließen[1632]. Umsatzsteuerrechtlich ist diese Betrachtungsweise allerdings mehr als fragwürdig[1633]. Denn während aus ertragsteuerrechtlicher Perspektive die Ausgaben mit den Einnahmen saldiert werden und nur die Differenz eine ertragsteuerrechtlich berücksichtigungsfähige Belastung darstellt, ist diese Vorgehensweise nicht mit dem Umsatzsteuersystem vereinbar[1634]. Es widerspricht dem Neutralitätsgrundsatz und ruft eine Ungleichbehandlung eines vorsteuerabzugsberechtigten Unternehmers und eines Endverbraucher hervor. Denn unabhängig von ihrer Eigenschaft als Unternehmer oder Privatperson, müssen sie für die in Anspruch genommene Leistung die in der Rechnung enthaltene Umsatzsteuer zahlen. Während dem Unternehmer aber der Vorsteuerabzug nach § 15 UStG zusteht, ist der Endverbraucher mit der Umsatzsteuer belastet. Würde die von dritter Seite empfangene Ersatzleitung nunmehr die Bemessungsgrundlage der Entnahme mindern, bedeutet dies einen unbelasteten Endverbrauch und damit einhergehend eine nicht gerechtfertigte Begünstigung des Unternehmers[1635]. Zwar bleibt festzuhalten, dass in der Rechtspraxis jedenfalls im Rahmen der Fahrtenbuchmethode keine unterschiedliche Beurteilung festzustellen ist, da die Rechtsprechung derzeit für beide Rechtsgebiete einheitlich ist. Auch für die 1 %-Regelung wär keine Divergenz gegeben, wenn ihr für beide Steuerrechtsgebiete eine Abgeltungswirkung zugesprochen würde. Diese parallele Behandlung ist jedoch nicht mit dem Umsatzsteuersystem vereinbar. Somit müsste auch insofern eine abweichende Beurteilung erfolgen, um eine für das Umsatzsteuerrecht systemkonforme Lösung bereithalten zu können.

ee) Übertragbarkeit der Ausnahmen für Elektro- und Hybridelektrofahrzeuge in das Umsatzsteuerrecht?

Noch ungeklärt ist, ob die mit dem AmtshilfeRLUmsG vom 26.6.2013[1636] in das Einkommensteuergesetz eingeführten Ausnahmeregelungen der § 6 Abs. 1 Nr. 4 S. 2 2. Hs. und S. 3 2. Hs. EStG für Elektro- und extern aufladbare

---

1632 So auch *Korn*, in Bunjes/Geist, UStG[12], 2013, § 10 Rn. 90.

1633 Ebenso und wie im Folgenden *Tehler*, in Reiß/Kraeusel/Langer, UStG, § 10 Rn. 331 (Jan. 2013).

1634 Ebenso *Tehler*, in Reiß/Kraeusel/Langer, UStG, § 10 Rn. 331 (Jan. 2013).

1635 *Söhn*, DStZ 1987, 367 (373 ff.); *Tehler*, in Reiß/Kraeusel/Langer, UStG, § 10 Rn. 331 (Jan. 2013).

1636 AmtshilfeRLUmsG v. 26.6.2013, BGBl. I 2013, 1809 (1815).

Hybridelektrofahrzeuge[1637] auch im Rahmen der umsatzsteuerrechtlichen Beurteilung eines gemischt genutzten Fahrzeugs gelten. Die Ausnahmereglungen dienen der steuerlichen Förderung von E-Fahrzeugen im Rahmen der Energiewende. So benennt die Bundesregierung „die Dienstwagenflotten als ein wichtiges potenzielles Marktsegment für solche Elektrofahrzeuge" und sieht darin einen Ansatzpunkt, die angestrebten CO_2-Einsparungen zu erreichen[1638]. Darüber hinaus soll mit ihnen einer bis dato steuerrechtlichen Schlechterstellung der E-Fahrzeuge entgegengetreten werden, indem sie einen Nachteilsausgleich bewirken[1639]. Die steuerrechtlich nachteilige Stellung von E-Fahrzeugen kommt in erster Linie bei Anwendung der 1 %-Methode zum Ausdruck. Denn die mit den im Vergleich zu konventionellen Fahrzeugen verhältnismäßig hohen Listenpreisen von E-Fahrzeugen einhergehende höhere steuerrechtliche Belastung spiegelt nicht die Lebenswirklichkeit wider. Schließlich ist der Anteil der laufenden Kosten – insbesondere der Kraftstoffverbrauch – bei E-Fahrzeugen geringer. Wegen der Anknüpfung an den Bruttolistenpreis kommt es somit zu einer Benachteiligung der E-Fahrzeuge[1640]. Aber auch im Rahmen der Fahrtenbuchmethode soll die Ausnahmeregelung dem Nachteilsausgleich dienen[1641]. Laut Gesetzesbegründung soll bei dieser die gleiche steuerrechtliche Wirkung erzielt werden, wie bei Anwendung der 1 %-Regelung[1642]. Zwar sind bei Anwendung dieser Methode die tatsächlichen Kosten zugrunde zu legen, so dass nicht sofort ersichtlich ist, inwiefern ein Nachteilsausgleich notwendig ist. Die derzeit noch bestehenden Nutzungsnachteile (Reichweite, beschränkt eingerichtete La-

1637 Im Folgenden werden die Elektro- und extern aufladbaren Hybridelektrofahrzeuge unter dem Begriff E-Fahrzeuge zusammengefasst.

1638 Siehe BT-Drs. 17/12375 v. 19.2.2013, Gesetzentwurf der Fraktionen der CDU/CSU und FDP, Entwurf eines Gesetzes zur Umsetzung der Amtshilferichtlinie sowie zur Änderung steuerlicher Vorschriften (AmtshilfeRLUmsG), 36; so auch *Ortmann-Babel/Bolik/Griesfeller*, DB 2013, 1319 (1323); *Paintner*, DStR 2013, 1629 (1630).

1639 *Balmes*, BB 2013, 215 (216); *Verband der Automobilindustrie*, Stellungnahme v. 1.5.2013, Nachteilsausgleich für Elektrofahrzeuge, S. 1 f.; *Warnke*, EStB 2013, 262 (263 f.).

1640 *Balmes*, BB 2013, 215 (216); *Ehmcke*, in Blümich, EStG/KStG/GewStG, § 6 EStG Rn. 1013l (Aug. 2013); *Gluth/Rund*, UStB 2013, S3 (S22); *Paintner*, DStR 2013, 1629 (1630); *Warnke*, EStB 2013, 262 (263); siehe BT-Drs. 17/12375 v. 19.2.2013, S. 36.

1641 So ausdrücklich *Balmes*, BB 2013, 215 (216); *Verband der Automobilindustrie*, Stellungnahme v. 1.5.2013, Nachteilsausgleich für Elektrofahrzeuge, S. 2.

1642 Siehe BT-Drs. 17/12375 v. 19.2.2013, S. 37.

destationen, etc.) sollen aber einen solchen auch für die Fahrtenbuchmethode erforderlich machen[1643].

Für das Einkommensteuerrecht sieht die Ausnahmeregelung im Rahmen der 1 %-Regelung eine Minderung der Bemessungsgrundlage vor. Der Bruttolistenpreis ist für bis zum 31.12.2013 angeschaffte E-Fahrzeuge um 500 € pro kWh der Batteriekapazität zu mindern. Für in den folgenden Jahren angeschaffte E-Fahrzeuge reduziert sich dieser Betrag um jährlich 50 € pro kWh der Batteriekapazität. Der Höchstbetrag der Minderung beläuft sich pro Kraftfahrzeug auf 10.000 €. Dieser verringert sich wiederum jährlich um 500 €[1644]. Die bei der 1 %-Regelung zu berücksichtigenden pauschalen Minderungsbeträge sind auch für die Fahrtenbuchmethode heranzuziehen, indem sie als auf die Anschaffung des Batteriesystems entfallenden Kosten von den Gesamtkosten abgezogen werden. Dementsprechend ist z. B. die AfA zu mindern oder ein zusätzlich gezahltes Entgelt für den Akkumulator von den Gesamtkosten abzuziehen[1645].

Fraglich ist, ob die Ausnahmeregelungen auch im Umsatzsteuerrecht Geltung erlangen können oder ihre Anwendung mit diesem unvereinbar ist. Gerade der Zweck der Eigenverbrauchbesteuerung im Umsatzsteuerrecht, eine Besserstellung eines vorsteuerabzugsberechtigten Steuerpflichtigen zu vermeiden und einen unversteuerten Letztverbrauch auszuschließen, könnte dem entgegenstehen. Das beurteilt sich jedoch je nach Ermittlungsmethode unterschiedlich. Im Rahmen der 1 %-Methode stellt die Ausnahmeregelung auch einen erforderlichen Nachteilsausgleich dar. Wie bereits angedeutet, ist der anhand des Bruttolistenpreises ermittelte Wert im Vergleich zu dem der konventionellen Fahrzeuge verhältnismäßig hoch. Da die 1 %-Methode neben den Anschaffungskosten auch die laufenden Kosten erfasst, E-Fahrzeuge aber geringere vorsteuerbelastete

1643 *Balmes*, BB 2013, 215 (216). Diese Argumentation überzeugt m. E. nicht. Die Ausnahmeregelung erscheint aus verfassungsrechtlicher Perspektive (Art. 3 Abs. 1 GG) sowie europarechtlich im Hinblick auf das Beihilfeverbot (Art. 107 ff. AEUV) nicht unbedenklich.

1644 *Ehmcke*, in Blümich, EStG/KStG/GewStG, § 6 EStG Rn. 1013l (Aug. 2013); *Nacke*, StBW 2013, 649 (651); *Ortmann-Babel/Bolik/Griesfeller*, DB 2013, 1319 (1323); *Warnke*, EStB 2013, 262 (263 f.). Die Neuregelung greift für Elektrofahrzeuge, die bis zum 31.12.2022 angeschafft wurden (§ 52 Abs. 16 S. 11 EStG). *Nacke*, DB 2012, 2117 (2118); *ders.*, StBW 2013, 649 (651) kritisiert die Ausnahmeregelung bei Anwendung der 1 %-Regelung, insbesondere aus dogmatischer Sicht.

1645 *Ehmcke*, in Blümich, EStG/KStG/GewStG, § 6 EStG Rn. 1013f (Aug. 2013); *Gluth/Rund*, UStB 2013, S3 (S22); *Ortmann-Babel/Bolik/Griesfeller*, DB 2013, 1319 (1323); *Warnke*, EStB 2013, 262 (263 f.).

Kosten verursachen, beseitigt die Anwendung der Ausnahmeregelung diesen Nachteil. Zudem ist aufgrund der unstreitigen Unvereinbarkeit der 1 %-Regelung und der dennoch bis heute von der Rechtsprechung akzeptierten Anwendung derselben, ohnehin von einem großen Toleranzbereich auszugehen[1646]. Demzufolge ist die Ausnahmeregelung im Rahmen der 1 %-Methode durchaus im Umsatzsteuerrecht zulässig.

Anders ist die Übertragbarkeit der Ausnahmeregelung jedoch bei Anwendung der Fahrtenbuchmethode zu beurteilen. Denn die Übernahme der einkommensteuerrechtlichen Vorgaben in das Umsatzsteuerrecht hätte eine Ungleichbehandlung von Endverbraucher und Unternehmer zur Folge. Im Rahmen der Fahrtenbuchmethode sind umsatzsteuerrechtlich die gesamten vorsteuerbelasteten Kosten zugrunde zulegen, um eine Neutralisation des Vorsteuerabzugs gewährleisten zu können. Deswegen ist die Minderung des Entnahmewertes im Rahmen der Umsatzbesteuerung nicht systemkonform. Wenn dem Unternehmer gestattet wird, die Bemessungsgrundlage um den pauschalen einkommensteuerrechtlichen Betrag zu mindern, obwohl er den Vorsteuerabzug für die gesamten Anschaffungskosten geltend gemacht hat, resultiert daraus ein unbelasteter Endverbrauch und zugleich eine gegenüber dem Endverbraucher unberechtigte Besserstellung. Insoweit ist auch in diesen Fällen bei Anwendung der Fahrtenbuchmethode einkommen- und umsatzsteuerrechtlich ein divergenter Nutzungsentnahmewert gegeben. Eine Übernahme bei Anwendung der Fahrtenbuchmethode ist daher ausgeschlossen.

ff) Zwischenergebnis

Die einkommen- und umsatzsteuerrechtliche Beurteilung eines gemischt genutzten Fahrzeugs verläuft in mehrerlei Hinsicht uneinheitlich. Während dem Steuerpflichtigen bei einer über 50 %igen Nutzung des Fahrzeugs im Umsatzsteuerrecht drei Ermittlungsmethoden zur Verfügung stehen, sind es im Einkommensteuerrecht grundsätzlich[1647] nur zwei. Zudem bindet weder die umsatzsteuerrechtliche Ermittlungsmethode die einkommensteuerrechtliche oder umgekehrt. Die sich bietenden Gestaltungsmöglichkeiten provozieren vielmehr die Anwendung unterschiedlicher Ermittlungsmethoden. Aber selbst für den Fall, dass der Steuerpflichtige den Nutzungswert für Einkommen- und Umsatzsteuerzwecke anhand der identischen Methode ermittelt, ist kein

---

1646 Siehe bereits S. 277.

1647 Die Schätzung im Einkommensteuerrecht bei mehr als 50 %igen privatem Nutzungsanteil ist keine eigene Methode, sondern nur dann heranzuziehen, wenn die 1 %-Methode ausgeschlossen ist.

Gleichlauf garantiert. Zwar ist die Finanzverwaltung bemüht, aus Vereinfachungsgründen eine weitestgehend simultane Bewertung im Einkommen- und Umsatzsteuerrecht zu ermöglichen. Die aufgezeigten Divergenzen illustrieren aber, dass dies nach derzeitiger Rechtslage nur im Ansatz möglich ist. Bei Anwendung der einzelnen Ermittlungsmethoden ist den rechtgebietsspezifischen Aspekten Rechnung zu tragen. Weder bei Anwendung der 1 %-Methode noch bei Gebrauch der Fahrtenbuch- oder „Schätzungsmethode“ ist eine kongeniale Lösung zulässig.

Die weitreichendsten Parallelen sind bei Anwendung der 1 %-Regelung auszumachen. Bezeichnend ist allerdings, dass die von der Finanzverwaltung ermöglichte und von der Rechtsprechung tolerierte Anlehnung in Form der 1 %-Methode, aus mehrerlei Gründen nicht mit dem Umsatzsteuerrecht vereinbar ist[1648]. Aber selbst im Rahmen der vereinfachenden Typisierung, ist zu einigen Einzelfragen, wie das Beispiel der Behandlung von Unfallkosten zeigt, weder in Verwaltungspraxis oder der Rechtsprechung, noch im Schrifttum eine klare Linie erkennbar und eine Gleichbehandlung nicht sicher[1649]. Zudem kommt der 1 %-Methode im Einkommen- und Umsatzsteuerrecht eine unterschiedliche Abgeltungswirkung zu[1650]. Die Anwendbarkeit der Ausnahmereglung für E-Fahrzeuge ist noch ungeklärt[1651], jedoch aus den genannten Gründen für die Fahrtenbuchmethode unzulässig.

Wählt der Steuerpflichtige sowohl zur umsatzsteuer- als auch einkommensteuerrechtlichen Wertermittlung die Fahrtenbuchmethode, sind im Umsatzsteuerrecht nicht die Gesamtkosten, sondern bloß die vorsteuerbelasteten Kosten in die Bemessungsgrundlage aufzunehmen[1652]. Die Maßgeblichkeit des § 15a-Berichtigungszeitraumes oder die nicht zwingend einheitliche Berücksichtigung von Unfallkosten und in weiteren nicht besprochenen atypischen Sachverhalten[1653] kann zu Abweichungen führen[1654]. Zudem ist die Anwendung der Ausnahmeregelung i. S. d. § 6 Abs. 1 Nr. 4 S. 3 2. Hs. EStG für E-Fahrzeuge nicht umsatzsteuersystemkonform[1655].

1648 Siehe S. 275 ff.
1649 Siehe S. 289 f.
1650 Siehe S. 287 f.
1651 Siehe S. 291 ff.
1652 Siehe S. 281.
1653 Siehe die vertiefenden Nachweise in Fn. 1475.
1654 Siehe S. 290.
1655 Siehe S. 291 ff.

3. Reformbedarf bei der Besteuerung der gemischten Pkw-Nutzung zur Entlastung der Rechtsanwender und zur Vermeidung von Vollzugsdefiziten

a) *Zum Gebot der Praktikabilität der Steuergesetze im Massenverfahren*

Für das Steuerrecht verlangt der Gleichheitssatz nach Art. 3 Abs. 1 GG zum einen materielle Steuergesetze, die dem Prinzip der Steuergleichheit unter Beachtung des Leistungsfähigkeitsprinzips entsprechen (Rechtsetzungsgleichheit) und zum andern eine gleichmäßige Anwendung dieser Steuergesetze durch die Finanzbehörden (Rechtsanwendungsgleichheit)[1656]. Aufgabe der Finanzbehörden ist es nach § 85 AO, die Steuern nach Maßgabe der Gesetze gleichmäßig festzusetzen und zu erheben. Dabei sind sie auf die Mitwirkung der Steuerpflichtigen angewiesen. Das Besteuerungsverfahren ist auf Kooperation angelegt[1657]. Den Steuerpflichtigen kommen daher ihrerseits Mitwirkungspflichten zu (sog. Deklarationsprinzip)[1658]. Um dem Gesetzmäßigkeitsprinzip gerecht werden zu können, dürfen die Finanzbehörden auf die Angaben der Steuerpflichtigen aber nicht blind vertrauen[1659]. Die Finanzbehörden müssen zur Sicherstellung des gleichmäßigen Gesetzesvollzugs die Angaben des Steuerpflichtigen rechtlich wie tatsächlich überprüfen können (sog. Verifikationsprinzip)[1660]. Der gerechte Steuervollzug stellt sich für die Finanzverwaltung im steuerrechtlichen Massenverfahren mit den ihr zur Verfügung stehenden begrenzten (personellen) Kapazitäten als Herkulesaufgabe dar[1661]. Von den Finanzbehörden kann keine

1656 BVerfG, Urt. v. 12.2.1969 – 1 BvR 687/62, BVerfGE 25, 216 (228); v. 27.6.1991 – 2 BvR 1493/89, BVerfGE 84, 239 (271 ff.); *Drüen*, in Tipke/Kruse, AO/FGO, § 3 AO Rn. 52 (Jan. 2012); *Jachmann*, StuW 1998, 193 (203); *Urban*, Besteuerung von Firmen- und Dienstwagen, 2009, S. 274 f.

1657 *Seer*, in Tipke/Lang, Steuerrecht[21], 2013, § 21 Rn. 4; *ders.*, in Tipke/Kruse, AO/FGO, § 90 AO Rn. 1 (Aug. 2013).

1658 *Seer*, in Tipke/Lang, Steuerrecht[21], 2013, § 21 Rn. 6.

1659 In diesem Sinne auch *Drüen*, FR 2011, 101 (106); *Seer*, DStJG 32 (2009), 16; *ders.*, in Tipke/Lang, Steuerrecht[21], 2013, § 21 Rn. 6; *ders.*, in Tipke/Kruse, AO/FGO, § 85 AO Rn. 17 (Mai 2013).

1660 Dazu grundlegend BVerfG, Urt. v. 27.6.1991 – 2 BvR 1493/89, BVerfGE 84, 239 (271 ff.); v. 9.3.2004 – 2 BvL 17/02, BVerfGE 110, 94 (112 f.); siehe auch *Jahndorf/Oellerich*, DB 2006, 2537 (2538); *Seer*, DStJG 32 (2009), 16; *ders.*, in Tipke/Lang, Steuerrecht[21], 2013, § 21 Rn. 6; *Urban*, Besteuerung von Firmen- und Dienstwagen, 2009, S. 252.

1661 Aus dem Bericht des BRH v. 17.1.2012, Bericht nach § 99 BHO über den Vollzug der Steuergesetze, insbesondere im Arbeitnehmerbereich, geht hervor, dass sich die

einzelsachverhaltsbezogene Überprüfung oder gar Ermittlung aller Steuerfälle gefordert werden. Es ist faktisch unmöglich, jeden steuerrechtlich relevanten Sachverhalt richtig zu erfassen[1662]. *Seer* formuliert insofern treffend, dass „[sich die Finanzverwaltung] angesichts der jährlich wiederkehrenden unüberschaubaren Quantitäten (…) *dauerhaft* in einem *Zielkonflikt* zwischen der sorgfältigen Sachaufklärung im Einzelfall und der Sicherstellung des Gesamtvollzugs (…) befindet“[1663]. Diesen Konflikt verschärft die komplizierte und teilweise impraktikable Ausgestaltung des Steuerrechts erheblich. Denn je komplexer die steuerrechtlichen Vorschriften sind, umso mehr Aufwand ist mit ihrem Vollzug verbunden[1664]. Aus der fehlenden Praktikabilität des Steuerrechts können ungerechte Besteuerungsergebnisse resultieren. Während eine Steuervorschrift materiell-rechtlich individuell gerecht sein kann, kann sie sich im Massenverfahren als so impraktikabel darstellen, dass sie faktisch zu einer ungerechten Besteuerung führt[1665]. Das Steuerrecht als Massenfallrecht ist für die Gewährleistung eines gleichmäßigen Vollzugs – und damit der Rechtsanwendungsgleichheit – auf praktikable Vorschriften angewiesen[1666]. Der Gesetzgeber ist somit nicht nur gefordert, materiell-rechtlich individuell gerechte Steuergesetze zu erlassen. Angesichts der mit ihnen verfolgten Belastungsgleichheit muss er die Steuergesetze vollzugsorientiert fassen[1667]. Allerdings sind im Massenverfahren immer wieder

---

Anzahl der Steuerklärungen in den Jahren 2006 bis 2009 zwischen 37 und 39 Mio. bewegt hat; *Seer*, in Tipke/Lang, Steuerrecht[21], 2013, § 21 Rn. 5 geht ohne die Nennung einer Quelle davon aus, dass die Finanzämter pro Jahr über 120 Mio. Verwaltungsakte erlässt.

1662 *Seer*, in Tipke/Lang, Steuerrecht[21], 2013, § 21 Rn. 5; *ders*., in Tipke/Kruse, AO/FGO, § 85 AO Rn. 17 (Mai 2013); *Tipke*, StRO III[2], 2012, 1198 ff.

1663 *Seer*, in Tipke/Lang, Steuerrecht[21], 2013, § 21 Rn. 5; vgl. auch *Hey*, in Tipke/Lang, Steuerrecht[21], 2013, § 3 Rn. 239; *Pahlke*, Beihefter zu DStR 2011/31, 66.

1664 *Jachmann*, StuW 1998, 193 (195). Der BRH führt dazu in seinem Bericht v. 17.1.2012 (Bericht nach § 99 BHO über den Vollzug der Steuergesetze, insbesondere im Arbeitnehmerbereich, S. 4) allgemein aus, dass in den letzten fünf Jahren ein kompliziertes und sich rasch wandelndes Steuerrecht die Arbeit der Veranlagungsstelle und den Vollzug der Steuergesetze erheblich erschwert habe.

1665 *Drüen*, in Tipke/Kruse, AO/FGO, § 3 AO Rn. 51 (Jan. 2012); *Urban*, Besteuerung von Firmen- und Dienstwagen, 2009, S. 274; *Wernsmann*, Beihefter zu DStR 2011/31, 72.

1666 *Tehler*, UR 1999, 319 (321); *Urban*, Besteuerung von Firmen- und Dienstwagen, 2009, S. 275; *Wernsmann*, Beihefter zu DStR 2011/31, 72.

1667 Ähnlich *Drüen*, in Tipke/Kruse, AO/FGO, § 3 AO Rn. 52a (Jan. 2012).

auftretende Vollzugsmängel nicht vollends auszuschließen[1668]. Zu unterscheiden sind die nichtnormativen Vollzugsdefizite von den strukturellen Vollzugsdefiziten[1669]. Ist bereits in der materiellen Norm selbst eine fehlende Realisierbarkeit des Vollzugs angelegt, liegt ein strukturelles Vollzugsdefizit vor und die Norm ist wegen des Verstoßes gegen das Gebot der Rechtsetzungsgleichheit verfassungswidrig[1670]. Für tatsächliche Vollzugsmängel, wie sie in der alltäglichen Praxis im Massenverfahren – oftmals den begrenzten Verwaltungskapazitäten geschuldet – auftreten, gilt das nicht[1671]. Diese faktischen Vollzugsdefizite haben eine weitaus größere praktische Bedeutung und sind für die Steuerpflichtigen nicht minder belastend[1672]. Ihnen ist daher mit einem praktikablen Steuerrecht energisch entgegenzuwirken. Eine Möglichkeit des Gesetzgebers, den im Massenverfahren unvermeidlichen Vollzugsdefiziten entgegenzutreten und damit eine Verbesserung der Gleichmäßigkeit der Besteuerung herbeizuführen, ist es, gröbere, typisierende und pauschalierende Regelungen zu schaffen[1673]. Das gilt in besonderem Maße für Massenvorgänge, in denen die Finanzbehörden eine Nachprüfung nur mit unverhältnismäßigem Aufwand bewerkstelligen kann[1674]. Das Bundesverfassungsgericht hat ausdrücklich entschieden, dass der Gesetzgeber unter

---

1668 *Drüen*, in Tipke/Kruse, AO/FGO, § 3 AO Rn. 52a (Jan. 2012); *Seer*, in Tipke/Lang, Steuerrecht[21], 2013, § 21 Rn. 6; *Urban*, Besteuerung von Firmen- und Dienstwagen, 2009, S. 252.

1669 Siehe dazu BVerfG, Urt. v. 27.6.1991 – 2 BvR 1493/89, BVerfGE 84, 239 (271 ff.); v. 9.3.2004 – 2 BvL 17/02, BVerfGE 110, 94 (112 f., 136); eingehend zu strukturellen Vollzugsdefiziten *Oellerich*, Defizitärer Vollzug des Umsatzsteuerrechts, 2008, S. 40 ff.

1670 BVerfG, Urt. 27.6.1991 – 2 BvR 1493/89, BVerfGE 84, 239 (272 f.); 9.3.2004 – 2 BvL 17/02; BVerfGE 110, 94 (112 f., 136); *Drüen*, in Tipke/Kruse, AO/FGO, § 3 AO Rn. 52a (Jan. 2012); *Kühn*, FR 2008, 506 (509); *Oellerich*, Defizitärer Vollzug des Umsatzsteuerrechts, 2008, S. 49 m. w. N.; zur Übertragbarkeit des Ansatzes auf das Umsatzsteuerrecht *Oellerich*, Defizitärer Vollzug des Umsatzsteuerrechts, 2008, S. 62 ff.

1671 *Urban*, Besteuerung von Firmen- und Dienstwagen, 2009, S. 252.

1672 *Kühn*, FR 2008, 506 (509), der an gleicher Stelle weiter ausführt, dass „[es] den Betroffenen [kaum interessieren] dürfte (…), ob die Legislative oder die Exekutive verantwortlich ist".

1673 *Egge*, StuW 1994, 272 (276); *Tehler*, UR 1999, 319 (321); die Normen werden auch als sog. Vereinfachungsnormen bezeichnet; *Wernsmann*, in Hübschmann/Hepp/Spitaler, AO/FGO, § 4 AO Rn. 451 (Juni 2009) m. w. N.

1674 *Egge*, StuW 1994, 272 (276).

bestimmten Bedingungen[1675] generalisierende, typisierende und pauschalierende Regelungen treffen darf, ohne wegen der damit unvermeidlich verbundenen Härten gegen den allgemeinen Gleichheitssatz zu verstoßen[1676]. Die Steuergesetze dürfen mit Rücksicht auf das zu bewältigende Massenverfahren typisieren und teilweise in weitem Umfang die Besonderheiten des einzelnen Falles vernachlässigen, damit sie hinreichend praktikabel sind[1677]. Die mit einer Typisierung einhergehenden Prinzipiendurchbrechungen dürfen aber nicht außer Verhältnis zu den Praktikabilitäts- und Vereinfachungszwecken stehen. Sie müssen zu der mit jeder Typisierung notwendig verbundenen Ungleichheit der steuerlichen Belastung verhältnismäßig sein[1678]. Der Gesetzgeber berücksichtigt mit diesen Regelungen die begrenzten Kapazitäten der Finanzverwaltung. Indem sie umfangreiche Einzelfallprüfungen entbehrlich machen, tragen sie zur Verwaltungsvereinfachung bei[1679]. Gleichzeitig dienen sie dem Schutz der Privatsphäre

---

1675 Siehe dazu BVerfG, Urt. v. 9.12.2008 – 2 BvL 1/07, 2 BvL 2/07, 2 BvL 1/08, 2 BvL 2/08, BVerfGE 122, 210 (232 f.); Beschl. v. 6.7.2010 – 2 BvL 13/09, BVerfGE 126, 268 (279): „Typisierung bedeutet, bestimmte in wesentlichen Elementen gleich geartete Lebenssachverhalte normativ zusammenzufassen. Besonderheiten, die im Tatsächlichen durchaus bekannt sind, können generalisierend vernachlässigt werden. Der Gesetzgeber darf sich grundsätzlich am Regelfall orientieren und ist nicht gehalten, allen Besonderheiten jeweils durch Sonderregelungen Rechnung zu tragen (…). Die gesetzlichen Verallgemeinerungen müssen allerdings auf eine möglichst breite, alle betroffenen Gruppen und Regelungsgegenstände einschließende Beobachtung aufbauen (…). Insbesondere darf der Gesetzgeber für eine gesetzliche Typisierung keinen atypischen Fall als Leitbild wählen, sondern muss realitätsgerecht den typischen Fall als Maßstab zugrunde legen"; Binnenzitate ausgelassen.

1676 BVerfG, Beschl. v. 10.4.1997 – 2 BvL 77/92, BVerfGE 96, 1 (6 f.); Urt. v. 6.7.2010 – 2 BvL 13/09, BVerfGE 126, 268 (279); Beschl. v. 7.5.2013 – 2 BvR 909/06, 2 BvR 1981/06, 2 BvR 288/07, DStR 2013, 1228 (1233); BFH, Urt. v. 24.2.2000 – III R 59/98, BStBl. II 2000, 273 (275); *Albert*, DB 2004, 1958 f.; *Drüen*, in Tipke/Kruse, AO/FGO, § 3 AO Rn. 51 (Jan. 2012); *Urban*, Besteuerung von Firmen- und Dienstwagen, 2009, S. 251.

1677 Vgl. BVerfG, Beschl. v. 10.4.1997 – 2 BvL 77/92, BVerfGE 96, 1 (6); Urt. v. 20.4.2004 – 1 BvR 1748/99, 905/00, BVerfGE 110, 274 (292); v. 7.11.2006 – 1 BvL 10/02, BVerfGE 117 1 (31); v. 11.11.1998, – 2 BvL 10/95, BVerfGE 99, 280 (290); v. 12.10.2010 – 1 BvL 12/07, BVerfGE 127, 224 (245 f.); BFH, Urt. v. 24.2.2000 – III R 59/98, BStBl. II 2000, 273 (275); vgl. auch *Pahlke*, Beihefter zu DStR 2011/31, 66 (68).

1678 BVerfG, Urt. v. 20.12.1966 – 1 BvR 320/57, 1 BvR 70/63, BVerfGE 21, 12 (26 ff.); Beschl. v. 6.11.1985 – 1 BvL 47/83, BVerfGE 71, 146 (157); Urt. v. 12.10.2010 – 1 BvL 12/07, BVerfGE 127, 224 (246); *Tehler*, UR 1999, 319 (321).

1679 BFH, Urt. v. 24.2.2000 – III R 59/98, BStBl. II 2000, 273 (275); siehe auch *Jahndorf/Oellerich*, DB 2006, 2537 (2538); *Wernsmann*, Beihefter zu DStR 2011/31, 72.

der Steuerpflichtigen, weil sie das erforderliche Maß des staatlichen Eindringens für Ermittlungszwecke erheblich reduzieren[1680]. Des Weiteren erleichtern sie die Verständlichkeit des Steuerrechts für alle Rechtsanwender und machen das Massenverfahren so insgesamt praktikabler[1681]. Aber nicht nur die gesetzlichen, sondern auch die von der Verwaltung initiierten Typisierungen können einen erheblichen Beitrag zur Vereinfachung des Steuerrechts liefern[1682].

b) *Fehlende Praktikabilität der Besteuerung gemischt genutzter Fahrzeuge als Reformanlass*

Im steuerrechtlichen Massenverfahren ist die gemischte Fahrzeugnutzung ihrerseits eine Massenerscheinung[1683]. In Anbetracht dessen sollte deren Behandlung den vorangegangenen Ausführungen folgend idealiter steuerrechtsübergreifend vereinheitlicht und einfach ausgestaltet sein. Zwar resultiert aus der derzeitigen Rechtslage kein strukturelles Vollzugsdefizit, weil das Verifikationsprinzip nicht soweit eingeschränkt ist, dass praktisch keine Überprüfungsmöglichkeiten der Finanzverwaltung bestehen. Die Grundsachverhalte sind der Finanzbehörde gewöhnlich bekannt und die für die Besteuerung relevanten Sachverhaltsumstände können von ihr überprüft bzw. ermittelt werden[1684]. Die vorangegangene

1680 *Isensee*, Die typisierende Verwaltung, 1976, S. 51 f.; *ders.*, StuW 1994, 3 (9); *Wernsmann*, in Hübschmann/Hepp/Spitaler, AO/FGO, § 4 AO Rn. 451 (Juni 2009); *ders.*, Beihefter zu DStR 2011/31, 72.

1681 BFH, Urt. v. 24.2.2000 – III R 59/98, BStBl. II 2000, 273 (275); *Wernsmann*, Beihefter zu DStR 2011/31, 72.

1682 Vgl. BVerfG, Urt. v. 12.10.2010 – 1 BvL 12/07, BVerfGE 127, 224 (245 f.); siehe auch *Pahlke*, Beihefter zu DStR 2011/31, 66 (68).

1683 Siehe Fn. 1472.

1684 Überzeugend *Urban*, Besteuerung von Firmen- und Dienstwagen, 2009, S. 262 f. *Jahndorf/Oellerich*, DB 2006, 2537 (2539 f.) sehen die 1 %-Regelung i. d. F. des MissbrauchEindämmG v. 28.4.2006, BGBl. I 2006, 1095 wegen der tatbestandlichen Voraussetzung des über 50 %igen betrieblichen Nutzungsanteils jedoch einem „verfassungsrechtlichem Dilemma" ausgesetzt. Ihrer Auffassung nach bemühe sich die Finanzverwaltung zwar, im Wege eines maßvollen Gesetzesvollzugs den Typisierungscharakter der Norm zu wahren, indem eine bloße Plausibilitätsprüfung zum Nachweis des Nutzungsanteils genügt. Wären an den Nachweis im Vergleich zum Fahrtenbuch jedoch nicht diese wesentlich geringeren Anforderungen gestellt, würde die Typisierung ihrem Vereinfachungszweck nicht nachkommen können und damit wiederum ihr Rechtfertigungsgrund wegfallen. Die Finanzverwaltung nehme dabei aber in Kauf, dass die Verifikation dieser Tatbestandvoraussetzungen (50 %ige betriebliche Nutzung) soweit eingeschränkt sei, dass ein

Untersuchung illustriert aber – ohne auf alle Einzelfragen einzugehen –, wie kompliziert und uneinheitlich sich die betroffenen Sachverhalte in der Praxis darstellen können. Schon die einkommensteuerrechtliche Ausgestaltung an sich ist äußerst komplex[1685]. Rechtsgebietsübergreifend verschärft sich die Komplexität der steuerrechtlichen Ausgestaltung und damit die fehlende Praktikabilität der steuerrechtlichen Beurteilung der gemischten Fahrzeugnutzung jedoch noch gravierend[1686]. Einerseits ist es möglich, dass für das Einkommensteuerrecht einschließlich der Lohnsteuer, das Körperschaft-[1687] sowie das Umsatzsteuerrecht für dasselbe Kfz bis zu vier Ermittlungsmethoden nebeneinander zur Anwendung kommen[1688]. Andererseits ist selbst bei Anwendung derselben Ermittlungsmethode keine deckungleiche Grundlage zur Ermittlung des Nutzungswerts gewährleistet.

Am Beispiel der 1 %-Methode zeigt sich, inwiefern diese Tatsache den Umgang mit dem in Frage stehenden Massensachverhalt erschwert. Die 1 %-Regelung wurde zur Vereinfachung der Bewertung der privaten Nutzung eines betrieblichen Kfz eingeführt[1689]. Das Einkommensteuerrecht isoliert betrachtet, erfüllt sie auch den vom Gesetzgeber angedachten Vereinfachungszweck. Diesem steht es allerdings entgegen, wenn steuerrechtsgebietsübergreifend eine einheitliche Handhabe nur im Ansatz stattfindet bzw. mannigfaltige Gestaltungsmöglichkeiten sogar eine divergente Behandlung durch den Steuerpflichtigen provozieren können. Hinzu treten die Sonderfragen, wie die zur steuerrechtlichen Bewertung der Unfallkosten. Schon allein für das Einkommensteuerrecht konterkariert die Berücksichtigung der Unfallkosten bei Anwendung der 1 %-Methode den Vereinfachungszweck[1690]. Die nach dem Veranlassungsprinzip[1691] vorzunehmende Qualifikation der Kosten als Betriebsausgabe macht Aufzeichnungen

---

verfassungsrechtlich nicht hinnehmbares strukturelles Vollzugdefizit bestehen würde. An der grundsätzlichen Überprüfbarkeit der Angaben der Steuerpflichtigen zweifeln aber auch die beiden Autoren nicht.

1685 *Urban*, Besteuerung von Firmen- und Dienstwagen, 2009, S. 269 ff.

1686 Ähnlich *Urban*, FR 2010, 510 (511).

1687 Zur Bedeutung der Nutzungswertermittlung der privaten Pkw-Nutzung im Körperschaftsteuerrecht siehe bereits Fn. 1476.

1688 Ebenso *Urban*, NJW 2011, 2465 (2470); ähnlich *ders.*, Besteuerung von Firmen- und Dienstwagen, 2009, S. 271.

1689 Stellungnahme des Bundesrates zu den Entwürfen des JStG 1996, BT-Drs. 13/1686, 8.

1690 *Urban*, FR 2007, 873 (881 f.).

1691 Zur umstrittenen einkommensteuerrechtlichen Behandlung der Unfallkosten siehe bereits S. 288 ff.

und eine Beweisvorsorge erforderlich, um nachweisen zu können, dass sich ein Unfall bei einer betrieblichen Fahrt ereignet hat[1692]. Diese Probleme stellen sich bei einer nicht angeglichenen Beurteilung in den einzelnen Steuerrechtsgebieten noch komplexer und unübersichtlicher dar, weil für den gleichen Sachverhalt mehrere Beurteilungen in Betracht kommen können. Daher ist *Urban* insoweit zuzustimmen, dass der Vereinfachungseffekt der 1 %-Regelung nicht nur entwertet ist, sondern die Beschränkung der Sonderregelungen auf das Einkommensteuerrecht für die Behandlung von gemischt genutzten Fahrzeugen in der uneinheitlichen Systematik der Kfz-Nutzungswertbesteuerung im Endeffekt sogar eine Erschwernis darstellt[1693].

Ist die Rechtslage schon aufgrund der voneinander unabhängigen und uneinheitlichen steuerrechtlichen Beurteilungsmöglichkeiten in den nebeneinanderstehenden Steuerrechtsgebieten unbefriedigend, verdeutlicht ein Blick auf die Regelung des § 12 Nr. 3 EStG den Handlungsbedarf nachdrücklich. Nach § 12 Nr. 3 EStG darf die Umsatzsteuer für Umsätze, die Entnahmen sind, nicht abgezogen werden. Die auf die nach § 6 Abs. 1 Nr. 4 EStG zu bemessende einkommensteuerrechtliche Privatentnahme entfallende und nach § 12 Nr. 3 EStG nicht abziehbare Umsatzsteuer bemisst sich jedoch allein nach umsatzsteuerrechtlichen Maßstäben und erfolgt unabhängig von dem einkommensteuerrechtlichen Nutzungswert der Privatentnahme[1694]. Das bedeutet, dass schon bei der Einkommensteuerfestsetzung für ein und dasselbe Fahrzeug zwei unterschiedliche Methoden der Nutzungswertermittlungen nebeneinander Anwendung finden können[1695].

Die extrem praxisrelevante Besteuerung eines gemischt genutzten Fahrzeugs wird den Anforderungen des Massenverfahrens *summa summarum* bei weitem nicht gerecht[1696]. Es besteht dringender Reformbedarf. Gerade solche Massenvorgänge sollten einfach und eindeutig geregelt sein, um die Rechtsanwender zu

---

1692 Ebenso *Urban*, FR 2007, 873 (881 f.), der kritisch hinzufügt, dass selbst bei sehr detaillierten aussagekräftigen Aufzeichnungen eines ehrlichen Steuerpflichtigen, die Zuordnung sogar unmöglich sein kann, wenn der Steuerpflichtige den Unfall nicht gleich bemerkt.

1693 *Urban*, FR 2010, 510 (511).

1694 BFH, Urt. v. 7.12.2010 – VIII R 54/07, BStBl. II 2011, 451 (453); *Ehmcke*, in Blümich, EStG/KStG/GewStG, § 6 EStG Rn. 1013g (Aug. 2013); *Fischer*, in Kirchhof, EStG[13], 2014, § 6 Rn. 166; *Urban*, NJW 2011, 2465 (2467); *R. Wagner*, NWB 2011, 2930 (2941 f.).

1695 *Urban*, NJW 2011, 2465 (2468).

1696 *Urban*, NJW 2011, 2465 (2470).

entlasten und damit den Vollzug zu erleichtern. *Urban* betont mit Recht, dass die Komplexität und die rechtlichen Probleme der Kfz-Nutzungswertbesteuerung jedoch keineswegs darauf zurückzuführen sind, dass sich die Sachverhalte als besonders diffizil erweisen. Diese sind eher simpel strukturiert. Ursache für die unbefriedigende Rechtslage ist vielmehr die mangelnde Gesetzessorgfalt[1697]. Zudem haben die teilweise kasuistische, wenig ausgereifte Rechtsprechung sowie die unkoordinierten Verwaltungsanweisungen ihren Teil zu der unbefriedigenden Rechtslage beigetragen[1698]. Eine einheitliche oder zumindest aufeinander abgestimmte und rechtssichere Besteuerung der gemischten Fahrzeugnutzung in den einzelnen Steuerrechtsgebieten ist speziell mit Rücksicht auf die Anforderungen an das Massenverfahren erforderlich. Sie würde eine Entlastung für alle Rechtsanwender bedeuten[1699]. Hinzu treten ökonomische Aspekte, die Anreiz geben, die derzeit äußerst komplizierte steuerrechtliche Beurteilung der gemischten Fahrzeugnutzung zu vereinfachen. Mit einem komplizierten Steuerrecht sind allgemein höhere Erhebungskosten verbunden als mit einem einfach ausgestaltetem[1700]. Der Grundsatz, dass die Kosten der Steuererhebung möglichst gering sein sollen[1701], fordert eine praktikablere Besteuerung der Pkw-Nutzung. Angesichts der zumeist geringen Höhe, der auf dem Spiel stehenden Steuerbeträge gilt das umso mehr, weil die gesetzesmäßige Besteuerung einen unverhältnismäßigen Verwaltungsaufwand verursacht.

Die Finanzverwaltung gestattet derzeit zum Zwecke der Vereinfachung des Besteuerungsverfahrens aus Billigkeitsgründen, ohne jeden Anhaltspunkt im Gesetz, die 1 %-Regelung für das Umsatzsteuerrecht anzuwenden[1702]. Die Rechtsprechung toleriert die Anwendung ihrerseits, obwohl mit dieser Regelung keine umsatzsteuersystemkonformen Ergebnisse zu erzielen sind[1703]. Nicht zuletzt dieses Bemühen der Finanzverwaltung, zur Vereinfachung des Besteuerungsverfahrens die parallele

---

1697 *Urban*, Besteuerung von Firmen- und Dienstwagen, 2009, S. 275.

1698 *Urban*, NJW 2011, 2465.

1699 *Jahndorf/Oellerich*, DB 2006, 2537 (2539); allgemein *Pahlke*, Beihefter zu DStR 2011/31, 66 (68).

1700 *Jachmann*, StuW 1998, 193 (195).

1701 *Hey*, in Tipke/Lang, Steuerrecht[21], 2013, § 7 Rn. 2 f.; instruktiv zur Steuervereinfachung als ökonomisches Ziel *Jachmann*, StuW 1998, 193 (195).

1702 Vgl. BMF-Schreiben v. 27.8.2004, BStBl. I 2004, 864 (865); Vfg. der OFD Nieders. v. 8.10.2012, DB 2013, 207.

1703 BFH, Urt. v. 11.3.1999 – V R 78/98, BFHE 188, 160 (163); Beschl. v. 26.6.2007 – V B 197/05, BFH/NV 2007, 1897 (1898); Urt. v. 19.5.2010 – XI R 32/08, BStBl. II 2010, 1079 (1081 f.).

Anwendung der typisierenden Ermittlungsmethode im Einkommen- und Umsatzsteuerrecht zu ermöglichen, bestärkt die Annahme, dass eine Vereinheitlichung durch den Gesetzgeber angezeigt ist. Denn aufgrund der von dem Einkommensteuerrecht unabhängigen, nicht gänzlich abgestimmten Nutzungswertermittlung und der mannigfaltigen Gestaltungsmöglichkeiten, erweist sich dieser Ansatz im Gesamtgefüge des Massenverfahrens als wenig hilfreich.

c) Typisierende Vereinheitlichung als Reformansatz

Das Gebot der Praktikabilität fordert von dem Gesetzgeber demnach eine umfassende Neugestaltung der Besteuerung der Fahrzeugnutzung. Als praxistaugliche Lösung bietet sich ein für alle betroffenen Steuerarten geltender Typisierungsansatz mit der Fahrtenbuchmethode als fortbestehende *Escape*-Klausel an[1704]. Allerdings ist eine ausnahmslos einheitliche Nutzungswertermittlung nur schwer denkbar. Den rechtsgebietsspezifischen systematischen und teleologischen Unterschieden sollte in einem Mindestmaß Rechnung getragen werden. Einem vom Grundsatz her einheitlichem Typisierungsansatz, der grundsätzlich alle Fahrzeugkosten abdeckt, steht das angesprochene Mindestmaß an Differenzierung aber nicht entgegen[1705]. In diesem Punkt ist entscheidend, dass damit kein solcher Mehraufwand verbunden wäre, der dem Vereinfachungszweck entgegenwirken würde. Es wäre beispielsweise weiterhin zu berücksichtigen, dass im Gegensatz zum Ertragsteuerrecht für das Umsatzsteuerrecht nicht die Gesamtkosten Berücksichtigung finden, sondern nur der vorsteuerbelastete Aufwand in die Bemessungsgrundlage nach § 10 Abs. 4 Nr. 2 UStG einfließt. Der daraus resultierende praktische Mehraufwand wäre aber – wie bereits aufgezeigt[1706] – unerheblich. Soweit eine abweichende Behandlung bei den berücksichtigungsfähigen Kosten atypischer Sachverhalte unvermeidbar ist, wären sowohl der Gesetzgeber als auch die Finanzverwaltung aufgefordert, für jedes Rechtsgebiet eindeutige Vorgaben zu schaffen und damit Rechtsunsicherheiten auszuräumen.

1704 *Urban*, NJW 2011, 2465 (2470); *ders.*, Besteuerung von Firmen- und Dienstwagen, 2009, S. 277 f.

1705 Die gesetzliche Angleichung der Divergenzen von Afa-Zeitraum und § 15a-Berichtigungszeitraum im Rahmen der Nutzungswertbesteuerung – selbst im Rahmen der Fahrtenbuchmethode – wäre beispielsweise unproblematisch, wie die frühere rechtliche Beurteilung zeigt; siehe bereits S. 286.

1706 Siehe bereits S. 282.

Dem Gesetzgeber kommt bei der Besteuerung und der Abwicklung von Massenerscheinungen ein weiter Spielraum für generalisierende, typisierende und pauschalierende Regelungen zu[1707]. Dies gilt insbesondere für Regelungen, die den Veranlassungszusammenhang von Aufwendungen mit der Privat- und Erwerbssphäre betreffen[1708]. Im Massenverfahren gilt es, die Schwierigkeiten der Verifikation von Angaben des Steuerpflichtigen, die den Grenzbereich zwischen Erwerbs- und Privatsphäre betreffen, und damit einhergehende Vollzugsdefizite zu vermeiden. Demzufolge ergibt sich für den empfohlenen Typisierungsansatz in den einzelnen Steuerrechtsgebieten ein weiter Bewertungsspielraum, weil die angedachten Regelungen mit der gemischten Pkw-Nutzung einen Massenvorgang mit extremer Praxisrelevanz erfassen würden, der die Zuordnung von Aufwendungen zur Privat- oder Erwerbssphäre tangiert. Für die Annahme eines weiten Bewertungsspielraums spräche zudem die angesprochene *Escape*-Klausel in Form der Fahrtenbuchmethode. Diese ermöglicht dem Steuerpflichtigen, einer typisierungsbedingten Schlechterstellung durch den Einzelnachweis begegnen zu können. Das belegt nicht zuletzt die verfassungsrechtliche Bewertung der äußerst grob typisierenden 1 %-Regelung im Hinblick auf Art. 3 Abs. 1 GG[1709].

Ein einheitlicher Typisierungsansatz setzt aber voraus, dass für das jeweilige Steuerrechtsgebiet eine äußerst grob typisierende Nutzungswertermittlung als ausreichend erachtet würde und rechtsgebietsspezifische Inkongruenzen hingenommen würden. Bei der umsatzsteuerrechtlichen Ausgestaltung darf jedoch keinesfalls außer Acht gelassen werden, dass die MwStSystRL diese in gewissem Umfang unionsrechtlich prädeterminiert. Im Ertragsteuerrecht sind die europarechtlichen Implikationen hingegen weitaus geringer als im Umsatzsteuerrecht. Während der Gesetzgeber im Ertragsteuerrecht in den verfassungsrechtlichen und – den im Vergleich zum Bereich der indirekten Steuern weniger ausgeprägten – europarechtlichen Grenzen grundsätzlich von der eigens geschaffenen Systematik abweichen darf, treten im Umsatzsteuerrecht neben die zu beachtenden verfassungsrechtlichen Vorgaben, die detaillierten Vorgaben des Unionsrechts. Mit Rücksicht auf den für das Umsatzsteuerrecht geltenden Harmonisierungsauftrag wäre der Typisierungsansatz von der umsatzsteuerrechtlichen Perspektive

1707 BVerfG, Urt. v. 7.12.1999 – 2 BvR 301/98, BVerfGE 101, 297 (309).

1708 Ähnlich BVerfG, Urt. v. 7.12.1999 – 2 BvR 301/98, BVerfGE 101, 297 (311); *Jachmann*, StuW 1998, 193 (206); *Urban*, Besteuerung von Firmen- und Dienstwagen, 2009, S. 277.

1709 Siehe dazu bereits S. 269.

ausgehend zu entwickeln. Die mit dem EuGH-Urteil *van Laarhoven*[1710] entwickelten Anforderungen an eine typisierende Regelung für die private Pkw-Nutzung eines Unternehmensfahrzeugs müssten Berücksichtigung finden[1711].

Bei der vom Umsatzsteuerrecht ausgehenden Entwicklung einer einheitlichen Typisierung in den Steuerrechtsgebieten sollten die Lehren aus der missglückten Typisierung des § 3 Abs. 9a S. 2 1. Hs., § 15 Abs. 1b und § 15a Abs. 3 Nr. 2 Buchst. a UStG i. d. F. des StEntlG 1999/2000/2002[1712] (weiterhin[1713]) gezogen werden. Die ihrer Zeit zu Vereinfachungszwecken eingeführte Regelung[1714], war im Hinblick auf Art. 3 Abs. 1 GG Kritik ausgesetzt, weil aus dem Zusammenspiel der Vorsteuerkappung nach § 15 Abs. 1b UStG a. F. und dem Ausschluss der Steuerbarkeit der Verwendungsentnahme nach § 3 Abs. 9a S. 2 1. Hs. UStG eine unsystematische und unverhältnismäßige Ungleichbehandlung resultieren konnte[1715]. Darüber hinaus war die Systematik

---

1710 EuGH, Urt. v. 16.2.2012 – C-594/10 [van Laarhoven], UR 2012, 681 (683 ff.); ausführlich zu der Entscheidung und ihren Folgen aus niederländischer Sicht *Toet*, Weekblad voor fiscaal recht 2012, 817 ff.

1711 Die 1 %-Methode würde diesen entwickelten Grundsätzen wohl nicht standhalten; siehe bereits S. 276.

1712 Nach § 3 Abs. 9a S. 2 UStG a. F. (siehe zur Historie Fn. 1528) war die Steuerbarkeit des Verwendungseigenverbrauchs in den Fällen ausgeschlossen, in denen der Unternehmer ein dem Unternehmensvermögen zugeordnetes Fahrzeug verwendete, bei dessen Anschaffung oder Herstellung, Einfuhr oder innergemeinschaftlichem Erwerb Vorsteuerbeträge nach § 15 Abs. 1b UStG a. F. nur zu 50 % abziehbar waren, oder wenn § 15 Abs. 3 Nr. 2 Buchst. a UStG Anwendung fand; *Nieskens*, in Rau/Dürrwächter, UStG, § 3 Rn. 1744 (Sep. 2013).

1713 Die damalige Bundesregierung beabsichtigte mit dem JStG 2009 § 3 Abs. 9a S. 2 UStG und § 15 Abs. 1b UStG in der bis 31.12.2003 geltenden Fassung zu „reanimieren". Der Gesetzgeber hat aber aus systematischen Gründen den Vorgaben der Bundesregierung nicht entsprochen und die Wiedereinführung abgelehnt; vgl. BT-Drs. 16/11108 v. 27.11.2008, Bericht des Finanzausschusses (7. Ausschuss) zu dem Gesetzentwurf der Bundesregierung – Drs. 16/10189, 16/10494, 16/10665 Nr. 3 – Entwurf eines Jahressteuergesetzes 2009 (JStG 2009), S. 39; so auch *Nieskens*, in Rau/Dürrwächter, UStG, § 3 Rn. 1744 (Sep. 2013).

1714 *Nieskens*, in Rau/Dürrwächter, UStG, § 3 Rn. 1745 (Sep. 2013; *Tehler*, UR 1999, 319 (320) m. w. N.; *Widmann*, UR 1999, 20 (22). In der Gesetzesbegründung ist der Vereinfachungszweck nicht explizit genannt.

1715 Näher zu den mit dem Umsatzsteuersystem und den verfassungsrechtlichen Vorgaben nicht zu vereinbarenden Rechtsfolgen *Nieskens*, in Rau/Dürrwächter, UStG, § 3 Rn. 1745 ff. (Sep. 2013); die Unvereinbarkeit mit Art. 3 Abs. 1 GG anhand von Beispielfällen aufzeigend *Tehler*, UR 1999, 319 (321 ff.).

der Regelungen nicht mit den europarechtlichen Vorgaben vereinbar[1716]. Die Regelung in § 3 Abs. 9a S. 2 UStG a. F. widersprach Art. 6 Abs. 2 Unterabs. 1 Buchst. a 6. EG-RL (nunmehr Art. 26 Abs. 1 Buchst. a MwStSystRL). Es bedurfte einer Ermächtigung des Rates nach Art. 27 6. EG-RL (heute Art. 395 MwStSystRL)[1717], um diese Abweichung zu rechtfertigen[1718]. *Nieskens* bezeichnete § 15 Abs. 1b und § 3 Abs. 9a S. 2 UStG a. F. aufgrund der Defizite als „zur prinzipiendurchbrechenden Praktikabilitäts- und Vereinfachungsnorm mutierten Regelungen", die unverhältnismäßige Wirkungen nach sich zogen[1719]. Im Vergleich zur damaligen wäre die angedachte Regelung jedenfalls in verfassungsrechtlicher Hinsicht schon wegen der vorgesehenen Fahrtenbuchmethode als *Escape*-Klausel weniger kritikanfällig, weil die Unvereinbarkeit mit dem Gleichheitssatz weniger schwer wiegen würde. Der Steuerpflichtige hätte es selbst in der Hand, die Typisierung zur Anwendung kommen zu lassen. Aus europarechtlicher Perspektive ist schließlich die zwischenzeitliche Einführung des Art. 168a[1720] in die MwStSystRL zu berücksichtigen. Dieser bestimmt in Abs. 1, dass der Vorsteuerabzug für Ausgaben im Zusammenhang mit Grundstücken nur insoweit zuzulassen ist, wie das Grundstück unternehmerischen Zwecken dient[1721]. Nach Art. 168a Abs. 2 MwStSystRL können die Mitgliedstaaten die in Abs. 1 für Grundstücke vorgegebenen Besteuerungsgrundsätze aber auch im Zusammenhang mit den von ihnen definierten sonstigen Gegenständen anwenden, die dem Unternehmen zugeordnet sind. Von diesem Wahlrecht könnte der deutsche Gesetzgeber für die Umsatzbesteuerung gemischt genutzter Fahrzeuge Gebrauch machen. Da bei der Fahrzeugnutzung aber aus den besagten Gründen, den vom Steuerpflichtigen angegebenen Nutzungsanteil betreffend, erhebliche Verifikationsprobleme existieren würden,

1716 *Gnosa*, Der Firmenwagen im Steuerrecht, 2007, S. 98; *Nieskens*, in Rau/Dürrwächter, UStG, § 3 Rn. 1750 (Sep. 2013).

1717 Ermächtigung des Rates v. 28.2.2000 – 2000/186/EG, Abl. EG 2000 Nr. L 59/12.

1718 *Gnosa*, Der Firmenwagen im Steuerrecht, 2007, S. 98; *Nieskens*, in Rau/Dürrwächter, UStG, § 3 Rn. 1750 (Sep. 2013).

1719 *Nieskens*, in Rau/Dürrwächter, UStG, § 3 Rn. 1748 (Sep. 2013); in diesem Sinne auch *Tehler*, UR 1999, 319 (321 ff.); *Widmann*, UR 1999, 20 (22).

1720 Eingeführt mit Wirkung vom 15.1.2010 durch die Richtlinie des Rates v. 22.12.2009, RL 2009/162/EU zur Änderung verschiedener Bestimmungen der Richtlinie 2006/112/EG über das gemeinsame Mehrwertsteuersystem, Abl. EU Nr. L/10, S. 14.

1721 Die zwingenden Vorgaben des Abs. 1 hat der deutsche Gesetzeber mit § 15 Abs. 1b UStG umgesetzt.

wäre eine Umsetzung nur anhand einer Typisierung praktikabel, die wiederum den Grundsätzen der *van Laarhoven*-Entscheidung[1722] entsprechen müsste.

4. Ergebnis

Die Besteuerung eines gemischt genutzten Fahrzeugs ist ein Massenphänomen der Besteuerungspraxis[1723]. Die immense Praxisrelevanz der Kfz-Nutzung lässt eine rechtlich einfach ausgestaltete Besteuerung dieses Massensachverhalts vermuten. Davon ist die derzeitige Rechtslage jedoch weit entfernt. Sie stellt sich vielmehr als äußerst komplex dar[1724]. Die Komplexität der Besteuerungsgrundsätze der Pkw-Nutzung hängt zum einen mit den unübersichtlichen einkommensteuerrechtlichen Sondervorschriften[1725] und vielen Einzelfragen zusammen. Des Weiteren resultiert sie aus den durch den Gesetzgeber kontinuierlich vorgenommenen Änderungen und den damit verbundenen Übergangsregelungen sowie der teilweise kasuistischen Rechtsprechung[1726]. Ganz entscheidend trägt aber die divergente Behandlung in den unterschiedlichen Steuerrechtsgebieten zu der unbefriedigenden Rechtslage bei[1727]. Das illustrieren die Divergenzen bei der einkommen- und umsatzsteuerrechtlichen Behandlung eines gemischt genutzten Fahrzeugs eindrucksvoll[1728].

„Steuerverwaltung ist Massenfallverwaltung"[1729]. Dem Gebot der Praktikabilität der Steuergesetze zur Folge müssen Massensachverhalte wie die gemischte Pkw-Nutzung – nicht zuletzt wegen der knappen Verwaltungsressourcen – einfach ausgestaltet sein. Die Ausgestaltung der Besteuerung der extrem praxisrelevanten gemischten Kfz-Nutzung wird diesem Grundsatz nicht gerecht[1730]. Für das Massenphänomen der gemischten Pkw-Nutzung, das sowohl Ertrag- als auch Umsatzsteuerrecht betrifft, sollte dem Rechtsanwender idealiter eine steuerrechtsgebietsübergreifende einheitliche Systematik an die Hand gegeben werden. Der Gesetzgeber sollte daher eine einheitliche Typisierung für die betroffenen Steuerrechtsgebiete einführen, der die Fahrtenbuchmethode als einzige

---

1722 EuGH, Urt. v. 16.2.2012 – C-594/10 [van Laarhoven], UR 2012, 681 (683 ff.).

1723 Siehe bereits Fn. 1472.

1724 *Liess*, NWB 2009, 1522 (1527); *Urban*, NJW 2011, 2465.

1725 Siehe § 4 Abs. 5 Nr. 6 EStG, § 6 Abs. 1 Nr. 4 S. 2 und 3 EStG, § 8 Abs. 2 S. 2 bis 5 EStG, § 9 Abs. 1 Nr. 4 und Nr. 5 S. 5 bis 7 EStG.

1726 *Günther/Gatzen*, EStB 2008, 180; *Urban*, NJW 2011, 2465.

1727 *Urban*, FR 2010, 510.

1728 Siehe dazu S. 283 ff.

1729 *Seer*, in Tipke/Kruse, AO/FGO, Vorb. zu §§ 347 ff. AO Rn. 14 (Okt. 2010).

1730 *Urban*, NJW 2011, 2465 (2470).

Alternative beiseite zu stellen ist[1731]. Das würde zwar bedeuten, dass steuerrechtsgebietsspezifische Aspekte bei der Besteuerung in den jeweiligen Steuerrechtsgebieten außer Acht gelassen würden. Angesichts der damit verbundenen Erleichterung der Rechtsanwender und der gewonnenen Rechtssicherheit, ist eine weitestgehende Angleichung insofern jedoch mehr als wünschenswert. Vielmehr sind die damit verbundenen Systembrüche ausnahmsweise geboten, sachgerecht und gerechtfertigt, um ein notwendiges Maß an Praktikabilität und die Rechtsanwendungsgleichheit gewährleisten zu können. Der mit der gesetzesmäßigen Besteuerung derzeitig verbundene und mit Blick auf die steuerlichen Auswirkungen unverhältnismäßige Verwaltungsaufwand bestärkt die Forderung nach einer solchen Vereinfachungsreform. Wegen des europarechtlichen Harmonisierungsauftrags im Umsatzsteuerrecht sollte der angeglichene Typisierungsansatz an den Spezifika des Umsatzsteuerrechts orientiert entwickelt werden.

Solange der Gesetzgeber die unbefriedigende Rechtslage nicht beseitigt, ist die Finanzverwaltung aufgerufen, ihren Beitrag zu einer rechtssicheren und praktikableren Rechtslage beizutragen. Sie sollte Abstand davon nehmen, zur Besteuerung der gemischten Pkw-Nutzung in einzelnen zu einer Steuerart ergehenden Verwaltungsanweisungen Stellung zu nehmen, sondern eine einheitliche, zusammenhängende Verwaltungsanweisung für alle betroffenen Steuerrechtsgebiete erlassen, die ein wenig „Licht ins Dunkel“ bringt.

1731 Siehe S. 304 f.; *Urban*, NJW 2011, 2465 (2470); *ders.*, Besteuerung von Firmen- und Dienstwagen, 2009, S. 277 f. macht zu einem einheitlichen Typisierungsansatz einen konkreten Vorschlag. Demnach sollte *de lege ferenda* ein pauschales Halbkostenmodell für Einkommensteuer, Körperschaftsteuer und Umsatzsteuer bei gleichzeitigem Ausschluss der Entfernungspauschale bei der Einkommensteuer und mit der einzigen Alternative in Form der Fahrtenbuchmethode eingeführt werden, bei dem die hälftigen Kfz-Gesamtkosten – einschließlich Parkgebühren und nicht erstatteter Unfallkosten – zum Ansatz kommen.

Teil 4: Autonomie des Umsatzsteuerrechts *versus* (partielle) Rechtsangleichung an das Einkommensteuerrecht

Im Folgenden sollen aus den gefundenen Ergebnissen Grundsätze für den Umgang mit der rechtlichen oder tatsächlichen Verknüpfung von Umsatzsteuerrecht und Einkommensteuerrecht abgeleitet werden. Die Auswahl der zahlreichen Schnittstellen und Berührungspunkte von Einkommen- und Umsatzsteuer ist zwar bewusst nicht abschließend. Sie stellt aber die verschiedenen Verknüpfungsarten und deren Ursprung ausreichend dar, um die Leitfäden und deren Vorteile für den Gesetzgeber und die unterschiedlichen betroffenen Rechtsanwender formulieren zu können.

I. Erfordernis und Vorzüge einer grundsätzlich eigenständigen Beurteilung des Umsatzsteuerrechts

1. Notwendigkeit der eigenständigen Umsatzbesteuerung wegen der umsatzsteuerrechtlichen Besonderheiten und des europarechtlichen Einflusses

a) Folgen der Divergenzen zwischen Umsatzsteuer- und Einkommensteuersystem für die rechtsgebietsspezifische Auslegung und Anwendung

Die Besteuerungstechnik, das Besteuerungsziel und die Besteuerungsprinzipien der Einkommensteuern und der Umsatzsteuer unterscheiden sich grundlegend[1732]. Einkommen- und Umsatzsteuerrecht sind wegen ihrer Inkongruenz autonom auszulegen und anzuwenden[1733]. Wegen der Divergenzen sind einzelne Problemkreise im Umsatzsteuerrecht zwingend abweichend vom Ertragsteuerrecht zu lösen[1734]. Die Systematik betreffend tritt die

1732 *Helsper*, Umsatzsteuerkongreß-Bericht 1982/83, 1983, S. 167 (168 f.); *Ruppe*, in Herrmann/Heuer/Raupach, EStG/KStG, Einf. ESt Rn. 420 (Feb. 1990); siehe dazu bereits näher S. 24 ff.

1733 *Birkenfeld*, in Birkenfeld/Wäger, USt-Handbuch, Einf. 1. Kapitel § 16 Rn. 1 (April 2004).

1734 *Birkenfeld*, in Birkenfeld/Wäger, USt-Handbuch, Einf. 1. Kapitel § 16 Rn. 3 (April 2004).

notwendige Eigenständigkeit des Umsatzsteuerrechts in besonderem Maße zum Vorschein, weil das Normengefüge des Umsatzsteuergesetzes aufgrund seiner prinzipiellen Geschlossenheit alle Systembrüche deutlich hervortreten lässt[1735]. Die Unterschiede schränken Judikative, Exekutive und Legislative gleichermaßen ein, sich im Umsatzsteuerrecht an das Ertragsteuerrecht anzulehnen[1736]. Eine terminologische oder inhaltliche Übernahme aus dem Einkommensteuerrecht in das Umsatzsteuerrecht bedarf einer genauen vorherigen Prüfung, ob die Übernahme rechtstheoretisch möglich und rechtspraktisch sinnvoll ist.

Die Eigenständigkeit und Notwendigkeit der vom Einkommensteuerrecht unabhängigen Beurteilung des Umsatzsteuerrechts ist bei den einzelnen Untersuchungsgegenständen der Arbeit zum Ausdruck gekommen. Die Auseinandersetzung mit der Behandlung des Leistungsaustausches zwischen nahen Angehörigen im Einkommensteuerrecht und nahestehenden Personen im Umsatzsteuerrecht hat deutlich gezeigt, inwiefern das Umsatzsteuerrecht eigene Lösungswege bereithält und der Heranziehung der einkommensteuerrechtlichen Beurteilung entgegensteht[1737]. Die mit der körperschaftsteuerrechtlichen Bewertung i. R. d. § 8 Abs. 5 KStG lange Zeit weitgehend parallel verlaufende und von der Finanzverwaltung weiterhin vertretene umsatzsteuerrechtliche Beurteilung der an Vereine und andere Personenvereinigungen geleisteten Mitgliedsbeiträge ist aufgrund der unterschiedlichen Besteuerungsziele nicht zulässig. Eine bloße Unterscheidung zwischen „echten“ und „unechten“ Mitgliedsbeiträgen im ertragsteuerrechtlichen Sinn ist aus Verbrauchsteuersicht nicht haltbar[1738]. Die Untersuchungen der unterschiedlichen Anlehnungen durch Gesetzgeber und Rechtsanwender im Rahmen des § 15a UStG[1739] und des § 2 Abs. 3 UStG[1740] haben die Annahme, dass die Besteuerungstechnik, das Besteuerungsziel, die Besteuerungsprinzipien und die Gesetzessystematik einer Übernahme entgegenstehen (können), ebenfalls bekräftigt.

1735 *Helsper*, Umsatzsteuerkongreß-Bericht 1982/83, 1983, S. 167 (168 f.); siehe bereits S. 106.

1736 Ähnlich *Helsper*, Umsatzsteuerkongreß-Bericht 1982/83, 1983, S. 167 (168 f.).

1737 Siehe S. 81 ff.

1738 Siehe S. 121 ff.

1739 Siehe S. 148 ff; 188 ff.; 193 ff.; 196.

1740 Siehe S. 223 ff.

b) Der europarechtliche Einfluss – Der EuGH als „Divergenzmotor“

Der europarechtliche Einfluss auf das nationale Umsatzsteuerrecht bestärkt die Ansicht der Notwendigkeit einer eigenständigen Beurteilung und Entflechtung von Umsatzsteuer- und Einkommensteuerrecht erheblich. Aufgrund des für die Umsatzsteuer als indirekte Steuer geltenden Harmonisierungsauftrags nach Art. 113 AEUV ist einerseits der Gesetzgeber verpflichtet, die Vorgaben der MwStSystRL umzusetzen. Diese gibt dem nationalen Gesetzgeber einen rechtlichen Rahmen zur Ausgestaltung vor und ist bereits so detailliert, dass ihm nur wenig Spielraum verbleibt[1741]. Andererseits sind die Rechtsanwender aufgefordert, das nationale Umsatzsteuerrecht innerhalb der Auslegungsgrenzen richtlinienkonform auszulegen. Die gebotene richtlinienkonforme Auslegung schränkt die in Frage stehende steuerartübergreifende Auslegung daher ein, wenn der Auslegungshorizont des harmonisierten Rechts von dem des nationalen Einkommensteuerrechts abweicht[1742].

Die EuGH-Rechtsprechung belegt den enormen europarechtlichen Einfluss. Der EuGH leistet nicht nur einen außerordentlichen Beitrag für das Verständnis und die Konkretisierung des Unionsrechts[1743], sondern ist die unverzichtbare Institution, welche eine allgemein gültige Auslegung des harmonisierten Rechts gewährleistet. Die autonome europäische Interpretation des Unionsrechts durch den EuGH, die sich beinahe vollständig von dem nationalen Verständnis rechtlicher Begriffe und Institute in den Mitgliedstaaten löst, prägt die Auslegung unionsrechtlicher Vorschriften[1744]. Wegen des Ziels einheitlicher Lebens- und Wettbewerbsbedingungen in sämtlichen Mitgliedstaaten scheiden die jeweiligen nationalen Rechtsvorstellungen als Richtschnur für die Auslegung europäischer Vorschriften aus[1745]. Dies führt zu der „Vermutung“ für eine autonome Auslegung der verwendeten Terminologie[1746]. *Hidien* spricht insofern treffend von der „Autonomielehre der EuGH-Rechtsprechung“, die „einem umsatzsteuerrechtlichen Partikularismus der Mitgliedstaaten entgegen[wirkt]“[1747]. Aus einer Orientierung am nationalen, nicht harmonisierten Recht der Mitgliedstaaten

1741 *Reiß*, in Reiß/Kraeusel/Langer, UStG, Einf. UStG Rn. 103 (Dez. 2007).

1742 Ebenso *Drüen*, in Kirchhof/Söhn/Mellinghoff, EStG/KStG/GewStG, § 21 EStG Rn. A 19 (Juni 2012) zum Begriff des Nutzungsüberlassungsverhältnisses im Umsatzsteuer- und Einkommensteuerrecht.

1743 So *E. Klein*, DStJG 19 (1996), 7 (15).

1744 *Schön*, DStJG 19 (1996), (167) 171.

1745 *Schön*, DStJG 19 (1996), (167) 171.

1746 *Schön*, DStJG 19 (1996), (167) 171; ähnlich *Hidien*, StuW 2005, 265 (267).

1747 *Hidien*, StuW 2005, 265 (267).

beim Umgang mit den indirekten Steuern würde eine inhaltliche Divergenz im Verhältnis zu den anderen Mitgliedstaaten resultieren, die der europäischen Integration zuwiderliefe[1748]. Während der EuGH im Hinblick auf das Verhältnis der einzelnen harmonisierten nationalen Rechtsordnungen der Mitgliedstaaten mitunter als „Motor der Harmonisierung“ bezeichnet wird, präsentiert er sich, was das Verhältnis des harmonisierten nationalen und nicht harmonisierten nationalen Rechts betrifft, als „Divergenzmotor“. Für das Verhältnis zwischen Einkommensteuer- und Umsatzsteuerrecht bestätigen das insbesondere die Ergebnisse der Untersuchung der terminologischen Anknüpfung des Wirtschaftsgutsbegriffs im Rahmen des § 15a EStG und der unionsrechtsgeprägte umsatzsteuerrechtliche Umgang mit demselben[1749] sowie die Unvereinbarkeit der inhaltsgleichen Inkorporierung des Begriffs „Betrieb gewerblicher Art“ i. S. d. § 1 Abs. 1 Nr. 6, § 4 KStG bei § 2 Abs. 3 UStG mit dem harmonisierten Umsatzsteuerrecht[1750].

c) Zwischenergebnis

Besteuerungsziel, -methode, -system und -prinzipien von Einkommen- und Umsatzsteuerrecht divergieren grundlegend. Zudem ist der europarechtliche Einfluss auf das Umsatzsteuerrecht im Vergleich zum Einkommensteuerrecht immens. Zwar ist trotz dieser grundsätzlichen Unterschiede im Umsatzsteuerrecht eine Anlehnung an das Einkommensteuerrecht oder ein zu diesem paralleles Verständnis nicht generell ausgeschlossen. Es bedarf aber einer genauen Prüfung, ob nicht die verschiedenartigen systematischen Ausgangspunkte von Umsatzsteuerrecht und Einkommensteuerrecht eine Anlehnung ausschließen[1751]. Eine Anlehnung an das Einkommensteuerrecht sollte jedenfalls die Ausnahme darstellen. Der Gesetzgeber, die Finanzverwaltung und die Gerichte müssen bei einer Anpassung an das Ertragsteuerrecht, sei es im Wege der Verweisung, der terminologischen Übernahme, der Heranziehung von Grundsätzen oder anderen denkbaren Orientierungen, ihr Augenmerk insbesondere darauf richten, dass die Anpassung mit der fiskalpolitischen Zielsetzung des Umsatzsteuerrechts in Form der Verbrauchbesteuerung vereinbar ist. Darüber

---

1748 *Schön*, DStJG 19 (1996), 167 (168).

1749 Siehe S. 148 ff.

1750 Siehe S. 208 ff.

1751 *Birkenfeld*, in Birkenfeld/Wäger, USt-Handbuch, Kapitel § 16 Rn. 1 (April 2004); so zu dem Verhältnis von Umsatzsteuer und Lohnsteuer, BFH, Urt. v. 7.5.1981 – V R 47/76, BStBl. II 1981, 495 (497).

hinaus darf eine Anpassung die Systematik des Umsatzsteuerrechts nicht nachhaltig stören. Die Handhabe muss zwingend mit den Vorgaben der MwStSystRL im Einklang stehen. Schließlich ist zu hinterfragen, ob die Anlehnung überhaupt zu einer angestrebten Vereinfachung führt oder einem anderen legitimen Zweck dient[1752].

In der Regel sollte die Eigenständigkeit des Umsatzsteuerrechts im Umsatzsteuergesetz, Rechtsprechung und Verwaltungsanweisungen zum Ausdruck kommen. Der Gesetzgeber, die Finanzverwaltung und die Rechtsprechung sollten grundsätzlich Verknüpfungen und Verflechtung vermeiden, um die Divergenzen zu vergegenwärtigen und nicht Gefahr zu laufen, ein grundsätzlich paralleles Verständnis der beiden Rechtsgebiete zu suggerieren. Auf diesem Weg sollten die Rechtsanwender für die Eigenständigkeit des Umsatzsteuerrechts sensibilisiert werden.

2. Vorzüge einer grundsätzlichen Abkopplung des Umsatzsteuerrechts vom Einkommensteuerrecht

Die Arbeit hat gezeigt, dass mit den Anlehnungen an das Einkommensteuerrecht im Umsatzsteuerrecht mannigfaltige Nachteile verbunden sind. Fraglich ist, ob und inwiefern eine grundsätzliche Abkopplung der Steuerarten einen Beitrag zu einer Verbesserung der Rechtslage leisten kann.

a) Vereinfachung durch systematische und terminologische Distanzierung

Für eine Vereinfachung der Handhabe von einkommen- und umsatzsteuerrechtlichen oder -praktischen Verknüpfungen bieten sich mit der systematischen und terminologischen Distanzierung zwei Anknüpfungspunkte an.

aa) Vereinfachung durch Systematisierung

Um der Komplexität und Unübersichtlichkeit des Steuersystems entgegenzuwirken, „[müssen] *de lege ferenda* (…) der Steuerpluralismus vereinfacht und die einzelnen Steuerarten harmonisiert werden. *De lege lata* bedarf der Steuerpluralismus einer Systematisierung[1753].“ Die notwendige Systematisierung erfordert eine klare Abgrenzung und unabhängige Behandlung der einzelnen Steuerarten. Der Steuerpluralismus als solcher spricht bereits für eine stringente Beurteilung der einzelnen Steuerarten im Sinne des jeweiligen Systems. Nur eine durchge-

1752 Einen inhaltlich ähnlichen Prüfungsvorschlag gibt *Helsper,* Umsatzsteuerkongreß-Bericht 1982/83, 1983, S. 167 (180).

1753 *Drüen*, in Tipke/Kruse, AO/FGO, § 3 AO Tz. 56 (Jan. 2012).

hend erkennbare Orientierung am System und den grundlegenden Prinzipien des jeweiligen Steuerrechtsgebiets kann zu einem einfacheren Steuerrecht beitragen. Das jedweder Verknüpfung unterschiedlicher Steuerrechtsgebiete immanente Risiko, einer klar differenzierenden Systematisierung im Wege zu stehen, vermeidet die Abkopplung.

Steuerrechtsgebietsübergreifend wirkt eine Abkopplung des Umsatzsteuerrechts vom Einkommensteuerrecht insofern vereinfachend, als dass die damit zum Ausdruck kommende Systemtreue und Beachtung systemtragender Prinzipien zu einer übersichtlicheren Handhabe führen. Sie ist notwendig und ganz im Sinne einer Vereinfachung des Steuerrechts. Gerade ein originär für das Einkommensteuerrecht entwickeltes Begriffsverständnis oder dessen Besteuerungsgrundsätze können nur schwerlich in ein grundlegend divergentes Besteuerungssystem übernommen werden, ohne Rechtsprobleme heraufzubeschwören. Das ist im Verlaufe der Untersuchung in allen Untersuchungsschritten deutlich geworden.

bb) Ausnahme: Vereinfachung durch Vereinheitlichung in Massenfällen im Massenverfahren

Die Untersuchung der einkommen- und umsatzsteuerrechtlichen Beurteilung gemischt genutzter Pkw hat das Erfordernis von Ausnahmen der Abkopplung offen gelegt[1754]. Das fehlende einheitliche System der Kfz-Nutzungswertbesteuerung stellt die Besteuerungspraxis vor erhebliche Schwierigkeiten. Solche Massensachverhalte betreffend ist eine isolierte, steuerrechtsgebietsspezifische Beurteilung nicht förderlich[1755]. Bei Massenphänomenen im steuerlichen Massenverfahren sind Systembrüche ausnahmsweise zu Gunsten der Praktikabilität und Rechtsanwendungsgleichheit in Kauf zu nehmen. Der dogmatisch korrekte Ansatz darf zur Vermeidung von Vollzugsdefiziten und für die Entlastung der Rechtsanwender außer Acht gelassen werden. In diesen Fällen muss die Systematik der Pragmatik weichen[1756].

Für die Kfz-Nutzungswertbesteuerung sollte der Gesetzgeber eine einheitliche Typisierung für die betroffenen Steuerrechtsgebiete einführen, der die Fahrtenbuchmethode als einzige Alternative an die Seite zu stellen ist[1757]. In diesem Fall ist der Gesetzgeber angehalten, die steuerrechtsgebietsübergreifende Angleichung

---

1754 Siehe dazu im Einzelnen S. 296 ff.

1755 Ähnlich *Urban*, FR 2010, 510 (511).

1756 Siehe dazu bereits bereits *Hidien*, StuW 2005, 265 (266).

1757 Siehe S. 304 f.; in diesem Sinne auch der konkrete Vorschlag von *Urban*, NJW 2011, 2465 (2470); *ders.*, Besteuerung von Firmen- und Dienstwagen, 2009, S. 277 f.

vom Umsatzsteuerrecht ausgehend vorzunehmen. Wegen des europarechtlichen Harmonisierungsauftrags kann der Gesetzgeber im Bereich der indirekten Steuern und gerade angesichts der äußerst detaillierten Vorgaben für das nationale Umsatzsteuergesetz durch die MwStSystRL im nichtharmonisierten Bereich der direkten Steuern wesentlich freier „agieren". Eine Abweichung von seinen eigens geschaffenen Regeln im Bereich der direkten Steuern ist ihm grundsätzlich innerhalb der verfassungsrechtlichen und – weniger ausgeprägten – europarechtlichen Grenzen ohne weiteres erlaubt. Dem Gesetzgeber kommt im Bereich der direkten Steuern damit ein weitaus größerer Spielraum zu.

cc) Vereinfachung durch terminologische Distanzierung – Die MwStSystRL als Vorlage

Eine terminologische Entkopplung würde ebenfalls zu einer Vereinfachung des Steuerrechts beitragen. Sowohl der Gesetzgeber als auch die Finanzverwaltung sollten von bloß terminologischen Anlehnungen durch die Verwendung einkommensteuerrechtlich vorgeprägter Begriffe im Umsatzsteuergesetz und in umsatzsteuerrechtlichen Verwaltungsanweisungen Abstand nehmen.

Die terminologischen Anlehnungen durch den Gesetzgeber sind rechtstheoretisch zwar weniger problematisch als rechtstechnische Verweise[1758]. Der Gesetzgeber kann bekannte, einkommensteuerrechtlich vorgeprägte Begriffe im Umsatzsteuergesetz heranziehen, weil die Übernahme eines Begriffs nicht gleichbedeutend mit der Übernahme des Begriffsinhalts ist[1759]. Die Begriffe sind einer jeweils gebotenen gesetzesspezifischen Auslegung zugänglich. Der Begriffsinhalt muss anhand der Auslegung erschlossen und darf inhaltlich nicht unreflektiert übernommen werden. Der rechtstheoretischen Möglichkeit einer terminologischen Anlehnung stehen rechtspraktische Wirkungen entgegen. Denn die Rechtsanwender könnten dazu verleitet werden, die terminologischen Anlehnungen im Sinne des ertragsteuerrechtlichen Verständnisses zu interpretieren. Der Gesetzgeber sollte sich im Rahmen der Gesetzgebung daher immer vor Augen führen, dass die Heranziehung eines vorgeprägten Begriffs eher zur Irritation als zur Simplifikation führt, sobald ihm ein abweichendes rechtsgebietsspezifisches Verständnis zukommt. Werden die vorgeprägten Begriffe in den verschiedenen Steuerrechtsgebieten unterschiedlich ausgelegt oder angewandt, geht mit der Begriffsverwendung eine Rechtsunsicherheit einher. Das

---

1758 Siehe bereits S. 63 f.

1759 *Hallerbach*, Umsatzsteuerkongreß-Bericht 1985, 1985, S. 135 (138). Der Grundsatz der Einheit der Rechtsordnung steht einer unterschiedlichen Bedeutung desselben Begriffes nicht entgegen; siehe dazu bereits S. 60.

hat die Untersuchung der einzelnen Begriffsanlehnungen im Rahmen des § 15a UStG gezeigt[1760].

Der Gesetzgeber und die Finanzverwaltung sollten nur dann vorgeprägte Begriffe eines anderen Steuerrechtsgebiets heranziehen, wenn das begriffsübernehmende Rechtsgebiet ein deckungsgleiches Verständnis erlaubt. Sie müssen sicherstellen, dass ein einkommensteuerrechtlich vorgeprägter Begriff inhaltlich unverändert Anwendung findet. Da aber die Entwicklung des Begriffsverständnisses nur schwer vorhersehbar ist und sie im Umsatzsteuerrecht wegen des weitergehenden europarechtlichen Einflusses nicht unbedingt parallel zur einkommensteuerrechtlichen erfolgt, sollten der Gesetzgeber und die Finanzverwaltung in der Regel von der Heranziehung einkommensteuerrechtlicher Begriffe absehen. Die auftretenden Rechtsfragen und -unsicherheiten im Zusammenhang mit den terminologischen Anlehnungen im Rahmen des § 15a UStG stützen diese Forderung und zeigen zudem, dass der Gesetzgeber aufgerufen ist, das Umsatzsteuergesetz von diesen „Altlasten" zu befreien. Darum ist der Vorschlag einer Anpassung des nationalen Umsatzsteuergesetzes an die Terminologie der MwStSystRL zu befürworten[1761]. So wäre beispielsweise der Begriff „Wirtschaftsgut" des § 15a UStG durch den Begriff „Investitionsgut" zu ersetzen[1762]. Aufgrund des Harmonisierungsauftrages und der ohnehin sehr detaillierten und durch den EuGH noch näher bestimmten Vorgaben der MwStSystRL würde dies zur Rechtsklarheit beitragen.

b) *Gewährleistung von Planungssicherheit und Vermeidung nicht vorgesehener Gestaltungsmöglichkeiten als Abkopplungsanreiz*

Das Zusammenspiel des harmonisierten nationalen Umsatzsteuergesetzes, dem nicht harmonisierten Einkommen- oder Körperschaftsteuergesetzes und der MwStSystRL auf der einen Seite sowie der Wirkung der untergesetzlichen Rechtslage auf der anderen Seite[1763] führt zu einer teilweise äußerst komplexen, ausschließlich von Steuerexperten beherrschbaren Rechtslage. Das haben die Auseinandersetzungen mit den An- und Entlehnungen in unterschiedlichem Maße veranschaulicht.

1760 Siehe S. 143 ff.

1761 Anstelle vieler *Hidien*, StuW 2005, 265 (267 f.); *Lohse*, Ur 2012, 8 (11 ff.); zurückhaltender *Nieskens*, UR 2004, 590 (597), der ein maßvolles Anpassen für erforderlich hält.

1762 Siehe dazu S. 167 ff.

1763 Siehe zur untergesetzlichen Rechtslage S. 64 ff.

Darüber hinaus ergeben sich aus den Umsetzungsdefiziten im nationalen Umsatzsteuergesetz sowie den Divergenzen zwischen Rechtsprechung, Verwaltungspraxis und unionsrechtlichen Vorgaben nicht vorgesehene Gestaltungsmöglichkeiten für die Unternehmer[1764]. Zum einen kann sich dem Steuerpflichtigen als Resultat des Zusammenspiels von Rechtsprechung und Verwaltungspraxis eine faktische Gestaltungsmöglichkeit bieten[1765]. Hat der Gesetzgeber eine den Steuerpflichtigen begünstigende Bestimmung der MwStSystRL nicht, nicht fristgemäß oder nicht ordnungsgemäß in das nationale Recht umgesetzt, steht dem Steuerpflichtigen zum anderen ein Wahlrecht zu, wonach er sich unter den weiteren vom EuGH entwickelten Voraussetzungen[1766] unmittelbar auf das Unionsrecht berufen oder das nationale Umsatzsteuergesetz anwenden kann[1767]. Die Ausführungen zur umsatzsteuerrechtlichen Behandlung von Mitgliedsbeiträgen[1768] sowie der Umsatzbesteuerung der jPdöR[1769] haben diese unterschiedlichen Gestaltungsmöglichkeiten illustriert. Diese sind in mehrfacher Hinsicht unbefriedigend. Einerseits sind die faktischen Gestaltungsrechte nicht mit dem aus Art. 3 Abs. 1 GG resultierenden Grundsatz des Wettbewerbsneutralität vereinbar[1770]. Andererseits ist die Steuerplanungssicherheit der Unternehmer in erheblichem Maße eingeschränkt, weil sie nicht sicher sein können, ob der Gesetzgeber oder die Finanzverwaltung reagieren bzw. eine Änderung der Rechtsprechung erfolgt und ihnen die Gestaltungsmöglichkeit damit entzogen wird. Außerdem besteht in bestimmten Konstellationen das Risiko einer Konkurrentenklage. Für den Staat können die Gestaltungsmöglichkeiten schließlich erhebliche Steuerausfälle zur Folge haben[1771].

1764 So auch *Tehler*, UVR 2009, 378, der die Aussage aber auf die Unterschiede zwischen Umsatzsteuergesetz und MwStSystRL beschränkt.

1765 Siehe dazu die Gestaltungsrechte bei der umsatzsteuerrechtlichen Behandlung von Mitgliedsbeiträgen (siehe S. 128 ff.) und bei der Umsatzbesteuerung von jPdöR (siehe S. 239 ff.).

1766 Siehe zur unmittelbaren Wirkung der unionsrechtlichen Richtlinien Fn. 158.

1767 Dazu exemplarisch BFH, Urt. v. 19.10.2011 – XI R 16/09, BStBl. II 2012, 371 (372 f.); siehe dazu bereits Fn. 158; S. 129.

1768 Siehe dazu S. 128 ff.

1769 Siehe dazu S. 239 ff.

1770 Siehe dazu nur S. 132 f.; *Tipke*, Steuergerechtigkeit, 1981, S. 59, 123 sieht Wahlrechte im Steuerrecht allgemein als Verstoß gegen die Gesetzmäßigkeit der Besteuerung an, weil sie nicht mit dem Leistungsfähigkeitprinzip und Art. 3 Abs. 1 GG vereinbar seien, indem sie dem einzelnen die Befugnis einräumen, seine Steuerlast zu beeinflussen, ohne dass sich seine Leistungsfähigkeit ändert.

1771 Siehe dazu S. 133 f. und S. 143.

Zwar sind die derzeit bestehenden Gestaltungsmöglichkeiten nicht ausschließlich auf Anlehnungen im Umsatzsteuerrecht an das Einkommensteuerrecht zurückzuführen. Wie die Untersuchungen des direkten Verweises des § 2 Abs. 3 UStG und der umsatzsteuerrechtlichen Behandlung der Mitgliedsbeiträge aber gezeigt haben, können die An- und Entlehnungen sie durchaus begründen. Die grundsätzliche Abkopplung würde insofern zumindest auch einen Beitrag zur Vereinfachung und zu einer rechtsklareren Ausgestaltung des Steuerrechts führen. Darüber hinaus wäre ein wichtiger Schritt zu einer umfassenderen Steuerplanungssicherheit getan. Schließlich sollte die Vermeidung faktischer, gesetzlich unvorgesehener Gestaltungsmöglichkeiten und damit einhergehenden Steuerausfälle des Staates ein Anreiz sein, das Umsatzsteuerrecht vom Einkommensteuerrecht zu entkoppeln.

c) Zwischenergebnis

Es ist erstrebenswert, das ohnehin komplizierte Steuerrecht ein Stück weit einfacher zu gestalten. Dazu würde sowohl eine Ausgestaltung, wonach gleichzeitig einkommen- und umsatzsteuerrechtliche Sachverhalte einer konvergenten Behandlung unterliegen, als auch ein materiell-rechtlich steuerartübergreifend harmonisiertes Steuerrecht beitragen. Doch das ist nur soweit möglich, als es mit beiden Steuersystemen vereinbar ist. Zwar ist trotz der grundsätzlichen Divergenzen von Einkommen- und Umsatzsteuerrecht nicht ausgeschlossen, dass eine Anlehnung oder ein paralleles Verständnis besteht. Es muss aber für jeden Einzelfall geprüft werden, ob bestimmte Fragen im Umsatzsteuerrecht abweichend vom Einkommensteuerrecht zu beurteilen sind[1772]. Eine im Grunde systemwidrige Rechtsangleichung kann nur ausnahmsweise bei Massenphänomenen im Zeichen der Praktikabilität stattfinden. In der Regel ist eine konsequente Trennung der beiden Steuerrechtssysteme vorzugswürdig, um Fehlern vorzubeugen. Dies gilt für Gesetzgeber, Finanzverwaltung und Rechtsprechung sowie für die Beraterschaft und die Steuerpflichtigen gleichermaßen und betrifft alle Arten der terminologischen und inhaltlichen An- und Entlehnungsmöglichkeiten.

Der Gesetzgeber, die Finanzverwaltung und die Rechtsprechung dürfen durch die Verknüpfungen und Verflechtungen der beiden Rechtsgebiete kein allgemein paralleles Verständnis vermitteln. Der Gesetzgeber sollte terminologische Anlehnungen vermeiden und beseitigen, obschon diese rechtstheoretisch möglich sind. Die dadurch hervorgerufenen rechtspraktischen Schwierigkeiten

1772 *Drüen,* in Kirchhof/Söhn/Mellinghoff, EStG/KStG/GewStG, § 21 EStG Rn. A 19 (Juni 2012).

sind keineswegs unerheblich. Im Bereich der indirekten Steuern sollte er generell darauf verzichten, auf das nicht harmonisierte Recht zu verweisen[1773] oder Anknüpfungen gleich jedweder Art vorzunehmen[1774]. Die Finanzverwaltung sollte ihrerseits Abstand davon nehmen, für einzelne Sachverhaltskonstellationen auf die einkommensteuerrechtliche Handhabe zu verweisen, wenn sachlich verwandte Sachverhalte keiner parallelen Behandlung zugänglich sind. Gleiches gilt für die Rechtsprechung. Die Gerichte sind aufgefordert, die im Rahmen der jeweils zu beurteilenden Rechtsfragen allein zu Begründungszwecken zum Einkommensteuerrecht gezogenen Parallelen insofern zu hinterfragen, ob dadurch nicht weitergehende Rückschlüsse in Form einer deckungsgleichen Behandlung in Einkommen- und Umsatzsteuerecht resultieren könnten, die mit dem Umsatzsteuerrecht nicht mehr vereinbar wären. In seinem Urteil vom 3.11.2011[1775] hat der BFH beispielsweise sein Auslegungsergebnis, dass das „Wirtschaftsgut" i. S. d. § 15a Abs. 1 und 2 UStG und des § 44 Abs. 1 UStDV bei Mastschweinen, die für das Unternehmen bezogen worden sind, das einzelne Ferkel und nicht der erworbene Bestand der Tiere ist, mit den handelsrechtlichen und ertragsteuerlichen Wertungen gestützt. Die Tiere, die ertragsteuerlich dem Umlaufvermögen zuzurechnen sind, seien grundsätzlich einzeln zu bewerten[1776]. Es ist nicht auszuschließen, dass aus dieser Feststellung wiederum weitergehende einkommensteuerrechtsorientierte Rückschlüsse für den umsatzsteuerrechtlichen Begriff „Wirtschaftsgut" gezogen werden. Eben diese faktischen mittelbaren Folgen in Form der (unbewussten) Verschleierung der Eigenständigkeit des Umsatzsteuerrechts tragen zu den geschilderten Problemen bei.

II. Ankopplungstendenzen im Wandel der Zeit – Abkopplung des Umsatzsteuerrechts vom Einkommensteuerrecht als Leitbild

Sowohl der Gesetzgeber als auch die Rechtsanwender haben sich im Umsatzsteuerrecht seit Einführung des Umsatzsteuergesetzes vielfach auf unterschiedlichste Art und Weise am Einkommensteuerrecht orientiert. Bei näherer Betrachtung sind inzwischen aber durchaus eindeutige Abkopplungstendenzen vom Einkommensteuerrecht bei der umsatzsteuerrechtlichen Beurteilung auszumachen. Diese sind sowohl auf die rechtliche als auch die tatsächliche Emanzipation der

1773 Siehe S. 58 f., 239 ff.
1774 Siehe S. 199.
1775 BFH, Urt. v. 3.11.2011 – V R 32/10, BStBl. II 2012, 525.
1776 BFH, Urt. v. 3.11.2011 – V R 32/10, BStBl. II 2012, 525 (528).

Umsatzsteuer von den Einkommensteuern zurückzuführen. Rein faktisch trägt die Organisation der Zuständigkeiten seitens der Rechtsanwender ihren Teil dazu bei. Einerseits weisen die Finanzbehörden, die Finanzgerichte und der BFH den unterschiedlichen Steuerrechtsgebieten unterschiedliche Zuständigkeiten zu. Andererseits spezialisiert sich die Beraterschaft zunehmend[1777]. Das führt zu einer isolierten Betrachtung des jeweiligen Steuerrechtsgebiets und verringert die (unbewusste) Verflechtung mit einem anderen. Rechtlich finden wiederum die divergierenden Besteuerungsziele und -prinzipien sowie der europarechtliche Einfluss mehr und mehr die gebührende Berücksichtigung. Diese Abkopplungstendenz steht für ein „Verselbständigungspostulat"[1778].

1. Zu Abkopplungstendenzen in der Rechtsprechung

Eine eindeutige Abkopplung ist in der Rechtsprechung auszumachen. Die Gerichte betonen in ihren Entscheidungen nunmehr wiederholt, dass Einkommensteuer und Umsatzsteuer unabhängig voneinander zu beurteilen sind. Der BFH hat mit der Zeit immer häufiger entschieden, dass es auf die ertragsteuerrechtlichen Erwägungen für die umsatzsteuerrechtliche Beurteilung nicht ankomme[1779], was auch nicht gegen den Grundsatz der Einheit der Rechtsordnung verstoße. Denn mit der Rechtssystematik sei dieser Grundsatz wegen der verschiedenartigen systematischen Ausgangspunkte von Umsatzsteuer und Ertragssteuern nicht in Einklang zu bringen[1780]. Einige Untersuchungsgegenstände belegen diesen

1777 Ähnlich *Hüttemann*, Gemeinnützigkeits- und Spendenrecht², 2012, § 7 Rn. 108; *Reimer*, DStJG 32 (2009), 325 (343 Fn. 51).

1778 Ebenso *Reimer*, DStJG 32 (2009), 325 (343).

1779 BFH, Urt. v. 19.4.1979 – V R 11/72, BStBl. II 1979, 420 (421); v. 28.2.1980 – V R 138/72, BStBl. II 1980, 309 (311); v. 18.12.1980 – V R 142/73, BStBl. II 1981, 408 (409); v. 7.5.1981 – V R 47/76, BStBl. II 1981, 495 (497); v. 25.3.1988 – V R 101/83, BStBl. II 1988, 649 (650); v. 2.7.2008 – XI R 60/06, BStBl. II 2009, 167 (169); v. 7.12.2010 – VIII R 54/07, BStBl. II 2011, 451 (452 ff.); v. 18.1.2005 – V R 53/02, BStBl. II 2007, 730 (731 f.); v. 20.8.2009 – V R 30/06, BStBl. II 2009, 863 (865); v. 29.8.2012 – XI R 10/12, BStBl. II 2013, 221 (223); v. 19.12.2012 – XI R 38/10, BStBl. II 2013, 1053 (1056); so auch *Jakob*, Umsatzsteuer⁴, 2009, § 9 Rn. 855; *Ruppe*, in Herrmann/Heuer/Raupach, EStG/KStG, Einf. ESt Rn. 421 (Feb. 1990). Die steuersystematischen Unterschiede von Einkommensteuern und Umsatzsteuer hat der BFH nicht immer konsequent betont. In früheren Entscheidungen hat er sich ebenso an ertragsteuerrechtliche Grundsätze angelehnt; so auch *Hidien*, StuW 2005, 265 (266); vgl. dazu nur BFH, Urt. v. 26.11.1987 – V R 85/83, BStBl. II 1988, 158 (160); v. 19.5.1988 – V R 115/83, BStBl. II 1988, 916 (917 ff.).

1780 BFH, Urt. v. 7.5.1981 – V R 47/76, BStBl. II 1981, 495 (497).

Trend. Bei der Frage, ob ein Leistungsaustausch bei einer Leistung zwischen nahen Angehörigen im Einkommensteuerrecht und zwischen nahestehenden Personen im Umsatzsteuerrecht gegeben ist, ging der BFH zunächst von einer deckungsgleichen Beurteilung aus. Er hatte im Umsatzsteuerrecht die für das Einkommensteuerrecht entwickelten Grundsätze herangezogen. Aber wegen des im Umsatzsteuerrecht vordergründig zu berücksichtigenden Verbrauchsteuercharakters und der daran ausgerichteten spezifischen Ausgestaltung des Umsatzsteuergesetzes hat er vergleichsweise schnell wieder von der Heranziehung originär einkommensteuerrechtlich entwickelter Grundsätze abgesehen[1781].

Bei der umsatzsteuerrechtlichen Behandlung von Mitgliedsbeiträgen vertrat die Rechtsprechung lange Zeit einen faktischen Gleichlauf von Körperschaft- und Umsatzsteuerrecht. Sie hat diese Ansicht aber in erster Linie angesichts der europarechtlichen, durch den EuGH mit der Entscheidung „Kennemer Golf & Country Club"[1782] konkretisierten Vorgaben aufgegeben und betont nunmehr die eigenständige umsatzsteuerrechtliche Beurteilung der Mitgliedsbeiträge[1783].

Für die Beurteilung einer Betriebsvorrichtung als Berichtigungsobjekt i. S. d. § 15a Abs. 1 S. 1 UStG hat der BFH wiederum betont, dass die ertragsteuerrechtliche Kategorisierung der Betriebsvorrichtung als bewegliches Wirtschaftsgut im Umsatzsteuerrecht nicht zwingend ist, sondern nach umsatzsteuerrechtlichen Kriterien erfolge[1784]. Allerdings hat die Untersuchung im Zusammenhang mit § 15a UStG auch ergeben, dass die Rechtsprechung an anderer Stelle durchaus auch ertragsteuerrechtliche Grundsätze bei der umsatzsteuerrechtlichen Beurteilung zugrunde legt, obwohl diese nach der hier vertretenen Auffassung nicht mit dem Umsatzsteuerrecht vereinbar sind. So zieht der BFH zum Beispiel im Rahmen des § 15a Abs. 5 S. 2 UStG die nach ertragsteuerrechtlichen Grundsätzen ermittelte Nutzungsdauer für die Bestimmung der verkürzten Verwendungsdauer heran[1785]. Nichtsdestotrotz kommt die Abkopplungstendenz auch im Rahmen des § 15a UStG zumindest partiell zum Ausdruck.

Eindrucksvoll bestätigt auch die Rechtsprechung des BFH zur umsatzsteuerrechtlichen Behandlung der jPdöR in Form der inzwischen vorgenommenen

---

1781 Siehe dazu S. 81 ff.

1782 EuGH, Urt. v. 21.3.2002 – C-174/00 [Kennemer Golf & Country Club], Slg. I 2002, 3293.

1783 Dazu ausführlich S. 112 ff.

1784 Siehe S. 168 ff.

1785 Siehe Fn. 1045; siehe dazu auch S. 194 ff.

richtlinienkonformen Auslegung des § 2 Abs. 3 UStG die Abkopplungstendenz[1786]. Diese Auslegung nimmt der BFH m. E. sogar *contra legem* vor[1787].

Schließlich sieht der BFH bei der Ermittlung des Nutzungswerts eines gemischt genutzten Pkw im Umsatzsteuerrecht keine Bindung an die ertragsteuerrechtliche Ermittlungsmethode und bestärkt auch damit die unabhängige umsatzsteuerrechtliche Beurteilung[1788].

Nicht zuletzt stützt die jüngere Rechtsprechung zur umsatzsteuerrechtlichen Beurteilung einer Geschäftsveräußerung im Ganzen nach § 1 Abs. 1a UStG die Annahme einer Abkopplungstendenz. Für die Anwendung der Vorschrift hat sich die Praxis anfänglich an ertragsteuerrechtlichen Kriterien orientiert[1789]. Das kommt auf Verwaltungsebene bis heute in A 1.5 Abs. 6 S. 4 UStAE zum Ausdruck[1790]. Allerdings hat der BFH in seinen jüngeren Entscheidungen explizit betont, dass die umsatzsteuerrechtliche Beurteilung einer Geschäftsveräußerung im Ganzen unabhängig von den ertragsteuerrechtlichen Kriterien erfolgt und begründet dies in erster Linie mit dem europarechtlichen Einfluss auf den Begriff der Geschäftsveräußerung[1791]. Die Vorschrift setzt Art. 19, 29 MwStSystRL um und ist in deren Sinne richtlinienkonform auszulegen[1792]. Daher kommt

---

1786 Siehe S. 231 ff.

1787 Siehe S. 224 ff.

1788 Siehe S. 279 ff.

1789 *Höink*, Nichtsteuerbare Vermögensübertragung im Umsatzsteuerrecht, 2013, S. 55; *Jakob*, Umsatzsteuer[4], 2009, § 5 Rn. 326.

1790 A 1.5 Abs. 6 S. 4 UStAE lautet: „Soweit einkommensteuerrechtlich eine Teilbetriebsveräußerung angenommen wird (vgl. R 16 Abs. 3 EStR 2012), kann vorbehaltlich des Absatzes 9 umsatzsteuerrechtlich von der Veräußerung eines gesondert geführten Betriebs ausgegangen werden."

1791 BFH, Urt. v. 18.1.2005 – V R 53/02, BStBl. II 2007, 730 (731 f.); v. 20.8.2009 – V R 30/06, BStBl. II 2009, 863 (865); v. 29.8.2012 – XI R 10/12, BStBl. II 2013, 221 (223); v. 19.12.2012 – XI R 38/10, BStBl. II 2013, 1053 (1056); siehe auch *Oelmaier*, in Sölch/Ringleb, UStG, § 1 Rn. 183 (April 2013); *Schießl*, MwStR 2013, 183 (188); *T. Vogel/Hiller*, Stbg 2013, 65 (67); *Winter*, MwStR 2013, 94; eingehend zu der Entwicklung der Abkopplung von den ertragsteuerrechtlichen Kriterien für die umsatzsteuerrechtliche Beurteilung im Rahmen des § 1 Abs. 1a UStG *Höink*, Nichtsteuerbare Vermögensübertragung im Umsatzsteuerrecht, 2013, S. 54 ff.

1792 BFH, Urt. v. 18.1.2005 – V R 53/02, BStBl. II 2007, 730 (731 f.); v. 20.8.2009 – V R 30/06, BStBl. II 2009, 863 (865); v. 29.8.2012 – XI R 10/12, BStBl. II 2013, 221 (223); v. 19.12.2012 – XI R 38/10, BStBl. II 2013, 1053 (1056); vgl. auch EuGH, Urt. v. 10.11.2011 – C-444/10 [Schriever], Slg I 2011, 11071 (11081); *Oelmaier*, in Sölch/Ringleb, UStG, § 1 Rn. 181 (April 2013); *Schießl*, MwStR 2013, 183 (184).

beispielsweise für die Frage, ob eine „Teilvermögensveräußerung"[1793] nach § 1 Abs. 1a S. 2 UStG begünstigt ist, nicht die Heranziehung ertragsteuerrechtlicher Definitionen zum Vorliegen der Veräußerung eines Teilbetriebs im Sinne des § 16 Abs. 1 S. 1 Nr. 1 EStG in Betracht[1794]. So ist für das Umsatzsteuerrecht etwa das einkommensteuerrechtlich für die Annahme einer Teilbetriebsveräußerung vorausgesetzte Kriterium, dass der veräußernde Gewerbetreibende die bisher in seinem Teilbetrieb entfaltete Tätigkeit endgültig einstellt, unerheblich[1795].

2. Zu Abkopplungstendenzen des Gesetzgebers

Die Untersuchung hat gezeigt, dass das Umsatzsteuergesetz weiterhin zahlreiche Anlehnungen an das Einkommensteuerrecht enthält. Die mannigfaltigen inhaltlichen und terminologischen Anlehnungen im Rahmen des § 15a UStG[1796] und der direkte Verweis des § 2 Abs. 3 UStG[1797] illustrieren die Verknüpfungen des Umsatzsteuerrechts mit dem Einkommensteuerrecht durch das Umsatzsteuergesetz selbst. Eine Abkopplung des Umsatzsteuerrechts vom Einkommensteuerrecht ist aber nicht nur auf Seiten der Rechtsprechung zu erkennen. Der

---

1793 So der Wortlaut des Art. 19 Abs. 1 2. Alt. MwStSystRL.

1794 BFH, Urt. v. 29.8.2012 – XI R 10/12, BStBl. II 2013, 221 (224); v. 19.12.2012 – XI R 38/10, BStBl. II 2013, 1053 (1057); *Wäger*, UR 2004, 24 (26); a. A. *Benkert/Menner*, UR 1995, 81 (82), die die Auffassung vertreten, dass kein inhaltlicher Unterschied zwischen dem gesondert geführten Betrieb des Umsatzsteuergesetzes und dem Teilbetriebsbegriff des Ertragsteuerrechts existiere und die Merkmale des Teilbetriebsbegriffs auch auf das Umsatzsteuergesetz Anwendung finden; eingehend zu den Unterschieden und Gemeinsamkeiten der Begriffe „Teilbetrieb" im Einkommensteuerrecht und „gesondert geführter Betrieb" im Umsatzsteuerrecht *Broer*, BB 2003, 229 ff.; *Höink*, Nichtsteuerbare Vermögensübertragung im Umsatzsteuerrecht, 2013, S. 54 ff. Zwar ist der nationale Teilbetriebsbegriff insbesondere im Hinblick auf die Fusionsrichtlinie erheblichem europarechtlichen Einfluss ausgesetzt, indem Art. 2 Buchst. i FusionsRL „Teilbetrieb" als „die Gesamtheit der in einem Unternehmensteil einer Gesellschaft vorhandenen aktiven und passiven Wirtschaftsgüter, die in organisatorischer Hinsicht einen selbstständigen Betrieb, das heißt eine aus eigenen Mitteln funktionsfähige Einheit, darstellen", definiert. Da dieser aber inhaltlich nicht deckungleich mit dem in Art. 19 MwStSystRL verwendeten Begriff „Teilvermögen" ist, ist auch vor diesem Hintergrund in Zukunft kein paralleles Verständnis zu erwarten; zum Einfluss des Unionsrechts auf den nationalen Teilbetriebsbegriff anstelle vieler *Herlinghaus*, Festschrift Meilicke, 2010, S. 159 ff.; *Herzig*, IStR 1994, 1 ff.; *Neumann*, EStB 2002, 437 ff.

1795 So ausdrücklich BFH, Urt. v. 29.8.2012 – XI R 10/12, BStBl. II 2013, 221 (224).

1796 Siehe S. 143 ff.

1797 Siehe S. 200 ff.

Gesetzgeber ist inzwischen ebenfalls vereinzelt von ursprünglich vorgenommenen Anlehnungen abgerückt. Das verdeutlicht ein Blick auf die Entwicklung des § 10 UStG[1798]. Nach § 10 Abs. 4 Nr. 1 UStG 1980 war zum Beispiel bis zum 31.12.1989 für die Ermittlung der Bemessungsgrundlage des Eigenverbrauchs durch Entnahme der Teilwert heranzuziehen, wenn dieser Wert auch ertragsteuerrechtlich bei der Gewinnermittlung anzusetzen war[1799]. Der Finanzausschuss erachtete es damals „aus praktischen und systematischen Gründen für zweckmäßig", die umsatzsteuerrechtliche Bemessungsgrundlage in den Fällen des Eigenverbrauchs möglichst eng an die im Einkommensteuerrecht maßgebenden Wertansätze „bei entsprechenden Vorschriften" zu orientieren[1800]. Der Gesetzgeber hat aber mit dem Wohnungsbauförderungsgesetz vom 22.12.1989 von dieser Anlehnung abgesehen[1801]. Er passte die Entnahmewerte nach § 10 Abs. 4 Nr. 1 UStG an Art. 11 Teil A Abs. 1 Buchst. b der 6. EG-RL (nunmehr Art. 74 MwStSystRL) an, indem er die Begriffe „Teilwert" und „gemeiner Wert" durch die Begriffe „Einkaufspreis" und „Selbstkosten" ersetzte[1802].

Im Rahmen des EURLUmsG vom 9.12.2004[1803] hat er überdies in zweierlei Hinsicht von der bis dahin geltenden Orientierung am Einkommensteuerrecht Abstand genommen. Zum einen hat er mit der Einführung des § 10 Abs. 4 Nr. 2 S. 3 UStG[1804] statuiert, dass Anschaffungs- oder Herstellungskosten, wenn diese mindestens 500 € betragen, gleichmäßig auf einen Zeitraum zu verteilen sind, der dem für das Wirtschaftsgut maßgeblichen Berichtigungszeitraum nach § 15a UStG entspricht. Damit ist er der Anknüpfung an die ertragsteuerlichen

---

1798 Ebenso und zur Entwicklung des § 10 Abs. 4 Nr. 1 UStG *W. Wagner*, in Sölch/Ringleb, UStG, § 10 Rn. 336 ff. (Sep. 2012).

1799 *W. Wagner*, in Sölch/Ringleb, UStG, § 10 Rn. 336 (Sep. 2012).

1800 Siehe dazu BT-Drs. V/1581 v. 15.3.1967, Bericht des Abgeordneten *Toussaint* zu den Beschlüssen des Finanzausschusses betreffend den Entwurf des Umsatzsteuergesetzes 1967, BT-Drs. V/48, S. 14; ebenso *W. Wagner*, in Sölch/Ringleb, UStG, § 10 Rn. 336 (Sep. 2012).

1801 Siehe Art. 7 Nr. 2 Gesetz zur steuerlichen Förderung des Wohnungsbaus und zur Ergänzung des Steuerreformgesetzes 1990 (Wohnungsbauförderungsgesetz –WoBauFG) v. 22.12.1989, BGBl. I 1989, 2408 (2418), in Kraft getreten zum 1.1.1990.

1802 Dazu näher *W. Wagner*, in Sölch/Ringleb, UStG, § 10 Rn. 338 (Sep. 2012); zur Kritik an der Heranziehung des ertragsteuerrechtlichen Teilwertbegriffs anstelle vieler *Söhn*, DStZ 1987, 367 (369 ff.).

1803 Richtlinien-Umsetzungsgesetz (EURLUmsG) v. 9.12.2004, BGBl. I 2004, 3310.

1804 § 10 Abs. 4 Nr. 2 S. 3 UStG wurde nach Art. 5 Nr. 7 i. V. m. Art. 22 Abs. 3 des Richtlinien-Umsetzungsgesetz (EURLUmsG) v. 9.12.2004, BGBl. I 2004, 3310 (3319) rückwirkend zum 1.7.2004 eingeführt.

AfA-Zeiträume entgegengetreten, obschon die vorherige Anknüpfung an ertragsteuerrechtliche Grundsätze umsatzsteuer- und unionsrechtskonform war[1805]. Zum anderen hat der Gesetzgeber in § 10 Abs. 4 S. 1 Nr. 2 und Nr. 3 UStG den viel kritisierten Begriff der „Kosten" durch den der „Ausgaben" ersetzt, um das Umsatzsteuergesetz einerseits an die unionsrechtlichen Vorgaben anzupassen und andererseits den Begriff vom ertragsteuerrechtlichen Kostenbegriff klar abzugrenzen[1806].

Der Gesetzgeber beschritt bei den aufgezeigten Neufassungen des § 10 Abs. 4 UStG den oben vorgezeichneten und geforderten Weg, indem er sich von der vormaligen Verknüpfung gelöst hat.

3. Restriktive Abkopplungstendenz der Finanzverwaltung?

Die Praxis der Finanzverwaltung spiegelt die Abkopplungstendenz hingegen kaum wider. Vielmehr haben die Auseinandersetzungen mit der umsatzsteuerrechtlichen Beurteilung der Mitgliedsbeiträge und der Behandlung der jPdöR gezeigt, dass sich die Finanzverwaltung gegenüber den Abkopplungstendenzen teilweise sogar eher sperrt. Während dies bei der Beurteilung der Mitgliedsbeiträge nicht nachvollziehbar ist, weil es keinerlei gesetzliche Anhaltspunkte für ihre Sichtweise gibt[1807], kann ihr zumindest im Hinblick auf die Umsatzbesteuerung der jPdöR zugute gehalten werden, dass die richtlinienkonforme Auslegung des § 2 Abs. 3 UStG durch den BFH *contra legem* erfolgt[1808]. Zudem sind auch im Rahmen des § 15a UStG in den Verwaltungsanweisungen einige Anlehnungen

---

1805 Vgl. EuGH, Urt. v. 14.9.2006 – C-72/05 [Wollny], Slg. I 2006, 8297 (8298); *Korn*, in Bunjes, UStG[13], 2014, § 10 Rn. 87 m. w. N.; dazu auch *Schuhmann*, in Rau/Dürrwächter, UStG, § 10 Rn. 541 ff. (Okt. 2012); *W. Wagner*, in Sölch/Ringleb, UStG, § 10 Rn. 7 (Sep. 2012).

1806 Siehe BT-Drs. 605/04 v. 13.8.2004, S. 64 f.; dazu auch *Lippross*, Umsatzsteuer[23], 2012, S. 827; *Stadie*, UStG[2], 2012, § 10 Rn. 103 ff.; eingehende Kritik am ertragsteuerrechtlichen Verständnis des Kostenbegriffs im Rahmen des § 10 UStG a. F. üben *Philipowski*, DB 1985, 722; *Reiß*, DB 1985, 1724 ff.; Söhn, DStZ 1987, 367 (371 f.). Die Finanzverwaltung hatte früher explizit das ertragsteuerrechtliche Verständnis zugrunde gelegt; vgl. A 155 Abs. 2 S. 2 UStR 2000 zu § 10 Abs. 4 Nr. 2 UStG a. F.: „Dabei ist grundsätzlich von den bei der Einkommensteuer zu Grunde gelegten Kosten auszugehen, die den anteiligen Unternehmerlohn nicht mit einschließen."; *Hidien*, StuW 2005, 265 (272) steht dem neu eingeführten Ausgabenbegriff wiederum kritisch gegenüber, weil dieser unter anderem im Vergleich zum vorherigen Kostenbegriff „nicht minder mehrdeutig" sei.

1807 Siehe S. 112 ff.

1808 Siehe S. 231 ff.

an das Einkommensteuerrecht zu Tage getreten. Diese sind allerdings ebenfalls in weiten Teilen auf die im Umsatzsteuergesetz selbst vorzufindenden Anlehnungen zurückzuführen[1809]. Bei der Umsatzbesteuerung der gemischten Pkw-Nutzung versucht die Finanzverwaltung wiederum die einkommensteuerrechtlich ermittelten Werte auch für das Umsatzsteuerrecht fruchtbar zu machen[1810].

Diese Ankopplungen dürfen aber nicht darüber hinwegtäuschen, dass die Finanzverwaltung ihrerseits durchaus Abkopplungen vornimmt. Im UStAE kommt beispielsweise an verschiedenen Stellen explizit zum Ausdruck, dass im Umsatzsteuerrecht eine vom Ertragsteuerrecht losgelöste Beurteilung erforderlich ist[1811]. Außerdem hat die Untersuchung gezeigt, dass sich die Finanzverwaltung zumindest sporadisch von vormaligen Ankopplungen gelöst oder ihre Anlehnung partiell gelockert hat[1812].

4. Zur Notwendigkeit einer „Abkopplungsreform"

Die grundsätzliche Abkopplung des Umsatzsteuerrechts vom Einkommensteuerrecht ist keineswegs nur ein Selbstzweck. Die anfänglichen Ankopplungen sind seit jeher vehementer Kritik ausgesetzt und haben sich in vielen Fällen als Fehlgriff erwiesen. Die mit den An- und Entlehnungen überwiegend angestrebte Vereinfachung ist zumeist nicht eingetreten. Vielmehr haben sie letztlich zu Irritationen, Rechtsunsicherheiten und einer damit unbefriedigenden Rechtslage geführt. Diese für das Umsatzsteuerrecht nachteiligen Auswirkungen der „Altlasten" treten bis heute zum Teil massiv auf, wie die Auseinandersetzungen mit dem direkten Verweis des § 2 Abs. 3 UStG[1813] oder mit der Behandlung von Mitgliedsbeiträgen[1814] im Umsatzsteuerrecht gezeigt haben. Die rechtlichen Bezugnahmen und administrativen Verknüpfungen fördern nicht zuletzt die in der Beratungspraxis zu beobachtende Vorgehensweise, beide Steuerrechtsgebiete über die Orientierung des Gesetzgebers, der Gerichte und der Finanzverwaltung hinaus parallel zu behandeln[1815], was oftmals zu nicht

---

1809 Siehe dazu im Einzelnen S. 146 f.

1810 Siehe S. 272 ff.

1811 Siehe anstelle vieler A 15.17 Abs. 6 UStAE oder A 15.6 Abs. 2 S. 4 UStAE.

1812 So z. B. durch die Aufnahme vereinzelter BFH-Entscheidungen zur Umsatzbesteuerung der jPdöR in den UStAE (siehe S. 239 f.) oder zur umsatzsteuerrechtlichen Behandlung von Mitgliedsbeiträgen (siehe S. 120).

1813 Siehe S. 243 ff.

1814 Siehe S. 129 f.; 143.

1815 *Helsper*, Umsatzsteuerkongreß-Bericht 1982/83, 1983, S. 167 (171); *Ruppe*, in Herrmann/Heuer/Raupach, EStG/KStG, Einf. ESt Rn. 421 (Feb. 1990).

umsatzsteuerrechtskonformen Ergebnissen führt. Daher ist die Abkopplungstendenz nicht nur zu begrüßen, vielmehr besteht ein daran ausgerichteter Reformbedarf.

Teilweise fällt es allerdings dem Gesetzgeber[1816], aber noch mehr der Finanzverwaltung[1817] augenscheinlich schwer, sich von den festgefahrenen und tief verwurzelten Strukturen zu lösen. Selbst die anhaltende Kritik und eindeutige Abkehrentwicklungen von anderer Seite vermögen den Abkopplungsprozess in einigen Fällen nicht nachhaltig zu beeinflussen. Warum die Aufgabe der Anlehnungen entgegen der zum Teil vehementen und nachhaltigen Forderung einer klaren Abkopplung aufrechterhalten wird, kann nur vermutet werden. Die Gründe dürften aber wohl überwiegend (finanz-) politische sein[1818].

Die grundsätzliche Abkopplung würde zu einem verständlicheren Steuerrecht beitragen und zudem die Steuerplanungssicherheit fördern. Die Vermeidung faktischer, gesetzlich nicht vorgesehener Gestaltungsmöglichkeiten, die unter Wettbewerbsgesichtspunkten bedenklich sind und mit denen Steuerausfälle des Staates einhergehen, sind Anlass genug, den derzeitigen Abkopplungstrend zu beschleunigen. Erwähnt werden sollten schließlich auch gegebenenfalls drohende Vertragsverletzungsverfahren[1819].

III. Das Umsatzsteuerrecht als ungeeignetes Leitbild für das Einkommensteuerrecht

Einkommensteuerrecht und Umsatzsteuerrecht stehen gleichrangig nebeneinander. Der Einkommensteuer kommt kein hierarchischer Vorrang zu[1820]. Es ist verwunderlich, dass ausschließlich im Umsatzsteuerrecht Anlehnungen an das Einkommensteuerrecht vorgenommen werden, aber nicht umgekehrt[1821]. Es drängt sich daher die Frage auf, ob sich nicht eine umgekehrte Anpassung anbietet. *Helsper* hält die vorzufindende Anpassungsrichtung insofern für bemerkenswert, als dass „man (…) eigentlich [hätte] erwarten können, daß der Gesetzgeber das pragmatische Recht (Einkommensteuerrecht) dem stärker prinzipiell

---

1816 Siehe dazu im Zusammenhang mit dem Verweis des § 2 Abs. 3 UStG S. 243 ff.

1817 Siehe dazu im Zusammenhang mit dem Verweis des § 2 Abs. 3 UStG S. 243 ff. und zu der umsatzsteuerrechtlichen Behandlung von Mitgliedsbeiträgen S. 119 f., 132 ff.

1818 Siehe S. 247 f.

1819 Siehe S. 134; S. 134.

1820 *Helsper*, Umsatzsteuerkongreß-Bericht 1982/83, 1983, S. 167 (170).

1821 Zur Ausnahme siehe bereits Fn. 32.

gebundenen (Umsatzsteuerrecht) anpassen würde“[1822]. Allerdings steht den obigen Ausführungen folgend auch der umgekehrten Anlehnungsrichtung die notwendige Systematisierung der einzelnen Steuerarten entgegen. Der Gesetzgeber und die Rechtsanwender sollten davon absehen, originär umsatzsteuerrechtliche Terminologie und Grundsätze für das Einkommensteuerrecht aufzugreifen. Zwar wäre die umgekehrte Orientierung im Hinblick auf das Dreiecksverhältnis von harmonisiertem Umsatzsteuergesetz, nicht harmonisiertem Einkommen- oder Körperschaftsteuergesetz und der MwStSystRL weniger problembehaftet. Da harmonisiertes Recht in nicht harmonisiertes Recht übertragen werden würde und grundsätzlich kein sekundäres Unionsrecht der Inkorporierung im Wege stünde, wäre eine Kollision des nationalen Umsatzsteuerrechts mit den europarechtlichen Vorgaben, wie sie beispielsweise im Rahmen des § 2 Abs. 3 UStG zu Tage tritt, ausgeschlossen[1823]. Die einzelnen Untersuchungen einer möglichen umgekehrten Maßgeblichkeit haben aber aufgezeigt, dass die Anlehnung im Einkommensteuerrecht am Umsatzsteuerrecht aus unterschiedlichen Gründen wenig hilfreich oder ausgeschlossen ist[1824]. Außerdem ist es zumindest fraglich, ob der Gesetzgeber bereit ist, den durch diese Anlehnungsrichtung im Bereich der direkten Steuern punktuell faktischen Einfluss der MwStSystRL hinzunehmen[1825].

1822 *Helsper*, Umsatzsteuerkongreß-Bericht 1982/83, 1983, S. 167 (174 f.); Klammerzusätze durch den Verfasser.

1823 Der Gesetzgeber sollte daher im Falle einer angestrebten Rechtsangleichung das Umsatzsteuerrecht als Leitbild heranziehen; siehe zur im Massenfallverfahren ausnahmsweise vorzugwürdigen Angleichung aus umsatzsteuerrechtlicher Perspektive S. 305 ff.

1824 Siehe zu den einzelnen Untersuchungen einer umgekehrten Maßgeblichkeit im Zusammenhang mit der Beurteilung eines Leistungsausches zwischen nahestehenden Personen S. 99 ff., der Behandlung von Mitgliedsbeiträgen 134 ff. und der Besteuerung der jPdöR 249 ff. und 256 f.

1825 Zur Frage der hinreichenden demokratischen Legitimation dieser Verweisrichtung siehe S. 253.

Teil 5: Schluss

Die Umsatzsteuer ist eine der ergiebigsten Steuerquellen des geltenden Steuersystems[1826]. Dies findet bei dem Vergleich von Umsatz- und Einkommensteuer derweil kein rechtes Pendant in der Rechtstheorie und -praxis. „Vielmehr fristet die Umsatzsteuer im Verhältnis zur Einkommensteuer ein Schattendasein"[1827]. Das bestätigen die im Grunde nicht zu erklärenden immer in eine Richtung verlaufenden Anlehnungen im Umsatzsteuerrecht an das Einkommensteuerrecht eindrucksvoll. Die Grundidee, sich im Umsatzsteuerrecht zu Vereinfachungszwecken an das Einkommensteuerrecht anzulehnen, indem sich Gesetzgeber, Finanzverwaltung und Gerichte scheinbare Parallelen zu Nutze machen, hat sich als Fehlgriff entpuppt. Der vermeintliche Vereinfachungseffekt der Anlehnungen, mit dem seinerseits Verstöße gegen tragende umsatzsteuerrechtliche Prinzipien und die Systematik einhergehen, bringt zugleich hervorgerufene neuartige Probleme mit sich[1828]. „Die reale lebenspraktische und verwaltungspraktische Nähe des Umsatzsteuerrechts zum Ertragssteuerrecht darf die rechtsgrundsätzliche Ferne beider steuerrechtlichen Teilrechtsgebiete nicht verdrängen"[1829]. Ebenso wenig dürfen aus Vereinfachungsgründen schlicht nach dem Motto „altbekanntes Recht ist gutes Recht" steuerrechtsgebietsübergreifende Anknüpfungen vorgenommen werden. Beide Steuerarten sind terminologisch, strukturell und systematisch selbständig. Eine partielle Verschmelzung auf gesetzlicher oder (verwaltungs-)praktischer Ebene ist angesichts der unterschiedlichen

---

1826 Die Umsatzsteuer ist eine der aufkommenstärksten Steuerarten; *Eichentopf*, Der Einfluss der Rechtsprechung des EuGH auf das deutsche Umsatzsteuerrecht, 2007, S. 1; *Homburg/Rublack*, Festschrift J. Lang, 2010, S. 893; *Reiß*, in Kraeusel/Langer, UStG, Einf. Rn. 1 (Dez. 2007). Das kassenmäßige Aufkommen aus der Umsatzsteuer (ohne Einfuhrumsatzsteuer) betrug 2012 142 Milliarden € und aus der Einfuhrumsatzsteuer 52 Milliarden €. Damit hatte das Umsatzsteuersystem in 2012 einen Anteil von rund 33 % des gesamten Steueraufkommens, Quelle: https://www.destatis.de/DE/ZahlenFakten/GesellschaftStaat/OeffentlicheFinanzenSteuern/Steuern/Steuerhaushalt/Tabellen/KassenmaessigeSteuereinnahmen.html (Stand 7.9.2013).

1827 *Homburg/Rublack*, Festschrift J. Lang, 2010, S. 893.

1828 Ähnlich *Helsper*, Umsatzsteuerkongreß-Bericht 1982/83, 1983, S. 167 (187).

1829 *Hidien*, StuW 2005, 265 (266).

Besteuerungsziele und -prinzipien beider Steuern nicht angebracht[1830]. Gesetzgeber, Finanzverwaltung und Gerichte sollten durch Systematisierung und (terminologischer) Distanzierung der verschiedenen Steuerrechtsgebiete für ein weniger komplexes, verflochtenes und damit einfacher handhabbares Steuerrecht sorgen.

1830 *Helsper,* Umsatzsteuerkongreß-Bericht 1982/83, 1983, S. 167 (171); *Ruppe,* in Herrmann/Heuer/Raupach, EStG/KStG, Einf. ESt Rn. 421 (Feb. 1990).

Literaturverzeichnis

Achatz, Markus, Umsatzsteuer und Gemeinnützigkeit, in: Jachmann, Monika (Hrsg.), Gemeinnützigkeit, DStJG Band 26, Köln 2003, S. 279–306.

—, Seminar B: Umsatzbesteuerung der öffentlichen Hand aus gemeinschaftsrechtlicher Sicht, IStR 2008, 541–544.

—, Umsatzsteuer im Steuersystem – Rechtfertigung des Themas, in: Achatz, Markus/Tumpel, Michael (Hrsg.), Das Verhältnis der Umsatzsteuer zu anderen Steuern, Wien 2011, S. 23–32, (zitiert: *Achatz*, Das Verhältnis der Umsatzsteuer zu anderen Steuern, 2011, S. 23).

Alvermann, Jörg, Umsatzsteuerpflichtige Mitgliedsbeiträge bei Sportvereinen, UStB 2003, 48–50.

—, Ertragsbesteuerung der Berufsverbände, FR 2006, 262–271.

—, Der Berufsverband in der steuerlichen Praxis, in: Binnewies, Burkhard/Spatscheck, Rainer (Hrsg.), Festschrift für Michael Streck zum 70. Geburtstag, Köln 2011, S. 9–30.

Ammann, Gunter, Zur Umsatzbesteuerung von Golfclub-Leistungen, die mit „Greenfees“ und „echten“ Mitgliedsbeiträgen entgolten werden, UVR 2010, 144–148.

Arndt, Gottfried, Die dynamische Rechtsnormverweisung in verfassungsrechtlicher Sicht – BVerfGE 47, 285, JuS 1979, 784–789.

Aujean, Michel, The harmonisation of corporate taxation in the EU – a long and winding road, in: Lang, Michael/Weinzierl, Christine (Hrsg.), Europäisches Steuerrecht, Festschrift für Friedrich Rödler zum 60. Geburtstag, Wien 2010, S. 43–71.

Bader, Hermann G., Hoheitsbetrieb und Betrieb gewerblicher Art im Umsatz- und Körperschaftsteuerrecht, Dissertation, Universität zu Köln, Frankfurt 1997, (zitiert: *Bader*, Hoheitsbetrieb und Betrieb gewerblicher Art im Umsatz- und Körperschaftsteuerrecht, 1997, S.).

Baldauf, Uwe, Brennpunkte der kommunalen Steuerpraxis: „Problematische Divergenzen zwischen steuerpflichtiger wirtschaftlicher Betätigung und steuerfreier hoheitlicher Tätigkeit“, DStZ 2008, 327–336.

—, Umsatzbesteuerung öffentlich-rechtlicher Amtshilfe- und Beistandsleistungen, UR 2014, 549–560.

Baldus, Manfred, Die Einheit der Rechtsordnung, Bedeutungen einer juristischen Formel in Rechtstheorie, Zivil- und Staatsrechtswissenschaft des 19. und 20. Jahrhunderts, Dissertation, Universität Frankfurt am Main, Berlin 1995, (zitiert: *Baldus*, Die Einheit der Rechtsordnung, 1995, S.).

Balmes, Frank, Nutzungswertbesteuerung des Automobils, BB 2011, 2263–2268.

—, Elektromobilität: Steuerbremse lösen, BB 2013, 215–217.

Bartmuß, Ralph/Pauls, Alexandra, Zur steuerlichen Behandlung von Vereinsbeiträgen – Zivilrechtlicher Rahmen und ertragsteuerliche Folgen, ZStV 2013, 8–12.

—, Zur steuerlichen Behandlung von Vereinsbeiträgen (Teil 2) – Zivilrechtlicher Rahmen und ertragsteuerliche Folgen, ZStV 2013, 46–52.

—, Zur steuerlichen Behandlung von Vereinsbeiträgen (Teil 3) – Umsatzsteuerliche Folgen, ZStV 2013, 121–127.

Bartone, Roberto, Gedanken zu den Grundsätzen der Normenklarheit und der Normenbestimmtheit als Ausprägung des Rechtsstaatsprinzips, in: Rensen, Hartmut/Brink, Stefan (Hrsg.), Linien der Rechtsprechung des Bundesverfassungsgerichts – erörtert von den wissenschaftlichen Mitarbeitern, Berlin 2009, S. 305–328.

Bathe, Jürgen, Gemischt genutzte Gegenstände aus der Sicht der Umsatzsteuer – Unterschiede zur Ertragsteuer, Teil 1: Nutzung eines zum Unternehmen gehörenden Gegenstands auch für private Zwecke, 414–418.

—, Gemischt genutzte Gegenstände aus der Sicht der Umsatzsteuer – Unterschiede zur Ertragsteuer, Teil 2: Erwerb eines einheitlichen Gegenstands, BC 2012, 461–465.

Beck, Hans-Joachim, Aufgabe der bisherigen Rechtsprechung zum anschaffungsnahen Aufwand – neue Abgrenzungskriterien zwischen nachträglichen Herstellungskosten und Erhaltungsaufwand, DStR 2002, 1559–1566.

Becker, Alexander/Kretzschmann, Jens, Umsatz- und ertragsteuerrechtliche Folgen aus der EuGH-Rechtsprechung „Kennemer Golf & Country Club“ – Entkopplung der ertragsteuerrechtlichen von der umsatzsteuerrechtlichen Beurteilung von Mitgliedsbeiträgen?, DStR 2008, 1985–1993.

Beermann, Albert (Begr.)/*Gosch, Dietmar (*Hrsg.), Abgabenordnung/Finanzgerichtsordnung mit Nebengesetzen/EuGH-Verfahrensrecht, Bonn (Loseblatt),

109. Ergänzungslieferung, Juni 2014, (zitiert: *Bearbeiter*, in Beermann/Gosch, AO/FGO, § … Rn. …).

Benkert, Manfred/Menner, Stefan, Die Geschäftsveräußerung im Ganzen ab 1.1.1994, UR 1995, 81–85.

Berger, Wolfgang/Kindl, Caroline/Wakounig, Marian, Mehrwertsteuersystemrichtlinie – Praxiskommentar, Wien, 2009, (zitiert: *Berger/Kindl/Wakounig*, MwStSystRL, 2009, S.).

Bergkemper, Winfried, Private Fahrzeugnutzung als Arbeitslohn oder vGA – Arbeitnehmereigenschaft eines GmbH-Gesellschafter-Geschäftsführers, FR 2009, 1069–1073.

Bieber, Thomas, Umsatzsteuer und spezielle Verbrauchsteuern, in: Achatz, Markus/Tumpel, Michael (Hrsg.), Das Verhältnis der Umsatzsteuer zu anderen Steuern, Wien 2011, S. 173–191.

Bilsdorfer, Peter, Der steuerliche Fremdvergleich bei Vereinbarungen unter nahestehenden Personen, Dissertation, Universität Saarbrücken, Bielefeld 1996, (zitiert: *Bilsdorfer*, Der steuerliche Fremdvergleich bei Vereinbarungen unter nahestehenden Personen, 1996, S.).

—, Der Üblichkeitsvergleich im Bereich der Umsatzsteuer – Ein Plädoyer für eine ganzheitliche Betrachtung, DB 1996, 2304–2305.

—, Die Rechtsprechung des Bundesfinanzhofs zum Fremdvergleich bei Ehegattenarbeitsverträgen – ein normsubstituierendes Konglomerat, StuW 1997, 51–69.

—, Der Bundesfinanzhof, die Pkw-Nutzung und das Fahrtenbuch, DStR 2012, 1477–1484.

Birk, Dieter, Besteuerungsgleichheit in der Europäischen Union, in: Lehner, Moris (Hrsg.), Steuerrecht im europäischen Binnenmarkt, DStJG Band 19, Köln 1996, S. 63–80.

—, Das sog. „Europäische" Steuerrecht, FR 2005, 121–127.

Birkenfeld, Wolfram, Verwaltungsvorschriften im Umsatzsteuerrecht und Gemeinschaftsrecht, UR 1993, 271–278.

—, Der Einfluß des Gemeinschaftsrechts auf die Rechtsverwirklichung im Steuerrecht – Eine Bestandsaufnahme, StuW 1998, 55–75.

—, Vorsteuerberichtigung hat Lücken – Eine Darstellung der Problematik anhand von Fallbeispielen, UStB 2004, 16–22.

Birkenfeld, Wolfram/Wäger, Christoph (Hrsg.), Das große Umsatzsteuer-Handbuch, Köln (Loseblatt), 64. Ergänzungslieferung, Juni 2014, (zitiert: *Bearbeiter,* in Birkenfeld/Wäger, USt-Handbuch, § ... Rn. ...).

Bloch, Julia, Das Steuerprivileg zugunsten der öffentlich-rechtlichen Abwasserentsorgung als unrechtmäßige Beihilfe i.S.v. Art. 87 Abs. 1 EG, N&R 2008, 120–125.

—, Steuerprivileg Abwasserentsorgung – Wettbewerb auf dem Aufgabenträgermarkt, N&R 2010, 223–228.

Blumenberg, Jens/Kring, Wulf, Europäisches Beihilferecht und Besteuerung, IFSt-Schrift Nr. 473, Berlin 2011, (zitiert: *Blumenberg/Kring,* Europäisches Beihilferecht und Besteuerung [IFSt Nr. 473], 2011, S.).

Blümich, Walter (Hrsg.), Einkommensteuergesetz, Körperschaftsteuergesetz, Gewerbesteuergesetz, München (Loseblatt), 122. Ergänzungslieferung, März 2014, (zitiert: *Bearbeiter,* in Blümich, EStG/KStG/GewStG, §... Rn. ...).

Bollweg, Achim, Anmerkung zu BFH, Urteil v. 15.4.2009 – V R 10/09, UR 2010, 652–654.

Bordewin, Arno, Besonderheiten der Ertragbesteuerung bei Familienpersonengesellschaften, DB 1996, 1359–1371.

Bordewin, Arno/Brandt, Jürgen (Hrsg.), Kommentar zum Einkommensteuergesetz, Heidelberg (Loseblatt), 363. Ergänzungslieferung, März 2014, (zitiert: *Bearbeiter,* in Bordewin/Brandt, EStG, § ... Rn. ...).

Brechmann, Winfried, Die richtlinienkonforme Auslegung – Zugleich ein Beitrag zur Dogmatik der EG-Richtlinie, Dissertation, Ludwig-Maximilians-Universität München, München 1994, (zitiert: *Brechmann,* Die richtlinienkonforme Auslegung, 1994, S.).

Brinkmeier, Thomas, Vereinsbesteuerung – Steuervorteile durch Gemeinnützigkeit, Wiesbaden 2008, (zitiert: *Brinkmeier,* Vereinsbesteuerung, 2008, S.).

Broer, Frank, Begünstigte Betriebsteile im Ertrag- und Umsatzsteuerrecht, BB 2003, 229–237.

Brugger, Winfried, Rechtsprobleme der Verweisung im Hinblick auf Publikation – Demokratie und Rechtssaat, VerwA 1987, 1–44.

Büchter-Hole, Claudia, Anmerkung zu FG Düsseldorf, Urteil v. 17.1.2007 – 5 K 3220/04 U, EFG 2008, 169–170.

Bundesministerium der Justiz (Hrsg.), Handbuch der Rechtsförmlichkeit: Empfehlungen des Bundesministeriums der Justiz zur einheitlichen rechtsförmlichen

Gestaltung von Gesetzen und Rechtsverordnungen, Köln 2008, (zitiert: *BMJ*, Handbuch der Rechtsförmlichkeit, 2008, S.).

Bunjes, Johann, „Ehegattenrechtsprechung" im Umsatzsteuerrecht?, UR 1989, 207–209.

Bunjes, Johann/Geist, Reinhold (Begr.), Umsatzsteuergesetz Kommentar, 13. Auflage, München 2014, (zitiert: *Bearbeiter*, in Bunjes, UStG[13], 2014, § … Rn. …).

Callies, Christian/Ruffert, Matthias (Hrsg.), EUV/EGV – Das Verfassungsrecht der Europäischen Union mit Europarechtlicher Grundrechtecharta, 4. Auflage, München 2011, (zitiert: *Bearbeiter*, in Callies/Ruffert[4], 2011, Art. … Rn. …).

Canaris, Claus-Wilhelm, Die richtlinienkonforme Auslegung und Rechtsfortbildung im System der juristischen Methodenlehre, in: Koziol, Helmut/Rummel, Peter (Hrsg.), Im Dienste der Gerechtigkeit, Festschrift für Franz Bydlinski zum 70. Geburtstag, Wien 2002, S. 47–103.

Carl, Thomas, Umsatzbesteuerung der öffentlichen Hand im Wandel – BFH erweitert unternehmerische Tätigkeit von juristischen Personen des öffentlichen Rechts, NWB 2012, 1586–1590.

Carrasco González, Francisco, Jurisprudencia del Tribunal de Justicia de las Comunidades Europeas, Revista española de Derecho Financiero 2009, S. 591–593.

Cordewener, Axel, Europäische Grundfreiheiten und nationales Steuerrecht – „Konvergenz" des Gemeinschaftsrechts und „Kohärenz" der direkten Steuern in der Rechtsprechung des EuGH, Dissertation, Universität zu Bonn, Köln 2002, (zitiert: *Cordewener*, Grundfreiheiten und nationales Steuerrecht, 2002, S.).

Crezelius, Georg, Analogieanweisungen in Steuergesetzen, FR 2008, 889–897.

de la Feria, Rita, The EU VAT Treatment of Public Sector Bodies: Slowly Moving in the Wrong Direction, Intertax 2009, Volume 37, 148–165.

Debus, Alfreg G., Verweisungen in deutschen Rechtsnormen, Dissertation, Universität Gießen, Berlin 2008, (zitiert: *Debus*, Verweisungen in deutschen Rechtsnormen, 2008, S.).

Desens, Marc, Bindung der Finanzverwaltung an die Rechtsprechung – Bedingungen und Grenzen für Nichtanwendungserlasse, Habilitationsschrift, Universität Münster, Tübingen 2011, (zitiert: *Desens*, Bindung der Finanzverwaltung an die Rechtsprechung, 2011, S.).

Desens, Marc/Hummel, David, Umsatzsteuerdefinitivbelastung bei Körperschaften des öffentlichen Rechts – Wirkungen – Verfassungsrechtliche Würdigung – Reformvorschläge, StuW 2012, 225–241.

di Fabio, Udo, Richtlinienkonformität als ranghöchstes Normauslegungsprinzip? – Überlegungen zum Einfluß des indirekten Gemeinschaftsrechts auf die nationale Rechtsordnung, NJW 1990, 947–954.

Dötsch, Ewald/Pung, Alexandra/Möhlenbrock, Rolf, Die Körperschaftsteuer – Kommentar zum Körperschaftsteuergesetz, Umwandlungssteuergesetz und zu den einkommensteuerrechtlichen Vorschriften der Anteilseignerbesteuerung, Stuttgart (Loseblatt), 81. Ergänzungslieferung, August 2014, (zitiert: *Bearbeiter*, in Dötsch/Pung/Möhlenbrock, KStG/UmwStG, § ... Rn. ...).

Dreier, Horst (Hrsg.), Grundgesetz Kommentar, 2. Band, 2. Auflage, Tübingen 2006, (zitiert: *Bearbeiter*, in Dreier, GG^2, Bd. ..., 2006, Art. ... Rn. ...).

Drosdzol, Wolf-Dietrich, Grenzen der steuerlich relevanten Tätigkeiten im Einkommen- und Umsatzsteuerrecht, DStZ 1989, 532–537.

—, Die steuerlich relevante Tätigkeit im Einkommen- und Umsatzsteuerrecht, DStZ 1992, 199–203.

Drüen, Klaus-Dieter, Rechtsformneutralität der Unternehmensbesteuerung als verfassungsrechtlicher Imperativ?, GmbHR 2008, 393–403.

—, Normenwahrheit als Verfassungspflicht?, ZG 2009, 60–74.

—, Kooperation im Besteuerungsverfahren, FR 2011, 101–113.

—, Die Indienstnahme Privater für den Vollzug von Steuergesetzen, Habilitationsschrift, Ruhr-Universität Bochum, Tübingen 2012, (zitiert: *Drüen*, Die Indienstnahme Privater für den Vollzug von Steuergesetzen, 2012, S.).

Drüen, Klaus-Dieter/Kahler, Björn, Die nationale Steuerhoheit im Prozess der Europäisierung, StuW 2005, 171–184.

Dürrschmidt, Daniel, „Europäisches Steuerrecht“ nach Lissabon, NJW 2010, 2086–2090.

—, Grenzüberschreitende Unternehmensumstrukturierungen im nationalen und europäischen Steuerrecht, StuW 2010, 137–159.

Dziadkowski, Dieter, Plädoyer für die Einführung einer Einlagenentsteuerung sowie für einen quotalen Vorsteuerabzug, UR 2008, 10–15.

—, Erheblicher Reformbedarf bei der Umsatzbesteuerung der Öffentlichen Hand aus gemeinschaftsrechtlicher Sicht – zugleich Anmerkung zum EuGH-Urteil SALIX vom 4.6.2009, DStR 2009, 835–837.

Ebsen, Ingwer, Fremdverweisung in Gesetzen und Publikationsgebot, DÖV 1984, 654–662.

Eckhoff, Rolf, Rechtsanwendungsgleichheit im Steuerrecht – die Verantwortung des Gesetzgebers für einen gleichmäßigen Vollzug des Einkommensteuerrechts, Habilitationsschrift, Universität Münster, Köln 1999, (zitiert: *Eckhoff*, Rechtsanwendungsgleichheit im Steuerrecht, 1999, S.).

Egge, Hinnerk, Lage der Steuerverwaltung und Folgerungen, StuW 1994, 272–277.

Eggers, Winfried, Die Besteuerung der Berufsverbände – Ein Überblick, DStR 2007, 461–467.

Ehricke, Ulrich, Dynamischer Verweis auf Gruppenfreistellungsverordnungen im neuen GWB?, JZ 2003, 722–731.

Ehrke-Rabel, Tina, Gemeinschaftsrechtskonforme Interpretation und Anwendungsvorrang im Steuerrecht, ÖStZ 2009, 189–194.

Eichentopf, Sina, Der Einfluss der Rechtsprechung des EuGH auf das deutsche Umsatzsteuerrecht, Dissertation, Universität Halle-Wittenberg, Hamburg 2007, (zitiert: *Eichentopf*, Der Einfluss der Rechtsprechung des EuGH auf das deutsche Umsatzsteuerrecht, 2007, S.).

Ellrott, Helmut/Förschle, Gerhart/Kozikowski, Michael/Winkeljohann, Norbert (Hrsg.), Beck´scher Bilanzkommentar, 9. Auflage, München 2014, (zitiert: *Bearbeiter*, in Beck´scher Bilanzkommentar^{9}, 2014, § … Rn. …).

Enders, Theodor, Die Konkurrentenklage im Steuerrecht, Dissertation, Universität Saarbrücken, Boppard 1993, (zitiert: *Enders*, Die Konkurrentenklage im Steuerrecht, 1993, S.).

Engisch, Karl, Einführung in das juristische Denken, 11. Auflage, Stuttgart 2010, (zitiert: *Engisch*, Einführung in das juristische Denken^{11}, 2010, S.).

Englisch, Joachim, Die negative Konkurrentenklage im Unternehmenssteuerrecht, StuW 2008, 43–61.

—, Ermäßigte Steuersätze zwecks Verschonung des existentiellen Bedarfs, UR 2010, 400–413.

Erhardt-Rauch, Andrea, Die Konkurrentenklage im Steuerrecht, DStZ 2004, 641–644.

Erle, Bernd/Sauter, Thomas (Hrsg.), Körperschaftsteuergesetz – Die Besteuerung der Kapitalgesellschaft und ihrer Anteilseigner, 3. Auflage, Heidelberg 2010, (zitiert: *Bearbeiter*, in Erle/Sauter, KStG^{3}, 2010, § … Rn. …).

Ernst & Young AG (Hrsg.), Kommentar zum Körperschaftsteuergesetz mit Nebenbestimmungen, Bonn (Loseblatt), 102. Ergänzungslieferung, Juli 2014, (zitiert: *Bearbeiter*, in Ernst & Young, KStG, § … Rn. …).

Everling, Ulrich, Rechtsanwendungs- und Auslegungsgrundsätze des Gerichtshofs der Europäischen Gemeinschaften, in: Kruse, Wilhelm Heinrich (Hrsg.), Zölle, Verbrauchsteuern, europäisches Marktordnungsrecht, DStJG Band 11, Köln 1988, S. 51–73.

Eversloh, Udo, Anmerkung zu BFH, Urteil v. 14.7.2010 – XI R 9/09, jurisPR 5/2011 Anm. 6, 1–3.

Fehrenbacher, Oliver, Abwasserentsorgung, Umsatzsteuer und europäisches Beihilferecht, ZfW 2009, 79–98.

Flume, Werner, Steuerrechtsprechung und Steuerrecht, in: Curtius-Hartung, Rudolf/Herzig, Norbert/Niemann, Ursula (Hrsg.), Steuerberater-Jahrbuch 1985/1986 – Zugleich Bericht über den 37. Fachkongress der Steuerberater Köln, 28. bis 30. Oktober 1985, Köln 1986, S. 277–310.

Forster, Eduard, Einfluß des europäischen Gemeinschaftsrechts auf die deutsche Umsatzbesteuerung der Tätigkeiten von juristischen Personen des öffentlichen Rechts, UR 1996, 73–84.

—, Juristische Personen des öffentlichen Rechts und Harmonisierung eines europäischen Mehrwertsteuersystems – Steuersystematische und ökonomische Analyse der deutschen Regelungen, Dissertation, Universität Chemnitz-Zwickau, Aachen 1997, (zitiert: *Forster*, Juristische Personen des öffentlichen Rechts und Harmonisierung eines europäischen Mehrwertsteuersystems, 1997, S.).

Fromm, Andreas, Die Photovoltaikanlage im steuerlichen Kontext, DStR 2010, 207–210.

Frotscher, Gerrit, Internationales Steuerrecht, 3. Auflage, München 2009, (zitiert: *Frotscher*, Internationales Steuerrecht[3], 2009, § … Rn. …).

Frotscher, Gerrit/Maas, Ernst, Körperschaftsteuergesetz, Gewerbesteuergesetz und Umwandlungssteuergesetz, Freiburg (Loseblatt), 124. Ergänzungslieferung, Juli 2014, (zitiert: *Bearbeiter*, in Frotscher/Maas, KStG/GewStG/UmwStG, § … Rn. …).

Gastl, Christian, Betriebe gewerblicher Art im Körperschaftsteuerrecht – Abgrenzung – Einkommensermittlung – Steuerbelastung, Dissertation, Universität Freiburg, Frankfurt am Main u. a. 2002, (zitiert: *Gastl*, Betriebe gewerblicher Art im Körperschaftsteuerrecht, 2002, S.).

Geiger, Rudolf/Khan, Daniel-Erasmus/Kotzur, Markus, EUV/AEUV, Vertrag über die Europäische Union und Vertrag über die Arbeitsweise der Europäischen Union, 5. Auflage, München 2010, (zitiert: *Bearbeiter*, in Geiger/Khan/Kotzur, EUV/AEUV[5], 2010, Art. … Rn. …).

Gemeinhardt, Gereon, Verträge unter Angehörigen – steuerliche Anerkennung, BB 2012, 739–747.

Gluth, Rüdiger/Rund, Thomas, Fallstricke in der Steuerberatungspraxis – Versteckte Gefahrenquellen erkennen und vermeiden, UStB 2013, S3-S25.

Gnosa, Andreas, Der Firmenwagen im Steuerrecht, Bremen 2007, (zitiert: *Gnosa*, Der Firmenwagen im Steuerrecht, 2007, S.).

Gohlke, Maik, Beistandsleistungen auf dem Prüfstand, Gemeindehaushalt 2014, 207–211.

Gold, Gabriele/Lehfeldt, Constanze, Steuerbegünstigung von Sachspenden im Umsatzsteuerrecht?, UR 2003, 220–229.

Gosch, Dietmar, Vielerlei Gleichheiten – Das Steuerrecht im Spannungsfeld von bilateralen, supranationalen und verfassungsrechtlichen Anforderungen, DStR 2007, 1553–1561.

— (Hrsg.), Körperschaftsteuergesetz – Kommentar, 2. Auflage, München 2009, (zitiert: *Bearbeiter*, in Gosch, KStG[2], 2009, § … Rn. …).

Gosch, Dietmar/Kroppen, Heinz-Klaus/Grotherr, Siegfried (Hrsg.), DBA-Kommentar, Hamm (Loseblatt), 24. Ergänzungslieferung, November 2013, (zitiert: *Bearbeiter*, in Gosch/Kroppen/Grotherr, DBA, Art. … Rn. …).

Gotthardt, Jens Eric/Schütze, Alexandra, Vereine und Umsatzsteuer – Die umsatzsteuerliche Behandlung von Vereinsmitgliedsbeiträgen in Deutschland, NZG 2010, 1406–1411.

Grabitz, Eberhard/Hilf, Meinhard/Nettesheim, Martin (Hrsg.), Das Recht der Europäischen Union – Kommentar, München (Loseblatt), 53. Ergänzungslieferung, Mai 2014, (zitiert: *Bearbeiter*, in Grabitz/Hilf/Nettesheim, EU-Kommentar, Art. … Rn. …).

Grüne, Jörg, Umsatzsteuerrechtliche Probleme bei der Veräußerung eines teilweise unternehmerisch, teilweise privat genutzten Gegenstandes, UR 1989, 41–42.

Grünwald, Ulrich, in Drüen, Klaus-Dieter (Hrsg.), Jahrbuch der Fachanwälte für Steuerrecht 2013/2014 – Aktuelle steuerrechtliche Beiträge, Referate und Diskussionen der 64. Steuerrechtlichen Jahresarbeitstagung, Wiesbaden, vom 6.

bis 8.5.2013, Herne 2013, (zitiert: Diskussionsbeitrag von *Grünwald* im JbFSt 2013/2014, S.).

Gschwendtner, Hubertus, Nutzungsentnahme durch einen privat veranlassten Verkehrsunfall, DStR 2004, 1638–1642.

Guckelberger, Annette, Die Gesetzgebungstechnik der Verweisung unter besonderer Berücksichtigung ihrer verfassungs- und gemeinschaftsrechtlichen Probleme, ZG 2004, 62–88.

Günther, Karl-Heinz/Gatzen, Thomas, Privatnutzung eines betrieblichen Pkw durch Unternehmer/ Arbeitnehmer – Was wird nach derzeitigem Rechtsstand wie besteuert?, EStB 2008, 180–186.

Haase, Florian, Internationales und Europäisches Steuerrecht, 4. Auflage, Heidelberg 2014, (zitiert: *Haase*, Internationales und Europäisches Steuerrecht[4], 2014, S.).

Häcker, Hans-Dieter, Der steuerrechtliche Begriff „Wirtschaftsgut" – Ein Beitrag zur Handhabung von unbestimmten Rechtsbegriffen, besonders im Hinblick auf die verfassungsrechtlichen Grundsätze der Bestimmtheit von Steuerrechtsnormen, Dissertation, Universität Regensburg, Berlin, 1980, (zitiert: *Häcker*, Der steuerrechtliche Begriff „Wirtschaftsgut", 1980, S.).

Hahne, Klaus Dieter, Anwendung der Erweiterung der Vorsteuerberichtigung gem. § 15a UStG n. F. – Vorgaben für eine sachgerechte Auslegung der gesetzlichen Neuregelung DB 2005, 1541–1544.

—, Vorsteuerberichtigung gem. § 15a Abs. 3 und 4 UStG und ihre Vereinbarkeit mit den Vorgaben der MwStSystRL – Analyse der Vorgaben der MwStSystRL unter besonderer Berücksichtigung von Leistungsbezügen im Zusammenhang mit Software, BB 2008, 247–252.

Hallerbach, Günther, Berichtigung des Vorsteuerabzugs nach § 15a UStG, in: Costede, Jürgen (Hrsg.), Umsatzsteuerkongreß-Bericht 1985, Referate und Diskussionsprotokolle der Göttinger Hochschultage für das Umsatzsteuerrecht in der Praxis vom 10./11.6.1985, Köln 1985, S. 135–152.

Hausmann, Kurt, Die Umsatzsteuerpflicht der Mitgliederbeiträge, in: Zierold-Pritsch, Bruno (Hrsg.), Aktuelle Umsatzsteuer-Fragen 1951, Vorträge auf der Tagung der Leiter der Umsatzsteuergruppen der Oberfinanzdirektionen im August 1951, München 1951, S. 89–91.

Heidner, Hans-Hermann, Richtlinienkonforme Auslegung von Befreiungsvorschriften im Umsatzsteuerrecht – Dargestellt anhand einiger ausgewählter Fälle aus der Rechtsprechung des EuGH, UR 2006, 74–79.

Helsper, Helmut, Umsatzsteuer und Einkommensteuer, in: Lohse, Christian/Schöll, Werner (Hrsg.), Umsatzsteuerkongreß-Bericht 1982/83, Referate und Diskussionsprotokolle der Regensburger Hochschultage für das Umsatzsteuerrecht in der Praxis vom 11./12.10.1982, Köln 1983, S. 167–187.

Henkow, Oskar, The VAT/Gst Treatment of Public Bodies, Series on International Taxation - Volume 41, Dissertation, Lunds Universitet, Alphen aan den Rijn 2013, (zitiert: *Henkow,* The VAT/Gst Treatment of Public Bodies, 2013, S.).

Herdegen, Matthias, Europarecht, 16. Auflage, München 2014, (zitiert: *Herdegen,* Europarecht[16], 2014, § … Rn. …).

Herlinghaus, Andreas, Bedeutung und Reichweite der richtlinienkonformen Auslegung nationalen Rechts, IFSt-Schrift Nr. 357, Bonn 1997.

—, Wie weit geht die europarechtskonforme Auslegung des umwandlungssteuerrechtlichen Teilbetriebsbegriffs?, in: Herlinghaus, Andreas/Hüttemann, Rainer/Heidel, Thomas (Hrsg.), Festschrift für Wienand Meilicke, Baden-Baden 2010, S. 159–177.

Herrmann, Carl/Heuer, Gerhard/Raupach, Arndt (Hrsg.), Einkommensteuergesetz und Körperschaftsteuergesetz, Köln (Loseblatt), 264. Ergänzungslieferung, August 2014, (zitiert: *Bearbeiter,* in Herrmann/Heuer/Raupach, EStG/KStG, § … Anm. …).

Herzig, Norbert, Der Einfluß des EG-Rechts auf den Teilbetriebsbegriff, IStR 1994, 1–5.

—, Besteuerung der Unternehmen in Europa – Harmonisierung im Wettbewerb der Systeme, in: Lehner, Moris (Hrsg.), Steuerrecht im europäischen Binnenmarkt, DStJG Band 19, Köln 1996, S. 121–149.

Hey, Johanna, Harmonisierung der Unternehmensbesteuerung in Europa, Dissertation, Universität zu Köln, Köln 1997, (zitiert: *Hey,* Harmonisierung der Unternehmensbesteuerung in Europa, 1997, S.).

—, Die Steuerbegünstigung der gemeinnützigen Tätigkeit der öffentlichen Hand – Gedanken zur Anwendung des Gemeinnützigkeitsrechts auf die öffentliche Hand, StuW 2000, 467–474.

—, Steuerplanungssicherheit als Rechtsproblem, Habilitationsschrift, Universität zu Köln, Köln 2002, (zitiert: *Hey,* Steuerplanungssicherheit als Rechtsproblem, 2002, S.).

—, Besteuerung von Unternehmen und Individualsteuerprinzip, in: Schön, Wolfgang/Osterloh-Konrad, Christine (Hrsg.), MPI Studies on Intellectual Property, Competition and Tax Law, Band 16, Kernfragen des Unternehmenssteuerrechts, Berlin/Heidelberg 2010, S. 1–29.

Hidien, Jürgen W., Europarechtliche Mehrwertsteuerpflicht der öffentlichen Hand – War die Versteigerung der UMTS-Lizenzen eine mehrwertsteuerpflichtige Tätigkeit des Bundes?, UR 2002, 165–170.

—, Europäische Rechtsbegriffe und nationale Begriffspolitik im Mehrwertsteuersystem, StuW 2005, 265–277.

—, Rechtssprache im Mehrwertsteuerrecht – Erwiderung zu W. Christian Lohse, Europäische Rechtsbegriffe und nationale Begriffspolitik im Mehrwertsteuerrecht (UR 2005, 655), UR 2006, 265–269.

—, Die Geschäftsveräußerung im Ganzen (§ 1 Abs. 1a UStG) – Überblick über neue rechtsanhängige Revisionsverfahren, UVR 2009, 11–18.

Höink, Carsten, Nichtsteuerbare Vermögensübertragungen im Umsatzsteuerrecht – Eine rechtssystematische Analyse der Entwicklung des Rechtsinstituts der Geschäftsveräußerung im Ganzen, Dissertation Universität Düsseldorf, Frankfurt am Main 2013, (zitiert: *Höink*, Nichtsteuerbare Vermögensübertragung im Umsatzsteuerrecht, 2013, S.).

Hohenwarter-Mayr, Daniela, Ertragsteuerrechtliche Vorfragen der Umsatzsteuer, in: Achatz, Markus/Tumpel, Michael (Hrsg.), Das Verhältnis der Umsatzsteuer zu anderen Steuern, Wien 2011, S. 33–108.

Homburg, Stefan, Allgemeine Steuerlehre, 6. Auflage, München 2010, (zitiert: *Homburg*, Allgemeine Steuerlehre[6], 2010, S.).

Homburg, Stefan/Carolin Rublack, Anmerkung zum Umsatzsteuergesetzbuch, einem Vorschlag zur Umsatzsteuerreform, in: Tipke, Klaus/Seer, Roman/Hey, Johanna/Englisch, Joachim (Hrsg.), Festschrift für Joachim Lang zum 70. Geburtstag, Gestaltung der Steuerrechtsordnung, Köln 2010, S. 893–912.

Hömig, Dieter, Zur Zulässigkeit statischer Verweisung des Bundesrechts auf nichtnormative Regelungen, DVBl. 1979, 307–311.

Horn, Wilhelm, Tendenzen im Umsatzsteuerrecht zur Anlehnung an das Ertragsteuerrecht, UR 1990, 342–344.

Hübschmann, Walter/Hepp, Ernst/Spitaler, Armin (Begr.), Kommentar zur Abgabenordnung und Finanzgerichtsordnung, Köln (Loseblatt), 228. Ergänzungslieferung, Juli 2014, (zitiert: *Bearbeiter*, in Hübschmann/Hepp/Spitaler, AO/FGO, § … Rn. …).

Huchens, Ferdinand, Die Vorsteuerberichtigung nach § 15a UStG, INF 2006, 16–22.

Hufeld, Ulrich, Das Recht des Konkurrenten auf Besteuerung der öffentlichen Hand, in Kluth, Winfried (Hrsg.), Festschrift für Rolf Stober zum 65. Geburtstag, Köln 2008, 717–731.

Hundt-Eßwein, Besteuerung der Mitgliedsbeiträge von Vereinen und Vereinigungen – Auswirkungen des EuGH-Urteils „Kennemer Golf & Country Club" auf die Praxis, UStB 2003, 341–344.

Husmann, Eberhard, Anmerkung zu BFH, Urteil v. 10.5.1990 – V R 47/86, UR 1991, 15–16.

Hüttemann, Rainer, Die Besteuerung der öffentlichen Hand, Köln 2002.

—, Die Besteuerung der öffentlichen Hand, FR 2009, 308–314.

—, Gemeinnützigkeits- und Spendenrecht, 2. Auflage, Köln 2012, (zitiert: *Hüttemann*, Gemeinnützigkeits- und Spendenrecht², 2012, § … Rn. …).

Isensee, Josef, Verwaltungsraison gegen Verwaltungsrecht – Antinomien der Massenverwaltung in der typisierenden Betrachtungsweise des Steuerrechts, StuW 1973, 199–206.

—, Die typisierende Verwaltung – Gesetzesvollzug im Massenverfahren am Beispiel der typisierenden Betrachtungsweise des Steuerrechts, Habilitation, Universität Bonn, Berlin 1976, (zitiert: *Isensee*, Die typisierende Verwaltung, 1976, S.).

Ismer, Roland, Privater Unfall mit einem Betriebs-Pkw – Erwiderung und Replik zu Beiser, DB 2003, 15, DB 2003, 2197–2201.

Ismer, Roland/Keyser, Anne-Katharina, Umsatzbesteuerung der öffentlichen Hand – Aktuelle Entwicklungen und gesetzgeberische Handlungsoptionen, UR 2011, 81–91.

Jachmann, Monika, Zur Anwendung typisierender Verwaltungsvorschriften im Steuerrecht – Zugleich eine Anmerkung zum Beschluß des Bundesverfassungsgerichts vom 28.6.1993 – 1 BvR 390/89, StuW 1994, 347–353.

—, Grundthesen zu einer Verbesserung der Akzeptanz der Besteuerung, insbesondere durch Vereinfachung des Einkommensteuerrechts, StuW 1998, 193–207.

—, Freiheitsgrundrechtliche Grenzen steuerlicher Belastungswirkungen, in: Dörr, Dieter/Fink, Udo/Hillgruber, Christian/Kempen, Hartmut/Murswiek, Dietrich (Hrsg.), Festschrift für Hartmut Schiedermair, Die Macht des Geistes, Heidelberg 2001, S. 391–404.

—, Zur Kumulation von Ertragsteuern und (besonderen) Verbrauchsteuern, in: Kirchhof, Paul/Nieskens, Hans (Hrsg.), Festschrift für Wolfram Reiß zum 65. Geburtstag, Köln 2008, S. 339–359.

Jaehnike, Götz Uwe, Die Bindung der Finanzgerichte an Verwaltungsvorschriften, StuW 1979, 293–304.

Jahndorf, Christian/Oellerich, Ingo, Die neue 1 %-Regelung (§ 6 Abs. 1 Nr. 4 Satz 2 EStG) für privatgenutzte betriebliche Kfz – Verfassungswidrige Typisierung oder strukturelles Vollzugsdefizit, DB 2006, 2537–2540.

Jakob, Wolfgang, Einkommensteuer, 4. Auflage, München 2008, (zitiert: *Jakob*, Einkommensteuer[4], 2008, § … Rn. …).

Jakob, Wolfgang, Umsatzsteuer, 4. Auflage, München 2009, (zitiert: *Jakob*, Umsatzsteuer[4], 2009, § … Rn. …).

Jarass, Hans D./Pieroth, Bodo, Grundgesetz für die Bundesrepublik Deutschland – Kommentar, 13. Auflage, München 2014, (zitiert: *Bearbeiter*, in Jarass/Pieroth, GG[13], 2014, Art. … Rn. …).

Jehke, Christian, Bestimmtheit und Klarheit im Steuerrecht, Dissertation, Universität Münster, Berlin 2005, (zitiert: *Jehke*, Bestimmtheit und Klarheit im Steuerrecht, 2005, S.).

Jennert, Carsten, Unternehmensbesteuerung im Lichte des EU-Beihilferechts, EWS 2011, 305–313.

Kahle, Holger/Schulz, Sebastian, Sachstand und Lösungsansätze zur Entwicklung einer G(K)KB, FR 2013, 49–57.

Kaiser, Herbert, Umsatzsteuerprobleme bei Personenvereinigungen, UR 1974, 121–123.

Kanzler, Hans-Joachim, Kinderbetreuungskosten als außergewöhnliche Belastung – Zu Inhalt und Bedeutung der gesetzlichen Fiktion in § 33c Abs. 1 Satz 1 EStG, insbesondere zur Zulässigkeit des Ansatzes einer zumutbaren Belastung bei Kinderbetreuungskosten, FR 1986, 1–9.

Küffner, Thomas//Stöcker, Ernst-Erhard/Zugmaier, Oliver (Hrsg.), Umsatzsteuer-Kommentar, Herne, 107. Ergänzungslieferung, Dezember 2013, (zitiert: *Bearbeiter*, in Küffner/Stöcker/Zugmaier, UStG, § … Rn. …).

Karpen, Hans-Ulrich, Die Verweisung als Mittel der Gesetzgebungstechnik, Dissertation, Universität zu Köln, Berlin 1970, (zitiert: *Karpen*, Die Verweisung als Mittel der Gesetzgebungstechnik, 1970, S.).

Kessler, Wolfgang/Gastl, Christian, Umsatzbesteuerung öffentlich-rechtlicher Hochschulen im Spannungsfeld zwischen nationalem und EG-Recht, UR 2002, 452–459.

Keyser, Anne-Katharina, Der BFH auf dem Weg zu einer wettbewerbsneutralen und unionsrechtskonformen Umsatzbesteuerung der öffentlichen Hand, UVR 2012, 126–128.

Kirchhof, Paul, Die Kunst der Steuergesetzgebung, NJW 1987, 3217–3226.

—, Entwicklungsmöglichkeiten der Umsatzsteuer im Rahmen von Verfassungs- und Europarecht, UR 2002, 541–548.

—, 40 Jahre Umsatzsteuergesetz – Eine Steuer im Umbruch, DStR 2008, 1–8.

—, Umsatzsteuergesetzbuch: Ein Vorschlag zur Reform der Umsatzsteuer und der Verkehrssteuern, Heidelberg 2008, (zitiert: *Kirchhof*, Umsatzsteuergesetzbuch, 2008, S.).

—, Bundessteuergesetzbuch, Ein Reformentwurf zur Erneuerung des Steuerrechts, Heidelberg 2011, (zitiert: *Kirchhof*, Bundessteuergesetzbuch, 2011, S.).

—. (Hrsg.), Einkommensteuergesetz Kompaktkommentar, 13. Auflage, Köln 2014, (zitiert: *Bearbeiter*, in Kirchhof, EStG[13], 2014, § … Rn. …).

Kirchhof, Paul/Söhn, Hartmut/Mellinghoff, Rudolf (Hrsg.), Kommentar zum Einkommensteuergesetz, Heidelberg (Loseblatt), 249. Ergänzungslieferung, Juni 2014, (zitiert: *Bearbeiter*, in Kirchhof/Söhn/Mellinghoff, EStG/KStG/GewStG, § … Rn. …).

Klein, Eckart, Der Einfluß des Europarechts auf das deutsche Steuerrecht, in: Lehner, Moris (Hrsg.), Steuerrecht im europäischen Binnenmarkt, DStJG Band 19, Köln 1996, S. 7–30.

Klein, Evelyn, Umsatzsteuerliche Behandlung von Mitgliedsbeiträgen – Jüngste Rechtsprechung des BFH zum Thema „umsatzsteuerliche Beurteilung des Verhältnisses zwischen einem Verein und seinen Mitgliedern" auf dem Prüfstand, DStR 2008, 1016–1020.

Klein, Franz (Begr.), Abgabenordnung – einschließlich Steuerstrafrecht, 12. Auflage, München 2014, (zitiert: *Bearbeiter*, in F. Klein, AO[12], 2014, § … Rn. …).

Klöttschen, Gert, BB-Rechtsprechungsreport Umsatzsteuer 2010, BB 2011, 23–28.

Knop, Klaus, Die Umsatzbesteuerung der Körperschaften des öffentlichen Rechts im neuen Umsatzsteuerrecht, UStR 1970, 348–354.

Kohlhepp, Ralf, Konkurrentenklagen im Umsatzsteuerrecht – Hoheitlicher Bereich von Körperschaften des öffentlichen Rechts und Relevanz von Wettbewerbsbeziehungen, DStR 2011, 145–151.

Kokott, Juliane, Die Bedeutung der europarechtlichen Diskriminierungsverbote und Grundfreiheiten für das Steuerrecht der EU-Mitgliedstaaten, in: Lehner, Moris (Hrsg.), Grundfreiheiten im Steuerrecht der EU-Staaten, Münchener Schriften zum Steuerrecht, Heft 23, München 2000, S. 1–24.

Könemann, Ragnar W., Der Grundsatz der Individualbesteuerung im Einkommensteuerrecht – Unter besonderer Berücksichtigung der Übertragung von Abschreibungen bei Wirtschaftsgütern des Privatvermögens, Dissertation, Universität Passau, Frankfurt am Main 2001, (zitiert: *Könemann*, Der Grundsatz des Individualbesteuerung im Einkommensteuerrecht, 2001, S.).

Korn, Klaus, Software im Steuerrecht, KÖSDI 1985, 6190–6203.

—, Neues zur Pkw-Mitbenutzung für Privatfahrten und Fahrten zur Arbeits- bzw. Betriebsstätte, KÖSDI 2009, 16329–16333.

— (Hrsg.), Einkommensteuergesetz – Kommentar, Bonn (Loseblatt), 80. Ergänzungslieferung, August 2014, (zitiert: *Bearbeiter*, in Korn, EStG, § … Rn. …).

Kraeusel, Jörg, Richtlinienkonforme Besteuerung der öffentlichen Hand, UR 2010, 480–489.

Kraeusel, Jörg/Tausch, Wolfgang, Fehlende Anpassung von Umsatzsteuervorschriften für Vereine führt zu Steuerausfällen, UVR 2010, 193.

Krey, Volker, Zur Verweisung auf EWG-Verordnungen in Blankettstrafgesetzen am Beispiel der Entwürfe eines Dritten und Vierten Gesetzes zur Änderung des Weingesetzes, EWR 1981, 109–201.

Kronawitter, Martin, Wirkt sich die Umsatzsteuer-Rechtsprechung, insbesondere zur Vermögensverwaltung, auf die Körperschaftsteuer aus? VersorgW 2012, 259–265.

Kruis, Tobias, Der Anwendungsvorrang des EU-Rechts in Theorie und Praxis, Dissertation, Universität München, Tübingen 2013, (zitiert: *Kruis*, Der Anwendungsvorrang des EU-Rechts in Theorie und Praxis, 2013, S.).

Kube, Hanno, Verantwortung für ein prinzipiengeleitetes Umsatzsteuerrecht – Anmerkungen zum Reformprozess auf Unionsebene, UR 2013, 489–493.

Küffner, Peter, Mitgliedsbeiträge, Leistungsaustausch und Umsatzsteuer – Sportvereine erbringen an ihre Mitglieder echte Gegenleistungen, DStR 2002, 1387–1388.

Küffner, Thomas, Umsatzsteuerliche Behandlung von juristischen Personen des öffentlichen Rechts im Lichte der 6. EG-Richtlinie – insbesondere Abgrenzung des Betriebs gewerblicher Art vom Hoheitsbetrieb, Dissertation, Universität Passau, München 2001, (zitiert: *T. Küffner*, Umsatzsteuerliche Behandlung von juristischen Personen des öffentlichen Rechts im Lichte der 6. EG-Richtlinie, 2001, S.).

—, Anmerkung zu BFH, Urteil v. 4.6.2009 – C-102/08 [Salix], UR 2009, 491–493.

—, Anmerkung zu BFH, Urteil v. 15.4.2009 – V R 10/09, UR 2010, 654–655.

Küffner, Thomas/Zugmaier, Oliver, Umsatzsteuerliche Änderungen durch das Richtlinien-Umsetzungsgesetz (EURLUmsG), DStR 2005, 313–318.

—, Geschäftsführerleistungen in der Umsatzsteuer – die Odyssee geht weiter, Anmerkungen zum Schreiben des BMF vom 31. 5. 2007, IV A 5 - S 7100/07/0031, DStR 2007, 1241–1245.

Kühn, Martin, Das strukturelle Vollzugsdefizit in der Rechtsprechung des BVerfG – eine Bestandsaufnahme nach dem Nichtannahmebeschluss vom 10.1.2008, FR 2008, 506–514.

Lademann, Fritz/Söffing, Günter (Hrsg.), Kommentar zum Einkommensteuergesetz, München, 202. Ergänzungslieferung, März 2014, (zitiert: *Bearbeiter*, in Lademann/Söffing, EStG, § … Rn. …).

Lang, Joachim, Prinzipien und Systeme der Besteuerung von Einkommen, in: Ebling, Iris (Hrsg.), Besteuerung von Einkommen, DStJG Band 24, Köln 2001, S. 49–133.

Lang, Michael, Die Besteuerung von Körperschaften des öffentlichen Rechts aus dem Blickwinkel des gemeinschaftsrechtlichen Beihilfenrechts, in: König, Elisabeth/Schwarzinger, Walter (Hrsg.), Körperschaften im Steuerrecht, Festschrift für Werner Wiesner zum 65. Geburtstag, Wien 2004, S. 237–250.

Lange, Hans-Friedrich, Körperschaftsteuerpflicht juristischer Personen des öffentlichen Rechts – Zur Abgrenzung von Betrieben gewerblicher Art *und* Hoheitsbetrieben, DStZ 2000, 200–203.

—, Juristische Personen des öffentlichen Rechts als Unternehmer im Umsatzsteuerrecht, UR 2000, 1–13.

—, Umsatzbesteuerung der öffentlichen Hand – terra incognita?, in: Nieskens, Hans (Hrsg.), Umsatzsteuerkongreß-Bericht 2001/2002, Referate und Diskussionsprotokolle der Regensburger Hochschultage für das Umsatzsteuerrecht in der Praxis am 11./12.10.2001, Band 16, Köln 2002, S. 93–112.

—, Bundesrechnungshof kritisiert mangelnde Umsatzbesteuerung der öffentlichen Hand, DB 2004, 2776–2779.

Larenz, Karl, Methodenlehre der Rechtswissenschaft, 6. Auflage, Berlin 1992, (zitiert: *Larenz,* Methodenlehre der Rechtswissenschaft[6], 1991, S.).

Laule, Gerhard, Die Harmonisierung des europäischen Steuerrechts, IStR 2001, 297–306.

Leistentritt, Mario, Auslegung des Begriffs „Investitionsgüter" im Sinne des Art. 19 Abs. 2 der 6. MwSt-System-RL (nunmehr Art. 174 Abs. 2 lit. a MwSt-System-RL); Nordania Finans A/S und BG Factoring A/S ./. Skatteministeriet, EuGH vom 6. März 2008, C-98/07, ELR 2008, 230–233.

Lenz, Christian, Mitgliedsbeiträge privatrechtlicher Vereinigungen im Umsatzsteuerrecht, Dissertation, Universität Bonn, Berlin 2012, (zitiert: *Lenz,* Mitgliedsbeiträge privatrechtlicher Vereinigungen im Umsatzsteuerrecht, 2012, S.).

Liess, Jutta, Gestaltungsmöglichkeiten bei der Nutzung von Geschäftswagen – Einkommen- und umsatzsteuerliche Behandlung des gemischt genutzten Betriebs-PKW, NWB 2009, 1522–1532.

Lippross, Otto-Gerd, Umsatzsteuer, 23. Auflage, Achim bei Bremen 2012, (zitiert: *Lippross,* Umsatzsteuer[23], 2012, S.).

van Lishaut, Ingo, Die Konkurrentenklage im Steuerrecht – zugleich eine Untersuchung zum subjektiven öffentlichen Recht und zum funktionalen Schutzbereich der Grundrechte, Dissertation, Universität zu Köln, Frankfurt am Main u. a. 1993, (zitiert: *van Lishaut,* Die Konkurrentenklage im Steuerrecht, 1993, S.).

Lohse, Christian Wieland, Rechtsgeschäfte zwischen nahestehenden Personen, in: Soell, Hermann (Hrsg.), Umsatzsteuerkongreß-Bericht 1988/89, Referate und Diskussionsprotokolle der Regensburger Hochschultage für das Umsatzsteuerrecht in der Praxis vom 13./14.10.1988, Band 3, Köln 1989, S. 167–206.

—, Anmerkung zu BFH, Urteil v. 22.6.1989 – V R 37/84, DStR 1989, 747.

—, Die Rechtsprechung des Europäischen Gerichtshofs zur 6. EG-Umsatzsteuer-Richtlinie, Köln 1991, (zitiert: *Lohse,* Die Rechtsprechung des EuGH zur 6. EG-Umsatzsteuer-Richtlinie, 1991, Art. … S. …).

—, Die Zuordnung im Mehrwertsteuerrecht, Dissertation, Universität zu Köln, Köln 1999, (zitiert: *Lohse,* Die Zuordnung im Mehrwertsteuerrecht, 1999, S.).

—, Der Neutralitätsgrundsatz im Mehrwertsteuerrecht, in: Achatz, Markus/Tumpel, Michael (Hrsg.), EuGH-Rechtsprechung und Umsatzsteuerpraxis, Wien 2001, S. 47–81.

—, Sprachenvielfalt und einheitliche Rechtsanwendung in der EG – Dargestellt am Beispiel der Umsatz-/Mehrwertsteuer, UR 2002, 393–405.

—, Europäische Rechtsbegriffe und nationale Begriffspolitik im Mehrwertsteuerrecht, UR 2005, 655–659.

—, 20 Jahre unmittelbar geltende Mehrwertsteuerterminologie durch EU-Verordnungen, UR 2012, 8–16.

Luhs, Michaela, Die Umgehung des Bundesrates bei der Entstehung des neuen Umsatzsteuer-Anwendungserlasses, SteuK 2011, 144–145.

Luttermann, Claus, Normenklarheit im Steuerrecht und „unbestimmte" Rechtsbegriffe?, FR 2007, 18–23.

von Mangoldt, Hermann/Klein, Friedrich/Starck, Christian (Hrsg.), Kommentar zum Grundgesetz, 1. Band und 2. Band, 6. Auflage, München 2010, (zitiert: *Bearbeiter,* in v. Mangoldt/Klein/Starck, GG I/II^{6}, 2010, Art. … Rn. …).

Martens, Joachim, Verwaltungsvorschriften zur Beschränkung der Sachverhaltsermittlung, Dissertation, Universität Köln, Köln 1980, (zitiert: *Martens,* Verwaltungsvorschriften zur Beschränkung der Sachverhaltsermittlung, 1980, S.).

Martin, Suse, Umsatzsteuer der gemeinnützigen Sportvereine – Chance und Grenzen, UR 2008, 34–40.

Maties, Martin, Die gesetzlich angeordnete entsprechende Anwendung, JR 2007, 265–270.

Meier, Norbert, Die umsatzsteuerrechtliche Behandlung der Werbegemeinschaften, UR 317–318.

Meilicke, Wienand, Zur Bedeutung der richtlinienkonformen Auslegung für das deutsche Steuerrecht, BB 1992, 969–975.

Mellinghoff, Rudolf, Deutsches Umsatzsteuerrecht unter unions- und verfassungsrechtlichem Einfluss, UR 2013, 5–15.

Meyer, Andreas, Besteuerung von Beistandsleistungen – Zugleich eine differenzierte Betrachtung der Folgen des BFH-Urteils 10.11.2011 – V R 41/10 (KommJur 4/2012, 139 ff.), KummJur 2012, 131–133.

Meyer, Andreas/Westermann, Eike Christian, Das Handeln auf privatrechtlicher Grundlage und die zwingende Unternehmereigenschaft der öffentlichen Hand, BB 2013, 1629–1633.

Möhlenkamp, Karen, Auswirkungen des EuGH-Urteils Kennemer Golf & Country Club auf Mitgliedsbeiträge von Berufsverbänden, UR 2003, 173–181.

Möllinger, Otto, Über Notwendigkeit, Zweck und Grenzen der Steuerverwaltungsvorschriften, in: Tipke, Klaus (Hrsg.), Grenzen der Rechtsfortbildung durch Rechtsprechung und Verwaltungsvorschriften im Steuerrecht, DStJG 5, Köln 1982, 339–362.

Moritz, Joachim, Anmerkung zu BFH, Urteil v. 7.12.2010 – VIII R 54/07, HFR 2011, 405–407.

Mrosek, Bettina, Anmerkung zu BFH, Urteil v. 14.7.2010 – XI R 9/09, SteuK 2010, 503.

Müller, Hanswerner, Handbuch der Gesetzgebungstechnik, Köln u. a. 1963, (zitiert: *Müller*, Handbuch der Gesetzgebungstechnik, 1963, S.).

Müller, Thomas/Stöcker, Ernst-Erhard/Lieber, Bettina, Die Organschaft: Körperschaftsteuerrecht, Gewerbesteuerrecht, Umsatzsteuerrecht, Grunderwerbsteuerrecht, 9. Auflage, Herne 2013, (zitiert: *Müller/Stöcker/Lieber*, Die Organschaft^{9}, S.).

Müller-Gatermann, Gert, Die Besteuerung der Kommunen – eine Bestandsaufnahme, FR 2009, 314–321.

Nacke, Alois, Entwurf des Jahressteuergesetzes 2013 – Die wichtigsten Änderungen durch den Gesetzentwurf unter Berücksichtigung der Stellungnahme des Bundesrates und der Gegenäußerung der Bundesregierung, DB 2012, 2117–2129.

—, Gesetz zur Umsetzung der Amtshilferichtlinie sowie zur Änderung steuerlicher Vorschriften – Überblick über die wesentlichen Änderungen des „JStG 2013" – Teil 1, StBW 2013, 649–656.

Neufang, Bernd, Leistungsaustausch zwischen Gesellschafter und Gesellschaft einer Personengesellschaft, StBp 2009, 100–103.

Neumann, Steffen, Der Teilbetrieb – Gründe für seine Reformbedürftigkeit, EStB 2002, 437–441.

Nies, Ludwig, Mitgliederbeiträge im Umsatzsteuerrecht, Dissertation, Universität zu Köln, Köln 1955, (zitiert: *Nies*, Mitgliederbeiträge im Umsatzsteuerrecht, 1955, S.).

Nieskens, Hans, Steuerpflichtige Mitgliedsbeiträge bei Sportvereinen, UR 2002, 345–49.

—, Das nahe Ende der nationalen Umsatzsteuer?, UR 2004, 590–597.

—, Änderungen des Umsatzsteuergesetzes durch das Richtlinien-Umsetzungsgesetz, UR 2005, 57–83.

Nieskoven, Georg, Die Vorsteuerkorrektur bei „Bestandteilen" und sonstigen Leistungen an Gegenständen, GStB 2006, 137–143.

—, Mitgliedsbeiträge als Leistungsentgelt: Neues Gestaltungspotenzial für Vereine, GStB 2008, 133–138.

Obermaier, Stefan, Der umsatzsteuerrechtliche Bestandteilsbegriff – Diskutiert am Beispiel dachintegrierter Photovoltaikanlagen, DStR 2007, 932–935.

Oellerich, Ingo, Defizitärer Vollzug des Umsatzsteuerrechts – Legislative Verantwortung für Vollzugsdefizite, Rechtsfolgen und Rechtsschutz, Dissertation, Universität Münster, Baden-Baden 2008, (zitiert: *Oellerich,* Defizitärer Vollzug des Umsatzsteuerrechts, 2008, S.).

Oppermann, Thomas/Classen, Claus Dieter/Nettesheim, Martin, Europarecht, 6. Auflage, München 2014, (zitiert: *Bearbeiter,* in Oppermann/Classen/Nettesheim, Europarecht^{6}, 2014, § … Rn. …).

Ortmann-Babel, Martina/Bolik, Andreas/Griesfeller, Anne, Ein Jahressteuergesetz namens Amtshilferichtlinie-Umsetzungsgesetz: Alter Wein in neuen Schläuchen, DB 2013, 1319–1327.

Ossenbühl, Fritz, Die verfassungsrechtliche Zulässigkeit der Verweisung als Mittel der Gesetzgebungstechnik, DVBl. 1967, 401–408.

Osterloh, Lerke, Aktuelle Fragen zur „offensichtlich unzutreffenden Besteuerung" durch typisierende Verwaltung und Gesetzgebung, StuW 1993, 342–353.

Pabst, Heinz-Joachim, Die Problematik dynamischer Verweisungen von Landesrecht auf Bundesrecht am Beispiel der Schuldrechtsreform, NVwZ 2005, 1034–1036.

Pahlke, Armin, Typusbegriff und Typisierung, Beihefter zu DStR 2011/31, 66–71.

Pahlke, Armin/König, Ulrich, Abgabenordnung, 2. Auflage, München 2009, (zitiert: *Bearbeiter,* in Pahlke/König, AO^{2}, 2009, § … Rn. …).

Paintner, Thomas, Das Gesetz zur Umsetzung der Amtshilferichtlinie sowie zur Änderung steuerlicher Vorschriften im Überblick – Teil 1: Die Änderungen im Bereich des Ertragsteuerrechts, DStR 2013, 1629–1646.

Papier, Hans-Jürgen, Der Bestimmtheitsgrundsatz, in: Friauf, Karl Heinrich (Hrsg.), DStJG 12, Köln 1989, 61–78.

Papier, Hans-Jürgen/Möller, Johannes, Das Bestimmtheitsgebot und seine Durchsetzung, AöR 122 (1997), 178–211.

Pezzer, Heinz-Jürgen, Resümee, in: Pezzer, Heinz-Jürgen (Hrsg.), Vertrauensschutz im Steuerrecht, DStJG Band 27, Köln 2004, S. 269–294.

Philipowski, Rüdiger, Die „entstandenen Kosten" in § 10 Abs. 4 Nr. 2 UStG, DB 1985, 722–726.

Podlinski, Wilfried, Die Mitgliederbeiträge im Körperschaftsteuerrecht, Düsseldorf 1961, (zitiert: *Podlinski*, Die Mitgliederbeiträge im Körperschaftsteuerrecht, 1961, S.).

Popitz, Johannes, Kommentar zum Umsatzsteuergesetz in der Fassung vom 26. Juli 1918, 2. Auflage, Berlin 1921, (zitiert: *Popitz*, UStG², 1921, S.).

—, Allgemeine Verbrauchsteuer, in: Gerloff, Wilhelm/Meisel, Franz (Hrsg.), Handbuch der Finanzwissenschaften, 2. Band, Tübingen 1927, S. 180–197, (zitiert: *Popitz*, HdF II, 1927, S. 180).

—, Kommentar zum Umsatzsteuergesetz in der Fassung vom 8. Mai 1926, 3. Auflage, Berlin 1928, (zitiert: *Popitz*, UStG³, 1928, S.).

Präsident des Bundesrechnungshofes als Bundesbeauftragter für Wirtschaftlichkeit in der Verwaltung, Chancen zur Sicherung des Umsatzsteueraufkommens – Vorschläge zur Umsetzung wichtiger Reformvorhaben bei der Umsatzsteuer, Stuttgart 2013, (zitiert: *Präsident des Bundesrechnungshofes als Bundesbeauftragter für Wirtschaftlichkeit in der Verwaltung*, Chancen zur Sicherung des Umsatzsteueraufkommens, 2013, S.).

Prinz, Ulrich, Umqualifikation von Leistungsvereinbarungen im Rahmen steuerbegünstigter Immobilienmodelle – Ein Streitgegenstand bei der Betriebsprüfung von Funktionsträgerunternehmen, DStR 1985, 649–653.

Ramme, Christoph, Betriebe gewerblicher Art von Körperschaften öffentlichen Rechts und die Ausübung öffentlicher Gewalt im Umsatzsteuerrecht, Dissertation, Universität Berlin, Berlin 1971.

(zitiert: *Ramme*, Betriebe gewerblicher Art von Körperschaften öffentlichen Rechts und die Ausübung öffentlicher Gewalt im Umsatzsteuerrecht, 1971, S.).

Rau, Günter, Die Umsatzsteuer bei Unternehmensverbindungen, Verbänden und Kooperationen – Gleichzeitig ein Beitrag zum Unternehmerbegriff, UR 1987, 121–128.

Rau, Günter/Dürrwächter, Erich (Hrsg.), Kommentar zum Umsatzsteuergesetz, Köln (Loseblatt), 158. Ergänzungslieferung, Juni 2014, (zitiert: *Bearbeiter*, in Rau/Dürrwächter, UStG, § … Rn. …).

Reimer, Ekkehart, Die öffentliche Hand als Steuerpflichtiger, in: Seer, Roman (Hrsg.), Umsatzsteuer im Europäischen Binnenmarkt, DStJG Band 32, Köln 2009, S. 325–366.

Reinermann, Andreas, Verweisungen in Tarifverträgen und Betriebsvereinbarungen, Dissertation, Universität Bonn, Bonn 1997, (zitiert: *Reinermann*, Verweisungen in Tarifverträgen und Betriebsvereinbarungen, 1997, S.).

Reiß, Wolfram, Umsatzsteuer-Mindestbemessungsgrundlage, Marktpreis und Vorsteuerabzug, BB 1985, 1724–1728.

—, Zur Umsatzsteuer, StuW 1987, 351–363.

—, Gesellschafter und Gesellschafterbeitrag im Umsatzsteuerrecht, UR 1988, 298–303.

—, Verdeckte Gewinnausschüttung und Umsatzsteuer, DB 1990, 1936–1940.

—, Der Belastungsgrund der Umsatzsteuer und seine Bedeutung für die Auslegung des Umsatzsteuergesetzes, in: Woerner, Lothar (Hrsg.), Umsatzsteuer in nationaler und europäischer Sicht, DStJG Band 13, Köln 1990, 3–37.

—, Die nicht ordnungsgemäße Umsetzung von EG-Steuerrichtlinien und ihre Folgen, StuW 1994, 323–330.

—, Rechtsprechung des EuGH zur Umsatzsteuer im Jahre 2002, RIW 2003, 199–216.

—, Konkurrentenklage wegen Umsatzsteuerpflicht, IStR 2005, 53–55.

—, Gemeinnützige Organisationen, Leistungen im Gemeinwohlinteresse und harmonisierte Umsatzsteuer, in: Hüttemann, Rainer/Rawert, Peter/Schmidt, Karsten (Hrsg.)/Walz, Rainer (Begr.), Non Profit Law Yearbook 2005, Köln u.a. 2006, S. 47–73.

—, Die harmonisierte Umsatzsteuer im nationalen Wirtschaftsverkehr – Widersprüche, Lücken und Harmonisierungsbedarf, in: Roman Seer (Hrsg.), Umsatzsteuer im Europäischen Binnenmarkt, DStJG Band 32, Köln 2009, S. 9–51.

Reiß, Wolfram/Kraeusel, Jörg/Langer, Michael (Hrsg.), Umsatzsteuergesetz – UStG mit Nebenbestimmungen, Gemeinschaftsrecht, Bonn (Loseblatt), 114. Ergänzungslieferung, Juli 2014, (zitiert: *Bearbeiter,* in Reiß/Kraeusel/Langer, UStG, § … Rn. …).

Riesenhuber, Karl (Hrsg.), Europäische Methodenlehre – Handbuch für Ausbildung und Praxis, 2. Auflage, Berlin 2010, (zitiert: *Bearbeiter*, in Riesenhuber, Europäische Methodenlehre², 2010, § … Rn. …).

Rogmann, Achim, Die Bindungswirkung von Verwaltungsvorschriften, Dissertation, Universität Hamburg, Köln u. a. 1998, (zitiert: *Rogmann*, Die Bindungswirkung von Verwaltungsvorschriften, 1998, S.).

Ruppe, Hans Georg/Achatz, Markus (Hrsg.), Umsatzsteuergesetz – Kommentar (Österreich), 4. Auflage, Wien 2011, (zitiert: *Ruppe/Achatz*, UStG⁴, 2011, § … Rn. …).

Rüsch, Christian/Hoffmann, Wolf-Dieter, Fahrtenbuch oder 1 %-Listenpreismethode? – Der selbständige Bilanzbuchhalter und sein Pkw, BC 2006, 89–93.

—, Die 1%-Steuerfalle bei der privaten Pkw-Nutzung, DStR 2006, 399–404.

Sachs, Michael (Hrsg.), Grundgesetz Kommentar, 6. Auflage, München 2011, (zitiert: *Bearbeiter*, in Sachs, GG⁶, 2011, Art. … Rn. …).

Sahm, Franz Joachim, Mitgliedsbeitrag als steuerbarer Umsatz von Vereinen, UR 1995, 210–212.

Schauhoff, Stephan, Handbuch der Gemeinnützigkeit, 3. Auflage, München 2010, (zitiert: *Schauhoff*, Handbuch der Gemeinnützigkeit³, 2010, § … Rn. …).

Schaumburg, Harald, Das Leistungsfähigkeitsprinzip im Verkehr- und Verbrauchsteuerrecht, in: Kirchhof, Paul/Nieskens, Hans (Hrsg.), Festschrift für Wolfram Reiß zum 65. Geburtstag, Köln 2008, S. 25–43.

Scheibeler, Elke, Begriffsbildung durch den Europäischen Gerichtshof – autonom oder durch Verweis auf die nationalen Rechtsordnungen?, Dissertation, Universität Bochum, Berlin 2004, (zitiert: *Scheibeler*, Begriffsbildung durch den Europäischen Gerichtshof, 2004, S.).

Schenke, Ralf P., Kritik der steuerrechtlichen Methodenlehre, StuW 2008, 206–215.

—, Auslegung und Rechtsfortbildung – Überlegungen zu Grundfragen der rechtsmethodischen Systembildung am Beispiel der „Auslegung gegen den Wortlaut, Beihefter zu DStR 2011/31, 54–59.

Schenke, Wolf-Rüdiger, Die verfassungsrechtliche Problematik dynamischer Verweisungen, NJW 1980, 743–749.

Schießl, Harald, Neues vom BFH zur Geschäftsveräußerung im Ganzen (§ 1 Abs. 1a UStG) – Anmerkungen zu den BFH-Urteilen v. 19.12.2012, XI R 38/10; v. 29.8.2012, XI R 10/12; v. 29.8.2012, XI R 1/11, MwStR 2013, 183–189.

Schmidt, Lars P., Die dynamische Verweisung des Forderungssicherungsgesetzes auf die VOB/B und ihre verfassungsrechtliche Bewertung, ZfBR 2009, 113–119.

Schmidt, Ludwig (Hrsg.), Einkommensteuergesetz, 33. Auflage, München 2014, (zitiert: *Bearbeiter*, in Schmidt, EStG^{33}, 2014, § ... Rn. ...).

Schmitz, Martin/Erbrügger, Andreas/Liegmann, Bastian, Reform der Umsatzbesteuerung des öffentlichen und gemeinnützigen Sektors, DStR 2011, 1157–1162.

Schneider, Hans, Gesetzgebung – Ein Lehr- und Handbuch, 3. Auflage, Heidelberg 2002, (zitiert: *H. Schneider*, Gesetzgebung^{3}, 2002, S.).

Schneider, Stefan, Verfassungsrechtliche Grundlagen und Grenzen des objektiven Nettoprinzips, Beihefter zu DStR 2009/34, 87–91.

Schnitger, Arne/Fehrenbacher, Oliver (Hrsg.), Körperschaftsteuer – Kommentar, Wiesbaden 2012, (zitiert: *Bearbeiter*, in Schnitger/Fehrenbacher, KStG, 2012, § ... Rn. ...).

Scholz, Axel, Ist der Verkauf von Kfz-Kennzeichenschildern durch Kommunen umsatzsteuerpflichtig?, UVR 2005, 45–47.

Schön, Wolfgang, Personengesellschaften und Bruchteilsgemeinschaften im Umsatzsteuerrecht, in: Woerner, Lothar (Hrsg.), Umsatzsteuer in nationaler und europäischer Sicht, DStJG Band 13, Köln 1990, 81–117.

—, Die Auslegung europäischen Steuerrechts – Das harmonisierte Steuerrecht zwischen nationalem Zivilrecht und europäischem Gemeinschaftsrecht, Köln 1993, (zitiert: *Schön*, Die Auslegung europäischen Steuerrechts, 1993, S.).

—, Gemeinschaftskonforme Auslegung und Fortbildung des nationalen Steuerrechts – unter Einschluß des Vorlageverfahrens nach Art. 177 EGV, in: Lehner, Moris (Hrsg.), Steuerrecht im Europäischen Binnenmarkt, DStJG Band 19, Köln 1996, S. 167–200.

—, Europarechtliche Grundlagen für Gesellschafts- und Steuerrecht, GmbH-StB 2006, 9–14.

—, Legalität, Gestaltungsfreiheit und Belastungsgleichheit als Grundlagen des Steuerrechts, in: Hüttemann, Rainer (Hrsg.), Gestaltungsfreiheit und Gestaltungsmissbrauch im Steuerrecht, DStJG Band 33, Köln 2010, 29–63.

Schoor, Walter, Darlehensverträge zwischen nahen Angehörigen, StBp 2008, 340–348.

Schuhmann, Helmut, Gesellschafter-/Mitgliederbeiträge oder Leistungsaustausch?, UR 1986, 249–253.

Schumann, Marius Frederik, Das Dispensverfahren im europäischen Mehrwertsteuerrecht, Dissertation, Universität Bochum, Frankfurt am Main 2008, (zitiert: *Schumann*, Das Dispensverfahren im europäischen Mehrwertsteuerrecht, 2008, S.).

Schulze zur Wiesche, Dieter, Vereinbarungen unter Familienangehörigen und ihre steuerlichen Folgen, 9. Auflage, Heidelberg 2006, (zitiert: *Schulze zur Wiesche*, Vereinbarungen unter Familienangehörigen[9], 2006, S.).

Schürnbrand, Jan, Die Grenzen richtlinienkonformer Rechtsfortbildung im Privatrecht, JZ 2007, 910–918.

Schwarze, Jürgen (Hrsg.), EU-Kommentar, 3. Auflage, Baden-Baden 2012, (zitiert: *Bearbeiter*, in Schwarze, EU[3], 2012, Art. … Rn. …).

Seeger, Siegbert, Verträge zwischen nahestehenden Personen – Grundsätzliche Überlegungen und Voraussetzungen ihrer steuerlichen Anerkennung, DStR 1998, 1339–1343.

Seer, Roman, Inhalt und Funktion des Begriffs „Betrieb gewerblicher Art“ für die Besteuerung der öffentlichen Hand (Teil I), DStR 1992, 1751–1756.

—, Inhalt und Funktion des Begriffs „Betrieb gewerblicher Art“ für die Besteuerung der öffentlichen Hand (Teil II), DStR 1992, 1790–1794.

—, Der Vollzug von Steuergesetzen unter den Bedingungen einer Massenverwaltung, in: Widmann, Werner (Hrsg.), Steuervollzug im Rechtsstaat, DStJG Band 31, Köln 2008, S. 7–36.

Seer, Roman/Klemke, Sina, Abgrenzung des Betriebes gewerblicher Art vom Hoheitsbetrieb, BB 2010, 2015.

Seer, Roman/Wendt, Volker, Strukturprobleme der Besteuerung der öffentlichen Hand, DStR 2001, 825–837.

Siegel, Manfred, Der Begriff des „Betriebs gewerblicher Art“ im Körperschaft- und Umsatzsteuerrecht, Dissertation, Universität Tübingen, Berlin 1999. (zitiert: *Siegel*, Der Begriff des „Betriebs gewerblicher Art“ im Körperschaft- und Umsatzsteuerrecht, 1999, S.).

Söhn, Hartmut, Die Umsatzsteuer als Verkehrsteuer und/oder Verbrauchsteuer, StuW 1975, 1–18.

—, Zur Umsatzsteuer, StuW 1975, 164–174.

—, Die Harmonisierung der Umsatzsteuern in der Europäischen Gemeinschaft – Eine steuersystematische Bestandsaufnahme, StuW 1976, 1–31.

—, Die Bemessungsgrundlage der Umsatzsteuer bei verbilligten und unentgeltlichen Leistungen, DStZ 1987, 367–377.

Sölch, Otto, Zur Umsatzsteuer, StuW 1938, 142–146.

Sölch, Otto/Ringleb, Karl (Hrsg.), Umsatzsteuergesetz – Kommentar, München (Loseblatt), 71. Ergänzungslieferung, November 2014, (zitiert: *Bearbeiter*, in Sölch/Ringleb, UStG, § … Rn. …).

Spetzler, Wolfgang, Wirkungen und Einfluß des Rechts der Europäischen Gemeinschaft auf das nationale Steuerrecht, DB 1993, 553–558.

Spindler, Wolfgang, Zur Abgrenzung von Herstellungs- und Erhaltungsaufwand bei Instandsetzungs- und Modernisierungsmaßnahmen an Gebäuden, DStR 1996, 765–769.

—, Steuerrecht im Spannungsverhältnis zwischen Gesetzgebung, Verwaltung und Rechtsprechung – Eröffnungsvortrag beim 28. Deutschen Steuerberatertag in München am 7.11.2005, Stbg 2006, 1–6.

—, Vertrauensschutz im Steuerrecht, DNotZ 2007, 105–115.

Stadie, Holger, Das Recht des Vorsteuerabzugs, Köln 1989, (zitiert: *Stadie*, Das Recht des Vorsteuerabzugs, 1989, S.).

—, Umsatzsteuerrecht, Köln 2005, (zitiert: *Stadie*, Umsatzsteuerrecht, 2005, S.).

—, Anmerkung zu BFH, Urteil v. 11.10.2007 - V R 69/06, UR 2008, 186.

—, Umsatzsteuergesetz – Kommentar, 2. Auflage, Köln 2012, (zitiert: *Stadie*, UStG[2], 2012, § … Rn. …).

Sterzinger, Christian, Unternehmereigenschaft der öffentlichen Hand – Plädoyer für eine gesetzliche Änderung, DStR 2010, 2217–2222.

Storr, Stefan, Der Staat als Unternehmer: Öffentliche Unternehmen in der Freiheits- und Gleichheitsdogmatik des nationalen Rechts und des Gemeinschaftsrechts, Habilitationsschrift, Universität Jena, Tübingen 2001, (zitiert: *Storr*, Der Staat als Unternehmer, 2001, S.).

Strahl, Martin, Die Abgrenzung hoheitlicher und wirtschaftlicher Tätigkeiten von Körperschaften des öffentlichen Rechts im Ertragsteuer- und Umsatzsteuerrecht, in: Korn, Klaus/Carlé, Dieter (Hrsg.), Festschrift für Klaus Korn zum 65. Geburtstag, Bonn 2005, S. 489–518.

Streck, Michael (Hrsg.), Körperschaftsteuergesetz mit Nebengesetzen – Kommentar, 8. Auflage, München 2014, (zitiert: *Bearbeiter*, in Streck, KStG[8], 2014, § ... Rn. ...).

Suck, Jendrik, Zukunft von Beistandsleistungen unter umsatzsteuerrechtlichen Aspekten – Rechtsprechung des BFH und ihre Folgen für die öffentliche Hand: Unionsrechtliche Grenzen für ein von den Kommunen gefordertes Nichtanwendungsgesetz, UR 2013, 205–211.

Tausch, Wolfgang, Umsatzsteuerliche Behandlung der Mitgliederbeiträge einer Werbegemeinschaft, UVR 2009, 228–229.

Tehler, Hermann-Josef, Die Umsatzsteuer als angewandte Verkehr- und, oder Verbrauchssteuer, Dissertation, Universität zu Köln, Köln 1986, (zitiert: *Tehler*, Die Umsatzsteuer als angewandte Verkehr- und/oder Verbrauchssteuer, 1986, S.).

—, Die juristischen Personen des öffentlichen Rechts in der Umsatzsteuer – Eine steuersystematische und verfassungsrechtliche Untersuchung (Teil I), DVR 1986, 162–166.

—, Die juristischen Personen des öffentlichen Rechts in der Umsatzsteuer – Eine steuersystematische und verfassungsrechtliche Untersuchung (Teil II), DVR 1986, 178–182.

—, Zur Frage der Verfassungsmäßigkeit der Neuregelung zur Einschränkung des Vorsteuerabzugs bei gemischt genutzten Fahrzeugen, UR 1999, 319–323.

—, Gestaltungsmöglichkeiten des Steuerpflichtigen aufgrund fehlender oder unzulänglicher Umsetzung der MwStSystRL in nationales Recht, UVR 2009, 378–380.

Theisen, Manuel René, Steuersystematik oder akademisches Glasperlenspiel? – Kritische Anmerkung zu: J. Grüne, Umsatzsteuerrechtliche Probleme bei der Veräußerung eines teilweise unternehmerisch, teilweise privat genutzten Gegenstand (UR 1989, 41 f.), UR 1989, 142–144.

Tiedtke, Klaus/Möllmann, Peter, Ernsthaftigkeit von Vereinbarungen zwischen nahen Angehörigen, BB 2009, 1737–1738.

Tipke, Klaus, Die Umsatzsteuer im Steuersystem, UStR 1972, 2–6.

—, Steuergerechtigkeit in Theorie und Praxis – Vom politischen Schlagwort zum Rechtsbegriff und zur praktischen Anwendung, Köln 1981, (zitiert: *Tipke*, Steuergerechtigkeit, 1981, S.).

—, Über Umsatzsteuer-Gerechtigkeit, StuW 1992, 103–120.

—, Die Steuerrechtsordnung, 1. Band, Wissenschaftsorganisatorische, systematische und grundrechtlich-rechtsstaatliche Grundlagen, 2. Auflage, Köln 2000, (zitiert: *Tipke*, StRO I², 2000, S.).

—, Die Steuerrechtsordnung, 2. Band, Steuerrechtfertigungstheorie, Anwendung auf alle Steuerarten, sachgerechtes Steuersystem, 2. Auflage, Köln 2003, (zitiert: *Tipke*, StRO II², 2003, S.).

—, Die Steuerrechtsordnung, 3. Band, Steuerrechtfertigungstheorie, Anwendung auf alle Steuerarten, sachgerechtes Steuersystem, 2. Auflage, Köln 2012, (zitiert: *Tipke*, StRO III², 2012, S.).

Tipke, Klaus/Kruse, Heinrich Wilhelm (Hrsg.), Kommentar zur Abgabenordnung und Finanzgerichtsordnung, Köln (Loseblatt), 136. Ergänzungslieferung, Juni 2014, (zitiert: *Bearbeiter*, in Tipke/Kruse, AO/FGO, § … Tz. …).

Tipke, Klaus/Lang, Joachim (Hrsg.), Steuerrecht, 20. Auflage, Köln 2012, (zitiert: *Bearbeiter*, in Tipke/Lang, Steuerrecht²⁰, 2012, § … Rn. …).

—. (Hrsg.), Steuerrecht, 21. Auflage, Köln 2013, (zitiert: *Bearbeiter*, in Tipke/Lang, Steuerrecht²¹, 2013, § … Rn. …).

Toet, M. J. M. A, De gevolgen van het arrest-Van Laarhoven, Weekblad voor fiscaal recht 2012, 817–823.

Tumpel, Michael, Unternehmensvermögen bei gemischter Nutzung nach der Mehrwertsteuersystemrichtlinie, in: Kirchhof, Paul/Nieskens, Hans (Hrsg.), Festschrift für Wolfram Reiß zum 65. Geburtstag, Köln 2008, S. 123–136.

—, Prinzipien, Systemschwächen und Reformbedarf bei der Umsatzbesteuerung des internationalen Güter- und Dienstleistungsverkehrs, in: Seer, Roman (Hrsg.), Umsatzsteuer im Europäischen Binnenmarkt, DStJG Band 32, Köln 2009, S. 53–102.

Urban, Johannes, Kritische Anmerkungen zu den Verwaltungsanweisungen zur Firmenwagenbesteuerung, FR 1997, 661–372.

—, Erhöhen Unfallkosten den individuellen Nutzungswert von Kraftfahrzeugen?, FR 1999, 890–894.

—, Der Kraftfahrzeugunfall als Unfall des Einkommensteuerrechts, FR 2007, 873–882.

—, Besteuerung von Firmen- und Dienstwagen – ertragsteuerliche Behandlung des Nutzungswerts von Kraftfahrzeugen, Dissertation, Universität Münster, Köln 2009, (zitiert: *Urban*, Besteuerung von Firmen- und Dienstwagen, 2009, S.).

—, Kritische Anmerkungen zum Firmenwagenerlass (FR 2009, 1164), FR 2010, 510–519.

—, Aktuelle Probleme der Besteuerung von Dienst- und Firmenwagen, NJW 2011, 2465–2470.

Vedder, Christoph/Heintschel von Heinegg (Hrsg.), Wolff, Europäisches Unionsrecht, EUV/AEUV/Grundrecht-Charta, Baden-Baden 2012, (zitiert: *Bearbeiter*, in Vedder/Heintschel von Heinegg, EU-Recht, 2012, Art. … Rn. …).

Verband der Automobilindustrie, Nachteilsausgleich für Elektrofahrzeuge, Stellungnahme zum Entwurf eines Gesetzes zur Umsetzung der Amtshilferichtlinie sowie zur Änderung steuerlicher Vorschriften Amtshilferichtlinie-Umsetzungsgesetz – AmtshilfeRLUmsG) – BT-Drs. 17/12375, 1.5.2013 (abrufbar unter: http://www.bundestag.de/bundestag/ ausschuesse17/a07/ anhoerungen/2012/102/Stellungnahmen/12-VDA.pdf [zuletzt abgerufen am 2.1.2014]), (zitiert: *Verband der Automobilindustrie*, Stellungnahme v. 1.5.2013, Nachteilsausgleich für Elektrofahrzeuge, S.).

Vogel, Alfred/Schwarz, Bernhard (Hrsg.), Kommentar zum Umsatzsteuergesetz, Freiburg (Loseblatt), 148. Ergänzungslieferung, Dezember 2011, (zitiert: *Bearbeiter*, in A. Vogel/Schwarz, UStG, § … Rn. …).

Vogel, Klaus/Lehner, Moris (Hrsg.), Doppelbesteuerungsabkommen – Kommentar, 5. Auflage, München 2008, (zitiert: *Bearbeiter*, in K. Vogel/Lehner, DBA^5, 2008, Art. … Rn. …).

Vogel, Thorsten/Hiller, Matthias, Aktuelle Entwicklungen bei der Geschäftsveräußerung im Ganzen nach § 1 Abs. 1a UStG, Stbg 2013, 65–70.

Voß, Reimer, Europäisches und nationales Steuerrecht, StuW 1993, 155–168.

Wagenknecht, Michael, Möglichkeiten zur Steuergestaltung bei gemischter Kfz-Nutzung durch (Einzel-)Unternehmer, FR 2013, 754–763.

Wäger, Christoph, Nicht steuerbare Veräußerung eines Geschäftsbetriebs im Ganzen bei Absicht der Fortführung des übertragenen Geschäftsbetriebs oder Unternehmensteils durch den Erwerber, Anmerkung zu EuGH, Urt. v. 27.11.2003 – C-497/01 [Zita Modes], UR 2004, 24–27.

Wagner, Raimund, Private Nutzung betrieblicher Pkw im Lichte jüngster Rechtsprechung, NWB 2011, 2930–2946v.

Wagner, Wilfried, Das Problem der Auslegung des Begriffs „Wirtschaftsgut" in § 20 UStG 1967 nach einkommensteuerrechtlichen Grundsätzen, UR 1978, 81–84.

—, Anerkennung von Leistungsbeziehungen zwischen Angehörigen im Umsatzsteuerrecht anhand eines „Fremdvergleichs"?, UR 1990, 40–44.

—, Anmerkung zu EuGH, v. 20.1. 2005 – C-412/03 [Scandic], UVR 2005, 155.

—, Vorsteuerabzugsmöglichkeit bei Grundstücksvermietung an Einrichtung des öffentlichen Rechts als „Zwischenmieter", UVR 2009, 250–254.

—, Berichtigung des Vorsteuerabzugs nach § 15a UStG bei Grundstücken mit eingebauten Betriebsvorrichtungen, UVR 2011, 144–150.

Walden, Peter, Die Umsatzsteuer als indirekte Verbrauchssteuer, Eine steuerwissenschaftliche Untersuchung zur Systemgerechtigkeit der Umsatzsteuer, Dissertation, Universität Essen, Berlin 1988, (zitiert: *Walden*, Die Umsatzsteuer als indirekte Verbrauchssteuer, 1988, S.).

Walkenhorst, Ralf, Steuerbarkeit von Mitgliedsbeiträgen – Anmerkung zu BFH, Urteil vom 9.8.2007 – V R 27/04, UStB 2007, 308–309.

—, Anmerkung zu BFH, Urteil v. 14.7.2010 – XI R 9/09, UStB 2010, 357–358.

Wallenhorst, Rolf/Halaczinsky, Raymond, Die Besteuerung gemeinnütziger Vereine, Stiftungen und der juristischen Personen des öffentlichen Rechts – Handbuch für Beratung und Praxis, 6. Auflage, München 2009, (zitiert: *Wallenhorst/Halaczinsky*, Die Besteuerung gemeinnütziger Vereine u. a., 2009, S.).

Wank, Rolf, Die Auslegung von Gesetzen, 5. Auflage, München, 2011, (zitiert: *Wank*, Die Auslegung von Gesetzen[5], 2011, S.).

Warnke, Karsten, Überblick über das Amtshilferichtlinie-Umsetzungsgesetz (AmtshilfeRLUmsG) – Die wesentlichen ertragsteuerlichen Änderungen, EStB 2013, 262–266.

Wassermeyer, Franz, Zur Bewertung von Nutzungs- und Leistungsentnahmen, DB 2003, 2616–2623.

Weber, Martin, Grenzen EU-rechtskonformer Auslegung und Rechtsfortbildung, Dissertation, Universität Bonn, Baden-Baden 2010.

(zitiert: *Weber*, Grenzen EU-rechtskonformer Auslegung und Rechtsfortbildung, 2010, S.).

Weber-Grellet, Heinrich, Steuerbilanzrecht, München 1996, (zitiert: *Weber-Grellet*, Steuerbilanzrecht, 1996, S.).

—, Europäisches Steuerrecht, München 2005, (zitiert: *Weber-Grellet*, Europäisches Steuerrecht, 2005, § … Rn. …).

Weimann, Rüdiger/Lang, Fritz (Hrsg.), Umsatzsteuer – national und international, Kompakt-Kommentar, 3. Auflage, Stuttgart 2011, (zitiert: *Bearbeiter*, in Weimann/F. Lang, Umsatzsteuer³, 2011, S.).

Weich, Bernhard, Öffentliche Hand im System der Umsatzsteuer, Dissertation, Universität Darmstadt, Köln 1996, (zitiert: *Weich*, Öffentliche Hand im System der Umsatzsteuer, 1996, S.).

Weimann, Rüdiger, Die neue Berichtigung des Vorsteuerabzugs als Beratungsaufgabe – Rechtsgrundlagen, Praxistipps und Fallbeispiele, UVR 2005, 295–306.

Weiß, Eberhard, Anmerkung zu BFH, Urteil v. 11.1.1979 – V R 26/74, UR 1979, 85–86.

—, Anmerkung zu BFH, Urteil v. 28.2.1980 – V R 138/72, UR 1980, 181–182.

—, Anmerkung zu BFH, Urteil v. 4.7.1985 – V R 107/76, UR 1986, 63–64.

—, Anmerkung zu BFH, Urteil vom 22.6.1989 – V R 37/84, UR 1990, 50–52.

Wellisch, Dietmar/Kroschel, Jörg, Besteuerung von Erträgen, 2. Auflage, München 2011, (zitiert: *Wellisch/Kroschel*, Besteuerung von Erträgen², 2011, S.).

Wellmann, Susanne, Abfallentsorgung als Hoheitsbetrieb gem. § 4 Abs. 5 KStG? – Anmerkung zum BFH-Urteil vom 23.10.1996 – I R 1–2/94, DB 1997, 501–503.

Wendt, Michael, Verbilligte Wirtschaftsgutübertragung im Anwendungsbereich von § 6 Abs. 5 EStG – Trennung von der Trennungstheorie?, DB 2013, 834–839.

Wernsmann, Rainer, Typisierung und Typusbegriff, Beihefter zu DStR 2011/31, 72–76.

Wichmann, Gerd, Die Lehre von der sogenannten kleinsten Einheit, StB 1995, 132–135.

Widmann, Werner, Anmerkung zu FG München, Urteil v. 17.2.1994 – 14 K 2942/92, UR 1994, 317–318.

—, Die Entwicklung der Umsatzsteuer im Europäischen Binnenmarkt – Fehlentwicklungen und Perspektiven, in: Lehner, Moris (Hrsg.), Steuerrecht im Europäischen Binnenmarkt, DStJG Band 19, Köln 1996, S. 219–233.

—, Einige Fragen zu Artikel 8 des Entwurfs eines Steuerentlastungsgesetzes 1999/2000/2002, UR 1999, 20–26.

—, Anmerkung zu BFH, Urteil v. 11.3.1999 – V R 78/98, UR 1999, 282–283.

—, Anmerkung zu EuGH, Urteil v. 21.3.2002 - C-174/00 [Kennemer Golf & Country Club], UR 2002, 325–327.

—, Über den Umgang der Verwaltung mit der Rechtsprechung des EuGH zur Mehrwertsteuer, UR 2008, 77–86.

—, Anmerkung zu BFH, Urteil v. 4.6.2009 - C-102/08 [Salix], UR 2009, 493–494.

—, Umsatzsteuer-Richtlinien adieu - willkommen Umsatzsteuer-Anwendungserlass, UR 2011, 7–10.

Wiesner, Georg, Die leitenden Angestellten im Spannungsfeld zwischen Betriebs- und Unternehmensverfassung, BB 1982, 949–956.

Winter, Matthias, Voraussetzungen für eine nicht umsatzsteuerbare Veräußerung eines Teilvermögens, Anmerkung zu BFH, Urt. v. 29.8.2012 - XI R 10/12, MwStR 2013, 94.

Wisiak, Barbara, in Achatz, Markus/Tumpel, Michael (Hrsg), Umsatzsteuer im Konzern, 2003, S. 61–75.

Wißmann, Hellmut, Wegdriftende gesetzliche Verweisungen - Gelöste und ungelöste Probleme im Recht der Montan-Mitbestimmung, ZG 1986, 167–175.

Wüster, Matthias, Steuerrechtliche Anerkennung von Darlehensverträgen zwischen Angehörigen - Gestaltungspotenzial mit Risiko, NWB 2011, 1240–1246.

Zipfel, Lars/Pfeffer, Christian, Verträge unter nahen Angehörigen, BB 2010, 343–347.

Zippelius, Reinhold, Juristische Methodenlehre, 11. Auflage, Köln 2012, (zitiert: *Zippelius*, Juristische Methodenlehre[11], 2012, S.)

Finanz- und Steuerrecht in Deutschland und Europa

Herausgegeben von Klaus-Dieter Drüen, Hanno Kube
und Rainer Wernsmann

Band 1 Gordon Dreher: Das Alterseinkünftegesetz. Systematische Darstellung und verfassungsrechtliche Zweifelsfragen. 2007.

Band 2 Nils Meyer-Sandberg: Die Duale Einkommensteuer als Modell ungleicher Besteuerung von Arbeit und Kapital. 2008.

Band 3 Alexander Pfab: Die Behandlung von Bildungsaufwendungen im deutschen Einkommensteuerrecht. 2008.

Band 4 Christian Johannes Müller: Einnahmeverzicht im Einkommensteuerrecht – insbesondere durch verbilligte Wohnungsüberlassung an nahe Angehörige. 2009.

Band 5 Melanie Falkner: Die Einkunftserzielungsabsicht als subjektives Besteuerungsmerkmal. Eine Analyse subjektiver Tatbestandsmerkmale im Steuerrecht. Zugleich ein Beitrag zur Liebhaberei im Steuerrecht. 2009.

Band 6 Steffen Ott: Die Vertreterbetriebsstätte nach OECD-MA. 2009.

Band 7 Christoph Wagner: Steuergleichheit unter Standortvorbehalt? Verfassungsrechtliche Grenzen einer ungleichen Einkommensbesteuerung von Kapital und Arbeit. 2010.

Band 8 Andreas Goetze: Die Ersetzung der sieben Einkunftsarten des EStG durch eine einzige. Zur Gleichheit aller Erwerbsgrundlagen in einem vereinfachten Steuerrecht. 2010.

Band 9 Hanno Kube: Der bundesstaatliche Finanzausgleich. Verfassungsrechtlicher Rahmen, aktuelle Ausgestaltung, Entwicklungsperspektiven. 2011.

Band 10 Katharina Brauer: Abgrenzung der Lebensmittellieferung von der Restaurationsdienstleistung im Umsatzsteuerrecht. 2011.

Band 11 Marc Schubert: Die Verfassungswidrigkeit der Erbschaft- und Schenkungsteuer und die verfassungsrechtlichen Anforderungen an eine Neuregelung. 2011.

Band 12 Martin Rehberg: Der Zuzug und Wegzug von Kapitalgesellschaften in gesellschafts- und steuerrechtlicher Hinsicht. 2011.

Band 13 Dirk Wünschig: Perspektiven eines europarechtskonformen Gemeinnützigkeits- und Zuwendungsrechts. Eine Untersuchung nach „Stauffer" und „Persche" bei gleichzeitiger Kritik an der Neufassung des Gemeinnützigkeitsrechts nach dem Jahressteuergesetz 2009. 2011.

Band 14 Sebastian Grimm: Die negative Konkurrentenklage im Steuerrecht. 2011.

Band 15 Arne von Freeden: Minder- und Mehrabführungen nach § 14 Abs. 4, § 27 Abs. 6 KStG. Ausgleichspostenlösung und Einlagelösung. 2011.

Band 16 Anne Keller: Rechtsschutz gegen Maßnahmen der steuerlichen Außenprüfung. 2011.

Band 17 Larissa Maier-Bledjian: Sondervermögen des Bundes. 2011.

Band 18 Philipp Riedl: Die internationale Doppelbesteuerung im EU-Binnenmarkt. 2012.

Band 19 Anna Schwarz: Die Pensionszusage an den Mitunternehmer der Personengesellschaft im Einkommensteuerrecht. 2012.

Band 20 Carsten Höink: Nichtsteuerbare Vermögensübertragungen im Umsatzsteuerrecht. Eine rechtssystematische Analyse der Entwicklung des Rechtsinstituts der Geschäftsveräußerung im Ganzen. 2013.

Band 21 Christian Kniese: Europarechtlicher Rahmen einer steuerlichen Förderung von Forschung und Entwicklung. 2013.

Band 22 Katarina Günther: Vertrauensschutz bei Angaben Dritter im Umsatzsteuerrecht. 2013.

Band 23 Andreas Königer: Ertragsteuerrechtliche Behandlung grenzüberschreitender Spaltungen von Rechtsträgern. Unter besonderer Beachtung der Vorgaben des Unionsrechts. 2014.

Band 24 Matthias Diete: Das obligatorische Schiedsverfahren in der deutschen DBA-Praxis. Erweiterung des zwischenstaatlichen Rechtsschutzes bei Doppelbesteuerungskonflikten. 2014.

Band 25 Friederike Grube: Der Einfluss des unionsrechtlichen Beihilfenverbots auf das deutsche Steuerrecht. Dargestellt an den Beispielen der sogenannten Sanierungsklausel und der Steuervergünstigungen für gemeinnützige Unternehmen. 2014.

Band 26 Tobias Loscher: Präventive Aufsicht der Europäischen Union über den Bundeshaushalt. 2014.

Band 27 Jochen Lutz Tillmanns: Divergenz und Konvergenz von Umsatzsteuer und Einkommensteuer. Zur problematischen Verwendung ertragsteuerlicher Konzepte und Begriffe im Umsatzsteuerrecht. 2015.

www.peterlang.com